Schriften zur Symbolforschung
Band 15

Schriften zur Symbolforschung

Begründet von Adam Zweig

Ab Band 7 herausgegeben von Paul Michel
im Namen der Schweizerischen Gesellschaft für Symbolforschung

Band 15

PANO Verlag

Unmitte(i)lbarkeit

Gestaltungen und Lesbarkeit von Emotionen

Herausgegeben von Paul Michel

P V E R
V A L A
E R N G
L A G O

2005

Gedruckt mit finanzieller Unterstützung durch die
Schweizerische Akademie für Geistes- und Sozialwissenschaften

Die Deutsche Bibliothek – Bibliographische Einheitsaufnahme

Die Deutsche Bibliothek verzeichnet diese Publikation in der
Deutschen Nationalbibliographie; detaillierte bibliographische Daten
sind im Internet über
<http://dnb.ddb.de> abrufbar.

ISBN: 3-907576-79-9

© 2005 PANO Verlag

Bilder auf dem Umschlag:

vorn: Hans ENGEL, Karikaturen zeichnen. Leicht verständliche Einführung und Anleitung, Ravensburg, 2. Auflage 1935; Bild 47.

hinten: Der Neid, aus: Trostspiegel in Glück vnd Vnglück. Francisci Petrarche, des Hochberümpten, Fürtrefflichen, vnd hochweisen Poeten vnd Oratorn, zwey Trostbücher, Von Artznei vnd Rath, beydes in gutem vnd widerwertigem Glück. Allen Haußuättern, vnd Regimentspersonen sehr nützlich vnd tröstlich zuwissen. Jetzund von newem widerumb zugericht vnd in Truck verfertiget, Franckfort am Meyn: Egenolff 1572: Ander Buoch, Cap. XXXV; fol. CXXXVIII ʳ. [Das Bild des unbekannten Meisters schon in der Erstausgabe 1532.]

Inhaltsverzeichnis

Emotionen

Gestaltungsformen • Diskursfelder • Beeinflussung

Eine Bestandesaufnahme des Herausgebers

Der alte Spötter LUKIAN (um 120 bis 185) schreibt in einem seiner Dialoge:

> *Athene, Poseidon und Hephaistos stritten miteinander, wer von ihnen das vorzüglichste Werk hervorbringen könnte. Um den Handel zu entscheiden, machte Poseidon den Stier; Athene erfand das Modell eines Hauses; und Hephaistos bildete den Menschen. Wie sie mit ihrer Arbeit zu Momos kamen, den sie zum Schiedsrichter ihres Streites erwählt hatten, fand er, nach genommenem Augenschein, an jedem etwas auszusetzen. Seine Einwendung gegen den Stier und das Haus gehört nicht hierher; aber den Hephaistos tadelte er, dass er an der Brust seines Menschen keine Fenster angebracht habe, durch welche man in den Sitz seiner Gedanken und Gesinnungen hineinsehen und sich also immer überzeugen könnte, ob das, was er sage, Verstellung oder seine wahre Meinung sei. Momos gestand durch diesen Tadel, dass er nicht scharfsichtig genug sei, um dem Menschen anzusehen, wie es in seinem Inwendigen stehe.*[1]

Beim notorischen Kritiker Momos scheint es sich um einen Ahnen der modernen Emotionsforscher zu handeln, die am liebsten auch Blicke durchs Fenster der Brust werfen würden. Die Emotionsforschung erlebt seit den Achtzigerjahren eine Hausse; im Verein mit dem Aufkommen der Kulturanthropologie sprießen neuerdings allüberall Symposien zu "Passion, Affekt und Leidenschaft in der Frühen Neuzeit", Tagungen zum "'Anderen' des Körpers", interdisziplinäre Kollegien mit dem "Leitthema Emotionen", staatliche Forschungsprojekte zu "Affective Sciences: Emotion in Individual Behavior and Social Processes", internationale Kongresse zu "Emotion and Gesture" und so weiter hervor. – Hinsichtlich der Mittel kann eine kleine Gesellschaft in diesem Umfeld kaum mithalten. Insofern als es beim Problemkreis der Emotionalität um die Gestaltungen von nicht direkt Zugänglichem und dessen Lesbarkeit – also im weiteren Sinne um 'Symbolik' – geht, können wir inhaltlich aber sehr wohl beitragen. An unserem interdisziplinären Kolloquium

---

[1] Lukian, Hermotimos (Übersetzung von Ch. M. Wieland). Lawrence Sterne zitiert diese Stelle (Tristram Shandy I,23), um darzulegen, dass er den Charakter von Onkel Toby nicht direkt, sondern nur über den Rückschluss aus einem Steckenpferd entwerfen könne.

des 5. / 6. September 2003 wurden die Vorträge gehalten, die hier in Überarbeitungen publiziert werden; einige Texte kamen später noch hinzu.[2]

In diesem Vorwort soll eine panoramatische 'Bestandesaufnahme' geboten werden: Ich möchte, möglichst ohne mich auf eine der vielen Theorien festzulegen, also gleichsam aus der skeptizistischen Haltung der 'epochē' (Urteilsenthaltung) heraus beschreiben, was über das Phänomen der Emotionalität gedacht worden ist, wie die Emotionen imaginiert, inszeniert und bewertet und ggf. therapiert wurden, in welchen Beziehungsfeldern ('Diskursen') dies geschehen ist und noch geschieht; und dies möglichst in der Vielaspektigkeit, die dabei zutage tritt, und mit Blick auf die immer wieder anzutreffenden Moden und Rezyklierungen von Ansichten. Es wird also das Prinzip Wittgensteins angewandt: "Wir analysieren nicht ein Phänomen, sondern einen Begriff und also die Anwendung eines Worts." (Philosophische Untersuchungen, § 383)[3]

Das kasuistische Material entnehme ich gerne der Belletristik und den Theorien vergangener Jahrhunderte. – Das Folgende als Amulette gegen Rezensenten.

(a) Insofern als sich Emotionen durch das Erzählen ihrer Randbedingungen und Schildern ihrer Symptome fassen lassen und insofern erzählen und schildern ausgesprochen poetische Spezifika sind, wird man mit solchen Quellen einen guten Griff tun. (Übrigens greifen auch moderne Psychologen gerne auf Texte der Literatur zurück, die das Gemeinte oft prägnanter fassen als 'echtes' Material von Versuchspersonen oder Klienten.)

(b) Freilich werden wir die beigezogenen Texte nicht tiefgründig interpretieren können. Sie haben den Status von Exempla und dienen dazu, dass sich das Theoretisieren nicht zu schnell verflüchtigt, sondern Friktion mit den historischen Tatsachen bewahrt.

---

2 Meine eigene Beschäftigung mit der Psycho-Historie geht ins letzte Jahrhundert zurück, vgl. Paul Michel, Gestaltungsformen der Angst in der mittelalterlichen Literatur. in: Hans-Jürg Braun / Alexander Schwarz (Hgg.), Angst, Zürich: Verlag der Fachvereine 1988, S. 121-135. Viele Anregungen habe ich sodann in Seminaren (1986/87) sowie in gemeinsamen Lehrveranstaltungen mit Angelika Linke (1995/96) und Ursula Kundert (2003) bekommen. Ich bedanke mich bei den Kolleginnen, Assistierenden und Studierenden. – Mit Burkhard Hasebrink und sodann mit einigen Mitgliedern des 'Zürcher Kompetenzzentrums Hermeneutik', namentlich mit Philipp Stoellger, durfte ich eine Rohfassung dieses Texts durchdiskutieren, was viele Klärungen brachte.

3 Wenn man sagt: Die Emotionen erforschen lässt sich nur, indem man Emotions-Diskurse beschreibt, so ergibt sich natürlich das Problem, dass auch dieses Prinzip seinerseits als eine Emotionstheorie aufgefasst werden kann, was dann auf den Vorwurf der Verletzung des logischen Stufengesetzes hinausliefe. Anders herum lässt sich einwenden: der Rede über Emotionen muss das Phänomen der Emotionen vorausgehen, und eben dies gilt es umwegfrei zu erforschen. Und: lässt sich die Analyse des Sprachgebrauchs so säuberlich abheben von der Beschreibung der Welt?

(c) Die historische Verfremdung hat den Vorteil, vieles (paradoxerweise) deutlicher zu machen als die modernen Theorien, für deren Befangenheiten wir blind sind. Darüber hinaus gewinnen wir Einsicht in die Geschichte der Disziplin, die wir heute locker als 'Psychologie' bezeichnen, die alte und oft in fremdem Erdreich gründende Wurzeln hat. Ich beziehe die exemplifizierenden Materialien in bunter Fülle von überall her und ebne die historische Dimension ein.

(d) Es fehlen wichtige Positionen wie Descartes' Zirbeldrüse, Johann Nicolaus Tetens († 1807), Rousseau, Mme. de Staël, Max Scheler, Hermann Schmitz und viele andere.

(e) Nicht beachten werde ich den Kulturvergleich (wofern nicht die Betrachtung von Dokumenten aus Antike und Mittelalter dafür gehalten werden kann).

(f) Die Frage nach der Geschichte der gesellschaftlichen Akzeptanz bzw. Tabuisierung von Emotionen für bestimmte Gruppen werden wir nur streifen, also beispielsweise die Frage, ab wann Frauen *schamhaft* zu sein haben, Verheiratete ineinander *verliebt* sein müssen[4] oder *Hass* als etwas zu Überwindendes gilt. Bei der Besprechung von Gender-Fragen wird übrigens allzuoft der Impact der literarischen Eigengesetzlichkeit (Textsortenspezifik, Traditionsvorgaben usw.) missachtet.

(g) Aussen vor bleiben in diesem Vorwort auch Probleme der Psychopathologie und der Psychotherapie, wiewohl die Beobachtung von Beeinträchtigungen des emotionalen Haushalts und damit der kognitiven Leistungsfähigkeit und des persönlichen Wohlergehens sicherlich wichtige Informationen über Emotionen liefern.

1. Vorbemerkungen

Anima quid sit, nihil interest nostra scire, qualis autem est et quae ejus opera permultum.
(Juan Luis VIVES 1538)[5]

1.1. Terminologie

Ich plädiere für eine vorderhand undifferenzierte Handhabung der Archilexeme *Emotion, Gefühl, Passion, Stimmung, Leidenschaft, Affekt, Neigung, Empfindung, Trieb, Begierde, Inklination* (ich notiere solche Wörter absichtlich in bunter Reihe; anderssprachige wie *sensation, feeling, páthē* möge man sich noch dazudenken) und möchte darüber hinaus auch Laster, Temperamente und Verwandtes zunächst mit in die Betrachtung einbeziehen, um den Blick nicht zu früh einzuschränken. Aussagen über den landläufigen Gebrauch solcher Wörter sowie die Analyse von Wörterbuchartikeln bringen wenig Erkenntnisgewinn; präskriptive Aussagen zur Semantik spiegeln die

---

4 Sehr differenziert ist die umfangreiche Studie von Rüdiger Schnell, Sexualität und Emotionalität in der vormodernen Ehe, Köln: Böhlau 2002.

5 *Es ist für uns nicht von Belang zu wissen, was die Seele ist, doch von sehr großer Bedeutung, wie sie beschaffen ist und was sie bewirkt.* (B. B.-K.)

(oft implizite) Emotionstheorie der selbsternannten Sprachregler, die besser ihrerseits das Untersuchungsinteresse beansprucht.

Immerhin könnte man grob folgendermaßen unterscheiden: Wir erleben einige dieser Emotionen als aktuell uns überfallend, episodisch (z. B.: einen *Zornausbruch*) und sprechen dann im heutigen Deutsch am ehesten von A f f e k t[6]; einige als schwebendes Zumutesein ohne Objektbezug (z. B.: *Rührseligkeit*) und sprechen dann von S t i m m u n g[7]; andere als H a b i t u s (z. B.: jemand ist ein *schüchterner* Typ). Bei vielen psychischen Größen ist aber die Zugehörigkeit zum Kreis der Emotionen strittig: Ist *Geborgenheit, Stress* oder *Ressentiment* eine Stimmung? Ist *Neugier* ein Habitus? Ist *empört sein* oder *Skrupel haben* ein Gefühl? Kann man unterscheiden zwischen 'sinnlichen' und eher 'geistigen' Gefühlen (etwa *Interesse* oder *Langeweile*)?

1.2. Einige Schwierigkeiten der Emotionsforschung

Emotionen erleben wir als kaum konturiert, sie fluktuieren, gehen ineinander über oder sind einander überlagert, sie sind flüchtig, sie sind intersubjektiv kaum zu vermitteln – lauter Vorgaben, die sie als Objekt der Wissenschaft in einem neuzeitlichen Sinne suspekt machen. Das Proteushafte führt auch dazu, dass es ungezählte Definitionen gibt; P. R. & A. M. Kleinginna haben 1981 – und das war noch zu Beginn des Booms der emotionspsychologischen Forschung – 101 Definitionen von *Emotion* zusammengebracht.

Nur schon die Aufstellung dessen, was als primäre Emotion gelten soll, ist vielfältig. Die Stoa kennt vier Emotionen, die je nach der positiven oder negativen Grundeinstellung alle in zwei Varianten vorliegen. R. Plutchik (1980) will acht ausmachen (Furcht, Wut, Freude, Kummer, Vertrauen, Ekel, Erwartung, Überraschung). Bei anderen Emotionspsychologen kommen Erwartung, Staunen, Interesse, Scham dazu oder fehlen auch wieder. Die Listen sind völlig heterogen.

Emotionen spielen in verschiedenen Disziplinen eine Rolle, und in jeder eine etwas andere: abgesehen von der Psychologie auch in der Philosophie (man denke an Texte wie Kierkegaards *Begriff Angst* oder Sartres *La Nausée*); in der Neurobiologie; in der Soziologie (insofern sie die Kommunikation und das Verhalten von Gruppen steuern); in der Ethik (insofern dort die Kategorie des Mitleids seit Schopenhauer diskutiert wird); in der Psychotherapie (man denke an das weite Feld der Melancholie bzw. Depression); in der Literatur-, Kunst- und Musikgeschichte (sowohl weil der Ausdruck der Emotionen eine

---

6 Kant unterscheidet differenziert den *stürmischen* Affekt und die *sich einwurzelnde* Leidenschaft (Anthropologie, 1. Teil, 3. Buch, § 71ff. = A S. 204ff.)

7 Otto F. Bollnow, Das Wesen der Stimmungen, (1941), 5. Auflage, Frankfurt/M. 1974.

4

Aufgabe dieser Künste ist, als auch weil die Erregung der Affekte durch die Künste ein erstrangiges Thema war und ist; ferner weil Gefühl seit A. G. Baumgarten das zentrale Sensorium in der Ästhetik darstellt); in der Pastoraltheologie (insofern Leiden und Trost dort zentrale Größen darstellen); sogar in der Politikwissenschaft (Stichwort Sicherheitsgefühl) und Oekonomie (Vertrauen) werden Emotionen diskutiert; im Strafrecht spielt der "emotionale Tunnel" eine Rolle bei der Abklärung der Zurechungsfähigkeit von Tätern.[8]

Nous ne goutons rien de pur. (MONTAIGNE, Essais II, 20) Häufig, möglicherweise immer treten Emotionen in Mischungen auf (Beispiel: ich empfinde meine Schamhaftigkeit als lächerlich).

AUGUSTINUS beschreibt in einer psychologisch äusserst feinsinnigen Passage der *Confessiones* (III, ii, 2-4) seine Gefühle beim Besuch von Theateraufführungen. Er fragt sich, wie es komme, dass man durch die Betrachtung von Traurigem Schmerz empfinden wolle, wobei diese Schmerzempfindung einen Genuss darstelle (*dolor ipse est voluptas eius*). Der Zuschauer wird zum Leiden angestachelt, und wenn er leidet, bleibt er gefesselt sitzen und hat sein Vergnügen (*si autem doleat, manet intentus et gaudens*). Die Passage ist im übrigen ein hervorragender Beitrag zur ästhetischen Frage des *Grundes am Vergnügen an tragischen Gegenständen* (SCHILLER 1792).

Die petrarkistische Lyrik (vgl. *Canzoniere* Nr. 134 *Pace non trovo*) ist durchwaltet von der Spannung zwischen Sehnsucht nach der Geliebten und Ablehnung durch die Geliebte, wobei sich das Lustgefühl immer wieder auf den Schmerz richtet. So schreibt der Minnesänger RUDOLF VON FENIS (um 1158/92), dass die Qualen, die er wegen der Unnahbarkeit der Dame leidet, seine größte Wonne seien: *diu nôt ist diu meiste wunne mîn* (MF 81,28). Und Christian WEISE (1642-1708) in einem Gedicht, betitelt *Als er vor betrübten Liebes-Grillen nicht schlaffen konte*:

> *Ich habe manche lange Nacht*
> *Umsonst gewacht /*
> *Und meinem Schmertzen nachgedacht /*
> *Wiewol je mehr ich dencken muß*
> *Jemehr empfind ich Uberdruß /*
> *Weil niemand die erwünschte Bahn /*
> *Zu meiner Hofnung finden kan /*
> *Und dannoch hab ich diesen Trieb*

---

[8] Schon bei Aristoteles heisst es: *Die Affekthandlungen werden nicht als vorsätzliche Handlungen beurteilt. Denn nicht wer im Zorne handelt, ist Ursprung der Handlung, sondern wer den Zorn verursacht hat.* (Nikomachische Ethik V,10 1135b).

Der traurigen Gedancken lieb.
Ich bin verliebt in meine Pein [...].

Emotionskonflikte, Emotionsmischungen, Verwirrung und Verstellung des Gefühls sind einerseits poetogene Situationen, anderseits oft der Anlass für eine Reflexion aufs Gefühl oder auf die Emotionaliät, ja für eine ganze Gefühlskultur. Eine sublime Mischung wird oft geradezu angestrebt, beispielsweise die Lustangst beim Geisterbahnfahren; das *angenehme Grauen* (LICHTENBERG). Jedenfalls ist die Gefühlsmischung eine Erscheinung, welche die Wahrnehmung und damit die Erforschung kompliziert.

2. Verschiedene emotionstheoretische Ansätze

La théorie, c'est bon, mais ça n'empêche
pas les faits d'exister.
Der Pariser Nervenarzt H.-M. CHARCOT
(referiert von S. Freud 1893)

Es gibt verschiedene theoretische Zugänge zum Bereich der Emotionen, erwähnt seien nur der behavioristische, der evolutionsbiologische, kognitive Bewertungstheorien – jedes Handbuch der Psychologie gibt darüber Auskunft. Grundsätzlich stehen sich seit Jahrhunderten zwei kontroverse (Meta-)Theorien gegenüber. Gemäß der einen Auffassung bewirken die Emotionen körperliche Symptome; die körperlichen Veränderungen werden also durch die Emotion der Seele hervorgebracht (so THOMAS VON AQUIN und und William JAMES 1890 aus gänzlich verschiedenen Prämissen heraus). Nach der anderen Theorie sind die Emotionen gleichsam ein Epiphänomen, das aus einer körperlichen Basis entsteht: die Veränderungen im Bereich der Eingeweide würden demnach als Gefühle erlebt (so DESCARTES und der moderne Behaviorismus, die beide von mechanistischen Vorstellungen geprägt sind). In Wirklichkeit werden die verschiedenen Wirkursachen ja wohl zusammenspielen, aber je nach der anthropologischen Grundanahme, welche Vermögen welche anderen dominieren, wird die eine oder andere Theorie präferiert.

Ich stelle hier Gemeinplätze – sei es Alltagserfahrung, seien es elaboriertere Theorien – zusammen.

2.1. Intuitionistische Auffassungen

Wir haben eine intuitive Einsicht in unsere Emotionalität; wir erkennen aufgrund der Empathie spontan die Emotionen unseres Gegenübers; wir vermögen jemanden in Rage zu bringen oder zu beschwichtigen; wir kennen das Phänomen der Gefühlsansteckung usw. Ich liste einige immer wieder genannte Gesichtspunkte aus diesem Feld auf. (Dies bei gebotener Vorsicht; denn bei jedem weiteren Nachdenken kommt man in des Teufels Küche. Wenn man etwa fragt: Worin besteht denn die 'Instanz', die da fühlt und allenfalls darüber reflektiert?', so gerät man in den Strudel der Diskussionen um 'das Bewusstsein', die Person, das Selbst, das Ego, die res cogitans, und deren Problematiken.)

• Emotionen erleben wir als dem subjektiven Wollen nicht verfügbar, sie überfallen uns spontan; wir sind ihnen ausgeliefert, wir sind in sie involviert, wir werden von ihnen ergriffen (deshalb werden sie auch *affectus* oder *passio* genannt). Das ist – mindestens in einer Phase, wo das Individuum oder eine kulturelle Epoche gerade die Rationalität entdeckt – beunruhigend. Und dennoch sind die Emotionen 'klug' – *... als ob nicht jede Leidenschaft ihr Quantum Vernunft in sich hätte* (Nietzsche) – in dem Sinne, dass sie in Momenten, wo langes Grübeln die Handlungsfähigkeit beeinträchtigen würde, das Individuum spontan tätig werden lassen.

• Emotionen sind eine Art Schnittstelle von Leib und Seele, wir erfahren sie auch in Regungen unseres Leibes: das Herz pocht, der Puls fliegt, das Blut stockt, die Kehle ist zugeschnürt, wir bekommen Gänsehaut, wir haben Schiss, der Magen dreht sich um usw. – dies aber deutlich geschieden von rein physiologischen Befindlichkeiten wie Schwitzen, Fieber, Übelkeit nach Genuss einer verdorbenen Mahlzeit.

• Das vage 'Von-einer-Emotion-ergriffen-Sein' lässt sich nicht kognitiv auflösen, es lässt sich auch nicht physiologisch reduzieren oder durch ein Reiz-Reaktions-Schema erklären. Über die Qualität einer Emotion kann man nicht dadurch etwas aussagen, dass man eine Versuchsperson an lügendetektorähnliche Apparate anhängt und die damit aufgezeichneten Kurven der Atemfrequenz, des Pulsschlags, der Schweiss-Sekretion betrachtet.

• Emotionen werden durch bestimmte Situationen und auf dem Hintergrund dessen, was der/die sie Empfindende für eine Individuationsgeschichte durchlebt hat, der momentanen Interesselage und anderer Faktoren erregt. Aber auch hierbei gilt, dass die Emotion nicht reduzierbar ist auf diese auslösenden Momente hin.

• Emotionen, Stimmungen beeinflussen unser Urteil und unsere Vorhaben, sie heben bei der Wahrnehmung gewisse Dinge hervor, blenden andere aus, man sagt auch, sie bewirken eine 'Evaluation'. Sie machen mithin ein gut Teil unseres Vorverständnisses im hermeneutischen Sinne aus. Dem Missmutigen ist alles leid.

• Emotionen (man denke an die Etymologie: von 'movere') geben dem sie Empfindenden einen Handlungsimpuls. Sie können aber auch eine Beeinträchtigung oder Hemmung einer Handlung bewirken Es ist auch schon bemerkt worden (Klaus R. Scherer), dass die Emotionen gleichsam das 'Durchschalten' von einem externen Reiz zur Reaktion entkoppeln, als Puffer wirken und so die Handlungen rationaler machen. (Das emotionalste Tier wäre mithin der Mensch.). Wieder anders sieht das J.-P. Sartre, der die Emotionen als Versuche deutet, mit ausweglosen Situationen fertig zu werden, in denen eine Handlung notwendig, aber keine Handlung möglich ist – was bei Ohnmachtsanfällen oder Schluchzen einleuchtet.

• Ein Charakteristikum der Emotionen ist die Selbstbetroffenheit. Wir haben ein 'Bewusstsein' von dem psychosomatischen Zustand, der uns ergriffen hat. Das kann so weit gehen, dass der Empfindende anhand der Reflexion auf sein Gefühl sich seiner selbst vergewissern kann. Sentio, ergo sum. In vielen autobiographischen Berichten sind die Situationen ausgestandener Angst oder dergleichen die Momente einer Selbstfindung. (Freilich kann das Überschwemmtwerden von einer Emotion auch zum extatischen Verlust der Individualität führen.)

2.2. Konstruktivistische Ansichten

Diese Naivität des Intuitionismus ist namentlich im 20. Jahrhundert durch verschiedene philosophische Strömungen gebrochen worden. Ich stelle die "ordinary language philosophy" ins Zentrum. Ludwig Wittgenstein (1889-1951) schreibt:

> [...] *ein Jeder sagt es von sich, er wisse nur von sich selbst, was Schmerzen seien! – Angenommen, es hätte jeder eine Schachtel, darin wäre etwas, was wir 'Käfer' nennen. Niemand kann je in die Schachtel des andern schaun; und jeder sagt, er wisse nur vom Anblick seines Käfers, was ein Käfer ist. – Da könnte es ja sein, daß jeder ein anderes Ding in seiner Schachtel hätte. Ja, man könnte sich vorstellen, daß sich ein solches Ding fortwährend veränderte. – Aber wenn nun das Wort 'Käfer' dieser Leute doch einen Gebrauch hätte? – So wäre es nicht die Bezeichnung eines Dings. Das Ding in der Schachtel gehört überhaupt nicht zum Sprachspiel; auch nicht einmal als ein Etwas: denn die Schachtel könnte auch leer sein. – Nein, durch dieses Ding in der Schachtel kann 'gekürzt' werden; es hebt sich weg, was immer es ist.* (Philosophische Untersuchungen, § 293)

Wittgenstein verwendet das Gedankenexperiment für seine Polemik gegen das primitive linguistische Modell, wonach Wörter Etiketten für Sachen seien. Das zeigt der darauf folgende Satz: *Das heisst: Wenn man die Grammatik des Ausdrucks der Empfindung nach dem Muster von 'Gegenstand und Bezeichnung' konstruiert, dann fällt der Gegenstand als irrelevant aus der Betrachtung heraus. Es ist irreführend, wenn man den Satz 'Ich habe Schmer-*

zen im Bauch' logisch gleich analysiert wie den Satz 'Ich habe Geld im Portemonnaie' und dann korrigierend dazu bemerkt: aber freilich sind die Schmerzen irgendwie flüchtiger und nur subjektiv erfahrbar.[9] Es geht nicht um Ehrlichkeit vs. Simulation von Gefühlen, es geht auch nicht darum, das Gefühl als Realität zu bestreiten, sondern es geht um die Frage, wie eine Sprachgemeinschaft sich über ein Wort für etwas einig sein kann, das nicht durch Ostensiv-Definition eingeführt werden kann, weil es 'privat' ist.

Wittgenstein lenkt den Blick weg von der Frage, was denn die 'Bedeutung' von Wörtern wie *Schmerz* sei, hin zur Frage, was Leute tun, wenn sie Sätze (genauer: Sprechhandlungen) äussern, die solche Wörter enthalten. *Der Wortausdruck des Schmerzes ersetzt das Schreien und beschreibt es nicht.* (Ph. U. § 244); solche Sätze sind Klagen, mit denen jemand um Anteilnahme oder Hilfe bittet. (Wenig später wird J. L. Austin diese linguistische Kategorie als "illocutionary act" bezeichnen; seine Klassifikation als "konduktive" bzw. "behabitative" Äusserungen ist dann etwas tautologisch.)

Noch eine andere Überlegung Wittgensteins ist in diesem Zusammenhange anzubringen. Man ersetze im folgenden Zitat 'meinen' durch 'fühlen': *Nichts Verkehrteres, als Meinen eine geistige Tätigkeit zu nennen! [...] (Man könnte auch von einer Tätigkeit der Butter reden, wenn sie im Preise steigt; und wenn dadurch keine Probleme erzeugt werden, so ist es harmlos.)* (Ph. U. § 693). Genau so wären Sätze wie 'Ich spüre Groll.' aufgrund der verführerischen sprachlichen Oberflächenstruktur falsch analysiert, wenn man daraus ein Subjekt, eine Tätigkeit und eine Emotion rekonstruieren wollte.

Verwandte Ansätze:

Im angelsächsischen Bereich ist die Ansicht von G. Ryle in der Richtung "Philosophy of Mind" heftig debattiert worden.[10]

Der Konstruktivismus in seiner soziologischen Variante (Peter Berger / Thomas Luckmann 1966) sieht die individuelle Erfahrung, die 'Wirklichkeit' als vor-arrangiert durch gesellschaftliche Muster, Typisierungen, Zeichensysteme. Der Forschungsansatz ist deshalb ein genealogischer: gefragt wird, wie die Menge von vorfabrizierten Elementen zum 'Wissen' des Individuums gerinnt. Auch die Emotionen müssen darauf hin befragt werden, durch welche Faktoren sie konstruiert werden.

---

[9] Gilbert Ryle, Der Begriff des Geistes [engl. The Concept of Mind, London 1949], übers. Kurt Baier et al., Stuttgart, 1969 (RUB 8331-36), S. 284. – Zum Privatsprachen-problem gibt es Sekundär- und Tertiärliteratur; eine Zusammenfassung bietet Hans-Johann Glock, Wittgenstein-Lexikon, Darmstadt: wbg 2001, S. 284-290; erhellend sind die Kapitel 5 und 6 bei Ernst Tugendhat, Selbstbewusstsein und Selbstbestimmung. Sprachanalytische Interpretationen, Frankfurt: Suhrkamp 1979 (stw 221).

[10] Vgl. die von Peter Bieri herausgegebene Anthologie: Analytische Philosophie des Geistes, Meisenheim 1981; dritte erw. Auflage Weinheim 1991.

Die Systemtheorie besagt, dass Umwelteinflüsse das System stören ("perturbieren") und zu Ausgleichsreaktionen führen, die von einem externen Beobachter und nur so beschrieben werden können. Es versteht sich, dass mit diesen Theorievorgaben Aussagen über Emotionen garantiert nicht-intuitionistisch ausfallen. Niklaus Luhmann selbst hat sich dem Thema der Emotionen in *Liebe als Passion* (1982) angenommen, weil er aber die spezifisch literarischen Faktoren verkennt, meines Erachtens mit ungenügender Präzision.

Aus dieser Position wäre zu formulieren:

• Im Moment wo ich mich meiner Emotion vergewissere, greifen bereits Vorverständnisse, das heisst: die Emotion ist nur im Medium sprachlicher und kultureller Muster, das heisst immer in einer bestimmten "Gegebenheitsweise" zu 'haben'. Die neuere Autobiographie-Forschung ist abgekommen von der Vorstellung, in diesen Texten spreche – leider durch den persönlichen oder den Zeitstil etwas getrübt – eine Person von ihren ureigenen Erlebnissen, sondern schreibt den Ego-Dokumenten die Funktion einer Konstitution des Ich (z. B. 'shaping the self in diaries') zu. Analog dazu müsste man in der Emotionsforschung vorgehen und die Mechanismen dieses 'shaping' zu ergründen suchen. Gerade die Gegebenheitsweise ist das Interessante.

• Wenn die Intuitionisten behaupten, Emotionen seien so vag, dass sie nie und nimmer genau beschrieben werden können, dann untersuchen wir, mit welchen symbolischen Äusserungen Menschen versucht haben die Emotionen zu beschreiben, zu klassifizieren. Den Leuten aufs Maul schaun, wenn sie über Emotionen reden, sei die Devise. (Dabei ist schon Vorsicht geboten: Der Satz 'Über Emotionen reden' funktioniert nicht wie der Ausdruck 'Blumen pflücken', sondern wie 'einen Strauss pflücken' – Emotionen sind grammatisch gesprochen effiziertes Objekt.)

• Der Satz 'Über seine Emotionen kann jeder nur selbst authentisch berichten' geht von einem Schachtel-Modell aus: die Gefühle sind wie Dinge in einer privaten 'Innenwelt', und der Besitzer der Schachtel kann davon anderen erzählen. Statt dieses Modell naiv zu übernehmen, frage man: Wie kommen diese Leute auf so ein Modell? Was bringt es ihnen so zu denken? Zudem: Wenn einer sagt, Emotionen seien etwas ganz Individuelles, kaum mit Worten zu fassen, so beruht diese Aussage auf bestimmten kulturellen Vorgaben, nämlich die der europäischen Empfindsamkeit und Romantik; im Mittelalter und in einer indigenen Kultur würde die 'Jemeinigkeit' gar nicht als Kategorie in Anschlag gebracht werden können.

Der konstruktivistische Ansatz besagt: Wir kommen nicht hinter die Redeweise zurück, mit der Menschen über Emotionen sprechen, sie inszenieren, sie symbolisieren, sie pragmatisch in Dienst nehmen, mit ihnen fertig werden. Statt 'dahinter zu kommen' untersuchen wir eben diese Inszenierungen, Symbolisationen, Indienstnahmen, Copingstrategien! Emotionen sind eingebunden in ein Netz von gesellschaftlich vermittelten (und mithin historisch wandelba-

in ein Netz von gesellschaftlich vermittelten (und mithin historisch wandelbaren) Erfahrungsschablonen, Wertvorstellungen, Erwartungsmuster. Teils werden sie durch Muster hervorgebracht, teils durch Muster gedeutet. – Es kann dieser Position gemäß nicht darum gehen herauszufinden, was Emotionalität allgemein oder ein bestimmtes Gefühl 'eigentlich' ist, was deren 'Wesen' ist. Das ist aber keineswegs eine Kapitulation vor einem widerborstigen Erkenntnisobjekt, sondern ein gangbarer Approach, man hat aus der Not eine Tugend, aus der Charakteristik des Erkenntnisobjekts ein Forschungsdesign gemacht.

Es ist wohl nicht Aufgabe der analytischen Philosophie zu erklären, warum wir Fühlenden immer wieder auf das intuitionistische Denkmuster zurückfallen und diesen Theorien Vorschub leisten.

2.3. Hormone und Hirnströme

Spricht man von anthropologischen Grundlagen, so wird jeder sofort nach der Neurophysiologie der Emotionen fragen. Ein Dialog zwischen den beiden 'Kulturen' Neurowissenschaften und Geisteswissenschaften scheint vielversprechend. Mit dem heutigen Maschinenpark werden Abläufe im Hirn immer besser darstellbar. Ich greife eine Studie von Andreas Bartels und Semir Zeki heraus: "The neural correlates of maternal and romantic love".[11]

Ausgangspunkt ist die Hypothese, dass Mutterliebe und erotische Liebe enge Beziehungen zwischen Individuen herstellen und einen arterhaltenden Effekt haben, woraus geschlossen wird, dass sie "at least a core of common neural mechanism" haben, aber doch "the neural architecture differs between the two modes of love in some respects, and yet is identical in others." Freiwilligen werden Fotografien ihrer eigenen Kinder, unbekannter Kinder, guter Freunde, der Partner und zufällig herausgegriffener Personen gezeigt; mittels fMRI (functional magnetic resonance imaging) werden ihre dabei auftretenden Hirnaktivitäten gemessen und abgebildet; in einem "post-scan assessment" skalieren die Versuchspersonen ihre Gefühle, die sie beim Anschauen der Fotos hatten: *friendship – love – dislike / contempt – indifference, wanting to protect – admiration / respect – arousal / eroticism – tender / sentimental feelings*. Tatsächlich zeigen die MRI-erzeugten Bilder Flecke an anderen Orten im Hirn, wenn die VP *maternal love* empfanden als wenn sie *erotic love* empfanden. Die aktivierten Regionen sind bekannt als Rezeptoren der bei Säugetieren das "attachment" steuernden Hormone Vasopressin und Oxytocin. Ein interessantes Ergebnis ist, dass die Hirnregionen, die verantwortlich sind für die Einschätzung des sozialen Gegenübers ("assessment"), beim Kontakt mit geliebten Personen inaktiviert werden, "these findings therefore bring us closer to explaining in neurological terms why 'love makes blind'." Soweit verkürzt der Artikel.

Sonderbar ist die Diskrepanz zwischen der Exaktheit der Messungen ("random effects analysis, n = 19, P < 0.001 [Z > 3.61] uncorrected") und der

---

[11] In: NeuroImage 21 (2003), p. 1155–1166. Die Zeitschrift ist im Internet einsehbar: www.elsevier.com/locate/ynimg – Den Hinweis verdanke ich Regula Forster.

Hirnkartographie ("activity in the medial insula and in the cingulate gyrus dorsal and ventral of the genu") einerseits und der völligen Naivität hinsichtlich des Einflusses von kulturellen Patterns auf die Emotionen anderseits. Hier liegt der Has im Pfeffer: Das kulturhistorische Umfeld bestimmt (mit), was überhaupt als emotionsfähig gelten darf oder soll; und es bestimmt mit, was die VP empfindet und als Empfindung benennt und damit einem eingeübten semantischen Muster subsumiert. (Vielleicht ist ja die Homonymie von *love* irreführend; andere Kulturen haben für die zwei Gefühle eventuell zwei verschiedene Wörter.) Jede körperliche 'Irritation' ist bereits gedeutet, wenn sie als Emotion erfahren wird. – Man darf gespannt sein, wie weit kulturanthropologische und hermeneutische Überlegungen in das Forschungsdesign Eingang finden.

2.4. Angeboren oder erworben?

Immer wieder stellt sich die Frage: Wo handelt es sich um anthropologische Grundmuster, Universalien, und wo um gelernte, konventionelle (mithin sozial-historisch veränderbare) Größen.[12] Gerne wird als Theorie ein Überschichtungsmodell verwendet, das besagt, Emotionen hätten eine anthropologische Basis, diese würde aber immer kulturell und historisch überformt. Um die Anteile auszusondern hat man immer wieder kulturvergleichende oder über die Artschranken hinaus gehende (Eibl-Eibesfeldt) Studien gemacht. Wie gut ist dieses Modell?

Immer wieder wird unterschieden zwischen Basisemotionen (z. B. *Wut, Freude, Trauer* und wenige andere) und im Laufe der individuellen und kulturgeschichtlichen Entwicklung später aufgebauten und ausdifferenzierten Emotionen (z. B. *Neid, Kränkung, Schuld, Peinlichkeit, Bedauern, Achtung, Dankbarkeit*). Das Modell besagt, dass Gefühle in der Sozialsphäre und durch erzieherischen Einfluss sich allmählich ausfächern. Die sozialhistorische Entwicklung von *Scham* hat bekanntlich Norbert Elias entworfen.[13]

Bei psychosomatischen Syndromen haben wir über kulturelle Grenzen und Epochen hinweg oft den Eindruck, bis weit an die Basis von Emotionen vorzudringen. Ein erstes Beispiel. Im *Rolandslied* des Pfaffen KONRAD wird folgendes erzählt: Der letzte noch nicht getaufte Heidenkönig, Marsilie, ver-

---

[12] Kant 1798 (Anthropologie, 1. Teil, 3. Buch, § 78 = A S. 229f.): *Sie werden in die Leidenschaften der n a t ü r l i c h e n (angeborenen) und die aus der K u l t u r der Menschen hervorgehenden (erworbenen) Neigung eingeteilt.* Zur ersten Gattung zählt er die *Freiheits- und Geschlechtsneigung*; zur zweiten *Ehrsucht, Herrschsucht, Habsucht*.

[13] Norbert Elias, Über den Prozess der Zivilisation. Soziogenetische und psychogenetische Untersuchungen [1936], 2. Aufl. Bern 1969.

sammelt sein Heer. Ein heisser Tag. Im Schatten eines Ölbaums setzt er sich auf einen Marmorblock und befragt die Großen des Reiches im Rat. Der Gesandte der Christen, Genelun, überbringt ihm die Botschaft, er habe die Wahl, sich entweder taufen zu lassen und mit halb Spanien belehnt zu werden, oder aber mit Krieg überzogen und schließlich hingerichtet zu werden. Da kommt Marsilie ganz von Sinnen:

Marssilie al umbe warte.
er erbleichte harte.
er gwan manigen angestlichen gedanc.
er gesaz chume uf die banc.
ime wart chalt und heiz.
harte muote in der sweiz
daz houbet wegte er.
er spranch hine unde her.
sinen stap begreif er,
mit zorne er in uf hup,
nach Genelune er in sluc (Vers 2051ff.) [14]

Marsilie blickte um sich. Er erbleichte sehr. Große Angst ergriff ihn. Er vermochte sich nicht zu setzen. Ihm wurde kalt und heiss. Ihm brach der Schweiss aus. Er schüttelte den Kopf. Er sprang hin und her. Seinen Stab ergriff er. Zornig holte er damit aus und schlug ihn nach Genelun.

Bis in den Rhythmus der Sätze hinein wird hier ein Emotionsgemisch von Aufgebrachtsein, Ohnmacht und Wut geschildert, das sich plötzlich in einer brachialen Aktion entlädt. Unter Stress regrediert man, und Gefühlsmischungen führen zu Protuberanzen von unerwarteten Reaktionen – die Szene könnte als Fallstudie in einem Handbuch der Psychologie stehen.

Es gibt Körperhaltungen, die offenbar kulturübergreifend psychische Verfassungen ausdrücken. Beispiel: die Figur sitzt auf einem Stein, die Beine übergeschlagen, der Ellbogen ist auf dem Knie aufgestützt, eine Hand hält die Wange, der Kopf ist gesenkt – der Text aus Walthers von der Vogelweide zweitem Reichston-Spruch ist vom Illustrator der Manessischen Liederhandschrift aufgrund älterer Traditionen umgesetzt; wir kennen das Bild auch von Dürers Stich *Melencolia*.

In historisch abgelegenen oder aus fremden Kulturen stammenden Dokumenten ist es schwierig abzuklären, ob ein emotionaler Ausdruck allgemeinmenschlich, aber uns Heutigen abhanden gekommen ist, oder auf einer nicht

---

[14] Das Rolandslied des Pfaffen Konrad, mhd./nhd., übersetzt von Dieter Kartschoke, Stuttgart 1993 (RUB 2745).

mehr gebräuchlichen Konvention beruht. Man achte in folgender Textstelle[15], wo eine Frau um ihren toten Mann klagt, auf das Ausreissen der Haare:

von jâmer si vürder brach
ir hâr und diu cleider.
ezn dorfte nie wîbe leider
ze dirre werlte geschehen,
wand si muose tôten sehen
einen den liebesten man,
den wîp ze liebe ie gewan. [...]
von ir jâmers grimme
sô viel sî dicke in unmaht.
der liehte tac wart ir ein naht.
sô sie wider ûf gesach
und weder gehôrte noch gesprach
sone sparten ir die hende
daz hâr noch daz gebende.

Vor Jammer raufte sie die Haare und zerriss die Kleider. Kein größerer Schmerz konnte einer Frau auf dieser Welt zugefügt werden. Denn sie musste den allerliebsten Mann tot erblicken, den je eine Frau geliebt hatte. [...] Von der Gewalt des Schmerzes überwältigt fiel sie immer wieder in Ohnmacht. Der helle Tag wurde ihr zur Nacht. Als sie wieder zu sich kam, aber noch nichts wahrnahm und stumm blieb, da schonten ihre Hände weder Haar noch Kopfputz.

König Konrad III. hört am weihnachtlichen Hoffest 1146 im Speyrer Dom eine eindringlich mahnende Predigt Bernhards von Clairvaux, endlich das Kreuzzugsgelübde abzulegen. Er bekennt sich mitten in der Predigt – *non sine lacrimis* – als undankbar gegenüber der von Gott empfangenen Gnade. Der König vergießt demonstrativ Tränen über die Lage der Christenheit und zur Bestärkung seiner Reumütigkeit; dies ist weniger als spontane Emotion denn als (eventuell vorher abgesprochene) Konvention, als ein öffentlicher Beglaubigungsakt zu werten.[16]

Aus unserer eigenen Erfahrung kennen wir die Pein, ein Kondolenzschreiben aufsetzen zu müssen. Die Trauer ist durchaus echt, aber sie kommt so schwer bis in die Spitze des Füllfederhalters. In Zeiten, in denen Originalität auch in

---

15 Hartmann von Aue, Iwein, mhd./nhd., übertragen von Thomas Cramer, Berlin: de Gruyter 1981. Vers 1310ff.

16 Den Problemkreis der Zeichen im Dienste der Kommunikation im Mittelalter hat aufgegriffen und breit entfaltet: Gerd Althoff, Der König weint. Rituelle Tränen in öffentlicher Kommunikation, in: J.-D. Müller (Hg.), Aufführung und Schrift in Mittelalter und Früher Neuzeit, Stuttgart: Metzler 1996, S. 239-252.

Trauersachen noch kein besonderer Wert war, hatte man es hier leichter: Man benützte einen Briefsteller. In dem so formulierten Text fließen authentische Emotion und konventioneller Ausdruck in einem unauflösbaren Amalgam zusammen. Und schließlich ist die Überführung des Persönlichen in Rituelles auch eine Hilfe bei der zu leistenden Trauerarbeit.

Die Polarität universell – konventionell darf nicht umgelegt werden auf die Unterscheidung privat / öffentlich und nicht auf die Wertung echt / simuliert. In früheren Epochen war das Öffentliche der Konvention unterworfen und galt als wahrhaftig; man schämte sich für das spontane, mithin zweifelhafte Gefühl. Wie es sich mit der Zuordnung der drei Begriffspaare in einer heutigen Talk-Show verhält, wo die Interviewten über ihre privatesten Gefühle vor einem voyeuristischen Millionenpublikum so exhibitionistisch wie cool Auskunft geben, ist eine spannende Frage.

3. Wie das Unzulängliche Ereignis wird
(Darstellungs- und Evokationsmittel)

Wird man wohl vor Scham rot im Dunkeln?

(LICHTENBERG)[17]

Wenn Emotionen nicht unmittelbar zugänglich, sondern für mich wie andere immer in einem Medium gegenwärtig[18] sind, dann muss gezeigt werden, in welchen Weisen sie uns präsentiert werden: als Symptome, Versprachlichungen, Metaphern, Metonymien, Allegorien, Personifikationen, Projektionen, konventionelle Zeichen.

3.1. Semantik

Vorausgeschickt werden muss die Trivialität, dass auch die Konventionen der Sprache unser Fühlen und Denken und Handeln in gewisser Weise präformieren. Dabei gilt, dass der 'Sprachzugriff' sich reziprok zur Strukturiertheit der Denotate verhält: Bei Verwandtschaftsverhältnissen oder Tierarten sind die

---

[17] Georg Christoph Lichtenberg, Schriften und Briefe, Erster / zweiter Band: Sudelbücher, hg. Wolfgang Promies, München: Hanser 1968/1971; I, 178

[18] Die Verse am Schluss des *Faust* werden kontrovers gedeutet. *Unzulänglich* verstehe ich dennoch als 'inaccessibile' (nicht 'insuffizient'); *ereignen* schreibt Goethe auch *eräugnen* und schließt es pseudo-etymologisch an Auge an; also: 'tritt vor die Augen'. – Man sollte Formulierungen gegenüber skeptisch sein, die von 'Codierungen', 'Ausdruck', 'Manifestation', 'Inszenierung' des Emotionalen reden. Denn sie unterstellen, dass da zuerst eine Emotion ist, die dann noch codiert wird, allenfalls durch das Medium beeinträchtigt oder gar maskiert. Und sie verlangen eine Hermeneutik des 'Entschlüsselns', die glaubt 'hinter' die Phänomene zu kommen.

15

sprachlichen Setzungen gering; bei der Benennung von diffus-ungegliederten Gebieten wie dem Feld der Farbwahrnehmung oder eben den Emotionen ist er groß.

Die Grenzen zwischen den Wörtern für Gefühle sind schwammig. Robert Musil hat sich in den Dreissigerjahren mit Gefühlspsychologie beschäftigt, aus diesen Notizen sei folgende Einsicht zitiert:

> *In diesen durchschnittlichen Graden erkennen und benennen wir ein Gefühl natürlich nicht anders als andere Erscheinungen, die im Fluss sind […]. Die Unterscheidung zwischen Hass und Zorn festzulegen, ist so leicht und so schwer wie die zwischen Mord und Totschlag oder einem Becken und einer Schüssel zu bestimmen. Es waltet nicht Namenswillkür, aber jede Seite und Biegung kann dem Vergleich und der Begriffsbildung dienen. Und so hängen auf diese Weise wohl auch die hundert und ein Arten der Liebe zusammen […]. Die Frage, wie es kommt, dass so ganz Verschiedenes mit dem einen Wort Liebe bezeichnet wird, hat die gleiche Antwort wie die Frage, warum wir unbedenklich von Ess-, Mist-, Ast-, Gewehr-, Weg- und anderen Gabeln reden! Allen diesen Gabeleindrücken liegt ein gemeinsames Gabeligsein zugrunde; aber es steckt nicht als gemeinsamer Kern in ihnen, sondern fast ließe sich sagen, es sei nicht mehr als ein zu jedem von ihnen möglicher Versuch. Denn sie brauchen nicht einmal untereinander alle ähnlich zu sein, es genügt schon, wenn eins das andere gibt, wenn man von einem zum anderen kommt, wenn nur Nachbarglieder einander ähnlich sind; entferntere sind es dann durch ihre Vermittlung. Ja, auch das, was die Ähnlichkeit ausmacht, das die Nachbarn Verbindende, kann in einer solchen Kette wechseln; und so kommt man ereifert von einem Ende des Wegs zum andern und weiss kaum noch selbst, auf welche Weise man ihn zurückgelegt hat.*[19]

Die Etymologie der Wörter zeigt deren Benennungsmotiv. *Angst* ist bekanntlich mit lat. *angustum* verwandt und drückt die Enge des Brust- und Rachenraums bei der entsprechenden Emotion aus. Das lateinische *horror* wird direkt abgleitet vom Emporstarren der Haare. Aber der Erkenntniswert ist doch recht gering. Andere Dinge sind interessanter:

---

[19] Das Kapitel "Fühlen und Verhalten" gehört zu den 20 Kapiteln, die Musil 1937/38 in Druck gegeben, dann aber die Korrekturfahnen zurückbehalten und weiterbearbeitet hat. Es ist in dem von Martha Musil herausgegebenen Nachlass-Band (Lausanne 1943) zum ersten Mal abgedruckt worden (S. 258f.), dann in der Ausgabe von Adolf Frisé, Hamburg 1952 als III, 74 (S. 1289). Ich bedanke mich bei Villö D. Huszai für diese Auskünfte. – Übrigens: Psyche schreibt sich mit Ψ, sieht der Buchstabe nicht auch aus wie eine Gabel?

Im Laufe der Sprachgeschichte sind semantische Verschiebungen des Gefühlswortschatzes[20] zu beobachten. Einige Wörter für Emotionen sind ausgestorben, etwa Mittelhochdeutsch *egeslich, gevêhede* oder *vreise*, etliche haben ihre Bedeutung verändert wie *riuwe* oder *trôst*; wiederum andere sind neu dazugekommen, wie etwa *blümerant*. – Das gotische Wort *gamaiths* bedeutete 'verkrüppelt' (verwendet in Luk 14,13) – dasselbe Wort *gimeit* bedeutet im Althochdeutschen 'töricht, insanis' – im Mittelhochdeutschen meint *gemeit* 'übermütig' aber auch 'frohgemut' (Walther von der Vogelweide: *wir suln sîn gemeit, tanzen, lachen unde singen*), es wird mit der Bedeutung 'wonnebringend' als Attribut der Jungfrau Maria verwendet, als Epitheton ornans für die draufgängerischen Nibelungenhelden – heute ist das Wort abgegangen. Die historische Semantik macht skeptisch: Was ist im Lauf der Geschichte instabil: sind es die Lautgebilde oder die Emotionen ?

Bei der Durchsicht von Wörterbüchern gewinnt man den Eindruck, der Wortschatz des Gefühlslebens habe sich allmählich ausdifferenziert. Ältere onomasiologische Wörterbücher (J. A. COMENIUS, *Janua linguarum reserata* 1631; J. J. BECHER, *Novum organum pro Verborum copia* 1670) kennen weitaus weniger einschlägige Wörter als heutige (DORNSEIFF; WEHRLE / EGGERS). Heisst das, dass sich auch die Wahrnehmung von Gefühlen ausdifferenziert hat? (Sehen wir heute mehr Farben als ein Bauer des 15. Jahrhunderts, weil wir Farbadjektive wie *amethystfarben, chamois* oder *orange* kennen?) Können wir bei Wortfeldern wie z. B. *Kummer, Sorge, Gram* sachliche Unterschiede ausfindig machen, oder dient die sprachliche Verschiedenheit nur dem stilistischen Prinzip 'varietas delectat'.

Wie lässt sich überhaupt die Semantik solcher Wörter beschreiben? Wittgenstein: "Stell dir vor, wie man ihren Gebrauch etwa lehren könnte!" (Ph. U. § 9). Geht man von der Ansicht aus, dass Wörter (Prädikatoren) eine Abbreviatur ihrer Einführungssituation darstellen[21], so könnte man vereinfachend

---

20 Ludwig Jäger (Hg.), Zur historischen Semantik des deutschen Gefühlswortschatzes, Aachen: ALANO 1988. – Sabine Plum, Gefühlswörter im Wörterbuch: Überlegungen zur lexikographischen Bedeutungserläuterung des emotionalen Wortschatzes, in: Gregor Meder / Andreas Dörner (Hrsg.), Worte, Wörter, Wörterbücher: Lexikographische Beiträge zum Essener Linguistischen Kolloquium, Tübingen 1992, S. 169-182. – Das Projekt eines "Historischen Wörterbuchs des deutschen Gefühlswortschatzes" wurde offenbar nie verwirklicht. – In einer neueren (nicht-linguistisch orientierten) Arbeit werden 1'172 deutschsprachige Wörter für Emotionen gezählt (Karin Tritt, 1992).

21 Peter Fröhlicher weist mich auf Studien von Algirdas Julien Greimas hin, der sagt: "Il est notoire que les lexèmes se présentent souvent comme des condensations recouvrant, pour le qu'on les explicite, des structures discursives et narratives fort complexes." (De la colère. Étude de sémantique lexicale, in: A. J. Greimas, Du Sens II, Seuil 1983,

sagen: 'N. empfindet *Schmerz*' ist ein Kürzel der Erzählung: 'Man hat N. mit einer Nadel gestochen oder in den Arm gekneift (Irritation) und darauf hat sich N.'s Gesicht in der und der Weise verzerrt (Reaktion) und man hat N. – aufgrund des Sprachgebrauchs, den wir in einer analogen Situation auch anwenden – beigebracht, dass er jetzt *Schmerz* habe'. Das Emotionsvokabular scheint von der Kategorie der "Dispositionswörter" (G. Ryle) zu sein. Auch so fällt das 'Ding' Empfindung aus der Betrachtung heraus, und alle Semantik löst sich auf in Situations-Erzählungen und Reaktionsbeschriebe. Solche beizubringen ist unser Vorhaben in diesem Text. Übrigens verwenden wir im Alltag normalerweise Mikrogeschichten, um ein Gefühl auszudrücken. Wenn ich ein Geschenk bekomme, dann werde ich kaum sagen *Ich gebe hiemit meiner Freude Ausdruck*, sondern ich werde sagen: *Das Buch hab ich mir schon immer gewünscht!* – und dazu strahlen.

Zur Semantik gehören auch die P h r a s e o l o g i s m e n . Sie sprechen für sich: *ihm schwillt der Kamm, sie ist bis über beide Ohren verliebt, mir stehen die Haare zu Berge, es ist zum Aus-der-Haut-Fahren, die Hosen voll haben, er hat ein Hasenherz, sich in Grund und Boden schämen, wie auf Nadeln sitzen, mir verschlägt es die Stimme, mir platzt der Kragen, kalte Füße bekommen, er ist kalt wie ein Fisch,* usw. Es handelt sich um gefrorene Metaphern, denen wir uns nun zuwenden.

3.2. Metaphern

Emotionen werden häufig durch Metaphern ausgedrückt. Darunter gibt es solche, die nicht auf einen Terminus reduzierbar sind[22] wie *warmherzig, sonnig, frostig, heissblütig, heiteres Wesen, trübsinnig, finstere Stimmung, jemanden aufheitern, niedergeschlagen, eine Last auf dem Herzen fühlen, sich besudelt fühlen, dûch sein*[23] usw.

Es gibt aber auch von kreativen Geistern ersonnene Metaphern, deren Effekt ein ästhetischer ist. Ein schönes Beispiel findet sich in GOTTFRIEDs VON STRASSBURG Tristanroman (um 1200/1220), wo sich die Eltern des Protagonisten, Riwalin und Blanscheflur, ineinander verlieben. *Riwalin* wird

---

p. 225-244). – Vgl. auch Verf., Alieniloquium. Elemente einer Grammatik der Bildrede, Bern u.a.: Lang 1987: §§ 26-45.

22 Hans Blumenberg, Paradigmen zu einer Metaphorologie, in: Archiv für Begriffsgeschichte 6 (Bonn 1960), S. 7-142. – George Lakoff, Metaphors we live by, Chicago 1980.

23 Der Gefühls-Ausdruck *dûch* bzw. *tûch sein* ist im Schweizerdeutschen noch üblich, es ist offenbar ein entstelltes Partizip Präteriti aus dem Verb mhd. diuhen, duhen 'niederdrücken' (Idiotikon Band 12, Sp. 216f.)

verglichen mit einem Vogel, der sich auf eine Leimrute gesetzt hat und sich nun befreien will; je mehr er flatternd wegstrebt, desto mehr verfängt er sich im klebrigen Leim.

Der gedanchafte Riwalîn
der tete wol an im selben schîn,
daz der minnende muot
rehte alse der vrîe vogel tuot,
der durch die vrîheit, die er hât,
ûf daz gelîmde zwî gestât:
als er des lîmes danne entsebet
und er sich ûf ze vlühte hebet,
sô clebet er mit den vüezen an;
sus reget er vedern und wil dan;
dâ mite gerüeret er daz zwî
an keiner stat, swie kûme ez sî,
ez enbinde in unde mache in haft;
sô sleht er danne ûz aller craft
dar unde dar und aber dar,
unz er ze jungeste gar
sich selben vehtende übersiget
und gelîmet an dem zwîge liget.
rehte in der selben wîse tuot
der unbetwungene muot:
sô der in senede trahte kumet
und liebe an ime ir wunder vrumet
mit senelîcher swære,
sô wil der senedære
ze sîner vrîheite wider;
sô ziuhet in diu süeze nider
der gelîmeten minne.
dâ verwirret er sich inne
sô sêre, daz er sich von dan
noch sus noch sô verrihten kan.
als ergieng ez Riwalîne,
den ouch die trahte sîne
verwurren in der minne
sînes herzen küniginne. (Vers 841ff.)[24]

---

[24] Gottfried von Straßburg, Tristan und Isolde, hg. Friedrich Ranke, mhd./nhd., übers. Rüdiger Krohn, Stuttgart 1980 (RUB 4471/72/73). – Lorenz Okken, Kommentar zum Tristan-Roman Gottfrieds von Strassburg, (Amsterdamer Publikationen zur Sprache

Der gedankenverlorene Riwalin machte an sich offenkundig, dass der Verliebte wie ein freier Vogel handelt, der sich in der Freiheit, die er genießt, auf die Leimrute niederlässt. Wenn er den Leim dann bemerkt und sich zur Flucht emporheben will, so klebt er mit den Füßen an. So schwingt er die Flügel und will fort. Dabei kann er aber den Zweig an keiner Stelle, und sei es auch nur ein wenig, berühren, ohne dass er ihn fixierte und festhielte. So flattert er dann mit aller Kraft hierhin, dorthin oder wieder hierhin, bis er schließlich kämpfend sich selbst besiegt und festgeleimt an dem Zweig angeklebt ist. – Genau so handelt ein Mensch, dessen Sinne noch nicht von der Liebe überwältigt sind: Wenn sehnsüchtige Gedanken ihn ergreifen und die Liebe an ihm ihr Wunder bewirkt mit dem Schmerz der Leidenschaft, dann will der Verliebte wieder in die Freiheit zurück, aber die Süße der mit Leim bestrichenen Liebe zieht ihn nach unten. Darin verstrickt er sich so sehr, dass er sich weder so noch so zu helfen weiss. – So erging es Riwalin, den auch seine Überlegungen in der Liebe zu seiner Herzenskönigin verstrickten.

Üblicherweise sind Metaphern polysem, sie können Modelle für verschiedene Dinge sein. Nehmen wir als Beispiel *Feuer*. Es steht für Liebe, Sehnsucht, Verlangen, Begeisterung, aber auch für Zorn (*wutentbrannt*), Eifersucht, Ungeduld (*auf glühenden Kohlen sitzen*), Drohung (*jemandem Feuer unterm H. machen*).

Eine besondere Beachtung verdienen die V e r b m e t a p h e r n, wie wir sie im Alltag verwenden: *die Wut hat mich gepackt, das Gewissen plagt mich*, in denen – zunächst rein grammatisch – nicht ein menschliches Subjekt, sondern ein 'abstractum agens' handelt. Leicht werden solche Konstruktionen hypostasiert, und dann führen die Emotionen ein Eigenleben. Beispiele aus der Bibel: *Arrogantia tua decepit te* (Jer 49,16); *iniquitates meae supergressae sunt caput meum* (Ps 37,5); *concupiscentia parit peccatum* (Jac 1,15). Die nächste Ausbaustufe ist die Personifikationsallegorie (vgl. 3.8).

3.3. Einwirkung durch den Körper

Der barocke Dichter ASSMANN VON ABSCHATZ (1646-1699) beschreibt seine Liebespein folgendermaßen:

Mein Bette / glaub ich / ist mit Disteln überstreuet /
Das weichste Kissen wird für mich ein harter Stein.
Mein Leib / der weder Stroh noch Erde vor gescheuet /
Klagt sich in Federn noch / will nimmer ruhig sein /
Wirft sich die ganze Nacht mit Seufzen hin und wider /
Kein Schlaf erquickt / wie sonst / die abgematten Glieder.

---

und Literatur 57/58/81), Amsterdam 1984/85/88: Die Metapher des Vogelfangs mit Leimruten kennen bereits Ovid (Ars amatoria I,45ff. 391ff.) und das Alte Testament (Proverbia 7,1-27. Ecclesiastes 7,27) und der Kirchenvater Augustinus.

Das Gefühl, auf Disteln zu liegen, ist hier nicht poetische Metapher, sondern wird erfahren als eine körperliche Affektation.

3.4. Gebärden, Gesten

Über die Gebärdensprache gibt es Studien in Hülle und Fülle. Ich möchte auf einen alten Theoretiker aufmerksam machen, bei dem die wichtigsten Gesichtspunkte aufscheinen: Der Jesuit Franciscus LANG (1645-1725) schrieb eine Abhandlung über die (in den Gymnasien seines Ordens intensiv gepflegte) Schauspielkunst.[25] Daraus ein Passus:

> *In heftigem Schmerz oder in der Trauer ist es nicht unangebracht, ja es verdient sogar Lob und erweckt Wohlgefallen, wenn man, entweder mit beiden vorgeschlagenen Händen oder indem der Kopf in den Armen verborgen wird, gelegentlich das ganze Gesicht eine Zeitlang völlig verdeckt und sich dabei an eine Kulisse lehnt; oder man kann auch in dieser Stellung einige Worte in den Ellbogen oder in den Busen flüstern, denn gerade aus diesem Flüstern, das mehr als Worte besagt, wird die Gewalt des Schmerzens offenbar.*

Emotionen können mittels des gestischen Ausdrucks am besten fingiert werden – das müssen die Schauspieler lernen – und die Fiktion bewirkt im Zuschauer ihrerseits Emotionen. Es gilt,

> *dass ein um so stärkerer Affekt sich bei den Zuschauern einstellt, je stärker, lebhafter und packender die Schauspielkunst in der auf dem Theater redenden Person wirksam wird. Die Sinne sind nämlich das Tor der Seele, durch das die Erscheinungen der Dinge ins Gemach der Affekte eintreten.*

3.5. Mimik

Das mimische Verhalten ist nicht einfach nur ein Symptom eines 'Innenzustandes' (so etwa *lächeln* als Innervierung des Zygomaticus major bei Zufriedenheit), sondern ein kommunikatives Mittel erster Güte. *Lächeln* ist – mindestens in bestimmten Kulturen – ein Entwaffnungsmittel bei einer Erstbegegnung oder nach angespannten Kommunikationsphasen; wenn es nicht erwidert wird, kann es beim zuvor Lächelnden Scham auslösen.[26]

---

[25] Franciscus Lang, Dissertatio de actione scenica (1727) Hg. und übers.von Alexander Rudin, Bern: Francke 1975.

[26] Die phänomenologischen Ansätze von Helmuth Plessner (1950) werden heute von experimentell arbeitenden Psychologen ausgebaut, z.B. Eva Bänniger-Huber, Mimik – Übertragung – Interaktion, Bern 1996.

Die Affekte, manifestiert im menschlichen Gesicht, sind ein beliebtes Studienfeld der bildenden Künste. Besonders erwähnt werden muss Charles LE BRUN (1619-1690) mit seinen *Conférences sur l'Expressions des différents Caractères des Passions*, 1667 (deutsch: *Handwörterbuch der Seelenmahlerey ... Nebst zwey u. fünfzig in Kupfer gestochenen Köpfen die vorzüglichsten Gemüthsbewegungen und Leidenschaften betreffend*, 1802), ein Werk, das noch Darwin in seinem Buch über den Ausdruck der Emotionen 1872 einleitend erwähnt.

Hingewiesen werden muss auf Guillaume DUCHENNE DE BOULOGNE, der es unternahm, mittels elektrischer Stimulation der gelähmten Gesichtsmuskulatur eines Probanden die anatomischen Gesetze zu entdecken, die den Ausdruck des Gesichts bestimmen; seine mit einem Atlas von Photographien versehene Publikation *Mécanisme de la physionomie humaine, ou analyse éléctro-physiologique de l'expression des passions, applicable à la pratique des arts plastiques* erschien 1862 und wurde von Darwin ebenfalls aufgenommen.

Erstaunlich ist, in welchen Vereinfachungen die Mimik noch einen Rückschluss auf die Emotion verrät. Die stark stilisierten Gesichter in der Anleitung *Karikaturen zeichnen* von Hans ENGEL aus dem Jahre 1935 (unser Titelblatt) sind ein Beispiel; heute versucht man die Mimik mit Robotern zu simulieren, und sogar ein primitives mit Legomindstorms gebautes Modell namens *Feelix* macht durchaus identifizierbare "facial emotional expressions".

3.6. Paraverbale Mittel

In HEINRICH WITTWENWILERs Ring (um 1408/10) wird ein Turnier geschildert, zu dem der notorische Bauernfeind Ritter Neidhart die Bauern von Lappenhausen bösartigerweise herausfordert. Nach der Niederlage eines Dorfgenossen geraten in einem Einzelstechen der Protagonist (Bertschi Triefnas) und Herr Neidhart aneinander; Bertschi eröffnet den Kampf – getreu der Konvention der Heldenlieder – mit einer heroischen Reizrede:

Triefnas rüegen sich begond.
Die nasen war er rimphen,
Das feur im aus den augen glast,
Aus seinem maul der gaifer prast.
Jo wie zittert er vor zorn!
Sein varw hiet er so gar verlorn,
Stamblent ward sein rässeu zung. [...]
Des huob er an ze lurggen do:
"So du du hüerrenson, so?

Des ha-ha-hast du dich verwegen?
Du ma-ma-macht nicht mer geleben!" (Vers 526ff.)[27]

Triefnas begann sich zu regen. Er rümpfte die Nase, das Feuer sprühte aus seinen Augen, der Geifer floss aus seinem Mund. Ha, wie er bebte vor Zorn! Er hatte sich völlig entfärbt, seine sonst scharfe Zunge begann zu stammeln. So hub er denn zu stottern an: "Ha, du du du Hurensohn, ha! Das ha-ha-hast du dich getraut! Du da-da-darfst nicht länger leben!"

Wittenwiler zeigt das ganze psychophysische Syndrom der Wut – Angst (*zorn* wird durch den Erzähler genannt) und lässt den Wütenden vor Erregung (metrisch völlig korrekt) stottern, was Neidhart in seiner Antwort dann karikiert, bevor er losschlägt. – Der Einfluss der Emotionen auf feinste Veränderungen der Stimme ist heutzutage mit größtem apparativen Aufwand untersucht worden.

3.7. Modelle, Gleichnisse, Allegorien

Plato bildet im Dialog *Phaidros* ein Gleichnis, mit dem er das Wirken von zwei Arten der Begierde in der Seele modelliert. Im Menschen wirken einerseits eine eingeborene Begierde nach dem Angenehmen mit einer vernunftlosen Tendenz zur Lust, anderseits ein ebenso vernunftloses Streben nach dem Guten (237d). Die Seele des Menschen wird als ein Wagengespann dargestellt: die Strebungen als zwei Rosse, eines von edler Abstammung und ein schlechtes, die von einem Wagenlenker zu einem überhimmlischen Ort (d.h. zur reinen Schau der Ideen) geführt werden müssen (246a). Das edle Ross wird *ohne Schläge, nur durch Befehl und Worte gelenkt,* das andere ist

senkrückig, plump, schlecht gebaut, hartnäckig, kurzhalsig, mit aufgeworfener Nase, schwarz von Haut, glasäugig und rot unterlaufen, aller Wildheit und Starrsinnigkeit freund, rauh um die Ohren, taub, der Peitsche und dem Stachel kaum gehorchend (253e).

Das Benehmen des unedlen Rosses bewirkt, dass der Wagenlenker keine vollkommene Erkenntnis der Ideen erlangt. Die mythische Rede enthält noch mehr Aspekte, die hier ausgeblendet werden müssen. Interessant ist in unsrem Zusammenhang, dass im Modell Elemente wie das unedle Pferd vorkommen, die unhinterfragbar bleiben, mit deren Wirken in der Psyche ganz einfach zu rechnen ist.

---

[27] Heinrich Wittenwiler, Der Ring, mhd./nhd. übers.von Horst Brunner, Stuttgart 1991 (RUB 8749).

Die Beispiele für emotions-evozierende Gleichnisse wären Legion. Ein Muster aus dem lateinischen Mittelalter:[28]

> *O in quantis*
>   *animus amantis*
> *variatur*
>   *vacillantis!*
> *Ut vaga*   *ratis per equora,*
>   *dum caret anchora,*
> *fluctuat inter spem*   *metumque dubia*
>   *sic Veneris milicia.*

Oh, in welchem Maße ändert sich der Sinn des Liebenden in seinem Schwanken! Wie ein treibendes Schiff auf dem Meere, das ohne Anker ist, so treibt zwischen Hoffnung und Furcht zwiespältig der Krieger in Venus' Dienst.

Auf eine freudianische Seelenmodelle vorwegnehmende Allegorie soll hingewiesen werden: *Ein gewisser Freund den ich kannte pflegte seinen Leib in drey Etagen zu theilen, den Kopf, die Brust und den Unterleib, und er wünschte öffters, dass sich die Hausleute der obersten und untersten Etage besser vertragen könnten.* (LICHTENBERG, Sudelbücher B 344) *Er pflegte seine obern [und] untern Seelenkräfte das Ober- und Unterhaus zu nennen, und sehr oft liess das erstere eine Bill passieren, die das letztere verwarf.* (a.a.O. B 67)

Noch 1900 kennt Sigmund FREUD keine bessere Darstellungsweise des Psychischen als das Gleichnis: *zwei psychische Mächte (Strömungen) seien anzunehmen, deren eine einen Wunsch ausdrücken möchte, während die andere eine Zensur an diesem Wunsch übt und ihn in verkleideter Form dem Bewusstsein zur Kenntnis bringt* (im Kapitel über die Traumentstellung in der *Traumdeutung*).

3.8. Personifikationen

Personifikation ist in der Rhetorik definiert als "Einführung nichtpersonhafter Dinge als sprechender sowie zu sonstigem personhaftem Verhalten befähigter Personen." Ausgangspunkt sind Verbmetaphern wie *ich bin der minne undertân; der Zorn übermannte mich* usw. Mit der Metapher *untertan-sein* bzw. *übermannt-werden* wird eine Aussage über das Wirksamwerden der Emotion am Menschen ausgesagt. Nun neigen wir dazu, in Subjekt-Prädikat-Strukturen Täter-Handlung-Geschichten hineinzulesen – und schon bekommt die Minne oder der Zorn ein bisschen Eigenleben. Wird dann das Gefühl durch Poeten

---

28 Lateinische Lyrik des Mittelalters, lat./dt., ausgewählt, übersetzt und kommentiert von Paul Klopsch, Stuttgart 1985 (RUB 8088), Nr. 70, Str 8; (anonym).

mittels Attributen ausgemalt, so verlagert sich das Gewicht: die Emotion wird zur Person stilisiert und bekommt eine Eigendynamik. Redewendungen wie *der Zorn überwältigt mich* haben natürlich ein anthropologisches Fundament, nämlich die Erfahrung, dass Emotionen nicht bewusst herbeigeführt und schwer vom Ich gesteuert werden können. Man muss also annehmen, dass sich hier allgemeinmenschliche psychologische Ansätze und literarische Ausdrucksweise zu einer unauflöslichen Verbindung amalgamiert haben, dass "das Phänomen der Personifikation als eines der Sprache u n d der Imagination im gleichen Maße begriffen werden muss"[29].

Verkörperte Gefühle mit den Namen *Espérance, Désire*, usw. kommen in der spätmittelalterlichen didaktischen Literatur in Hülle und Fülle vor. In den sogenannten Reyen, den Zwischenspielen in den barocken Dramen, disputieren *Zwytracht, Rache, Liebe, Haß, Begierde, Freude, Schrecken* darüber, wer am stärksten sei, und die Seele der aufgewühlten Protagonistin muss zugeben, dass sie alle in ihrer Brust miteinander kämpfen (LOHENSTEIN, *Sophonisbe*, 1686). Die Population dieser meist etwas anämischen Gestalten wollen wir hier nicht betrachten, sondern zeigen nur zwei interessante Ausprägungen.

Isoldes Zwiespalt

Die interessantesten Gefühle – nicht nur für unser eigenes Erleben, sondern auch als literarästhetische Aufgabe – sind die gemischten, widersprüchlichen Gefühle, wie Lust-Angst oder Hass-Liebe, oder die potenzierten Gefühle, das heisst die gefühlvoll-sentimentale Reflexion auf ein aktuelles Gefühl.

Hierzu ein Beispiel aus GOTTFRIEDs VON STRASSBURG Tristanroman. Die Vorgeschichte: Tristan hat Morold, den Onkel Isoldes, im Zweikampf besiegt und erschlagen; dabei ist ein Splitter aus Tristans Schwert in Morolts Haupt stecken geblieben und Tristan siecht an einer Wunde von Morolts vergiftetem Schwert dahin, die einzig dessen Schwester Isolde in Irland heilen kann. Als Spielmann *Tantris* verkleidet begibt sich Tristan übers Meer nach Irland, wo er bald von der heilkundigen Königstochter Isolde geheilt wird und sie als Gegenleistung in den musischen Fächern ausbildet. Später in der Geschichte erlegt Tristan einen das Land bedrohenden Drachen, halbtot gelangt er wieder an den Hof und wird von Isolde als Tantris wiedererkannt. Isolde verliebt sich in den jungen Mann. Bei Gelegenheit entdeckt sie, dass der Schwertsplitter aus des Onkels Haupt in die Lücke von Tantris Schwert passt, und sie entzif-

---

[29] Christian Kiening, Personifikation. Begegnungen mit dem Fremd-Vertrauten in mittelalterlicher Literatur, in: Helmut Brall / Barbara Haupt / Urban Küsters (Hgg.), Personenbeziehungen in mittelalterlicher Literatur, (Studia Humaniora 25); Düsseldorf: Droste 1994, S. 347-387; mit viel weiterführender Literatur.

fert das Anagramm. Wie Tristan im Bad sitzt, möchte sie ihn mit dem Schwert erschlagen, allein, die Königin-Mutter hält sie auf, denn der Wohltäter Irlands steht unter ihrem Schutz. In Isolde tobt nun ein Widerstreit der Gefühle:

Isolde diu süeze, diu guote,
diu siure an wîbes muote
noch herzegallen nie gewan,
wie solte diu geslahen man? [...]
doch was ir herze nie sô guot,
sine hæte zorn und unmuot,
wan si den hôrte unde sach,
von dem ir leide geschach.
si hôrte ir vînt unde sahen
und mohte sîn doch nicht geslahen.
diu süeze wîpheit lag ir an
unde zucte si dâ van.
an ir striten harte
die zwô widerwarte [...]
zorn unde wîpheit,
diu übele bî ein ander zement,
swâ sie sich ze handen nement.
sô zorn an Isolde
den vînt slahen wolde,
sô gie diu süeze wîpheit zuo.
"nein" sprach sie suoze, "niene tuo"
sus was ir herze in zwei gemuot,
ein herze was übel unde guot
diu schœne warf daz swert dernider
und nam ez aber iesâ wider.
sine wiste in ir muote
under übel und under guote,
ze wederm si solte:
si wolte unde enwolte;
si wolte tuon unde lân.
sus lie der zwîvel umbe gân,
biz doch diu süeze wîpheit
an dem zorne sige gestreit. (10'236ff.)

Die Liebliche, die Edle, die weder Saures noch Galle in ihrer weiblichen Gesinnung kannte, wie sollte die einen Mann erschlagen? [...] Ihr Herz war nicht so gutgesinnt, dass sie nicht doch Zorn und Unmut verspürt hätte, als sie den hörte und sah, von dem ihr solch Leid widerfahren war. Sie hörte ihren Feind und sah ihn, und konnte ihn doch nicht erschlagen. Ihr zartes weibliches Empfinden bedrängte sie und hielt

sie davon zurück. An ihr stritten heftig zwei Widersacher 'Zorn' und 'Weiblichkeit",
die schlecht zueinander passen, wo immer sie zusammentreffen. Sobald Zorn in Isolde
den Feind erschlagen wollte, so trat die liebliche Weiblichkeit dazu und sagte sanft:
"Nein, tu das nicht!" So war ihr Herz zweimütig, das éine Herz war übel únd gut. Die
Schöne warf das Schwert nieder und nahm es aber sogleich wieder auf. Sie wusste
nicht, ob sie sich bei ihren Gefühlen für die bösen oder für die guten entscheiden
sollte. Sie wollte und wollte nicht. Sie wollte tun und lassen. So machte der Zweifel sie
schwanken [?], bis dann doch ihre sanfte Weiblichkeit den Zorn besiegte.

Gottfried von Straßburg ist der Meister solcher Seelengemälde. Wir sehen –
nachdem der Zorn interessanterweise physiologisch mit Säure und Galligkeit
charakterisiert wird – einen Kampf von zwei zu Personifikationen ausge-
wachsenen Gefühlen *zorn* und *wîpheit* innerhalb der Seele. Das Zweifeln ist
ein Leitmotiv in diesem Roman.

Löwe und Lindwurm

In HARTMANNS VON AUE Iwein-Roman (um 1200), im zweiten Handlungs-
zyklus, nachdem Iwein aus tiefer Sinnesverwirrung erwacht ist, befreit Iwein
zunächst eine Dame von einem sie bedrängenden Liebhaber, sodann greift er
in einer Waldlichtung in einen Kampf zwischen einem Drachen und einem
Löwen ein und befreit den Löwen aus den Fängen des Drachen.

lûte âne mâze
hôrter ein stimme
clägelich und doch grimme.
nune weste mîn her Iwein
von wederm si wære under in zwein,
von wurme oder von tiere.
er bevandez aber schiere.
wan diu selbe stimme wîst in
durch michel waltgevelle hin
dâ er an einer blœze ersach
wâ ein grimmer kampf geschach,
dâ mit unverzagten siten
ein wurm unde ein lewe striten.
der wurm was starc unde grôz,
daz viur im ûz dem munde schôz.
im half diu hitze und der stanc,
daz er den lewen des betwanc
daz er also lûte schrê.
hern Iwein tete der zwîvel wê
wederm er helfen solde,
und bedâhte sich daz er wolde

helfen dem edelen tiere. (Vers 3818ff.)

Über die Maßen laut hörte er eine Stimme, jammernd und doch grimmig. Monsieur Iwein wusste nicht, von welchem der beiden sie war, von einem Drachen oder einem wilden Tier. Er fand es aber bald heraus. Denn die Stimme führte ihn durch einen Waldbruch, wo er auf einer Lichtung einen grimmigen Kampf sah. Ein Drache und ein Löwe kämpften in voller Wut. Der Drache war stark und groß; das Feuer schoss ihm aus dem Rachen. Hitze und Gestank bewirkten, dass der Löwe so laut brüllte. Monsieur Iwein quälte der Zweifel, welchem er helfen sollte. Da entschloss er sich, dem edlen Tier zu helfen.

Die Qualitäten von gut und böse bei diesen Tieren sind nicht eindeutig im vornherein gegeben; Iwein fürchtet sich zunächst ebenso vor dem Löwen. Er ist im Zweifel, für welches der beiden Tiere er Partei ergreifen sollte, und entschließt sich dann für das edle Tier, das erst nachher seinen Adel beweist. Der Löwe wirft sich ihm zu Füßen und folgt ihm zutraulich als Helfer auf der zweiten *âventiure*-Fahrt, wo Iwein den Riesen Harpin besiegt, der jüngeren Gräfin vom Schwarzen Dorn hilft, 300 Geiseln auf der Burg zum Schlimmen Abenteuer befreit; lauter Taten im Dienste des Mitmenschen in Auseinandersetzung mit übelwollenden Mächten.

Dass Löwen und Drachen durch die Wälder der Artusromane streifen, ist nicht verwunderlich. Merkwürdig ist, dass das Motiv für den Handlungsfortgang nicht zwingend ist. Das ruft nach einer Interpretation. Am plausibelsten erscheint es, wenn man die beiden Tiere als Manifestationen eines psychischen Konflikts des Protagonisten auffasst. Die beiden Pole des zunächst zweifelhaften Hin und Her sind symbolisch repräsentiert; zusammen ergibt sich ein märchenhaftes Gebilde, hinlänglich deutlich, und doch offen für Bedeutungen. Die Kampfszene zwischen Löwe und Drache wäre dann "la projection d'un conflit intérieur en la figure de deux animaux…".[30] Welche beiden Prinzipien hier symbolisch angedeutet sind, ist nur zu erahnen; mit der Jungschen Psychologie würde man den Drachen als Ausdruck des Ich-Komplexes deuten, während der Löwe für den Anima-Komplex steht, der vom Helden integriert wird.

Es sind offensichtlich die Zielkonflikte, dilemmatischen Situtationen, Gefühlsvermengungen, die schwer auszuhalten sind und nach einer Projektion der verschiedenen widerstreitenden Instanzen verlangen. Die Zerlegung des Subjekts in verschiedene Aspekte, die nach aussen projiziert werden, wirkt für

---

[30] Vgl. die Auflistung der Deutungsversuche des Löwen bei Dietmar Rieger, "Il est à moi et je à lui" – Yvains Löwe, ein Zeichen und seine Deutung, in: Xenia von Ertzdorff (Hg.), Die Romane von dem Ritter mit dem Löwen, Chloë Band 20 (Amsterdam 1994), S. 245-285. Das Zitat ist aus: J. Dufournet, Le lion d'Yvain in: ders., (Hg.), Chrétien de Troyes, Le Chevalier au Lion. Approches d'un chef-d'œuvre, Paris 1988, S. 81f.

unseren literarischen Geschmack flach, wir finden die Integration des Widersprüchlichen interessant. Tempora mutantur.

3.9. Projektionen in die Landschaft

OVIDs Leander schreibt der Hero, von der er durch den Hellespont getrennt ist, und zu der er immer wieder schwimmend gelangt, einen Brief, in dem sich die Gefühle und die gesehene Meerlandschaft durchdringen: *cur ego confundor, quotiens confunditur aequor? (Was für krause Gedanken ich hab, wenn die Wogen sich kräuseln!* Vers 129[31]).

Andreas GRYPHIUS (1616-1664) konstruiert im Sonett *Einsamkeit* eine aus für die Melancholie-Literatur typischen Topoi zusammengestückte Landschaft[32]:

In diser Einsamkeit der mehr denn öden Wüsten
Gestreckt auff wildes Kraut / an die bemoßte See:
Beschaw ich jenes Thal und diser Felsen Höh'
auff welchem Eulen nur und stille Vögel nisten.

Wenn auch die Requisiten aus dem Arsenal gängiger allegorischer Handbücher bezogen wurden, so evoziert der Text doch eine Stimmung, auf deren Hintergrund dann die Meditation der Vanitas gedeiht.

Eine eindrückliche Stelle für eine Projektion des Gefühls in die Landschaft findet sich in GOETHEs *Werther* (1774/1787), im Brief vom 10. Mai einerseits, aber vor allem dann im Brief vom 12. Dezember im 2. Teil, wo er Wilhelm schreibt:

Gestern abend musste ich hinaus. Es war plötzlich Tauwetter eingefallen, ich hatte gehört, der Fluss sei übergetreten, alle Bäche geschwollen und von Wahlheim herunter mein liebes Tal überschwemmt! Nachts um eilfe rannte ich hinaus. Ein fürchterliches Schauspiel, vom Fels herunter die wühlenden Fluten in dem Mondlichte wirbeln zu sehen, über Äcker und Wiesen und Hecken und alles, und das weite Tal hinauf und hinab eine stürmende See im Sausen des Windes!

Die elementare, wilde Macht zerstört das Kulturland, ein Symbol für Werthers Emotionen, im Gegensatz zu dem bürgerlich-vernünftigen Leben

---

[31] Ovid, Liebesbriefe, Heroides Epistulae, lat.-dt., hg. und übersetzt von Bruno W. Häuptli, Zürich: Artemis 1995 (Tusculum).

[32] Landschaft kommt im genauen Sinne erst zustande durch eine emotionale und ästhetische Deutung eines Raum-Ensembles.

Lottes. (Die Gefühle Werthers werden ja auch in seinen Lieblingslektüren Homer und Ossian gespiegelt).

3.10. Konventionelle Semiotik

Gefühle können auf der Basis von Abmachungen einfach signalisiert werden, was in einer prüden und Zensur ausübenden Gesellschaft für die Kommunikation zwischen Liebenden ein Trost ist. So gab es einen Farbcode, einen Blumencode u.a.m., mit dem man dezent kundtun konnte, ob man verliebt oder unwirsch usw. sei. Im Liederbuch der Clara Hätzlerin († nach 1476)[33] findet sich ein Text *Was allerley pletter bedeüten*. Daraus das Linden-Laub:

> *Wer lindin lavb tregt, der gibt ze erchennen, er wöll sich mit der meng fräuen vnd mit neymantz besunder. Wann die linde gewonlich uff der gemain stat, da sich die menig by fräet. Vnd gibt doch in sunderhait nyemant kain frucht.*

3.11. Schweigen[34]

Dass im höfischen Diskurs auch ohne Liebe Liebeslyrik produziert werden konnte, gilt, bedingt durch den courtoisen Regelkodex, als selbstverständlich.[35] Dennoch erwartete das Publikum anscheinend, dass die Lieder die Gefühle nicht nur glaubwürdig darstellen, sondern dass diese auch echt sind, d.h. 'wahren' Gefühlen entsprechen. Entscheidend war im Minnedienst also die Frage der Vermittlung von (Gefühls-)Wahrheit durch Sprache und deren Beglaubigung den Rezipienten gegenüber. Dabei gerieten einige Sänger – wie in verwandter Weise auch die mittelalterlichen Mystikerinnen und Mystiker – in ein vertracktes Problemfeld. Mit immer wiederkehrenden Motiven wird (vergeblich) nach Auswegen gesucht: Soll das liebende Ich reden oder schweigen, soll es der Dame seine Liebe gestehen oder nicht? Und was macht es, wenn es angesichts der Dame verstummt, wenn es ihm bei ihrem Anblick buchstäblich die Sprache verschlägt? Dieser Topos scheint besonders geeig-

---

33 Liederbuch der Clara Hätzlerin, hg. Carl Haltaus, (Bibliothek der gesammten deutschen National-Literatur), Quedlinburg/Leipzig, 1840; Teil II, Nr. 22.

34 Dieses Kapitel hat Franzisca Frühauf beigesteuert.

35 Vgl. z.B. Ingrid Kasten, Die doppelte Autorschaft. Zum Verhältnis Sprache des Menschen und Sprache Gottes in mystischen Texten des Mittelalters, in: Hartmut Eggert / Janusz Golec (Hrsg.), "...wortlos der Sprache mächtig". Schweigen und Sprechen in der Literatur und sprachlicher Kommunikation. Stuttgart 1999, S. 9-30, hier: 24. – Vgl. auch Uwe Ruberg, Beredtes Schweigen in lehrhafter und erzählender deutscher Dichtung des Mittelalters, (Münstersche Mittelalter-Schriften 32), München 1978. – Katharina Wallmann, Minnebedingtes Schweigen in Minnesang, Lied und Minnerede des 12. bis 16. Jahrhunderts, (Mikrokosmos 13), Frankfurt/M. u.a.: Lang 1985.

net, die Aufrichtigkeit und Intensität der Liebe und die Einzigartigkeit[36] der Dame zu kommunizieren.

Die Sprache ist nicht vor Kritik und Missverständnissen gefeit, ist überdies manipulierbar und schon deshalb kein vertrauenswürdiges Medium, um wirklich empfundene Gefühle adäquat zu vermitteln. Das Verstummen hingegen, der Verzicht auf die verbale Kommunikation, erscheint unter diesem Aspekt als angemessene Form, den wahren Gefühlen Ausdruck zu geben: "Rien n'est vrai que ce qu'on ne dit pas..." (Jean ANOUILH: *Antigone*).

Damit ist das Problem jedoch noch längst nicht gelöst. Wer nur noch schweigt, läuft Gefahr, nicht mehr wahr-genommen zu werden. Sänger wie auch Mystikerin leiden unter der grundlegenden Diskrepanz zwischen 'nicht mehr sprechen können' und 'sprechen müssen'. HEINRICH VON MORUNGEN MF 132,11ff.:

> *Wolte si mîn denken für daz sprechen*
> *und mîn trûren für die klage verstân,*
> *sô müese in der niuwen rede gebrechen.*
> *owê, daz ieman sol für vuoge hân,*
> *daz er sêre klage,*
> *daz er doch von herzen niht meinet,*
> *als einer trûret unde weinet*
> *und er sîn nieman kann gesagen.*

Nähme sie mein Denken für das Sprechen und mein stilles Leiden für das laute Klagen, dann müssten sie auf dieses neue Lied hier verzichten. Ach, dass es jemandem als gutes Benehmen ausgelegt werden darf, dass er bitter um etwas klagt, was er doch tief im Herzen nicht schätzt, wie wenn einer still leidet und weint und doch zu niemandem davon sprechen kann.

---

[36] Vgl. Niklas Luhmann / Peter Fuchs, Reden und Schweigen, Frankfurt a.M.: Suhrkamp 1989, S. 145f.: "Einzigartigkeit wird, wenn sie behauptet wird, in ihr Gegenteil verkehrt [...]." Und: "Die einzige Konsequenz, die konsequent aus dem Einzigartigkeitsparadox zu ziehen wäre, ist Schweigen. Aber genau das ist der Punkt, an dem das Paradox im Falle der Literatur besonders dramatisch greift: Wie immer einzigartig die Erfahrungen psychischer Systeme sein mögen, sie lassen sich poetisch nur im Medium der Sprache mitteilen, und eben dies lassen sie sich nicht."

4. Emotions-Diskurse

Darum gibt es statt einer Antwort darauf
ein ganzes Bündel, und dieses ist etwas
unordentlich.
(Robert MUSIL)

Eine Übersicht über die Zeugnisse, in denen Emotionen thematisiert werden, zeigt, dass diese in verschiedenen 'Diskursen' beheimatet sind (Rhetorik, Medizin, Poetik usw., lange bevor eine Disziplin 'Psychologie' etabliert ist). Insofern als die Verheimatung eines Problems in einem Diskurs einen wichtigen Einfluss auf die Argumentation und die Darstellung des darin zur Sprache Kommenden ausübt und insofern als die Emotionen wie dargelegt etwas Konturloses haben und folglich diesem Einfluss besonders ausgesetzt sind, muss davon die Rede sein.

Mit dem Begriff D i s k u r s wird in der jüngeren Forschung recht schlampig umgegangen, weswegen hier eine ultrakurze Klärung am Platz ist. Unter einem Diskurs verstehen wir ein Bündel von vor-individuellen Mustern, welche die Wahrnehmung und die Handlungsbereitschaft steuern. Bei solchen Mustern handelt es sich um sprachliche Prägungen, Leitmetaphern, gängige Klassifikationen, Bewertungsstereotypen, Argumentationsschemata, Zuordnungen zu einem typischen Medium mit seiner Spezifik, Anbindung an Institutionen u.a.m. Dasselbe Objekt erscheint je nach dem Diskurs, in dem es auftritt, anders. Über das Thema der Herrschaft wird in einem Fürstenspiegel anders gesprochen als in einem Heldenepos oder in einem Moraltraktat. Namentlich psychische und soziale Phänomene sind an-sich nie zu haben; sie treten immer in einem Diskurs auf; aber ein wissenschaftlicher Zugang versucht, den Einfluss dieses Umfelds auszusondern. Nur wer anzugeben weiss, von welchem Referenzsystem aus er argumentiert, kann überhaupt triftige Aussagen machen.

Es ist interessant zu sehen, welche Diskurse sich der Thematik der Emotionen aus welchen Gründen annehmen und was sie dabei hervorheben oder ausblenden. Wissenschaftsgeschichtlich ist von Belang, dass die Thematik, der sich die seit etwa 1900 als Hochschuldisziplin etablierte Psychologie widmet, früher in ganz anderen Diskursen beheimatet war, von denen einige moderne Nachfolger haben (etwa die Werbung als Erbin der Rhetorik), andere ganz verschwunden sind (etwa die Hofmannslehre).

Ein gutes Beispiel gibt die *Melancholie* ab, die in verschiedenen Diskursen verortet ist: sie gilt als hervorgerufen von der schwarzen Galle und gehört insofern zur Säfte-Physiologie; sie wird aber als von der Herrschaft Saturns verursacht gesehen und gehört so zu einem astrologischen Diskurs; früh vermengt sich das Syndrom mit der *akedia* und fällt so in den Diskurs der sieben Todsünden; man kann die Melancholie auch verstehen als einen Indikator sozialer Verhältnisse (Wolf Lepenies), begründet sowohl in Ordnungsüberschuss wie Unordnung der Welt; schließlich ist das melancholische Gehabe zu Zeiten auch ein Ausdruck des Genies.

Epistemologisch sind solche Befunde nicht unproblematisch: Handelt es sich um dieselbe Entität in verschiedenen Diskursen (und je nachdem entsprechend leichten Abschattierungen) oder um homonym benannte verschiedene Entitäten (bei denen die semantische Identität die Unterschiede zudeckt)?

4.1. Rhetorik und Homiletik und deren moderne Nachfahren

Ein zentrales Kapitel der Rhetorik[37] behandelt die Indienstnahme von Emotionen zur Beeinflussung des Nebenmenschen (wie man im älteren Deutsch sagte). Die Lehre von der Technik des Beeinflussens (*flectere*) kann man geradezu als eine Wurzel der Psychologie bezeichnen. Der Redner muss Einsicht in das emotionale Verhalten seines Publikums zu gewinnen suchen. Die logische Klärung der Sache und die Einsicht in die menschliche Seele sind bereits bei SOKRATES gleichwertige Aspekte (Plato, *Phaidros* 269b–272e); die Persuasion setzt die Kenntnis der Gemütsverfassungen des Publikums voraus, und so behandelt ARISTOTELES in seiner Rhetorik (II, 2-11 1378–1389) 15 Affekte (wie Zorn, Verachtung, Freundschaft, Hass, Furcht, Mut, Scham, Mitleid, Unwille, Neid, Eifersucht) und die zu ihrer Erregung geeigneten Mittel. CICERO schreibt:

> *Wer wüsste nicht, dass die Wirkung des Redners sich vor allem darin zeigt, dass er das Herz des Menschen sowohl zum Zorn, Hass oder Schmerz antreiben wie auch von diesen Regungen in eine Stimmung der Milde und des Mitleids zurückversetzen kann? Diese erwünschte Wirkung kann in seiner Rede nur der erreichen, der die natürliche Veranlagung der Menschen und das gesamte Wesen der menschlichen Natur sowie die Gründe, die Stimmungen erzeugen und in eine andere Richtung lenken, gründlich kennt.* (de oratore, I,xii,35; vgl. QUINTILIAN, institutio oratoria V, x, 17; VI, ii)

Eine Hochblüte hat die rhetorische Affektenlehre erwartungsgemäß im Barock. Jedes Handbuch enthält einschlägige Kapitel über die *Gemüthsbewe-*

---

37 Vgl. den Artikel mehrerer Autoren "Affektenlehre" in: Historisches Wörterbuch der Rhetorik, hg. Gert Ueding u.a., Darmstadt 1992ff., Bd. 1, Sp. 218-253. sowie Heinrich F. Plett, Rhetorik der Affekte. Englische Wirkungsästhetik im Zeitalter der Renaissance, Tübingen 1975.

gungskunst. Ein Müsterchen aus Christian WEISEs *Politischem Redner* (Leipzig 1681; 4. Abtheilung, 2. Capitel):

> *Von der Ubung mit den Affecten.*
> *Wer in der Welt etwas nützliches ausrichten / und ein rechtschaffenes*
> *Amt bedienen will / der muß die Leute mit ihren Affecten recht in seinen*
> *Händen haben. Absonderlich was die Politischen Ministros betrifft / so*
> *werden solche in ihren Consiliis schlechte Expedition erhalten / wenn sie*
> *nicht die Gemüther zu gewinnen / und nach Belieben einen guten oder*
> *bösen Affect einzupflantzen wissen.*

Die Predigtlehre übernimmt die Positionen der antiken Rhetorik. AUGUSTINUS beschreibt in seiner Homiletik, wie die Eloquenz zur seelischen Ergreifung der Zuhörer (*ad commovendos animos auditorum*) eingesetzt wird:

> *Kommt es dem Redner darauf an, seine Zuhörer zu ergötzen oder zu*
> *rühren (delectare, flectere), so wird er dieses Ziel nicht durch die nächst-*
> *beste Ausdrucksweise erreichen, sondern es hängt sehr viel davon ab, wie*
> *er spricht. Wie man den Zuhörer ergötzen muss, um seine Aufmerksam-*
> *keit zu fesseln, so muss man ihn anderseits rühren, um ihn zum Handeln*
> *zu bewegen.* (doctrina christiana IV,xii,27)

Das Thema verlagert sich in der Predigtlehre weg von technischen Fragen der stilistischen Mittel hin zur Person des Predigers, der nicht lau sein darf, sondern von einem inneren Feuer bewegt sein soll. – Die Tradition der Homiletik dauert übers Mittelalter, die Reformatoren und die Barockzeit bis auf unsere Tage. Um nur ein Beispiel herauszugreifen: die *Vollständige Lehrart zu predigen* von Pater Rudolph GRASER O.S.B. (1768) enthält selbstverständlich auch ein Kapitel *Von den Gemüthsbewegungen*, in dem von der *Erregung der Affecte, oder Leidenschaften* die Rede ist und Musterpredigten angeboten werden (XII. Hauptstück, S. 480-515).

Die W e r b u n g der Moderne hat dieses Erbe übernommen. Weitaus raffinierter als sich dies Vance Packard ("The hidden persuaders") oder Wolfgang Fritz Haug ("Warenästhetik") vorgestellt haben, wird heute die Sinnlichkeit technokratisch mobilisiert. Schon seit geraumer Zeit werden Sehnsüchte, Hoffnungen, Triebe durch ästhetische Aufmachung der Waren evoziert, um sie als anschaffenswert darzustellen; nun geht es im "emotional design" darum, Gefühle in der übersättigten Welt der westlichen Industriestaaten überhaupt erst zu generieren, um im gleichen Atemzug deren Befriedigung durch den Erwerb der Ware in Aussicht zu stellen.

4.2. Verhaltensstrategien am Hof

Das Leben in der höfischen Gesellschaft war alles andere als friedlich. Die Mitglieder der Gesellschaft lebten unausweichlich auf engem (sozialem)

Raum, kämpften alltäglich um die Stellung in der Rangordnung, um ihr Prestige, das sich in Gunsterweisungen oder Missfallensbekundungen des Fürsten zeigte. Intrige war Dauerzustand. Die Briefe der Elisabeth Charlotte von der Pfalz (1652-1722) geben vom Hofleben unter Louis XIV. beredtes Zeugnis. Jeder musste lavieren, sich Ranghöheren an die Fersen heften, aber so, dass er bei deren Fall nicht mitgerissen wurde; musste Feindschaften zu vermeiden suchen. Das dazu nötige Auskundschaften verborgener Motive ließ die Kunst einer Menschenbeobachtung wie eine Kunst der Affektkontrolle, ja der Verstellung gedeihen. Diese seltsame Konstellation hat demnach sowohl einen Psychologie- als auch einen Rationalitätsschub generiert.[38]

Baltasar GRACIAN[39] (1601-1658) lehrt in seinem *Oracula manual* solche Verhaltensmaßregeln wie beispielsweise:

52. Nie aus der Fassung geraten. Ein großer Punkt der Klugheit: nie sich entrüsten. [...] Die Affekte sind die krankhaften Säfte der Seele, und an jedem Übermaße derselben erkrankt die Klugheit; steigt gar das Übel bis zum Munde hinaus, so läuft die Ehre Gefahr. Man sei daher so ganz Herr über sich, dass weder im größten Glück noch im größten Unglück man die Blöße einer Entrüstung gebe, vielmehr, als über jene erhaben, Bewunderung gebiete.

287. Nie handle man im leidenschaftlichen Zustande, sonst wird man alles verderben. [...] Stets sehen die Zuschauer mehr als die Spieler, weil sie leidenschaftslos sind. Sobald man merkt, dass man ausser Fassung gerät, blase die Klugheit zum Rückzug.

Der Cameralist Julius Bernhard VON ROHR (1688-1739) verfasste eine Schrift *Unterricht von der Kunst, der Menschen Gemüther zu erforschen.* Themen sind: *Von der Stellung* (simulatio) *und Verstellung* (dissimulatio); *Von der Erforschung der Menschen aus ihren Reden; Von der Erkänntniß der Menschen aus ihren Actionen, Von der Physiognomie* u.a.m. Die Auffassung, dass die *Affecten* die Neigungen der Menschen verraten; die Warnung, dass die Ämter / die Armut / eingenommene Arznei / die Lektüre / die Cometen / die Ehegatten / die Witterung usw. die Neigungen der Menschen verändern; dass besonders Ehrgeiz zur Dissimulation reizt; dass die *Passiones* besonders durch die Frauenzimmer erkundigt werden können, mit denen sich die Herren einlassen; Techniken, mittels welcher Verstellung man Freunde erlangt; wie

---

[38] Norbert Elias, Die höfische Gesellschaft, Darmstadt/Neuwied 1969.

[39] Hier nach: Balthasar Gracián, Handorakel und Kunst der Weltklugheit, aus dessen Werken gezogen [...] und übersetzt von Arthur Schopenhauer, (RUB 2771), Stuttgart 1954.

aus seiner Kleidung ein Mensch zu erkennen – das sind Themen, die um 1730 interessieren.

Adolph VON KNIGGE (1751-1796) widmet ein langes Kapitel seines *Über den Umgang mit Menschen* dem Thema der lebenspraktischen Einschätzung von *Leuten mit verschiedenen Gemüthsarten, Temperamenten und Stimmung des Geistes und Herzens.*[40]

4.3. Anthropologische Verortung der Gefühle

Während PLATON im Gefolge des Sokrates in früheren Dialogen von einer einheitlichen Seele ausgeht (*Phaidon*) und annimmt, dass der Verstand wenn auch irren, so doch nicht grundlegend beeinträchtigt werden kann (*Protagoras*), entwickelt er in der *Politeia* (bes. 438-441) ein Modell, wonach Affekte auf den Intellekt einwirken. Die Leidenschaften werden nicht mehr als eine Täuschung oder eine Art Infektion von aussen gesehen, sondern als zur Seele gehöriger, irrationaler Teil.[41] Im *Timaios* entwickelt er die Lehre von drei Seelen-'Schichten': die Vernunft- oder Geistseele / die muthafte Seele, der die edleren Erregungen angehören / die triebhafte Seele (Nahrungs- und Geschlechtstrieb, Schlafbedürfnis). Sodann weist er jedem der Seelenteile einen Sitz im Körper zu: die Vernunft (*logistikón*) im Haupt / die mutartige Seele (*thymoeidés*) zwischen Hals und Zwerchfell / die begierliche Seele (*epithymetikón*) zwischen Zwerchfell und Nabel (69d - 71a). Der oberste Seelenteil ist immateriell und unsterblich, die beiden niederen sind dem Leib verhaftet. Und doch sind die Affekte Teil der Seele. Dieses in sich nicht einheitliche Modell ist teilweise mit paulinischen Anschauungen kompatibel und hat eine unermessliche Wirkung auf die abendländische Psychologie gehabt.

Merkwürdigerweise findet sich bei Sigmund FREUD keine ausgearbeitete Theorie der (manifesten) Emotionen. Das Modell des "psychischen Apparats" besagt, dass das Ich den Anspruch der – kaum differenzierten, nicht objektbezogenen, zeit- und raumlosen – "Triebe" des Ubw. abwehrt, dass es zur "Abfuhr" oder "Entladung" in der Motorik oder sthenischen Affekten oder im Traum kommt und dabei die Mechanismen von Verschiebung, Verdichtung, Projektion oder Introjektion am Werk sind. Hier müsste doch auch die Palette der Emotionen als Manifestationen der Arbeit des Ich im Widerstreit mit den Anforderungen von Es und Über-Ich ihren Ort haben, die Theorie scheint aber diesbezüglich nirgends entwickelt.

---

[40] Erster Teil, drittes Kapitel in der Auflage 1790; hg. Gert Ueding, Frankfurt/M. 1977 (insel taschenbuch 273), S. 88-132.

[41] Eric Robertson Dodds, Die Griechen und das Irrationale (1951), dt. Übers. Darmstadt 1970; Kapitel 7. – Peter Kaufmann, Gemüt und Gefühl als Komplement der Vernunft […], Frankfurt/M.: Lang 1992, S. 22-27.

4.4. Klassifikation der Seelenvermögen

Emotionen werden seit alters klassifiziert, und die bei der systematischen Klassifikation verwendeten Eigenschaften werden gerne als Basisgrößen aufgefasst, aus denen dann alle Emotionen abgeleitet werden können.

Diogenes Laertius (VII, 110ff.) berichtet über die Schrift des ZENON (ca. 336-264) von den Leidenschaften.[42] Dieser unterscheidet vier unvernünftige, geradezu krankhafte Hauptgattungen: *Schmerz, Furcht, Begierde, Lust*, zu jeder erwähnt er eine ganze Reihe von Ausprägungen. Neben diesen gibt es drei *leidenschaftsartige Gemütszustände, die keinem Tadel ausgesetzt sind*, nämlich: *Freude, Vorsicht, Gutwilligkeit*.

Solche Konzepte werden über Jahrhunderte weitergereicht. CICERO (106-43) widmet der stoischen Lehre von den Affekten lange Passagen in den *Gesprächen in Tusculum*. Gemäß der Unterscheidung der Seelenvermögen in vernünftige und unvernünftige gibt es (mindestens beim Weisen) ein vernünftiges Begehren (*boulesis* bzw. *voluntas*; tusc. IV,12). Beispielsweise: *Wenn die Seele durch Vernunft bewegt wird und dies mit Ruhe und Beständigkeit, so nennen wir dies Freude (gaudium); wenn der Geist aber sinnlos und ungehemmt frohlockt, so ist dies ein übertriebenes Vergnügen (laetitia gestiens)*. Somit ergibt sich folgendes Schema:

	auf Güter bezogen	auf Übel bezogen
auf die Gegenwart gerichtet		
unvernünftig:	*laetitia*	*aegritudo*
mit Vernunft:	*gaudium*	Ø
auf die Zukunft gerichtet		
unvernünftig:	*libido*	*metus*
mit Vernunft:	*voluntas*	*cautio*

Dem gegenwärtigen Übel gegenüber gibt es keine Reaktion des Weisen (Ø). Und so gibt es vier Leidenschaften (*perturbationes*) und drei Beständigkeiten (*constantiae*). Sodann referiert Cicero die Einordnung der verschiedenen Emotionen in dieses Schema.

---

[42] Diogenes Laertius, Leben und Meinungen berühmter Philosophen [um 275 n. Chr.], übers. von O. Apelt (Philosophische Bibliothek 53/54), Hamburg: Meiner 1967. – Bei Andronikos sind die vier: *hedone, lype, phobos, epithymia*.

AUGUSTINUS spricht im *Gottesstaat* von den Affekten (civ. Dei XIV, 6-9). Er beruft sich auf Cicero. Nicht an sich, sondern je nach dem Willen der Empfindenden sind die Affekte böse oder lobenswert *Es begehren, fürchten und freuen sich (cupiunt, timent, laetantur) Gute wie Böse, aber die einen auf gute, die anderen auf böse Art, je nachdem sie einen rechten oder verkehrten Willen haben* (XIV,8). Im Gegensatz zur stoischen Lehre kennt er ein positives Pendant (Ø) zur Trauer, nämlich das *contristare*, d.h. eine Betrübnis, welche eine zur Seligkeit führende Reue bewirkt (2Kor 7,8-11).

THOMAS VON AQUIN (1225/6-1274) handelt an mehreren Orten von den *passiones* (*de veritate*, quaestio 26; *Summa*, I/II^{ae}, quaestiones 22-48).[43] Durch eine Erweiterung des Kriterienkatalogs vermag er mehr Emotionen zu klassifizieren. Neu ist eine Unterscheidung zwischen den begehrenden (*concupiscibilis*) und den überwindenden (*irascibilis*) Vermögen; die ersten haben als Objekt den sinnlichen Genuss; die zweiten eine in den Weg tretende Schwierigkeit. Hier wird noch feiner unterschieden, je nach dem die Hemmnisse die Fähigkeiten übersteigen oder nicht; so lässt sich *Verzweiflung* von *Hoffnung* scheiden und *Furcht* von *Wagemut*. Weiter führt Thomas Intensitäts-Stufen ein (*Liebe – Verlangen – Freude*) und unterscheidet auch aufgrund der materialen Beschaffenheit des Objekts (*Neid* als Trauer über fremdes Wohlergehen vs. *Mitleid* als Trauer über fremdes Unglück). Man ertappt sich bei der Vorstellung, das Klassifizieren mit möglichst sparsamen Mitteln sei Thomas wichtiger als die psychologische Empirie.

Als exemplarischer Vertreter eines Kompendiums des Schulwissens im lutheranischen Bereich im 17. Jahrhundert sei Justus Georg SCHOTTELs *Ethica* (1669)[44] genannt. Ausgehend von der Position *ein Sittenkundiger und Tugendlehrer muß kundig seyn / wie es mit des Menschen Seele und dero Vermögen beschaffen* wird eine detaillierte Psychologie ausgebreitet (im Wesentlichen S. 87-246), an die eine Tugendlehre (S. 421-606) anschließt. Die Lehre steht in der peripatetisch-thomistischen Tradition, man findet (recht triviale) Sätze wie:

> *Die Hertzneigungen sind an sich selbst oder von Natur nicht bös: Dan sie rühren her aus der Begierde und aus dem Hertzen / welche beyde GOtt der HErr im Leibe und in der Seele / als etwas gutes geschaffen hat. Zum*

---

[43] Deutsche Übersetzungen: Untersuchungen über die Wahrheit, übers. Edith Stein, Freiburg: Herder 1955; Summa Theologica, Deutsch-lateinische Ausgabe, Band 10: "Die menschlichen Leidenschaften", kommentiert von Bernhard Zimmermann, Heidelberg u.a. 1955 – das ist ein stattliches Buch von 650 Seiten!

[44] J. G. Schottelius, Ethica. Die Sittenkunst oder Wohllebenskunst, hg. J. J. Berns, Bern: Francke 1980.

Exempel: das Hassen ist eine natürliche Entpfindung: Hasset man die
Untugend und gottloses Wesen / ist ein solcher Haß / an sich gut / löblich
/ höchstnöthig: Ist man aber gehäßig seinem Nechsten ohne gültige
Ursach / so ist der Haß eine schendliche verdamliche Hertzneigung.
(S. 135)

4.5. Selbsterfahrung, Autobiographie

Anhand meiner Emotionen kann ich mir meiner eigenen Person bewusst werden. Dieses Prinzip waltet in allen Sorten von 'Ego-Dokumenten': Tagebüchern, Autobiographien, aber auch in Sündenspiegeln und ähnlichem. Die Aspekte Ich-Präsentation / Gefühl / Schuldbekenntnis lassen sich nicht leicht trennen. So offenbart AUGUSTINUS (354-430) den Lesern wie Gott selbst in seinem berühmten Buch *lacrimae confessionis* (VII, xxi, 27), das heisst: die Erzählung seiner Lebensgeschichte, den Schmerz darüber, dass alles Böse nur aus seinem Herzen kam, das Bekenntnis, dass alles Gute von Gott kommt. – Immer wieder sind die großen Einsichten und Umschlagpunkte an ein sich aufdrängendes Gefühl gebunden.

Im Jahre 1572 schreibt Thomas PLATTER (1499[?]-1582) für seinen Sohn Felix eine Autobiographie, in der er seinen Aufstieg vom verwaisten Walliser Geisshirtenbuben zum Rektor des Basler Gymnasiums darstellt.[45] In einer Episode aus der Kindheit schildert er, wie sich die Ziegen wegen seiner Unaufmerksamkeit verlaufen haben. Er traut sich nicht ohne die Herde heimzukommen und steigt ihr nach

byß das die sun nidergieng. Do gsach ich zum dorff zuo; do was schier
nacht by den hüßern; fieng ich an nidtzich gan, aber es was glich gar
nacht. Noch kreßmet [kletterte] ich von eim boum zum andern, an den
wurtzen den rein [Abhang] nider (dan ettlich wurtzen waren ledig, das
der herd [die Erde] an der gähen halden darvon was gerisen). Do es aber
gar finster was und empfand ich, das es gar stotzend [steil] war, gedacht
ich nit witter zuo schlichen, sunder hatt mich mit der lincken hand an
einer wurtzen, mit der andern kratzet ich den herd unter dem boum und
wurtzen dannen; do ghort ich wie der herd nitzsich rißlet; stieß ich den
ruggen und hindren unter die wurtzen, hatt nütz an den das hemdlin,
weder schuo noch hüettlin, dan das röklin hatt ich by der wasserleitten
lassen ligen [...]. Wie ich nun also unter dem boum lag, waren minen die
rappen [Raben] innen worden, schrüwen uff dem boum; do was mier gar
angst, den ich forcht, der bär wäri vor handen, gsegnet mich [schlug das

---

45 Thomas Platter, Lebensbeschreibung, hg. Alfred Hartmann, Basel: Schwabe 1944. Die Stelle S. 31f.

Kreuzzeichen] *und entschlieff. Blieb also schlaffend liegen, byß morndes die sun über all berg schein. Als ich aber erwachet und gsach, wo ich was, weiß ich nit ob ich min läbtag wurß* [schlimmer] *erschrocken bin; dan wen ich noch zwei klaffter tiefer weri gangen znacht, so weri ich über ein grusame hohe fluo* [Felswand] *ab gfallen, vill tusend klaffter hoch. Do was ich in grosser angst, wie ich dannen welt kummen, doch zoch ich mich wider übersich von einer wurtzen zuo der anderen, byß ich wider kam, do ich den berg nidsich gägend den hüßern mocht louffen.*

Das ist ein Bericht von einen im Gedächtnis gleichsam eingebrannten auto-biographischen Moment. Platter hat öfters solche Ängste ausgestanden, so dass er gedacht habe, *wie ist es miglich, das ich noch läb?* Er deutet die Rettung als Eingriff Gottes und rät seinem Sohn, sich selbst keinerlei eigene Leistung zuzuschreiben, sich im paulinischen Sinne (2. Kor 4,7) nicht zu rühmen, sondern alles Gott zuzuschreiben.

Die Autobiographie ist vor allem im Pietismus wichtig und führt über die Säkularisation ihrer primär religiösen Anliegen zur modernen Psychologie. Zunächst ging es darum, anhand der psychischen Wirkungen die 'Wiedergeburt' zu erfahren und die 'Bekehrung' genau zu verorten; allmählich wird die Erforschung des Innenlebens zu einem Selbstzweck.

4.6. Sündenlehre, Beicht

JOHANNES CASSIAN (um 360-435) behandelt in seinen *Collationes* in aller Ausführlichkeit die Lehre von den Lastern. Seiner Aufgabe als Seelenführer wird er dadurch besonders gerecht, dass er eine differenzierte Psychologie entwickelt, in der beschrieben wird, wie die Laster 'angreifen' und wie der Mensch sie demnach am tüchtigsten 'bekämpfen' kann.

Zwei der drei Elemente des Bußsakraments, wie es in der Bulle *Exsultate Deo* 1439 festgelegt wurde, beschreiben emotionale Größen: die Reue des Herzens (*contritio cordis*), wozu gehört, dass man über die begangene Sünde Schmerz empfindet, und das Bekenntnis des Mundes (*oris confessio*), das darin besteht, dass der Sünder alle Sünden dem Priester vollständig bekennt. Eine ständige ängstliche Selbstbeobachtung und eine Technik der Zerknirschung des Herzens wurden in Beichtspiegeln und in der Seelsorge geschult: *acer, acrior, acerrimus*, aber doch so, dass das Beichtkind nicht in Verzweiflung gerät.[46]

---

[46] Peter von Moos, Herzensgeheimnisse (occulta cordis). Selbstbewahrung und Selbstentblößung im Mittelalter, in Schleier und Schwelle, I, hg. Aleida Assmann / Jan Assmann (Archäologie der literarischen Kommunikation V) München: Fink 1997, S. 89-109.

4.7. Moraltheologie und Ethik

Die von der Stoa beeinflusste individualethische praktische Philosophie empfiehlt eine Unterordnung der Emotionen unter die Vernunft, wobei damit freilich keine Ausrottung, sondern nur eine Disziplinierung gemeint sei. Die
christliche Moral legt sich darüber – wobei man immer zu bedenken hat, dass
die Tugend- und Lasterkataloge (wie in Gal 5,16-23. Kol 3,5-14) nicht der
'Interimsethik' Jesu entstammen, sondern der hellenistischen Welt. Diese
Thematik füllt Bibliotheken. Dicke Bände wurden der *Nothwendigkeit* wie
auch der *Verachtung* der Begierden und *Anmuthungen* gewidmet, Nur ein
Exempel: der vierte Band der *Heiligen Hofhaltung* des Nicolaus CAUSSIN,
S.J. (La Cour Saincte 1642/3; deutsche Übersetzung 1657, öfters nachge-
druckt, 542 Seiten plus Register).

Im 18. Jahrhundert spielen die Emotionen im Zusammenhang von Begrün-
dungsfragen der Ethik eine andere Rolle.[47] Sie werden als spezifisches
Erkenntnisorgan und Movens eines ethischen Impetus ausgemacht, ja zu einer
nicht mehr weiter hintergehbaren Intuition für das Gute und Böse erhoben,
wobei eine solche Letztbegründung dann aber von Kant wieder kritisiert wird,
insofern sie auf einem individuellen Eindruck und nicht auf allgemeiner Vernunft beruht. Auch hier kann es nur darum gehen, mit einigen exemplarischen
Textausschnitten das Terrain zu markieren. David HUME (1771-1776)
schreibt im Appendix I seiner *Enquiries Concerning the Human Understanding and Concerning the Principles of Morals*:

> *But though reason, when fully assisted and improved, be sufficient to
> instruct us in the pernicious or useful tendency of qualities and actions; it
> is not alone sufficient to produce any moral blame or approbation. […] It
> is requisite a sentiment should here display itself, in order to give a
> preference to the useful above the pernicious tendencies. This sentiment
> can be no other than a feeling for the happiness of mankind, and a
> resentment of their misery.[48]*

> *Auch wenn der Verstand, falls er vollkommen ausgebildet und entwickelt ist, dafür
> ausreicht, um uns über die schädliche oder nützliche Tendenz von Eigenschaften oder
> Handlungen aufzuklären, genügt er dennoch nicht, um irgend eine moralische Ableh-
> nung oder Zustimmung hervorzurufen […]. Es ist erforderlich, dass sich hier ein
> Gefühl einstellt, damit den nützlichen gegenüber den schädlichen Tendenzen der*

---

47 Vgl. den Artikel "Gefühl, moralisches" von R. Pohlmann in: Historisches Wörterbuch
der Philosophie III (1994), 96f.

48 David Hume, Eine Untersuchung über die Prinzipien der Moral, übers. von Gerhard
Streminger, Stuttgart 1984 (RUB 8231); das Zitat auf S. 216.

Vorzug gegeben wird. Dieses Gefühl kann kein anderes sein als eine Sympathie mit dem Glück der Menschheit und eine Empörung über ihr Elend.

Wenn jede Einzelheit einer verbrecherischen Tat durch den Verstand ausgemacht ist, gilt, dass die Zustimmung oder Missbilligung nicht mehr ein Akt des rationalen Urteils sein kann: *The approbation or blame which then ensues, cannot be the work of the judgement, but of the heart; and is not a speculative proposition or affirmation, but an active feeling or sentiment.*

Erwähnt sei auch NIETZSCHEs Ansicht, wonach die Moral auf die Nachbildung der Gefühle anderer zurückzuführen ist, und diese wiederum auf die *Furchtsamkeit*, die *Lehrmeisterin des Verstehens* (Morgenröte II, 142); die *Furcht vor dem Nächsten* bezeichnet er geradezu als *die Mutter der Moral* (Jenseits von Gut und Böse 201). Ethik entsteht aus Emotion. Ähnlich und doch ganz anders bei SCHOPENHAUER, der das *Mitleid* als *allein ächte moralische Triebfeder* sieht (Preisschrift über die Grundlage der Moral, 1840, § 16)[49]; während Nietzsche das Mitleid nur bei Décadents für eine Tugend hält. – Hingewiesen sei auf die Differenzierung Max SCHELERs, der in seiner Lehre von den Sympathiegefühlen *Nachfühlen, Miteinanderfühlen, Mitgefühl, psychische Ansteckung* sowie *Liebe und Hass* unterscheidet und bei dem die Gefühle (in seiner Polemik gegen Kant) eine zentrale Rolle bei der Beurteilung ethischer Werte spielen.

Die Diskussion, ob moralische Gefühle (wie *Abscheu*) eine Basis für eine Begründung von Moral abgeben können, wird noch heute geführt.

4.8. Religion

Bekanntlich sagt Faust auf Gretchens Frage: *...wenn du ganz in dem Gefühle selig bist, nenn es dann, wie du willst, Nenn's Glück! Herz! Liebe! Gott! Ich habe keinen Namen dafür! Gefühl ist alles* (Faust 3431 ff.) – Ende des 17. Jahrhunderts wandten sich gewisse lutherische Kreise, die Pietisten, von der rituellen amts-kirchlichen Frömmigkeit ab und verlangten, dass der Glaube in einer persönlichen Erfahrung, einer *Empfindlichkeit* in Erscheinung trete. Das auf dem Hintergrund des Verlangens nach Heilsgewissheit stets zu überprüfende Vorhandensein des (allenfalls verborgenen) Glaubens lasse sich erkennen an psychologisch bestimmbaren Größen wie z. B. am *fleiß und eifrigen ernst GOtt treulich zu dienen, eckel der welt und dero hertzliche verleugnung* (so Philipp Jakob SPENER † 1715). Die Auffassung führte dazu, dass man auf alle Regungen der Seele achtete, auch nicht-religiöse (vgl. zu

---

[49] Sämtliche Werke, hg. P. Deussen, München 1912, Bd. 3; Vgl hierzu die Aufsätze von Harald Köhl und Anton Leist in: H. Fink-Eitel / G. Lohmann (Hgg.), Zur Philosophie der Gefühle, Frankfurt/M. 1993 (stw 1074), S. 136ff. und 157ff.

den Autobiographien 4.5). Allmählich wird der Weg – die Erforschung des Innenlebens – zum Ziel selbst, und die religiöse Begründung verschwindet.[50] Das *Magazin für Erfahrungsseelenkunde* von Karl Philipp MORITZ (1756-1793) enthält in seinen 10 Bänden eine Fülle von empirischen psychologischen Beschreibungen.

Friedrich SCHLEIERMACHER (1768-1834) entwickelt die Gotteslehre aus der Subjektivität. Die Wahrnehmung Gottes kann nur in der Welt stattfinden, und zwar im Innersten als *Gefühl* der schlechthinnigen Abhängigkeit, das dann auf das Woher seiner Abhängigkeit bezogen wird. Dieses Gefühl ist nicht verkürzt psychologistisch zu verstehen, sondern als unmittelbares Selbstbewusstsein; damit fragt es sich erneut, wie weit man den Begriff der Emotionen fassen darf. –

In diesem Zusammenhang zu erwähnen sind die Theorien von William JAMES (Varieties of Religious Experience 1902) und von Rudolf OTTO (Das Heilige, 1917), in denen das fromme Gefühl wie etwa *Grauen, Schauer, Scheu, das Unheimliche, stupor, Befremden* als Ausgangpunkt der Religion aufgefasst werden.

4.9. Medizin

Die zählebige S ä f t e l e h r e [51], ursprünglich eine Lehre von den Krankheitssymptomen, wird allmählich zur Beschreibung von Veranlagungstypen und damit zu einem Erklärungsmuster, das mindestens die Emotionsbereitschaft auf physiologische Größen zurückführt; freilich haftet dieser Lehre immer etwas von der Herkunft aus der Pathologie an. Im 12. Jahrhundert wird kurz und bündig gelehrt, die besondere *Komplexion* eines Menschen sei geprägt durch das Verhältnis der vier Körpersäfte *Blut, gelbe Galle, schwarze Galle, Phlegma*; die vier Temperamente (*Sanguiniker, Choleriker, Melancholiker, Phlegmatiker*) , die einen typischen Körperbau und eine bestimmte seelische Grundstimmung besitzen, werden auf das Vorherrschen eines der Säfte zurückgeführt, wobei diese wiederum vom Lebensalter, der Jahreszeit und der elementaren Zusammensetzung der aufgenommenen Nahrung abhangen. (vgl. HONORIUS AUGUSTODUNENSIS, *de philosophia mundi* IV,20; PL 172,93). Dem Sanguiniker wird Leichtsinn und Munterkeit zugeschrieben, dem Choleriker Aufbrausen und Bereitschaft zum Zorn, dem Melancholiker Schwer-

---

[50] Fritz Stemme, Die Säkularisierung des Pietismus zur Erfahrungsseelenkunde, in: Zeitschrift für deutsche Philologie 72 (1953), S. 144-158.

[51] Erich Schöner, Das Viererschema in der antiken Humoralpathologie, Wiesbaden 1964 (Sudhoffs Archiv, Beiheft 4). – Eine Zuordnung von physischen Dimensionen zu psychischen wird auch versucht in der Körperbautypologie des William Herbert Sheldon (1898-1977): der *endomorphe*, der *ektomorphe* und der *mesomorphe* Typ.

mut und dem Phlegmatiker Gleichgültigkeit und Trägheit usw. Eine Kostprobe aus einem anonymen Meisterlied *De complexionibus* von ca. 1340/60:

Der Sanguiniker lacht gern, ist aufgeweckt, singt und muss dem Guten gut, dem Bösen böse sein; mannhaft und zürnt selten, sein Gesicht rot und deutlich gesund; meldet sich des Zornes Flamme in ihm, dann tobt er in grimmiger Rache; sanft und keusch sowie dicklich; ist durch die gute Art seines Blutes zu steter Treue geneigt und anhänglichen Sinnes. Er hat die Natur der Luft: feucht, warm.[52]

Auch in der hippokratischen und galenischen Hygiene (Lehre von den *Sex res non naturales*[53]) spielen die Affekte eine zentrale Rolle. In der klassischen Zählung befasst sich die sechste Klasse der hygienischen Disziplinen mit dem Einfluss der Sinneseindrücke, welche Affekte erzeugen und so die Gesundheit des Leibes beeinflussen. In der *Encyclopédie* (Band XI, 1765, Artikel Non-Naturelles, Choses) liest man das so:

Tous les hommes affectés de quelque passion de l'ame qui affecte fortement, violemment, éprouvent un changement considérable dans l'action des organes vitaux […]. Ainsi la tranquillité constante de l'ame, l'éloignement de toute ambition, de toute affectation, de toute aversion dominante, contribue beaucoup au maintien de la santé, & lui est essentiellement nécessaire. […] Mais de ce que les passions peuvent nuire à la santé, on n'en doit pas conclure qu'il faille les détruire entierement, pour n'en recevoir aucune impression. (p. 224)

4.10. Astrologie

Die Lehre von den Planetenkindern, die in Hausbüchern und Kalendern lange lebt, stellt einen Einfluss der sieben Planeten auf die Menschen fest, dergestalt dass sich in ihnen Typen einer Emotionsbereitschaft, eines physischen Habitus, ja sogar gewisse Inklinationen zu Berufen ergeben. Ein frühes Beispiel findet sich bei KONRAD VON MEGENBERG (1309-1374):

Der dritt planêt haizt ze latein Mars, das ist ze däutsch gehaizen der streitgot, dar umb, daz er von seiner kraft gar heiz und trucken ist. und

---

[52] Gedichte 1300-1500 nach Hss. und Frühdrucken hg. von Eva und Hansjürgen Kiepe (Epochen der deutschen Lyrik, Band 2), dtv 4016, München 1972, S. 111ff. – Noch Zedlers Universallexikon (1732-1754) enthält einen umfangreichen Artikel über *Temperamente*.

[53] D. h. die nicht aus dem Wesen des Menschen stammenden, sondern exogen einwirkenden Faktoren; Vgl. hierzu Philipp Sarasin, Reizbare Maschinen. Eine Geschichte des Körpers 1765-1914, Frankfurt/M. 2001 (stw 1524).

wenne er in seinem aigenn satz ist, so hitzet er der menschen herz und ir nâtûr und macht sie zornich. (II,3)[54]

Die Zusammenhänge von Astrologie, Naturphilosophie, Medizin, Religion, Kunst und eben auch Psychologie sind namentlich anhand des Komplexes Saturn – Melancholie gut erforscht.[55]

4.11. Poesie

Das Reden über Emotionen ist ein ureigenes Gebiet der Poesie und der Poetik. In den 'belletristischen' Texten werden immer wieder Emotionen beschrieben; und mit ihnen werden immer wieder Emotionen evoziert, wobei sich die theoretische Frage erhebt, wie dies geschehen mag. Gerade weil Gefühle als so einzigartig erlebt werden und der flüchtige Eindruck sich kaum fassen lässt, loben wir die Poeten, die sie genau schildern können, so dass wir beipflichten müssen: Ja, so ist es. Der Wiedererkennungseffekt basiert zu einem Teil freilich darauf, dass wir Leser in dasselbe kulturelle Muster eingeübt sind.

Die Dichter schaffen sich zum Beweis ihrer Genialität und zum Vergnügen der Leserschaft "poetogene Situationen" (ein Begriff von Aleida und Jan Assmann). Protagonisten werden in sie überfordernde Situationen oder Krisen geführt, oder es werden abrupte Situationsänderungen veranstaltet, die ein Wechselbad der Gefühle anrichten. Man lasse sich beispielsweise zwei durch Standes- oder Konfessionsgrenzen oder entfernte Wohnorte voneinander Getrennte ineinander verlieben und Briefe austauschen; da muss alle Emotionalität notwendigerweise in der ersten Person Singular durch den Federkiel ausgedrückt werden, und der Zweitleser hat zudem ein voyeuristisches Vergnügen. OVIDs *Heroides* sind ein glücklicher Griff und haben eine lange Tradition[56] gehabt: Paris und Helena, Hero und Leander, Abälard und Heloise, Eginhard und Emma, Ahasver und Esther müssen sich auf die Korrespondenz verlegen. – In den mittelalterlichen Romanen und Epen sind arienartige Trauer-Monologe über gefallene Helden oder (oft auch nur vermeintlich) gestorbene Ehemänner häufig.[57] Die Dichter ziehen alle Register der Beschreibung (in der Rhetorik-Tradition "ekphrasis" genannt).

---

54 Konrad von Megenberg, Buch der Natur, hg. Franz Pfeiffer, 1861.

55 Raymond Klibansky / Erwin Panofsky / Fritz Saxl, Saturn und Melancholie, (engl. 1964), dt. Übersetzung Frankfurt/M.: Suhrkamp 1990.

56 Heinrich Dörrie, Der heroische Brief. Bestandesaufnahme, Geschichte, Kritik einer humanistisch-barocken Literaturgattung. Berlin: de Gruyter 1968.

57 Für germanistische Mediaevisten: Kaiser Karl klagt um den gefallenen Roland (Pfaffe Konrad, Rolandslied Vers 6950ff.) – Willehalm beklagt den gefallenen Vivianz

Als Literaturwissenschaftler werden wir uns vor der naiven Auffassung hüten, im Roman empfinde ein Mensch, von dem der Autor berichtet. Die Frage ist vielmehr: Wie bewirkt der Text, dass wir als Leser glauben, hier empfinde ein Mensch? Welche Darstellungsmöglichkeit ist gewählt: aussenperspektivisch beschriebenes (verbales, mimisch-gestisches, handelndes) Verhalten der Figur – Metaphern und symbolische Formen (Wetter, Landschaft, Beschreibung von Gemälden usw.) – Innenperspektive des allwissenden Erzählers – Kommentierung durch den Erzähler – Monologe, Gebete, Briefe. Und weiter: Welche Funktion hat eine emotionsreiche Passage im Textganzen (Ruhepunkt im Handlungsablauf, Motivation für den Handlungsfortgang, Ekphrasis).

5. Evaluation von Emotionen

Affekten und Leidenschaften unterworfen zu
sein, ist wohl immer Krankheit des Gemüts,
weil beides die Herrschaft der Vernunft
ausschließt. (KANT)[58]

Emotionalität wird kontrovers eingeschätzt, dies ist abhängig von der Feststellung, worin die Bestimmung des Menschen bestehe. (a) Wird das Ziel in der 'theoria' der ewigen Ideen gesehen, so gilt: Die Affekte behindern die Autonomie des Subjekts (so urteilt der Platonismus, die Stoa, Epikur) - (b) Wird das Ziel in der 'hedoné' (Lust oder Fun) gesehen, so gilt: Die Affekte beleben den Menschen (so urteilen Peripatetiker, Hume, heutige Psychologen). Dementsprechend wird verlangt: (a) Affektkontrolle (der stoische Weise übt *apatheia*) oder (b) Emotionen müssen geschult und ausgekostet werden (vgl. die Epoche der Empfindsamkeit und die fit-for-fun-Kultur der Gegenwart). Auch dies soll hier skizzenhaft angedeutet werden.

Die stoischen Lehren entnehmen wir am leichtesten dem Referat von CICERO in den *Tuskulanischen Disputationen* Die Leidenschaften sind mit körperlichen Krankheiten verwandt und müssen kuriert werden (tusc IV, 23-32) Aus den (sich auf nicht Erstrebenswertes richtenden) Leidenschaften (*pertur-*

(Wolfram von Eschenbach, Willehalm 59,21ff) – Willehalm beklagt den vermutlich gefallenen Rennewart (452,10ff.) – Laudine beklagt den im Kampf erschlagenen Ehemann Askalon (Hartmann von Aue, Iwein, Vers 1310ff.) – Enite beklagt den scheintoten Ehemann Erec (Hartmann, Erec, Vers 5730ff.) – Blanscheflurs Klage um Riwalin (Gottfried von Straßburg, Tristan, 1385ff.)

[58] Anthropologie, 1. Teil, 3. Buch, § 70ff. = A S. 203. Geschrieben im Jahre 1798 – zum Vergleich: Goethes *Werther* war 1774 erschienen; Wackenroders *Herzensergießungen* 1797; die *Lucinde* erscheint 1799.

bationes) entstehen je nach Veranlagung Krankheiten (von den Stoikern *nosemata* genannt). Nur ein Satz zur Illustration:

Cum est concupita pecunia nec adhibita continuo ratio quasi quaedam Socratica medicina, quae sanaret eam cupiditatem, permanat in venas et inhaeret in visceribus illud malum, existitque morbus et aegrotatio, quae evelli inveterata non possunt, eique morbo nomen est avaritia. (IV, 24)

Wenn man etwa Geld begehrt und nicht sofort Vernunft anwendet als eine Art sokratischer Arznei, die dieses Begehren heilt, so dringt das Übel in die Adern ein und heftet sich im Innern fest, und es entstehen Krankheit und Störung, die, wenn sie eingewurzelt sind, nicht mehr ausgerissen werden können, und eine solche Krankheit heisst dann Geiz.

Anders als die Stoiker – für die die Leidenschaften als vernunft- und naturwidrig gelten – erklären die Peripatetiker die Leidenschaften als natürlich und dem Menschen von der Natur zum Nutzen gegeben; so sei beispielsweise der Zorn der Wetzstein der Tapferkeit (*iracundia cos fortitudinis* Cicero, tusc. IV, 43). Das referiert Cicero in vielen Abschattierungen und polemisiert anschließend dagegen. Schließlich (59ff.) kommt er auf die verschiedenen Heilmittel gegen die Leidenschaften zu sprechen: Dazu taugt keinesfalls die Beseitigung des Objekts der Begierde oder Furcht, sondern einzig die Einsicht, dass die Leidenschaften selbst nicht zur natürlichen Ausstattung des Menschen gehören und kein Gut sind. Sie sind in unserer Gewalt, unterstehen unserer Entscheidung (*eas esse in nostra potentate, iudicio susceptas*; 65).

Im Christentum ergibt sich das Dilemma, dass die Emotionalität als Teil der kreatürlichen Verfasstheit des Menschen grundsätzlich gut ist, dass die Affekte aber ein Potential darstellen, das den Menschen zur Sünde verführt (*radix omnium malorum est cupiditas* 1 Timoth 6,10). Insofern lässt sich gut an die peripatetische Tradition anschließen, in der die Leidenschaften an sich nicht gut oder übel sind, sondern unser Verhältnis zu ihnen (Aristoteles, Nicomach. Ethik II,4, 1105b). Anderseits will man an die stoische Tradition anknüpfen, welche die Irritation durch die Leidenschaften lehrt was mit der Sündenlehre einigermaßen kompatibel ist. – Die Seelsorge ist stets darum bemüht, zwischen der durch den miserablen Status des Menschen begründeten Trauer und einer in Anbetracht der Erlösung von der Sünde optimistischen oder gar läppischen Fröhlichkeit die Balance zu finden.

AUGUSTINUS wendet das heidnisch-antike Erbe so: Die Affekte werden, wenn sie auf christliche Werte ausgerichtet sind, positiv bewertet: die Christen *fürchten* die ewige Pein, sie *begehren* das ewige Leben, sie *trauern*, weil sie auf die Erlösung warten müssen, sie *freuen* sich auf das Jenseits (civitas Dei XIV,9). Der Herr selbst hat, als er in Menschengestalt auf Erden wandelte, den Leidenschaften Raum gegeben, was mit Bibelstellen belegt wird.

Keinen Schmerz darüber zu empfinden, dass wir in dieser Stätte des Elends weilen, würde von Rohheit (*immanitas*) zeugen. Zu meinen, man könne in völliger *apatheia* (*inpassibilitas*) leben, wäre geradezu gefährlich, weil dies das Bewusstsein der eigenen Sündhaftigkeit übertünchen würde. Zur Vollkommenheit ist der Stachel der Furcht (*stimulus timoris*) notwendig. Die *apatheia* ist erst für das jenseitige Leben zu erhoffen. Hier differenziert Augustin verschiedene Aspekte der Furcht (*timor servilis – timor castus*).

Es gehört zu den stereotypen Stilzügen der Märtyrerlegende, dass die römischen Kaiser oder ihre Statthalter von Angst und Zorn bestimmt sind, während die Christen gelassen und heiter das Martyrium auf sich nehmen. Laurentius beispielsweise wird von Kaiser Decius aufgefordert, den heidnischen Göttern zu opfern, sonst werde er gefoltert. Er weigert sich. Da wird er auf einen eisernen Rost gelegt, worunter Kohlen glühen. Dann heisst es in der *Legenda aurea* (Kapitel 117):

> *Dixitque hilari vultu ad Decium: "Ecce miser, assasti unam partem, gira aliam, et manduca!" Et sic spiritum emisit. Confusus Decius abiit in palatium.*
>
> *Und er sagte mit heiterer Miene zu Decius: "Du Elender, du hast eine Seite von mir gebraten, nun wende mich und iss!" Und so gab er den Geist auf. Decius aber, verstört, ging in seinen Palast.*

Die Gefühle zeigen die innere Verfasstheit der beiden Parteien: die Christen – die sich nicht fürchten vor denen, die den Leib töten (Mt 10,28) – bleiben heiter, ja sie schöpfen aus der Glaubensgewissheit mitunter trotzige Ironie; die Heiden werden im Grimm von Angst und Verzweiflung überfallen. Die heidnischen Krieger in den mittelalterlichen Chansons de geste werden immer wieder dargestellt als in panischer Furcht fliehend.

Die Lehre, dass die Emotionen an sich gut sind, der Mensch aber schlechten Gebrauch davon machen kann, durchläuft Jahrhunderte. Philipp MELANCHTHON (1497-1560) kommt in seinen *Loci Communes* (fünfter Locus, 1) auf das Problem zu sprechen (*de discrimine affectuum conditorum in natura et vitiosorum, et quomodo etiam boni affectus contaminentur vitio originis*): Einst waren die *affectus* geordnet und rein: Die Liebe zu Gott und zu den Eltern, zu den Nachkommen; der Hass gegen den Widersacher. Die von Gott dem Menschen ins Wesen gelegten *affectus* waren Bilder Gottes und Zeichen seines Willens. *Nunc ergo, post lapsum, temere vagantur* – nach dem Sündenfall streifen sie planlos umher. Wie die ursprünglich gute Ausrichtung der Gefühle zu erreichen sei (reicht die Erlösung? die Taufe? Buße?), darüber ist die Christenheit geteilter Meinung.

Im Arminius-Roman des Daniel CASPER VON LOHENSTEIN (1635-1683) wird das Thema ausführlich diskutiert:

> *Ob zwar die Stoischen Welt=Weisen die Gemüts=Regungen als eine schlechterdings böse Sache aus den Adern des Menschen gantz auszurotten rathen; so ist doch nicht glaublich: Daß die allzugütige und verständige Natur / die das Gifft der Nattern und die Zähne der Schlangen zum Nutz geschaffen / das Gestirne des Saturn heilsamlich in Himmel gesetzt hat / den Menschen die Galle und Bewegung des Geblütes zum Verderben in den Leib gepflantzet habe. Wie diese die Werckzeuge der Gemüts=Regungen sind; also gebraucht die Seele ihre Bewegungen zu handlangenden Armen und Beinen. [...] Sie nicht / sondern ihr Mißbrauch stifften in der Welt so viel Greuel und Unglück. Ihre vernünftige Anwehrung hingegen ist das heilsame Feuer aller tapferen Entschlüssungen.*[59]

(Zu den auf diesen Wertungen fußenden Beeinflussungstechniken vgl. Kap. 6.4ff.)

6. Techniken im Umgang mit Emotionen
Erzeugung, Moderierung, Ausmerzung

> *The only way to get rid of a temptation is to yield to it.*
> Oscar WILDE

Emotionen erleben wir als uns überfallend, uns nicht zu Gebote stehend, nicht kognitiv herleitbar und unser Denken und Handeln irrational beeinflussend – lauter Dinge, die für einen Menschen von rationalem Habitus unerquicklich, unbehaglich, nicht zugebbar sind. Während sich der romantische Typ gern übermannen lässt, versucht der rationale, das Gestaltlose, Kontingente irgendwie dem Rationalen unterzuordnen, das er einzig gelten lassen will.

Eine Beruhigung kann sich bereits ergeben durch das Sinnieren über die Herkunft der Emotion, theoretische Haltung (hier in Kap. 6.1. bis 6.3) bedeutet immer auch einen Distanzgewinn. Sodann gibt es ausgewachsene Beeinflussungskonzepte (6.4. bis 6.11), harte und softe, je nach Wertung der Emotionen, je nach Menschenbild und kulturellem Kontext andere. Überschneidungen mit den früheren Kapiteln sind unvermeidlich; so ist auch das Abfassen

---

[59] Das Zitat und ausführliche Diskussion bei: Reinhard Meyer-Kalkus, Wollust und Grausamkeit. Affektenlehre und Affektdarstellung in Lohensteins Dramatik am Beispiel von Agrippina, (Palaestra 279), Göttingen 1986; S. 38ff.

einer Autobiographie (Kap. 4.5) ein Therapeutikum; die Projektionen (3.9) kommen hier wieder als Bewältigungstechnik vor usw.

6.1. Systematisieren

Vor jeder Theoriebildung ist bereits das Benennen, Ordnen, Klassifizieren des Unheimlich-Heterogenen eine beruhigende Bewältigungstechnik (vgl. hierzu das Kapitel 4.4.).

6.2. Mythische Wesen geben uns die Emotionen ein

In derselben Weise, in der jetzt noch der ungebildete Mensch daran glaubt, der Zorn sei die Ursache davon, daß er zürnt, der Geist davon, daß er denkt, die Seele davon, daß er fühlt [...], so hat der Mensch auf einer noch naiveren Stufe eben dieselben Erscheinungen mit Hilfe von psychologischen Personal-Entitäten erklärt. Die Zustände, die ihm fremd, hinreißend, überwältigend schienen, legte er sich als Obsession und Verzauberung unter der Macht einer Person zurecht. (NIETZSCHE, Nachlass der Achtzigerjahre[60])

Eine urtümliche Erklärung von Emotionen ist, dass mythische Gestalten auf den Menschen Einfluss nehmen. Wenn wir die Einflüsterung für eine üble Tat auf eine ausserpersonale Macht schieben können, so können wir damit auch die Zurechnungsfähigkeit für diese Tat ableugnen. Wie sagte Eva? *Die Schlange hat mich verführt, da habe ich gegessen* (Gen 3,11). Es handelt sich psychologisch gesehen um undurchschaute Projektionen von Emotionen. Ich möchte den Begriff P r o j e k t i o n zunächst naiv anwenden als Hinausverlegung eines subjektiven Vorgangs in ein Objekt; "Projektion wird, streng genommen nie gemacht – sie geschieht, sie wird vorgefunden." (C. G. Jung[61]) Sigmund Freud hatte den Begriff der Projektion schon früh eingeführt und postuliert: Wenn Regungen konfligieren, werden die unbewussten Anteile als äussere wahrgenommen; beispielsweise erfahre ich meine Aggression auf andere Personen als Gefährdung meiner selbst durch diese. – Personifikationen (oben) und die Vorstellung mythischer Wesen sind zwei Varianten desselben Prinzips Projektion; einmal als Darstellungsmittel durchschaut, das andere mal undurchschaut. Aber diese Trennung lässt sich so strikt nicht halten: Projektionen unterliegen immer einer Literarisierung, wenn nicht sogar bereits das zu Projizierende literarisch vorgeformt ist – umgekehrt hat eine 'rein dichterische' Fiktion keine Überlebenschancen, wenn sie nicht auf psychischen Fundamenten aufruht.

---

60 Nietzsche, Werke, hg. Karl Schlechta, München: Hanser 1954-56, III, 746.

61 Carl Gustav Jung, Psychologie und Alchimie, [1944], 5. Auflage, Olten: Walter 1987, S. 284f.

Im ersten Gesang der *Ilias* gerät Agamemnon mit Achill in Zwist, weil er eine erbeutete Frau (Chryseïs) auf Geheiss Apolls zurückgeben muss und als Ersatz dafür dem Achill die schönwangige Briseïs (ebenfalls eine Kriegsbeute) wegnehmen will. Die beiden Heroen schmähen einander in langen Hetzreden, dann heißt es von Achill:

Doch dem Peleus-Sohn war es ein Schmerz, und drinnen sein Herz in der behaarten Brust erwog ihm zwiefach: ob er, das scharfe Schwert gezogen von dem Schenkel, den Atreus-Sohn erschlage, oder Einhalt täte dem Zorn und zurückhalte den Mut. Während er dies erwog und schon aus der Scheide zog das große Schwert, da kam Athene vom Himmel herab. Und sie trat hinter ihn und bei der blonden Mähne ergriff sie den Peleus-Sohn, ihm allein sichtbar, von den anderen sah sie keiner. Und es erstarrte Achilleus und wandte sich um. Da sagte zu ihm die Göttin, die helläugige Athene: "Gekommen bin ich, Einhalt zu tun deinem Ungestüm. Lass ab vom Streit und ziehe nicht das Schwert mit der Hand." Und er hielt an auf dem silbernen Griff die Hand, die schwere, und zurück in die Scheide stieß er das große Schwert und war nicht ungehorsam dem Wort Athenaias. (1. Gesang, 188ff., leicht gekürzt)

Es wird ein innerseelischer Vorgang in die äussere sichtbare Welt verlagert und dort anschaulich gemacht. In der Homerforschung wird diskutiert, wie solche 'psychische Beeinflussung durch Götter' zu verstehen sei: als dichterische Erfindung eines Deus ex machina oder als wirkliche Übertragung einer Kraft von Göttern auf Menschen. Für beide Ansichten hat man Argumente. Die Götter haben oft ein beinahe kollegiales Verhältnis zu den Menschen; sie beeinflussen sie, geben ihnen Leidenschaften und Gedanken ein, ohne dass die Menschen ihnen allerdings vollkommen ausgeliefert wären. Es ist auch schon gesagt worden, Homer versuche, die Ätiologie des menschlichen Handelns zu erklären, indem er an die Redeweise des Mythos anknüpft, gewissermaßen die Psychologie remythisiert. Es ist aber auch plausibel gemacht worden, dass solche Vorstellungen in Schichten zurückgehen müssen, die tiefer liegen als dichterische Entwürfe von Göttergestalten. Und doch ist die Mentalität Homers nicht mehr eine ungebrochen mythische.[62]

---

62 Wolfgang Kullmann, Das Wirken der Götter in der Ilias, (Deutsche Akademie der Wissenschaften zu Berlin, Schriften der Sektion für Altertumswiss. 1), Berlin [Ost], Akademie-Verlag 1956. – Chr. Voigt, Überlegung und Entscheidung. Studien zur Selbstauffassung des Menschen bei Homer, Berlin 1934. — Eric R. Dodds, Die Griechen und das Irrationale [1951], dt. Übers. Darmstadt 1970, Kapitel 1: Die Rechtfertigung des Agamemnon. – Hubert Schrade, Die Erscheinungen der Götter, in: ders., Götter und Menschen Homers, Stuttgart 1952, S. 144-164. – "Schwer zu ziehen ist die Grenze zwischen als Göttern empfundenen, lebend oder wirksam gedachten Personifi-

An der plötzlichen Verliebtheit ist bekanntlich Amors Pfeil schuld – in Ovids Geschichte von Daphnes Metamorphose kennt Cupido zwei Sorten Pfeile: einen mit goldener Spitze, der die Liebe entzündet, und einen mit bleierner Spitze, der die Liebe verscheucht. Freilich verblasst die Vorstellung eines ausserpsychischen mythischen Wesens zur poetischen Konvention. Ein hübsches mittelalterliches Beispiel dieser Sorte ist die Szene in HEINRICHs VON VELDEKE († ca. 1190) Eneasroman, wo Lavinia von einem hochgelegenen Gemach aus den jenseits des Burggrabens stehenden Aeneas sieht und ob des schönen Mannes in Not gerät:

> *dô schôz si frouwe Vênûs*
> *mit einer scharphen strâle.*
> *daz wart ir al ze quâle*
> *sint uber ein lange stunden.*
> *si gewan eine wunden*
> *an ir herze enbinnen,*
> *sô daz sie mûste minnen,*
> *si wolde oder enwolde,* […].
> *si bran und si frôs*
> *in vil kurzen stunden;*
> *sine wiste niht der wunden,*
> *dâ ir daz ubel vone quam* (Vers 10'036ff.)[63]

Da schoss Dame Venus mit einem scharfen Pfeil auf sie. Das brachte ihr seither nur Qualen für lange Zeit. Sie empfing eine Wunde innen in ihrem Herzen, so dass sie lieben musste, ob sie wollte oder nicht. Sie glühte und fror in kurzen Abständen. Sie wusste nicht, von welcher Wunde ihre Krankheit herrührte.

Die religiöse Variante dieser Vorstellung ist die eines guten und eines bösen Geistes, die dem Menschen Gedanken 'einblasen', welche sich bis auf Hieronymus und Gregor den Großen zurückverfolgen lässt. Hier eine Variante bei Meister ECKHART († 1328):

---

kationen und bloß von der Phantasie des Schriftstellers für die augenblicklichen Bedürfnisse seiner Darstellung von der Bedeutung des Abstraktums aus geschaffenen und mit persönlichen Merkmalen ausgestatteten Figuren." F. Stößl, Artikel "Personifikationen" in: Pauly/Wissowa RE, 37. Halbband (1937), 1042-1058; Spalte 1044. Stößl führt dies am Beispiel der Ate bei einer Reihe antiker Schriftsteller durch. Einige Stoiker machten sich – in religions-aufklärerischer Attitüde – lustig über die allüberall aus dem Boden schießenden Gottheiten: *Quarum omnium rerum, quia vis erat tanta, ut sine deo regi non posset, ipsa res deorum nomen obtinuit* (usw. Cicero, nat. Deorum II, 61f.)

63 Heinrich von Veldeke, Eneasroman, mhd./nhd., übers. Dieter Kartschoke, Stuttgart 1986 (RUB 8303).

ein ieglich mensche von dem daz er ist, hât einen guoten geist, einen engel, und einen bœsen geist, einen tiuvel. Der guote engel rœtet unde âne underlâz neiget er ûf daz guot ist, daz götlich ist, daz tugent und himelschlich ist und êwig ist. Der bœse geist rœtet und neiget alle zît den menschen ûf daz zîtlich und zergeclich ist und waz untugent ist, bœse und tivelisch.[64]

Die Tradition ist zählebig. Ulrich BRÄKER (1735-1798) schildert, wie er in einer verzweifelten Situation, als er glaubte, *Gottes Vorsehung selbst habe nun einmal beschlossen, ihn ins Koth zu treten*, vom Teufel versucht wurde, sich das Leben zu nehmen:

Der Verführer feyert bey solchen Gelegenheiten gewiß nicht; und mir war's oft ich fühlte seine Eingebungen, wenn ich etwa den ganzen Tag umhergelaufen und Menschenhülfe vergeblich gesucht hatte – dann schwermüthig, oder vielmehr halb verrückt, der Thur nach schlich – mit starrem Blick in den Strom hinuntersah, wo er am tiefsten ist – O dann deucht' es mir, der schwarze Engel hauche mich an: "Thor! stürz' dich hinein – du haltst's doch nicht mehr aus. Sieh' wie sanft das Wasser rollt! Ein Augenblick, und dein ganzes Seyn wird eben so sanft dahinwogen. Dann wirst du so ruhig schlafen – o so wohl, so wohl! Da wird für dich kein Leid und kein Geschrey mehr seyn, und dein Geist und dein Herz ewig in süssem Vergessen schlummern". – "Himmel! Wenn ich dürfte"! dacht' ich dann. "Aber, welch ein Schauer – Gott! welch' ein Grausen durchfährt alle meine Glieder. Sollt' ich dein Wort – sollte meine Über-zeugung vergessen? – Nein! packe dich, Satan! – Ich will ausharren, ich hab's verdient – hab' alles verdient".[65]

6.3. Physiologische (und andere) Ätiologien

Der Widerfahrnischarakter der Emotionen wird wegerklärt, wenn ausserpsychische Gründe angegeben werden können, die am Zustandekommen schuld sind. Die Säftelehre und die Astrologie haben wir bereits unter den Diskursen erwähnt; sie dienen selbstverständlich immer auch einer Rationalisierung des sog. 'Irrationalen'.

Der Zürcher Universalgelehrte Johann Jacob SCHEUCHZER (1672-1733) erklärt das Heimweh (*nostalgia*), ein Gefühl, an dem vor allem die in Frem-den Diensten stehenden Schweizer litten. Scheuchzer verwirft psychologische

---

[64] Meister Eckhart, Von dem edeln menschen, in: Die deutschen Werke, hg. Josef Quint, 5. Band, Stuttgart 1963, S. 109f. und zugehörige Anmerkungen.

[65] Ulrich Bräker, Lebensgeschichte und Natürliche Ebentheuer des Armen Mannes im Tockenburg, Zürich 1789, Kapitel LXXIII.

(*verworrene Einbildung*) und soziologische Erklärungsmuster (*allzugroße Liebkosung der Elteren gegen ihre Kinder*); auch eine *allzu grosse Gewonheit an unsere Milchspeisen und Müser* könne nicht schuld sein. Er greift auf die hippokratische Theorie der klimatischen Prägung des Charakters eines Menschenschlags zurück und verbindet diese mit einer i a t r o m e d i z i n i s c h e n T h e o r i e der Einwirkung des Luftdrucks: Die Schweizer, auf den Bergen lebend, *athmen eine reine dünne, subtile Luft*; sie gewöhnen also die Leiber daran, daß sie *nicht starck getrückt werden* [...] *bey gleich starcker Gegendrückung der innern in den Aederlein sich aufhaltenden Luft*. In tiefer gelegenen Ländern ist der Luftdruck größer und hemmt den *Creißlauff* von Blut und Säften; *Bangigkeit des Hertzens*, Schlaf- und Lustlosigkeit sowie eben insbesondere Heimweh sind die Folgen. Daher wird auch verständlich, warum das Heimweh besonders junge Leute trifft: bei ihnen sind die *Hautzäseren noch so zart, daß sie die äussere Luft leicht empfinden und derselben weichen*. Als Therapie verschreibt Scheuchzer den Patienten das Quartier in die Höhe (auf nahegelegene Berg oder Türme) zu verlegen, oder *Artzneyen, welche eine zusammengepreßte Luft in sich enthalten*, so dass sie die äussere Gewalt des Luftdrucks schwächen, z. B. Salpeter (wenn keiner vorhanden, so tauge auch Schießpulver) oder jungen Most.[66]

6.4. Zügelung

Über die Affektkontrolle und ihre ideologischen und oekonomischen Bedingungen besonders in der Frühneuzeit und im 19. Jahrhundert ist unüberschaubar viel publiziert worden.

Das Ideal der *apatheia* ('Freisein von Leidenschaften') bei den Stoikern und der *ataraxia* ('Nicht-Verwirrtheit') bei den Epikuräern[67] ist bekannt. Der Weise bietet den Leidenschaften keinen Angriffspunkt (Zenon, bei Diogenes Laertius VII,117); er weist jede Empfindung von Leid von sich (*respuat omnis mali sensum*, Seneca epist. 9,1). Eine prägnante Zusammenfassung gibt HORAZ (65 bis 8 vor Chr.): Wer rechtlich denkt und fest das Ziel im Auge behält, den erschüttert weder ein Volksaufstand noch ein übler Tyrann, kein Seesturm, selbst der Blitzstrahl Jupiters nicht: *Si fractus inlabatur orbis, Impavidum ferient ruinae* (*Und wenn der Weltbau krachend einstürzt, wird er unbewegt sich von den Trümmern zerschmettern lassen*; Carm III, 3).

---

66 Die Theorie formuliert er bereits 1705; sie ist konzis zusammengestellt in der postumen Ausgabe J. J. Scheuchzer, Naturgeschichte des Schweitzerlandes, hg. J. G.Sulzer, Zürich 1746, Bd. I , S. 86ff.

67 Epikur bei Diogenes Laertius X, 82. 85. 128.

SENECA (4 vor bis 65 nach Chr.) empfiehlt in *De tranquillitate animi* dem von Geschäftigkeit aufgekratzten Städter ganz praktisch: kluge Selbsteinschätzung, Umgang mit Freunden, sich an das Nächstliegende zu halten, Prunk meiden (*removere pompam*), eher mit Demokrit Unbill lächelnd ertragen als mit Heraklit sich zu grämen, sich zuweilen etwas Muße gönnen. Der Weise hat sich von allem Äusseren frei gemacht und weiss, dass er aus sich selbst nichts ist (*scit se suum non esse*) und ist gefasst, alles entgegenzunehmen. Bereit sein ist alles. Diese Gedanken kristallisieren aus in einem dem Zenon von Kition zugeschriebenen Bonmot:

> *Nuntiato naufragio, Zenon noster, cum omnia sua audiret submersa,*
> *"Iubet, inquit, me fortuna expeditius philosophari."* (XIV, 2)
>
> Als Zeno erfuhr, seine ganze Habe sei im Schiffbruch versunken, sagte er: "Das Schicksal will, dass ich ungehinderter philosophiere."

Während die spätantike Diatribe ganz im Psychologisch-Praktischen bleibt, bitten die Christen Gott darum sie von den Affekten zu befreien bzw. das Emotionspotential gänzlich auf Gott auszurichten. Ein typischer Text hierzu ist die *Aria* des Christian KNORR VON ROSENROTH (1636-1689)[68] *Wie man seine Leidenschafften erkennen / und dawider beten soll*, in der über 12 Strophen hinweg alle traditionellen Affekte durchgenommen werden (angesprochen ist Gott):

> *2. Laß meine Liebe nicht auf schnöden Cörpern stehen /*
> *Und sie allein auff dich und meinen Nächsten gehen;*
> *Ja wenn er auch mein Feind: reiß auch das Geld aus mir /*
> *Damit ich / was mir lieb / nicht lieb als nur in dir.*

> *3. Laß mich kein eitel Ding auff dieser Welt begehren:*
> *Gib mir auch Maß im Tranck / in dem was mich soll nähren /*
> *Was mich bekleiden soll / was mich bey Ehren hält:*
> *Damit ich nichts begehr als dich auff diser Welt.*

> *6. Laß keinen Haß in mich / wenn mich die Feinde kräncken;*
> *Wenn mich die Straffe soll hin auff das Gute lencken;*
> *Viel minder bloß durch Neid / bey ander Glück' und Höh:*
> *Und gib / daß all mein Haß nur auf die Sünde geh.*

> *9. Laß mich durch Traurigkeit den Kopff nicht niederhencken /*

---

[68] Vgl. Rosmarie Zeller, Der Weg zur Glückseligkeit durch Beherrschung der Leidenschaften im Neuen Helicon des Knorr von Rosenroth, in: J.-D. Krebs (Hg.), Die Affekte und ihre Repräsentation in der deutschen Literatur der frühen Neuzeit, Bern u.a.: Lang 1996 (Jahrbuch für internationale Germanistik, Reihe A, Band 42), S. 107-118.

Wie andre von Natur und sonst in Noth sich kränken:
Mein trauren sey umb diß / daß ich dich je betrübt
Und daß nicht bey mir ist mein Jesus / der mich liebt.

Scham wird den Frauen nicht erst im 19. Jahrhundert beigebracht. In der sog.
Winsbeckin, einem Lehrdialog aus der 1. Hälfte des 13. Jahrhunderts[69], rät die
Mutter der Tochter:

lâz in dînem herzen sweben scham unde mâze ûf stæten pîn. schiuz wilder
blicke nicht zu vil

Sei stets bemüht, Scham und Bescheidenheit in deinem Herzen zu bewegen; schieß
keine unkultivierten Blicke los.

Stereotype Metaphern für die Minderung der Affekte sind die des Zügels
(*frenum*) – deren platonische Variante wir aus dem *Phaidros* kennen und der
auch biblisch ist, vgl. Psalm 32,9:

Sei nicht wie das Ross und das Maultier, die keinen Verstand haben, mit
Zaum und Zügel muss man bändigen ihr Ungestüm.

ferner die des Dämmens von Flüssen, des Ausjätens von Unkraut (*exstirpare*),
die des Löschens von Bränden. Hierzu ein Sonett eines anonymen Dichters
aus der Fröbelschen Sammlung, der das Bild vom Löschen des Liebesbrands
aufnimmt und anakreontisch-witzig wendet:

Der Funke spricht besorgt: "Ich höre hundert Gründe,
die Schuld die trüge ich, wenn irgendwo ein Brand
entsteht; ich sei es, der die ganze Welt entzünde.
Allein, wo bleibt – ich frage Dich – Dein Widerstand?"

Der Zunder spricht: "Entflammbar sein, ist das denn Sünde?
Aus eignem Antrieb bin ich weiß Gott nie entflammt.
Daß ich die Wahrheit über's Feuer Dir verkünde:
Entstehen kann es ... Halt, was riecht so penetrant?"

"Gib acht!" "Es brennt bereits!" Wer wird das Feuer bannen,
das nicht so harmlos schnell verpufft wie eins von Stroh?
Es flammt hell auf. Bringt Wasser her in Eimern, Kannen,

in Krügen, Becken, Zubern, Fässern – Fürio! –
in Kübeln, Trögen, Tonnen, Gelten, Brenten, Wannen,
die Brunst zu löschen ... – Nein, lasst's brennen lichterloh!

---

[69] Winsbeckische Gedichte nebst Tirol und Fridebrant, hg. A. Leitzmann / I. Reiffenstein,
(Altdeutsche Textbibliothek 9), Tübingen 1962. Strophen 5ff.

6.5. Rituelles Abarbeiten

Riten, verstanden als tradierte, zu bestimmten kritischen Anlässen oder Zeiten wiederholte, nach (nicht via Reflexion hinterfragten) Mustern ablaufende Handlungssequenzen, sind im Sinne der Sprechakttheorie 'performativ', das heisst: mit ihnen und nur durch sie werden bestimmte Funktionen nicht nur symbolisch evoziert, sondern vollzogen. Sie können verschiedene Funktionen haben: Kontingenzbewältigung, soziale Stabilisation, Heilung von Brüchen der Weltordnung bzw. Übertünchung von Widersprüchen, Aufbau einer Beziehung zu transzendenten Größen, u.a.m. Für unseren Zusammenhang ist wichtig, dass sie zur Bewältigung wie auch zur Intensivierung von Emotionen beitragen können. (Wie das psychologisch funktioniert, sei einmal dahingestellt.)

Ein vorzügliches Beispiel sind die Riten im Bereich des Sterbens und Trauerns, die Leidbewältigung bewirken sollen.[70] In Stichworten: Der Sterbende wird vorbereitet: er hält eine brennende Kerze in der Hand, am Fußende des Bettes steht ein Kruzifix; der Priester kommt mit dem Viaticum (Versehgang); der Sterbende bittet darum, den Johanniswein zu trinken; er erhält nach der Beicht die Absolution und das Sterbesakrament; die Angehörigen beten um die Aufnahme seiner Seele (*commendatio animae*); dem Toten werden Augen und Mund geschlossen; der Priester wird zur Kirche zurückgeleitet, wo er einen Ablass verkündet; die Angehörigen weinen; je nach Stand wird der Tote eingekleidet; Aufbahrung; auf dem Weg zum Friedhof wird der Sarg dreimal abgestellt; Begräbniszeremonien; das Requiem; der Dreissigste; das Jahrgedächtnis.

6.6. Passionsandacht

Für Christen gibt es eine Gestalt, die hinsichtlich der Emotionen ein absolutes Maß darstellt: Christus. Dies sowohl hinsichtlich der Askese von Emotionen (Jesus hat nie gelacht), als auch hinsichtlich der Einübung von Emotionen (Jesus hat übermenschlich gelitten, und ihm nachzufolgen ist der Weg zum Heil). Die Nachfolge Jesu (Mt 16,24. Joh 1,43 u.ö.) braucht – gerade in klösterlich-kontemplativem Kontext – nicht in sozialem Handeln zu bestehen, sie kann auch in einer emotionalen Nach-Empfindung von Jesu Leiden am Kreuz

---

[70] Ich zitiere nicht Philipp Ariès, sondern weniger bekannte Arbeiten: Karl Stüber, Commendatio animae. Sterben im Mittelalter, Bern: Lang 1976. – Ute Schwab, Zwei Frauen vor dem Tode, (Verhandelingen von de Koninklijke Academie voor Wetenschappen, Letteren en Schone Kunsten van België, Klasse der Letteren, Jaargang 51, 1989, Nr. 132), Brussel 1989, S. 77-143.

geschehen. Durch die *compassio* wird eine neue 'leidenschaftliche' Liebes-kraft entzündet.[71]

Die solche Gefühle anfachende Andachtsliteratur in beiden Konfessionen ist immens. Ein Beispiel aus den Betrachtungen der Catharina Regina VON GREIFFENBERG (1633-1694):

> *Es arbeiteten alle Glieder / es krachte das herze / in daransteckung aller kräften. Es rungen alle adern und kräfte alles eingeweides / und trieben ihr vermögen heraus. Das hirn vertruknete seine feuchtigkeit / das hirn=häutlein zersprange fast darob / die augen=häutlein u. gläßlein verschmelzten ihre säfte / die ohren verrukten ihre gehör=werkzeuge / der nase luft=röhrlein schossen mit blut an / die gurgel ward von heraufsteigenden dämpfen erstöcket / das äderlein der zunge wolte vor anziehung abreissen / die zäne vor schmerzen knirschen und ausfallen. Was thäte erst das herze? ach! das wolte vor tausend qualen brechen / zerspringen und vergehen vor starker bewegung / zwang / und drang / den es leiden muste. Der magen verschrumpfte die leber zergienge / das milz ward versteinert / die nieren zerschmolzen / das mark in beinen schwunde und versotte sich / vor lauter ringen und bewegen / durch unleidliche schmerzen.* [72]

Der Mystiker HEINRICH SEUSE († 1366) erzählt von glücklichen Visionen wie auch mehrmals von endogenen Depressionen (in der Terminologie der Sündenlehre fällt der Zustand unter die Kategorie *akedia*). Diese Anfälle bringen ihn einerseits beinahe an den Rand der Verzweiflung, sind ihm ander-seits aber auch die Erfahrung, wo er seine Existenz aufgehoben fühlt, insofern er einsehen muss, dass er von seinem Erlöser hinsichtlich des Leidens immer schon überholt ist:

> *Es geschah vor vil jaren, do hat ein bredier* [ein Prediger, Seuse spricht von sich in der 3. Person] *in sinem anvang ein bitterliches liden von ungeordneter swermüetikeit, dú in ze etlichen ziten also úberladen hate, daz es enkein herze möht ergrúnden, daz sin nie bevant. Und do er ze*

---

71 Erich Auerbach, 'passio' als Leidenschaft, in: PMLA 56 (1941), S. 1179-1196; wieder abgedruckt in: Gesammelte Aufsätze zur romanischen Philologie, Bern 1967, S. 161-175. Auerbach geht sogar so weit, dass er die Liebesqualen der petrarkistischen Liebes-lyrik in diese Tradition stellt.

72 Des Allerheiligst= und Allerheilsamsten Leidens und Sterbens Jesu Christi Zwölf andächtige Betrachtungen Durch Dessen innigste Liebhaberin und eifrigste Verehrerin Catharina Regina / Frau von Greiffenberg / Freyherrin auf Seysenegg / Zu vermehrung der Ehre GOttes und Erweckung wahrer Andacht / mit XII. Sinnbild=Kupfern verfasset

*einer zit also sas in der zelle nach dem imbis, da hat in das liden über-
wunden, daz er enmoht weder studieren noch betten noch nút guotes
getuon, denne daz er also trurige sas in der zelle und sin hende in die
schoz leit [...]; und do er also sas trostlos, do waz im, als zuo im dise sin
vernünftklich gesprochen wúrde: "Wes sitzest du hie? Stant uf und ver-
gang dich in min liden, so überwindest du din liden!" Und er stuont
geswinde uf, wan im was, wie das reht vom himel were erscholen, und
nam her vúr das liden [d.h. das Leiden Christi], und in dem lidenne verlor
er alles sin liden, das er es in sogtaner wise nieme dar nah enphant.*
(Büchlein der Ewigen Weisheit, Kap. XIV)[73]

Das Überwinden des Leids in der Passionsandacht ist hier nicht einfach als
Gebet formuliert, sondern theologisch, insbesondere christozentrisch durch-
dacht. Die Identifikation mit dem Leiden Christi führt zu einer Verähnlichung,
in deren Folge dem Menschen auch die Verdienste Christi zuteil werden.

6.7. Die theatralische Katharsis

Vom Gefühlsmanagement in der Rhetorik war bereits die Rede. Eng verwandt
damit ist die Beeinflussung des Publikums in der Tragödie. Der Locus classi-
cus ist die Stelle in des ARISTOTELES (384-322) *Poetik*, wo er davon spricht,
dass *mit Hilfe von Mitleid und Schrecken (eleos, phobos) eine Reinigung von
ebendiesen Affekten* stattfinde. (1449b). Die Stelle ist kaum verständlich und
hat im Laufe der Tradition ungezählte Interpretationen generiert. Es ist ver-
mutet worden[74], dass eine homöopathische Lehre dahinter steht: der Körper
wird durch Ähnliches von Ähnlichem, d.h. durch die Affekte des Spiels von
den Affekten, deren Übermaß ihn quälen, purgiert. Andere Deutungen glauben, dass der Zuschauer der Tragödie gleichsam eine psychische Robustheit
erwirbt. So schreibt Martin OPITZ (1597-1639) im Vorwort zu seiner Übersetzung von Senecas *Trojanerinnen*:

*In dem wir grosser Leut / gantzer Städte vnd Länder eussersten Unter-
gang zum öfftern schawen vnd betrachten / tragen wir zwar erbarmen mit
jhnen / können auch nochmals aus wehmuth die Thränen kaum zurück
halten; wir lernen aber daneben auch aus der stetigen besichtigung so
vielen Creutzes vnd Vbels das andern begegnet ist / das vnserige / welches vns begegnen möchte / weniger fürchten vnd besser erdulden.*

---

und ausgefertigt. Nürnberg 1672. Band 9, S. 107f. – Auf den Text hat mich Stephanie
Wodianka (Gießen) aufmerksam gemacht.

[73] Heinrich Seuse, Deutsche Schriften, hg. Karl Bihlmeyer, Stuttgart 1907, S. 256f.

[74] H. Flashar, Die medizinischen Grundlagen der Lehre von der Wirkung der Dichtung in
der griechischen Poetik, in: Hermes 84 (1956), S. 12-48.

Es gibt wenig Berichte über die Wirkung von Theatervorstellungen. Denkwürdig war die Aufführung des *Zehnjungfrauenspiels* in Eisenach am 4. Mai 1322. Dieses geistliche Spiel, das vom Gleichnis Mt. 25,1-13 ausgeht, stellt dar, dass sogar die Fürbitte Marias für die Sünder am Jüngsten Tag nichts mehr auszurichten vermag; wer sich nicht rechtzeitig durch Reue und Beichte und dann durch das Fegefeuer der Gnade und Barmherzigkeit Gottes anheimgestellt hat, wird ohne weitere Rekursmöglichkeit zur ewigen Höllenpein verdammt. Zu diesem Spiel kam auch FRIEDRICH (der Freidige genannt), Pfalzgraf von Sachsen und Landgraf von Thüringen (1257-1323)

> *und sach das unde bilditte das in sich unde wart czu male czornig unde sprach: "Was ist der Cristen glaube? Was ist nu unßer hoffenunge, hilfft nicht, das vor uns sundere unße liebe fraue betet unde alle gotis heiligen geflehen mogen? Warumbe sollen wir sie eren, sollen wir nicht gnade erwerben?" Unde bleib also funff tage in großeme unmuthe. […] Unde do slug in der slag, das her [er] lam wart an eyner sythen, unde die sprache entpfil im.* [75]

Nach dreieinhalb Jahren Siechtum stirbt Friedrich. Auf der bewussten Ebene ist er *czornig*, und das ist eventuell ein Ausdruck der unbewussten Angst des großen Sünders (der er war) vor der Unerbittlichkeit Gottes, die ihm aufgrund des Spiels eingeleuchtet haben muss.

Dass die Induktion von Gefühlen mittels fiktiven Spiels wirksamer ist als durch direkte Explikation, zeigt schön die Indienstnahme der Schauspieltruppe durch Hamlet (3. Akt, 2. Szene), bei deren Spiel (das Hamlet metaphorisch als *The Mouse-trap* bezeichnet) der König – *frighted* – sich verrät.

Nicht nur in der Tragödientheorie spielt das Kalkül der Emotionen eine Rolle. Christian WEISE (1642-1708) äussert sich im *Kurtzen Bericht vom Politischen Näscher* (1680) über den Zweck lustiger Bücher.[76] Er nennt *vier sonderliche Affecten* des Lesers, *durch derer Anreitzung die meiste Lust im Gemüthe erwecket wird.*

> *Erstlich wünscht man sich das beste Glücke. Zum andern ist man curieus und wil alzeit was neues finden. Zum dritten bildet man sich grosse Klugheit ein und wil an fremden Sachen was zu tadeln oder zu verbessern finden. Zum vierdten wolte man gern ein Richter werden und nachdem*

---

[75] Bernd Neumann, Geistliches Schauspiel im Zeugnis der Zeit, München 1987, Band I (MTU 84), Nr. 1482.

[76] Abgedruckt in: Dieter Kimpel / Conrad Wiedemann (Hgg.), Theorie und Technik des Romans im 17. und 18. Jahrhundert, Band I: Barock und Aufklärung, (Deutsche Texte 16), Tübingen: Niemeyer 1970, S. 20ff.

sich die Barmherzigkeit, oder im Gegentheil der Zorn erreget hat, nachdem belustigen wir uns an des andern Glücke, und an des andern Straffe.

Wie der Jäger sich nach den *eingepflantzen Affecten der unvernünftigen Thiere* richtet, so muss der Komödien- oder Satirenschreiber die *genaue Beschaffenheit des innerlichen Gemüthes* lernen, wenn er das Publikum positiv beeinflussen will.

6.8. Sanfte Therapien

Dass das Harfenspiel Davids den Saul vom *bösen Geist* befreit hat (1. Sam. 16,14-23), wissen wir.

Im Geiste der hippokratischen Hygiene empfiehlt der Arzt Hippolytus GUARINONI (1571-1654)[77] als *antidotae melancholiae* in enzyklopädischer Breite ausufernd allerlei ästhetische *Ergötzligkeiten* wie das Anhören von Musik, das Betrachten von Bildern, die Lektüre lustiger Bücher; auch *Comœdien* vermögen das *menschlich gemüht zuerfrewen*. Der Autor differenziert, welche Inhalte als Therapeutikum dienlich sind, welche hingegen die Krankheit fördern und das menschliche Geschlecht verwüsten. Interessant sind heute noch die Kapitel (II, 24ff.) *Von erlustigung Menschlichen Gemüts auß der freundlichen Ansprach*, in denen er darlegt, dass Gespräche (oder als Ersatz auch Korrespondenz) mit Freunden die Gemüter von Betrübnissen aufzuheitern, wie sie aber auch das Leiden zu verschlimmern vermögen. Melancholie-Therapie mittels Erzählen von lustigen Geschichten kennen wir auch aus anderen Quellen.[78]

6.9. Anfachung

Die Schulung der sprachlichen Ausdrucks- und Empfindungsfähigkeit geschieht sowohl in bürgerlichen Benimmbüchern, Briefstellern als auch in der Belletristik, die gelegentlich erzieherische Züge annimmt.[79]

---

[77] Hippolyt Guarinonius, Die Grewel der Verwüstung Menschlichen Geschlechts, Ingolstatt 1610; Reprint hg. Elmar Locher, Bozen: edition sturzflüge 1993.

[78] Günter Bandmann, Melancholie und Musik, Köln 1960. – Heinz-Günter Schmitz, Physiologie des Scherzes. Bedeutung und Rechtfertigung der 'Ars Iocandi' im 16. Jahrhundert, Hildesheim: Olms 1972 (Deutsche Volksbücher in Faksimiledrucken Reihe B, Bd. 2). – Johann Anselm Steiger. Melancholie, Diätetik und Trost. Konzepte der Melancholie-Therapie im 16. und 17. Jahrhundert, Heidelberg 1996. – Siegfried Schneiders, Literarische Diätetik. Studien zum Verhältnis von Literatur und Melancholie im 17. Jahrhundert, Aachen 1997.

[79] Vgl. die Texte und Interpretationen bei Angelika Linke, Sprachkultur und Bürgertum, Stuttgart/Weimar: Metzler 1996.

Es gibt im Christentum eine reiche Tradition von Techniken zur Anfachung des religiösen Gefühlslebens. Als Beispiel stehe ein Zitat aus RICHARDs VON SANKT VIKTOR († 1173) Traktat *Über die Gewalt der Liebe*:[80]

Attendo ad opera violentae caritatis, et invenio quae sit vehementia perfectae aemulationis. Ecce video alios vulneratos, alios ligatos, alios languentes, alios deficientes; non tamen a caritate. Caritas vulnerat, caritas ligat, caritas languidum facit, caritas defectum adducit. Quid horum non mirum? Quid horum non violentum? Hi sunt gradus quibus interim toti intendere ad illam quam multum concupiscitis, audite de illa, et anhelate in illam quam vehementer ambitis. Vultis audire de caritate vulnerante? "Vulnerasti cor meum, soror mea, sponsa, in uno oculorum tuorum et in uno crine colli tui." Vultis audire de caritate ligante? "In funiculis Adam traham eos, in vinculis caritatis." Vultis audire de caritate languente? "Filiae Ierusalem, si invenetitis dilectum meum, annuntiate ei quia amore langueo." Vultis audire de caritate deficiente et in defectum adducente? "Deficit", inquit, "in salutare tuum anima mea, et in verbum tuum supersperavi." Caritas itaque defectum facit, languorem adducit. Caritas vincula habet, caritas vulnera facit. (§ 4)

Wenn ich auf die Wirkungen der allgewaltigen Liebe achte, entdecke ich die Übermacht der vollkommenen eifersüchtigen Liebe. Da sehe ich Verwundete, Gefesselte, Kranke und Schwache. Und all das durch die Liebe. Die Liebe verwundet, die Liebe fesselt, die Liebe macht krank, die Liebe lässt schwach werden. Sind das nicht Zeichen der Kraft? Sind das nicht Zeichen der Gewalt? Das sind vier Stufen der brennenden Liebe, diese wollen wir jetzt ins Auge fassen. Wendet eure ganze Aufmerksamkeit auf die Liebe, nach der ihr so großes Verlangen tragt. Lasst euch belehren über sie, und verzehrt euch nach ihr, die ihr so heftig ersehnt. Ein Wort über die verwundende Liebe? "Du hast mich verwundet, meine Schwester, Braut, mit einem Blick deiner Augen und mit einer einzigen Locke in deinem Nacken" (Cant 4,9). Über die fesselnde Liebe? "Ich werde sie ziehen mit den Banden Adams, mit den Fesseln der Liebe". (Osee 11,4) Über die Liebe, die krank macht? "Töchter Jerusalems, wenn ihr meinen Geliebten findet, meldet ihm, daß ich krank bin vor Liebe". (Cant 5,8). Oder die Liebe, die schwächt und zum Tode führt? "Schwach geworden ist meine Seele in Sehnsucht nach deinem Heil, auf dein Wort habe ich meine ganze Hoffnung gesetzt." (Ps 118,81). Die Liebe macht also schwach, sie macht krank, sie legt Fesseln an und schlägt Wunden.

Gehen wir zu säkularen Texten über. In den Schäferromanen, um nur ein Beispiel herauszupicken, werden Seelenlagen vorformuliert, ja vielleicht ist dies: edlen Seelen vorzufühlen, gerade die Pointe dieser eigenartigen Texte. Hören wir, wie es *Amoena* nach dem Coup de foudre zumute ist:

---

[80] Richard von Sankt Viktor, Über die Gewalt der Liebe (de quattuor gradibus uiolentae caritatis), eingeführt und übers. von Margot Schmidt, München: Schönigh 1969.

Sie schlug jhre verliebte Augen zur Erden nieder / gleich jenen / welche
etwa ein heimliches Anligen im Hertzen umbweltzen / vnd ließ zu weilen /
wenn sie in Vertieffung der Gedancken nicht Achtung auff sich gabe /
einen so tieff herauff geholten brennenden Seufftzen fahren / daß sie jhr
Herr Vater / als er solches jhr heimlices Anligen vermercket / darumb zu
Rede setzete. [81]

Man könnte an irgend einer Stelle aufschlagen und fände solche emotionale
Highlights, die durchaus als Formulierungsmuster für Briefe, Gespräche oder
zur Anfachung von Gefühlen dienlich sind.

Wenig erbaut über die Affektation des Gemüts durch Literatur war der
gestrenge Zürcher Pfarrer Gotthard HEIDEGGER (1666-1711)[82]:

LIX. Die Romans setzen das Gemüth mit ihren gemachten Revolutionen /
freyen Vorstellungen / feurigen Außdruckungen / und andren bunden
Händeln in Sehnen / Unruh / Lüsternheit und Brunst / nehmen den Kopff
gantz als in arrest / setzen den Menschen in ein Schwitzbad der Passio-
nen / verderben folgends auch die Gesundheit / machen Melancholicos
und Duckmäuser / der Appetit vergeth / der Schlaff wird verhinderet und
"waltzt man sich im Beth herum / als wie die Thür im Angel" (Prov.
XXVI,1) / den zu andrem tüchtig gewesten Geist machen sie träg und
überdrüssig / betauben und belästigen das Gedechtnuß / verhinderen
Geschäfft und studiren / und endlich an statt Wissenschafft beyzubringen
scharren sie etwas zusamen / das schlimmer ist als jede Ohnwissenheit.

Statt die Beschreibungen der *Buhlerey* zu verfolgen, soll der zwinglianische
Staatsbürger seine Zeit gescheiter fürs Beten und vor allem ganz nüchtern für
die frühkapitalistische Akkumulation von Kapital verwenden.

Eine Schule der Emotionalität stellt sodann die B r i e f k u l t u r dar. Die Briefwechsel von Beichtigern und ihren geistlichen Töchtern (etwa die Dominika-
nerin Margareta EBNER † 1351) wurden sicherlich in Klöstern für die Verfeinerung des Gefühls rezipiert. In Laienkreisen wurden ganze Romane zu
diesem Zweck ausgebeutet, so beispielsweise die *Schatzkammer schöner /*
zierlicher Orationen / Sendbriefen / Gesprächen ... auß den Büchern des

---

[81] [Anonym], Jüngst-erbawete Schäfferey oder keusche Liebes-Beschreibung von der
Verliebten Nimfen AMOENA vnd dem Lobwürdigen Schäffer AMANDUS, Leipzig
1632, in: Klaus Kaczerowsky, Schäferromane des Barock, Reinbek 1970 (Rowohlt
Klassiker 530/531), S. 25.

[82] Gotthard Heidegger, Mythoscopia Romantica oder Discours von den so benannten
Romans, Zürich 1698; Reprint hg. Walter E. Schäfer 1969.

Amadis (Straßburg 1596). Briefsteller sind bereits im Mittelalter beliebt; das berühmte Gedicht

> *Du bist min, ich bin din, des solt du gewis sin. du bist beslozzen in minem herzen, verlorn ist daz sluzzelin, du muost ouch immer darinne sin*

enstammt einem mittellateinischen Brief eines Klerikers, der aus der Rolle einer Frau verfasst und voller brauchbarer Formulierungen von schönen Empfindungen ist.[83] – Im 18. Jahrhundert formuliert man ein *Verliebtes und galantes Billet an ein Frauenzimmer* so:

> *Ich zehle den gestrigen Tag unter die glückseligsten meines Lebens, weiln ich an demselben der Gunst einer der schönsten Dames bin gewürdiget worden [...] Ich bethe die schönste Mariana als meine Gebietherin an, und ob ich gleich dabey meine völlige Freiheit verspielet, so will ich tausendmahl lieber auf solche Art gefangen liegen, als frey und mißvergnügt leben ...* [84]

Um 1905 tönt es noch sehr ähnlich:

> *Geehrtes Fräulein! Durch Ihren Verkehr mit meiner Schwester hatte ich die freudige Gelegenheit, in Ihrer Nähe zu weilen. Dieser mir so erwünschte Umgang hat mich mit innigster Zuneigung zu Ihnen beseelt. [...] Mein Schicksal liegt nun in Ihrer Hand ...*

Der gesellschaftlich anerkannte und zur reibungslosen Kommunikation sich eignende Ausdruck von Emotionen wird anerzogen, anhand von vorformulierten Mustern eingeübt, bis er spontan gelingt. Hören wir eine Stimme aus der Epoche der "Empfindsamkeit". Der Berliner Oberschulrat Karl Franz VON IRWING[85] schreibt 1777:

> *Wenn die Phantasie und Einbildungskraft nach und nach die Fertigkeit erlangen, die Gefühle zu verfeinern und zu erhöhen, so wird überhaupt das Ganze des Menschen, oder die Art und Weise wie er fühlt und seine Gefühle betrachtet, verfeinert und erhöht. Diese beyde Beschaffenheiten des Gefühls [...] geben dem Menschen die merkwürdige Eigenschaft, welche Emfindsamkeit genennet wird.*

---

83 Des Minnesangs Frühling, Anmerkungen, hg. H. Tervooren / H. Moser, Stuttgart 1981, S. 317ff. (Nr. VIII)

84 Der auf neue Manier abgefaste und expedite Brief=Steller, [...]. von Salandern [Pseudonym für Franz Heinrich Schade], Frankfurt 1721.

85 Entnommen der Sammlung Empfindsamkeit. Theoretische und kritische Texte, hg. Wolfgang Doktor / Gerhard Sauder, Stuttgart 1976 (RUB 9835), S. 57. – Hermann Boeschenstein, Deutsche Gefühlskultur, 2 Bde., Bern: Haupt 1954/66.

6.10. Sublimierung

Friedrich NIETZSCHE (1844-1900) polemisiert gegen den *Moralisten-Wahnsinn, welcher die Exstirpation der Leidenschaften verlangt. Ihr Schluss ist immer: erst der entmannte Mensch ist der gute Mensch.*[86] In der *Morgenröte* (1881) nennt er *sechs Methoden, um die Heftigkeit eines Triebs zu bekämpfen,* die er so zusammenfasst:

den Anlässen ausweichen, Regel in den Trieb hineinpflanzen, Übersättigung und Ekel an ihm erzeugen, und die Association eines quälenden Gedankens (wie den der Schande, der bösen Folgen oder des beleidigten Stolzes) zu Stande bringen, sodann die Dislocation der Kräfte und endlich die allgemeine Schwächung und Erschöpfung […]. (§ 109)

Dieser Text Nietzsches ist eine der seltenen Zusammenstellungen der methodischen Beeinflussung der Emotionalität, wie wir sie in ihrer zynischen Variante sonst aus Ovids *Remedia amoris* kennen. Als Muster nur dieses:

Fünftens: man nimmt eine Dislocation seiner Kraftmengen vor, indem man sich irgend eine besonders schwere und anstrengende Arbeit auferlegt oder sich absichtlich einem neuen Reize und Vergnügen unterwirft und dergestalt Gedanken und physisches Kräftespiel in andere Bahnen lenkt. Eben darauf läuft es auch hinaus, wenn man einen anderen Trieb zeitweilig begünstigt, ihm reiche Gelegenheit der Befriedigung giebt und ihn so zum Verschwender jener Kraft macht, über welche sonst der durch seine Heftigkeit lästig gewordene Trieb gebieten würde. Dieser oder Jener versteht es wohl auch, den einzelnen Trieb, der den Gewaltherrn spielen möchte, dadurch im Zaume zu halten, dass er allen seinen ihm bekannten anderen Trieben eine zeitweilige Aufmunterung und Festzeit giebt und sie das Futter aufzehren heisst, welches der Tyrann für sich allein haben will.

Statt einer Ausrottung oder Überwindung der Affekte propagiert Nietzsche deren Indienstnahme, ihre Umformung zu schöpferischer geistiger Tätigkeit, ihre *Sublimierung* (ein Wort, das bereits Goethe in ähnlichem Sinne gebraucht); mit einem Gleichnis aus der Chemie, wo *die herrlichsten Farben aus niedrigen, ja verachteten Stoffen gewonnen* werden (Menschliches, Allzumenschliches, I, 1).

---

[86] Nachlass, in der Kritischen Gesamt-Ausgabe von Colli und Montinari Band VIII, 14 [163]. – Zu Nietzsches Sublimationstheorie vgl. Walter Kaufmann, Nietzsche. [engl. 1974], Darmstadt: wbg 1982, Kapitel 7.

6.11. Pathologie

Mindestens erwähnt werden soll, dass der Emotionshaushalt auch pathologisch entgleisen kann. Die Auslösersituationen werden ausgeweitet (in Gedanken vorweggenommen), die Reaktionen werden unangemessen intensiv, so dass die Emotion dysfunktional wird. Aus Angst ist eine Phobie geworden. Wer nicht gern kasuistisches Material aus der Praxis eines heutigen Psychotherapeuten hören mag, lese in den Analysen der Seelenregungen des Adam BERND (1676-1748).[87]

7. Ausblicke, Einblicke

Ich glaube / es sey kein Mensch in der Welt / der
nicht einen Hasen im Busem habe / dann wir sind
ja alle einerley Gemächts / und kan ich bey meinen
Pirn wol mercken / wenn ander zeitig seyn.
(GRIMMELSHAUSEN, Simplicissimus III,17)

Wir haben jetzt gleichsam einen Rundgang durch ein imaginäres Museum unternommen, in dem die Exponate säuberlich in Glaskästen dargeboten werden, beschriftet und thematisch geordnet in Sälen; ein Mehrfaches an Sammelgut schlummert in den Magazinen. – Viele Fragen bleiben offen oder drängen sich nach diesem Rundgang erst auf. Ich lasse diese Einführung absichtlich dissonant ausklingen.

Was erlaubt uns, dieses Sammelsurium unter einem Dach genannt 'Emotionen' auszustellen? In der Auffächerung wird die Gemeinsamkeit problematisch. Was macht die in unterschiedlichen Diskursen auftretenden, mit vielgestaltigen Mitteln fassbar gemachten 'Emotionen' gemeinsam behandelbar? Ist das Wort 'Emotion' (und seine Verwandten) nur eine heuristische Hilfskonstruktion, oder wird im Material bei allen Abschattierungen doch eine anthropologische Größe erkennbar? Schafft nicht jeder theoretische Zugang, jede Perspektive eine eigene Größe (vgl. das eingangs von Kap. 4 zum Begriff 'Diskurs' Gesagte)? Gesucht ist eine Hermeneutik, mit der abzuklären ist, dass Leute, die Sätze verwenden wie 'Ich habe Schmetterlinge im Bauch' oder 'VP hat beim Anblick einer Fotografie von Frau P. jagenden Puls und intermittierenden Atem' und 'Herr M. kleidet sich in letzter Zeit auffällig gepflegt' über dieselbe Emotion reden.

---

[87] Adam Bernd, Eigene Lebens-Beschreibung (1738), Mit Nachwort, Anm., Register hg. Volker Hoffmann, München: Winkler 1973 (Die Fundgrube 55).

Nochmals sei Wittgenstein zitiert. Er polemisiert einmal gegen die Methode, mittels Abstreifen von Hüllen zum Wesentlichen der Sache zu gelangen, mit dem Satz "Um die eigentliche Artischocke zu finden, hatten wir sie ihrer Blätter entkleidet." (Ph. U. § 164) Bei vielen Früchten – Orangen, Bananen – ist es angebracht, die Schale zwecks Verzehr zu entfernen, aber die Anwendung dieser Technik auf Artischocken ist eine 'metabasis eis allo genos' und verfehlt den Zweck. Vielleicht ist das Orangen-Bananen-Modell für Emotionen unpassend, und man sollte sie nach der Artischocke modellieren: Einsicht in ihr 'Wesen' bekommt man, indem man betrachtet, wie Leute (im Lauf der Geschichte und in verschiedenen Kulturen) über Emotionen in Erzählungen, Symbolen und Theorien sprechen, in welchen Diskursfeldern dies geschieht, wie Emotionen jeweils bewertet werden und wie man sie zu beeinflussen versucht – das s i n d die Emotionen.

Hoffentlich wurde mit diesem Vorwort erreicht, dass die geneigten Leserinnen und Leser den Ort ausmachen können, an dem die nun folgenden Aufsätze ins Detail gehen.

* * *

Ich bedanke mich bei allen Beiträgerinnen und Beiträgern für ihre Mühwaltung und Geduld sowie bei Corinne Janser und Rolf Siegenthaler vom Pano-Verlag für das aufmerksame Korrekturlesen.

P. Michel

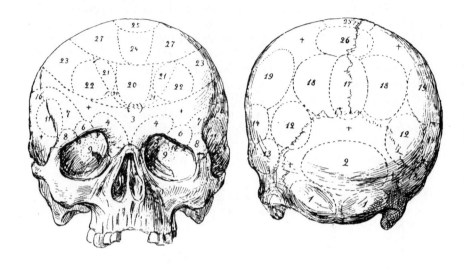

24. Das Organ der Gutmütigkeit findet man in der Mitte der Schädeldecke und zwar rechts und links der Schädelnaht. Es wird von der Abdachung des Stirn= beins begrenzt. Die Benennung ist später mehr präzisiert worden. Schon der Entdecker machte die Wahrnehmung, daß es sich bei dieser Eigenschaft hauptsächlich um die Äußerung von Mitgefühl handele und fügte daher die Bezeichnung „Organ des Mitleids" hinzu. Mitleid aber setzt Interesse für den Leidenden voraus, es ist immer gepaart mit dem Willen zu helfen und zu fördern, also mit Wohlwollen.

Zu Kap. 2.3.: Aus einer populären Darstellung der Phrenologie von Franz Joseph GALL (1758-1828).

Aus: Walter Möller, Angewandte Menschenkenntnis, Oranienburg bei Berlin, 1. Auflage 1916; 4. Aufl. 1927.

Zu Kap. 2.4.: Miniatur zu den Werken WALTHERs VON DER VOGELWEIDE ausgehend von der Pose des Nachdenklichen im sog. Zweiten Reichsspruch: *Ich saz ûf eime steine und dahte* [deckte] *bein mit beine. dar ûf satzt ich den ellenbogen. ich hete in mîne hant gesmogen daz kinne und ein mîn wange.*

Aus der Manessischen Handschrift (Heidelberg, Cod. pal. germ. 848; (Anfang des 14. Jhs.)

Zeitungsannonce eines (1993 gegündeten) privaten Vereins für die Beratung bei Problemen von Stellungspflichtigen und Angehörigen der Armee.

Zu Kap. 3.5.: *Des Passions. Les figures & leur explication d'après le Brun.*

Aus: [Diderot / d'Alembert, Encyclopédie], Recueil de Planches,
Seconde Livraison, Seconde partie, 1763, Dessein

Planche XXIV / Fig. 2: *Admiration avec étonnement*

Planche XXVI / Fig. 1: *La haîne ou jalousie. Cette passion rend le front
ridé, les sourcils abbatus & froncés, l'œil étincelant, la prunelle à demi
cachée sous des soucils tournés du côté de l'objet, elle doit paroître
pleine de feu aussi-bien que le blanc de l'œil & les paupieres, les narines
pâles, ouvertes, plus marquées qu'à l'ordinaire, retirées en arriere, ce
qui fait paroître des plis aux joues, la bouche fermée en sorte que l'on
voit que les dents sont serrées, les coins de la bouche retirés & fort
abbaissés, les muscles des machoires paroîtront enfoncés, la couleur du
visage partie enflammée, partie jaunâtre, les lèvres pâles ou livides.*

Zu Kap. 3.8.: *Die böse Lust. Fleischliche Lust.*
Ein nackendes auf einem Crocodil sitzendes Weib / welches einem Rebhun /
das es in der Hand hat / liebkost und mit selbigem spielt.

Aus: [anonym] Viel nutzende und erfindungen reichende Sinnbild-
Kunst. Oder Hieroglyphischen Bilder-Vorstellung der Tugenden, Laster,
Gemüts-Bewegungen, Künste und Wissenschaften [...],
Nürnberg: Joh. Chr. Weigel [o. J.]; Tafel V, Nr. 1 (Ø 38 mm).

(Das Rebhuhn gilt in der Emblematik des 17. Jhs. als geil.)

Zu Kap. 4.4.: *Quatuor affectus hominis*

Die vier Grund-Affekte *Fräud vund wunn – Hoffnung – Forcht / schrecken – Schmerzten vnd hertzeleyd* sind hier als *Anfechtungen* in der Art der teuflischen Erscheinungen, die dem hl. Antonius in der Wüste begegnen, dargestellt. Moral: *Doch ist mittel inn allen dingen Hoch zupreisen mit Lob zusingen.*

Mathias Holtzwart, Emblematum Tyrocinia, [mit dem Vorwort von Fischart und den Holzschnitten von Tobias Stimmer, MDLXXVI], hg. Peter von Düffel / Klaus Schmidt, Stuttgart: Reclam 1968.

MEDIIS TRANQUILLUS IN UNDIS.

Zu Kap. 4.7.: Die Gemütsruhe des Weisen

Aus: Filip von Zesen, Moralia Horatiana: Das ist Die Horatzische Sitten-
Lehre / Aus der Ernst-sittigen Geselschaft der alten Weise-meister
gezogen [...], Amsterdam: Kornelis de Bruyn 1656; 9. Tafel.

Zu Kap. 4.10.: Mars beeinflusst die Gemüter der Menschen (um 1480)

Aus: Das mittelalterliche Hausbuch, hg. Helmuth Th. Bossert /
Willy F. Storck, Leipzig: Seemann 1912; Pag. 12b / 13a.

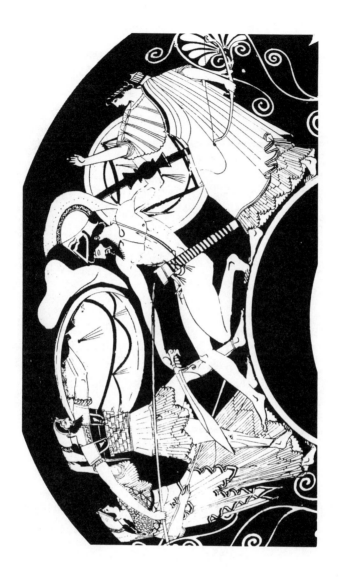

Zu Kap. 6.2.: Aias im Kampf gegen Hektor; Athene und Apoll greifen ein.

Paris, Louvre, um 480 vor Chr.; aus: John Boardman (Hg.): Lexicon
Iconographicum Mythologiae Classicae, München / Zürich: Artemis,
Band I (1981); Aias I, 37.

Zu Kap. 6.2.: Der Teufel reizt einen Mönch, eine Nonne zu begehren.

Aus: Das Büchle Memorial / das ist ain angedänckung der Tugent / von
herren Johannsen vonn Schwartzenberg, Augsburg: Steiner 1540
[zuerst 1534]; pag. CXLII recto.

Zu Kap. 6.5.: Begräbnisszene

Aus: Franciscus Petrarca, Von der Artzney bayder Glück / des guten vnd
widerwertigen, Augsburg: Steiner MDCXXXII, Das ander Buoch,
Das XVIII. Capitel (II, fol. XXIV verso).

Zu Kap. 6.8.: Eleos und Phobos im barocken Trauerspiel

Titelkupfer zu Daniel CASPER VON LOHENSTEIN, *Sophonisbe* [1680];
Breslau 1689.

In die *Roman* bin ich verliebt,
Wan ichs nicht leß, bin ich betrübt,
Viel Helden-Thaten find ich drin,
Die mir erquicken Geist und Sin,
Mein sag warüm du närrisch bist,
Und glaubst was reyn erlogen ist.

Zu Kap. 6.10: Die (modisch frisierte) Roman-Närrin,
die über der Lektüre unnütze Tränen vergießt

Aus: [anonym; evtl. ABRAHAM A SANCTA CLARA], MALA GALLINA,
MALUM OVUM. […] Hundert Ausbündige Närrinnen gleichfalls in
Folio […], Nürnberg: Weigel / Wien; Heyinger [1713], S. 265ff.

WOLFGANG MARX

Berge des Wahnsinns, Gipfel der Leidenschaft

Navigationsversuche im Raum der möglichen Gefühle

Die Philosophie, jedenfalls die des Abendlandes, hat uns gelehrt, dass Gefühle, wie alle Phänomene des inneren Sinnes (so nannte man damals die Bewusstseinsvorgänge) raumlos seien. Für Descartes wurde dieses Faktum zum definierenden Kriterium seiner Trennung eines Himmels unausgedehnter Ideen (*res cogitans*) von einer Welt immer voluminöser irdischer Dinge (*res extensa*). Vor einem solchen theoretischen Hintergrund ist nicht leicht Psychologie zu treiben; denn wie soll man einen denkenden, fühlenden, sich erinnernden Punkt beschreiben?

Dieses Problem versuchte man von Anfang an zu lösen durch Anleihen aus der Welt der räumlich erstreckten Dinge, und das durchaus nicht aus wohlbedachten Gründen, die man auch hätte benennen können, sondern schlicht aus Mangel an Alternativen; denn das ist das Elend der Psychologie, dass die Gegenstände, von denen sie handelt, nicht sinnlich wahrgenommen werden können. Man kann zwar das konkrete Verhalten von Menschen beobachten, man kann das Erleben beschreiben (allerdings immer nur das eigene); aber den für dieses Erleben und Verhalten verantwortlichen psychischen Apparat (wie FREUD das als erster genannt hat), den hat noch niemand gesehen. Um uns eine Vorstellung von dieser geheimnisvollen Instanz zu machen, benutzen wir von Anfang an Analogien aus der Welt der zehntausend Dinge, die in diesem Zusammenhang zu Symbolen im Dienste der Darstellung des Psychischen werden. Als PLATON das Gedächtnis mit einer Wachstafel verglich, zeichnete er den Weg vor, den das psychologische Denken im Abendland bis auf den heutigen Tag gehen sollte: Das technische Artefakt wird zum Modell des psychischen Apparats. Das hat die merkwürdige Folge, dass physische Eigenschaften des Artefakts zu psychologisch relevanten Merkmalen des theoretischen Konstrukts werden. So lässt sich beispielsweise aus der Wachstafel-Metapher eine Theorie von 'Gedächtnisspuren' ableiten. Bis heute spricht man in der Gedächtnispsychologie von solchen Spuren oder 'Engrammen', die dann als mehr oder weniger prägnant gedacht werden können, die im Laufe der Zeit zerfallen oder gar ganz verwischt werden. Daraus lassen sich Vorhersagen über Behalten und Vergessen ableiten, über die Qualität von Reproduktionsleistungen und ihre quantitativen Veränderungen in der Zeit, die dann auch empirisch überprüft werden können.

Dieses bereits in der Antike geprägte Muster zieht sich durch bis in die Neuzeit. E. A. POE beschrieb in seinen Essays und Erzählungen psychische Prozesse, als würden sie einer komplizierten deterministischen Mechanik gehorchen, einem Uhrwerk, analog der künstlichen Ente und den schachspielenden Automaten, die damals Furore machten. Am Ende des 19. Jahrhunderts beschreibt FREUD den psychischen Apparat unverkennbar in Analogie zu einer komplexen Hydraulik, in der Mitte des 20. Jahrhunderts wird er als 'informationsverarbeitendes System' beschrieben, wobei dann die Festplatte eines Computers die Rolle der Platonschen Wachstafel übernimmt.

Die Modellvorstellungen der Psychologie kovariieren von Anfang an mit dem jeweiligen Stand der technischen Entwicklung. Wir lernen daraus: Wir können das Unsichtbare nur nach dem Sichtbaren modellieren, das Unbekannte nur durch das Bekannte beschreiben. Das wusste man freilich schon im Mittelalter, als man – damals noch lateinisch – formulierte: "Nihil est in intellectu quod non fuerit in sensu." Wir können uns nichts vorstellen, das anders ist als das, was wir schon gesehen haben. Die Träume aller Geisterseher sind in dieser Hinsicht ernüchternd trivial: Das himmlische Jerusalem ist nur eine Ableitung aus dem irdischen, die Götter sind wie Menschen (auch wenn sie gelegentlich einen Falken- oder Elefantenkopf auf den Schultern tragen) und die Erkenntnis hängt mit roten Äpfeln ins Paradiesgärtlein. (Wenn es wenigstens gelegentlich einmal gelbe Birnen gewesen wären; aber von dem wunderbaren Gedicht HÖLDERLINs wussten die alten Meister ja noch nichts.)

Neben dieser Orientierung an technischen Artefakten treten im 20. Jahrhundert Anregungen aus der Mathematik, speziell aus der sich rasch als Hilfswissenschaft für zahlreiche Anwendungsfälle im Wirtschafts- und Sozialleben entwickelnden Statistik. So werden aus der Technik der Faktorenanalyse Intelligenz- und Persönlichkeitsmodelle abgeleitet, was zur Rede von Intelligenz- bzw. Persönlichkeitsfaktoren führt. Aus der nonmetrischen multidimensionalen Skalierung (NMDS) lassen sich Modelle des Urteilsverhaltens, gar des assoziativen Gedächtnisses ableiten. Der Weg von den statistischen Werkzeugen zu psychologischen Theorien ist geradezu zu einem Königsweg geworden.

Beide Verfahren, also sowohl die Faktorenanalyse, als auch die NMDS, haben übrigens auch eine geometrische Seite. Ihre Ergebnisse lassen sich nicht nur in Zahlenwerten darstellen, sondern auch in Form von Abbildungen, sogenannten geometrischen Repräsentationen. Für einen Computer ist die eine Darstellungsform derselben Information so gut wie die andere, für Menschen ist das ganz anders. Als mustersuchende Augentiere können wir Abbildungen wesentliche Informationen intuitiv direkt entnehmen, deren Darstellung in Form einer riesigen Zahlenmatrix uns praktisch unverständlich bleibt.

Solche geometrischen Repräsentationen stellen einen Anschluss her zu anderen, auch vorher schon bestehenden räumlichen Vorstellungen in der Psychologie. Es lassen sich nämlich nicht nur (wie beschrieben) Dinge im Raum (z. B. technische Artefakte) als potentielle Modelle für Psychisches betrachten, der Raum selber kann zum Symbol für die Beschreibung psychischer Sachverhalte werden. Das gilt auch, und sogar in besonderem Maße, für die hier interessierenden Gefühle. Wir sprechen vom *Himmelhochjauchzen* und von *abgrundtiefer* Trauer, davon, dass Gefühle uns *weit* oder *eng* machen, dass sie uns *öffnen* oder *verschließen*.

Die Psychologie geht sogar noch einen Schritt weiter und betrachtet den Raum nicht nur als ein inhaltsunabhängiges Gefäss, dessen Dimensionen bedeutungslose Koordinaten sind, sie geht bei ihren Modellierungen davon aus, dass Dimensionen inhaltlich bedeutsam sein, dass Räume auch semantische Räume sein können. In diesem Sinne lässt sich auch ein semantischer Raum möglicher Gefühle konzipieren. Wie die Psychologie versucht, diesen Raum zu kartieren, soll Gegenstand dieses Aufsatzes sein.

Räume zu rekonstruieren bedeutet zunächst Distanzen zu definieren und Operationen anzugeben, mit deren Hilfe sie bestimmt werden können. In einem semantischen Raum wird Nähe durch Ähnlichkeit definiert. Je ähnlicher zwei 'Reizobjekte' (so der Fachterminus) sind, desto näher beieinander werden sie im semantischen Raum abgebildet. Der Apfel liegt näher bei der Birne als bei der Kirsche, die Wut befindet sich in engerer Nachbarschaft zum Ärger als zur Freude. Einen semantischen Raum vermessen, heisst also Ähnlichkeiten zwischen den darin enthaltenen Objekten quantifizieren. Wie geht das?

Menschen haben die bemerkenswerte Fähigkeit, nicht nur Objekte wahrzunehmen und Eigenschaften an ihnen zu erkennen, sondern auch zwischen ihnen bestehende Ähnlichkeiten zu beurteilen. Wir können Menschen, Gerüche oder Situationen mehr oder weniger ähnlich finden. Solche Einschätzungen sind in der Regel ziemlich stabil, d. h. sie lassen sich zu späteren Zeitpunkten mit vergleichbaren Ergebnissen wiederholen. Wenn jemand einen Apfel einer Birne ähnlicher einschätzt als einer Kirsche, ändert er dieses Urteil nicht in den nächsten Tagen wieder, vermutlich auch nicht in den nächsten Jahren. Die Psychologie hat mittlerweile ein ganzes Arsenal von Methoden entwickelt, solche Ähnlichkeitseinschätzungen zu quantifizieren.

Die psychologische Messtheorie nimmt nun an, dass die globalen Ähnlichkeitsurteile, man spricht auch von 'Über-alles-Ähnlichkeiten', zusammengesetzt sind aus den Einzelwerten aller Merkmale, die zwei miteinander verglichenen Objekten gemeinsam sind. Zwei Menschen können miteinander verglichen werden bezüglich ihrer Haar- und Augenfarbe, ihrer Kleidergröße, ihrer 'Figur', der Gestaltung der Ohrmuscheln, aber auch bezüglich ihrer Intelligenz, ihres Temperaments, ihrer Kreativität und vieler anderer Aspekte. In vielen Fällen bestimmt der Kontext einer konkreten Aufgabe, welche von den zahlreichen möglichen Merkmalen als besonders relevant beachtet, welche eher vernachlässigt werden sollen. Für die Wahl eines Mr. Universum werden zum Vergleich zwischen Kandidaten andere Merkmale relevant als für die Wahl eines Hochschullehrers.

Die Verknüpfung der verschiedenen Merkmalswerte zu einem Globalurteil erfolgt automatisch. Wir sind uns dieses Vorgangs nicht bewusst, können es auch nicht werden, da er nicht bewusstseinsfähig ist. Wir können jedoch im nachhinein Globalurteile mit Hilfe mathematischer Methoden wieder in ihre Merkmalskomponenten zerlegen, wir können berechnen, welche Merkmale mit welchem Gewicht in das Globalurteil eingegangen sind. Dieses Verfahren wird als 'Skalierungs-Technik' bezeichnet. Mit ihrer Hilfe lässt sich nun ein Raum der möglichen Gefühle rekonstruieren.

Eine spezielle Schwierigkeit ergibt sich jedoch in diesem Fall: Gefühle sind nicht im Labor so beliebig verfügbar zu machen wie andere Untersuchungs-objekte. Der experimentelle Zugriff stößt hier an Grenzen sowohl des ethisch Vertretbaren als auch des technisch Machbaren. Wir wissen nicht, wie man mal eben zu Versuchszwecken in Menschen Eifersucht, Reue, Neid, Zunei-gung oder Trauer erzeugt, auf Wunsch wieder verschwinden lässt und durch ein anderes Gefühl ersetzt, das jetzt als Vergleichsreiz gebraucht wird. Wir müssen uns da mit verbalen Konzepten, sprich Gefühlsbegriffen, behelfen. Auf diese Weise gelangen wir jedoch nicht zu einer Beschreibung der Phä-nomene selbst, sondern zur Rekonstruktion der Wissensstruktur, die wir über die Phänomene gebildet haben.

Nun macht es in der Regel Sinn anzunehmen, dass zwischen Sprachstrukturen und den Realitätsaspekten, die sie abbilden sollen, eine strukturelle Überein-stimmung besteht, dass also die Sprache, wie WITTGENSTEIN das ausge-drückt hat, darstellt, was der Fall ist. Das wäre eine im Prinzip nicht unplau-sible Überlegung, wenn es sich nicht gerade um Gefühle handeln würde. Diese nämlich zählen zu den weniger eindeutig strukturierten Gegebenheiten des Erlebens, sodass die Festlegung von Strukturen in diesem Bereich eher dem Typus von kollektiven Leistungen des Bestimmens entspricht, als dem von Leistungen des Erkennens. Da die Phänomene selber kein bestimmtes System zwingend nahelegen, haben verschiedene Sprachgemeinschaften unterschiedliche Abgrenzungen in diesem Bereich vorgenommen, was zu unterschiedlichen Denotationen der Gefühlsbegriffe geführt hat, wie wir sie selbst zwischen standardeuropäischen Sprachen feststellen können.

Die Psychologie geht davon aus, dass sprachliche Konventionen und das Erleben dadurch zusammenstimmen, dass Kinder lernen, die Gefühlsnuancen zu erleben, die im sprachlichen Inventar ihrer Kultur vorgesehen sind. Wenn aber das Erleben wesentlich bedingt ist durch die Konzepte, die eine Gemeinschaft in diesem Bereich gebildet hat, dann erscheint es legitim, die Sprache als Königsweg zur Erforschung der Ordnung der Phänomene zu benutzen. Genau genommen wird auf diesem Weg jedoch nicht die Struktur der Phänomene selber rekonstruiert, sondern wie schon ausgeführt die interne Repräsentation, die wir über die Struktur der Phänomene gebildet haben.

Dieser theoretische Ansatz hat die keineswegs triviale Implikation, dass Gefühle keine reinen Naturphänomene sind, die Psychologen nur noch identifizieren und benennen müssten. Gefühle sind immer auch kulturell überformt. OSGOOD (1966) hat in diesem Zusammenhang die Hypothese aufgestellt, dass lediglich die Grunddimension des Raumes möglicher Gefühle für alle Menschen dieselben sind. Die jeweiligen Abgrenzungen in diesem Raum und die verbalen Etikettierungen sind kollektive Leistungen verschiedener Sprachgemeinschaften. Da Kultur eine historische Dimension hat, impliziert der hier vorgetragene theoretische Ansatz immer auch die Notwendigkeit einer Kulturgeschichte des Fühlens. Davon ist in anderen Beiträgen in diesem Band die Rede. Ich möchte mich im Folgenden darauf beschränken, die Schritte zu skizzieren, die zu einer Rekonstruktion des Gefühlsraums führen und abschliessend das Ergebnis einer solchen Rekonstruktion demonstrieren.

Der erste Schritt der Analyse besteht darin, die Reizobjekte zu bestimmen, die in die Untersuchung einbezogen werden sollen. Wenn diese eine überschaubare Menge bilden, wie z. B. die politischen Parteien der Schweiz oder die Verwandtschaftsbegriffe, kann man die, wie die Statistiker sagen, 'Grundgesamtheit' untersuchen. Bei den Gefühlsbegriffen jedoch ist diese Grundgesamtheit viel zu gross, um vollständig einbezogen zu werden. In einem solchen Fall zieht man eine Stichprobe aus der Menge der Gefühlsbegriffe. Aus ökonomischen und technischen Gründen ist eine Stichprobengröße zwischen 20 und 30 Objekten optimal.

Im zweiten Schritt werden die Ähnlichkeiten zwischen den ausgewählten Objekten bestimmt. Im Falle der Untersuchung, die ich präsentieren möchte und die ich selber bereits 1982 durchgeführt habe, ist das mit Hilfe der Methode des fortgesetzten freien Assoziierens geschehen. Die Grundannahme dieses Verfahrens ist, dass zwei Gefühlsbegriffe, die in der internen Repräsentation des Gefühlsraums nahe beieinanderliegen – wie z. B. Eifersucht und Neid – mehr gleiche Assoziationen auslösen als Elemente, die weit voneinander entfernt liegen wie z. B. Neid und Liebe. So kann die Menge gemeinsamer Assoziationen zu zwei Begriffen als Indikator gedeutet werden für die Distanz dieser Elemente in der internen kognitiven Struktur der Versuchsperson.

Solche Berechnungen des Prozentsatzes gemeinsamer Assoziationen werden zwischen allen Begriffen angestellt. Daraus resultiert eine Tabelle von Ähnlichkeitswerten, die man sich vorstellen kann wie eine Tabelle der Entfernungen zwischen Schweizer Städten, nur dass hier jetzt anstelle der Städtenamen Gefühlsbegriffe stehen und statt der Kilometer-Angaben Überlappungs-Koeffizienten, so heisst das berechnete Ähnlichkeitsmaß.

Natürlich geben diese Koeffizienten keine im metrischen Sinne exakten Distanzen wieder, aber sie können ordinal gedeutet werden, derart, dass größere Werte auch größere Nähe anzeigen als kleinere Werte. Aus solchen vergleichsweise 'weichen' Daten, und das ist beim Aufkommen dieser Technik ein viel bestauntes 'Wunder' gewesen, vermag eine NMDS nach langwierigen schwierigen Berechnungen und einem Durchlaufen oft von mehr als 100 Iterationsschleifen eine quasi-metrische Lösung zu erzeugen. In der Untersuchung von 1982 sah dieser semantische Raum der Gefühle so aus :

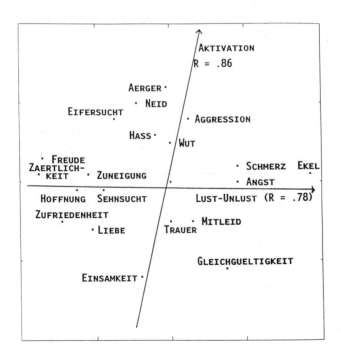

Ich möchte mich jetzt nicht mit einzelnen Positionen befassen, sondern direkt auf den zentralen Aspekt der Untersuchung abheben, nämlich auf die semantischen Dimensionen des Raums, die in Form von Pfeilen dargestellt sind. Der waagerechte Pfeil stellt die Dimension *Lust — Unlust* dar, der nicht ganz senkrechte die Dimension *Aktivation*, bzw. *Erregung*. Dass diese beiden Dimensionen nicht perfekt orthogonal zueinander stehen, entspricht den tatsächlichen Einschätzungen der Versuchspersonen: Unlustvolle Gefühle werden von ihnen eher als aktivierend eingestuft als lustvolle. Das erscheint auch für den Phänomenbereich nicht ganz unplausibel: Neid, Hass und Ärger bringen uns eher dazu, aktiv zu werden als Zuneigung und Zufriedenheit.

Ausgehend von theoretischen Überlegungen, aber auch experimentellen Befunden, die bei der Analyse des Feldes der Verwandtschaftsbegriffe angefallen waren und die eine Dominanz-Hierarchie der semantischen Dimensionen aufzeigten, wurde 1985 ein zweites Experiment durchgeführt. (Bild: Raum der negativen Gefühle) Um die besonders dominante Lust-Unlust-

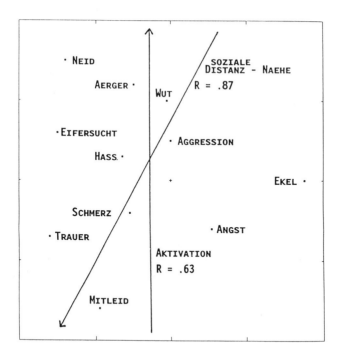

Dimension zu neutralisieren, wurden die Teilräume der positiven und der negativen Gefühlsbegriffe je getrennt analysiert. Dabei konnte, wie erwartet, eine dritte Dimension des Raumes möglicher Gefühle identifiziert werden. Diese Dimension repräsentiert die soziale Komponente des Fühlens, und wurde deshalb als *soziale Nähe — soziale Distanz* bezeichnet. (Bild: Raum der positiven Gefühle)

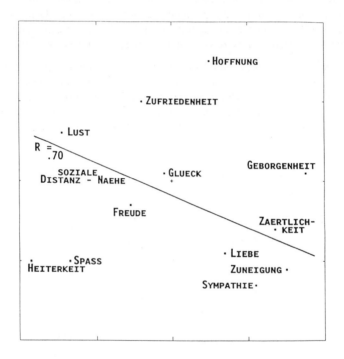

Auch an dieser Stelle möchte ich jetzt keine Überlegungen zu einzelnen Gefühlen anstellen, sondern zum Thema Dimensionen des Gefühlraums lediglich anmerken, dass mit den referierten Untersuchungen die Frage noch keineswegs erschöpfend behandelt ist. Es ist durchaus denkbar, dass eine unbekannte Menge noch nicht identifizierter Dimensionen auf niederen Hierarchie-Ebenen vorhanden ist. An der Suche weiterer Dimensionen wird noch gearbeitet. (MARX, 1997).

Natürlich ist eine solche Kartierung schon um ihrer selbst willen interessant; denn sie erweitert unser Wissen über die Ordnungen der Dinge in unseren

Köpfen. Wenn jedoch eine solche Karte erst einmal vorliegt, dann kann man sie auch benutzen, um sich zu unterschiedlichen Zwecken in diesem Raum zu orientieren. In diesem Zusammenhang möchte ich nur auf zwei Aspekte hinweisen:

(1) Die hier nur knapp skizzierte Skalierungstechnik ist eine Methode einer eher am naturwissenschaftlichen Modell orientierten Psychologie. Daneben gibt es auch eine eher geisteswissenschaftlich orientierte Sichtweise, die sich an narrative und hermeneutische Traditionen anschließt. Diese beiden Kulturen der Psychologie werden oft als einander geradezu ausschließende Zugangsweisen zur Beschreibung menschlichen Erlebens und Verhaltens betrachtet. Dass sich ausgewiesene Vertreter der beiden Traditionen in der Regel eher reserviert gegenüberstehen, oft geradezu feindselig, scheint diese Sichtweise zu bestätigen. Meine These in diesem Zusammenhang ist nun, dass es sich hier nicht um unvereinbare, sondern um notwendigerweise komplementäre Forschungstraditionen handelt, die gegeneinander auszuspielen nicht sehr fruchtbar ist; denn in jeder der beiden Zugangsweisen werden Erkenntnisse gewonnen, die im Rahmen der jeweils anderen nicht gewonnen werden können. Wenn es richtig läuft, sollten sich die Ergebnisse der einen und der anderen Seite ergänzen.

Auf den hier verhandelten Fall angewendet: Phänomenologisches Wissen über menschliche Gefühle sollte das Lesen und Verstehen der Karte des Gefühlsraums erleichtern, ja geradezu erst ermöglichen. Umgekehrt sollte das Studium der Karte phänomenologisches Wissen nicht nur bestätigen, sondern auch ergänzen und bereichern, im besten Falle unseren Blick auf noch nicht bekannte Tatsachen lenken und zu neuen phänomenologischen Untersuchungen Anlass geben. Die Erkenntnisse in beiden Bereichen sollten also konvergieren, je weiter unser Wissen fortschreitet. Aufzuzeigen, dass es solche wechselseitigen Anregungen und Konvergenzen tatsächlich gibt, wäre jetzt freilich Thema einer eigenen umfangreichen Darstellung.

(2) Wenn wir eine einigermaßen zuverlässige Darstellung des Raumes möglicher Gefühle besitzen, können wir feststellen, welche Areale dieses Raumes dicht besetzt sind, wo wir also über zahlreiche und differenzierte Konzepte verfügen. Das ist beispielsweise im Bereich *sehr angenehm, große soziale Nähe, mäßige Aktivation* der Fall: Liebe, Zuneigung, Sympathie, Zärtlichkeit, Geborgenheit liegen hier im semantischen Raum nahe beieinander. Eine vergleichbar dichte Belegung finden wir im Bereich *eher wenig angenehm, große soziale Distanz, starke Aktivation*: Neid, Wut, Ärger, Aggression, Hass und Eifersucht. Solche Ballungen – in der Fachterminologie spricht man von 'Clustern' – lassen sich phäno-

menologisch ohne grosse Mühe interpretieren. Daneben finden sich Areale, die eher dünn besetzt sind, zum Beispiel sehr unangenehm, *mittlere Aktivation, soziale Nähe mässig bis gering*. In diesem Bereich sind Schmerz, Angst und Ekel angesiedelt.

Besonders anregend sind jedoch immer die weissen Flecken auf den Karten. Sie sind Projektionsflächen, in die unsere Phantasie alles Mögliche hineinverlegen kann: Hic sunt leones. In diesem Falle weisen sie auf Lücken in unserem Vokabular hin, die wir ohne diese Form der Darstellung gar nicht bemerkt hätten. Diese stellen eine sinnvolle theoretische Herausforderung dar. Warum beispielsweise haben wir keine Gefühle benannt, die im Bereich *sehr unangenehm, große soziale Nähe, starke Aktivation* liegen? Ist diese Stelle 'von Natur aus' leer, sodass wir solche theoretisch vorstellbaren Gefühle gar nicht erleben können? Oder wäre da etwas möglich, was unsere Kultur nicht benannt und also auch nicht erlebt haben will? Für Letzteres spricht die Tatsache, dass wir zwar keine Namen dafür haben, was sich in diesem entlegenen Winkel des Gefühlsraumes abspielen könnte, dass es aber doch nicht jenseits aller Möglichkeiten einer Beschreibung liegt.

Ich stütze diese Behauptung auf Heinrich von KLEIST und sein verstörendes Drama *Penthesilea*. Der Plot scheint einfach: Eine Frau tötet einen Mann, den sie leidenschaftlich liebt. So etwas kommt vor, beispielsweise in einem Zustand heftiger Eifersucht. Im Augenblick einer solchen Tat ist die Liebe, zumindest vorübergehend, durch Hass ersetzt. Das ist eine alte Geschichte. Die Tat Penthesileas lässt sich jedoch nicht in diesem Rahmen rekonstruieren. Sie hasst Achill nicht, während sie ihn tötet; denn Hass schafft Abstand zwischen Menschen, sie aber ist ihm nah, so nah, dass Bisse Küsse vertreten. Andererseits ist diese Nähe nicht lustvoll wie Liebe sein soll. Was immer sie empfindet, es lässt sich in den Sektoren des uns bekannten Raumes der Gefühle nicht lokalisieren. Wir haben weder einen Begriff davon, noch ein Wort dafür. In einem Essay über die Geographie der Leidenschaft (1989) habe ich dafür die Bezeichnung "Amazonie" vorgeschlagen.

Es bleibt zu fragen, warum ein solches Gefühl in unserem Kulturkreis nicht in den Kanon zugelassener Gefühle aufgenommen worden ist. Die Beantwortung dieser Frage wird auch erklären, warum die *Penthesilea*, trotz unbestreitbarer Faszination, von Anfang an auch immer starken Widerstand ausgelöst hat. Meine Vermutung in diesem Zusammenhang ist, dass große soziale (und physische) Nähe und starke negative Gefühle sozial nicht verträglich sind, zumindest nicht in einer Gesellschaft, deren Basis die Familie ist. Um diese Grundeinheit zu stabilisieren, sollte soziale Nähe gekoppelt sein mit positiven Gefühlen, soziale Distanz mit negativen. Gefühle, in denen sich Nähe und Unlust verbinden, bzw. Distanz und Lust, wirken sozial destabilisierend. Sie gelten gemeinhin als 'pervers'.

Spätestens an dieser Stelle kann man dem Namen DE SADE nicht länger ausweichen. Es bleibt festzuhalten, dass die Tat Penthesileas kein sadistischer Akt ist, und zwar deshalb, weil sie nicht Lust sondern Leid dabei empfindet und weil ihr Gefühl von großer Nähe und nicht von großer Distanz zu ihrem Objekt bestimmt ist. Der Sadist aber ist zu keiner sozialen Beziehung zu seinem Lustobjekt fähig. Er benutzt es, er zerstört es ohne jede Empathie. De Sades Helden machen sich keinerlei Gedanken darüber, dass die von ihnen verbrauchten Leiber Menschen sind.

Mit dem Sadismus kann eine Gesellschaft leben, wenn sie ihn im Ghetto einer Subkultur kontrollieren kann. Sadismus ist, zumindest bis zu einem gewissen Grade, gesellschaftlich kommensurabel, weil er äusserlich und unverbindlich bleibt. Die Amazonie hingegen ist die sozial gesehen problematischere 'Perversion', denn sie trägt die Zerstörung in den innersten Kern einer menschlichen Beziehung hinein und gefährdet so die Substanz der Gesellschaft. "Sadismus, das ist der Feind vor den wohlverschlossenen Toren. Amazonie aber ist der Feind in den eigenen Mauern" (MARX, 1989, S. 45). So etwas kann eine Gesellschaft nicht hinnehmen; und so wird die Amazonie, den ersten Kleistschen Kartierungsversuchen zum Trotz, vermutlich ein wenig bekanntes Gelände bleiben zwischen den Bergen des Wahnsinns und den Gipfeln der Leidenschaft.

Literatur

MARX, Wolfgang (1982): Das Wortfeld der Gefühlsbegriffe. Zeitschrift für Experimentelle und Angewandte Psychologie, 29, 137-146.

MARX, Wolfgang (1985): Semantische Dimensionen positiver und negativer Gefühlsbegriffe. Archiv für Psychologie, 137, 65-73.

MARX, Wolfgang (1989): Geographie der Leidenschaft. Sturzflüge, 28, 43-45.

MARX, Wolfgang (1997): Semantische Dimensionen des Wortfelds der Gefühlsbegriffe. Zeitschrift für Experimentelle Psychologie, 44, 478-494.

OSGOOD, Charles F. (1966): Dimensionality of the semantic space for communication via facial expression. Scandinavian Journal of Psychology, 7, 1-30.

SCHLOSBERG, Herbert (1952): The description of facial expressions in terms of two dimensions. Journal of Experimental Psychology, 61, 81-88.

TRAXEL, Werner & HEIDE, H.J. (1961): Dimensionen der Gefühle. Psychologische Forschung, 26, 179-204.

KLAUS RINK

Episodische Information als Schlüssel zum Verständnis normaler und pathologischer Gefühlsreaktionen

Starke Gefühle sind subjektiv etwas sehr Bewegendes. Sie können unser Bewusstsein ganz und gar einnehmen, mitunter so sehr, dass wir es kaum beeinflussen können. Obwohl es für alle Menschen etwas Vertrautes ist, von intensiven Gefühlen bewegt zu werden, ganz gleich aus welcher Kultur sie stammen, ist es 'common sense', dass es schwierig ist, über Gefühle zu sprechen und sie so auszudrücken, dass andere wirklich verstehen, was in einem vor sich geht. Diese Schwierigkeit scheint zu bestehen, obwohl wir in unserer Sprachkultur eine Fülle von Wörtern haben, die affektive Reaktionen bezeichnen.

Ausdruck und Mitteilung von Gefühlsreaktionen

Emotionen gelten als evolutionsbiologisch bedeutsame Reaktionsmöglichkeiten, die beim Menschen und vermutlich bei allen höheren Säugetieren gegeben sind. Für die 'fundamentalen' Gefühlsreaktionen wird angenommen, dass sie beim Menschen und bei den Primaten mit einem unwillkürlichen nonverbal-mimischen und manche mit einem vokalen Ausdruck verbunden sind. Die Wahrnehmung von Gefühlsreaktionen setzt also nicht grundsätzlich eine sprachliche Mitteilung durch den 'Träger' des Gefühls voraus. Der unwillkürliche und unverfälschte, nonverbale Ausdruck ist im Alltag erwachsener Menschen allerdings eher die Ausnahme als die Regel. Anders als Kinder haben Erwachsene gelernt, den unwillkürlichen Ausdruck ihrer Gefühle zu kontrollieren, indem sie ihn abschwächen, ganz unterdrücken oder gar durch einen 'gespielten', anderen Affektausdruck zu maskieren versuchen. In den meisten modernen Kulturen ist das Zeigen von positiven Gefühlen wie Freude, Interesse und überraschung 'erlaubt' und üblich, während der öffentliche Ausdruck negativer Emotionen – mit Ausnahme von Trauer – eher verpönt ist. Das volle Repertoire eines mimischen Gefühlsausdrucks ist außerdem nur bei sehr starken, prototypischen Emotionen zu erwarten, die im Alltag der meisten Menschen ohnehin eher selten auftreten. Die Mehrzahl von Gefühlsreaktionen und ihrer Mischungen dürfte sehr diskret sein, so dass deren Auftreten für außen Stehende Personen nur dann offenbar wird, wenn die betreffende Person dies möchte und zulässt oder wenn sie ihre Gefühle sprachlich mitteilt. Man kann also sagen, dass die sprachliche Kommunikation von Gefühlen (vor allem von negativen) im Alltag des modernen Menschen bedeutsamer geworden ist als der evolutionsbiologisch ursprüngliche, nonverbale Ausdruck.

Die sprachliche Mitteilung von Gefühlen erfüllt im sozialen Austausch mit anderen wichtige Funktionen. Für den Sender der Mitteilung kann das Enthüllen von emotional bewegenden Erlebnissen erleichternd oder sogar kathartisch sein, wenn es sich um negative Gefühle handelt. Bei sehr unangenehmen, aber auch sehr überraschenden positiven Erfahrungen kommt es meist zu einem unwillkürlichen Bedürfnis, sich einer vertrauten Person mitzuteilen. Bei negativen Erfahrungen kann bereits das Mitteilen selbst als befreiend und beruhigend erlebt werden. Es bietet darüber hinaus einen längerfristigen Nutzen. Durch die Mitteilung wird die unangenehme Erfahrung öffentlich. Die Empfänger der Kommunikation können ihre Empathie zeigen, wodurch die soziale Nähe und die Vertrautheit erhöht und gefestigt werden. Durch die sprachliche Kodierung des Geschehens wird der 'Sender' gezwungen, seine intensive Affekterfahrung zu strukturieren und zu erklären. Dadurch geschieht in gewisser Weise schon eine Verarbeitung (Teilbewältigung) der aversiven Erfahrung. Auch die Reaktionen der Empfänger können, über die bloße Anteilnahme hinausgehend hilfreich sein. Sie können mehr oder weniger geeignete Vorschläge für den affektregulierenden oder den präventiven Umgang mit der gemachten Erfahrung liefern. Nicht selten bekommt der Mitteilende außer wohltuender Empathie ganz konkrete Hilfe und Unterstützung angeboten. Der soziale Austausch über negative Affekte hat also nicht nur 'psychohygienische', sondern in vielen Fällen auch problemlösende, präventive und supportive Funktionen. Die Empfänger von Mitteilungen über starke Affekterfahrungen lernen ihrerseits, ganz nebenbei die individuellen Besonderheiten bzw. die Reaktionsneigungen des Mitteilenden kennen. Was uns begeistert, aufregt, ärgert, kränkt, traurig oder verzweifelt macht, ist keineswegs nur die Folge einer objektiv gemachten Erfahrung, auf die auch andere genauso reagieren würden. Ob und wie stark ein bestimmtes Ereignis eine affektive Reaktion auslöst, hängt vielleicht sogar zum überwiegenden Teil von den individuellen Dispositionen der betroffenen Person ab. Dazu gehören motivationale Dispositionen wie Motive, Interessen, Werte, Erwartungen und Ziele und Kompetenzdispositionen wie das Wissen, die Erfahrungen und Bewältigungsfähigkeiten hinsichtlich der affektauslösenden Situation. In diesem Sinne liefern Mitteilungen über Affekterfahrungen für andere ein Bild der Persönlichkeit des Senders. Sie können die individuellen Besonderheiten der betreffenden Person 'sichtbar' bzw. erfahrbar machen.

Nachdem nun die evolutionsbiologischen und sozialen Funktionen des nichtsprachlichen und sprachlichen Ausdrucks von Emotionen diskutiert wurde, stellt sich mit Hinweis auf die eingangs angesprochene Schwierigkeit einer sprachlichen Kommunikation von Gefühlen die Frage: Was ist zum Verstehen einer Gefühlsreaktion überhaupt notwendig? Ist es das möglichst exakte Mitteilen aller körperlichen, emotionalen und gedanklichen Empfindungen, die mit dieser Reaktion ausgelöst wurden? Müssten wir uns also in genauer Selbstbeobachtung schulen, damit uns nichts von der eigenen Gefühlsreaktion entgeht, um dann nach treffenden Worten zu suchen, die unserem Erleben möglichst nahe kommen? Meines Erachtens wird dies nicht wirklich zum Ziel führen – und es wird in gewisser Weise unbefriedigend bleiben. In gewissen Grenzen könnten wir damit unsere subjektiven Empfindungsqualitäten und die Intensität der Gefühle mit Worten zum Ausdruck bringen. Es fehlt jedoch etwas ganz Entscheidendes zum Verstehen der jeweiligen Gefühlsreaktion. Wir müssen wissen, warum es zu dieser Gefühlsreaktion gekommen ist. Neben der Beschreibung der eigentlichen gefühlsbezogenen Empfindungen ist es mindestens ebenso wichtig zu erklären, was vorgefallen ist, bzw. wie es zu diesem heftigen Gefühl kommen konnte.

Emotionstheoretischer Bezug

Die fortlaufende Beobachtung und Protokollierung von starken Affektepisoden im Alltag – wie sie in der nachfolgend berichteten Studie geschehen ist – setzt keine elaborierte Theorie der Emotionen voraus, wenn man einmal davon absieht, dass dabei Wörter für Gefühle verwendet werden, von denen man annehmen muss, dass ihnen in unserer Sprachgemeinschaft eine weitgehend übereinstimmende Bedeutung zugrunde liegt. Emotionstheoretische Überlegungen sind aber zur Beantwortung folgender grundlegender Fragen hilfreich: Wie kommt es dazu, dass sich die Auslöser für dasselbe Gefühl wie (beispielsweise Angst) zwischen verschiedenen Personen drastisch unterscheiden können? Wie kann man erklären, dass sich die Auslöser für dasselbe Gefühl im Laufe des Lebens einer Person sehr stark ändern können? Welchen evolutionsbiologischen Nutzen, welche Funktionen haben Emotionen beim Menschen und bei höheren Säugetieren? Wie wirken Gedanken und Gefühle aufeinander? Wie lernen Menschen starke Affektzustände zu kontrollieren? Wodurch wird das Lernen von Affektkontrolle begünstigt, wodurch erschwert?

Den meisten Emotionstheorien ist die Annahme gemeinsam, dass es eine begrenzte Anzahl von unterschiedlichen Emotionen gibt. Nach Izard (1999; siehe auch Tomkins, 1962, 1963) sind folgende 10 Emotionen sog. Basisemotionen oder fundamentale Emotionen:

Interesse-Erregung, Überraschung, Kummer – Schmerz, Zorn – Wut, Geringschätzung – Verachtung, Ekel, Furcht – Entsetzen, Traurigkeit,

Feindseligkeit – Hass, Freude – Liebe. Manche Emotionstheoretiker zählen außerdem noch die beiden Emotionen Scham und Schuld dazu.

Alle Basisemotionen haben folgende Gemeinsamkeiten. Sie besitzen eine angeborene neurale Grundlage, d. h. alle Menschen haben eine genetische Disposition (die grundsätzliche Fähigkeit) für das Empfinden dieser Emotionen. Basisemotionen haben eine Erregungs- und eine expressive Komponente. Die (physiologische) Erregung und die für andere sichtbare, expressive Komponente sind von der Intensität der Emotion abhängig. Dieser sichtbare Ausdruck von Basisemotionen ist vorwiegend durch eine emotionsspezifische Mimik gegeben, die unwillkürlich angeregt wird und ab einer bestimmten Affektintensität kaum oder nur schwer willentlich zu unterdrücken ist. Darüber hinaus können aber auch nichtsprachliche Vokalisationen und parasprachliche Vokalisationsänderungen (Intensität, Geschwindigkeit und Prosodie) auf die jeweilige Affektlage hinweisen. Mit ihrer Expressivität wird das Auftreten einer Basisemotion zu einem sozialen Ereignis – sofern andere Personen anwesend sind und den Affektausdruck wahrnehmen können. Die emotionsspezifische expressive Komponente verleiht den Basisemotionen gewissermaßen Signalcharakter. Basisemotionen haben spezifische motivationale Qualitäten. Mit einer bestimmten Emotion werden unwillkürlich die Aufmerksamkeit, das Wahrnehmen und Denken sowie das Verhalten beeinflusst. Jede Basisemotion hat eine spezifische Erlebnisqualität. Diese oft schwer zu beschreibende Qualität des inneren Erlebens kann sich aus den affektiven Empfindungen, aus den wahrnehmbaren Anteilen der physiologischen Erregung, aber auch aus den unwillkürlichen Gedanken und dem Drang, etwas bestimmtes zu tun, zusammensetzen. Basisemotionen haben, evolutionsbiologisch betrachtet, adaptiven Wert. Sie sind dazu geeignet, die Unversehrtheit des Organismus und dessen Anpassung an die, für das Individuum relevante physikalische und soziale Umgebungswelt herzustellen bzw. aufrechtzuerhalten. Dies bedeutet jedoch nicht, dass das Auftreten einer bestimmten Basisemotion einen für das Individuum günstigen Effekt garantiert. So wird beispielsweise das Erschrecken und die Furcht eines Kindes bei der erstmaligen Begegnung mit einem großen Hund, es unmittelbar dazu veranlassen zu weinen und/oder bei den Eltern Schutz zu suchen. Langfristig wird es an Informationen über das Wesen (die Gefährlichkeit) von Hunden interessiert und im Idealfall einen angemessenen Umgang mit Hunden lernen. Die Furchtreaktion allein kann jedoch nicht verhindern, dass das Kind im ungünstigsten Fall vom Hund gebissen wird.

Der differentiellen Emotionstheorie entsprechend (Izard, 1999) sind die meisten affektiven Zustände im Alltag keine Basisemotionen, sondern sogenannte Mischemotionen, die aus einer Kombination schwächerer Varianten von Basisemotionen bestehen, bei denen aber durchaus ein Emotionstyp dominieren kann. Es wird angenommen, dass nicht völlig beliebige Emotionskombinationen auftreten, sondern für bestimmte Auslösesituationen typische Kombinationen. So könnte beispielsweise die Absage einer Freundin zu einer gemeinsamen Unternehmung, auf die man sich sehr gefreut hat, zunächst Ärger, dann zeitweise Traurigkeit und einen kleineren Anteil an Geringschätzung auslösen.

Auslöser

Weder Basis- noch Mischemotionen haben feste, dauerhaft bestehende Auslöser. Es ist eher die Ausnahme als die Regel, dass verschiedene Personen auf ein und dieselbe Auslösesituation mit der gleichen Emotion und gleicher Intensität reagieren. Auch bei ein und derselben Person ändern sich die Auslöser für eine bestimmte Emotion im Laufe ihrer Lebensgeschichte sehr stark. Die individuelle Auslösbarkeit wird durch situationsübergreifende persönliche Merkmale wie Temperament, das jeweils relevante Fähigkeits-(Adaptations-)niveau und durch das individuelle Zielsystem der Person (Motive, Interessen, Werte usw.) und durch eher situative Merkmale wie die derzeitigen 'laufenden Anliegen' und Absichten sowie durch den situativen Kontext bestimmt. Damit wird deutlich, dass die Art und Intensität des affektiven Reagierens auf eine gegebene Situation in den meisten Fällen weniger von der Stimulusseite, sondern mehr von der aktuellen Merkmalskonstellation auf seiten der Person bestimmt wird. Dies wird im Abschnitt 'Emotion und Zielbezug' noch verdeutlicht.

Die Auslösebedingungen für die verschiedenen Emotionen ändern sich sehr stark im Entwicklungsverlauf des Individuums. In den meisten Fällen sind nicht die Auslöser selbst als die eigentlichen Ursachen für eine Affektreaktion zu sehen, auch wenn sie die sichtbaren antezedenten Bedingungen für die Reaktion darstellen. Entscheidend ist die subjektiv-bewertende Bedeutung der auslösenden, äußeren oder inneren Situation. Die Bewertungen sind nicht notwendigerweise bewusste gedankliche Prozesse, es können auch bereits reflexartig automatisierte, habituelle Bewertungsdispositionen sein.

Emotion und Zielbezug

Wie bereits gesagt, sind Emotionen als evaluative Reaktionen zu betrachten. Die eingehenden wahrgenommenen Informationen für die äußere (physikalisch-soziale) und die innere (körperlich-psychische) Situation werden hinsichtlich des Zielsystems der betreffenden Person bewertet. Die Art der affektiven Reaktion spiegelt den relativen Grad der Zielerreichung hinsichtlich relevanter Ziele wider. Dabei können zwei grundsätzlich verschiedene Typen von Zielen unterschieden werden. Es gibt fundamentale, universell-organismische Ziele, die allen Menschen gemeinsam sind. Sie dienen dem Erhalt der Unversehrtheit des Organismus. Dazu gehören die Schmerzvermeidung, die Vermeidung von schädigenden physikalischen Zuständen wie extreme Hitze und Kälte und andere potentiell lebensbedrohliche Zustände wie akute Sturzgefahr in die Tiefe, getroffen oder attackiert werden von einem sich rasch annähernden unbelebten Objekt oder von einem anderen Organismus, oder auch extreme Unbestimmtheit bzw. Unkontrollierbarkeit einer Situation. Diese universellen Vermeidungsziele müssen nicht erst gelernt werden. Sie sind angeboren und für einen Teil davon existieren angeborene, situationsspezifische Reaktionsdispositionen (Reflexe). Typische Basisemotionen, die bei der unmittelbaren Bedrohung von universell-organismischen Zielen angeregt werden, sind Überraschung, Furcht – Entsetzen und Ekel. Längerfristig (verzögert) können auch Kummer – Schmerz, Zorn – Wut oder Feindseligkeit – Hass als affektive Reaktion entstehen. Je nach Unmittelbarkeit und Intensität der Bedrohung können anstelle der Basisemotionen entsprechende Mischungen der genannten Emotionen auftreten. Zu den universell-organismischen Zielen gehören jedoch nicht nur Vermeidungs-, sondern auch Annäherungsziele. Als zentrales Annäherungsziel kann das Streben des Organismus nach einem möglichst hohen Adaptationsniveau an die gegebenen physikalisch-sozialen Umgebungsbedingungen betrachtet werden. Vor allem junge Organismen stehen in diesem Sinne unter einem sehr hohen Adaptationsdruck. Bei ihnen ist die Diskrepanz zwischen aktuellem und optimalem Adaptations- / Bewältigungsniveau naturgemäß sehr hoch. Interesse-Erregung und dementsprechend ein ausgeprägtes Neugierverhalten für neue Reize und Situationen und die wiederholte Beschäftigung mit diesen Situationen und Objekten sind die typischen affektiven Reaktionen und Verhaltensweisen, die diesem Ziel dienen. Bei einem 'Zuviel' an Neuartigkeit und Unvertrautheit kann bei jungen Organismen die Basisemotion Neugier-Erregung schnell in Furcht als einer vermeidungsrelevanten Emotion umschlagen. Nicht selten kommt es bei Kindern in neuartigen Situationen zu einem 'oszillierenden' Verhalten zwischen Neugier mit Annäherung und Furcht mit Abwendung (Berlyne, 1963). Beim Aufbau eines höheren und beim Bestehen eines bereits hohen Adaptationsniveaus besteht ein Motiv zur Erhaltung der bestehenden, adaptiven Fähigkeiten und Ressourcen. Es besteht – affektiv gesehen – eine Verlust-Aversion, die sich bei der Wahrnehmung eines tatsächlichen Verlusts in Traurigkeit und/oder Kummer-Schmerz niederschlagen dürfte.

Aufbauend auf solchen universell-organismischen Zielen gibt es ein höchst individuelles, in der Regel stark auf die sozialen und kulturellen Umgebungsbedingungen bezogenes Zielsystem, das im Laufe der Ontogenese erworben bzw. gelernt worden ist. Es ist in der Regel flexibler. Seine Inhalte richten sich nach dem individuellen Ausprägungsgrad von zentralen Motiven (beispielsweise dem Macht-, Anschluss, Leistungsmotiv einer Person) und den spezifischeren, teils darauf bezogenen Interessen, Werthaltungen und Einstellungen einer Person. Die spezifischsten Ziele sind die laufenden Anliegen und bestehenden Absichten einer Person, die teils latent, teils durch die bestehende Situation angeregt und aktiviert sein können.

Affektive Reaktion sind also mehr oder weniger bewusste Relevanzbewertungen der situativen Informationen für den gerade relevanten, bzw. aktivierten Teil des Zielsystems. Für eine affektive Reaktion ist die bloße Information über die aktuelle Diskrepanz oder Nähe zum Ziel nicht ausreichend. Entscheidend für die sehr unterschiedlichen Arten des affektiven Reagierens sind vielmehr die persönliche Wichtigkeit, der wahrgenommene Grad der Erreichbarkeit, die Annäherungsgeschwindigkeit (velocity) und – eng damit verbunden – die bisherige Zielverfolgungsgeschichte. So wird ein Olympiasieger, der unmittelbar nach seinem Gewinn des Wettbewerbs auf der Siegertreppe steht, nicht vor Freude jubeln, sondern Weinen, wenn die Vorbereitung auf diesen, ihm so wichtigen Wettkampf von vielen Rückschlägen begleitet war, so dass die einstige Erwartung eines Sieges bereits in weite Ferne gerückt und in den Monaten vor dem Wettkampf einer schwachen Hoffnung gewichen ist. Die Freudentränen sind dann wohl Ausdruck der Vergegenwärtigung des doch noch erreichten Sieges und gleichzeitig der Anstrengungen, des Kummers und Schmerzes bei den jahrelangen Vorbereitungen. Ein Lotteriegewinner wird in aller Regel eine völlig andere Form der Freude empfinden und zum Ausdruck bringen, da ihm das unverhoffte Glück ohne eigene Anstrengung und besondere Vorbereitungen und ohne den Erwerb außergewöhnlicher Fertigkeiten gewissermaßen in den Schoß gefallen ist.

Emotionen und Bewusstsein

Die meisten Menschen unserer Gesellschaft leben in einer recht friedvollen und sicheren sozial-physikalischen Umgebung mit einem regelmäßigen und strukturierten Alltag. Dies führt dazu, dass fundamentale und intensive Basisemotionen wie heftiges Entsetzen, intensive Furcht, oder großer Kummer und psychischer Schmerz glücklicherweise nicht alltäglich sind. Aber auch die positiv-valenten Basisemotionen wie heftig erregtes Interesse (Neugier) oder überwältigende Freude (Liebe) kommen im Alltag der meisten Menschen eher selten vor. Ausgenommen sind kleine Kinder. Für Sie bietet die – insgesamt gesehen – noch wenig vertraute Welt und die geringe Lebenserfahrung fast täglich Anlass für heftige, meist kurzdauernde Emotionen beiderlei Valenz. Das heißt aber keineswegs, dass das Alltagsleben Erwachsener emotionslos ist. Außer den selteneren Basisemotionen sind ständig Mischemotionen, Stimmungen oder andere, länger andauernde Affektzustände in wechselnder Intensität vorhanden. Diese affektiven Zustände können als unwillkürliche, bewertende Reaktionen auf das gerade Wahrgenommene, Gedachte, Empfundene oder Erlebte verstanden werden. Sie sind ständiger, paralleler Bestandteil im Strom der bewussten und unbewussten Informationsverarbeitung. Es gibt demnach im Wachbewusstsein keinen emotionslosen Zustand. Mit der differentiellen Emotionstheorie wird angenommen, dass bei Mischemotionen grundsätzlich die gleichen, gerichteten affektspezifischen Wahrnehmungs-, Verarbeitungs- und Reaktionsneigungen angeregt werden, wie sie für die beteiligten dominanten Basisemotionen typisch sind. Je geringer die Affektintensität ist, desto leichter können diese Reaktionsbereitschaften durch abwägendes, absichtsbezogenes und bewertendes Denken gesteuert und verändert werden. Das Denken, das mit und nach der Auslösung einer affektiven Reaktion stattfindet, bestimmt den Verlauf und die Intensität derselben. Grundsätzlich kann man affektsteigernde und affektmindernde Kognitionen unterscheiden. Das moderierende Denken, auch wenn es affektmindernd wirkt, darf nicht als Unterdrücken des Affektes missverstanden werden. Das affektiv-evaluative Geschehen muss vielmehr als ein Wechselspiel von spontaner, ursprünglich – bei Kindern – wenig reflektierten affektinhärenten Reaktionsmustern und den individuellen, durchaus adaptationsrelevanten Denkinhalten zur affektstimulierenden Situation verstanden werden. Das Denken wird dazu führen, dass sich in wiederholt erlebten, ähnlichen Situationen die Art und Intensität der affektiven Reaktion den dominanten Denkinhalten entsprechend ändert. Im Lebenslauf einer Person können sich auf diese Weise sehr idiosynkratische Affekt-Kognitionsmuster ausbilden, in denen sich die ganz persönlichen Bewertungsneigungen ausdrücken. Durch das Reden über emotionsintensive Ereignisse liefern andere Personen mitunter ergänzende Bewertungen und Einschätzungen, die den Affektverlauf beeinflussen. Kognitive und soziale Prozesse spielen also in diesem Sinne für die Regulation der eigenen Affektivität und für die lebensgeschichtliche Veränderung der Auslösebedingungen bestimmter Emotionen und Affektzustände eine zentrale Rolle.

Die meisten Emotionen sind eher episodisch-kurzdauernde Affektzustände. Sehr bedeutsame Lebensereignisse, z. B. gravierende Lebensveränderungen. führen jedoch häufig zu zeitlich überdauernden Affektreaktionen. So kann beispielsweise ein fundamentales, persönlich sehr bedeutsames Verlustereignis zu heftigem psychischen Schmerz mit einer anhaltenden Traurigkeit (Depression) führen. Eine höchst positive Variante eines andauernden Affektzustandes ist Verliebtheit. Länger dauernde Affektzustände verhindern nicht, dass andere kurzepisodische Mischemotionen als Reaktion auf aktuell gegebene, zielrelevante Informationen entstehen und verschwinden. Dennoch wird der hintergründig vorhandene andauernde Affektzustand in vielen Fällen auf die kurzepisodischen Emotionen abfärben. Wer wegen starker Verliebtheit in einem 'Gewinnmodus' lebt, erlebt das eine oder andere Ärgernis im Alltag weniger intensiv als eine Person, die aufgrund einer depressiven Phase im 'Verlustmodus' lebt.

Was macht die sprachliche Kodierung von Emotionen so schwierig?

Gefühle in treffende Worte zu fassen, wird immer wieder als schwierig, ja manchmal sogar als unmöglich beschrieben – und dies obwohl unser Wortschatz eine Fülle von Wörtern für den Ausdruck von Gefühlen und Stimmungen enthält. Dies ist scheinbar paradox und verlangt nach einer Erklärung. Die bisherige Charakterisierung von Emotionen liefern bereits einige Gründe für die Schwierigkeit, einen starken Affektzustand so in Worte zu fassen, dass man überzeugt ist, alles Wesentliche beschrieben und anderen verständlich gemacht zu haben.

Vor der Erörterung solcher Schwierigkeiten möchte ich darauf hinweisen, dass die Motivation für eine möglichst exakt beschreibende Mitteilung eines starken Gefühls in vielen Fällen gar nicht gegeben ist. Darauf wurde bereits im Abschnitt Ausdruck und Mitteilung von Gefühlen hingewiesen. Der unverhüllte, unwillkürliche (mimische) oder willentliche (sprachliche) Ausdruck des eigenen Gefühls ist den Betroffenen in vielen Situationen unerwünscht, weil sie negative Wirkungen oder Konsequenzen auf die eigene Befindlichkeit oder das Ansehen bei anderen fürchten, oder weil sie das Affektereignis als etwas sehr Intimes empfinden, das sie allenfalls einer sehr vertrauten Person offenbaren möchten. Starke negative Gefühle zu haben bedeutet immer, dass wir durch etwas oder jemand in unserem Zielstreben oder im Erhalt der eigenen Integrität gestört, behindert oder zurückgeworfen worden sind. Es ist vielen Menschen peinlich, wenn andere Personen erfahren oder gar miterleben, wie (sehr) sie durch eine bestimmte Situation aus der Fassung gebracht worden sind. Je nachdem wer die anderen sind, fürchten wir, dass sie geringschätzig, schadenfreudig oder nur peinlich irritiert reagieren könnten. Das freiwillige Mitteilen von negativen Gefühlen geschieht in vielen Fällen nur gegenüber sehr vertrauten und vertrauenswürdigen Personen. Das Verbergen von negativen Emotionen in der Öffentlichkeit scheint in manchen Kulturen sogar zur sozialen Norm geworden zu sein, wie dies beispielsweise in Japan der Fall sein soll (Ekman, 1971). Selbst für positive Gefühle gibt es situationsspezifische soziale Darbietungsregeln. Es ist normkonform und geradezu erwünscht, wenn Sportler dem Publikum die Freude über einen Sieg unverhüllt zum Ausdruck bringen. Tun sie dies aber unaufgefordert gegenüber

Dritten, die keine interessierten Augenzeigen des Geschehens waren, so kann dies als 'Prahlerei' empfunden werden oder Neid auslösen. Eine unsichere oder nicht vorhandene Motivation ist vielleicht das grundsätzlichste und häufigste Hindernis für eine zutreffende sprachliche Beschreibung der eigenen Gefühle.

Bei starken Gefühlen besteht trotz des Gesagten in der Regel ein Mitteilungsdruck, der häufig zur Absicht führt, das Erlebte einer Person des Vertrauens oder den engsten Bezugspersonen mitzuteilen. Wenn eine Mitteilungsabsicht besteht, so ergeben sich für die sprachliche Kodierung des emotionalen Geschehens folgende Schwierigkeiten. Zum einen können Emotionen in ihrer Intensität erheblich variieren, dies gilt sowohl für Basis- als auch für Mischemotionen. Die Intensität einer Emotion hängt vor allem von der subjektiven Wichtigkeit bzw. der Bedeutung der emotionserregenden Information ab. Ein weiterer Einflussfaktor ist die interindividuelle Sensitivität für die Auslösung der betreffenden Emotion. Dazu kommen noch verschiedene situative Faktoren wie die Plötzlichkeit des emotionsauslösenden Ereignisses. Mit der Intensität einer Emotion können die Merkmale des emotionalen Erlebens erheblich verändert werden. So kann man also nicht von 'dem Zorn' oder 'der Furcht' sprechen. Zorn kann von einer mäßigen Verärgerung über einen Vorfall bis zur 'rasenden' oder 'blinden' Wut reichen. Furcht kann sich als vorwegnehmende Sorge über den Ausgang eines künftigen Ereignisses bis hin zur entsetzlichen Panik bei einer unmittelbaren, existentiell empfundenen Bedrohung äußern.

Die unmittelbare Erfahrung einer intensiven Emotion ist meistens ein sehr komplexes Geschehen. Daran beteiligt ist zu allererst die Wahrnehmung des emotionserregenden Ereignisses. Von der Wahrnehmung des Ereignisses zeitlich kaum trennbar, sind die bewertenden Gedanken zur 'tieferen' Bedeutung des Geschehens für die Erreichung oder den Erhalt persönlich bedeutsamer Zielzustände. Diese bedeutungsstiftenden Gedanken können sich 'blitzartig' einstellen und dann den heftigen Empfindungen weichen, die mit der ausgelösten Emotion verbunden sind, so dass eine Art 'gedankliche Leere' entsteht. Sehr oft wird aber ein kaum zu stoppender Strom an Gedanken ausgelöst, der zeitgleich mit den körperlichen und emotionalen Empfindungen abläuft. In diesem Strom befinden sich bewertende Gedanken – die den Affekt verstärken oder abschwächen –, Gedanken an ein sofortiges Reagieren – mitunter kommt es tatsächlich zu impulsiven Handlungen – und Gedanken zur affektiven Valenz und Intensität der affektbezogenen Empfindungen. Die Fokussierung der Aufmerksamkeit auf Gedanken oder Empfindungen kann dabei ebenso rasch wechseln, wie der Inhalt im Strom der Gedanken. Diese Komplexität und Parallelität des affektiven Geschehens machen eine 'geordnete Protokollierung' und den späteren, verbalen Bericht der bewusst wahrgenommenen Abläufe sehr schwierig. Erschwerend kommt hinzu, dass die Gedankeninhalte den Inhalt bzw. die Mischung der beteiligten Emotionen beeinflussen und umgekehrt. Die betroffene Person muss schon über eine sehr gut entwickelte Introspektionsfähigkeit verfügen, um trotz der 'Flüchtigkeit' und Instabilität der Gedankeninhalte und der gerade dominierenden Emotion eine, für Außenstehende verständliche Beschreibung zu leisten. Wie detailliert, wie vollständig und genau jemand das erlebte emotionale Geschehen berichtet, hängt aber – wie bereits zu Beginn dieses Abschnitts besprochen – auch von der Mitteilungsmotivation ab. Selbst wenn diese gegeben ist, so stellt sich die Frage: Worauf kommt es dem Mitteilenden an? Was erscheint ihm besonders mitteilenswert? Je nach Situation und Person kann der Schwerpunkt des Berichts mehr auf der Schilderung der Ereignisepisode liegen, die zur Auslösung des heftigen affektiven Geschehens geführt hat, oder auf der Intensität und Qualität des emotionalen Erleben selbst. Die Schilderung der Ereignisepisode wird immer dann im Vordergrund stehen, wenn der 'Sender' der Mitteilung an der Bewertung des Geschehens und der Meinung des 'Empfängers' interessiert ist. Meist ist dies mit der Hoffnung bzw. der Erwartung verbunden, eine Bestätigung der eigenen Interpretation des Geschehens zu erhalten – beispielsweise dass das Verhalten einer anderen Person wirklich so ungeheuerlich kränkend und ungerechtfertigt ist, wie man es selbst empfunden hat, oder dass eine geplante, aber aus Furcht abgesagte Unternehmung wirklich zu gefährlich und unsicher ist. In anderen Fällen geht es in erster Linie darum, Mitgefühl und Trost für eine anhaltend unangenehme Affektlage zu erhalten und sich der Zuneigung und der Verbundenheit des Gesprächspartners zu versichern, um die eigene affektive Lage erträglicher zu machen. Allerdings wird wohl eine bloße Beschreibung der emotionsbezogenen Empfindungen ohne die auslösende Ereignisepisode und die bewertenden Gedanken im Alltag kaum vorkommen. Beim empathischen Verstehen der emotionalen Befindlichkeit einer anderen Person im Alltag oder im psychotherapeutischen Setting ist man auf episodische Information zum situativen Kontext und zu den evaluativen Gedanken des Emotionsträgers angewiesen, die mit der Auslösung einer Emotion verbunden sind. Traurigkeit bekommt ihren Sinn erst, wenn wir wissen, was oder wen jemand verloren hat und welchen Wert das Verlorene für die betreffende Person hatte. Heftige Wut wird meist erst dann wirklich nachvollziehbar, wenn wir erfahren, wer oder was die Integrität der betroffenen Person in einem wichtigen Bereich geschädigt oder beeinträchtigt hat. Episodische Information ermöglicht es, Schlussfolgerungen bzw. Erwartungen über die Art, die Intensität und die Angemessenheit bestimmter Emotionsreaktionen zu bilden. Dies gilt sogar dann, wenn der Sprecher nicht explizit etwas zum affektiven Geschehen gesagt hat und beim Erzählen keine Emotionsreaktionen sichtbar waren. Der Mitteilungsempfänger (re-)konstruiert dann in aller

Regel unwillkürlich die wahrscheinlichen affektiven Reaktionen und deren Intensität aus seinem Bedeutungsverständnis der geschilderten Ereignisepisode. Er füllt gewissermaßen die emotionsbezogenen Mitteilungslücken mit 'plausiblen' Erwartungen über den affektiven Reaktionsanteil.

Studie zur Erfassung 'normaler' und pathologischer Affektivität

Berichte über Ereignisepisoden, die zu intensiven Gefühlsreaktionen geführt haben, spielen in sozialen Gemeinschaften, wie bereits erwähnt, eine wichtige Rolle. Sie fördern die Intimität, das Vertrauen und die gegenseitige Unterstützungsbereitschaft. Der rege Austausch über Affektereignisse liefert außerdem wichtige Information über die gemeinsamen Werte und Einstellungen einer sozialen Gruppe. Sofern mehrere Personen der Gemeinschaft von einer affektiv bedeutsamen Ereignisepisode Kenntnis erhalten und dazu Stellung nehmen, kann der Betroffene sich ein Bild über den 'common sense' hinsichtlich der Bewertung des Ereignisses machen. Sofern dieser von seiner Einschätzung abweicht, wird er veranlasst erneut darüber nachdenken und evtl. seine Sicht verändern.

Im klinisch-psychotherapeutischen Kontext haben Berichte über intensive Affektepisoden eine noch prominentere Bedeutung. Die Sammlung von verbalen oder schriftlich-tagebuchartigen Affektepisoden liefert dem Therapeuten eine wertvolle diagnostische Basis für das therapeutische Arbeiten mit dem Patienten. Der Leidensdruck, der den Patienten dazu bewegt hat, professionellen Rat oder therapeutische Hilfe zu suchen, speist sich in der Regel aus einer Vielzahl intensiver Affektepisoden, die den Patienten nachhaltig beschäftigt und belastet haben. Dabei hat der Patient meist das Gefühl, dass er das wiederholte Auftreten der leidvollen Erfahrungen ohne Hilfe nicht wirkungsvoll verhindern kann.

Obwohl vieles dafür spricht, dass im Alltag Personen mit einer psychischen Störung häufiger als Personen ohne psychische Auffälligkeit intensive Affektepisoden erleben, und dass sich in diesen Affekt-Erfahrungsepisoden die spezifischen Probleme des Patienten manifestieren, sollte man zunächst möglichst unbefangen und vorsichtig an die Bewertung von Problemschilderungen und den gesammelten Affektepisoden herangehen, um dann gemeinsam mit dem Patienten zu einer angemessenen Klärung der Problemlage und der Veränderungsmöglichkeiten zu kommen. Grundsätzlich gibt es neben einer psychischen Auffälligkeit oder Störung des Ratsuchenden noch eine zweite Quelle für eine außergewöhnliche Häufung von affektintensiven Ereignisepisoden. Die berufliche und/oder soziale Umgebung des Ratsuchenden kann starke Beanspruchungen mit sich bringen, und infolgedessen eine Steigerung negativer Affektivität bewirken, die nicht auf eine etwaige psychische Auffälligkeit zurückzuführen sind. In solchen Fällen ist psychotherapeutische Hilfe im eigentlichen Sinne nicht notwendig, allenfalls eine beratende Hilfe zur Problemlösung. Dabei würde man nach Möglichkeiten suchen, um Einfluss auf die Situation auszuüben, um die Belastungen zu reduzieren, etwa indem man die Vorgesetzten über die Überlastung regelmäßig sachlich informiert und auf Möglichkeiten der besseren Organisation und Verteilung der Beanspruchungen verweist. Wenn solche Möglichkeiten nicht erfolgversprechend sind oder sich bereits als wirkungslos erwiesen haben, wird man darüber nachdenken, ob es nicht das Beste ist, die Situation zu verlassen.

Im Rahmen der rational-emotiven Therapie nach Ellis (1977) hat es sich bewährt, anstelle von rein verbalen Berichten während der Therapiesitzungen schriftliche Protokolle von intensiven Affektepisoden anfertigen zu lassen, und gemeinsam mit dem Patienten zu analysieren. Dazu wird der Patient oder Ratsuchende instruiert, die Affekt-Ereignisepisode gegliedert in Auslöser (affekterregende Situation, Ereignis oder Gedanke), in affektbegleitende Gedanken und in die damit verbundenen Gefühle und evtl. erfolgtes Verhalten zu protokollieren. Dies erleichtert die spätere Analyse des Geschehens und verdeutlicht, dass bestimmte Gedanken affektintensivierend sind. Ein so gut strukturiertes Vorgehen sollte auch dazu geeignet sein, um wissenschaftliche Fragestellungen auf einer sehr verhaltensnahen, deskriptiven Ebene zu untersuchen. Wir haben diese Protokollierungstechnik mit einigen Modifikationen bei der vorliegenden Untersuchung verwendet.

Fragestellung

In der Grundlagenforschung zur Klinischen Psychologie hat man wiederholt untersucht, ob bestimmte Persönlichkeitseigenschaften mit einer erhöhten Quote an psychischen Problemen bzw. psychischen Störungen verbunden sind. Dies gilt vor allem für das Persönlichkeitsmerkmal 'Neurotizismus' (Eysenck-Persönlichkeits-Inventar; Eggert, 1974) oder die davon abgeleitete, als 'Emotionale Labilität' bezeichnete Skala im Freiburger-Persönlichkeits-Inventar (FPI-R, Fahrenberg, Hampel & Selg, 2001). Wie bei der 'Messung' von Persönlichkeitsmerkmalen üblich, handelt es sich dabei um ein Merkmal, das über einen Fragebogen erhoben wird. Dabei gibt die befragte Person an, ob bzw. wie stark eine Reihe von Aussagen für sie zutrifft. Personen mit hohen Werten für Neurotizismus (emotionale Labilität) geben dabei an, dass sie schnell impulsiv entscheiden und handeln, dass sich ihre Stimmung rasch ändern kann, dass sie leicht aus der Fassung geraten und verletzbar sind und auch, dass sie sehr nervös sein und plötzliche körperliche Beschwerden haben können. Personen, die sich so beschreiben, haben eine höhere Anfälligkeit für psychische Störungen wie Ängste, Depressionen und Beziehungsschwierig-keiten als Personen, die sich durch diese Aussagen nicht zutreffend beschrie-ben fühlen. Es gibt bisher noch keine Untersuchung darüber, wie oft und in welchen Situationen Personen mit hohen Neurotizismus-Werten im Frage-bogen im Alltag tatsächlich impulsiv und mit heftigen und anhaltenden Gefühlen reagieren. Mit anderen Worten, es fehlt eine Validierung der Selbstbeurteilungen in Form einer Erhebung (Protokollierung) tatsächlichen Verhaltens im Alltag. Ebenso ungeklärt ist, ob sich die Art ihrer Reaktionen von den Reaktionen bei Personen ohne psychische Auffälligkeit qualitativ unterscheiden.

Mit der hier berichteten Pilotstudie möchten wir an einer noch relativ kleinen Stichprobe den Zusammenhang von ausgewählten Persönlichkeitsmerkmalen (Neurotizismus, Extraversion, Narzissmus, Empathie und Impulsivität) und dem Vorhandensein von psychischen Störungen mit der Häufigkeit und Intensität des Auftretens von affektintensiven Ereignisepisoden und den dabei vorkommenden Emotionen im Alltag untersuchen.

Durch eine quantitative und eine inhaltsanalytische Auswertung der struktu-rierten Protokollierungen intensiver Affektepisoden aus dem Alltag sollen folgende Fragestellungen beantwortet werden:

Wie gut lassen sich starke Emotionen als Ereignisepisoden beschreiben?

- Nehmen mit steigendem Grad an psychischer Auffälligkeit auch Zahl und Intensität von heftigen Gefühlsreaktionen zu?

- Wie unterscheiden sich die Gefühlsreaktionen von Personen mit geringer (keiner) von denen mit hoher psychischer Auffälligkeit?

- Kann man wiederkehrende individuelle kognitiv-emotionale Reaktions-neigungen identifizieren? Zeigen sich dabei Unterschiede von Personen mit zu Personen ohne psychische Auffälligkeit?

Untersuchungsmethode

Um von den teilnehmenden Personen jeweils eine repräsentative Menge der affektintensiven Ereignisepisoden im Alltag zu bekommen, wählten wir die fortlaufende, tägliche Protokollierung aller intensiven Affektepisoden über eine Dauer von 21 Tagen. Eine noch längere Protokollierung wäre zwar durchaus wünschenswert, wäre aber für Personen mit vielen Affektereignis-sen unzumutbar lang, und hätte die Bereitschaft zur Teilnahme gesenkt. Die Teilnehmer sollten für die Protokollierung einen Zeitraum von drei Wochen wählen, der ihrem üblichen beruflichen (studentischen) und privaten Alltag entspricht. Es sollten also keine Urlaubszeiten oder etwa längere Weiterbildungsaufenthalte an anderen Orten enthalten sein.

Protokollierung intensiver Emotionsepisoden

Die systematische Erfassung, Sammlung und Analyse von Berichten über affektintensive Ereignisepisoden wurde ähnlich wie im Rahmen der rational-emotiven Therapie von Ellis (1977), eine einflussreiche Variante der kognitiven-Verhaltenstherapie bereits seit vielen Jahren durchgeführt. Die im freien verbalen Report oft ungeordneten Schilderungen der affekterregenden Ereignisepisoden und der affektbezogenen körperlichen und emotionalen Empfindungen sowie der beteiligten Gedanken werden hier in eine sog. A-B-C-Struktur gegliedert (siehe Abb. 1). Das A steht für Auslöser. Hier soll das affekterregende Ereignis oder der affekterregende Gedanke eingetragen werden, mit dem das affektive Geschehen begonnen hat. Die Spalte B steht für bewertende Gedanken und Überzeugungen (beliefs), die unmittelbar mit der Auslösung der Affektepisode aufgetreten sind, und zwar in der Reihenfolge, in der sie spontan erinnert werden können. Es sollen möglichst alle erinnerlichen Gedanken mit unterschiedlichem Inhalt eingetragen werden. In die dritte Spalte C1 werden die emotionalen Reaktionen eingetragen.

Im Unterschied zum Vorgehen im Rahmen der rational-emotiven Therapie wurden hier keine freien Nennungen von Gefühlen erfragt, sondern eine Liste der häufigsten Emotionen vorgegeben, mit er Instruktion, diejenigen Gefühle anzukreuzen, die im Laufe der Ereignisepisode aufgetreten sind. Damit sollten die wesentlichen Emotionen einer aufgetretenen Mischemotion erfasst werden. Die Untersuchungsteilnehmer sollten dann versuchen anzugeben, welchen Anteil (welches Gewicht) die genannten Emotionen insgesamt hatten, indem sie prozentuale Schätzungen für den jeweiligen Anteil der beteiligten Gefühle notierten, so dass deren Summe 100 ergibt. In Spalte C2 sollten konkrete Handlungen und eventuelle Folgen derselben eingetragen werden, sofern sie vorgekommen sind. In der fünften Spalte wurden schließlich noch quantitative Angaben zur Intensität des Gefühls, zum Grad der Belastung und zur Häufigkeit, mit der ähnliche affektive Ereignisepisoden in der Vergangenheit vorgekommen sind, erfragt. Abbildung 1 zeigt das hier beschrieben Protokollblatt. Zu ergänzen ist noch, dass im Kopfteil des Blattes neben dem Datum auch Uhrzeit des Beginns und die Dauer der Gefühlsepisode einzutragen war. Die Dauer einer Gefühlsepisode ist ebenso wie der selbst eingeschätzte Grad an Intensität und Belastung ein Maß für die 'Normalität' bzw. Pathologie des Gefühlserlebens. Wenn ein – konsensuell

TAGEBUCH-BLATT

Name:
Wochentag / Datum:
ungefähre Uhrzeit & Dauer (des Gefühlserlebnisses):

Auslöser des Gefühlserlebnisses (A) ("Wie kam es zu diesem/n Gefühl(en)?")	darauffolgende Gedanken (B) ("Was dachte ich?")	intensive(s) Gefühl(e) (C) ("Was fühlte ich?")	darauffolgendes Verhalten und allfällige Folgen des Verhaltens (C) ("Wie verhielt ich mich danach?")	Intensität und Häufigkeit
äusserer Anlass (z.B. Erlebnis, Geschehen, Verhalten) oder *innerer Anlass* (z.B. Gedanke, Vorstellung, Empfindung)		Kreuzen Sie das / di e intensive(n) Gefühl(e) an, das / die für Sie am meisten zutreffen (bei gemischten Gefühlen wenn möglich mit Angabe der prozentualen Anteile der verschiedenen Gefühle) Freude Neugier / Interesse Liebe / Verliebtheit Sehnsucht Sorge / Angst / Furcht Verzweiflung Traurigkeit Deprimiertheit Wut / Ärger Aggressivität Hass Verachtung Selbstverachtung Geringschätzung Enttäuschung Trotz Ekel Eifersucht Neid Scham Schuld Reue / Bedauern Stolz Gekränktsein Mitleid Einsamkeit andere: .... andere:		Wie stark sind Sie gefühlsmässig bewegt? □ gar nicht □ ein wenig □ ziemlich intensiv □ sehr intensiv □ könnte nicht intensiver sein Wie belastend ist das Gefühl? □ gar nicht belastend □ ein wenig belastend □ ziemlich belastend □ sehr belastend □ könnte nicht belastender sein Wie häufig erlebten Sie dieses Gefühl vor diesem Zeitpunkt? □ mehrere pro Tag □ einmal pro Tag □ mehrere Male pro Woche □ einmal pro Woche □ seltener

Abbildung 1: Protokollblatt für Emotions-Ereignisepisoden

TAGTRÄUME / FANTASIEN

Name:
Wochentag / Datum:
Uhrzeit & Dauer des Gefühlserlebnisses:
Uhrzeit des Ausfüllens:

Situation / Ort	Inhalt	Intensität und Häufigkeit
(„In welcher Situation / an welchem Ort hatte ich den Tagtraum / die Fantasie?")	*(„Was war der Inhalt des Tagtraumes / der Fantasie?")*	Wie stark waren Sie gefühlsmässig bewegt? □ gar nicht □ ein wenig □ ziemlich intensiv □ sehr intensiv □ könnte nicht intensiver sein Wie angenehm war das Tagträumen / Fantasieren? □ gar nicht angenehm □ ein wenig angenehm □ ziemlich angenehm □ sehr angenehm □ könnte nicht angenehmer sein Wie häufig hatten Sie diesen Tagtraum / diese Fantasie vor diesem Zeitpunkt? □ mehrere Male pro Tag □ einmal pro Tag □ mehrere Male pro Woche □ einmal pro Woche □ seltener

Abbildung 2: Protokollblatt für Tagträume / Fantasien

beurteilt – relativ geringer Anlass ausreicht, um eine hoch intensiv eingestufte Gefühlsepisode von langer Dauer auszulösen, dann spricht dies für eine hohe affektive Sensitivität und eine geringe Affektkontrolle.

Tagträume

Es wurde auch ein Protokollblatt zur Aufzeichnung von spontanen Tagträumen bzw. ausgedehnten Wunscherfüllungsfantasien oder szenische Fantasien mit negativem Inhalt (beispielsweise Vergeltungsfantasien) erstellt, das ähnlich strukturiert ist wie die Protokollblätter für die Gefühlsepisoden. In der ersten Spalte sollte eingetragen werden, an welchem Ort / in welcher Situation man sich befand als der Tagtraum begann. In die zweite Spalte sollte der Inhalt des Tagtraums notiert werden. In der dritten Spalte wurden wie für die Gefühlsepisoden Angaben zur affektiven Intensität, zur hedonischen Qualität und zur Häufigkeit solcher Tagträume erfragt (siehe Abb. 2).

Die Erfassung von Tagträumen hatte zweierlei Ziele. Zum einen wurde angenommen, dass Tagträume (in einem begrenzten Maß) durchaus eine positive, affektregulierende Funktion haben können. Für exzessives Tagträumen besteht dagegen ein empirisch begründeter Verdacht, dass es schädlich sein kann, indem es von einer realistischen und zielführenden Absichtsbildung, Planung und Realisierung der persönlichen Änderungswünsche ablenkt. Diese Sichtweise legen mehrere Studien zur Wirkung von 'positiven Fantasien' nahe (Oettingen, 1997). In der Instruktion zur Verwendung der Tagtraum-Protokollblätter war es wichtig, auf den Unterschied zwischen wunscherfüllenden Tagträumen ohne tatsächliche Absicht und absichtsbezogenen, vorwegnehmenden Vorstellungen eines geplanten Handlungsablaufs zu unterscheiden. Zur Verdeutlichung wurden hierfür jeweils konkrete Beispiele gegeben. Das simulierende Vorwegnehmen einer fest beabsichtigten Handlung sollte nicht als Tagtraum bzw. Fantasie eingetragen werden.

Rekrutierung der Teilnehmer

Die Werbung zur Teilnahme an der Untersuchung erfolgte über Aushänge an Pin-Boards im Hauptgebäude und an verschieden Instituten der Universität Zürich. Ziel war es, einen ausgeglichenen Range von psychisch unauffälligen Teilnehmern über solche mit einem leichten bis mittleren Grad an Auffälligkeit bis zu Personen mit einer ausgeprägten, schweren psychischen Störung zu erhalten. Da bei einer kleinen Gelegenheitsstichprobe nicht mit der erfolgreichen Rekrutierung von erheblich psychisch gestörten Personen zu rechnen war, erfolgte eine zusätzliche Rekrutierung über eine ambulante Psychotherapiegruppe der Psychiatrischen Abteilung des Kantonsspitals Luzern, die hauptsächlich für Personen mit einer Borderline-Persönlichkeitsstörung konzipiert ist. Fünf der insgesamt 19 Teilnehmer (5 männliche, 14 weibliche) stammen aus dieser Psychotherapiegruppe.

Messung der psychischen Auffälligkeit

Zur Ermittlung des Grades an psychischer Auffälligkeit bzw. des Vorhandenseins einer psychischen Störung oder einer Persönlichkeitsstörung wurden zwei diagnostische Instrumente eingesetzt. Das sog. SKID II (Strukturiertes Klinisches Interview für DSM-IV; Wittchen et al., 1997) erfasst in einem zweistufigen Verfahren das Vorhandensein der Kriterien für eine oder mehrere Persönlichkeitsstörungen, wie sie im international verwendeten diagnostischen Klassifikationssystem DSM-IV (Diagnostic and Statistical Manual of Mental Disorders, 4th Ed.; American Psychiatric Association, 1994) definiert sind. Im ersten Teil wird ein Fragebogen vorgegeben, mit dem via Selbstbeurteilung Antworten ermittelt werden, die auf das Vorhandensein von Symptomen der verschiedenen Persönlichkeitsstörungen hindeuten. Im zweiten Teil erfragt ein diagnostisch geschulter Klinischer Psychologe für die auffälligen Antwort in einem strukturierten Interviews detaillierte Angaben, um dann das Vorhandensein / Nichtvorhandensein des fraglichen Symptoms zu beurteilen. Als Maß für den Grad an psychischer Auffälligkeit wurde, wie dies üblich ist, der Summenscore (D-Score des SKID II) für alle Symptome über alle Persönlichkeitsstörungen hinweg verwendet. Darüber hinaus wurde ermittelt, für welche Persönlichkeitsstörungen die erforderliche Mindestzahl an Symptomen erreicht wurde, damit die entsprechende Diagnose gegeben werden kann.

Als zweites Maß für den Grad an psychischer Auffälligkeit wurde die SCL-90-R (Symptom-Checkliste von Derogatis; deutsche Version von Franke, 1995), eine Symptom- und Beschwerdeliste für verschiedene psychische Störungen, eingesetzt. Während mit dem SKID II zeitlich überdauernde Symptome erfasst werden, die auf pathologische Merkmale der Person abzielen, erfasst die SCL-90-R die aktuellen psychischen Beschwerden (Symptome) der letzten 7 Tage, die den Störungsbereichen (Subskalen) Somatisierung, Zwanghaftigkeit, Unsicherheit im Sozialkontakt, Depressivität, Ängstlichkeit, Aggressivität, phobische Angst, paranoides Denken und Psychotizismus zugeordnet werden können. Wie auch beim SKID II gibt es einen Gesamtwert (SCL-GSI) für den summarischen Grad an psychischer Auffälligkeit, der für diese Untersuchung verwendet wurde.

Anhand dieser beiden Störungsmaße konnten die Teilnehmer in drei Gruppen mit unterschiedlichem Grad an psychischer Auffälligkeit geordnet werden. Zum Wertebereich für die standardisierten T-Werte des SCL-90-Gesamtwertes ist anzumerken, dass Werte zwischen 40 und 60 als 'normal' und

Werte über 60 als psychisch auffällig gelten. Der maximal mögliche T-Wert ist 80. Es ergab sich folgende Verteilung der SCL-90-GSI-Werte und der Diagnosen:

- 7 Personen mit starker psychischer Auffälligkeit (mindestens eine Persönlichkeitsstörung; SCL-90-GSI-Wert 71-80),

- 5 Personen mit moderater psychischer Auffälligkeit (SCL-90-GSI-Wert 61-70, davon eine mit depressiver Persönlichkeitsstörung),

- 7 Personen ohne psychische Auffälligkeit (SCL-90-GSI-Wert 40-60, keine Persönlichkeitsstörung).

Von den insgesamt 8 Personen mit der Diagnose einer Persönlichkeitsstörung erreichen 5 die Kriterien für eine (oder mehr) weitere Persönlichkeitsstörungen. Die Gruppenzuteilung zeigt, dass die gewünschte gleichmäßige Verteilung von keiner über eine moderate bis zu einer starken psychischen Auffälligkeit erreicht werden konnte. Unter den mittels Aushang rekrutierten, nicht-klinisch behandelten Untersuchungsteilnehmern fand sich eine beträchtliche Anzahl mit einer moderaten oder starken psychischen Auffälligkeit. Das deutet darauf hin, dass sich Personen mit gewissen psychischen Besonderheiten stärker von der Selbstbeobachtungsstudie (der Protokollierung von affektintensiven Ereignisepisoden) angesprochen fühlen als solche ohne irgendeine Auffälligkeit. Vielleicht – und hoffentlich zu Recht, weil sie sich davon versprochen haben, etwas Neues und Hilfreiches über sich zu erfahren.

Erhebung weiterer Persönlichkeitsmerkmale

Neben der Ermittlung des Grades an psychischer Auffälligkeit wurden noch weitere Persönlichkeitsmerkmale mittels entsprechender Fragebogen erhoben: Neurotizismus und Extraversion (Eysenck-Personality-Inventory, EPI-N, EPI-E; Eysenck, 1964; deutsche Version von Eggert, 1974), Narzissmus (zusammengesetzt aus Items des Narcisstic Personality Inventory – NPI-, Raskin & Hall, 1979 und des Margolis-Thomas-Measure of Narcissism – MT-, Margolis & Thomas, 1980 und selbst konstruierten Items), Impulsivität (Barratt-Impulsiveness-Scale, BIS; Barratt, 1985) und Empathie (Questionnaire Measure of Empathy, QMEE; Mehrabian & Epstein, 1972).

Durch Korrelationen mit den beiden hier erhobenen Messungen für psychische Auffälligkeit kann gewissermaßen die klinische Validität dieser Fragebogenmaße eingeschätzt werden. Diese ist, wie bereits erwähnt, in ausreichendem Umfang nur für die Neurotizismus-Skala des Eysenckschen Persönlichkeitsinventars (EPI) bereits vielfach nachgewiesen und hoch (beispielsweise: Bienvenu, Brown, Samuels, Liang, Costa, Eaton, & Nestadt, 2001). Die EPI-N Skala korreliert hoch mit verschiedenen psychischen Störungen, ähnliches gilt für damit verwandte (daraus abgeleiteten) Skalen aus anderen Persönlichkeitinventaren. Für die Impulsivitätsskala liegen nur einzelne Validierungsstudien mit klinischen Personengruppen vor. Für die übrigen Maße gilt dies kaum oder gar nicht, obwohl die Bezeichnungen der Skalen dies erwarten lassen. Diese Fragebogen-Messungen stellen eine Auswahl von Persönlichkeitsmerkmalen dar, die für die Vorhersage von bzw. den Zusammenhang mit psychischen Auffälligkeiten theoretisch bedeutsam sind. So wäre es durchaus plausibel, dass eine übermäßige Selbstbezogenheit, wie sie für narzisstische Personen postuliert wird, zu interpersonalen und psychischen Problemen führen wird, wenn die Ansprüche an die besondere Behandlung, Wertschätzung und Bevorzugung durch andere Personen nicht im erwarteten Maß befriedigt werden. Weil die in der Literatur gefundenen Narzissmus-Skalen diesen klinischen Aspekt des Narzissmus unseres Erachtens nicht ausreichend erfassen, wurden zusätzlich eigene Fragen entwickelt und hinzugefügt. Impulsivität im Handeln, Urteilen und Entscheiden ist ein mögliches Merkmal verschiedener Persönlichkeitsstörungen, wie beispielsweise der Borderline-Persönlichkeitsstörung, der antisozialen Persönlichkeitsstörung oder der histrionischen Persönlichkeitsstörung. Bereits aus diesem Grund wäre ein prädiktiver (korrelativer) Zusammenhang mit dem Gesamtmaß an persönlichkeitsbezogener Pathologie zu erwarten. Was das Merkmal Empathie betrifft, so wäre eine negative Korrelation mit antisozialen Persönlichkeitsstörungen und mit der narzisstischen Persönlichkeitsstörung zu erwarten, da in beiden Fällen mangelnde Empathie zu den Diagnosekriterien gehört.

Aus den Korrelationen dieser Persönlichkeitsmerkmale mit der Art, Häufigkeit und Intensität der protokollierten intensiven Gefühlsepisoden lässt sich ablesen, wie sehr diese Eigenschaften (so wie die Fragebogen sie messen) mit emotionalen Turbulenzen im Alltag verbunden sind. Für Neurotizismus, was ja gleichbedeutend mit emotionaler Instabilität ist, und für Impulsivität sollte dies in besonders starkem Maße gegeben sein.

Untersuchungsablauf

Personen, die sich auf einen Aushang hin, telefonisch oder via E-Mail zur Teilnahme angemeldet haben, wurden möglichst in Gruppen von zwei bis fünf Teilnehmern zu einem ausführlichen Informations- und Instruktionstermin eingeladen. Dort wurde den Teilnehmern das gesamte Material für die Untersuchung ausgehändigt, der Screening-Fragebogen SKID II und die SCL-90-R zur Erfassung psychischer Auffälligkeiten, die Fragebogen zur Messung der oben genannten Persönlichkeitsmerkmale, ein ausführliches Instruktionsmanual für die Protokollierung der Gefühlsepisoden und Tagträume sowie für jeden der insgesamt 21 Protokolltage jeweils fünf leere Protokollblätter für affektintensive Ereignisepisoden und für Tagträume. Um die zuverlässige und lückenlose Protokollierung zu erleichtern und diese in gewisser Weise kontrollieren zu können, erhielt jeder Teilnehmer 21 vorfrankierte und adressierte Briefumschläge für die tägliche Rücksendung der Protokollblätter.

Den Teilnehmern wurde dann noch einmal das Hauptziel der Untersuchung erklärt, nämlich die einfache, strukturierte und lückenlose Protokollierung aller vorkommenden intensiven Gefühlsepisoden und Tagträume innerhalb eines Zeitraumes von drei Wochen. Um die Art der Protokollierung zu homogenisieren wurde Schritt für Schritt an mehreren, ganz unterschiedlichen Beispielen im Instruktionsmanual deutlich gemacht, was wir unter intensiven Gefühls-Ereignisepisoden verstehen, und wie man solche Ereignisepisoden in das Protokollblatt einträgt. Es wurde die Anweisung gegeben, für jedes Gefühlsereignis ein Protokollblatt zu verwenden und bei einer großen Textmenge die Rückseite des Blattes zu nutzen. Die Teilnehmer wurden aufgefordert, Fragen zu stellen, um möglichst alle Unsicherheiten zu beseitigen. Es wurde eindringlich darauf hingewiesen, wie wichtig die lückenlose und vollständige Protokollierung der Gefühls-Ereignisepisoden für das Gelingen der Studie ist. Deshalb wurden die Teilnehmer angewiesen, spätestens am Abend, an einem zuvor geplanten, günstigen Zeitpunkt retrospektiv die Ereignisepisoden zu protokollieren, sofern es welche gab. Die Teilnehmer wurden angewiesen, täglich ein Rückantwort-Couvert an uns zu senden, selbst wenn sich kein Gefühlsereignis und kein Tagtraum ergeben haben. Für diesen Fall sollte ein leeres Protokollblatt geschickt werden. Dies würde uns zweifelsfrei signalisieren, dass die Protokollierung nicht vergessen wurde. Jedem Untersuchungsteilnehmer war eine Betreuungsperson zugeordnet, die bei etwaigen Fragen und Unsicherheiten bei der Protokollierung jederzeit telefonisch kontaktiert werden konnte. Umgekehrt nahm die Betreuungsperson mit dem Teilnehmer unverzüglich Kontakt auf, wenn an einem Tag keine Rücksendung eines Couverts erfolgte, um gegebenenfalls die versäumte oder verspätete Protokollierung und Rücksendung zu veranlassen und zu unterstützen. Es wurde vereinbart, dass die betreuende Person auch dann telefonisch um ergänzende Information ersucht, wenn die Darstellung einer Gefühls-Ereignisepisode nicht ausreichend verständlich dargestellt wurde, oder wenn das Ankreuzungen der Gefühlsinhalte oder Angaben zur Intensität fehlten.

Die Teilnehmer wurden gebeten, alle erhaltenen, einmalig auszufüllenden Fragebogen (SKID II, SCL-90-R und Persönlichkeitsmerkmale) innerhalb der ersten Protokollierungswoche mit einem der Rückantwortcouverts ausgefüllt zu schicken. Nach Erhalt und Auswertung des Screening-Fragebogens (SKID II) wurde ein Termin für den zweiten Teil des Verfahrens, das diagnostische

Interview, noch während der Protokollphase ein individueller Termin vereinbart, an dem das Interview durchgeführt wurde.

Jedem Teilnehmer wurde angeboten, in einer Einzelsitzung über individuelle, inhaltliche Besonderheiten seiner Gefühlsprotokolle zu sprechen. Damit sollte den daran interessierten Teilnehmern eine Gelegenheit geboten werden, mit einer therapeutisch erfahrenen Person Lösungs- und Änderungsmöglichkeiten für thematisch wiederkehrende, als belastend empfundene Affekt-Ereignisepisoden zu besprechen. Auf Wunsch wurde den Teilnehmern eine Kopie aller Protokollblätter und einer Graphik mit den Häufigkeiten und Intensitäten der Gefühlsepisoden ausgehändigt, damit diese in einer bestehenden oder zu beginnenden Psychotherapie genutzt werden könnten. Schließlich wurde allen Teilnehmern zugesagt, dass sie nach Abschluss und Auswertung der Studie einen Ergebnisbericht erhalten würden, in dem selbstverständlich keine individuellen Informationen über einzelne Teilnehmer enthalten sind.

Ergebnisse

Gefühls-Ereignisepisoden und Fantasien

Die Sorgfalt, Zuverlässigkeit und Ausdauer beim Ausfüllen und Retournieren der Episodenblätter kann als sehr hoch eingestuft werden. Wir erhielten fast ausnahmslos die tägliche Rücksendung der Protokollbogen. Lücken oder Unverständlichkeiten bei der Protokollierung konnten durch Rückfrage ausgeräumt werden. Nur eine Teilnehmerin von ursprünglich 20 Personen brach die Teilnahme ab.

Die allererste Auswertung gibt eine Übersicht über die Häufigkeitsverteilung der gesammelten Gefühls-Ereignisepisoden und Fantasien (siehe Tab. 1), ohne den Zusammenhang mit der psychischen Auffälligkeit zu berücksichtigen. Die von den Teilnehmern angegebenen Gefühle zu einer Ereignisepisode waren nicht immer ausschließlich positiv oder negativ. So konnte es beispielsweise sein, dass ein Streit mit dem Partner überwiegend mit negativen Gefühlen (beispielsweise Ärger und Sorge) assoziiert war, dass dabei aber auch positive Emotionen wie Stolz oder Genugtuung gegeben waren, wenn man seine Ansicht durchsetzen konnte. Solche Episoden sind in der Tabelle als gemischte Episoden bezeichnet. Die aufgeführten Werte beziehen sich auf die gesamte Protokollierungszeit von 21 Tagen.

Augenfällig ist, dass negative Gefühlsepisoden klar dominieren. Obwohl wir glauben, dass dies generell für den Alltag von Menschen gilt, so spiegeln die Zahlen jedoch nicht den wirklichen Anteil von positiven zu negativen Episoden in einer repräsentativen Bevölkerungsstichprobe wider. Unsere Stichprobe wurde ja bewusst so gewählt, dass Personen ohne, mit mäßiger und mit starker psychischer Auffälligkeit etwa gleich häufig vertreten sind. Dies ermöglicht es, mit einer kleinen Stichprobe realistische Zusammenhangsschätzungen (Korrelationen) von affektbezogenen Daten aus den Episodenblättern und dem Grad an psychischer Auffälligkeit zu berechnen. Es führt aber unweigerlich zu hohen Durchschnittswerten für negative Affektepisoden. Erwartungsgemäß ist die Spannweite der individuellen Häufigkeiten für positive und negative Gefühlsepisoden sehr groß. So gibt es Personen, die in 21 Tagen kein intensiv-positives Gefühl erlebt haben, während dies bei anderen bis zu 17-mal der Fall war. Für negative Gefühlsepisoden ist die Spannweite noch wesentlich größer. Darin spiegelt sich, um es bereits vorwegzunehmen, die unterschiedliche psychische Auffälligkeit wider. Dies belegen die später berichteten Korrelationen mit dem Grad an 'Pathologie' der Teilnehmer. Die insgesamt gesehen relativ geringe Häufigkeit von positiven Gefühlsepisoden darf nicht als ein völliges überwiegen von negativer Affektivität interpretiert werden. Es sei daran erinnert, dass hier nur intensive und zeitlich andauernde Gefühlsepisoden protokolliert wurden. Daneben gab es sicherlich viele Zeitspannen mit neutralen und positiven Stimmungslagen, die aber nicht protokolliert wurden, weil es sich nicht um markante Emotionsepisoden mit einem inneren oder äußeren Anlass handelte.

Tabelle 1: Häufigkeitsverteilung für Gefühlsepisoden und Fantasien

	N	Minim.	Maxim.	Summe*	Mittelw.	Standard-abweichung
negative Episoden	19	4	48	372	19.58	13.46
positive Episoden	19	0	17	116	6.11	4.90
gemischte Episoden	19	0	8	36	1.89	2.21
Fantasien	19	0	16	86	4.53	3.96

(* Die Summenwerte sind über alle 19 Untersuchungsteilnehmer gerechnet)

Die beiden folgenden Abbildungen (Abb. 3 und 4) sollen exemplarisch zeigen, wie auf individueller Ebene das Affektgeschehen hinsichtlich seiner Intensität, Häufigkeit und Valenz über den Zeitraum von 21 Tagen graphisch veranschaulicht werden kann. Jede Affektepisode ist durch einen Balken gekennzeichnet, wobei die Säulenhöhe der selbst eingeschätzten Intensität des Affekterlebens entspricht. Schwarze Säulen (Säulenanteile) markieren positive Emotionen, negative Emotionen sind dunkelgrau und Tagträume bzw. Wunschfantasien sind hellgrau dargestellt. Die beiden Abbildungen zeigen

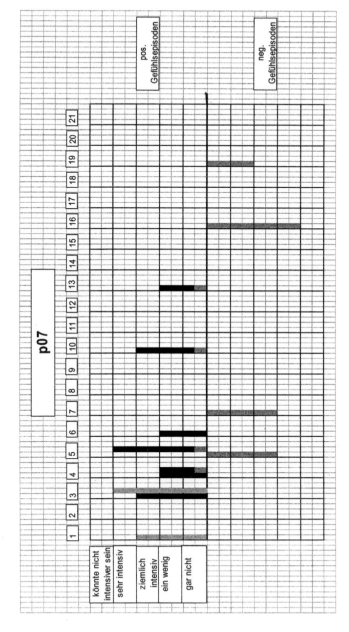

Abbildung 3: Emotions-Ereignisepisoden – Beispiel für geringe psychische Auffälligkeit
(schwarz = positive Gefühle, dunkelgrau = negative Gefühle, hellgrau = Tagträume / Fantasien)

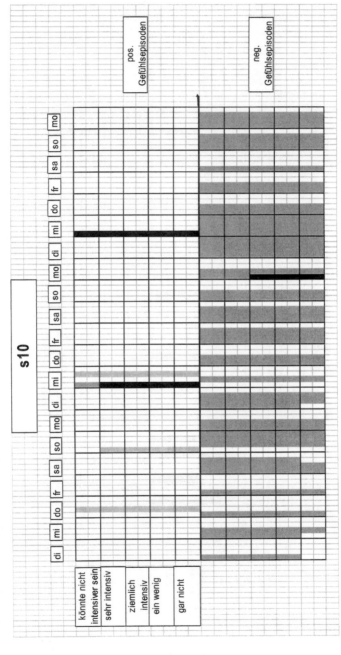

Abbildung 4: Emotions-Ereignisepisoden – Beispiel für hohe psychische Auffälligkeit
(schwarz = positive Gefühle, dunkelgrau = negative Gefühle, hellgrau = Tagträume / Fantasien)

bewusst kontrastierend das quantitative Protokollierungsergebnis einer Person mit relativ wenigen Affektereignissen und geringer psychischer Auffälligkeit und das einer Person mit sehr vielen negativen Affektepisoden und hoher psychischer Auffälligkeit. Die graphische Darstellung von Häufigkeit und Intensität intensiver Gefühlserlebnisse ist auch für die Therapie mit einem Patienten hilfreich. Neben der inhaltlichen Analyse der Emotionsprotokollierungen, die der Planung therapeutischer Maßnahmen dient, lässt sich aus den Graphiken ablesen, ob es therapeutisch bedingte Veränderungen des Affektgeschehens gibt. Im Laufe der Therapie sollten Häufigkeit und Intensität negativer Affekte abnehmen und positive Emotionsepisoden zunehmen. Graphische Darstellungen können also zur sichtbaren Wirksamkeitskontrolle der therapeutischen Anstrengungen genutzt werden. Sie haben außerdem beim Patienten veränderungsmotivierende Wirkung. Wenn dieser in der Graphik sieht, wie drastisch eine Woche verlaufen ist, stärkt dies in der Regel seine Anstrengungsbereitschaft, im Rahmen seiner Möglichkeiten eine Reduzierung negativer Affekt-Ereignisepisoden zu bewirken.

Affekterleben und psychische Auffälligkeit

Die beiden nächsten Abbildungen (Abb. 5 und 6) zeigen die prozentualen Anteile für Gruppen ähnlicher Gefühle. Beim Protokollieren wurde nicht nur angegeben, welche Gefühle während der Ereignisepisode aufgetreten sind, sondern auch, mit welchem prozentualen Anteil ein Gefühl vertreten war. Wir haben bei jeder Person für jedes spezifische Gefühl (beispielsweise Freude, Stolz, … usw.) die Prozentsumme über die 21 Tage ermittelt. Die Prozentsumme liefert mehr Information als die bloße Häufigkeit, mit der ein Gefühl aufgetreten ist. Mit der Prozentsumme hat man insgesamt den Mengenanteil für jedes Gefühl über den gesamten Beobachtungszeitraum. Innerhalb einer Person zeigen die Summenwerte, wie stark ein bestimmtes Gefühl im Vergleich zu allen anderen vertreten war. Mit den beiden Abbildungen sollen die Anteile bestimmter Gefühle getrennt für Personen mit hoher und solche mit eher geringer psychischer Auffälligkeit sichtbar gemacht werden. Dazu wurde für die Pathologie-Werte (SCL-90-GSI, SKID II-D-score) jeweils der Median (die 50-Prozentmarke) bestimmt, so dass getrennte Graphiken für die 9 Teilnehmer mit eher geringer psychischer Auffälligkeit (Abb. 5) und die 9 Teilnehmer mit eher hoher psychischer Auffälligkeit (Abb. 6) erstellt werden konnten. Um nicht zu viele einzelne Gefühle auflisten und später quantitativ auswerten zu müssen, wurden die Gefühle in Gruppen ähnlicher Gefühle zusammengefasst.

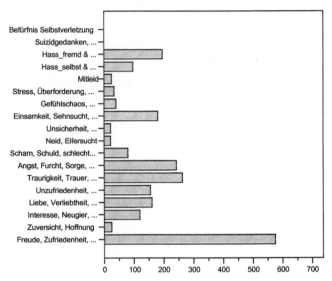

**Gefühle in der Gruppe mit geringer psychischer Auffälligkeit
(SCL-90 GSI)**

(Durchschnittliche Prozentsumme)

Abbildung 5: Emotionen in 21 Tagen bei geringer psychischer Auffälligkeit
(Emotionsgruppen)

Sehr auffällig ist die drastische Zunahme von Angst – Furcht – Sorge, von
Trauer – Traurigkeit – Deprimiertheit und von auf sich selbst bezogenem
Hass – Ärger bei der Gruppe mit hoher psychischer Auffälligkeit. Bemerkenswert ist aber auch, dass die Gruppe mit hoher psychischer Auffälligkeit
doch noch eine beträchtlich hohe Quote an Freude und Zufriedenheit erlebt
hat, auch wenn diese Quote geringer ist als bei der Gruppe mit geringer psychischer Auffälligkeit.

Die Korrelationen der Daten aus den Gefühls-Ereignisepisoden mit den Aus-
prägungswerten für psychische Auffälligkeiten sind, wie bereits erwähnt, von
zentraler Bedeutung. Wegen des beträchtlichen Aufwandes ist es selten, dass
in klinisch-psychologischen Studien mehrwöchige Selbstbeobachtungsdaten
erhoben und mit psychopathologischen Daten korreliert werden (vgl. Wu &
Clark, 2003). In aller Regel verlässt man sich auf retrospektiv-summarische,

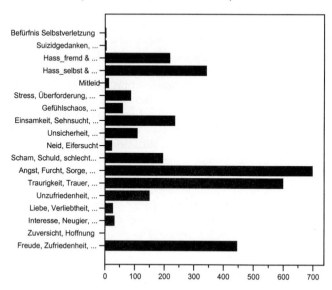

Gefühle in der Gruppe mit hoher psychischer Auffälligkeit (SCL-90 GSI)

(Durchschnittliche Prozentsumme)

Abbildung 6: Emotionen in 21 Tagen bei hoher psychischer Auffälligkeit

mit Fragebogen erhobene Selbstbeurteilungen, bei denen die Zuverlässigkeit (externe Validität) der Angaben in der Regel ungesichert ist.

Aus den Protokollierungen der intensiven Emotions-Ereignisepisoden wurden zwei Arten von Variablen gebildet und mit den Werten für psychische Auffälligkeit korreliert. Dies sind zum einen aggregierte Merkmale der 21 Tage lang protokollierten Gefühle, nämlich die Gesamtzahl positiver und negativer Affektepisoden und deren durchschnittliche Intensitäten – wie sie vom Protokollanten selbst auf einer fünfstufigen Skala von 'gar nicht intensiv' bis 'könnte nicht intensiver sein' auf dem Bogen eingeschätzt wurden. Wir haben versucht ein weiteres Merkmal der Affektepisoden zu quantifizieren, das vor allem im klinisch-psychologischen Kontext (in der rational-emotiven Therapie) von großer Bedeutung ist, nämlich die Angemessenheit (Rationalität) des affektiven Reagierens in der jeweils beschriebenen Situation.

121

Diese wurde von externen Ratern auf einer fünfstufigen Skala eingeschätzt. Die Angemessenheit, oder gegenteilig ausgedrückt, die Irrationalität des affektiven Reagierens ist kein objektives Maß, sondern im besten Fall ein relativ gut übereinstimmendes Urteil mehrerer Personen. Eine solche Beurteilung hat zweifellos 'normativen' Charakter und kann durchaus kritisch hinterfragt werden. Mit deren Einschätzung meinen wir keineswegs, dass man für die emotionale Reaktion auf ein bestimmtes Ereignis, beispielsweise 'bei einer Prüfung durchfallen', genau eine bestimmte Reaktion als rational und davon abweichende Reaktionen als irrational definieren kann. Dies wäre willkürlich. Ob und wie sehr jemand verzweifelt und deprimiert ist, sich ärgert oder schämt, nachdem er nicht bestanden hat, hängt von der Art der Prüfung, deren Wichtigkeit, den vorherigen Erwartungen sowie dem individuellen Leistungsanspruch und der Qualität der Vorbereitung ab. Wenn nun die Gedanken und emotionalen Reaktionen zu diesem Ereignis in ein Protokollblatt unserer Studie eingetragen sind, so kann man trotz der Verschiedenheit der möglichen Reaktionen beurteilen, ob die bewertenden Gedanken, die damit verbundenen Gefühle und Verhaltensweisen, die Dauer und Intensität der affektiven Reaktionen für außen Stehende nachvollziehbar bzw. verständlich sind, ganz unabhängig davon, ob man sich in der betreffenden Situation ähnlich verhalten hätte oder nicht. Folgende Beispiele sollen dies verdeutlichen.

Beispiel 1: Die betreffende Person erhält gerade die Information, dass sie eine schriftliche Prüfung für ihr Studium nicht bestanden hat (Eintrag in Spalte A). Sie notiert in Spalte B folgende unmittelbaren Gedanken: *So ein Pech. Aber eigentlich war es ja fast zu erwarten. Ich hatte einfach zu wenig Zeit, musste noch eine aufwändige Seminararbeit schreiben und gleichzeitig meinen 50% Job weiter machen. Ich wusste, dass ich zu wenig Zeit hatte, um genügend zu lernen. Ich wollte trotzdem probieren, ob es klappt.* Als beteiligte Gefühle (Spalte C1) gab sie 50% Enttäuschung, 30% Traurigkeit, 10% Wut – Ärger und 10% Scham an. Als verhaltensbezogene Folge trug sie in Spalte C2 ein: *Ich nehme mir fest vor, das nächste Mal mehr zu lernen und nötigenfalls den Job zu reduzieren.* Darüber hinaus gibt sie an, dass die Gefühle ziemlich intensiv und ziemlich belastend waren (letzte Spalte). Dies ist ein Beispiel, bei dem verschiedene Beurteiler zur Einschätzung gelangen würden, dass die emotionale Reaktion und die Verhaltensabsicht sehr gut nachvollziehbar und dem geschilderten Anlass entsprechend sehr angemessen sind.

Beispiel 2: Es besteht dieselbe Ausgangslage wie bei der Person im ersten Beispiel. In Spalte B ist dagegen notiert *Das ist ungerecht! Da strengt man sich so an, den 50%-Job, die aufwendige Seminararbeit und das*

Lernen für die Prüfung unter einen Hut zu bringen. Da bleibt ja keine Zeit, um so viel zu lernen. Warum muss immer mir, so etwas passieren? Ich glaube, der Dozent kann mich nicht leiden. In Spalte C1 trägt diese Person 70% Wut, 10% Verzweiflung, 10% Enttäuschung und 10% Deprimiertheit ein. Als Verhaltensabsicht notiert sie in Spalte C2 *Ich werde mit dem Dozenten Kontakt aufnehmen, um mit ihm über die zu strenge Bewertung zu sprechen.* In diesem Fall würden wohl die meisten Beurteiler schlussfolgern, dass die emotional-gedankliche Reaktion eher irrational und unangemessen ist.

Die beiden Beispiele zeigen einerseits, dass die Beurteilung der Angemessenheit einer affektiven Reaktion Sinn macht, auch wenn man dabei nicht in allen Fällen mit einer hohen konsensuellen Übereinstimmung rechnen darf. Die Beispiele verdeutlichen aber auch, wie wichtig episodische Kontextinformation für das Verstehen einer affektiven Reaktion und ihrer Angemessenheit ist. Weder allein der situative oder gedankliche Auslöser noch die Beschreibung der beteiligten Gefühle machen die Gefühlsreaktion verständlich. Um die Bedeutung einer Gefühlsreaktion nachvollziehen zu können, brauchen wir in den meisten Fällen genauere episodische Informationen. Hierzu zählen wir auch die bewertenden Gedanken und Verhaltensabsichten der Person. Aus solchen Gedanken und dem Verhalten lässt sich die subjektive Bedeutung der Situation erschließen. In den bewertenden Gedanken zum Misserfolg bei einer Prüfung offenbart die betreffende Person beispielsweise, ob sie einen sehr hohen Leistungsanspruch hat und anstrengungsbereit ist oder ob sie – wie im zweiten Beispiel – die Erwartung (den Wunsch) hat, mit wenig Aufwand vieles gleichzeitig erledigen zu können. In der Regel erfährt man, ob so etwas schon einmal vorgekommen ist, und wie intensiv und konsequent sie sich diesmal vorbereitet hat (die Zielverfolgungsgeschichte).

Emotionale Instabilität, wie sie mit der Neurotizismus-Skala von Eysenck (Eggert, 1974) gemessen wird, korreliert, wie schon gesagt, beträchtlich mit der Diagnose von psychischen Störungen. Demzufolge ist zu erwarten, dass mit zunehmender psychischer Auffälligkeit im Alltag auch die Häufigkeit und Intensität von intensiven Affektepisoden zunimmt und dass dabei vor allem negative Emotions-Ereignisepisoden vertreten sind. Um dies zu prüfen, wurden über alle Emotionsinhalte hinweg die Summe der Affektintensitäten und die Häufigkeit von negativen und positiven Affektepisoden über den gesamten Beobachtungszeitraum von 21 Tagen mit den beiden Massen für psychische Auffälligkeit, den aktuellen psychischen Beschwerden (SCL-90-GSI) und dem Gesamtscore für Symptome im Bereich von Persönlichkeitsstörungen (SKID II-D-score) korreliert. Erwartungsgemäß korrelieren beide Werte für psychische Störung sowohl mit der Anzahl als auch mit der vom Untersuchungsteilnehmer selbst eingeschätzten Intensität der Affektepisoden signifikant (siehe Tab. 2).

Den höchsten korrelativen Zusammenhang haben dabei, mit $r = .69$ die durchschnittlichen Intensitäten der Affektepisoden, wobei dieser Zusammenhang fast ausschließlich für negative Episoden gilt. Die Intensität positiver Gefühle korreliert nicht mit psychischer Auffälligkeit. Übertroffen werden diese Korrelationen jedoch von der durchschnittlichen Irrationalität des affektiven Reagierens, (mit $r = .76$ für aktuelle psychische Beschwerden und $r = .80$ für Symptome von Persönlichkeitsstörungen). Zusammenfassend kann man also sagen, dass mit steigendem Grad an psychischer Auffälligkeit in hohem Maße die Angemessenheit des affektiven Reagierens sinkt und in beträchtlichem Maß die empfundene Intensität und die Anzahl von negativen Gefühlen steigt. Dies gilt sowohl für die aktuellen psychischen Beschwerden, wie sie mit dem SCL-90-R erhoben wurden, als auch für die überdauernden Persönlichkeitsauffälligkeiten, wie sie mit dem SKID II-D-score erfasst wurden.

Tabelle 2: Korrelationen - Affektmerkmale mit psychischer Auffälligkeit (N=19)

	Korrelationen (Pearson)	
	SCL-90-GSI	SKID II-D-score
Durchschnittliche Irrationalität aller Episoden	.76**	.80**
Durchschnittliche Intensität aller Episoden	.68**	.70**
Durchschnittliche Intensität neg. Episoden	.65**	.60**
Anzahl neg. Episoden	.58**	.57*
Anzahl pos. Episoden	-.53*	-.39
Anzahl gemischter Episoden	-.24	-.12
Anzahl Fantasien	-.02	-.06
Durchschnittliche Intensität pos. Episoden	-.01	-.03

** Die Korrelation ist auf dem Niveau von 0,01 (2-seitig) signifikant.
* Die Korrelation ist auf dem Niveau von 0,05 (2-seitig) signifikant.

Die nächste Frage ist, ob mit zunehmender (hoher) psychischer Auffälligkeit bestimmte Gefühle besonders häufig und stark auftreten. Die in den Protokollbogen zur Auswahl angebotenen und die frei hinzugefügten Gefühlsnennungen wurden in bedeutungs- bzw. inhaltsähnliche Gruppen zusammengefasst. Aus den Notizen zur Ereignisepisode wurde deutlich, dass Hass und Ärger manchmal auf sich selbst und manchmal auf andere bezogen war. Dies legte eine Trennung beider Varianten nahe. Wir haben außerdem auch sehr dominante motivationale Zustände, wie das Vorkommen von impulsiven und anhaltenden Suizidgedanken, Todessehnsucht oder den starken Drang, sich

Tabelle 3: Korrelationen - Gefühlsgruppen mit psychischer Auffälligkeit (N=19)

Emotionsgruppe	Korrelationen (Pearson)	
	SCL-90-GSI	SKID II-D-score
Interesse, Neugier, Bewunderung	-.70**	-.51*
Traurigkeit, Trauer, Deprimiertheit	.57*	.63*
Hass, Ärger (auf sich selbst)	.50*	.61*
Suizidgedanken, -absicht, -fantasien, Todessehnsucht	.49*	.52*
Bedürfnis nach Selbstverletzung	.47*	.58*
Liebe, Verliebtheit, Sympathie	-.47*	-.36
Angst, Furcht, Sorge, Verzweiflung	.45*	.44
Zuversicht, Hoffnung	-.41	-.28
Scham, Schuld, schlechtes Gewissen, Reue	.36	.29
Einsamkeit, Sehnsucht, Wehmut	.33	.28
Mitleid	-.29	-.13
Gefühlschaos, Verwirrung, Durcheinander	.23	.20
Freude, Glück, Zufriedenheit, Stolz, Erleichterung	-.22	-.13
Unzufriedenheit, Enttäuschung, gekränkt sein	.16	.40
Unsicherheit, Ungewissheit, Zweifel	.11	-.09
Neid, Eifersucht	.10	.03
Stress, Überforderung, Anspannung, Ohnmacht	.06	-.10
Hass, Ärger (auf andere)	-.02	.02

** Die Korrelation ist auf dem Niveau von 0,01 (2-seitig) signifikant.
* Die Korrelation ist auf dem Niveau von 0,05 (2-seitig) signifikant.

selbst zu verletzen (durch Schneiden oder Brennen) in die Liste der Gefühle aufgenommen. Dies scheint uns gerechtfertigt, weil die betreffende Person in solchen Fällen über längere Zeit ganz davon beherrscht war und weil die imaginierte Zielvorstellung kaum vom damit verbundenen Gefühl trennbar schien. Ohne diesen Inhalt wäre der Affektzustand kaum zutreffend beschreibbar gewesen. Innerhalb einer Gruppe von Gefühlen wurde für jede Person der Summenwert aller Prozentangaben für die zugehörigen Emotionen über den gesamten Zeitraum von 21 Tagen gebildet.

Tabelle 3 zeigt die Korrelationen dieser Gefühlsgruppen mit den beiden Werten für psychische Auffälligkeit, geordnet nach Höhe der Korrelation. Der stärkste (negative) Zusammenhang ergibt sich für die Gefühlsgruppe Interesse – Neugier – Bewunderung. Für die aktuellen psychischen Beschwerden ist der Zusammenhang deutlich höher als für die Symptome von Persönlichkeitsstörungen. Mit zunehmender psychischer Auffälligkeit kommt es zu einem Nachlassen (Verschwinden) dieser Emotionen. Aus den zugehörigen Ereignisschilderungen wird deutlich, dass es sich dabei um Neugier, Interesse und Bewunderung für andere Personen handelt. Diesen Befund kann man so interpretieren, dass mit zunehmender Intensität einer psychischen Auffälligkeit (Störung), die Person so stark mit sich selbst, ihren eigenen Problemen und Gefühlen beschäftigt ist, dass die Offenheit und eine positiv-affektive Responsivität für andere Personen schwindet oder gar verloren geht. Ähnliches gilt – wenn auch in schwächerem Maß – für die Gefühlsgruppe Liebe – Verliebtheit – Sympathie. Auch diese, auf andere gerichteten positiven Gefühle kommen mit zunehmender psychischer Auffälligkeit seltener vor. In etwas weniger starkem Maß lassen auch selbstbezogene positive Gefühle wie Zuversicht – Hoffnung mit zunehmender psychischer Auffälligkeit nach.

Bei den negativen Gefühlen erhöhen sich mit zunehmender psychischer Auffälligkeit die Häufigkeit und Intensität von Trauer – Traurigkeit – Deprimiertheit am stärksten. In ähnlich hohem Ausmaß steigern sich auch die Gefühle Hass – Ärger über sich selbst. Eng damit verbunden lässt sich das signifikant zunehmende Bedürfnis nach Selbstverletzung verstehen. Selbsthass und der Drang nach Selbstverletzung sind typische Merkmale von Personen mit der Diagnose einer Borderline-Persönlichkeitsstörung. In ähnlicher Höhe zeigt sich die Zunahme von Angst – Furcht – Sorge – Verzweiflung bei steigender psychischer Auffälligkeit.

Die zuvor berichteten Korrelationen der Daten aus den protokollierten Affektepisoden und aus den ausgewählter Persönlichkeits-Skalen mit psychischer Auffälligkeit geben einen ersten Eindruck, welche Variablen eine besondere Bedeutung für das Bestehen von psychischen Störungen haben. Auf der Basis dieser Korrelationen wurden Multiple Regressionen gerechnet, bei denen entweder die aggregierten affektbezogenen Daten, die Daten zu den verschiedenen Emotionsgruppen oder die Persönlichkeits-Skalen als Prädiktoren und die beiden Maße für psychische Auffälligkeit als vorherzusagendes Kriterium dienten. Diese regressionsanalytischen Berechnungen erlauben eine Schätzung, wie viel Prozent der psychischen Auffälligkeit durch ein begrenztes Set an Prädiktoren 'vorhergesagt' bzw. 'erklärt' werden kann. Aufgrund der kleinen Stichprobe können nicht alle verfügbaren Prädiktoren gleichzeitig in eine Regressionsanalyse aufgenommen werden, sondern bei der hier gegebenen Stichprobengröße immer nur etwa 8. Es wurden deshalb unterschiedliche Kombinationen von Prädiktoren eines Typs verwendet. Nachfolgend wird für jeden Prädiktor-Typ jeweils ein Beispiel mit der höchstmöglichen Erklärungskraft für die psychische Auffälligkeit berichtet. Daneben gibt es in der Regel jedoch auch andere – nicht berichtete Prädiktor-Kombinationen mit ähnlichen Resultaten. Multiple Regressionsanalysen spiegeln nicht unbedingt die Wichtigkeit aller Variablen wider, wie sie durch hohe Einzelkorrelationen mit psychischer Auffälligkeit (Tabelle 2 und 3) ausgewiesen sind. Wenn hoch mit dem Kriterium korrelierende Prädiktorvariablen miteinander korrelieren und gleichzeitig mit dem Kriterium korrelieren, so unterdrückt die Regressionsanalyse den jeweils schwächeren Prädiktor. Das Verfahren der multiplen Regressionsanalyse versucht also möglichst solche Prädiktoren in den endgültigen Prädiktorensatz aufzunehmen, die unabhängig voneinander sind, bzw. die einen unterschiedlichen Teil der Varianz von psychischer Auffälligkeit erklären können.

Die Tabellen 4 und 5 zeigen jeweils eine Regressionslösung zur Vorhersage der aktuellen psychischen Beschwerden (SCL-90-GSI, Tab. 4) und der persönlichkeitsstörungsbezogenen Symptome (SKID II-D-score, Tab. 5) mit den aggregierten Variablen (Zahl, Intensität und Irrationalität) aus den protokollierten Affektepisoden. Die sog. Beta-Gewichte zeigen die Stärke, mit der eine Prädiktorvariable zur Vorhersage beiträgt. Hohe Werte drücken einen hohen Beitrag aus. Negative Vorzeichen drücken, wie auch negative Einzelkorrelationen, aus, dass der prädiktive (korrelative) Zusammenhang zur Kriteriumsvariable psychische Auffälligkeit gegenläufig ist, dass also die Ausprägung dieser Variable mit zunehmender psychischer Auffälligkeit abnimmt. Der Wert R^2 (kor.) (korrigierter Determinationskoeffizient) sagt aus, wie viel Prozent von psychischer Auffälligkeit durch die Kombination der aufgelisteten Prädiktorvariablen vorhergesagt bzw. aufgeklärt werden können. Die 'Korrektur' ist eine statistisch bereinigte Schätzung des Determinationskoeffizienten bei kleinen Stichproben.

Tabelle 4: Multiple Regression - Affektmerkmale - SCL-90-GSI

Affektivitätsmerkmale als Prädiktoren	Beta	Korrelationen 0. Ord.	Part.	Tol.
Anzahl positiver Episoden	-1.02	-.53	-.60	.15
Anzahl aller Episoden	.70	.37	.60	.31
Mittlere Intensität pos. Episoden	.63	-.01	.59	.36
Mittlere Intensität neg. Episoden	-.56	.65	-.38	.15
Mittlere Intensität aller Episoden	.45	.69	.54	.52

$R = .86$ $R^2_{(kor.)} = .64$

Mit der Anzahl aller Episoden, der Anzahl positiver Episoden sowie der durchschnittlichen Intensität der positiven und der negativen Episoden können 64 Prozent der Variabilität der aktuellen psychischen Beschwerden 'erklärt' bzw. vorhergesagt werden (siehe Tab. 4). Bei dieser Modellvariante kommt der Anzahl positiver Episoden ein sehr starkes prognostisches Gewicht zu (Beta-Gewicht > 1). Die so genannten Toleranzwerte (letzte Spalte der Tabelle) zeigen, wie sehr der betreffende Prädiktor mit den anderen Prädiktoren im Prädiktoren-Set korreliert ist, oder anders ausgedrückt, wie unabhängig er von den anderen Prädiktoren ist. Der Toleranz-Wert kann von 0 bis 1.0 reichen. Die beiden Ziffern nach dem Komma drücken den prozentualen Anteil der Varianz dieser einen Variablen aus, der unabhängig von allen übrigen Prädiktorvariablen ist. In diesem Fall haben also die aufgelisteten Häufigkeiten und Intensitäten zwischen 15 und 52 Prozent eigenständige, von den übrigen Variablen unabhängige Varianz.

Tabelle 5: Multiple Regression - Affektmerkmale - SKID II-D-score

Affektivitätsmerkmale als Prädiktoren	Beta	Korrelationen 0. Ord.	Part.	Tol.
Mittlere Irrationalität aller Episoden	.83	.80	.72	.34
Anzahl Fantasien	.37	-.06	.56	.73
Mittlere Intensität aller Episoden	.31	.70	.41	.44
Mittlere Intensität pos. Episoden	.19	-.03	.34	.83
Anzahl positiver Episoden	.18	-.39	.29	.60

$R = .89$ $R^2_{(kor.)} = .70$

Mit der durchschnittlichen Irrationalität der affektiven Reaktionen, der Anzahl von Fantasien und der Anzahl positiver Episoden sowie der durchschnittlichen Intensität aller und der positiven Episoden als Prädiktoren können 70 Prozent der Varianz der persönlichkeitsstörungsbezogenen Symptome (SKID II-D-score) erklärt bzw. 'vorhergesagt' werden (siehe Tab. 5). Das ist ein sehr beachtlicher Wert. Anders als bei den aktuellen psychischen Beschwerden spielt hier die von externen Beurteilern eingeschätzte Irrationalität die größte Rolle (standardisiertes Beta von .83). Die weiteren Prädiktoren leisten mit Beta-Werten zwischen .18 und .37 einen deutlich geringeren Beitrag. Wie den Toleranz-Werten zu entnehmen ist, ist auch der von den anderen Prädiktoren unabhängige Varianzanteil höher (zwischen 34 und 73 Prozent) als beim Regressionsmodell für die aktuellen psychischen Beschwerden.

Die nächsten beiden Regressionsmodelle (Tabelle 6 und 7) zeigen wiederum je eine Ergebnisvariante zur Frage, wie gut man die psychische Auffälligkeit durch die verschiedenen Emotionsgruppen, wie sie in den Episodenprotokollen genannt wurden, vorhersagen kann. 60 Prozent ($R^2_{(kor.)}$) der unterschiedlich stark ausgeprägten psychischen Beschwerden (SCL-90-GSI) können durch die vier Emotiongruppen Interesse – Neugier – Bewunderung, Scham – Schuld – schlechtes Gewissen, Unzufriedenheit – Enttäuschung – Gekränktsein und Traurigkeit – Trauer – Deprimiertheit vorhergesagt werden (Tab. 6).

Tabelle 6: Multiple Regression - Emotionsgruppen - SCL-90-GSI

Emotionsgruppen als Prädiktoren	Beta	Korrelationen		
		0. Ord.	Part.	Tol.
Interesse, Neugier, Bewunderung	-.59	-.70	-.70	.83
Scham, Schuld, schlechtes Gewissen, Reue	.30	36	.44	.86
Unzufriedenheit, Enttäuschung, gekränkt sein	.24	.16	.38	.90
Traurigkeit, Trauer, deprimiert sein	.23	.57	.34	.76

R =.83 $R^2_{(kor.)}$ = .60

Genau die gleichen vier Emotionsgruppen können 58 Prozent der unterschiedlichen Stärke persönlichkeitsstörungsbezogener Symptome (SKID II-D-score) vorhersagen (Tab. 7). Lediglich die Stärke ihres Vorhersagewertes (Beta-Gewichte) ist in beiden Fällen verschieden. Erwartungsgemäß sind die einzelnen Emotionsgruppen viel weniger miteinander korreliert als es für die aggregierten Prädiktoren (Intensität und Anzahl) der Fall war. Dies drückt sich in sehr hohen Toleranz-Werten für die Unabhängigkeit des jeweiligen Prädiktors aus. Die insgesamt aufgeklärte Varianz (R^2 (kor.)) für psychische Auffälligkeit ist für die Emotionsgruppen etwas geringer als für die aggregierten Merkmale des gesamten Affektgeschehens, ist aber in beiden Fällen mit etwa 60 Prozent immer noch sehr hoch.

Tabelle 7: Multiple Regression - Emotionsgruppen - SKID II-D-score

Emotionsgruppen als Prädiktoren		Korrelationen		
	Beta	0. Ord.	Part.	Tol.
Unzufriedenheit, Enttäuschung, gekränkt sein	.45	.40	.60	.89
Interesse, Neugier, Bewunderung	-.37	-.51	-.50	.83
Traurigkeit, Trauer, deprimiert sein	.36	.63	.48	.76
Scham, Schuld, schlechtes Gewissen, Reue	.27	.29	.40	.86

$R = .82 \quad R^2_{(kor.)} = .58$

Die vier besprochenen Regressionsmodelle zeigen also – wie schon die zuvor berichteten Einzelkorrelationen –, dass der Grad an psychischer Störung in einem erheblichen Ausmaß mit einer deutlich gesteigerten Affektivität und mit dem gehäuften Vorkommen bestimmter Emotionen verbunden ist. Bemerkenswert ist, dass es – bis auf eine Ausnahme – keineswegs die am häufigsten vorkommenden Emotionen sind, die eine gute Vorhersage der psychischen Auffälligkeit leisten. Wie sich den Abbildungen 5 und 6 entnehmen lässt, ist von den bedeutsamen, im Regressionsmodell verbliebenen Prädiktoren, nur die Emotionsgruppe Traurigkeit – Trauer – Deprimiertheit ein Prädiktor, der sehr häufig (und intensiv) in den drei Wochen des Beobachtungszeitraums vorgekommen ist. Die drei anderen Prädiktorgruppen mit einer guten (eigenständigen) Vorhersageleistung kommen deutlich seltener vor. Die signifikante Abnahme von Interesse – Neugier – Bewunderung (für andere) hat also trotz der relativen Seltenheit dieser Gefühle einen sehr hohen diagnostischen Wert. Dies trifft in etwas verändertem Maß auch für die Emotionsgruppen Scham – Schuld –schlechtes Gewissen – Reue und für Unzufriedenheit – Enttäuschung – Gekränktsein zu.

Mit den beiden abschließenden Regressionsmodellen gehen wir der Frage nach, wie gut sich die psychische Auffälligkeit durch die zusätzlich erhobenen Persönlichkeitsmerkmale Neurotizismus, Extraversion, Narzissmus und Impulsivität vorhersagen lässt. Damit kann auch verglichen werden, ob sich die Vorhersageleistung der relativ unaufwändig zu erhebenden Fragebogenskalen von der bereits berichteten Vorhersageleistung durch die emotionsbezogenen Daten unterscheidet, deren Erhebung ja wesentlich zeitraubender ist. Tabelle 8 zeigt ein Regressionsmodell, bei dem die beiden bewährten Skalen des Eysenckschen Persönlichkeitsinventars, Neurotizismus und Extraversion als Prädiktoren 62 Prozent der Varianz der aktuellen psychischen Beschwerden (SCL-90-GSI) aufklären können.

Tabelle 8: Multiple Regression - Persönlichkeitsskalen - SCL-90-GSI

Persönlichkeitsskalen als Prädiktoren		Korrelationen		
	Beta	0. Ord.	Part.	Tol.
Neurotizismus (EPI-N)	.55	.73	.65	.82
Extraversion (EPI-E)	-.41	-.65	-.54	.82
R = .82 $R^2_{(kor.)}$ = .62				

Wie die Korrelationen 0ter-Ordnung (die ursprünglichen Korrelationen) und die Partialkorrelationen (hier ist der Vorhersageanteil der übrigen Prädiktoren 'herausgerechnet') zeigen, haben Personen mit zunehmender psychischer Auffälligkeit höhere Neurotizismus- und niedrigere Extraversionswerte (sie sind also zunehmend introvertierter), wobei der Zusammenhang mit Introversion geringer ist als mit Neurotizismus.

Psychische Auffälligkeit, wie sie mit dem SKID II-D-score gemessen wird, kann zu 67 Prozent durch die Fragebogenmaße Neurotizismus, Extraversion (Introversion), Narzissmus und Impulsivität vorhergesagt bzw. erklärt werden (siehe Tab. 9).

Tabelle 9: Multiple Regression - Persönlichkeitsskalen - SKID II-D-score

Persönlichkeitsskalen als Prädiktoren		Korrelationen		
	Beta	0. Ord.	Part.	Tol.
Neurotizismus (EPI-N)	.50	.67	.66	.79
Extraversion (EPI-E)	-.39	-.67	-.56	.77
Narzissmus (NPI)	.22	.44	.36	.86
Impulsivität (BSI)	.22	.25	.39	.89
R = .86 $R^2_{(kor.)}$ = .67				

Auch hier leisten die Eysenckschen Skalen Neurotizismus und Extraverson – Introversion den weitaus größten Beitrag (siehe Beta-Gewichte). Wie die Partialkorrelationen zeigen, steigen mit zunehmenden Werten im SKID II D-score in mäßigem Umfang auch die Werte für Narzissmus und für Impulsivität. Die Vorhersageleistung der via Fragebogen gemessenen Persönlichkeitsmerkmale ist nur etwas höher als die Leistung der verschiedenen Emotionsgruppen und etwas niedriger als die Leistung der aggregierten Variablen zum täglichen Affektgeschehen (Häufigkeit, Intensität, Irrationalität der Affektepisoden).

Wenn es um die bloße Vorhersageleistung von psychischer Auffälligkeit ginge, so könnte man sagen, dass die beiden Fragebogenmaße Neurotizismus und Extraversion fast ebenso gut sind, wie die emotionsbezogenen Daten zum Affektgeschehen. Das was mit der Neurotizismus-Skala gemessen wird, wird oft auch als negative Affektivität oder emotionale Instabilität bezeichnet. Implizit wird dabei angenommen wird, dass sich die Personen im Alltag so verhalten, wie sie sich im Fragebogen beschreiben. Wenn das gilt, so wäre für diese Untersuchung zu vermuten, dass der Fragebogen zum Neurotizismus genau das widerspiegelt, was wir mit der Protokollierung intensiver Affektepisoden erfasst haben. Das müsste sich in sehr hohen Korrelationen der Neurotizismus-Werte mit den Affektivitätsdaten aus den Episodenprotokollen zeigen. Außerdem müsste die multiple Regression mit den Daten aus den Emotions-Ereignisepisoden als Prädiktoren und Neurotizismus als vorherzusagendes Kriterium einen sehr hohen Wert für die gemeinsame Varianz ($R^2_{(kor.)}$) ergeben. Die Korrelationen sind zwar hoch, aber keineswegs sehr hoch. Bei den aggregierten emotionsbezogenen Variablen korreliert die durchschnittliche Intensität negativer Episoden mit r = .66 am höchsten mit Neurotizismus, gefolgt von Irrationalität (r = .59) und der durchschnittlichen Intensität aller Episoden (r = .53) sowie der Anzahl negativer Episoden (r = .47). Diese Variablen haben also zwischen 22 und 44 Prozent gemeinsame Varianz mit Neurotizismus (r^2). Ein signifikantes Modell der multiplen Korrelation mit der Anzahl gemischter Episoden und der durchschnittlichen Intensität negativer Episoden als Prädiktoren und Neurotizismus als Kriterium ergibt ein $R^2_{(kor.)}$ = .44. Das heißt, in allen Fällen ist weniger als die Hälfte der Varianz gemeinsam und dementsprechend kann über 50 Prozent der tatsächlichen alltäglichen Affektivität nicht mit dem Skalenwert für Neurotizismus erklärt werden.

Bei den verschiedenen Emotionsgruppen zeigen Interesse – Neugier – Bewunderung mit r = -.59, Zuversicht – Hoffnung mit r = -.50, Angst – Furcht – Sorge – Verzweiflung – Panik mit r = .47 und Traurigkeit – Trauer – Deprimiertheit mit r = .44 die höchsten Einzelkorrelationen. Berechnet man verschiedene Modelle von multiplen Regressionen der Gefühlsinhalte als

Prädiktoren und Neurotizismus als Kriterium, so ergibt sich maximal ein R^2 $_{(kor.)}$ = .34, wobei die vier Emotionsgruppen Interesse – Neugier – Bewunderung, Traurigkeit – Trauer – Deprimiertheit, Bedürfnis nach Selbstverletzung und Gefühlschaos – Verwirrung – Durcheinander als Prädiktoren im Modell verbleiben. In diesen Fällen ist also maximal etwa ein Drittel der Varianz mit Neurotizismus gemeinsam, während zwei Drittel der unterschiedlichen Neurotizismus-Werte nicht durch die verschiedenen Gefühlsgruppen vorhergesagt werden können. Zusammenfassend kann man also sagen, dass mit der Fragebogenskala Neurotizismus zwischen 30 und 50 Prozent der tatsächlichen, alltäglichen Affektivität erfasst wird, und dass etwa die Hälfte der intensiven Alltagsaffektivität nicht mit dem individuellen Neurotizismus-Wert erklärt werden kann. Unklar bleibt, inwieweit die nicht gemeinsame Varianz der protokollierten Alltagsaffektivität auf andere, nicht durch die Neurotizismus-Skala erfasste Persönlichkeitseigenschaften zurückzuführen ist oder auf situative Faktoren, etwa objektive Belastungen und besondere Ereignisse im privaten und beruflichen Umfeld.

Zusammenfassung und Diskussion

Mit dieser Pilotstudie sollte zunächst geklärt werden, wie gut man mit einem strukturierten Protokollblatt, wie es in ähnlicher Form auch im Rahmen der rational-emotiven Therapie verwendet wird, intensive Affektepisoden von Personen mit sehr unterschiedlicher psychischer Auffälligkeit – von völlig unauffällig bis schwer gestört – erfassen kann. Einer lückenlosen und informativen Erfassung von Affektepisoden stehen zwei Hindernisse entgegen.

Das erste Hindernis ist die Frage der Zuverlässigkeit, bzw. ob auch dann täglich alle intensiven Affektereignisse protokolliert werden, wenn mehrmals täglich etwas geschieht, was starke Gefühle auslöst, und wenn man das Affektgeschehen nicht unmittelbar in der Situation, sondern erst am Abend desselben Tages notieren kann. Einer potentiell unterschiedlichen Zuverlässigkeit beim Protokollieren haben wir durch eine persönliche und sehr enge Betreuung in Form von regelmäßigem Telefonkontakt und durch die Anweisung zur täglichen Rücksendung eines vorfrankierten Umschlags zu begegnen versucht. Dies hat sich sehr bewährt. Wir hatten nur einen Abbruch, und bei keinem der übrigen Teilnehmer gab es Hinweise auf mangelnde Sorgfalt bei der Erhebung. Auch die stationär behandelten Personen mit bis zu sechs affektiven Ereignisepisoden pro Tag füllten die Blätter mit gleichbleibender Sorgfalt aus.

Das zweite Hindernis ist die Verständlichkeit der Notizen. Anders als bei einem Tagebucheintrag mussten die Teilnehmer beachten, dass externe Beurteiler nur wenig Informationen zur Biographie und zur aktuellen Lebenssituation des Protokollanten haben, und nicht automatisch wissen, um wen es sich handelt, wenn ein Name genannt ist oder auf welches frühere Ereignis sich ein bestimmter Gedanke bezieht. Sie mussten also den episodischen Ablauf und die notierten Gedanken zum affektstimulierenden Geschehen so protokollieren, dass die Untersuchungsleiter dies möglichst gut nachvollziehen können und alle wichtigen Informationen erhalten. Die Struktur des entsprechenden Protokollblatts hat sich hierfür in Verbindung mit der ausführlichen Anleitung und den darin enthaltenen Beispielen für sehr unterschiedliche Affektepisoden grundsätzlich bewährt. Die Trennung in auslösende Ereignisse oder Gedanken, in gedankliche Reaktionen und in Gefühlsreaktionen sowie in spontanes Verhalten oder Verhaltensabsichten hilft, das oft gleichzeitige und manchmal chaotisch anmutende Affektgeschehen nachträglich zu strukturieren. Dies hat nach Aussagen einiger Teilnehmer bereits einen sehr wohltuenden, fast schon therapeutischen Effekt. Wir hatten nicht den Eindruck, dass die Protokollierung von Ereignisepisoden Schwierigkeiten bereitete.

Es zeigte sich aber, dass bei Personen mit einer schweren psychischen Auffälligkeit (einer Persönlichkeitsstörung), das Affektereignis oft keinen typischen Episodencharakter mehr hat. In solchen Fällen kommt es fast ohne nachvollziehbaren situativen Anlass zu einem heftigen und anhaltenden Affekt und zu extrem negativen selbst bewertenden Gedanken. Von außen betrachtet, hat man den Eindruck, der Affektsturm kommt wie aus heiterem Himmel. Ein häufiger Inhalt für solche Affektprotokolle ist der Wunsch zu sterben, sich selbst zu Verletzen oder einen tödlichen Unfall zu haben. In allen Fällen kann man davon ausgehen, dass schon lange vor der Affektepisode eine Bilanzierung der eigenen Lebenssituation stattgefunden hat, mit dem Ergebnis, dass das Leben kaum noch lebenswert sei, dass man keine Hoffnung auf die gewünschte Veränderung in den Problembereichen hat und dass man sich deshalb wünscht, die schmerzhafte Vergegenwärtigung der (scheinbar) ausweglosen Situation nicht immer wieder erleben zu müssen. Patienten mit einer schweren Störung, beispielsweise einer Borderline-Persönlichkeitsstörung haben in vielen Fällen wiederholt erlebt, dass ihr impulsives Reagieren zu destruktiven Ergebnissen, wie der Beendigung einer Beziehung, Problemen und Misserfolgen in der Schule und im Beruf und dem Scheitern bei der Realisierung idealisierter Selbstverwirklichungsziele führt. Dazu kommt die wiederholte Erfahrung, dass es trotz der Absicht und der Überzeugung, dass man es schaffen kann, in vielen wichtigen Situationen nicht gelingt, die impulsiv und heftig aufkommenden Gefühle ausreichend zu kontrollieren und sich vor den selbstschädigenden Folgen zu schützen. Wer solche Erfahrungen des Kontrollverlustes wiederholt gemacht hat, wird in der deprimierten

Stimmung danach fast unausweichlich, immer wieder die gleichen Gedanken der Sinn- und Ausweglosigkeit haben, vor allem dann, wenn auch wiederholte therapeutische Bemühungen ohne deutlichen Erfolg geblieben sind. Die typischen Emotionen, die mit einer derartigen, wiederholten Bilanzierung aufkommen, sind entweder Deprimiertheit oder Selbsthass und der impulsive Wunsch nach Selbstverletzung. Das drastische Gedanken-Affekt-Muster ist nach so vielen Wiederholungen sehr stark. Es wird immer leichter auslösbar und läuft fast schon reflexartig und automatisiert ab. Nicht zufällig spricht man im Rahmen der rational-emotiven Therapie nach Ellis – wie auch in anderen kognitiven Therapievarianten – von den 'automatischen Gedanken', die untrennbar mit negativen, selbstbezogenen Gefühlen verbunden sind und diese Gefühle aufrechterhalten und noch verstärken. Durch die zahlreichen Wiederholungen eines solchen Affektmusters wird die Richtigkeit und Angemessenheit der eigenen Reaktion subjektiv hoch evident, auch dann, wenn die Situations- und Selbstbewertungen für außen Stehende nur schwer nachvollziehbar oder völlig übertrieben und irrational sind.

Um solche gefestigten, idiosynkratischen Selbst- und Situationsbewertungen mit den zugehörigen Emotionen und Verhaltensimpulsen verstehen zu können, braucht man detaillierte Informationen über das bisherige Leben und die aktuelle Lebenssituation des Betreffenden. Informationen, die weit über die bloße Schilderung der Affektepisode mit ihren Gedanken und Emotionen hinausgehen. Sofern man solche Informationen (als Therapeut) bekommt, so wird man in vielen Fällen erkennen, dass der Patient bei der Verfolgung wichtiger Lebensziele wiederholt schwer gescheitert ist, und dass deren Erreichen sehr ungewiss oder gar sehr unwahrscheinlich geworden ist. Das Haupthindernis für deren Erreichung ist – wie bereits erwähnt – in vielen Fällen die mangelnde Fähigkeit zur situationsadäquaten Affektkontrolle.

Personen, die aufgrund ungünstiger lebensgeschichtlicher Umstände – oft in Verbindung mit einem lebhaften emotionalen Temperament – keine altersgemäße Fähigkeit zur Affektkontrolle erworben haben, leiden unter den unmittelbaren Wirkungen einer sehr heftigen Affektivität im Alltag. Damit ist keineswegs nur der aversive, negative Affektzustand an sich gemeint, sondern auch die affektgefärbten, oft unrealistischen Bewertungs- und Denkneigungen. Ein wichtiges therapeutisches Ziel ist es, solchen Patienten zu helfen, diese Denkneigungen mit geeigneten Therapietechniken, wie dem kritischen Hinterfragen des Wahrheitsgehaltes im sog. 'sokratischen Dialog', zu ändern. Eine wertvolle Basis für das Ändern von dysfunktionalem Denken und unrealistischen Erwartungen und Ansprüchen sind Affekt-Episodenprotokolle, wie sie in dieser Untersuchung gesammelt wurden. Die darin notierten Situations- und Selbstbewertungen können in therapeutischen Sitzungen und in Form von selbständigen schriftlichen Übungen des Patienten immer wieder kritisch auf ihre Angemessenheit hin hinterfragt und nötigenfalls durch überzeugende, angemessene Bewertungen ersetzt werden. Der Therapeut hält sich dabei mit guten Ratschlägen und Denkalternativen zurück. Seine Rolle ist es, den Patienten durch geeignete Fragen zur Suche nach rationalen und angemessenen Alternativen zu stimulieren. Hat er diese gefunden und in seinen Übungsunterlagen niedergeschrieben, spürt er in der Regel bereits deren Wirkung in einer Verringerung der negativen Affekte, die mit den bisherigen 'automatischen' Gedanken verbunden waren. Je stärker und chronischer die emotionale Instabilität bzw. das irrationale Denken und affektive Reagieren ist, desto intensiver und anhaltender müssen solche therapeutischen Bemühungen sein.

Die zweite Ausgangsfrage war, wie sich die Gefühlsreaktionen von Personen ohne oder mit geringer psychischer Auffälligkeit von denen mit mäßiger bis starker Auffälligkeit unterscheiden. Je stärker die psychische Auffälligkeit ist, desto mehr negative Affektepisoden treten auf. Die Intensität negativer Affekte ist erhöht, die Intensität positiver Affekte verringert. Mit zunehmender psychischer Auffälligkeit steigt die fremdbeurteilte Irrationalität des Affektgeschehens. Diese Befunde stützen zwar die wiederholt mit Fragebogen gemessene hohe Korrelation von Neurotizismus und der Diagnose einer psychischen Störung. Dennoch zeigen unsere Daten, dass die Neurotizismus-Skala zwar eine Form von selbstbeurteilter, negativer Affektivität misst, dass diese aber dennoch nicht mit dem im Alltag von 21 Tagen ermittelten, tatsächlichen Affektgeschehen identisch ist. Die Höhe der Korrelationen von Neurotizismus mit Zahl und Intensität negativer Affektepisoden lässt mehr als 50 Prozent unaufgeklärte Varianz übrig. Aus den vorliegenden Daten kann nicht darauf geschlossen werden, ob bzw. welcher Teil der erklärungsbedürftigen Varianz auf die Ungenauigkeit der im Fragebogen (EPI-N) selbst eingeschätzten Affektivität zurückgeht, welcher Teil durch andere Persönlichkeitsmerkmale zustande kommt und welcher Teil am besten durch die besondere Lebenssituation der betreffenden Personen erklärt werden kann. Affektivität ist sicherlich am besten als eine Wechselwirkung von Umwelt und Person zu verstehen, wobei selbstverständlich bei Personen mit einer psychischen Störung der Personanteil markant erhöht sein kann. Dies zeigen die vorliegenden Daten recht eindeutig. Die hier verwendeten weiteren Persönlichkeitsmaße für Narzissmus und Impulsivität steigern die Erklärungskraft von Neurotizismus und Extraversion für das Ausmaß an psychischer Störung nur unwesentlich. Dies muss noch nicht bedeuten, dass diese Konstrukte keine Bedeutung für die Entstehung von negativer und unangemessener Affektivität im Alltag haben. Die Entwicklung und Validierung dieser Skalen ist nicht in ausreichendem Maße mit klinischen Stichproben durchgeführt worden. Es kann also durchaus sein, dass die klinische Relevanz durch eine bessere, an klinischen Stichproben erprobte Selektion von Fragen gesteigert werden kann.

Mit zunehmender psychischer Auffälligkeit zeigen sich beachtenswerte Veränderungen der vorkommenden Gefühlsinhalte. Überraschend ist, dass die markanteste Veränderung eine Verringerung des Vorkommens von Interesse, Neugier und Bewunderung ist. Dies ist der Fall, obwohl auch bei hoher psychischer Auffälligkeit ein zwar verringertes, aber doch noch beträchtliches Maß an positiven Emotionen wie Freude, Glück, Zufriedenheit, Stolz und Erleichterung vorkommt. Deren Abnahme ist weit weniger markant als man vermuten würde, und nur schwach mit dem Grad an psychischer Auffälligkeit assoziiert. Nicht überraschend ist dagegen die Zunahme von Gefühlen der Traurigkeit, Trauer und Deprimiertheit sowie von Angst, Furcht, Sorge und Verzweiflung. Angst und Depressivität sind emotionale Reaktionen auf antizipiertes und tatsächliches Misslingen bei der Aufrechterhaltung oder Verfolgung persönlich bedeutsamer Zielzustände. Angst und Depressivität sind bekanntermaßen auf unterschiedliche Art die Kern-Emotionen der meisten psychischen Störungen. In dieser relativ kleinen und bewusst gewählten Stichprobe kommen bei einigen Teilnehmern wiederholte Todeswünsche und das Bedürfnis nach Selbstverletzung vor, die man als besondere affektive Zustände betrachten kann, weil sie nicht leicht mit sonst gebräuchlichen Emotionswörtern treffend zu charakterisieren sind. Es ist gewissermaßen ein mehr oder weniger impulsiver Drang zur Selbstbefreiung von dem, was man als unerträglich und zu schmerzhaft empfindet. Aufgrund der Besonderheit dieser kleinen Stichprobe, in der sich auch einige Personen mit einer schweren Persönlichkeitsstörung befinden, ergibt sich eine signifikante Beziehung von Todes- und Suizid-Gedanken sowie dem Bedürfnis sich zu verletzen mit dem Grad an psychischer Auffälligkeit.

Die dritte Frage war, ob man in den Emotions-Ereignisprotokollen individuelle kognitiv-emotionale Reaktionsneigungen identifizieren kann. Dies kann eindeutig bejaht werden. Bereits in einem Zeitraum von drei Wochen zeigen sich bei den meisten Personen, die regelmäßig intensive Affektepisoden berichten, wiederkehrende Auslöser und ähnliche gedankliche und affektive Reaktionen. Nicht immer spiegelt sich in solchen wiederholten Reaktionsmustern eine dysfunktionale bzw. unangemessene Reaktion auf eine gegebene Situation wider, die ganz typisch für eben diese Person ist. In manchen Fällen kann das wiederholte Gefühl der Überforderung und der Unzufriedenheit darüber, dass man seine Arbeit nicht mit der gewünschten Sorgfalt und Qualität leisten kann, durch eine objektiv gegebene Überlastung mit Arbeit und einer nicht optimalen Verteilung und Organisation derselben erklärt werden. In solchen Fällen muss – aus therapeutischer Sicht – geprüft werden, ob und wie man auf die Situation verändernd einwirken kann, beispielsweise indem man den entsprechenden Entscheidungsträgern die Überlast angemessen signalisiert und eventuell Vorschläge zur besseren Verteilung der Tätigkeiten einbringt. In anderen Fällen kann man durchaus eindeutig dysfunktionale Stile des kognitiv-affektiven Reagierens feststellen. Beispielsweise, wenn aus verschiedenen Episodenprotokollen deutlich wird, dass sich eine Person trotz eines 'verschmähten' Liebesgeständnisses immer wieder Hoffnungen auf ein Einlenken macht, obwohl die begehrte Person bei allen weiteren Annäherungen keinerlei Entgegenkommen erkennen lässt. Dysfunktionale Reaktionsmuster finden sich vielfach auch bei Personen, die keine therapierelevante psychische Auffälligkeit haben. Es gibt außerdem keine quantifizierbare Grenze, ab der man von therapiebedürftigen Reaktionsneigungen sprechen kann. Es hängt ganz vom individuellen Leidensdruck und oft auch einfach vom Wissen über erfolgversprechende therapeutische Veränderungsmöglichkeiten ab, ob der Wunsch entsteht, professionelle therapeutische Hilfe zu suchen. Die Basis für eine wirkungsvolle Hilfe sind – wie schon mehrfach gesagt – die hier verwendeten fortlaufenden Protokollierungen des Affektgeschehens.

Festzuhalten bleibt noch, dass das Ergebnis der darauf aufbauenden kognitiven Therapie keineswegs allein von der Expertise des Therapeuten, sondern in überwiegendem Maß von der Motivation und Übungsintensität des Ratsuchenden abhängt. Der Ratsuchende oder Patient erfährt durch den Therapeuten eine Technik zur Selbsthilfe. Daneben hilft er ihm die Protokolle des eigenen Affektgeschehens auf systematische Reaktionsneigungen oder chronische Belastungen hin zu analysieren und besser zu verstehen. Hierfür sind vor allem die episodischen Informationen in den Protokollen hilfreich. Eine präzise Benennung und Beschreibung des Affektgeschehens allein wäre von geringem therapeutischen Nutzen. Mit episodischer Information ist hier nicht nur die Situation vor und während dem Affektgeschehen gemeint, sondern auch vor allem die evaluativen und interpretativen Gedanken zur Situation und zur eigenen Person. In ihnen spiegelt sich die subjektive Bedeutung der Situation für das Zielsystem der betreffenden Person wider. So können Therapeut und Patient beispielsweise erkennen, in welchen Situationen und durch welche Verhaltensweisen des Partners der Patient sich zu wenig beachtet und wertgeschätzt fühlt. Dann würde der 'sokratische Dialog' darüber folgen, wie sicher und berechtigt man aus den berichteten Situationen einen generellen Mangel an Liebe und Wertschätzung durch den Partner schließen kann, ob es andere Situationen gibt – oder eben nicht gibt –, in denen er seine Liebe und Wertschätzung unzweifelhaft zeigt. Schließlich stellt sich dann die Frage, was man tun kann, wenn man zur Erkenntnis gelangt, dass die Unzufriedenheit sehr wahrscheinlich berechtigt ist, und was, wenn sie wohl eher nicht berechtigt ist. So gehandhabt erfüllen intensive negative Affektepisoden ihre eigentliche Funktion. Sie machen auf ein ungelöstes Problem für die Aufrechterhaltung oder die Erreichung wichtiger Zielzustände aufmerksam, zwingen den Betroffenen sich damit intensiv auseinanderzusetzen und nach geeigneten Lösungsmöglichkeiten zu suchen und diese dann auszuprobieren. Je nach Fall zielt die Lösung auf ein Umlernen automatisierter Reaktionsmuster oder auf das Ändern problematischer Situationen.

Literatur

American Psychiatric Association (1994). *Diagnostic and Statistical Manual of Mental Disorders*, Fourth Edition. Washington, DC: American Psychiatric Association.

Barratt, E.S. (1985). Impulsiveness subtraits: arousal and information processing. In J.T. Spence & C.E. Izard (Eds.), *Motivation, Emotion, and Personality*, 137-146. Amsterdam: Elsevier.

Bienvenu, O.J., Brown, C., Samuels, J.F., Liang, K.Y., Costa, P.T., Eaton, W.W. & Nestadt, G. (2001). Normal personality traits and comorbidity among phobic, panic and major depressive disorders. *Psychiatry Research, 102(1)*, 73-85

Berlyne, D.E. (1963). Exploratory and epistemic behavior. In S. Koch (Ed.), *Psychology: a study of science*. New York: McGraw-Hill, Vol. 5, 284-364.

Eggert, D. (1974). *Eysenck-Persönlichkeits-Inventar*. Göttingen: Hogrefe.

Ekman, P. (1971). Universal and cultural differences in facial expression of emotion. In J.R. Cole (Ed.), *Nebraska Symposium on Motivation*. Lincoln, Nebraska: University of Nebraska Press.

Ellis, A. (1977). *Die rational-emotive Therapie. Das innere Selbstgespräch bei seelischen Problemen und seine Veränderung*. München: Pfeiffer.

Fahrenberg, J., Hampel, R. & Selg, H. (2001). Freiburger Persönlichkeits-Inventar, (7. Auflage). Göttingen: Hogrefe.

Franke, G. (1995). Die Symptom-Checkliste von Derogatis – Deutsche Versionen (SCL-90-R). Göttingen: Beltz.

Izard, C.E. (1999). *Die Emotionen des Menschen: Eine Einführung in die Grundlagen der Emotionspsychologie* (4. Auflage). Weinheim: Psychologie Verlags Union.

Margolis, H.D. & Thomas, V. (1980). The measurement of narcissism in adolescents with and without behavioral and emotional disabilities. Unpublished masterës thesis. San Diego, CA: United States International University San Diego.

Mehrabian, A. & Epstein, M. (1972). A measure of emotional empathy. *Journal of Personality, 40*, 525-543.

Oettingen, G. (1997). *Psychologie des Zukunftsdenkens*. Göttingen: Hogrefe.

Raskin, R.N. & Hall, C.S. (1979). A Narcisstic Personality Inventory. *Psychological Reports, 45*, 590.

Tomkins, S.S. (1962). *Affect, Imagery, consciousness: Vol. 1. The positive affects.* New York: Springer.

Tomkins, S.S. (1963). *Affect, Imagery, consciousness: Vol. 2. The negative affects.* New York: Springer.

Wu, K.D. & Clark, L.A. (2003). Relations between personality traits and self-reports of daily behavior. Journal of Research in Personality, 37(4), 231-256.

Wittchen, H.U., Zaudig, M. & Fydrich, T. (1997). *SKID: Strukturiertes Klinisches Interview für DSM-IV. Achse I und II.* Göttingen: Hogrefe.

DORIS LIER

Aktaion und das Herzrasen

Vom Erschließungscharakter der Emotion
im psychologischen Symbol

Das psychologische Symbol und das Selbstverhältnis

Wenn in einem psychologischen Zusammenhang zum Beispiel von der *Schlange* die Rede ist, so meint man nicht einfach nur das lange, fußlose, sich windende Kriechtier, das unberechenbare Bewegungen macht und lebensbedrohlich giftig sein kann. Psychologisch ist die *Schlange* mit Sinn angereichert. Das Reptil ist gleichsam nur die Basis für eine weitere Sinngebung: die Schlange wird über das Biologische hinaus zum Phantasiegebilde, zur Imagination. Um diesen 'Mehrwert', der dem Tier Schlange gegeben wird, geht es in der Psychologie. So sprechen wir etwa vom Schlangenhaften und meinen damit ein heimtückisches Lügengebilde.

Doch Sinn allein macht noch keine Psychologie. Die spezifisch menschliche Fähigkeit, den Phänomenen Sinn zu verleihen, ist erst die Plattform, auf der sich Psychologie ereignen kann. Psychologisch relevant wird ein Sinngehalt nur, wenn er persönlich erfahren wird. Psychologisch sinnerfüllt und damit Symbol ist ein Phänomen erst dann, wenn sein Sinn noch befremdlich, geheimnisvoll ist. C. G. Jung unterscheidet deshalb zwei Erscheinungsweisen eines Phänomens: das Phänomen als Metapher und das Phänomen als Symbol. Als Metapher gehört es der Semantik an, als Symbol, das heisst emotional 'aufgeladen', gehört es in die Psychologie.[1]

Im Wort *Schlange* steckt etymologisch 'sich winden' (vgl. die 'Schlinge' eines Seils). Diese Aussage ist vorerst eine semantische; mit diesem Erkenntnisgewinn ist nicht unbedingt eine Erfahrung verbunden. *Schlange* wird erst dann psychologisch bedeutsam, wenn ein Mensch von diesem Phänomen, meist mehr oder weniger heftig, angesprochen wird, wenn der Sinngehalt Schlange 'ins Leben greift'. Dies geschieht zum Beispiel, wenn ein Mann mit Abscheu eine Schlange erblickt und in der Folge von Schlangen in seiner Achselhöhle oder einem schlangenübersäten Arbeitsweg träumt und nicht

---

[1] Carl Gustav JUNG, Gesammelte Werke, Band 6, Olten, 14. Aufl. 1981, § 894ff.

mehr aus dem Haus geht. Ein solches Erlebnis ist eine psychologische Erfahrung, die das Leben eines Menschen derart empfindlich stört, dass sie nach Sinndeutung ruft. Die Deutungsarbeit ist natürlich ebenfalls nur dann psychologisch, wenn sie ihrerseits Erfahrungswert hat, das heisst, wenn sie sowohl emotional wie kognitiv durcherlebt wird.

Sobald das Symbol gedeutet, mit andern Worten verstanden ist, wird es wieder zur Metapher. Hinweis dafür ist das Nachlassen des Abscheus und der Befremdlichkeit, woraus natürlich nicht folgt, dass dem betreffenden Mann der Anblick der Schlange angenehm wird. Nur die Intensität, der Mehrwert an Emotion, wird dem Symbol entzogen, das Phänomen wird im Lauf des Bewusstseinsprozesses 'der Semantik zurückgegeben'.

Die symbolische Kraft einer Metapher wirkt somit zeitlich begrenzt. Es gibt Zeiten, in denen ein Sinngehalt lebt, es gibt andere, in denen er nur Wissensstoff ist. Dies gilt nicht nur für das Individuum, sondern ebensosehr für die Gemeinschaft bzw. Epoche. So ist die Schlange des Äskulap in ihrem positiven Aspekt[2] als Metapher der Heilkraft im Zeitalter der Medizintechnologie derart überholt, dass ihre Aussagekraft auf Hinweisschildern für Apotheken oder Ärzte verblasst.

Das psychologische Symbol, das sich anlässlich eines äusseren Ereignisses über einen Affekt[3] aufbaut, führt zusätzlich eine ganze Geschichte mit sich, von welcher die Metapher die bildliche, der Affekt die emotionale Verdichtung ist. Damit erweist sich das Symbol als komplexes Gebilde, in dem sich drei Momente ineinander verweben: der Kontext, die Metapher und die Emotion. Gemeinsam bilden sie die Sicht der Welt, man könnte auch sagen: das Von-innen-Sehen. Sie bilden das Selbstverhältnis eines Menschen ab.

Die Symbolbildung ist stets im Gang, nimmt aber von Zeit zu Zeit besondere emotionale Intensität an und wird dann auch besonders augenfällig. Das heisst, wenn dies der Fall ist, wird sie als Störung erfahren und psychiatrisch-psychologisch auch als Störung diagnostiziert. Die Anpassung des sie Erfahrenden an die Aussenwelt ist in diesen Zeiten in irgendeiner Weise unangemessen. Gleichzeitig aber ist, wo das Symbol besonders in Erscheinung tritt, die Möglichkeit gegeben, neue Lebensaspekte – sowohl äusserlich wie innerlich – zu bewältigen. Das psychologische Symbol ist somit in seiner extremen Ausgestaltung sowohl Störung des Seelenlebens wie Bedingung für

---

2　Ein Symbol hat stehts einen Doppelaspekt und kann sowohl negativ wie positiv erfahren werden.

3　Affekt ist eine ältere Bezeichnng für Emotion. Ich gebrauche die beiden Begriffe synonym, als Gefühlsäusserung, der eine höhere Intensität eigen ist.

dessen Neukonstitution. Es ist Ausdruck einer Umwälzung im Selbstverhältnis des betreffenden Menschen.

Diese Jungsche Konzeption des Seelischen zeigt enge Verwandtschaft mit Blumenbergs philosophisch-psychologischer Konzeption der menschlichen Phantasietätigkeit. Blumenberg setzt als Ursprung des Menschen das wilde Entsetzen, das sich beim Anblick des offenen Horizonts einstellte. Der offene Horizont – in Blumenbergs Worten, der unbesetzte Horizont der Möglichkeiten dessen, was herankommen mag[4] – wurde dadurch gebändigt, dass das wilde Entsetzen anschaulich aufgearbeitet, das heisst bebildert wurde. Blumenberg spricht vom Absolutismus der Wirklichkeit, dem der Absolutismus der Wünsche und Bilder im Dienst der Distanznahme vor dem Schrecken, gleichsam als Schutzschild, entgegengesetzt wurde.

Die im Absolutismus der Wünsche und Bilder entwickelten Imaginationen sind grundsätzlich etwas in sich Reflektiertes und werden, weiter reflektierend, im Lauf der Menschheitsgeschichte in immer neue Imaginationen überführt. Die Bebilderung ist somit gleichsam eine List, die im Lauf der Menschheitsgeschichte zwar nicht im Sinn einer kontinuierlichen Entwicklung, sicher aber im Wunsch nach Zurückdämmung der Angst, fortwährend weiter ausgestaltet wird. Die Angst wird damit natürlich nicht bewältigt, sie ist vielmehr der Motor, mit dem die Phantasietätigkeit stets neu angetrieben wird. Jeder Einzelne arbeitet so auf seine Weise im persönlichen Erfahrungsrahmen und in der persönlichen Bewältigungsstrategie an dieser großen Aufgabe der Arbeit am Mythos mit.

Blumenbergs Absolutismus der Wünsche und Bilder lässt sich leicht in die Nähe von Jungs Archetypenkonzept zu setzen. Jung sah sich in der Mitte seines Lebens bedrängt von einer Flut von Imaginationen, die sein seelisches Gleichgewicht empfindlich störten. Er versuchte deshalb, das Andrängende, ja überhaupt die Phantasietätigkeit der Menschen, in eine Ordnung zu bringen, das heisst zu systematisieren. Diese Systematisierung war nun keine psychiatrisch-empirische und auch keine, die der persönlichen Geschichte des einzelnen entnommen wäre: Jung suchte historische Präfigurationen der inneren Erfahrungen.[5] Er suchte – und hier liegt das Spezifische, das Unverwechselbare der Jungschen Psychologie – in den Weiten der Menschheitsphantasien überhaupt, der Religions- und Kulturgeschichte. Und er fand Urbilder, Archetypen, die ihm als Strukturelemente der menschlichen Phantasietätigkeit galten.

---

4   Hans BLUMENBERG, Arbeit am Mythos, Frankfurt/M. 1986, S. 12.

Blumenberg spricht nirgends von Urbildern. Er verwendet den Begriff der "absoluten Metaphern" und meint damit jene sprachlichen Bilder, die einen eigenständigen, nicht ins Begriffliche zu überführenden Bedeutungsgehalt haben und der Menschheit immer schon zur Verfügung standen.[6] Bei Jung wie Blumenberg sind die Bilder gefühlsbetonte Bilder, und bei beiden wird die Konstitution und Neukonstitution durch Emotionen eingleitet. Und ganz ähnlich, wie Jung dem Gestaltwandel seiner archetypischen Bilder im Lauf der Menschheitsgeschichte nachging, untersuchte Blumenberg den Gestaltwandel der absoluten Metaphern. Der Unterschied liegt dort, dass es Blumenberg vorwiegend um die Bilder geht, Jung hingegen als Psychotherapeut um die Wirkung der Bilder auf den Lebensvollzug, auf das Selbstverhältnis des einzelnen Menschen.

Therapeutisch stellt sich damit, wie eingangs dargelegt, eine doppelte Aufgabe: einerseits muss das Bild als solches verstanden werden, andererseits geht es um die Frage, inwieweit dem Erzählenden, was er sagt, bewusst ist. Gerade dort, wo die Emotion eine gewisse Intensität überschreitet, hat der Mensch die Möglichkeit, Teile der Ereignisse, die ihn bewegen und die er imaginiert samt zugehöriger Emotion abzuspalten. Meist geschieht dies im Dienst der Anpassung an die Aussenwelt. Allgemein gesagt: In der Pschotherapie geht es darum, das neu sich konstituierende Selbstverhältnis aus dem Narrativ, das uns ein Mensch erzählt, mit ihm gemeinsam herauszufiltern und zu verstehen. Dies in der Hoffnung, dass die Verwicklung sich löse und der Lebensvollzug auf einer neuen Ebene bis zur nächsten größeren Herausforderung wieder klarer und geordneter wird.

Das Selbstverhältnis des Menschen und seine sporadisch auftretende Neugestaltung über das psychologische Symbol beginnt in frühester Kindheit. Schon dort trifft die Aussenwelt mit dem zusammen, was man innere Disposition nennen könnte, wobei die Schwierigkeit darin liegt, dass diese innere Disposition nur in den Reaktionen des Kindes sichtbar ist. Wie sie selbst verfasst ist, wissen wir nicht. Das erste, was wir fassen, ist bereits ein Zusammen von irgendwie Verstandenem, bereits Bearbeitetem und neu sich Zeigendem. Dieses stets sich wiederholende Zusammentreffen führt schon im Lauf der frühen Kindheit zum Erleben seiner selbst, das heisst zur wichtigen

---

5   C. G. JUNG, Die Beziehungen zwischen dem Ich und dem Unbewussten (1934), in: GW Bamd 9/1, Olten 1980.

6   Absolute Metaphern beantworten jene vermeintlich naiven, prinzipiell unbeantwortbaren Fragen, deren Relevanz ganz einfach darin liegt, dass sie nicht eliminierbar sind, weil wir sie nicht stellen, sondern als im Daseinsgrund gestellte vorfinden. (Blumenberg, Paradigmen zu einer Metaphorologie, Bonn 1950; zit. nach Franz Josef Wetz, Hans Blumenberg zur Einführung, Hamburg 1993, S. 21).

Erfahrung, etwas mehr oder weniger Abgeschlossenes und doch sich Weiterentwickelndes, ein Individuum oder Subjekt zu sein.

In der Jungschen Konzeption sind es somit nicht einfach frühere Erfahrungen, die den späteren Weltbezug bestimmen. Zwar ereignet sich alles, was der Mensch erfährt, in der empirischen Zeit, der Ursprung aber, der Ort, wo sich Bedeutung konstituiert, liegt beim Zusammentreffen der äusseren Ereignisse mit den Möglichkeiten des seelischen Lebens und der Freiheit des Subjekts. Die Konzeption C. G. Jungs behauptet somit nicht, dass die äusseren Ereignisse keine Wirkung auf uns hätten. Wesentlich ist, dass der Anfang der Psychologie nicht ins Aussen versetzt, vielmehr in der Psychologie belassen wird. Es geht um die Frage nach den spezifisch psychologischen Möglichkeiten der Verarbeitung dessen, was uns geschieht und immer auch um die Frage nach der je eigenen Mitbestimmung. Hier liegt der Unterschied zwischen Jungs Psychologie und dem, was man Biologie des Verhaltens nennen könnte. Das Subjekt ist ein komplexes und stets sich wandelndes Gebilde, das sich auf sich selbst beziehen kann. Es ist nicht einfach etwas von aussen Gesteuertes, sondern Selbstverhältnis. Die äusseren Ereignisse werden in dieses Selbstverhältnis hineinverarbeitet. Sie werden für den seelischen Spielplan gleichsam 'benutzt'.

Die Beziehung zwischen dem Selbst- und Weltverhältnis

Selbstverhältnis ist genau genommen die Sicht der Welt, so wie ein Mensch der Welt begegnet und zugleich die Weise der Selbsterfahrung. Selbstverhältnis und Weltverhältnis sind letztlich eins. Der Gedanke ist, dass der Mensch als Selbstverhältnis in der Welt steht, das heisst, dass er das, was er versteht, immer schon, wenn auch meist unbewusst, verstanden hat. Vor allem in der Praxis der Psychotherapie aber werden Selbstverhältnis und Weltverhältnis auch getrennt betrachtet, sie werden methodisch voneinander unterschieden und als Innen und Aussen positiviert. Sucht der Psychotherapeut nach dem Selbstverhältnis eines Klienten oder Patienten, geht die Suche über die Art und Weise, wie sich ein Mensch zur Aussenwelt, das heisst zum Andern verhält. Dabei lassen sich grob drei Stellungen dieser Beziehung formulieren: Das Sich-Einsetzen, das Sich-Absetzen und das Sich-Auseinandersetzen.

Das Sich-Einsetzen geschieht in der Symbiose, das heisst im Versuch, sich mit dem Andern zu identifizieren und die Unterschiede zu negieren. Das sich Absetzen ereignet sich in der Erfindung des Andern als eines Feindes, den es in Schach zu halten, vielleicht auch zu eliminieren gilt. Beides dient der Angst- und Schmerzvermeidung.

So bewältigte zum Beispiel eine chinesische Studentin, die ein Stipendium für die Schweiz erhalten hatte, ihre Angst vor der Erfahrung der ihr fremden Kultur dadurch, dass sie die Schweiz als liebevolle Mutter imaginierte. Wann immer der Therapeut sie auf den Kulturunterschied aufmerksam machte, verneinte sie, das hier ein Problem für sie liegen könnte. Sie meinte, die kulturellen Unterschiedlichkeiten würden gemeinhin übertrieben. Sie fühle sich in der Schweiz geradezu umsorgt, ja erfahre erstmals in ihrem Leben so etwas wie Heimat. Gegen Ende ihres vierjährigen Aufenthalts hingegen entwickelte sie der Schweiz gegenüber zunehmend feindliche Gefühle. Sie begann das vormals so bergende Land als fremdenfeindlich zu erfahren, das Heimatland hingegen als ihr zugetan und seelenverwandt. Die auffallend scheue und leicht verletzbare Frau hätte ohne Idee eines wohlwollenden Aufgenommenseins im fremden Land den Schritt nach Europa nie gewagt. Und sie hätte den Gedanken an die Rückreise in die Heimat ohne Wechsel der Vorzeichen und damit Umwertung der Werte vorerst kaum ertragen.

Beides, das Sich-Einssetzen wie das Sich-Absetzen steht ihm Dienst einer seelischen Vermeidungsstrategie. Vermieden wird die direkte Auseinandersetzung, die Anerkennung des Andern als das Andere und das damit verbundene Ertragen der Angst oder ähnlich spannungsvoller Gefühle. Die junge Frau aus China spielte die Kulturen gegeneinander aus, indem sie sich mit der Schweiz einssetzte, das heisst ausschließlich den bergenden Aspekt betonte, und zugleich von China absetzte, das heisst bezüglich ihres Heimatlandes willkürlich selektiv nur das Trennende heraushob, um das Ganze vor ihrer Rückreise rückgängig zu machen.

Die im Aussen sich konstellierende Beziehungsform zum Andern spiegeln nun, wie bereits gesagt, auch das Selbstverhältnis im engeren Sinn, das heisst das Verhältnis eines Menschen zum Fremden in sich selbst bzw. zum eigenen Anderen. Mit dem Weltverhältnis wird in der Regel auch das Selbstverhältnis ausgeblendet. Man setzt alles daran, keine innere Zerrissenheit, keinen Selbstwiderspruch zu erfahren und spaltet innerlich wie äusserlich jede Fremdheitserfahrung ab. C. G. Jungs Schilderung eines Abschnitts seiner Kindheit kann als Paradigma genommen werden: Jung berichtet von einer monatelangen neurotischen Krankheit in seinem zwölften Lebensjahr. Jedes Mal, wenn er zur Schule gehen wollte, hielten ihn Ohnmachtsanfälle davor zurück. Den Anfang der Krankheit bildete ein Stoß von einem andern Knaben. Jung war auf dem Heimweg von der Schule, als ihn der Stoß umwarf:

Ich fiel mit dem Kopf auf den Randstein des Trottoirs, und die Erschütterung benebelte mich. Während einer halben Stunde war ich ein

bisschen benommen. Im Moment des Aufschlagens durchschoss mich
blitzartig der Gedanke: jetzt musst du nicht mehr in die Schule gehen.[7]

Der Stoß des Knaben war der Anstoß für die Phantasie, nicht mehr zur Schule
gehen zu müssen. Jung musste einige Monate zuhause bleiben, und die Eltern
suchten verzweifelt nach der Krankheitsrusache, die sie schließlich in einer
Epilepsie zu finden glaubten. Doch dem Knaben, so jedenfalls die spätere
Sichtweise Jungs, war die Sache nicht geheuer. Einerseits genoss er die
gewonnene Freiheit: *Ich konnte frei sein, stundenlang träumen, irgendwo am
Wasser oder in den Wäldern sein oder zeichnen.* Anderseits ahnte er, dass
er selbst es war, der sich den Wunsch erfüllte, und dass diese Erfüllung nicht
einfach nur positiv war: *Ich wusste: er* [der Knabe, der ihn umgestoßen hatte,
Anm. DL] *war sozusagen 'eingesetzt', und von meiner Seite war ein teufli-
sches Arrangement dabei.*[8]

Das psychologische Symbol im Traum

Die Geschichte, die der Patient oder Klient dem Therapeuten erzählt – ob als
Traum oder äusseres Lebensereignis – ist eine Imagination, in der die Aussenwelt wenn auch manchmal bis zur Unkenntlichkeit verwandelt, stets in
gewisser Weise enthalten ist. Sie ist erfahrene, das heisst gefühlte und in sich
reflektierte Geschichte, die das jeweils konstellierte Selbstverhältnis narrativ
auseinanderlegt und meist auch in einem Symbol verdichtet. Die einzelnen
Ereignisse, die Sequenzen der Geschichte, sind so gesehen Determinanten
dieses Verhältnisses. Was somit in einer Geschichte als Nacheinander, in
Form einzelner, oft auseinander hervorgehender Sequenzen erscheint, muss in
der Deutung als Miteinander, als Auseinanderlegung, Auseinanderfaltung
eines Selbstverhältnisses gelesen werden. Im folgenden wird dies an einem
Traumbeispiel nochmals Schritt für Schritt entwickelt. Dabei liegt der
Schwerpunkt auch hier nicht einfach auf dem Narrativ, sondern darüber hinaus auf dem Zusammentreffen und der Diskrepanz zweier Deutungsversuche,
der Deutung des Klienten und der des Therapeuten.

Es handelt sich um den Traum eines 72jährigen Mannes mit depressiver
Verstimmung.

*Ich gehe auf einem Waldweg spazieren. Plötzlich raschelt es hinter mir.
Erschreckt drehe ich mich um. Ich sehe gerade noch, wie ein verletzter*

---

[7]   C. G. JUNG, Erinnerungen, Träume, Gedanken. Aufgezeichnet und herausgegeben von
      Aniela Jaffé, Olten und Freiburg i.B., 14. Auflage 1981, S. 36.

[8]   a.a.O., S. 38

Hirsch im Unterholz verschwindet. Mein Herz rast und ich erwache schweissgebadet.

Die Ausgangslage des stillen Vor-sich-Hingehens

Der Ausgangspunkt ist völlig unspektakulär. Ein stilles Vor-Sich-Hingehen ist geschildert. Der Mann ist allein und in jenem aktiv-passiven Zustand, den man frei flottierende Aufmerksamkeit nennen könnte. Es ist eine Ausgangslage, wie sie zum Beispiel in Goethes Gedichtanfang *Gefunden* beschrieben wird: *Ich ging im Walde so vor mich hin, und nichts zu suchen, das war mein Sinn.* Gerade in der Wendung *und nichts zu suchen, das war mein Sinn* ist dieses Zusammen von Aktivität und Passivität, die passive Offenheit für Neues, eindrücklich beschrieben. Das Nichts-Wollen ist die Voraussetzung dafür, dass sich etwas ereignet, was in der Überschrift *Gefunden* schon angedeutet ist.

Auch Ovid schildert im dritten Buch seiner Metamorphosen eine verwandte Ausgangslage: Es geht um die Geschichte des Aktaion. Ovid lässt *Aktaion* zu Beginn des Mythos ebenfalls absichtslos durch den Wald streifen: Der Enkel des Kadmos, so heisst es, hat sein Tagwerk verschoben. Er durchstreift ungewissen Schritts den unbekannten Wald – und gerät in den verhängnisvollen Hain der Jagdgöttin Diana.[9]

Das ist eine psychologisch bemerkenswerte Schilderung. Aktaion ist Jäger, doch zu jenem Zeitpunkt, kurz bevor er auf Diana trifft, gerade nicht am Jagen, gerade nicht auf das Wild ausgerichtet, vielmehr im Zustand der Offenheit auf das, was sich allenfalls – und hoffentlich ereignet. Diese nach allen Seiten hin offene Haltung ist der Grund, weshalb seine Schritte als unsichere Schritte geschildert werden und der Wald als Unbekannter beschrieben ist. Während des Jagens ist das Ziel gesetzt und sind die Schritte bestimmt. Die Aufmerksamkeit gilt ganz und gar dem zu erlegenden Tier, und vieles anderes, das zu sehen und genießen sich grundsätzlich lohnte, wird dem Erreichen des Zwecks oder Ziels geopfert. Im Zustand frei flottierender Aufmerksamkeit aber ist der Wald als etwas zu Entdeckendes, als etwas noch nicht Bekanntes gesetzt. In der Ausgangsschilderung wird somit die Entdeckung des Neuen nicht nur chronologisch vorbereitet; sie ist in der Absichtslosigkeit enthalten. Entsprechend ist im Traum das Vor-sich-Hin-

---

9   P. OVIDIUS NASO, Metamorphosen, Lateinisch / deutsch, hg. und übersetzt von Gerhard Fink, Tusculum Studienausgaben, Zürich 1999, III., Verse 173-176: [...] *ecce nepos Cadmi dilata parte laborum / per nemus ignotum non certis passibus errans / pervenit in lucum: sic illum fata ferebant.*

gehen auf dem Waldweg die Voraussetzung dafür, dass der Mann das Rascheln nicht überhört. Die Exposition, so knapp und unscheinbar sie gehalten ist, zielt gerade durch diese Unscheinbarkeit auf das *Plötzlich*.

Das Zurückblicken

Das *Rascheln* findet *hinter* dem Spazierenden, nicht vor ihm statt. Der Mann muss auf den Weg, den er soeben gegangen ist, zurückblicken. Die Sequenz erinnert an das berühmt gewordene und immer wieder neu gedeutete Zurückblicken des *Orpheus* beim Befreiungsversuch der Eurydike. In der Geschichte des Orpheus ist allerdings, im Unterschied zum Traum, das Zurückblicken verboten, was der Rückwärtsbewegung eine ganz besondere Note gibt. Psychologisch gesehen ist das Verbot bereits die Überschreitung, anders ausgedrückt: Die Überschreitung ist im Verbot überhaupt erst gesetzt. Dass Orpheus zurückblickt, ist vorauszusehen, zumal er schon früher, beim Eintritt in den Hades, eine verbotene Grenze überschritten hat. Im Mythos wird als Grund für das Zurückblicken die Sehnsucht des Orpheus angeführt, und es ließe sich diese Deutung leicht als Orpheus' Schwäche interpretieren. Hätte Orpheus aber nicht zurückgeblickt, sondern Eurydike mit sich nach Hause genommen, wäre gleichsam nichts passiert. Orpheus, der große Sänger und Verführer, hätte lediglich einmal mehr seine Verführungskunst bewiesen, was allenfalls insofern etwas Besonders wäre, als nicht mehr nur die Welt, sondern zusätzlich auch die Unterwelt zu seinen Füßen läge. Doch wäre dies nur eine Addition zu seinen bisherigen Siegen, ein weiterer Pokal. Das Zurückblicken hingegen enthält eine wirkliche Grenzüberschreitung und ist deshalb eine überragende Tat: Indem er zurückblickt, wird er gewahr, dass er Eurydike nur als Verlorene zurückgewinnen kann. Hätte Orpheus Eurydike als Bisherige gerettet, dann wäre die Erfahrung des Verlusts, die Erfahrung des Todes, nicht möglich geworden. Nur der scheinbare Misserfolg macht die Geschichte zur Geschichte, die sie ist. Wie soll ein Mensch, ganz allgemein gesehen, das heisst auch ohne Versuch einer Befreiung, nach einer Hadesfahrt ohne weitere Konsequenz zum Alltagsgeschehen übergehen? Ist dies der Fall, hat sie nicht stattgefunden. Die Hades-Erfahrung lässt Orpheus denn auch als Zerrissenen zurück. Die Sehnsucht ist die Erfahrung des Verlusts. Und der Versuch, den Tod zu überwinden, ist die Erfahrung des Todes. Die seelische Verfassung in ihrer bisherigen Gestalt des Eins-Seins mit dem Andern ist dadurch an ihr Ende gekommen. Das Zurückblicken ist, um es abschließend nochmals anders zu sagen, ein Tabubruch, und zwar derselbe, der schon im Gang zum Hades begangen wurde, nur dass er in diesem ersten Schritt, da die Verführung gelingt, noch gar nicht richtig ins Bewusstsein tritt.

Die Zerrissenheit des Orpheus korrespondiert mit der Zerrissenheit des Aktaion nach dem Anblick der Diana und klingt bei unserem Träumer, bei seinem Herzrasen ebenfalls an. Der Anblick des *verletzten Hirsches* ist während und kurz nach dem Traum bis ins Körperliche erschütternd. Doch im Zurückblicken des Träumers ist ein weiterer Aspekt mitzubedenken: Es betont nicht nur das Aussergewöhnliche des Geschehens, es zeigt nicht nur einen Wendepunkt im Selbstverhältnis an. Mit der Drehung wird darauf hingewiesen, dass der übliche Blickwinkel des Vorwärtsschauens und Vorwärtsschreitens, des kontinuierlichen Weiterkommens aufgehoben ist. Im Zurückblicken wird der Träumer selbst Anfang und Ende des Geschehens. Dasjenige, wohin der Träumer auf dem Weg ist, das Ziel des Traums, ist der Anfang und Ursprung. Die Zweckursache ist eingeführt: Der Träumer blickt zurück, um den Ursprung seines Leidens zu erfahren. Und dieser Ursprung liegt nicht in der empirischen Zeit. Er liegt in den seelischen Möglichkeiten des träumenden Menschen und bei ihm selbst.

Die Deutung des Träumers

Bevor wir mit unserer Traumdeutung weiterfahren, wechseln wir den Standpunkt, und blicken auf die Deutung des Träumers nach dem Traum: Der Träumer war während der Traumbesprechung gut gelaunt und meinte lachend, der Traum habe sich ihm leicht erschlossen. Er begann sich selbst als Hirsch zu schildern, erzählte von seinem Leben, wie er vielen Dingen – natürlich auch den Frauen – nachgejagt sei, wie er auch beruflich immer wieder, mal mehr, mal weniger erfolgreich, sein Revier verteidigt und viele Verletzungen davongetragen habe. Damit sei es nun, in seinem Alter, endgültig vorbei. Es sei Zeit, von der Bühne des Gesellschaftslebens abzutreten und im Unterholz zu verschwinden. Er plane, sich zurückzuziehen und nach Südamerika auszuwandern.

Während der Mann diesen Text vorbrachte, war er völlig entspannt: er wirkte souverän und gelassen, blickte stolz zurück auf seinen Lebensweg, auf dem er sich – ganz dem Heldenmythos folgend – als Platzhirsch erfunden hatte und von dem er sich nun im Sinn des 'servir et disparaître' verabschieden musste. Der Träumer war auch stolz auf seine Deutung, verwies sie doch auf seine Fähigkeit, dem Unvermeidlichen ins Auge zu blicken.

Die Deutung leuchtet fürs erste ein: Dass mit 72 Jahren die Jagd vorbei ist und man an Rückzug denken muss, ist naheliegend. Das entspannte Lachen könnte in der Tat ein Indiz dafür sein, dass er den Schritt ins Alter nach überstandenen Ängsten schaffen würde. Doch weshalb dann das ganze Szenario? Weshalb das ebenso einfach wie kunstvoll aufgebaute Traumgebilde, das ganz ähnlich wie in Goethes Gedicht oder bei Aktaion alles daran setzt, den

Kulminationspunkt zu erreichen? Weshalb die rasende Angst, wenn kurz danach die Schwelle zum Alter so leichthin überschritten wird?

Die heitere Gelassenheit des Träumers nach dem Traum hat ihren Ursprung in einer andern Geschichte, nicht in der des Traums. Sie bezieht sich auf die Lebensgeschichte, auf die empirische, die erfahrene Zeit. Der Träumer überträgt das Traumgeschehen auf seine Lebenszeit. Er sieht im Hirsch sich selbst: wie er im Leben vielfältige Kränkungen erfahren musste und diese mannhaft-tapfer überwand; wie er sich nun gegen Ende seines Lebens dem eigenen Verschwinden zu widmen habe. Der Träumer tut so, als ob der Traum die persönliche Geschichte nacherzählte und ihm den Schritt in die Zukunft wiese. Das ist eine willkürliche Verteilung der Traumsequenzen in die Zukunft und in die Vergangenheit. Gerade aber die Gegenwart, das rasende Herz wird übersprungen.

Das psychologische Symbol: Der Hirsch und das Herzrasen

Dass ein *verletzter Hirsch* emotional berührt, ist naheliegend. Dass sein Anblick aber *Herzrasen* evoziert, ist nicht selbstverständlich und deshalb psychologisch relevant. Auch ohne die Kriterien für eine angemessene Reaktion formuliert zu haben, nimmt man sofort das Aussergewöhnliche der emotionalen Antwort wahr. Es muss mit dem Hirsch etwas auf sich haben, etwas vom Träumer nicht Erschlossenes, das sich auch aus dem Traumkontext nicht selbstverständlich erschließt.

Was sieht der Mann? Die Geschichte des Aktion führt uns dem Traumgeschehen nah: Aktaion erblickt die nackte Diana, was so viel wie die nackte Wahrheit meint. Was immer das für Aktaion ist, es sprengt die Grenze dessen, was bisher galt; es ist seelische Verwandlung und ist so gesehen eine Form des Todes. Das ist der Grund, weshalb Aktaion zerrissen und getötet wird. Aktaion erfährt sich selbst als Hirsch, sich selbst als Gejagter und Zerrissener, er erfährt, was Tod und Zerrissenheit, das heisst, was seelischer Wandel meint.

Auch unser Träumer setzte sich ganz selbstverständlich und gewiss zu Recht mit dem Hirsch gleich. Damit erfährt er sich selbst in seiner Verletzung. Doch diese Erfahrung dauert nicht an. Schon Sekunden später ist der Hirsch verschwunden und der Träumer von sich selbst und seinen Wunden wieder abgespalten. Hier liegt der Kernpunkt der Geschichte: Die Begegnung mit sich selbst als verletztem Hirsch wird sofort wieder ausgeblendet.

Das Sich-Zeigen und Verschwinden, wie es im Traum dargestellt wird, wiederholte sich während der Traumbesprechung: Der Mann erzählte den Traum mit all seinen, auch emotionalen Implikationen, um ihn kurz danach durch die Simulation souveräner Heiterkeit wieder auszublenden. Nur einen Augenblick lang war der Mann mit der Tatsache konfrontiert, dass er sich selbst in seiner Verwundung und Verwundbarkeit nicht helfen, ja sich nicht einmal nahestehen kann.

Das *Verschwinden* des Hirsches ist Moment seines Erscheinens. Es lässt sich nicht einfach in die empirische Zukunft projizieren, wie es auch nicht angeht, die Verletzungen nur in die Vergangenheit zu setzen. Mit der Projektion des Traumgeschehens in die empirische Zeit positiviert der Träumer die einzelnen Aspekte. Er macht sie zu Einzelteilen seines Lebens und trennt sie damit voneinander ab. In seiner eigenen Deutung kann und muss der Träumer nicht verstehen, dass er selbst es ist, er selbst als Verwundeter, der vor sich verschwindet. In der heiteren Gelassenheit hat sich der Träumer dem Trauminhalt entzogen und ist – jetzt metaphorisch genommen – nach Südamerika ausgewandert.

Der doppelte Zweck des psychologischen Symbols

Das psychologische Symbol steht für den Übergang von einem Zustand in den andern. Es enthält die Betonung des Bisherigen und ist die Wegbereitung für das Neue. An ihm wird anschaulich, dass der Übergang im seelischen Leben nicht einfach ein Weg von hier nach dort, sondern etwas in sich Verschlungenes ist. Jung selbst hauste sich am Übergang zum Erwachsenendasein vorerst noch einmal im Kindheitsparadies ein und konnte sich in diesem Rückzug den Übergang erarbeiten, das heisst erkennen, dass die Zeit des Träumens zu Ende ist. Das Beispiel zeigt, dass es an komplexen Lebensübergängen nicht einfach darum geht, den Sprung ins Neue zu vollziehen, vielmehr darum, nochmals ins Alte einzutauchen und es gleichsam 'von innen' her aufzulösen. Beim Kind erscheinen solche Übergänge als 'reculer pour mieux sauter', beim Erwachsenen als neurotisches Verhalten, das sich durch eine gestörte Emotionalität auszeichnet und sich damit auch in einer gestörten Kommunikation manifestiert. Der Bezug zur Aussenwelt ist dieser gegenüber – meist auffallend – inadäquat.

Mit dem Hinweis auf die Komplexität seelischer Umstrukturierung ist gesagt, dass die Neugestaltung nicht immer gelingt. Im Traum des 72jährigen Mannes zum Beispiel wurde deutlich, dass sich sein Lebensvollzug durch ein Überspielen erfahrener Kränkungen auszeichnete. Der erste Blick auf den Traum gab zwar Anlass zur Hoffnung, dass sich im Erscheinen des verletzten Hirsches ein Wandel ankündigte, dass die Kerben, die das Leben dem Träumer geschlagen hatte, ins Bewusstsein treten wollten. Da der Hirsch aber nur ganz kurz auftaucht, und da sich auch das Herzrasen sogleich wieder abspaltet, wird die sich anbahnende Bewusstwerdung wieder ausgeblendet. Der verletzte Hirsch symbolisiert demgemäss nicht einfach nur die Verletzungen, sondern zugleich die wichtige Tatsache, dass diese Verletzungen nur momenthaft erfahrbar sind. Die verharmlosenden Traumdeutung des Träumers wiederholt und bestätigt den Vorgang des Traumbilds: Mit ihr beruhigt sich der Träumer, womit er das Herzrasen, das ihm die Erfahrungsweise der Verletzungen erschliessen könnte, nachhaltig unterdrückt.

Ob der Träumer zeitlebens ein übermächtiges Erlebnis im Schach zu halten versuchte, oder ob seine Grundkonstitution eine überdurchschnittlich hohe Verletzbarkeit enthielt, muss offen bleiben. Die Biografie brachte lediglich zutage, dass der Mann trotz beruflicher Erfolge das Leben eines Randständigen führte und viele Jahre lang in spirituellen Kreisen esoterische Geborgenheit suchte.

Vielleicht ist der Traum nichts anderes als die Aufforderung an den Therapeuten, den bisherigen Zustand nicht anzutasten, das heisst, nichts am Selbst- und Weltbezug des betreffenden Menschen verändern zu wollen, ihn vielmehr, trotz der depressiven Grundstimmung, ziehen zu lassen.

Zum Aufsatz von Doris Lier:

Aktaion wird von seinen Hunden zerfleischt

Aus: John Boardman (Hg.): Lexicon Iconographicum Mythologiae
Classicae, München / Zürich: Artemis, Band I (1981); Aktaion 49
(Karlsruhe, Badisches Landesmuseum; 2. Hälfte des 4. Jahrhunderts v. Chr.)

154

HANS-JÜRGEN DILLER

Affection, passion, feeling, stirring: Towards a pre-history of the category 'emotion'

1. Introduction: the question(s), definition of 'emotion'

Emotion is a characteristically modern word.[1] The authoritative Oxford English Dictionary (OED), originally published as "A New English Dictionary on Historical Principles", gives the dates of its first recorded uses as 1579 and 1603. But the sense in these early uses is socio-political rather than psychological. The 1579 quotation reads *There were great stirres and emocions in Lombardye* and is glossed as "A political or social agitation; a tumult, popular disturbance" (sense 3, "transf[erred]" and "Obs[olete]"). The 1603 quotation, taken from a *History of the Turks*, is glossed as "A moving out, migration, transference from one place to another" (sense 1). This sense, though not "transf.", is also "Obs.". As a term designating psychological phenomena (sense 4, "fig[urative]"), *emotion* is first recorded for 1660. Here, however, the OED is wrong. The sense appears already in 1603, in John Florio's translation of Montaigne's *Essays*. Florio lists the word among a dozen "uncouth termes" for which he apologizes (Florio 1910: 11).[2] In Cotgrave (1611/1968) *emotion* appears as an English equivalent of French *esmotion*.[3] Montaigne seems to be the first French writer – presumably the first European writer – to use the word in the psychological sense, which with him is clearly a transfer from the socio-political. In spite of the omission of Florio, the sense development which the OED describes seems basically correct and moreover follows a familiar pattern: from more to less observable, from public to private.[4] The same pattern is followed by French *émotion* and German

---

[1] Given the variety of ME spellings, I shall cite the four lexemes (*affection, passion, feeling, stirring*) in their ModE form whenever I am not quoting a specific passage. Word-forms are printed in italics, word-meanings are enclosed between inverted commas.

[2] Nearly all of these 'termes' are now perfectly naturalized in English. For Florio as a coiner of neologisms see Schäfer (1989, I: 207, 50).

[3] Early dictionary entries can be accessed via the Early Modern English Dictionaries Database <http://www.chass.utoronto.ca/english/emed>.

[4] On the directionality of semantic change cf. Traugott (1985).

Emotion, which originate about the same time.[5] That raises a number of questions:

1) Was there a need, before the end of the 16th century, for a generic term covering phenomena like fear, hope, joy, sadness etc.?

2) If so, which word or words were used to satisfy that need?

3) What do these words designate apart from 'emotion'?

4) If more than one word was used, do they designate different aspects or facets of the phenomenon? Do they mark different regions in the conceptual field 'emotion'?

Questions 1 and 2 are onomasiological, i.e. they proceed from word-meaning to word-form. Questions 3 and 4 are semasiological, they proceed in the opposite direction. But to tackle them we already need a solution of the onomasiological problem. Taken as a whole, my question is thus onomasiological.

Onomasiological questions are still difficult ones, even in this age of giant computer-readable corpora. For in their present form corpora, once more, give us only word-*forms*. Their use thus presupposes an (at least provisional) answer to questions 1 and 2. Semasiological questions, however, are not without problems either. My question 4, which inquires about 'aspects' or 'facets' of the phenomenon, assumes that we know what the phenomenon is. This is tricky, because there are about as many definitions of 'emotion' as there are emotion psychologists. As one much-quoted witticism has it: "Everyone knows what an emotion is, until asked to give a definition" (Fehr and Russell 1984: 464). I will therefore have to give my own definition: an involuntary, evaluative reaction which is experienced simultaneously at the physical and the affective level and which is typically communicated by physical symptoms. My definition is unashamedly modern.[6] I give it, not because I hope that it will be matched by a medieval term, but because I want an explicit criterion for an answer to question 4 which determines the distance between medieval word meanings and a modern concept.

2. State of research

Students of the history of English are now in a rather fortunate position. In the 1960s the Department of English Language at the University of Glasgow

---

5   Cf. Robert (1994) and Grimm (1993).

6   It is, in fact, strongly influenced by the *Trésor de la langue française*.

156

began work on the *Historical Thesaurus of English* (HTE), an onomasiological 'mirror image' of the OED which is now nearing completion.[7] It is organized as a hierarchically ordered inventory of word-meanings inspired to some extent by Roget's *Thesaurus* (1962; cf. Kay and Samuels 1975: 51). Each of these meanings has one or more word-forms assigned to it. What makes the HTE particularly useful for language historians is the fact that it incorporates the first and last years which are offered for the senses distinguished by the OED. We thus can tell when, according to the OED, a particular meaning began to or ceased to be expressed by a particular word and when, by corollary, there was apparently no word to express a given meaning. As I have indicated already, the qualification 'according to the OED' is an important one, but in a comparatively uncharted area like onomasiology deficient information is vastly better than no information at all. I shall not, of course, hesitate to supplement HTE information whenever necessary and possible.

The question, then, which I will try to answer with the help of the HTE is: which words were available in the last third of the 14th century when someone wanted to or had to designate 'emotions in general'? I have chosen this period because it marks the first flourishing of English literature after the Norman Conquest. Concordances enable us to access the vocabulary of the most important writers of the period: Geoffrey CHAUCER (1337?–1400: Tatlock/Kennedy), John GOWER (1330?–1408: Pickles/Dawson), and the anonymous *Gawain* or *Pearl* poet (late 14th century: Kottler/Markman). Other texts, like the allegorical dream vision of *Piers Plowman* by William LANGLAND and many religious tracts, are available in computer-readable form.[8] Concordances and computer texts are to the word historian what aerial photographs are to the archaeologist: they indicate promising excavation sites.

---

[7] For detailed information on the HTE see
    <http://www.arts.gla.ac.uk/SESLL/EngLang/thesaur/further.htm>.
    It is a pleasure to thank Professor Christian Kay for providing me with computer-readable files from the 'emotion' field. This paper will draw only on the file called "Emotion.txt", which covers words designating emotions in general rather than specific emotions. For a fuller description of HTE files see Diller (2002, 2005).

[8] For my purposes the best computer-readable corpus of mediaeval English prose is contained in the Innsbruck Computer Archive of Machine-readable English Texts (ICAMET). A list of texts used for this study is given in the Appendix. For use of material from ICAMET I am obliged to Professor Manfred Markus' kindness and hospitality.

3. Lexemes selected for analysis

Within the limits discussed, the HTE enables us to answer questions 1 and 2. The fact that the HTE lists a few words under the heading "Emotion / Feeling" for the time between 1365 and 1400 suggests that a need for generic terms existed (cf. Table 1):

Table 1: HTE file "Emotion.txt": Lexical Units under first heading ("Emotion / feeling") with first year =<1400 AND last year >=1365[9]

ID-No	POS			first year		last year	
1	n	Emotion/feeling					
4	n	*mood<mod*	a	1150	c	1400	
5	n	*affection*	c	1230		2000	
6	n	*affect*		1374		1626	
7	n	*onde*		1390		1390	
8	n	*feeling*	c	1400		2000	
10	**n**	***emotion***		**1660**		**2000**	
13	n	(.emotions/feelings)					
17	n	(.an emotion)					
18	n	*affection*		1230		2000	
19	n	*passion*	c	1374		2000	
25	**n**	***stirring***		**1552**		**1552**	
40	n	(.principle / power of an emotion)					
41	n	*spirit*		1382		2000	
167	n	Seat of the emotions					

Information enclosed in the bold-print frame is taken from the HTE, though the tabular format is my own; information outside the bold frame was also

---

[9] 1365: date of Chaucer's first works according to OED; 1400: Chaucer's death.

added.[10] The contents of the columns are indicated in the top line. The other lines contain either lexical units or the headings or sub-headings of sense-groups.[11] ID numbers were added to facilitate identification of items, whether lexical units or sense-groups. Subheadings (like ID-Nos. 17 and 40) will be neglected in this study, except to note that the double listing of *affection* in Table 1 is due to the fact that the word is listed under more than one subheading. As Table 1 focuses on words in use in Chaucer's time, the gaps between ID numbers are a rough indicator of the growth of the lexicon. The line *emotion* has been added in bold print to indicate that the word does not belong in our period. Table 1 suggests that on the evidence of the OED and HTE a contextual study of the lexemes *mood, affection, passion*, and perhaps *feeling* might provide an answer to questions 3 and 4. *Stirring*, which Emotion.txt lists only as a nonce-use in 1552, was included in Table 1 because it was found to occur already in the chosen period. The MED, the most up-to-date and most extensive dictionary of Middle English, records *stiring* with the sense 'emotion' (sense 6b). It also gives late-14th and early-15th century witnesses for *feling* in the sense of 'emotion' (sense 5, esp. 5a). The erroneous dates for *emotion* and *stirring* were deliberately left unchanged in Table 1.

The HTE, slightly improved by the MED, gives me the words I should look for. Table 2 gives me the frequency of these words in my prospective excavation sites. Clearly, the need for a superordinate term was negligible for Gower, the *Gawain* poet and *Piers Plowman*, it was small for Chaucer and considerable for religious writers:

---

[10] The figure 2000 in the column 'last year' was introduced as a calculating convenience. But the information it represents is contained in the HTE: in the form of an underscore (sometimes a dash) to indicate that the word is still current.

[11] For the term "lexical unit" cf. Cruse (1989): 49. Roughly, it is a form-meaning pair. A lexeme may consist of more than one lexical unit. E.g., in Table 1 the lexeme *affection* is represented by two lexical units (lines 5, 18).

Table 2: Emotion lexemes in absolute figures (N) and frequencies per 10.000 words (f):

Texts	total words	mood		affection		passion		feeling		stirring	
		N	f	N	f	N	f	N	f	N	f
Chaucer	c200'000	5	0.3	29	1.5	5	0.3	19	1.0	2	0.1
Gower	207'268	8	0.4	5	0.2	0	0.0	0	0.0	1	0.0
religious	577'378	3	0.1	230	4.0	39	0.7	251	4.0	199	3.4
Gawain-Poet	50'000 (est.)	9	1.8	0	0.0	0	0.0	0	0.0	0	0.0
PPl (B)	72'207	3	0.4	0	0.0	0	0.0	0	0.0	0	0.0

Of the five words *mood* plays the smallest part. Its meaning is 'courage, pride' and, of course, 'mood'. *Mood* comes no doubt close to our modern *emotion*, but the syntactic behaviour of ME and ModE *mood* differs from that of *emotion* in important ways. We can say, in Modern as well as in Middle English, 'His mood changed' as we can say 'Seine Stimmung wechselte' in German. But we do not commonly say †'His emotion changed' or †'Seine Emotion wechselte'. German *Emotion* and English *emotion* behave much like *Krankheit* or *illness*. We don't say that an illness has changed (for instance from whooping cough to pneumonia) any more than that an emotion has changed (for instance from anger to kindness). Linguistically, though perhaps not medically or psychologically, emotions and illnesses are qualitative, well-marked deviations from an unmarked norm. Complexion, temperature and mood are continua of which we always have some kind or degree – never none at all. In that respect ME *mood* is not equivalent to ModE *emotion*. In all our texts *mood* appears exclusively in the singular. This fact, too, is still reflected in modern usage: although we may say something like 'He is subject to moods' or 'Er ist Stimmungen unterworfen', we can hardly ask †'How many moods can we distinguish?' By contrast, the number of distinguishable emotions (or passions or affections) has been vividly and usefully debated by Stoics and Scholastics as well as by modern psychologists.

Given the figures of Table 2, I will limit my investigations to a contextual study of the four nouns *passion*, *affection*, *feeling* and *stirring* in Chaucer and the religious texts listed in the Appendix. The quantitative differences require different kinds of analysis for the two text corpora. Another reason for a differentiated approach is the difference in text types. Chaucer's works are narrative texts – with the important exceptions of his translation of Boëthius' *Consolatio Philosophiae* (the *Boece*) and the *Parson's Tale*. The latter, in spite of its name, is not a tale but a moral-religious tract which concludes the *Canterbury Tales*. The religious writings are predominantly expository-hortatory texts (like the *Boece* and the *Parson's Tale*).[12] To identify the meaning of a word in a narrative text, we can draw equally on the grammatical and the situational context; in an expository or hortatory text the situational context is much reduced and less explicit. When Chaucer refers to Troilus' or Criseyde's *passioun* we know how it originated, we have 'episodic' knowledge of it. The passion in a religious tract is known to us only in very abstract, conceptual terms. These remarks might suggest that narrative texts contain more information about the meanings of the words they use, and to some extent that is quite true: they will tend to be richer in intension ("Begriffsinhalt"). But the price of intensional richness is extensional vagueness (fuzziness of "Begriffsumfang"): if a word-in-context clearly refers to more than one emotion, that does not necessarily mean that, as a word-in-language, it denotes the set of all emotions. It may, for instance, denote only strong or only negative emotions, or only emotions that are both strong and negative. For these reasons I shall analyse Chaucer's narrative usage in some detail (Section 4), while the treatment of the religious writers (Section 5) will be much more summary. And I must warn the reader that word frequencies should be taken with a pinch of salt, since some texts appear more than once in the editions represented in ICAMET and there is also a good deal of borrowing between texts. Zero frequency may thus be more informative than high frequency.

Passion and *affection* are imports from Latin and have much the same meanings as *passio* and *affectio* in learned Latin writings. *Feeling* and *stirring* are native words which acquire their specialized sense only gradually; their meaning-in-context may oscillate between the common and the specialized. The analysis in Sections 4 and 5 will begin with *passion* because its different senses are comparatively easy to distinguish. *Passion* will be followed by *affection* because sometimes the two seem to be synonyms, as may be seen from Q. 1. We shall see to what extent that is true.

---

[12] For the typology cf. Longacre (1996).

Q. 1: *Passion* and *affection*: Synonyms or not?

a:	weyve thow <u>joie</u>, dryf fro the <u>drede</u>, fleme thow <u>hope</u>, ne lat no <u>sorwe</u> aproche (*that is to seyn, lat non of thise <u>foure passiouns</u> overcomen the or blenden the*). [Chaucer, *Boece*, Book I, metrum 7, ll. 17–19, cf. Q. 3.1]
b:	1398 Trevisa *Barth. De P.R.* iii. vi. (1495) 53 <u>Affeccions ben foure</u> <u>Joye</u> <u>Hope</u> <u>Drede</u> and <u>Sorowe</u>. [OED, *Affection*, sense 3. esp. Feeling as opposed to reason; passion, lust. Obs.]

The discussion of the learned, Latinate words will be followed by that of the native words. As deverbal nouns, they retain a good deal of the context of their parent verbs, albeit in transformed guise. In order to understand the nouns in their contexts we have to be aware of the syntax of the verbs. Since *feeling* and *stirring* appear only in the religious tracts with any frequency, I will provide the necessary information in Section 5.3, although systematic reasons might argue for a place in this introductory section.

4. Chaucer

4.1 *Passion*

According to the OED Chaucer was even the first to use *passion* in the sense of 'emotion'. But the MED records a witness from before 1250 (sense 4a) which echoes the *passiones peccatorum* of St Paul (Romans 7,5) and may thus suggest early widespread use. According to Tatlock/Kennedy Chaucer uses *passion* 30 times, in senses which may be distinguished as in Table 3.

Table 3: *Passion* in Chaucer[13]

A: Being acted upon (OED s. 5, MED s. 6)	B: Suffering, Pain (OED s. 3, MED s. 1)	C: (Narrative of) Sufferings of Christ or a martyr (OED s. 1,2, MED s. 3)	D: Emotion [pos. and neg.] (OED, s. 6, MED s. 4)
Bo V m4, 47** *Bo* V p5, 6** *Bo* V p5, 9 *Bo* V p5, 15** *Bo* V p5, 17**	*Bo* I p5, 74 (3.5)? *Tr* III 1040 (3.4)? MLT, II 1138 (3.7)**? ParsT, X 272** *LGW*, F 259**?(3.6) *CompMars* 255 *Scog* 4 *Rom* 2612 *Rom* 3277**	MilT, I 3478* CkPro, I 4327 MLEpi, II 1175 Thop, VII 950* SNPro, VIII 26* SNT, VIII 344 ParsT, X 255* ParsT, X 259 ParsT, X 275 ParsT, X 666 ParsT, X 704 ParsT, X 1072 *ABC* 162	(*Tr* III 1040? (3.4)) *Tr* IV 468** (3.3) *Tr* IV 706* (3.2) (*Bo* I p5, 74? (3.5)) *Bo* I m7, 18 (3.1)* (*LGW*, F 259**? (3.6))

For reasons of space I will concentrate my discussion on those instances which are either particularly instructive or where I disagree with important authorities.[14] Agreements, dissents and doubts have been marked.[15] There is dissent in all columns, not only in column D. As can be seen, only 3–6 instances can be understood in the sense of 'emotion in general' (column D). With one possible exception, all instances are from *Troilus and Criseyde* or from the additions to Boethius' *Consolation*. None occur in the Boethian original. A particularly striking example is to be found in Q. 3.1:

---

[13] Citations are as in the Riverside Chaucer (ed. Benson). Reference to the CT is to tale, fragment (Roman numerals) and line number (Arabic).

[14] For a more extensive discussion see Diller (2005).

[15] *: Sense as in *MED*; **: sense against MED; ?: borderline cases.

Q. 3. 1: Boëthius, *De Consolatione Philosophiae*, Book I, m 7

ll. 20-28	ll. 13-19
Gaudia pelle,	*[W]eyve thow joie,* [avoid joy,]
Pelle timorem	*dryf fro the drede,* [drive away fear,]
Spemque fugato	*fleme thow hope,* [put hope to flight,]
Nec dolor adsit.	*ne lat no sorwe aproche* [do not let sorrow approach]
	(that is to seyn, lat non of thise foure <u>passiouns</u> over-comen the or blenden [blind] *the).*

Text between parentheses is from a Latin commentary by the English Dominican Nicholas TRIVET (c1258 – c1334; cf. Hanna and Lawler in Benson, p. 1005). The fact that the commentator introduced the generic term (which covers both positive and negative emotions) to explain the meaning of the original shows that it was well established in the learned world (it was, of course, familiar from Thomas Aquinas's *Summa Theologiae*, which treats emotions under the heading *passiones animae*).

In his original works Chaucer uses *passion* certainly once, probably twice in this comprehensive sense. The sense 'emotion' is acknowledged for Q.3.2 by both OED and MED and is indeed undeniable, because here *passioun* comprises both negative and positive emotions:

Q. 3. 2: Chaucer, *Troilus and Criseyde,* IV 704-6

> *Swich vanyte ne kan don hire non ese,*
> *As she that al this mene while brende*
> *Of other passioun than that they wende.*
>
> Such idle thought can give her no comfort, as she was burning all this time with a 'passion' that was quite different from what they fancied.

Criseyde burns with *other passioun* because she grieves over her impending separation from Troilus, whereas the women visiting her, the *they* of l. 706, think she is happy to see her father again.

Q. 3.3, which to me shows the same sense, is treated by the MED as an instance of its sense 5 'one of the five senses'.

Q. 3. 3: Chaucer, *Troilus and Criseyde,* IV 467-9

> *Thow* [scil. Pandarus] *moost me first transmewen in a stoon*
> *And reve me my passiones alle,*
> *Er thow so lightly do my wo to falle.*
>
> You would first have to change me into a stone and rob me of all my passions / feelings / emotions, before you can dispose so lightly of my suffering.

The MED seems mistaken for the following reasons: Troilus is disconsolate about the imminent departure of Criseyde, who by a decision of the Trojan *parlement* (IV 143) is to leave Troy in order to re-join her father in the Greek camp. Pandarus advises him to forget about her and find himself another lady-love, to which Troilus replies with a long speech containing the lines in Q.3.3. The difference between himself and Pandarus which Troilus elaborates is not that Pandarus lacks the use of his five senses but that he is incapable of emotion or, as we still say, passion. The MED's other witnesses of its sense 5 are from the *Boece*; they appear double-starred in column A of Table 3. The very fact that two of them are glossed as 'wit', i.e. sense in the sense of vision, hearing etc., shows that sense 5 is not current in ME; it seems best to dispense with it (for a fuller discussion cf. Diller 2005).

Qq. 3.4, 3.5 and 3.6 are borderline cases where the decision is not as clear-cut as in Q. 3.3:

Q. 3. 4: Chaucer, *Troilus and Criseyde,* III 1040-43

> [...] *youre passioun*
> *I wol nought calle it but illusioun*
> *Of habundaunce of love and besy cure,*
> *That doth youre herte this disese endure.*
>
> I will call your passion [Troilus' jealousy referred to ll. 1024, 1030] a mere illusion, [the result] of excessive love and anxious care, which causes your heart to suffer this illness.

Q. 3. 5: Boëthius, *De Consolatione Philosophiae*, Book I, p 5

ll. 38-44	ll. 68-78
Sed quoniam plurimus tibi <u>affec-</u> <u>*tuum*</u>	*But for that many [turbacions] of <u>affec-</u>* <u>*cions*</u>
tumultus incubuit	*han assailed the,*
diuersumque te <u>dolor, ira, maeror</u>	*and <u>sorwe and ire and wepynge</u>*
distrahunt,	*todrawen the diversely,*
uti nunc mentis es,	*as thou art now feeble of thought,*
nondum te ualidiora remedia	*myghtyere remedies ne schullen [shall]*
contingunt	*noght yit touchen the.*
Itaque lenioribus paulisper utemur,	*For wyche we wol usen lyghtere medi-*
ut <u>quae</u>	*cynes, so that <u>thilke passiouns</u>*[16]
in tumorem perturbationibus	*that ben waxen hard in swellynge by*
influentibus.	*perturbacyons flowynge into thy thought,*
induruerunt,	*mowen waxen esy and.*
[mollescant]	*softe*
ad acrioris uim medicaminis	*to resceyven the strengthe of a more*
recipiendum	*myghty and more egre medicyne,*
tactu blandiore mollescant	*by an esyere touchynge*

Q. 3. 6: *Legend of Good Women* F 259f.

And Cleopatre, with al thy passyoun,
Hyde ye your trouthe of love and your renoun;

And Cleopatra, hide, together with your entire martyrdom / with all your passion, the faith-fulness of your love and your fame.

In Q. 3. 4 Criseyde calls Troilus' jealousy a *passioun*. Jealousy is a strong, complex, unpleasant, even self-destructive emotion. Since pleasant emotions are clearly not included, the word does not, strictly speaking, refer to 'emotions in general'. *Passiouns* in Q. 3. 5 is, as in Q. 3. 1, an addition to the Boethian original. As in Q. 3. 4, *thilke passiouns* subsumes previously named emotions, but again there is no pleasant emotion included: *sorrow and ire and weeping*. *Passiouns* in Q. 3. 5 is remarkable for resuming *affeccions* of a few lines earlier (which does translate *affectuum* of the Boethian original). This observation justifies the conclusion that *affection* and *passion* are, in part at least, synonymous in Chaucer. In view of the medical metaphor of the pas-sage, the sense 'illness' would also be defensible.

---

[16] ModE translation: thy affections (Boethius 1918, 161f.).

The sense of *passyoun* in Q. 3. 6 is also rendered as 'emotion' by the MED. The Prologue of the *Legend of Good Women*, from which these lines are taken, forms the frame for a collection of tales in which women are represented as martyrs of love. The Prologue asks Cleopatra and other famous women to hide their most excellent qualities because they would not stand comparison with Alcestis who is about to enter in triumph. For a martyr, sense C would seem appropriate, although *passion* in this sense would not apply exclusively to Cleopatra. That might be an argument in favour of 'strong emotion'. Cleopatra's passion is certainly unusually violent: in Chaucer's tale she dies not, as in other versions of the story, from the bite of a single snake, she throws herself into a pit which she has ordered to be dug out and to be filled with all available vipers for this very purpose (ll. 678-80). As in Q. 3. 4, *passyoun* would then refer to the self-destructive despair into which love can be transformed after the loss of its object and which is here taken to sensational extremes. But is Cleopatra really asked to hide her passion? The wording is ambiguous: she is asked to hide 'with all her passion' her faithfulness in love and her fame. *With al thy passyoun* may be a manner adverbial or a comitative: 'hide your faithfulness and fame as passionately as you can' or 'together with all your passion'. To hide something 'passionately' does not make much sense, the comitative interpretation is thus the more plausible one. Since her death takes place beside an altar erected for Mark Anthony, the issue between senses C and D remains undecidable. Still, it is clear that pleasant emotions are again out of the question.

Q. 3. 7: MLT, II 1135-8

Who lyved euere in swich delit o day
That hym ne moeved outher conscience
Or ire, or talent, or som kynnes affray
Envye, or pride, or passion, or offence?
Who lived ever [even] a single day in such joys that he would not have been disturbed either by conscience or wrath or desire or some kind of fear, envy, or pride, or 'passion' [MED: emotion] or offense?

A further borderline case is Q. 3. 7, for which the sense 'emotion' is postulated not only by the MED but also by Davis in his important Chaucer Glossary. 'Emotion' including positive emotions would not fit in with the disturbed joys which are here evoked; 'negative emotion' would be redundant after the listing of anger, fear, desire and envy. 'Suffering', which is the most common meaning of *passion* anyway, might be the best translation. 'Illness' would also be better than 'emotion'.

Such borderline cases merely show that word-senses are not watertight compartments. Dictionaries cannot avoid compartmentalization, but it is the historical linguist's privilege to characterize the relationships and transitions between different senses. My attempt to do this is Table 4: senses are represented by boxes, dotted frames around boxes are meant to indicate the porous character of some of the sense-boundaries.

Table 4: Relationships between senses of *passion*: [17]

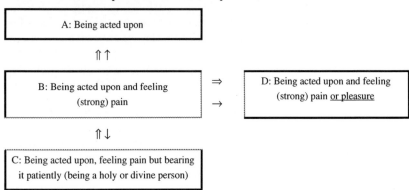

To summarize: although Chaucer does use *passion* to refer to sets which include pleasant as well as unpleasant emotions, the term differs from ModE *emotion* in that it is not neutral between the two; above all it designates strong emotions which overpower the human self. The connotation of passive undergoing is never absent.

4.2 *Affection*

Affection is used 31 times by Chaucer. Unlike *passion*, it always designates a psychological phenomenon, though not always emotions in general. The 'experiencer' of *affection* is usually a human being. In only one instance is it predicated of birds, though in the context of a spring opening where some humanizing is conventional (SqT, CT V 55). Since the experiencers are usually humans, a sub-categorization according to experiencer is less enlightening than one according to 'object' or 'antecedent' (to use a term popular among psychologists). Again the object is usually a human being, but in some

---

[17] Double arrows symbolize vernacular sense developments, single-shafted arrows Latin-Greek ones.

interesting cases it is an action. This observation agrees with a definition given by Thomas Aquinas: *affectio autem* [est] *quaedam inclinatio ipsius ad aliquid.* (*Summa contra Gentiles*, I, 68)

The German *Neigung* and the English *inclination* render the meaning rather well: an inclination to do something or 'a tendency [...] towards a particular object' (OED, s. 6), or 'affection' (ib., s. 7). Inclination towards a human being may extend from sympathy to romantic love and sexual desire. The minority of instances which refer to an inclination to do something are valuable pointers because they highlight a crucial contrast with *passion*. People subject to *affection* are moved by an object or event to do something, to turn toward that object, usually in loving or friendly intent, but occasionally also in hostile intent. Affections thus lead to plans, something which passions, in Chaucer at any rate, never do. For this reason affections can, indeed must, have longer duration: as long as the object of the plan is pursued.

The basic question is the same as with *passion*: when does the word designate emotions in general, when individual emotions (and which ones), when a subgroup of emotions (and which ones)? And: how is *affection* evaluated? A selection from Tatlock/Kennedy is given in Table 5:

Table 5: *Affection* in Chaucer (selection):

			valu-ation
2.	MilT, I 3611	*which a greet thing is a.!*	−
3.	MLT, II 586	*foul a.*	−
4.	ShipT, VII 336	*greet chiertee, and greet a.*	−
5.	Mel, VII 1173	*his owne lust and his a.*	−
6.	Mel, VII 1254	*youre talent and your a. to make werre*	−
7.	SNPro VIII 74	*erthely lust and fals a.*	−
8.	ParsT, X 290-5	*consentynge of a.*	−
9.	ParsT, X 725-30	*an a. thurgh which a man despiseth anoyouse thinges*	+
10.	ParsT, X 785-90	*wikked flesshly a.*	−
11.	*Tr* I 296	*swich a., That in his hertes botme gan to stiken*	+
12.	*Tr* III 1364	*sikes that shewed his a. withinne*	+
15.	*Tr* IV 153	*Lest men sholde his a. espye*	+

16.	*Tr* IV 424	*newe love ... don Olde a.s alle over-go*	0
17.	*LGW* FG44	*To hem [daisies] have I so greet a.*	+
23.	*Compl d'Am* 26	*mercy, pitee, and deep a.*	+
26.	SqT V 55	*Ful loude songen hire a.s*	+
27.	*Bo* I p1,55	*thornes and prikkynges of talentz or a.s [infructuosis affectuum spinis] [...] ne bien [...] fructifyenge nor profitable*[18]	−
28.	*Bo* I p 5, 68	*tribulaciouns of a.s [affectuum] han assailed the*	−
29.	*Bo* III m 1, 14	*the yok (of erthely a.s)*[19]	−
30.	*Bo* III m 10, 9	(Glose: *...combryd and disseyvyd with worldly a.s...*)[19]	−
31.	*Bo* V p 5, 19	*quit fro alle talentz or a.s of bodies [quae cunctis corporum affectionibus absoluta sunt]*	−

The most common sense of *affection* in Chaucer is unquestionably 'love'.[20] What is remarkable is the frequency of negative collocations in the *Canterbury Tales*: Qq. 5.3 (*foul*), 5.5 (*lust*), 5.7 (*erthely lust and fals affeccioun*), 5.10 (*wikked flesshly affeccioun*).[21]

In these examples negative evaluation is motivated morally, elsewhere it is based on intellectual grounds: *affection* is felt by cuckolded husbands, either for an unfaithful wife (Q. 5. 2) or for her lover (Q. 5. 4). Somewhat pointedly we may conclude: if you feel *affection* in the *Canterbury Tales*, you are either evil or foolish.

Such negative evaluation is not to be found in earlier works, especially not in *Tr* or in *LGW* (cf. Qq. 5. 11ff. and 5. 17ff.). An explanation for this difference may be found in the influence of Boethius, whom Chaucer was translating during his work on *Tr* (Pearsall 1992: 160, 169) and whose influence on Chaucer was considerable. A few remarks on *affection* in Chaucer's *Boece* (Qq. 5. 27ff.) may thus be in order. *Affection* occurs five times, once it translates *affectio*, twice *affectus*, twice it is Chaucer's own addition, clearly

---

[18] *Talentz* goes back to Jean de Meun, who renders *affectûs* as *entalentemenz*. Cf. Dedeck-Héry (1952).

[19] For text between parentheses cp. Q. 3. 1 and subsequent text.

[20] A similar wavering between 'affect in general' and 'love' has been found in the language of St Augustine (Duchrow 1965: 22f.).

[21] For the sake of brevity and simplicity, lines listed in Table 5 are cited as if they were quotations, thus: Q. 5.3 for line 3 in Table 5.

following the tradition of Boethian commentary. The affections (consistently in the plural) are always the opponents of reason, they 'assail' and 'deceive' the human person and they are a burden to him.

It seems that the influence of Boethius became more powerful with Chaucer even after he had finished the translation. But that influence does not extend to the *Parson's Tale*, where *affection* designates a value-neutral superordinate concept. I will let the examples (Qq. 5. 8 – 10) speak for themselves:

Q. 5. 8: *Parson's Tale*, X 290-5

> *For ther been two manere of consentynge: that oon is cleped consentynge of affeccyoun, whan a man is moeved to do synne, and deliteth for to thynke on that synne; [...]. And also a man sholde sorwe namely for al that evere he hath desired agayn the lawe of God with parfit consentynge of his resoun [...].*
>
> For there are two kinds of consent; one is called consent from affection, when a man is tempted to commit a sin and delights in the thought of that sin; [...]. And equally a man should feel sorrow for everything he has ever desired against the law of God with perfect consent of his reason.

Q. 5. 9: *Parson's Tale*, X 725-30 (Section *Remedium contra peccatum Accidie*)

> *[...] ther is a vertu that is called fortitudo or strengthe, that is an affeccioun thurgh which a man despiseth anoyouse thinges.*
>
> [...] there is a virtue called fortitude or strength, which is an affection that enables a man not to be overcome by troubles.

Q. 5. 10: *Parson's Tale*, X 785-90 (Section *De Avaricia*)

> *[...] whan men or wommen preyen for folk to avauncen hem, oonly for wikked fleshly affeccioun that they han to the persone, and that is foul symonye.*
>
> [...] when men or women ask for the advancement of someone, merely because they have a wicked fleshly affection for that person. And that is despicable simony.

As an expository text, the *Parson's Tale* has to place its concepts in a systemic order; it has a much greater need for superordinate categories than a narrative. As Q. 5. 8 shows, *affectio* here contrasts with *ratio*. This usage will be found again in the religious tracts.

4.3 *Feeling* and *stirring*

Before that, however, we must note, for the sake of completeness, the use of *feeling* and *stirring* in Chaucer. *Feeling* is indeed used by Chaucer to designate emotions in general, but only once does it unambiguously refer to pleasant as well as unpleasant emotions:

Q. 6: *Book of the Duchess*, ll. 8-11

> *Ne me nys nothyng leef nor loth.*
> *Al is ylyche good to me –*
> *Joye or sorowe, wherso hyt be –*
> *For I have felynge in nothyng, [...].*
>
> And nothing I like, nothing I loathe. Everything is equally good to me – joy or sorrow, whatever it be. For I have feeling in nothing.

The MED (sense 5) lists a number of further examples from Chaucer where hedonic neutrality is not as undeniable as here. But with two exceptions it is always the emotional experience, as opposed to an emotional disposition, which is stressed. The two exceptions occur in the *Boece*, where they translate the Latin *sensus*, which is more like sensibility than like emotion.

Stirring is used twice, both times in the *Parson's Tale* and both times in *and*-conjunction with *moevyng*. The doublet translates the Latin *motus* or *motus interior*:

Q. 7.1: *Parson's Tale,* ll. 355-60

> *The feend seith, "I wole hente hym by moevynge or styrynge of synne. [...]"*
>
> (*Moevynge or styrynge of synne* translates *motus peccati* of Richard de Wetheringsett's *Summa de officio sacerdotis*, cf. Wenzel 1982/3: 244).

Q. 7.2: *Parson's Tale,* ll. 655-60

> *Debonairete withdraweth and refreyneth the stirynges and the moevynges of mannes corage in his herte, in swich manere that they ne skippe* [jump] *nat out by angre ne by ire.*
>
> [4] Mansuetudo est in reprimendo motus interiores ne iram prouocent. (*Summa Virtutum de remediis anime*, cf. Wenzel ed. 1984, p. 16)

As we shall see, the *Parson's Tale* again conforms fully with the other religious tracts.

5. Writings of religious instruction

5.0 Methodological remarks

As I hinted near the end of Section 3, the sheer quantity of witnesses permits only a summary analysis. I will study each of the four nouns in the four kinds of context which I found most rewarding. In the brief description which follows I will use a somewhat eclectic terminology, although I will largely draw on the fairly non-technical *Comprehensive Grammar of the English Language* edited by Quirk et al.

1) Governing prepositions: the four nouns often function within prepositional phrases. The prepositions which 'govern' these phrases may tell us something about the way the designata of the nouns are conceptualized.

2) Determinatives: this heading includes not only articles and demonstrative determiners (*this / that* in pre-noun position) but also numerals such as *all*, *some*, *no* and 'possessives' (pronouns as well as possessive genitives). 'Possessives' are added up under this label at the end of the lists in Table 6.2.

3) Adjectives and other characteristic collocates. We will find that the nouns tend to co-occur with adjectives belonging to rather different conceptual fields. The class 'other collocates' contains only one item: the frequency of *feeling* collocating with *wetyng* and *knowyng* is so striking that it deserves a comment, even though a systematic place may be hard to find.

4) Prep-phrases as post-modifiers: while the four nouns may function within prep-phrases, they may also be (post-)modified by them, as *of bliss* in *a feeling of bliss* or *of love* and *in our will* in *this meek stirring of love in our will*. Especially the verbal nouns will differ as to their use of the subjective and objective *of*. While *of bliss* in the first example is clearly objective, *of love* in the second is better understood as subjective: love is not stirred but stirs. To reduce clumsiness, I will normally use the traditional expression '*of*-attribute' when referring to a post-modifier realized as a prep-phrase governed by *of*.

Each context will here be presented in tabular form (Tables 6.1-4), but as the focus of this paper is on the meaning of the four lexemes, the structure of the section will be provided by the lexemes rather than the contexts. Overlaps and repetitions may be inevitable, but an effort will be made to keep them to a minimum.

Table 6.1: Governing prepositions:

	Total	with prep.	
affection	229	123	*in* 74, *of* 24, *with* 8, *from* 3, *through* 3, *among* 2, *be* 2, *above* 2, *for* 2, *unto* 1, under feet of 1, *without* 1
passion	251		
not *Christ's Passion*	39	9	*in* 2, *of* 5, *with* 1, *to* 1
feeling	258	152	*in* 59, *of* 25, *for* 17, *with* 14, *to* 10, *by* 8, *after* 7, *from* 5, *before* 2, *up to* 1, out of 1, *without* 1, *on* 1, *into* 1
stirring	199	91	*of* 18, *with* 15, *by* 12, *in* 8, *to* 7, *through* 6, *for* 5, *against* 4, *without* 4, *after* 4, *at* 2, *under* 2, *unto* 1, *in comparison of* 1, *from* 1, *touching* 1

Table 6.2: Determinatives:

	Total	with Det.	
affection	229	153	*the* 68, *his* 18, *(a) man's* 12, *all* 11, *thy* 9, *this / these* 8, *an* 4, *our* 4, *all the* 3, *their* 3, *that* 2, *your* 2, *her* 1, *my* 1, *such* 1, *whose* 1 – Possessives: 51
passion	251		
not *Christ's Passion*	39	22	*a(n)* 3, *all* 3, *those* 1, *such* 7, *the* 1, *no* 2, *his* 1, diverse 1 – Possessives: 1
feeling	258	213	*the* 59, *a(n)* 22, *all* 6, *(the) which* 3, *this / these* 54, *his (own)* 24, *such (a)* 6, *thy* 13, *that* 5, *man's* 3, *(this / all / other) maner (of)* 7, *her* 6, *none other* 2, *little* 1, *my* 1, *our* 1, *some* 2 – Possessives: 48
stirring	199	139	*the* 28, *a(n)* 24, *(any / all) such (a)* 20, *this / these* 26, *thy* 9, *that / those* 8, *all (the)* 6, *each* 6, *(all) his* 4, *no* 3, *a thousand* 1, *some* 1, *their* 1, *those same* 1, *whose* 1 – Possessives: 15

Table 6.3: Adjectives and other characteristic collocates:

	Total	with coll.	
affection	229	59	*reverent* 12, *fleshly* 11, *other* 8, *carnal* 3, *great* 3, *ghostly* 2, *ordeynd (ordered)* 2, *right* 2, *tender* 2, *venemous* 2, *earthly* 1, *frail* 1, *good* 1, *homely* 1, *inward* 1, *measured* 1, *onyng (unifying)* 1, *sweeet* 1, *vain* 1, *wicked* 1, *worldly* 1, ylle *(evil, ill)* 1
passion	251		
not *Christ's Passion*	39	12	*grievous* 1, *teenful* [angry] 1, *material* 1, *wholesome* 1, *worthy* 1, *troubled* 1(2), *fleshly* 2, *shameful* 1, *worse* 1, *other* 1
feeling	258	111	*ghostly* 21, *blind* 12, *naked* 12, *true* 8, *bodily* 6, *wonderful* 6, *measured* 4, *sensible* 4, *false* 3, *little* 3, *ordained* 3, *fervent* 2, *fleshly* 2, *lovely* 2, *meek* 2, *over-soft* 2, *strong* 2, *sweet* 2, *actueel* 1, *better* 1, *burning* 1, *foul* 1, *godly* 1, *gracious* 1, *great* 1, *high* 1, *inward* 1, *lusty* 1, *painful* 1, *parti-* 1, *quaint maner* 1, *special* 1, *verrey* [true]1; *wetyng / knowyng and feeling* 49
stirring	199	89	*blind* 8, *meek* 7, *devout* 6, *liking* 6, *sudden* 5, *ill* 4, *singular* 4, *wicked* 4, *great* 3, *new* 3, *vnskillwyse / -ful* 3, *wilful* 3, *evil* 2, *fervent* 2, *foul* 2, *reverent* 2, *unordained* 2, *vicious* 2, *affectuous* 1, *first* 1, *fresh* 1, *ghostly* 1, *inward* 1, *kindly* 1, *listi* [lusty] 1, *love* 1, *loving* 1, *only* 1, *perfect* 1, *pleasing* 1, *quaint* 1, *rude* 1, *sharp* 1, *short* 1, *special* 1, *steedly* [steady] 1, *stinking* 1, *true* 1, *unlawful* 1, *vain* 1, *violent* 1

Table 6.4: Post-modifying Prep-phrases (selection):

	Total	
affection	229	*of* (total 28): *soul* 10, *love* 8, *heart* 4 *in / within* (total 4): *soul* 1, *love* 1, *within* 2
passion	251	
not *Christ's Passion*	39	*of* (total 11): *lechery* 2, *gluttony* 1 (passion = deadly sin 5)

feeling	258	*of* (total 99): *thy being / thyself* 22, *God / his being* 17, *joy* 11, *love* 7, *soul* 5, *sweetness / savour* 6, *wretchedness* 3, *bliss* 2, *disease* 2, *dread* 2, *fire* 2, *grace* 2, *hatred* 2, *himself* 2, *nought* 2
		in (total 15): soul 6, *love of Jesus / godhead* 5, *God* 3
stirring	199	*of* (total 68): *love* 12, *sin* 10, *heart* 6, *grace* 5, *flesh* 3, *pride* 3, *spirit* 3, *thought(s)* 3, *God* 3, *Holy Ghost* 2
		in / within (total 14): *thee / soul / heart* 8, *will* 2, *grace / Christ* 2
		to (total 13): *sin* 8, *silence* 2

5.1 Passion

As far as *passion* is concerned we have, of course, to confine ourselves to those occurrences which do not refer to the Passion of Christ or a martyr, that is slightly less than one-sixth. There seem to be no preferred collocations. But a rich collection of epithets should be noted which have one thing in common: they are the opposite of *ornantia*. Add to this a frequent connection with the Seven Deadly Sins which shows in the *of*-attributes in particular. The anonymous author of the highly influential *Cloud of Unknowing* (dated between 1349 and 1395) uses the word only once in his original work, in order to distinguish deadly from venial sin.[22] In the religious tracts the evaluation of the passions is always negative. This position is made explicit in Q. 8:

Q. 8: Walter Hilton, *Of Angels' Song* (HILTON1, 10)

> *For a saule þat has, be grace of Iesu and lang trauayl of bodeli and gastli exercice, ouercomen and destroyd concupiscens, and passiouns, [...] – þan it es made perfit, als it may be in þis life.*
>
> For a soul which has, by the grace of Jesus and by a long effort of bodily and ghostly exercise, has overcome and destroyed concupiscence [desire] and passions, [...] has become as perfect as is possible in this life.

Such a statement is in full agreement with scholastic philosophy, for which *passio* presupposes materiality, which is why it cannot be predicated of

---

22 *a teenful* [angry] *passion & an appetite of vengeaunce, þe whiche is clepid* [called] *Wraþ* (CLOUD1, p. 36). On the date of the *Cloud* see CLOUD1, p. lxxxiv. The author's other treatises are assigned to "the late fourteenth century" (ibid., p. lxxxv). On the influence of the *Cloud* see Dinzelbacher (1998: 92). Latin translations (1450 and 1491) of the *Cloud* circulated among Carthusians on the Continent.

God.[23] The passions have to be overcome for the sake of the soul's salvation because they are of the body.

5.2 *Affection*

Conspicuous contexts of *affection* are the governing preposition *in*, the definite article and a preference for certain adjectives and *of*-attributes. As we have seen in the *Parson's Tale* (Q. 5.8), *affeccioun* stands less for an emotion in the modern sense (i.e. a psychological reaction) than for a faculty of the human soul which contrasts with and supplements reason. Unlike passion, it is not tied to the body: God, who is incapable of *passio*, is quite capable of *affectio*. Still, affection resembles the parts of the body in that it can take the definite article, like, for instance, the heart or the liver; it can also be verbalized in a spatial metaphor.

Spatial metaphors and moral ambivalence come out particularly well in the tract *Beniamin Minor*, which shows the greatest density of occurrences of *affection* in the corpus. The Latin original is by RICHARD OF ST. VICTOR (fl. 1141–73), the English version is from the second half of the 14th century, probably by the author of the *Cloud of Unknowning*. The English *Beniamin Minor* has come down to us in 12 manuscripts (CLOUD2, p. xx), that is three more than Chaucer's *Boece* (Benson, p. 1151). It is represented twice in ICAMET (CLOUD2, pp. 12-46; ROLLE-H1, pp. 162-72). The tract allegorizes the family of Jacob, his wives and children (Qq. 9 and 10):

Q. 9: *Beniamin Minor*, in CLOUD2, p. 16 (Migne, PL 196, col. 6)

> Þe sons of Jacob of Lya ben nouȝt elles to bemene bot ordeynde *affecciouns or felynges* in a mans soule [nihil aliud sunt quam ordinati *affectus*]; for ȝif þei weren vnordeynd, þan weren þei not his sones. Also þe seuen children of Lya ben seuen vertewes, for vertewe is not elles bot an *ordeynd and a mesurid felyng* of a mans soule [nihil aliud est virtus quam animi *affectus ordinatus et moderatus*].
>
> Jacob's sons by Leah signify nothing but ordained affections or feelings in a man's [person's?] soul; for if they were not ordained, they would not be his sons. Furthermore, Leah's seven children are seven virtues, for virtue is nothing else but an ordained and measured feeling of a man's [person's?] soul.

---

[23] cf. Thomas Aquinas, *De veritate* 26.1: *Deus sine passione amat*, quoted after Floyd (1998: 173 [n. 30]). Cf. *Summa* I, xx, 1, ad 1.

Q. 10: Jacob and his family allegorized (from *Beniamin Minor*, CLOUD2, p. 15)

	Husbond Jacob – God		
	Wyfe Lya – affeccyon	*Wyfe* Rachel – reson	
	Mayden Zelfa – sensualite	*Mayden* Bala – ymagynacioun	
þe sons of Jacob of *Zelfa*	*þe sons of Jacob of* *Lya*	*þe sons of Jacob of* *Rachel*	*þe sons of Jacob of* *Bala*
Gad – abstynence	Ruben – drede of God	Joseph – discresion	Dan – siȝt of paynes to come
Asser – pacyence	Symeon – sorow of synne	Beniamyn – contemplacyon	Neptalym – siȝt of joyes to come
	Leuy – hope of forȝeuenes		
	Judas – loue of good God		
	Isachar – joie of inward swetnes		
	Zabulon – parfyte hate of synne		
	Dyna – ordeynde schame of synne		

Leah and Rachel signify *affectio* and *ratio*, respectively, 'in' which the virtues grow; cf. the chapter headings in Q. 11 (where 'in the affection' is an explanatory addition to the Latin original):

Q. 11: Chapter headings in *Beniamin Minor* (selection)

HOW ÞE VERTEWE OF DREDE RISEÞ IN ÞE AFFECCYOUN [Reuben, Leah]
(CAPUT VIII: *Quomodo, vel unde oriatur ordinatus timor*)

HOW SOROW RISEÞ IN ÞE AFFECCIOUN [Simeon, Leah]
(CAPUT IX: *Quomodo oriatur vel ordinetur dolor*)

Q. 9, from near the beginning of the tract, calls these virtues *ordeynde affecciouns or felynges* (*ordinati affectus*). We thus have the same conflation of *affectus* and *affectio* which was observable already in Chaucer's *Boece*.

The passage suggests that *affection* and *feeling* are synonyms: both are used for the translation of *affectus*, and both include pleasant as well as unpleasant emotions (*dread, sorrow, hatred*). But the synonymy is only partial, as can be seen from the very different collocations of the two nouns (cf. Tables 6.1–4). Differences are visible in the frequency of the preposition *in*, the definite article, the possessives, demonstratives, and *of*-attributes. These differences are better discussed in Section 5.4 (on *feeling*), but the adjectives collocating with *affection* should be noted here. The predominance of *reverent* and *fleshly* with *affection* indicates that affections are distinguished and valued according to whether they have the body or a higher, spiritual world as their object (cf. the *of*-attributes in Q. 10: *dread of God* etc.).

Of-attributes of *feeling* contain a wide variety of emotions, those of *affection* only a single one, namely *love*. And the collocation *the affection of love* is the almost exclusive property of one author, Walter Hilton. A convincing explanation is difficult but worth trying. *Affection* is a cover term for all emotions, as Q. 11 has shown. In that sense it also comprises, e.g., fear and hatred. But the specific sense 'love, inclination' cannot be cancelled to the extent that the word could be followed by a specifying *of*-phrase with another emotion term.

Feeling is far less frequent in systematic expositions. We find statements on the number of the affections, but not on that of the feelings. *Affection* often contrasts with *reason*, whereas *feeling*, as we have seen in Section 5.0, appears in *and*-conjunctions with *wetyng* and *knowyng*.

5.3 *Feeling* and *Stirring*: general considerations

Stirring and *feeling* are both deverbal nouns, and their parent verbs differ of course, syntactically as well as semantically. As the differences between the verbs are reflected in the syntactic behaviour of the nouns, it may be good to devote a few lines to the verbs. When we feel something we are in a state of experiencing something; when we stir something we perform an action on something. To put it more pointedly: while the stirring is caused by the stirrer, the feeling is caused by the 'thing-felt' rather than the 'feeler'. Both verbs also have what may be called a 'medial' sense: *it feels like fine Chamois leather* (adapted from OED s.v. *feel*, sense 16); *every leaf that stirs* (adapted from OED, s.v. *stir*, sense 12). German renders both these senses by a reflexive verb: *sich anfühlen* and *sich bewegen*. The medial sense of *feel* is comparatively recent (first OED record 1581), and is irrelevant for the development of the emotion lexicon. But the medial sense of *stir* is attested already in Old English (OED, e.g. senses 2 and 12), and it has considerable bearing on the Middle English emotion lexicon, as we shall see looking at the *of*-attributes of *stirring*.

An important difference between the two verbs is in their "Aktionsart": *to feel* denotes a state (which fills a stretch of time and whose duration is not inherently limited), *to stir* denotes an event which occupies only a moment of transition (between rest and movement) or at best a very short process (between two periods of rest). These differences hold for the verbs not only in their literal, 'physical' sense but also for their transferred, psychological sense which concerns us in the context of the emotion lexicon.

5.4 *Feeling*

Feeling is considerably more frequent than *affection* (258 against 229). As we have seen, it may co-occur with *affection* in one of those translation doublets which suggest that we are dealing with quasi-synonyms. The nouns, however, differ radically in their collocative behaviour and, of course, only a few of these differences can be discussed here.

To begin once more with governing prepositions, *in* is the most frequent one with *feeling*, as it was with *affection*. But the predominance is much less pronounced (Table 6.1: *feeling* 59 against *affection* 74, or one-fifth to one-third). *Feeling* does not primarily designate a faculty of the soul which we may verbalize in a spatial metaphor, but a process, and a physical process at that. Although it is possible for *feeling* to assume the meaning 'faculty of the soul' and (in that case) to be spatialized by aid of *in*, a difference will always remain: *feeling* is the faculty of a specific person's soul, never that of man or woman in the abstract. For that reason we do not find *in the feeling* without a following *of*-attribute, whereas we often find *in the affection* without such an attribute.

A subtle but important difference is also to be found in the use of demonstratives: *this feeling* does not mean 'this kind of faculty of the soul', but 'this concrete, specific emotional experience which has been previously depicted as a process'. The emphasis on specific experience is a feature which the designata of ME *feeling* share with those phenomena which we call emotions – more than the designata of ME *affection*.

Feeling is 99 times (out of a total of 258) post-modified by a prepositional phrase beginning with *of*, 11 times by one beginning with *in* – 15 times if we add the phrase *the substance of this feeling lies in the love of Jesus*. Because the object of the verb *feel* is always the 'thing-felt', the *of*-attribute of *feeling* is used for the same semantic role. Only once is it used for the role of experiencer.[24] Of the 99 instances 67 are to be found in the work of the *Cloud*

---

[24] CLOUD1 86: *þe trewe felyng & knowyng of hem þat ben sauid* [those who are saved].

author (CLOUD1 and CLOUD2). If we subtract the twice 7 occurrences in *Beniamin Minor*, the *Cloud* author's share in this construction becomes even more striking: 60 out of 85. Quite a few *of*-attributes are exclusive or almost exclusive to the *Cloud* author: *thyself* (7), *thy (own/naked) being* (13), *myself* (3), but also *grace* (2) and *his* [=God's] *being* (4). Even *feeling of God* is only once found outside his writings (out of 9). Equally significant are the qualifications that are added to these *of*-attributes: *of God as he is, of thyself as thou art*, etc. What we do not find in the *Cloud* author's original work is *feeling of the soul* (4 times in the corpus) or '*feeling+of+*a specific emotion', as in *feeling of love / dread / hatred*. This construction is very frequent in *Beniamin Minor* and comparatively rare elsewhere.[25] *Feeling* in *Beniamin Minor* translates a variety of Latin terms, such as *intuitus* or *experientia*, but it also occurs where the translator gives only a free summary of Richard's text.[26] Most of the time *feeling* is again used to describe a character's specific experience at some specific moment, including allegorical characters like Jacob's wives and children.

When the preposition *in* post-modifies the noun *feeling*, it defines, of course, the 'place' of the feeling referred to. In the original English texts that place may be 'God' or 'the love of God' or locations similarly 'outside' the human soul. Not so in *Beniamin Minor*, where feeling is always located 'in (a man's) soul'. This reflects Richard of St. Victor's psychology which sees reason and affection (also translated as feeling or will) as two 'mights' or powers in the soul of man:

Q. 12: (CLOUD2, p. 12)

two miȝtes ben in a mans soule [...], *þe tone is reson, þe toþer is affeccioun or wille. þorow reson we knowe, & þorow affeccioun we fele or loue.*
two powers are in a man's soul [...], the one is reason, the other is affection or will. Through the reason we know, and through the affection we feel or love. *[Una est ratio, altera est affectio: ratio, qua discernamus, affectio, qua diligamus* (Migne, PL 196, col. 3, caput III)]

The adjectives collocating with *feeling* are also quite different from those with *affection*: *ghostly, naked, blind, bodily* (Table 6.3). *Reverent* does not collo-

---

25 Of 22 instances counted, 14 occur in the two versions of *Beniamin Minor*.

26 CLOUD2, p. 18: *feling of drede* (*intuitum formidinis, PL* 196, cap. viii, col. 7); p. 21: *felyng of loue* (*affectus* [...] *diligendi*, cap. xiii, col. 10); pp. 33: *felyng of goostly ioie* (*spiritualium gaudiorum experientiam*, cap. xli, col. 31; the phrase is repeated pp. 34, 35, where the English is a summary rather than a translation); p. 34: *a stronge felynge*

cate with *feeling* at all, *fleshly* only twice. Unlike affections, feelings are not judged according to their moral, but their cognitive value: ghostly feelings are feelings or emotions which are capable of contact with the Deity, often they are followed by the *of*-attributes *God* or *his being*. Bodily feelings are of course incapable of such contact. The assumption that feelings (as opposed to affections) are above all means of cognition is supported by their – admittedly modest – collocation with *true* and *false*, but even more by the complete absence of these adjectives from collocations with *affection*. The 49 collocations of *feeling* with *wetyng* and *knowyng* (Table 6.3) point in the same direction.[27] Contact with the Deity is of course connected with pleasant feelings, but pleasant feelings are not per se evidence of contact with the Deity. This simple fact presumably was known to all mystics, which is precisely why the distinction between true and deceptive feelings had to be taught.

Of special interest are collocations of *feeling* with *naked* and *blind* (12 each). Without exception they occur in the work of the *Cloud* author.[28] Together with his characteristic *of*-attributes these adjectives deserve to be added to those linguistic expressions to which Burrow (1984: 141) has drawn our attention.[29] The 'naked' and 'blind' feeling of 'thy own being' or 'thy self' that the *Cloud* author advocates is also conceptualized in a form which is perhaps more accessible to a modern reader: that a person *þenk & fele þat him-self is, not what him-self is bot þat hym-self is* (*The Book of Privy Counselling*, CLOUD1, p. 137).[30]

To explain the differences between *feeling* and *affection*, we must not look at the collocates in isolation. We should take a look, for instance, at the distribu-

---

of hateredyn a ȝns alle synne (*hunc* [...] *affectum* [?], cap. xl, col. 29). The tracing of the Latin original is possible only thanks to the admirably detailed notes in CLOUD2.

27 All instances of *feeling & wetyng* and all instances of *feeling & knowing* except four occur in CLOUD1.

28 The majority of witnesses, though, occurs not in the *Cloud* itself but in its sequel, *The Book of Privy Counselling* (CLOUD1, pp. 135-72).

29 Burrow suspects that the negative infinitives *vnbe* and *vnfele* which he has discovered may be 14th-century mannerisms, seeing that Criseyde is called 'unloving' in *Tr*. But apart from the fact that a negative participle is much more common than negative infinitives, the infinitives find support in the 'unfeeling feelings' which we have found. It thus seems more likely that they are an expression of the *Cloud* author's personal style and thought. See also Hodgson's list of words not even recorded in the OED, an impressive share of which begins with *un-* (CLOUD2, p. xxxii).

30 See also CLOUD1, p. 136: *as ȝif þou seidist þus vnto God with-inne in þi menyng, þat at I am, Lorde, I offre vnto þee, wiþoutyn any lokyng to eny qualite of þi beyng, bot only þat þou arte as þou arte, wiþ-outen any more.*

tion of *of*-attributes. *The feeling*, for instance, occurs 59 times, but only once without an *of*-attribute (CLOUD1, p. 34). On the other hand, of the 48 instances of *feeling* with a possessive determiner only one is followed by such an attribute (*Privy Counselling*, CLOUD1, p. 145). Then again, *the affection* occurs 68 times, and 51 are without an *of*-attribute. When pre-determined by possessives, both nouns show practically no *of*-attributes. These figures suggest that *feeling* requires closer determination, which may be provided by attributes as well as possessives.

The meaning of *feeling* is less narrowly circumscribed than that of *affection*. The question we have to ask is of course: to what extent can these feelings be called emotions? The first answer is that, clearly, feelings may be purely sensual phenomena, as when we feel the softness of a piece of cloth. But they are surprisingly like emotions in the modern understanding in that they point beyond the merely physical experience. The hedonic tone of a feeling is a pointer to the value of the thing-felt. The pointer is not infallible, and it has to be scrutinized, especially in the light of previous experience, but without the pointer we would not even begin to know about the value of the thing-felt. Where the feelings of medieval mysticism differ most from the emotions of modern psychology is on the point of involuntariness. While our emotions are spontaneous and not subject to our will, mystical contemplation could be characterized as a 'training' for certain feelings. It could be argued that in our times the training of the emotions takes place, for instance, in the reception of literary texts and other works of art. Some genres could even be said to be specializing in the inducing of certain emotions, such as amusement or pity-and-fear. But there's the rub: those specialized genres generate the feelings for the sake of the feelings themselves, regardless of the reality status of the things-felt. Or more simply: emotion is separated from truth. A false emotion is an insincere emotion, not an emotion caused by an inappropriate object. By contrast, to the mystic a false feeling is a deceptive feeling. A sweet feeling, for instance, may indicate contact with the Deity, but then again it may not. The medieval contemplative seeks not its sweetness but its truthfulness.

5.5 *Stirring*

The most striking differences between *stirring* and *feeling* are to be observed in the *of*-phrases post-modifying the two nouns. As we saw in Section 5.4, the *of*-attributes of *feeling* designate an object of feeling practically without exception. With *stirring*, things are not quite so simple: *of* may introduce an external agent such as God, the Holy Ghost, or *þe fel fende*, but also the action to which the experiencer is 'stirred' (or prompted, or urged), such as 'devotion' or *singulere doynges*.[31] But there is also a large group of abstract nouns such as *charity* (1), *love* (12), *sin* (10), *pride* (3), or *thoughts* (3). Here, the underlying verb has to be read as either transitive with an unnamed agent (e.g. pride is stirred by an unnamed agent) or as 'medial' in the sense explained in Section 5.3 (pride itself has the power of stirring, 'der Stolz regt sich'). In either case we may speak of an 'agentless' construction. Strikingly, the vast majority of these stirrings are to be found in the works related to the *Cloud of Unknowing*: all twelve instances of *love*, 9 out of 10 instances of *sin* (though none of *pride* or *thoughts* or *the flesh*). Add to this five stirrings of the heart (out of six), and the conclusion becomes inescapable that 'agentless stirrings' are an important linguistic device with the *Cloud* author.

At first sight these agentless stirrings have a curiously modern look. Like our emotions, they just seem to happen, nobody appears to be responsible for them. But that first sight is deceptive. The grammatical construction does not reflect the author's teaching, but the untutored experience of the apprentice contemplative whom the author addresses. At least three times the *Cloud* author exhorts his addressee not to stop with first impressions but to enquire *whens þis steryng comeþ* (CLOUD1, p. 131, similarly twice CLOUD2, p. 68). He even devotes an entire tract to the *Discrecioun of Stirings* (CLOUD2, pp. 62-77). The reader is told to explore his motives by introspection, but the source of his stirrings is to be found not only 'inside' but also 'outside' him, not only in *a kyndely coriouste of witte* (CLOUD1. p. 131) but also in *clepyng* [calling] *of grace* (*ibid.*) or in the *þe fel fende* (CLOUD1, p. 147). The task is to distinguish divine stirrings from others, but no checklist of criteria is given.

In the previous section we saw that feeling is an experience which may 'transport' the soul to the next world. There is hardly a suggestion of this in the syntax of *stirring*, a word which, significantly, appears in neither of the two versions of *Beniamin Minor*. With the exception of a passage attributed to Richard Rolle (ROLLE-H1, p. 197), the 14 stirrings whose location is made explicit take place in the human soul, often referred to as *thee* (i.e. the *Cloud* author's addressee). Three times the localization is still more specific: the heart or the will (CLOUD1, pp. 93, 94, ROLLE-P, p. 14). Stirrings, as it were, belong to the soul while it is in this world; feelings may be experienced while it is (temporarily) elevated to the next.

To is the third preposition which may follow *stirring*. Though not the most numerous, it is the most characteristic because none of the other nouns is

---

[31] *A meditacyone off None*, from *The Privity of the Passion* (a rendering of Pseudo-Bonaventura's *De mysteriis passionis Iesu Christi*), ROLLE-H1, p. 207; *A Pistle of Discrecioun of Stirings*, CLOUD2, p. 67.

post-modified by a *to*-phrase. This again reflects the meaning of *stirring*: a stirring may lead us to a course of action. This sense is contained already in the parent verb (OED s.v. *stir* v., senses 7 and 8). A stirring thus is an impulse to do or feel something. *Stirring to* was found 13 times. It may be directed towards God, to contemplation, meekness or silence, but 8 times it is directed toward sin. In that case the meaning is clearly no different from *stirring of sin* (10 times): the latter is simply less explicit than the former. What matters semantically is that the context of *stirring*, unlike that of the other three nouns, provides a slot for something we might call direction or goal.

Like *affection* and *feeling*, *stirring* is morally ambivalent, as our discussion of agents has already shown. But it is remarkable for a host of adjectives which express this moral valuation and are quite different from those we saw in collocation with the other nouns: *wicked*, *unskilful*, *wilful*, *evil*, *foul*, *vicious*, *vain*, *violent*, and even *stinking*. As morally positive adjectives we find only *meek* and *devout*. Admittedly these are among the most frequent (7 and 6), but the lack of variety is noteworthy. The 'pleasant' adjectives which are frequent with *feeling* (cf. Table 6.3) are altogether absent. *Sudden* (5), *short* and *sharp* reflect the "Aktionsart" of the parent verb, which highlights some aspects of the modern concept 'emotion' which play no important part in the meanings of the other three nouns. Perhaps most interestingly, the meanings of the ME *stiring* and ModE *emotion* share the features 'quick onset' and 'brief duration' which are regarded as crucial by many modern psychologists and which distinguish emotions from moods.[32] It may be worth noting that the OE noun *styrung* has already undergone roughly the same semantic development as the early ModE *emotion*: from the original meaning 'motion, moving' (Bosworth/Toller s.v. *sense* I, OED *sense* 2) to 'tumult' (BT s. 2a, OED s. 3) and 'emotion' (BT s. 2c, OED s. 4).

6. Summary

It is now time to answer the questions raised at the beginning.

1) As a narrative poet Chaucer has little need for a superordinate term for 'emotion', although somewhat more than his contemporaries. Texts of religious instruction, whose structure is expository, have a greater need.

2) Both corpora use all four of the terms under consideration. But evidence that Chaucer uses *affection* as a superordinate term for emotions is rather weak, as it is practically limited to the expository *Parson's Tale*.

---

[32] See, for instance, Ekman (1994: 18).

3) Meanings outside the conceptual field: of the four words discussed, *affection* is the only one to be exclusively applied to psychological phenomena. It tends to designate a part or faculty of the soul rather than a psychological reaction. *Passion* designates, apart from emotions, illness and suffering, especially the sufferings of Christ and of Christian martyrs. Possibly this is extended to Cleopatra as a martyr to love. *Feeling* originally designates one of the five senses, its designation is extended to perception, consciousness and finally to emotion, also to the psychological faculty of feeling or sensing. If the primary meaning of *stirring* is 'setting in motion', that implies an external agent, even if that agent is not named. When transferred to the human soul, the word becomes important in religious writings, and the 'agent' becomes an 'instigator' or 'prompter'. Chaucer uses the word only in a religious text. His usage agrees with that of the religious writers in that the identification of the external agent becomes paramount.

4) Points of concentration within the field 'emotion': In Chaucer *passion* refers to violent, active and predominantly unpleasant emotion, with him the word invites sympathy. The religious tracts use the word for morally negative, flesh-bound emotions like gluttony or lechery. The concept of the Deadly Sins is never far.

Affection is the traditional concept of theological systems. Its use is limited by the fact that it can also be used for love and affection / inclination. Apart from the *Boece* and the *Parson's Tale*, Chaucer uses it only in the latter, narrower sense; in the *Canterbury Tales* valuation of affection is usually negative, whether moral or intellectual. In the religious texts *affection* can include pleasant as well as unpleasant emotions, precisely because here the basic distinction is not hedonic but moral. Moral valuation is determined by the object of affection. *Affection* always contains an element of striving, of the pursuit of a goal, in Chaucer as well as in the religious texts.

The primary meaning of *feeling* predisposes the word for passive emotions like fear, sadness, joy or bliss. As far as I can see, *feeling of love* is used exclusively for the love of God (genitivus obiectivus). It is used to describe emotional experiences rather than emotional dispositions.

Like *feeling*, *stirring* stresses experience rather than disposition; unlike *feeling* it denotes the impulse towards an activity and hence is judged morally, not according to its truth or falsehood.

Finally, we may ask why there was so little need for a term covering pleasant as well as unpleasant, morally approved as well as disapproved, active as well as passive emotions. A medievalist attempting an answer should be aware that

186

he is skating on very thin ice indeed, but the risk seems worth taking. A clue is perhaps to be found in MONTAIGNE, most probably the first writer to use *emotion* in its modern sense. A "skeptical student of himself and mankind" who "spoke out for a man-centred morality" (Encyclopædia Britannica, Vol. XII, p. 394, 15th ed. 1974/1982), Montaigne gives a revealing account of himself showing anger *sans aucune vraye emotion* (1962: 698 [Livre II, chap. xxxi]). He applies the word to physical and social as well as to psychological phenomena. I would submit that when the human soul becomes a phenomenon to be studied and observed for its own sake (not only for the sake of its salvation), a new metaphorical vehicle becomes necessary which assimilates it to the category of natural phenomena. Perhaps the most telling contrast between the Middle Ages and the modern age is captured in the contrast between *stirring* and *emotion*: from movement caused by an external agent to movement coming 'out of' the moved object itself.

Appendix:
Middle English texts of religious instruction consulted

	Text, Edition	sigla	words	approx date
1.	*Capgrave's Lives of St. Augustine*; ed. Munro; EETS OS 140 (1910)	CAPGR	58585	1440+
2.	*Cloud of Unknowing and the Book of Privy Counselling*; ed. Hodgson; EETS OS 218 (1944 for 1943)	CLOUD1	51339	C14+?
3.	*Deonise Hid Diuinite and other treatises on contemplative prayer related to* The Cloud of Unknowing; ed Hodgson, EETS OS 231 (1955 for 1949) [includes *A Treatyse of þe Stodye of Wysdome þat Men Clepen Beniamyn*]	CLOUD2	22633	C14
4.	Hilton, *Angels' Song*, in *Two Minor Works of Walter Hilton*, pp. 9-15 (2nd part); ed. Takamiya (Tokyo, 1980)	HILTON1	2300	c1400
5.	Hilton, *Eight Chapters on Perfection*, ed. Kuriyagawa (Tokyo, 1980)	HILTON2	5480	C15

6.	Misyn, Richard, *The Fire of Love*, ed. Harvey. EETS OS 106 (1896)	MISYN1	51169	1435
7.	Misyn, Richard, *The Mending of Life*, ed. Harvey. EETS OS 106 (1896)	MISYN2	12668	1434
8.	*Richard Rolle and the Holy Book Gratia Dei*, ed. Arntz. Salzburg Studies in English Literature (Salzburg, 1981)	ROLLE-GD	35787	1300+
9.	*Yorkshire Writers: Richard Rolle of Hampole and His Followers,* ed. Horstmann, vol. I (London: Swan Sonnenschein; New York: Macmillan, 1895; repr. Cambridge: Brewer, 1976, new ed. 1999)	ROLLE-H1	137288	a1349
10.	Idem, vol. II	ROLLE-H2	121977	a1349
11.	Idem, vol. I, 3-182, alternative mss.	ROLLE-H1a	26371	C 14?
12.	*English Prose Treatises of Richard Rolle de Hampole*, ed. Perry. EETS OS 20 (1866, 1921 for 1920)	ROLLE-P	18275	a1349
13.	*Sawles Warde*, in *Old English Homilies*, ed. Morris. EETS 29/34 (1867/68)	SAWLESW	4937	1150+
14.	*Vices and Virtues*, ed. Holthausen. EETS OS 89, EETS OS 159 (1921 for 1920)	VICES	28569	c1200
	Σ		577378	

Abbreviations

CT	Canterbury Tales
EETS	Early English Text Society
eModE	Early Modern English
LGW	Legend of Good Women
m	metrum (in quotations from Boethius)
ME	Middle English
MED	Middle English Dictionary
ModE	Modern English
OE	Old English
OED	Oxford English Dictionary
OS	Original Series (of the EETS publications)

p   prosa (in quotations from Boethius)

PL   Patrologia Latina (ed. Migne)

Works Cited

An Anglo-Saxon Dictionary Based on the Manuscript Collections of the Late Joseph Bosworth. ed. and enlarged by T. Northcote Toller. Supplement and Addenda enlarged by Alistair Campbell. 2 vols. 1972-76 [¹1882-98].

Benson, Larry D., ed. 1988. *The Riverside Chaucer.* Oxford: Oxford University Press.

Boethius, Anicius Manlius Severinus. 1918. *Theological Tractates. With an English translation by H.F. Stewart and E.K. Rand. The consolation of philosophy. With the English translation of "I.T." (1609)*, rev. by H.F. Stewart. London: Heinemann (repr. 1962) [Loeb Classical Library 71].

Bosworth/Toller: see *Anglo-Saxon Dictionary*

Burrow, John A. [1977/]1984. "Fantasy and Language in *The Cloud of Unknowing*", in: J.A.B., *Essays in Medieval Literature.* Oxford: Clarendon Press, pp. 132-47 [originally publ. *Essays in Criticism* 27 (1977): 283-98].

Cotgrave, Randle. 1611. *A Dictionarie of the French and English Tongues.* Menston: Scolar Press 1968 [English Linguistics, 1500-1800: A Collection of Facsimile Reprints 82].

Cruse, Donald Alan. 1989. *Lexical Semantics.* Cambridge: Cambridge University Press.

Davis, Norman, *et al.*, ed. 1979. *A Chaucer Glossary.* Oxford: Clarendon Press.

Dedeck-Héry, V. L. [*recte*: Louis Venceslas], ed. 1952. "Boethius' *De Consolatione* by Jean de Meun". *Mediaeval Studies* 14: 165-275.

Deutsches Wörterbuch von Jacob Grimm und Wilhelm Grimm, Neubearbeitung ed. by Brandenburgische Akademie der Wissenschaften and Akademie der Wissenschaften zu Göttingen. Vol. 7: E – Empörer. Stuttgart and Leipzig: Hirzel, 1993.

Diller, Hans-Jürgen. 2002. "The growth of the English emotion lexicon: A first look at the *Historical Thesaurus of English*", in: Katja Lenz and Ruth Möhlig, eds. *Of dyuersitie & chaunge of language: Essays presented to Manfred Görlach on the occasion of his 65th birthday* [Anglistische Forschungen 308]. Heidelberg: Winter. pp. 103-14.

Diller, Hans-Jürgen. 2005. "Chaucer's Emotion Lexicon: *passioun* and *affeccioun*", in: Nikolaus Ritt and Herbert Schendl, eds. *Rethinking Middle English: linguistic and literary approaches.* Frankfurt: Peter Lang. pp. 110-24.

Dinzelbacher, Peter, ed. ²1998. *Wörterbuch der Mystik.* Stuttgart: Kröner.

Duchrow, Ulrich. 1965. *Sprachverständnis und biblisches Hören bei Augustin.* Tübingen: Mohr.

Ekman, Paul. 1994. "All Emotions are Basic", in: Paul Ekman and Richard J. Davidson, eds. *The nature of emotion: fundamental questions.* New York and Oxford: Oxford University Press, pp. 16-20.

Fehr, Beverley, and James A. Russell. 1984. "Concept of Emotion Viewed from a Proto-type Perspective". *Journal of Experimental Psychology: General* 113: 464-86.

Florio, John, tr. 1910 (repr. 1963). *Montaigne's Essays* London: Dent [Everyman's Library 441].

Floyd, Shawn D. 1998. "Aquinas on Emotion: a response to some recent interpretations", *History of Philosophy Quarterly* 15: 161-75.

Grimm, Jacob and Wilhelm: see *Deutsches Wörterbuch*

Kay, C., and M.L. Samuels. 1975. "Componential Analysis in Semantics: its Validity and Applications", *Transactions of the Philological Society 1975*, pp. 49-81.

Kottler, Barnet, and Alan M. Markman, eds. 1966. *A Concordance to Five Middle English Poems:* Cleanness, St. Erkenwald, Sir Gawain and the Green Knight, Patience, Pearl. University of Pittsburgh Press.

Langland, William. 1978 (repr. 1982). *The Vision of Piers Plowman. A complete edition of the B-Text*, ed. A.V.C. Schmidt London: Dent [Everyman's Library 1571, provided on disk by Oxford Text Archive].

Leake, Roy E., et al. 1981. *Concordance des essais de Montaigne* préparée par Roy E. Leake, David B. Leake et Alice Elder Leake. 2 vols. Geneva: Droz [Travaux d'humanisme et renaissance 187].

Longacre, Robert E. [2]1996. *The Grammar of Discourse*. London: Routledge. [[1]1983].

Montaigne, Michel de. 1962. *Œuvres complètes*. Paris: Gallimard [Bibliothèque de la Pléiade xiv].

Pearsall, Derek. 1992. *The Life of Geoffrey Chaucer. A critical biography*. Oxford: Black-well.

Pickles, John D., and J. L. Dawson, eds. 1987. *A Concordance to John Gower's* Confessio Amantis. Cambridge: D.S. Brewer.

Quirk, Randolph, Sidney Greenbaum, Geoffrey Leech and Jan Svartvik. 1985. *A Compre-hensive Grammar of the English Language*. London: Longman.

Robert, Paul. 1994. *Le Grand Robert de la langue française*, 2e édition par Alain Rey. Paris: Le Robert.

Roget, Peter Mark. 1962. *Thesaurus of English Words and Phrases*, revised by R.A. Dutch. London: Longman [[1]1852].

Schäfer, Jürgen. 1989. *Early Modern English Lexicography*. 2 vols. Oxford: Clarendon Press.

Traugott, Elizabeth Closs. 1985. "On regularity in Semantic Change", *Journal of Literary Semantics* 14: 155-73.

Tatlock, John S. P., and Arthur G. Kennedy, eds. 1927. *A Concordance to the Complete Works of Geoffrey Chaucer and the Romaunt of the Rose*. Glaucester MA: Peter Smith.

Trésor de la langue française. Dictionnaire de la langue du 19ᵉ et du 20ᵉ siècle. 1789-1960, ed. Paul Imbs *et al.* Paris: Éditions du Centre National de la Recherche Scientifique. Vol. 7: Désobstruer – Épicurisme, 1979.

Wenzel, Siegfried. 1982/3. "Notes on the *Parson's Tale*", *Chaucer Review* 16: 244.

Wenzel, Siegfried, ed. 1984. *Summa Virtutum de remediis anime*. Athens GA: The University of Georgia Press [The Chaucer Library].

Abbildung 8 zum Aufsatz von Ursula Stadler Gamsa

URSULA STADLER GAMSA

Gefühlssymbolik in chinesischen Schriftzeichen

1. Fragestellung und Einführung

Kann aus der Form eines chinesischen Schriftzeichens auf seine Bedeutung geschlossen werden?

Im Folgenden werden Interpretationsmöglichkeiten von vier chinesischen Schriftzeichen aufgezeigt, die Emotionen ausdrücken. Davon ausgehend wird dem Mythos und der Realität der chinesischen Zeichenfindung und Zeichenbildung nachgegangen – handelt es sich bei der chinesischen Schrift um gezielt geschaffene und zusammengesetzte Zeichen?

Abschliessend wird darauf hingewiesen, wie die im chinesischen Sprachraum aufgrund der Sprachstruktur sehr verbreiteten Homophone zu einem speziellen Symboltypus führen.

2. Interpretation von chinesischen Zeichen, die für Emotionen stehen: Vier Beispiele

Die folgenden vier Schriftzeichen bezeichnen Gefühlsregungen und Gefühlszustände.[1]

(1) *chou*　　　　(2) *men*　　　　(3) *nu*　　　　(4) *pa*

Im klassischen Chinesisch sind die Wörter einsilbig, wobei nur etwa vierhundert verschiedene Silben existieren. Diese können nun zwar auf vier verschiedene Arten ausgesprochen werden,[2] dennoch führt diese Silbenarmut zu einer aussergewöhnlich grossen Zahl von Homophonen: Für die Silbe *qing*, welche im zweiten Ton ausgesprochen 'Gefühl', 'Emotion' bedeutet, gibt es zum Beispiel rund dreissig Bedeutungen.

Betrachten wir nun das erste Schriftzeichen, es wird *chou* ausgesprochen. Dessen obere Komponenten können relativ einfach erklärt werden.

(5) *he* 'auf dem Feld stehendes   (6) *huo* 'Feuer'
Getreide, vor allem Reis'

Abbildung 1[3] illustriert die Entwicklung von der ursprünglichen Form des Zeichens bis zum heutigen Schriftzeichen:

(Abbildung 1)

Interpretieren liesse sich dieses Zeichen auf folgende Weise: Das auf dem Feld übrig gebliebene Getreide wird auf den Stoppelfeldern verbrannt. Dies geschieht nach der Ernte, also im Herbst.

(7) *qiu* 'Herbst'

Dagegen ist die Bedeutung der untersten Komponente des Zeichens nicht ohne weiteres ersichtlich: Auf Orakelknochen und Bronzegravierungen aus der Zeit der Shang-Dynastie[4] zeigt sich das Zeichen so (vgl. Abb. 2)[5]:

194

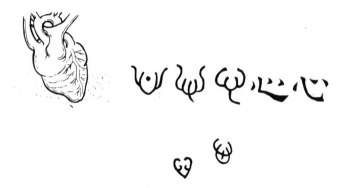

(Abbildung 2)

Ein abstrahiertes Herz mit den Herzkammern, Aorta und Lungenarterie, das heute, nach diversen Schriftveränderungen diese Form aufweist:

(8) *xin*

Das Zeichen kann auch allein stehen und wird *xin* (Herz) ausgesprochen. Als Komponente kann es nicht nur unter einem andern Zeichen, sondern auch seitlich davon stehen und hat dann die Form :

Xin bezeichnet das Herz als Körperorgan. Es gehört somit zusammen mit Augen, Ohren, Nase und Mund zu den fünf Organen (*wu guan*), gleichzeitig aber steht das Wort *xin* auch für den Sinn, den man sich in diesem Organ angesiedelt vorstellt: nämlich für die Empfindungen und die Vernunft.[6]

Suchen wir nun nach einer einleuchtenden Bedeutung des Zeichens (1): 'Herbst', versehen mit dem Gefühlsmarkierer 'Herz' ergibt in der Tat das, was Conrad Ferdinand Meyer im *Schuss von der Kanzel* als "Herbstgefühl" bezeichnet. Ein Beitrag in einer Singapurer Tageszeitung, der sowohl der muttersprachigen als auch der fremdsprachigen Leserschaft die Ursprünge und Bedeutung der Zeichen näher bringen will, macht das auf diese Weise deutlich (Abb. 3)[7]:

(Abbildung 3)

Im chinesisch-deutschen Wörterbuch[8] findet sich dazu der in Abbildung 4 wiedergegebene Eintrag.

Zu beachten ist hier vor allem das Kompositum *choumen*. Im Gegensatz zum klassischen Chinesisch sind im modernen Chinesisch zweisilbige Wörter die Regel, wodurch sich die Gefahr von Homophonen beträchtlich verringert.

Die Bedeutung von *choumen* ('schwermütig', 'betrübt') leitet zum zweiten der ausgewählten Schriftzeichen über, denn auch in diesem Fall scheint die Form Aufschluss über die Bedeutung zu geben.

愁 chóu besorgt; beunruhigt; bekümmert; betrübt; Sorge *f*; Kummer *m*: 不～吃，不～穿 sich keine Sorgen um Nahrung und Kleidung zu machen brauchen; sich nicht um den Unterhalt kümmern müssen / 你别～，病人很快会好的。 Keine Sorge, der Kranke wird bald wiederhergestellt sein. / 只要依靠群众，不～完不成任务。 Wenn wir uns auf die Massen verlassen, brauchen wir uns wegen der Erfüllung der Aufgabe nicht zu beunruhigen.

愁肠 chóucháng verborgener Kummer; verhaltener Schmerz: ～百结 jm nagt (od. frißt) ein heimlicher Kummer am Herzen; mit einem Herzen voller Gram; sehr bekümmert

愁苦 chóukǔ seelischer Schmerz; Kummer *m*; Leid *n*

愁眉 chóuméi mit Sorgenfalten auf der Stirn; mit sorgenvollem Blick; niedergeschlagen (od. bekümmert, besorgt) aussehen: ～不展 besorgt die Stirn runzeln / ～苦脸 ein enttäuschtes Gesicht machen; mit besorgter (od. bekümmerter) Miene

愁闷 chóumèn schwermütig; trübsinnig; sich bedrückt fühlen; voller Trübsal

愁容 chóuróng niedergeschlagen aussehen; besorgter Ausdruck; düstere Miene: ～满面 mit einem sorgenvollen Gesicht

愁绪 chóuxù ‹书› Schwermut *f*; Kummer *m*; Trübsal *f*: ～全消。 Aller Kummer ist wie weggeblasen.

愁云惨雾 chóuyún-cǎnwù in düstere Wolken und Nebel gehüllt; von drückendem Elend umgeben sein

(Abbildung 4)

Der Rahmen des Zeichens (2) bedeutet *men* ('Türe'). In den Fünfzigerjahren sind unter kommunistischem Einfluss viele Zeichen vereinfacht worden, um eine breitere Volksschicht alphabetisieren zu können, wobei allerdings Mao Zedong selber nie vereinfachte Zeichen verwendet hat – als Dichter und Kalligraph war er der ursprünglichen Zeichenform zu sehr verpflichtet. Heute werden in Taiwan, Singapur und Hongkong immer noch die sogenannten Langzeichen verwendet.[9] Sie sind zwar aufwendiger zu schreiben, geben aber die ursprünglichen Komponenten des Zeichens unmissverständlicher wieder.[10]

Als Langzeichen hat das Zeichen für 'Türe' die Form: (Zeichen 8a); hier sind im Gegensatz zum Kurzzeichen (Zeichen 8b) die beiden Flügel des Tores noch klar erkennbar. Ein Herz, derart eingeschlossen, ist 'bedrückt', 'betrübt' und 'gelangweilt' – und so wird die Bedeutung in chinesisch-deutschen Wörterbüchern wiedergegeben. In einer anderen Betonung steht das Zeichen übrigens auch für 'schwül', 'drückend' und sogar für 'Stubenhocker', 'sich in seinen eigenen vier Wänden verstecken'.[11]

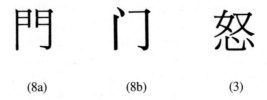

(8a)   (8b)   (3)

Im dritten der am Anfang vorgestellten Zeichen (Zeichen 3) *nu* ist die linke Komponente das Zeichen *nü* ('Frau') (Abb. 5),[12] die früheren Formen des Zeichens zeigen eine niederkniende Frau und machen das heutige Zeichen nachvollziehbar.

(Abbildung 5)

Abbildung 6 verdeutlicht die Entwicklung des Zeichens für rechte Hand, ergänzend dazu auch diejenige der linken Hand.[13.]

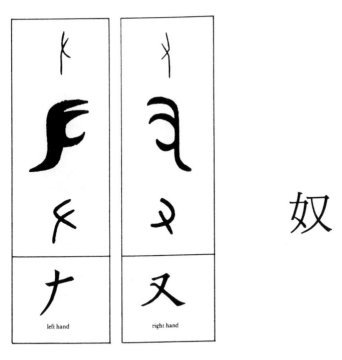

left hand   right hand

(Abbildung 6)

Stehen die beiden Komponenten 'Frau' und 'rechte Hand' zusammen, bedeutet das Zeichen (9) *nu* 'Sklave', 'Sklavin'.

Erklärt werden könnte dies etwa so: Sichtbar ist eine Frau, die von einer Hand niedergedrückt wird, oder auch eine Frau, die ständig mit der rechten Hand arbeiten muss.

Das 'Herz' kann auch hier als Gefühlsmarkierer gesehen werden, und Gefühle, die sich in einer Sklavin regen, könnten sehr wohl zorniger oder verärgerter Natur sein. Dies ist denn auch die Bedeutung von *nu* : 'Zorn' und 'Ärger'. In wissenschaftlichen und populärwissenschaftlichen Werken zu chinesischen Schriftzeichen finden sich aber auch andere Erklärungen, etwa: Wenn ein Herr sein Herz an eine Sklavin verschenkt, wird das zu Ärger führen.

Der Begriff *nu* ('Ärger') gehört zusammen mit seinem Gegenstück *xi* ('Freude') zum Kanon der meist sechs Grundemotionen der chinesischen Antike, die jeweils paarweise angeordnet sind: Freude und Zorn, Hass und Begehren sowie Trauer und Frohsinn.

Das letzte der vier Zeichen besteht wiederum aus der Komponente 'Herz'; diesmal verbunden mit dem Zeichen

(10) *bai* 'weiss'

Ein weisses Herz, so eine gängige Erklärung, ist leer von jeglicher Regung, vor allem ohne jeden Rest von Mut. Das Wort, das *pa* ausgesprochen wird, bedeutet denn auch 'Furcht', 'Schrecken'.

In diesem ersten Teil haben wir nun diese Zeichen auf reizvolle und scheinbar plausible Weise erklärt und sind dabei so vorgegangen, wie man das bei Bilderrätseln, etwa auf 'Züritirggeln', tut.

Wer allerdings jedes Zeichen so deuten will, kommt sehr bald in einen Erklärungsnotstand und geht dabei aus vom Mythos eines weitgehend piktographischen Charakters der chinesischen Schrift.

3. Erfindung von Piktogrammen oder Entwicklung einer Schrift?

Die Interpretationen der vier Zeichen im oberen Abschnitt finden sich so oder ähnlich in zahlreichen westlichen und chinesischen Werken zur chinesischen Schrift. Beim Erlernen der Zeichen erfüllen die scheinbar so umsichtig zusammengefügten Komponenten der Zeichen auch für Muttersprachige eine wichtige mnemotechnische Funktion, die weit über reine Volksetymologie hinausreicht: Als Eselsleitern sind die Erklärungsmuster beliebt.

Wenn wir davon ausgehen, dass sich die Semantik eines chinesischen Worts in den einzelnen Teilen des Graphems (Schriftzeichens) klar widerspiegelt, lassen wir ausser Acht, dass Schrift immer die Wiedergabe von gesprochener Sprache, von Lauten ist.

In den obigen Erklärungen wurde aber dem phonetischen Aspekt der Wörter keinerlei Rechnung getragen. Dabei ist die Diskussion über den Stellenwert der geschriebenen im Vergleich zur gesprochenen Sprache in China von besonderer Bedeutung, wird doch seit noch nicht einmal hundert Jahren in der gleichen Sprache geschrieben, in der auch gesprochen wird: Vor 1919 wurden die Texte im Wesentlichen in klassischem Chinesisch verfasst, das von der gesprochenen Sprache stark abwich.

Die sinologische Forschung (nicht zuletzt in China selbst) tut sich bis heute schwer damit, die Entwicklung des Skripts als strukturell nicht verschieden von den übrigen Schriftsystemen – zum Beispiel in Südamerika – zu beschreiben. Der Glaube an eine genial konzipierte Schrift, bei der etwa ein früher Weiser einzelne Bedeutungselemente gezielt zu einem Ganzen gefügt hätte, hält sich in mancher Hinsicht bis heute:

"Wer hat die chinesischen Zeichen erfunden?" schreibt Lu Xun, der bekannteste chinesische Schriftsteller des 20. Jahrhunderts.

"Wir sind an Mythen gewöhnt, welche Erfindungen einem verehrungswürdigen Heiligen der Antike zuschreiben … und so sind wir schnell mit einer Antwort zur Stelle: Die Zeichen wurden von Cang Jie erfunden. Dies wenigstens bestätigen die dafür zuständigen Schriftgelehrten, welche zweifellos ihre Quellen dafür haben werden. Ich habe Gelegenheit gehabt, ein Portrait Cang Jies zu besichtigen: Er gleicht einem alten buddhistischen Mönch und hat vier Augen. Das ist natürlich nicht verwunderlich: Wer die Zeichen erfunden hat, muss auch aussergewöhnlich aussehen."[14]

Nicht zuletzt steht die Tatsache, dass sich der Glaube an eine grundsätzliche Erklärbarkeit jedes einzelnen Zeichens bis heute gehalten hat, in direktem Zusammenhang mit dem vor bald 1900 Jahren verfassten Wörterbuch *Shuo Wen Jie Zi* (erschienen 121 n. Chr., während der Han-Zeit).[15] Der Titel des Werks kann mit "Erklärung der Simplex-Grapheme und Analyse der Kompositums-Grapheme" übersetzt werden. Im Gegensatz zu früheren Wörterbüchern zielt das Werk des Lexikographen Xu Shen darauf ab, Schriftzeichen zu erklären und zu analysieren: Die vom Autor ausgedrückte Überzeugung, dass die Bedeutung eines Graphems mit dessen graphischer Form zusammenhänge und dass durch die richtige Analyse des Zeichens unfehlbar auf die Bedeutung des Worts geschlossen werden könne, erwies sich als grundlegend für das chinesische Sprach- und Schriftverständnis.

Xu Shens Einteilung der Zeichen in sechs verschiedene Klassen taucht unverändert in zeitgenössischen Werken zur chinesischen Schrift auf: Wenige andere Wörterbücher können eine derart weitreichende, fast zweitausendjährige Wirkungsgeschichte aufweisen.

Tatsache ist allerdings, dass nur ein ganz kleiner Teil der chinesischen Zeichen piktographischen Charakter hat, nämlich lediglich etwa zweihundert der heute rund fünfzigtausend Zeichen.[16] Die restlichen Zeichen sind zusammengesetzt, sie bestehen, vereinfacht gesagt, aus einem semantischen, bedeutungsindizierenden Teil (z.B. Baum, Feuer, Mensch, Herz) und aus einem phonetischen Teil, der einen Hinweis darauf gibt, wie das Zeichen auszusprechen ist.[17]

Diese zwei Komponenten lassen sich am Beispiel der Silbe *qing*, die im zweiten Ton ausgesprochen 'Gefühl' bedeutet, gut darstellen:

(11) *qing* 'Gefühl'　　　(12) *qing* 'blau, grün'

Der hintere Teil des Zeichens (11) gibt einen Hinweis auf die Aussprache: Selbst wenn die hintere Konstituente des Zeichens allein steht, wird das Schriftzeichen (12) als *qing* ausgesprochen.

Der vordere Teil des Zeichens, im Beispiel (11) ist das die Konstituente 'Herz', gibt einen Hinweis auf die Semantik: Wie in anderen Fällen weist die Herzkomponente auch hier darauf hin, dass das Zeichen für etwas steht, was mit Emotionen zusammenhängt. Das Zeichen (11) lässt sich mit 'Gefühl', 'Gemütsbewegung' übersetzen, wobei die klassische Kernbedeutung mit 'inneres, eigentliches Wesen' ausgedrückt werden kann.

Zwei weitere Beispiele von Zeichen, die die phonetische Komponente *qing* beinhalten, verdeutlichen den weiter oben illustrierten Zeichenaufbau:

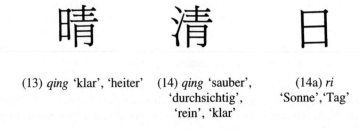

(13) *qing* 'klar', 'heiter'　　(14) *qing* 'sauber',　　　　(14a) *ri*
　　　　　　　　　　　　　'durchsichtig',　　　'Sonne', 'Tag'
　　　　　　　　　　　　　'rein', 'klar'

Im Beispiel (13) ist die bedeutungstragende Konstituente (Zeichen 14 a) eine Sonne, die entsprechende Bedeutung 'klar, heiter', meist auf das Wetter bezogen. Ebenso gibt die semantische Konstituente (drei Wassertropfen) im Beispiel (14) einen Hinweis auf die Bedeutung 'durchsichtig, rein'.

Es versteht sich von selbst, dass diese semantischen Komponenten nur für diejenigen Betrachter etwas taugen, die mit der chinesischen Schrift vertraut sind. Auch scheinbar eindeutig piktographische Komponenten, wie etwa die drei Wassertropfen im Beispiel (14), sind für Unkundige nicht zu erschliessen.

Das wird deutlich, wenn wir uns einige frühe Zeichen ansehen, die landläufig als Piktogramme definiert werden (Abb. 7 auf der nächsten Seite) [18]:

Es sind dies Zeichen der späten Shang-Zeit (ca. 1200 v. Chr.). Warum sind es keine Piktogramme? Erstens deswegen, weil es keine Zeichnungen sind, die etwas erkennbar darstellen. Nicht auszuschliessen ist, dass sie es in einer früheren Form waren, für die keine Zeugnisse vorliegen, in diesem Entwicklungsstadium sind sie es aber nicht mehr. Zweitens gibt es klare Hinweise darauf, dass die Zeichen der Shang-Zeit nicht nur als Zeichen, sondern als Schriftzeichen verwendet wurden. Dazu müssen sie eine Bedingung erfüllen: Als Schrift müssen sie gesprochene Sprache, Laute repräsentieren.

Für diese frühen chinesischen Zeichen wird deshalb nicht der Begriff "Piktogramm", sondern "Zodiogramm" verwendet. Ein Zodiogramm ist ein Schriftzeichen, das nicht aus mehreren Konstituenten besteht (also nicht zusammengesetzt ist, wie dies in den Beispielen (11), (13), (14) der Fall ist), jedoch – anders als das Piktogramm – konventionell an eine phonetische Umsetzung gebunden ist. Das Zeichen

(15) *shan* 'Berg'

wird also immer nur *shan* ausgesprochen und darf nicht mit einem andern Laut oder einer Lautfolge (aufs Deutsche bezogen etwa mit 'Erhöhung' oder 'Hügel') in Verbindung gebracht werden.

Im Zeichen (15) ist die ursprüngliche Form des Bergs zwar noch erkennbar, wie realistisch die Repräsentation eines Gegenstandes ist, ist für die Funktion als Schrift letztlich allerdings bedeutungslos, im Gegenteil: Sobald ein Zeichen konventionell mit einem Wort (d.h. Wortlaut, nicht Begriff!) verbunden ist, wird eine realistische Darstellung überflüssig. Zodiogramme sind somit, ebenso wie die komplexeren Zeichen, "Logogramme". Und weil im klassischen Chinesisch die Wörter aus einer Silbe bestehen, handelt es sich bei der chinesischen Schrift um eine Silbenschrift.

Shang character	Modern character	Modern reading	Meaning
	人	*rén*	person
	女	*nǚ*	woman
	子	*zǐ*	child
	又	*yòu*	(right) hand
	齒	*chǐ*	teeth
	口	*kǒu*	mouth
	目	*mù*	eye
	耳	*ěr*	ear
	首	*shǒu*	head
	鳥	*niǎo*	bird
	羊	*yáng*	sheep
	馬	*mǎ*	horse
	虎	*hǔ*	tiger
	犬	*quǎn*	dog
	豕	*shǐ*	pig
	月	*yuè*	moon
	日	*rì*	sun
	木	*mù*	tree
	舟	*zhōu*	boat
	立	*lì*	stand

(Abbildung 7)

4. Stadien der Schriftentwicklung

Die erste Phase der Schriftentwicklung ist somit die zodiographische: Einfache Zeichen werden mit einem fixen Laut gekoppelt. Ein Schriftsystem, das nur aus Zodiogrammen besteht, ist allerdings sehr begrenzt: So gibt es wohl kaum ein Zodiogramm, das für ein Gefühl steht. Wie die Beispiele (11), (13), (14) gezeigt haben, sind Zeichen aus dem Gefühlsbereich zusammengesetzt:

Dass die chinesische Sprache über einen sehr beschränkten Silbenschatz verfügt und dadurch weit mehr Homophone als andere Sprachen enthält, wurde bereits erwähnt. Zum Vergleich gilt es sich vorzustellen, dass es im Deutschen nicht nur zwei, sondern zwanzig Bedeutungen für 'Kiefer' oder 'Bank' geben würde.[19] Von diesem Reichtum gleichklangiger Wörter wurde nun bei der Verwendung bestehender Zeichen Gebrauch gemacht: Bei der Verschriftlichung eines schwer darstellbaren Wortes, zum Beispiel eines Abstraktums, wurde von einem gleichlautenden Wort ein bereits bestehendes Zeichen entliehen: Das weiter oben erklärte, ursprüngliche Zeichen (16) wurde für *you* ('wiederum') entliehen. Das Wort 'wieder' wird bis heute so geschrieben. Und wie ist zu erklären, dass das chinesische Wort für 'Symbol' (17) mit dem Zeichen für 'Elefant' (18) geschrieben wird? Nicht etwa, weil dem Elefanten eine besondere Symbolkraft zugestanden wird, sondern weil *xiang* ('etwas ähnlich sein'), Teil des Kompositums für 'Symbol', 'Emblem', 'Zeichen' ein Homophon von *xiang* ('Elefant') ist.

(16) *you* 'rechte Hand' 'wieder'   (17) *xiangzheng* 'Symbol'   (18) *xiang* 'Elefant'

Diese Phase der lautlichen Entlehnung kann als die zweite in der Entwicklung der chinesischen Schrift gesehen werden.

Nun beinhaltet die Verwendung eines bestimmten Zeichens für ein Homophon keine Modifikation des Zeichens selbst, es handelt sich dabei lediglich um einen erweiterten Gebrauch bestehender Zeichen. Dadurch ergab sich zwar nun die Möglichkeit, mehr Wörter zu verschriftlichen, aber die Gefahr von Missverständnissen wuchs ebenfalls. Um dem entgegenzuwirken, wurden nun in einem dritten Schritt der Schriftentwicklung die Zeichen selbst modifiziert: Homophone wurden eine semantische Determinante beigefügt (fälschlicherweise im Deutschen meist mit "Radikal" übersetzt, was ja etwas Kernhaftes impliziert, wogegen es sich um ein hinzugefügtes, bedeutungstragendes Element zur Differenzierung[20] handelt).[21]

Diese Bedeutungsdifferenzierung durch Hinzufügung von semantischen Determinanten lässt sich mit Zeichen aus dem Bereich der Gefühlsterminologie so illustrieren: Wird das Zeichen (19) mit der semantischen Determinante 'Herz' versehen, ergibt sich: (20) *wu* ('pietätlos', 'rebellisch', 'widerborstig').

午　忤　秋　愁

(19) *wu* 'Mittag'　　(20) *wu*　　　(7) *qiu* 'Herbst'　　(1) *chou*
　　　　　　　　　　'pietätlos',　　　　　　　　　　　'besorgt',
　　　　　　　　　　'rebellisch',　　　　　　　　　　'bekümmert'
　　　　　　　　　　'widerborstig'

Auch das Zeichen (7) *qiu* ('Herbst') wird mit der semantischen Determinante 'Herz' versehen und wird dadurch zum bereits bekannten (1) *chou* ('besorgt', 'bekümmert').[22]

Die semantischen Determinanten (Ordnungszeichen) sind fester Bestandteil der chinesischen Zeichen geworden, durch sie werden auch die Wörter im Wörterbuch klassifiziert.

Die drei Phasen der Schriftentwicklung (zodiographisch, Phase der lautlichen Entlehnung und determinative Phase) sind zeitlich nicht voneinander abgrenzbar und haben sich oft überlagert. Viele Zeichen haben zur Shang-Zeit wohl schon alle drei Phasen durchlaufen.

5. Abschliessende Betrachtungen

Wenn wir uns nochmals die vier Emotions-Zeichen (1) – (4) anschauen, wird jetzt deutlich, wie wir bei der Interpretation dem Glauben an eine Schrifterfindung (und nicht an eine Schriftentwicklung!) auf den Leim gekrochen sind: Beim im zweiten Kapitel vorgeschlagenen Deutungsansatz wäre, überspitzt ausgedrückt, am Anfang das Zeichen für Herz als eigentliches Gefühlszeichen gestanden. Mit zunehmendem Bedürfnis nach dem Ausdruck immer differenzierterer Gefühlsempfindungen hätten dann die Schriftgelehrten des alten China bewusst zu möglichen Komponenten gegriffen, um das bestehende Zeichen anzureichern und Konnotationen auch graphisch zum Ausdruck zu bringen. So hätte sich etwa das Zeichen für 'Herbst' angeboten, wo es darum gegangen sei, ein Zeichen für 'deprimiert' zu finden, während ein begrenzender Türrahmen die richtige ergänzende Komponente für das Gefühl der Beengung gewesen wäre.

Richtiger, wenn auch in gewisser Hinsicht entzaubernder als die Vorstellung der chinesischen Schrift als Bilderrätsel, ist allerdings eine Erklärung, die der Phonetik des dargestellten Worts Rechnung trägt:

(21) *men* 'Tür'   (2) *men*   (22) *men*
                   'deprimiert   'Mendelevium'

(21) *men* ('Tür') ist ein Homophon von (2) *men* ('deprimiert'). Mit der Determinante 'Hand' versehen bedeutet *men* 'berühren', und zusammen mit der Determinante 'Metall' bedeutet das Zeichen die Transkription des chemischen Elements Mendelevium (22) *men* ('Mendelevium').

Dass sich die Vorstellung einer Bilderrätsel-Schrift auch in China bis heute hält, ihr sogar identitätsstiftende Wirkung zukommt, wurde erwähnt. Weiterführend ist allerdings auch ein Blick auf den westlichen Umgang mit den scheinbar so geheimnisvollen chinesischen Zeichen, eine Disziplin, die in der englischprachigen Forschung als "Ideography" bezeichnet wird. Dabei handelt es sich um die Forschung der Rezeption und Mythifizierung von chinesischen Zeichen: Wie wird ein Zeichen gezähmt, das heisst dem westlichen Betrachter verständlich gemacht? Ein chinesisches Zeichen als "Ideogramm" zu bezeichnen und somit davon auszugehen, ein Zeichen repräsentiere einen Begriff, heisst streng benommen bereits an dieser Mythifizierung teilhaben.[23]

Leibniz' Interesse an China und der chinesischen Schrift ist bekannt, und die Vorstellung, dass die chinesische Schrift Mysterien berge, die den Chinesen selbst verschlossen seien, teilte er mit vielen seiner Zeitgenossen. Die Suche nach dem "clavis", dem Schlüssel, der einen sofortigen Zugang zum Verständnis der Schrift ermöglichen sollte, reicht denn auch in die frühe sinologische Forschung zurück.

Vor allem aber bemühten sich die oft äusserst sprachkundigen jesuitischen Missionare um eine Schriftinterpretation. Bekannt geworden ist Joseph de

Premare (1666-1736), der trotz einmaliger linguistischer Kenntnisse nicht vor Amateurspekulationen von christlicher Warte gefeit war: So glaubte er, dass das Zeichen (23) *lai* ('kommen'), entliehen vom gleichlautigen Wort *lai,* das ursprünglich für eine Getreideart verwendet wurde, die Ankunft Christi symbolisiere, indem darin drei menschliche Figuren sichtbar seien (24) *ren* ('Mensch'): Christus am Kreuz, sowie links und rechts die beiden Verbrecher.[24]

(23) *lai* 'kommen'   (24) *ren* ('Mensch')

Zurück zur tatsächlichen Schriftentwicklung: Wir haben gesehen, wie wichtig die Bedeutung der Homophone für die Entwicklung der chinesischen Zeichen ist. Darüber hinaus beruhen gewisse Bilder oder Handlungen mit Symbolgehalt auf dem Spiel mit solchen Homophonen. Das verbreitete Prinzip lässt sich an einem Beispiel aus der Glückssymbolik (Abb. 8)[25] darstellen.

Die Abbildung zeigt fünf Fledermäuse in einer Vase. Das Zeichen (25) *fu,* das in *bianfu* ('Fledermaus') auftritt, ist ein Homophon von (26) *fu* ('Glück'). Die fünf Fledermäuse stehen somit für die fünf Arten von erhofftem Glück.[26]

vgl. Abbildung 8 auf Seite 192

Weshalb aber die Vase? Auch dieses Symbol ist nur für Sprachkundige verständlich: (27) *ping* ('Vase') ist ein Homophon von (28) *ping* ('Friede').

 福　瓶　平

(25) *fu*   (26) *fu* 'Glück'   (27) *ping* 'Vase'   (28) *ping* 'Friede')

Auf diese Weise werden die fünf Fledermäuse, die in einer Vase gehalten werden, verständlich: Friede und Glück, genauer gesagt alle fünf Segnungen, sollen dem Empfänger einer Karte mit einem solchem Motiv zukommen.

Diese Art von Symbolik, die auf Homophonen basiert, wird natürlich auch überall dort eingesetzt, wo kryptische Kommunikation die einzig mögliche ist, nicht zuletzt auch im politischen Bereich: So etwa nach 1989, als kleine Vasen (*xiao ping*) aus den Fenstern geworfen wurden, was die Haltung gegenüber Deng Xiaoping auch ohne verbale Kritik deutlich werden liess.

Es ist darauf hingewiesen worden, dass es – wenn auch vergleichsweise selten – Zeichen gibt, die die Semantik immer noch relativ deutlich im Graphem ausdrücken: (29) *mu* ('Baum') und, sobald von mehreren Bäumen die Rede ist: (30) *lin* ('Wald'). Zu dieser Gruppe von Zeichen gehört auch: (31) *sen* ('eine Fülle von Bäumen', 'zahlreich', 'vielfältig', 'finster').

(29) *mu* 'Baum'   (30) *lin* 'Wald'   (31) *sen* 'eine Fülle
von Bäumen',
'zahlreich',
'vielfältig', 'finster'

Gerade weil sie aber über einen langen Zeitraum den Mythos von der geschaffenen Schrift geprägt haben, ist ihr Einfluss auf Zeichenschöpfungen aus viel späterer Zeit unverkennbar, und so soll zum Abschluss das Zeichen (32) *tante* vorgestellt werden, das gut in die Beschäftigung mit der Gefühlssymbolik in chinesischen Schriftzeichen passt. Das Zeichen ist erst seit vergleichsweise kurzer Zeit in Gebrauch, nämlich seit der Ming-Dynastie (1368-1644) und ist somit rund 1600 Jahre nach der Schrifteinigung erfunden worden – es ist tatsächlich unwahrscheinlich, dass es sich etwa durch Lautentlehnung oder Hinzufügung von semantischen Determinanten entwickelt hat.

(32) *tante*　　　(33) *shang* 'oben'　　(34) *xia* 'unten'

Die oberen Komponenten existieren auch als unabhängige Zeichen und sind:
(33) *shang* ('oben') und (34) *xia* ('unten'). Beide sind mit der Determinante
'Herz' versehen, die hier die Funktion eines Gefühlsmarkierers haben dürfte.
Die Erklärung einer muttersprachigen Informantin lautete: "Hier ist doch
ganz offensichtlich, was gemeint ist: Einmal ist einem das Herz oben, einmal
unten".

Und obwohl sich entwicklungsgeschichtlich analysiert kaum ein Zeichen so
deuten lassen kann, trifft das hier, angesichts einer bewussten Zeichenschöp-
fung, genau das, was der Erfinder ausdrücken wollte: *tante* bedeutet 'innerlich
unruhig', 'beunruhigt', 'verstört', 'verwirrt'.

Anmerkungen

1　Bei der verwendeten Umschrift handelt es sich um "Pinyin", eines von mehreren Tran-
skriptionssystemen. Pinyin ist seit 1958 in der Volksrepublik verbreitet.

2　Das Hochchinesische (*putonghua*) verfügt – anders als etwa das Kantonesische – über
vier verschiedene Betonungen: So bedeutet das Wort *ma* je nach Betonung 'Mutter',
'Sesam', 'Pferd' oder 'beschimpfen'.

3　Aus: Cecilia LINDQVIST, übers. Joan Tate, *China: Empire of the Written Symbol*
(London: Harvill, 1991), S. 67.

4　Um 1600–1100 v. Chr., aus der Shang-Dynastie stammen die ersten Zeugnisse der
chinesischen Schrift.

5　Aus: Lindqvist, op. cit., S. 35, und LI LEYI, übers. Wang Chengzhi, *Tracing the Roots
of Chinese Characters: 500 cases* (Beijing: Beijing Language and Culture University
Press, 1993), S. 379.

6　Vgl. Ulrich UNGER: *Grundbegriffe der altchinesischen Philosophie. Ein Wörterbuch
für die Klassische Periode* (Darmstadt: Wissenschaftliche Buchgesellschaft, 2000). –
Unger weist auch auf differenzierende Komposita hin, wie z.B. *xinshu* (Regungen des
Herzens, v.a. positive, 'Gemüt'). Nicht alle Philosophen der chinesischen Antike sehen
das Herz als den Sinnesorganen zugehörig. So klammert etwa Sunzi (um 500 v. Chr.)
das Herz als Vernunftsinstanz aus der Reihe der Sinnesorgane aus, denn dieses sei

jenen übergeordnet und gebe den Sinnesorganen die Anweisung, etwas zu registrieren und die Vorstellung davon weiterzuleiten. "Die Kunst des Herzens ist: sich nicht bemengen und die Körperorgane (vorab Sinnesorgane) kontrollieren" (Unger, op. cit., S. 95). Sunzi plädiert in diesem Sinn für eine Bändigung der Emotionen, indem man sie auf den richtigen Weg *(dao)* und dadurch in ein richtiges Mass bringt.

[7] TAN HUAY PENG, *Fun with Chinese Characters* (Singapore: Federal Publications, 1980), Bd. 1, S. 143.

[8] *Xin Han-De cidian* (Neues chinesisch-deutsches Wörterbuch) (Beijing: Shangwu yinshuguan, 1996), S. 119.

[9] Bei den als Beispiele angeführten Zeichen handelt es sich, wo nicht anders angegeben, um Langzeichen.

[10] Bei der unter dem Kommunismus eingeleiteten Zeichenvereinfachung handelte es sich um den ersten staatlichen Eingriff in die Zeichenform nach ca. 2000 Jahren: In der Qin-Dynastie (221-207 v. Chr.) wurde unter dem Kaiser Qinshi Huangdi das Reich geeint und eine in mancher Hinsicht bis in die Fünfzigerjahre gültige Schriftvereinheitlichung durchgeführt, bei welcher die bis dahin in anderen Reichen existenten Zeichenformen gezielt zerstört wurden.

[11] Zur Bedeutung von *men* vgl.:*Xin Han-De cidian,* S. 553.

[12] Aus: Lindqvist, op. cit., S. 42.

[13] Ibid., S. 36.

[14] LU XUN, "Sur le seuil: Propos d'un profane sur l'écriture chinoise", in ders., übers. Michelle Loi, *Sur la langue et l'écriture chinoises* (Paris: Aubier Montaigne,1979), S. 35.

[15] Vgl. Marc WINTER, *"...und Cang Jie erfand die Schrift". Ein Handbuch für den Gebrauch des* Shuo Wen Jie Zi (Bern: Peter Lang, 1998). Marc Winter verdanke ich weitere Anregungen und Hinweise zur Entwicklung der chinesischen Schrift.

[16] Im Alltag werden meist nur etwa dreitausend Zeichen verwendet.

[17] Der phonetische Teil eines Zeichens gibt allerdings nicht mehr als einen Hinweis auf die Aussprache, Zeichen, die mit dem phonetischen Teil der Zeichen (11), (13), (14) gebildet sind, werden nicht nur *qing*, sondern auch *jing* ausgesprochen. Ebensowenig kann die Betonung (erster, zweiter, dritter oder vierter Ton) aus der phonetischen Komponente abgeleitet werden.

[18] Aus: William G. BOLTZ, "Language and Writing", in Michael Loewe und Edward L. Shaughenessy (Hsg.), *The Cambridge History of Ancient China: From the Origins of Civilization to 221 B.C.* (Cambridge: Cambridge University Press, 1999), S. 111. Boltz gibt in diesem Kapitel unter anderem einen Überblick über Mythos und Realität der chin. Zeichenbildung. Bei der folgenden kurzen Abhandlung über den Unterschied zwischen Piktogrammen und Schriftzeichen (Zodiaogrammen, Logogrammen) stütze ich mich auf ibid., S. 106-123.

[19] Zur Klärung wird ein missverständliches Wort manchmal dem Gesprächspartner mit dem Finger in die Hand geschrieben.

[20] Vgl.: Winter, op. cit., S. 57-74.

21 Auf eine Darstellung des polyphonischen Gebrauchs (Differenzierung durch Hinzu-
füfung einer phonetischen Determinante bei Synonymen, die zwar unterschiedlich
ausgesprochen, aber ursprünglich mit dem gleichen Zeichen geschrieben wurden) wird
in dieser kurzen Darstellung verzichtet. Vgl. dazu: Boltz, op. cit., S. 116ff.

22 Es ist davon auszugehen, dass *qiu* und*chou* ursprünglich homophon waren.

23 Moderne westliche Lexika sprechen im Zusammenhang mit der chinesischen Schrift
oft von "Bilderschrift", "Ideogrammen" etc. Vgl. z.B.: *Meyers Taschenlexikon: in 12
Bänden* (Mannheim: BI-Taschenbuchverlag, 1996), Bd. 5, S. 1567.

24 Vgl.: David PORTER, *Ideographia: The Chinese Cipher in Early Modern Europe*
(Stanford, Cal.: Stanford University Press, 2001). – Bei den Ausführungen zu west-
lichen Versuchen, die chinesische Schrift zu erfassen, stütze ich mich in diesem
Abschnitt auf Porter.

25 Aus: Wolfram EBERHARD, *Lexikon chinesischer Symbole. Die Bildsprache der Chinesen* (München: E. Diederichs, 1983), S. 89.

26 Es sind dies: langes Leben, Wohlstand, Gesundheit, Tugendliebe und natürlicher Tod.

KATALIN HORN

Brot (Nahrung) als Zeichen von Emotionen im Märchen

Das Brot als Grundnahrungsmittel ist Sinnbild des Lebens. Auch ohne seine religiöse Bedeutung kann man deshalb Brot nicht unabhängig von Emotionen betrachten. Wenn es erlaubt ist, soll hier einleitend ein persönliches Erlebnis stehen: Am Ende des Zweiten Weltkriegss, als man in Budapest im dunklen Keller (es gab kein Wasser und keine Elektrizität mehr) hungernd auf das Ende wartete, erschienen plötzlich russische Soldaten – damals noch als Befreier – und gaben den Kindern das erste Stück Brot nach einer langen Hungerzeit. Es erübrigt sich zu sagen, dass diese Männer mit uns *Mitleid* hatten und dass wir diese Männer *liebten*. Meine erste Erfahrung über den Zusammenhang zwischen Brot und (Menschen)liebe – wenn auch nicht bewusst formuliert – erlebte ich demnach bereits als zehnjähriges Kind.

Viel später lernte ich, dass in der christlichen Tradition die Selbstidentifikation Jesu mit dem Brot des Lebens (Joh. 6,35) wesentlich zur Wertschätzung des Brotes beiträgt.[1] Und noch später habe ich darüber nachgedacht, wie der Mensch sein Leben einrichtet, aus den Einrichtungen Begriffe abstrahiert und in einer späteren Phase diese oft zu Bildern, zu Symbolen macht, ja geradezu machen muss.

Es überrascht daher nicht, dass das Brot – und allgemein die Nahrung – nicht nur für das Leben steht, vielmehr sehen wir mit Bewunderung, wie es in der Dichtung und deshalb auch im Märchen, das ja eine bildhafte Dichtung ist, beinahe alle Gefühle, Wünsche, Tugenden und Frevel im menschlichen Leben in immer wiederkehrenden Bildern des Essens und des Trinkens vergegenwärtigt werden.[2] Dabei fällt auf, dass es sich hier oft um Grundnah-

---

Abkürzungen:

AaTh: Antti Aarne / Stith Thompson, *The Types of the Folktales*. A Classification and Bibliography, 2nd rev., Helsinki 1964.

EM: *Enzyklopädie des Märchens*, hg. von Kurt Ranke, später Rolf Wilhelm Brednich et al., Bd. 1 ff., Berlin / New York 1977 ff.

KHM: Brüder Grimm, *Kinder- und Hausmärchen*. Nach der Großen Ausgabe von 1857 hg. von Hans-Jörg Uther, München 1996 (Märchen der Weltliteratur).

[1] Dietz-Rüdiger MOSER, "Brot", in EM 2 (1979), Sp. 805-813, hier 805.

[2] Katalin HORN, "Essen, Fressen und Trinken. Einige Erscheinungsformen und Funktionen im Volksmärchen" in *Märchenspiegel* Jg. 9 (1998) 3, S. 84-87.

rungsmittel handelt, um Brot und Kuchen, Wasser und Wein. Brot und Wein freilich haben eine religiöse Dimension, sie sind Bestandteile des Abendmahls. Sie erscheinen aber auch in der Hochliteratur. Denken wir etwa an die unvergesslichen Zeilen von Georg Trakl:

Wanderer tritt still herein;
Schmerz versteinerte die Schwelle.
Da erglänzt in reiner Helle
Auf dem Tische Brot und Wein.[3]

Es überrascht auch nicht, dass Mitleid und Menschenliebe im wörtlichen Sinne Wunder wirken: Jesus speist die Viertausend mit sieben Broten und mit ein paar kleinen Fischen, weil er *Erbarmen mit dem Volk* hat, mit den Gelähmten, Verkrüppelten, Blinden, Stummen und vielen anderen Kranken (Mt. 15, 29-31 und 32-39, vgl. Mk. 8, 1-9). Umgekehrt verwandeln sich in der Legende die Brote der heiligen Elisabeth, deren Nächstenliebe stärker als die Angst vor ihrem hartherzigen Gatten ist, in Rosen, damit aus ihrer Notlüge Wahrheit werde.[4]

Da das Märchen "welthaltig" ist (Max Lüthi), kommt in ihm auch das Brot in vielen realweltlichen, nicht nur in sinnbildhaften Bezügen vor. Da begegnen wir zunächst der gesellschaftlich / wirtschaftlichen Komponente: Für den Dienst bei *Frau Holle* gibt es *Gesottenes und Gebratenes* (KHM 24), und *Rotkäppchen* (KHM 26) bringt seiner kranken Grossmutter Kuchen und Wein. Im Gegensatz zu diesem gutbürgerlichen Wohlstand haben die Eltern und die Kinder in etlichen Grimmschen Märchen nicht einmal das tägliche Brot (KHM 3, 15, 44, vgl. 142), und der tapfere Soldat bekam seinen *Abschied und sonst nichts als ein kleines Laibchen Kommissbrot und vier Kreuzer als Geld* (KHM 81: *Bruder Lustig*). Kein Wunder, dass man in einer Welt, wo Not Alltag sein kann, von Lebensmitteln träumt, die nie alle werden, und das Tischendeckdich sowie das Schlaraffenland erfindet.[5]

Nun aber fragt sich Wilhelm Sohns, ob "sich hinter den Nahrungsmitteln [wohl] eine tiefere Bedeutung" verbirgt: "Wenn vom *Gnadenbrot* die Rede ist, das den ausgedienten Haus- und Hoftieren verwehrt wird, oder vom *Wasser des Lebens*, mit dem Kranke geheilt werden, oder wenn es vom Diener

---

[3] Georg TRAKL, "Ein Winterabend", in: *Sämtliche Werke und Briefwechsel*. Innsbrucker Ausgabe, Frankfurt am Main 1998, Bd. 3, S. 414.

[4] Siegfried BECKER, "Die Rosen der Elisabeth", in: *Folklore in 2000*. Voces amicorum Guilhelmo Voigt sexagenario, curibus Ilona NAGY adiuvante Kincsö VEREBÉLY, Budapest 2000, S. 182-205.

[5] KHM 36; 54; Ludwig BECHSTEIN, *Märchenbuch*, Nach der Ausgabe von 1857 hg. von Hans-Jörg UTHER, München 1997, Nr. 50.

und der stolzen Königstochter heisst *Sie teilten den Apfel des Lebens und aßen ihn zusammen,* dann symbolisieren diese Nahrungsmittel Treulosigkeit, Gesundheit und Liebe. Wenn die Erzählung mit den Worten endet: *Sie setzten sich zusammen zu Tisch, assen und tranken und waren fröhlich...* : beschränkt sich darauf das Happy End des Zaubermärchens? Wäre das nicht viel zu banal? Ist damit nicht ein höherer Sinn gemeint?"[6]

Gehen wir aber zu den Emotionen über. Welche Gefühle spielen in den Märchen hauptsächlich eine Rolle? Der Schwarzweissmalerei dieser Gattung entsprechend sind es elementare Regungen, ohne Schattierung, ohne Ambivalenz: Liebe, Hass, Mitleid, Barmherzigkeit, Hartherzigkeit.[7] Wir müssen aber bereits hier innehalten und uns fragen, ob im Volksmärchen, oder viel mehr noch in der "Gattung Grimm" (André Jolles), überhaupt von Emotionen gesprochen werden kann. Laut der Enzyklopädie des Märchens ist etwa "Mitleid als Emotion [...] wie jede andere innere Beziehung der handelnden Personen zueinander dem Märchen fremd."[8] So "existiert [etwa] Barmherzigkeit nur in Form der mitleidigen Tat." Ich würde nun die Betonung anders setzen und vorschlagen, dass man im Märchen sehr wohl Emotionen wahrnehmen kann, aber sie scheinen durch Handlungen, durch Gaben hindurch und weisen somit echte dichterische Qualitäten auf. Denn es ist immer poetischer, Eigenschaften durch symbolische Dinge und Handlungen zu vergegenwärtigen, als sie beim Namen zu nennen. So bemühten sich Märchenerzähler immer schon, ihre Charakter- und Gemütsbeschreibungen durch symbolische Taten und Gegenstände zu ersetzen oder zumindest zu ergänzen. Wenn es in der Märchenforschung gilt, dass "Eigenschaften durch Handlungen und Beziehungen durch Gaben ausgedrückt werden", so könnten wir es auch so formulieren, dass Handlungen und Gaben Symbole von Emotionen sind, die sehr wohl vorhanden, wenn auch nicht benannt werden.

* * *

Da die meisten europäischen Zaubermärchen den Weg eines Helden oder einer Heldin von der angestammten bis zur Gründung einer eigenen Familie zeichnen,[9] ist es naheliegend, dass die Gefühle in der Familie eine wichtige

---

6   Wilhelm SOLMS, "Gebratenes und Zugemüs. Essen und Trinken in Grimms Märchen" in: *Häuptling Eigener Herd,* Heft 12 (2002), S. XXX.

7   Christoph DAXELMÜLLER, "Barmherzigkeit", in EM 1, Sp. 1253-1257, hier 1253f., Katalin HORN, "Hartherzigkeit", in EM 6 (1990), Sp. 521-528; dies. "Hass" in ibid. Sp. 563-568; Verena KAST, "Liebe", in: EM 8 (1996), Sp. 1042-1050.

8   Hier und im folgenden: DAXELMÜLLER (wie Anm. 7),1253.

9   Katalin HORN, "Familie", in EM 4 (1984), Sp. 814-833, hier 814.

Rolle spielen: Liebe bzw. Lieblosigkeit der Eltern (vornehmlich der Mütter und der Stiefmütter) dem Helden oder der Heldin gegenüber. Geschwisterliebe, Gefühle der Eheleute, letztere vor allem im Schwankmärchen, erscheinen oft in Bildern von Speise und Trank. Max Lüthi reiht diese unter die Gaben von Diesseitigen an Diesseitige. [10]

Einer der häufigsten Märchenanfänge zeichnet eine Familie mit ein oder zwei eigenen Töchtern und einer Stieftochter, oder eine Familie mit drei Söhnen, deren zwei scheinbar klug sind, der dritte und der Jüngste aber ein Dummling ist. [11] Hier, am Anfang des Märchens scheinen bereits Brot, Speise und Trank als Symbol der Mutterliebe oder eben ihres Fehlens auf. Der Märchenerzähler muss diese Emotionen nicht lange beschreiben: Wenn die Stiefmutter die Heldin winters nicht nur in Papierkleidern in den Wald schickt, um Erdbeeren zu pflücken, sondern obendrein ihr nur *ein Stückchen hartes Brot* mitgibt und spricht: *'davon kannst du den Tag über essen'*, dann empfinden wir es fast schon als eine Tautologie, wenn sie dabei denkt: *'Draussen wird's erfrieren und verhungern ...'* Die eigene, geliebte Tochter freilich bekommt Kuchen und Butterbrot! (KHM 13: *Die drei Männlein im Walde*)

Wenn nun drei Brüder ausziehen, um in die weite Weit zu wandern, dann bekommen die zwei älteren *Eierkuchen und eine Flasche Wein*, der Dummling aber *einen Kuchen, der war mit Wasser in der Asche gebacken und dazu eine Flasche saures Bier* (KHM 64: *Die goldene Gans*).

Das in Asche gebackene Brot oder der Kuchen wird im ungarischen Märchen – hier heisst es in Asche gebackene Pogatsche – geradezu zu einem formelhaften Symbol der Lieblosigkeit (aber auch zum Bild der Armut). In einer Variante von *Einäuglein, Zweiäuglein und Dreiäuglein* mit männlichem Helden (AaTh 511 A) werden der Hass und der Neid der Stiefmutter und die Liebe und Fürsorge der Mutter in Tiergestalt sehr schön durch verschiedene Speisen versinnbildlicht: Die Stiefmutter schickt das neunäugige Mädchen zu Jani, dem Helden, eben mit in Asche gebackenen Pogatschen aufs Feld, doch Jani war bei all dem sehr schlechten Essen so schön, *dass man eher in die Sonne schauen konnte, auf ihn aber nicht*. Kein Wunder, füttert ihn ja seine

---

[10] Max LÜTHI, *Die Gabe im Märchen und in der Sage*. Ein Beitrag zur Wesenserfassung und Wesensscheidung der beiden Formen, Diss. Zürich 1943, S. 84-87.

[11] ders.: "Dümmling, Dummling", in: EM 3 (1989), Sp. 937-946; Katalin HORN, "Jüngste, Jüngster", in EM 7 (1993), Sp. 801-811.

Mutter im Geheimen mit den besten Speisen und mit Wein. *Die Pogatschen aber gab* [Jani] *den Hunden.* [12]

Müssen diese Tiere die lieblose Wegzehrung fressen, geht es einem anderen Hund in einem Grimmschen Märchen viel besser: Weil man ihn liebt, wirft man ihm *manchmal* [unter den Tisch] *einen guten Bissen zu*, während Brüderchen und Schwesterchen (KHM 11) neben Schlägen nur übriggebliebene *harte Brotkrusten* bekommen. (Brot-)Reste und Abfall ergänzen demnach in vielen Märchen die schlechte, hasserfüllte Behandlung: Die zwei armen Knaben bekommen beim reichen Onkel *von dem Abfall manchmal etwas zu essen* (KHM 60), und die böse Mutter und die bösen Schwestern *gaben* [Zweiäuglein] *nicht mehr zu essen, als was sie übrigließen ...* (KHM 130).

In Asche gebackene Kuchen, Brotreste sind noch milde Gaben und bloß Ausdruck von Lieblosigkeit; geradezu von abgrundtiefem Hass zeugt aber, wenn die Stiefmutter in einem Frau Holle-Märchen der Zigeuner der Tochter *aus Mist gebackenes Brot* mitgibt. Sogar wenn sie – nach dem Erfolg und großartiger Belohnung der Heldin – eine Wut auf die eigene Tochter hat, schickt sie diese auf den Weg, ihr Glück auch zu probieren, und *bereitete ... ihr noch Butter und Eier zu.* [13]

Die echte Mutterliebe zaubert eine *große fette Pogatsche* für die Wegzehrung herbei, auch wenn die Familie so arm ist, *dass sie nicht einmal Feuerholz hatten.* [14] Da fragt man sich schon, woher die Mutter, am Rande des Verhungerns, diese große, fette Pogatsche nahm bzw. mit was sie sie buk ... ?

* * *

Das knappe Brot ist freilich nicht nur ein Bild der Lieblosigkeit, vielmehr – wie anfangs erwähnt – auch ein Zeichen von äusserster Armut. Und da ist Platz für die Manifestation von Geschwisterliebe: Während die Stiefschwestern Aschenputtels (KHM 21) aus dem gutbürgerlichen Leben mit den harten Worten *wer Brot essen will, muss es verdienen: hinaus mit der Küchenmagd ... in die Küche, neben die Asche jagen*, zeigt sich Geschwisterliebe in einem anderen sehr populären Grimmschen Märchen auch im Bild des Brotes: *Sie erhielten ihr Stückchen Brot, das war aber noch kleiner als das vorige Mal.* [...] *Als es Mittag war, teilte Gretel ihr Brot mit Hänsel, der sein Stück auf*

[12] *Der grüne Recke.* Ungarische Volksmärchen. Hg. von Ágnes KOVÁCS, Kassel, [Budapest] 1986, S. 130-140, hier 131f.

[13] *Zigeunermärchen aus aller Welt.* 1. Sammlung, hg. von Heinz MODE unter Mitarbeit von Milena HÜBSCHMANNOVÁ, Wiesbaden 1983, S. 261-273.

den Weg gestreut hatte. (KHM 15: *Hänsel und Gretel*). Hier ist die schmale Portion trockenen Brotes freilich kein Symbol einer parteiischen (Stief-)Mutter, sondern eine Manifestation der bitteren Armut, die zugleich zum Bild der Geschwisterliebe wird. So kann ein und dasselbe Motiv einmal die Wirtschaftslage der Nation, ein andermal die Emotion einer Mutter bzw. Schwester anzeigen ... – Eine Zwischenfrage: Warum sind es immer die Mütter, die sich durch das Bild des Brotes als bar jeglicher Liebe erweisen? Wo bleiben die Väter? Wir kennen nur einen harten Märchenvater, aber auch er ist nicht lieblos, bloß auf den Anstand bedacht, wenn er seine Tochter zwingt, den nicht gerade liebenswerten und appetitlichen Frosch zu Tisch zu laden... (KHM 1: *Der Froschkönig*). Hängt das wohl mit der Stellung der Frau in der Familie zusammen, in der sie die Verwalterin des Brotes ist, oder dies eine besondere psychologische Bewandtnis, wie das die Jungsche Psychologie will?[15]

Gefühle der E l t e r n und der G e s c h w i s t e r. Wie steht es aber mit den Gefühlen der E h e l e u t e? Das Märchen schildert bekanntlich kein Eheleben, erzählt vom Schicksal des Paares nur, wenn durch einen Tabubruch die Gatten durch neue Prüfungen zueinander finden müssen. Sonst hören wir immer wieder nur, dass 'sie noch lange glücklich und vergnügt lebten'. So ist es vornehmlich das Schwankmärchen, das die erloschene Liebe der ehebrecherischen Frau durch die Symbole von Speise und Trank zeigt. Sogar in einem Märchen der sittsamen, ja prüden Brüder Grimm gibt es eine Anspielung auf eine Liebschaft mit einem Pfaffen ... In diesem Märchen erschöpft sich die Gastfreundschaft der wohlhabenden Frau dem fremden Gast, dem Bürle gegenüber in Käsebrot, und der nicht mehr geliebte Gatte bekommt das karge Essen ebenfalls, besser gesagt, er bekäme es, wenn der schlaue Gast nicht enthüllte, dass Braten, Salat, Kuchen und Wein im Haus versteckt sind, freilich weniger für den Gatten als für den Pfaffen, dem das Herz und vorübergehend Tisch (und Bett?) der Frau gehören. (KHM 61: *Das Bürle*). Dies ist eine prägnante Art, die verschiedenen Gefühle einer Frau für ihren Mann bzw. Geliebten auszudrücken. Da braucht es keine Schilderung der erkalteten ehelichen Liebe und der neu entflammten sexuellen Zuneigung: Käsebrot hier, Braten, Salat und Wein sowie Kuchen als Dessert dort – alles ist klar.

So knapp bildhaft sind freilich vornehmlich die Grimmschen Märchen. In echten Volksmärchen gewinnt die realistische Schilderung und der soziokulturelle Hintergrund mehr Raum. Aber auch hier drückt sich etwa die Zunei-

---

[14] *Ilona Tausendschön.* Zigeunermärchen und -schwänke aus Ungarn. Aufgezeichnet von Sándor CSENKI. Ausgewählt von József VEKERDI, Kassel 1980, S. 103-109, hier 103.

[15] Sibylle BIRKHÄUSER-OERI, "Die drei Männlein im Walde", in: dies. *Die Mutter im Märchen.* Hg. von Marie-Luise von Franz. Stuttgart [o.J.], S. 178-199.

gung oft im Bild der Nahrung aus. Gleichzeitig jedoch lernen wir etwa nationale Spezialitäten kennen. Wenn ein ungarischer Bauer seiner Frau Vorwürfe macht, warum ihm diese mit der Tochter kein Essen aufs Feld geschickt habe, antwortet die Frau ziemlich beleidigt: *'Ach, wie hätte ich euch kein Essen geschickt? Gewiss habe ich das getan, und dazu noch eine ganz besonders feine Bohnensuppe und auch Topfennudeln mit Rahm und Grieben, damit ihr was zum Schlecken habt.'*[16]

Aber was nützt auf der anderen Seite einem großen Hunger das Symbol der Liebe? Volkserzählungen hören hie und da weniger das Herzklopfen als das Knurren des Magens. In einer ebenfalls ungarischen Erzählung aus Siebenbürgen wird folgendes erzählt:

Das liebevoll gekochte Essen

Die Bauern arbeiteten sommers auf dem Felde. Unter ihnen gab es reichere, aber auch ärmere.

Eine arme junge Frau, die ihren Mann sehr lieb hatte, konnte ihm nicht gut kochen: sie hatte wenig Schmalz und nicht viel Gewürz. So hat sie ihm ein mageres, armseliges Essen gekocht und sich dabei gedacht: 'Mein armer Mann, mein lieber Mann, er schuftet und ich kann ihm nur das bringen ...'

Einmal, als sie das Essen aufs Feld brachte, fängt der Mann zu essen an, zeigt dabei aber wenig Freude.

– 'Na, was ist? Wie isst du? Du lobst das Essen nicht? Ich habe es doch mit so viel Liebe gekocht!'

– 'Na, es wäre wohl besser, du hättest statt Liebe mehr Schmalz gebraucht ...'[17]

* * *

Kehren wir nun aber zu den Eltern und zu deren ausziehenden Kindern zurück. Wir haben gesehen, dass die Liebe der Mutter einerseits oder ihre Lieblosigkeit, ja Hass andererseits im Darreichen guter bzw. schlechter Kost Gestalt annimmt und zum Bild wird. Nun, ohne die Psychologie zu bemühen, möchte ich mich auf Konrad Lorenz, den Verhaltensforscher, beziehen, der feststellte, dass Verwöhnung, zu große Liebe nicht immer zu humanem

---

[16] *Der grüne Recke* (wie Anm. 12) S. 53-65, hier 54.

[17] NAGY Olga, *Paraszt dekameron.* [Bauerndekameron], Válogatás széki tréfákból és elbeszélésekböl, Budapest 1977, Nr. 31, S. 84.

Benehmen führt.[18] So lernen wir auch aus den Märchen, dass Barmherzigkeit und Mitleid eben bei den Benachteiligten, Bosheit und Hartherzigkeit bei den Verwöhnten zu finden sind. Es ist ein schöner Gedanke, dass gerade lieblos mitgegebenes hartes Brot oder die übriggebliebenen Brocken Zeichen von einem guten Herzen und vom Mitgefühl werden, dass also der gleiche Gegenstand bald Symbol der Lieblosigkeit, bald Symbol eines mitleidigen Herzens wird.

In einem norwegischen Märchen *sammelte Aschenpeter die Brocken zusammen, die seine Brüder hatten liegenlassen ... und er zog davon.* Und während die Brüder einer Frau – *sie war so alt und schwach, dass ihr der Mund zitterte, und sie wackelte mit dem Kopf ... und hatte seit hundert Jahren keinen Bissen Brot im Munde gehabt* – nichts hergeben, ja, sie sogar auslachen, sagt der Aschenpeter: 'Da ist es aber an der Zeit, dass du etwas zu essen bekommst, Großmütterchen.'[19]

Es ist also bemerkenswert, dass das Brot im allgemeinen ein Symbol des Lebens ist, doch kann es etwa in seiner trockenen Form ein Bild der Lieblosigkeit, aber auch gerade das Gegenteil, das Bild des Mitgefühls, der Menschenliebe darstellen. So teilt das Mädchen in dem schon erwähnten Grimmschen Märchen (KHM 13) sein Stückchen hartes Brot gerne mit den drei Männlein im Walde, während die Schwester lieblos und egoistisch nur an sich denkt und ihr Butterbrot und Kuchen allein verzehrt.

In dem barocken Wortreichtum des neapolitanischen Dichters Basile wird die im Grimmschen Märchen und in den Volkserzählungen nur bildhaft angedeutete Mitleidslosigkeit und Hartherzigkeit freilich geradezu in einer Hasstirade wiedergegeben. Wie eine alte Frau die böse Cousine des guten Mädchens um ein Stückchen Kuchen bat, *gab sie ihr ... zur Antwort: 'Ich hab wohl nichts Besseres zu tun, als dir den Kuchen zu geben? Hast du mir vielleicht den Esel geschwängert, dass ich dir mein Hab und Gut geben soll? Scher dich fort! Selber essen macht fett!'*[20]

* * *

---

[18] Konrad LORENZ, *Die acht Todsünden der zivilisierten Menschheit*, München / Zürich, 27. Aufl. 1999, S. 16.

[19] *Norwegische Volksmärchen*, hg. und übertragen von Klara STROEBE und Reidar Th. CHRISTIANSEN. Düsseldorf / Köln, 1967 (Märchen der Weltliteratur), S. 185-198, hier 185f.

[20] Giambattista BASILE, *Märchen der Märchen. Das Pentamerone,* hg. von Rudolf Schenda, München 2000, IV, 7 = S. 358.

Haben wir mit Max Lüthi die Wegzehrungen als Gabe der Diesseitigen an Diesseitige genannt, so begegnet hier die Gabe von Diesseitigen an Jenseitige. Denn wir wissen bereits: Die kleinen Männchen, die alten Frauen und Männer, die um ein Stückchen Kuchen, Brot oder um anderes Almosen bitten, beschenken später den Helden oder die Heldin mit Zauberdingen und helfen ihnen mit ihrem übernatürlichen Wissen bei deren Abenteuern.[21] Und wenn wir schon bei Jenseitswesen sind (Lüthi nennt die übernatürlichen Helfer und Gegenspieler "Jenseitswesen"), so überrascht es auch nicht, dass die Beschenkten sehr oft Tiere sind.

In einer finnischen Variante vom AaTh 303 (vgl. KHM 60), *Die zwei Brüder*, muss das Tier nicht einmal bitten, der jüngste Sohn fragt selber ohne Furcht einen Wolf, der mit zwei Jungen an ihm vorbeiläuft: *'Wohin so eilig?'* ... *'Ich suche Futter für meine Jungen, die sonst Hungers sterben müssen'*, antwortete der Wolf. *'Na, komm mal her, du bekommst auch ein bisschen von mir'*, sprach der Prinz und gab aus seinem Rucksack Fleisch und Brot für seine Jungen und für ihn selbst.*[22]*

Noch deutlicher wird die Tierliebe in dem Grimmschen Märchen *Das Waldhaus* (KHM 169): Hier haben wir nicht ein Drei-Brüder-, sondern ein Drei-Schwestern-Schema: Die jüngste gute Tochter tischt in dem der Erlösung harrenden Waldhaus die gute Suppe auf. Sobald aber *die Schüssel auf dem Tisch stand [...] sprach es: 'Soll ich mich sättigen und die guten Tiere sollen nichts haben? Draussen ist die Hülle und Fülle, erst will ich für sie sorgen'.*

All diese Gaben an die Jenseitigen haben freilich Prüfungscharakter und sind insofern konsequent im Entwurf eines moralischen Weltbildes und Voraussetzung des guten Ausgangs der Erzählungen. Denn die Güte des wahren Helden und der wahren Heldin – symbolisiert hier in der geteilten Nahrung – legitimiert sie zum Sieg. Und so wird in ihnen der Sieg des Guten über das Böse verkörpert.

* * *

Menschenliebe, Tierliebe, Barmherzigkeit, Mitleid: all diese positiven Eigenschaften und Gefühle werden im geteilten Brot versinnbildlicht. Es drängt sich nun die Frage auf, ob man da nicht zu weit geht, wenn man hierin nur Symbole von Emotionen erblickt? Ob hier nicht eher eine Art versteckte Gesellschaftskritik in der oft kargen Nahrung aufscheint? Sind es doch mei-

---

[21] LÜTHI (wie Anm. 10), S. 18-33, 61-66.

[22] *Finnische Volkserzählungen*, hg. von Lauri SIMONSUURI und Pirkko-Liisa RAUSMA. Berlin 1968 (Fabula, Reihe A: Texte, Bd. 7), S. 84-88, hier 85.

stens die Armen und die Unterdrückten, die des Mitgefühls fähig sind! Es schließt jedoch das eine das andere nicht aus. Wir haben gesehen: Der verabschiedete Soldat bekommt ein kleines Laibchen Kommisbrot und vier Kreuzer an Geld (KHM 81), die er bereitwillig mit einem Bettler teilt, und das bettelarme Waisenkind gibt in *Der Sterntaler* (KHM 153) sein letztes Stückchen Brot einem armen Mann. Weder der Soldat noch das arme Mädchen ahnt jedoch die Nähe des Himmels bzw. seines Vertreters in der Gestalt des Bettlers. Noch ahnungsloser sind der Arme und seine Frau, die den Herrgott selber zu Gast haben. Sie leiden selber Hunger und doch *setzte* [die Frau] *Kartoffeln aufs Feuer, und derweil sie kochte, melkte sie ihre Ziege, damit sie ein wenig Milch dazu hätten. Und als der Tisch gedeckt war, setzte sich der liebe Gott nieder und aß mit ihnen und schmeckte ihm die schlechte Kost gut, denn es waren vergnügte Gesichter dabei.* (KHM 87: *Der Arme und der Reiche*). Dies ist ein wunderbares Bild für die empfangene Freundlichkeit, die mehr wert ist als ein Festessen, das der liebe Gott ohnehin nicht braucht. Im Gegenteil: Himmlische Liebe und Barmherzigkeit manifestieren sich im Märchen gern auch in köstlichen Speisen: Die Jungfrau füttert das arme Marienkind, das mit seinen Eltern am Verhungern war, mit *Zuckerbrot und Milch* (KHM 3).

Es ist nun bezeichnend, dass nicht nur das trockene, sondern auch das Zuckerbrot ein mehrdeutiges Symbol, ein widersprüchliches Bild sein kann: Während es auf der einen Seite die Liebe der Muttergottes zeigt, ist das Häuschen aus Brot und hellem Zucker in *Hänsel und Gretel* (KHM 15) ein Verführer im Dienste der Hexe, die die Kinder 'zum Fressen gern hat'.

Ob man hier freilich über Emotionen sprechen kann, ist fragwürdig, denn der Hunger der Menschenfresserin ist ja keine Regung im emotionalen Sinne. Nur ist es so, dass die Hexe offenbar um den Symbolcharakter der guten Speisen weiss und sie bewusst einsetzt: Für die hungrigen Kinder wäre ein einfaches Brothäuschen zur Verführung gut genug, aber die Menschenfresserin lockt auch mit *Milch und Pfannkuchen mit Zucker, Apfel und Nüssen.* Beim Bechstein kommen sogar *Biskuit und Marzipan* dazu.[23] Hinter der massiven Täuschung steht sozusagen eben ein Wissen um den Zeichencharakter des Häuschens: Die Hexe weiss ganz genau, dass die ahnungslosen Kinder in den aufgetischten Köstlichkeiten Mitleid, Gastfreundschaft und Kinderliebe wähnen und dass man sie damit noch besser in die Falle locken kann. Aber vielleicht überstrapaziere ich hier bereits den Symbolbegriff.

In einem appetitlichen Apfel, im uralten Symbol der Liebe, aber auch der Verführung, kann sogar Gift versteckt sein, wie wir alle aus dem vielleicht

---

[23] BECHSTEIN (wie Anm. 5), Nr. 8, S. 69-75, hier 73.

berühmtesten Grimmschen Märchen – aus *Schneewittchen* – wissen (KHM 53: *Sneewittchen*). Im Märchen jedoch kann sich alles verkehren: Während Gift in diesem Märchen Ausdruck von Hass und Eifersucht der eitlen (Stief-)Mutter ist, vergiftet eine andere Mutter die Wegzehrung ihres Sohnes, einen Pfannkuchen, aus übergroßer Liebe. Eher will sie ihren Sohn selber töten, als ihn am Galgen des Königs sehen, der ein Rätselsteller ist und alle hinrichten lässt, deren Rätsel er lösen kann. Es erübrigt sich zu sagen, dass sich gerade aus der vergifteten Nahrung der allzu großen Mutterliebe ein Rätsel ergibt, das der König nicht lösen kann. Und somit wird durch das Gift nicht nur das Leben des Helden gerettet, sondern auch sein Aufstieg garantiert.[24]

* * *

Fassen wir nur zusammen: Was beweist, dass das trockene Brot, dass die Wegzehrung, sei es ärmlich oder mit Zucker gesüßt, dass Kuchen und Wein, Fleisch und gar Marzipan nicht nur einfach Züge eines Motivs im Text, bestenfalls Handlungsbeweger, sondern auch und vor allem echte Symbole sind? Es fällt zunächst auf, dass es immer die Mütter sind, die über das Essen verfügen und die Wegzehrung den ausziehenden Kindern mitgeben. Dass es nicht e in M a l der Vater ist, der ein Stück Speck für seine Kinder abschneidet, spiegelt möglicherweise eben die Gewohnheiten der patriarchalischen Gesellschaft wider. Aber es fällt doch auf, dass auch kein Held, keine Heldin – immerhin sind es meistens Halbwüchsige oder erwachsene Menschen – in die Speisekammer oder in die Küche geht, um sich selbst für die Reise zu versorgen.

Die Tatsache, dass das Brot und andere Nahrungsmittel immer in einer z w i - s c h e n m e n s c h l i c h e n A k t i o n erscheinen, gibt uns das Recht, hierin mehr zu erblicken als nur eine alltägliche Handlung. Dazu kommt, dass jeder Sohn, jede Tochter unterwegs Begegnungen erlebt, bei denen die Nahrungsmittel noch einmal eine wichtige Rolle spielen. Man braucht nicht einmal Roland Barthes zu zitieren, nach welchem alles Zeichen ist, um hierin mehr als gewöhnliche Handlungsmotive zu erblicken. Es geht vielmehr in den Zaubermärchen, und auch in vielen Kindermärchen, u. a. um einfache Emotionen, gleichzeitig aber – und im Zusammenhang damit – um Lebensaufgaben. Es geht um Gefahren in der Familie und unterwegs zum eigenen Leben, es geht um die dabei erlebten und mitgeteilten Gefühle. Denn die Märchen sind Weggeschichten und Entwicklungsgeschichten, und sowohl bei den austrei-

---

[24] *Die drei Winde*. Rätoromanische Märchen aus der Surselva gesammelt von Caspar Decurtins, übersetzt und hg. von Ursula Brunold-Bigler. Chur 2002, Nr. 54, S. 145-147.

benden Kräften wie auch bei den Begegnungen unterwegs spielen Emotionen eine wichtige Rolle. 'Das' Märchen sagt dabei, dass Leiden, Entbehrungen, ja Liebesdefizit empfindlich für das Leiden anderer und letztlich glücklich machen können. Denn gerade diese Fähigkeit zum Mitgefühl ist es, die den Weg der Helden nach oben ebnet. Ein moralischer Wunschtraum des Märchens? Märchen sind ja eigentlich moralische Geschichten, auch wenn die Helden oft keine Tugendbolde sind: Sie tricksen Zauberdinge ab, sie sind oft ungehorsam und achten auf scheinbar nötige Verbote nicht.[25] Denn sie sind frei, vorausgesetzt freilich, dass sie nicht bösen Herzens sind – auch ein Wunschtraum des Märchens!

Aber die moralische Botschaft besteht gerade darin, dass positive Gefühle, menschen- und tierfreundliche Emotionen eine gute 'Kapitalanlage' sind. Ich brauche hier die Metapher 'Kapitalanlage', und dabei fällt es auf, dass die Bilder für das gute Herz (oder, im Gegenteil, für die Hartherzigkeit) selten im verschenkten G e l d Gestalt annehmen (eine Ausnahme bildet vielleicht der schon erwähnte verabschiedete Soldat), vielmehr in Bildern von S p e i s e u n d T r a n k. Ich meine, das ist kein Zufall: Die Geschichte von König Midas lehrt uns, dass Brot wichtiger als Gold ist (Ovid, *Metamorphosen* 11, 85-173); und wenn der Mensch auch nicht vom Brot allein lebt (Mt. 4,4), ohne dieses kann er nicht existieren. Und darum bietet sich vielleicht das Brot – und das Teilen oder Verweigern von Speise und Trank im allgemeinen –, mehr als etwa Geld, für eindeutige Symbole an: Mitgefühl und Mitleid, Menschen- und Tierliebe, Hass und Lieblosigkeit, Barmherzigkeit und Hartherzigkeit scheinen in der Brotgabe auf, sei es am Anfang des Lebensweges, sei es unterwegs zum Lebensziel, zum Ziel, das im optimistischen Märchen immer erreicht wird.

---

[25] Katalin HORN, "Gehorsam und Ungehorsam", in: EM 5 (1987), Sp. 896-903, hier 899-902.

Thomas Honegger

Liebe: Die literarische Darstellung eines Gefühls in der höfischen Literatur des Mittelalters

Am Beispiel des *Lai de l'ombre*

Viele Verfasser mittelalterlicher höfischer Literatur zeigen ein ausgeprägtes Interesse an der Liebe zwischen Mann und Frau. Es ist jedoch nicht so sehr die explizite Frage 'Was ist Liebe?', die im Mittelpunkt steht – Antworten darauf findet man in den medico-philosophischen Traktaten[1] – als die Implikationen und Auswirkungen, die dieses Gefühl für und auf die Beziehung zwischen Mann und Frau hat. Es sind Fragen wie 'Wie äussert sich Verliebtheit?', 'Wie wird eine Liebesbeziehung initiiert?' und 'Wie verändert die Liebe das Verhältnis zwischen den beiden betroffenen Personen beziehungsweise zwischen den Liebenden und der Gesellschaft?', denen besondere Aufmerksamkeit geschenkt wird. Eine Untersuchung der Darstellung der Liebe in der höfischen Literatur des Mittelalters muss zuerst kurz auf die zuerst genannte Frage eingehen, bevor sie sich der literarischen Präsentation dieses Gefühls zuwenden kann.

Liebe zwischen Biologie und Gefühl

Die Neurobiologin und Anthropologin Helen Fisher, die die biologischen, kulturellen und psychischen Determinanten der Liebe zu bestimmen sucht, kommt im Zuge ihrer Untersuchungen zur 'Natur' der Liebe zu folgendem Schluss (Fisher 2001: 111): "Die Biologie lässt uns auf allgemeine Art lieben. Kulturelle Erfahrungen formen unsere Neigungen. Dann eignet sich jeder von uns Gefühle und Ideen auf seine eigene, besondere Weise an. Mit unserer Psyche überwachen wir die Kräfte der Lust, der Anziehung, der Verbundenheit und der Ablösung, und oft setzen wir uns mit ihrer Hilfe sogar über diese Kräfte hinweg."

---

[1] Zur Liebeskrankheit (*amor hereos*) siehe Wack (1990), Jacquart (1984) und Lowes (1914). Pollmann (1966: 12-13) zitiert ein altägyptisches Gedicht aus dem zweiten vorchristlichen Jahrtausend, in dem die Liebeskrankheit geschildert wird.

Liebe ist also ein komplexes Gebilde, das, wie Fisher zeigt, biologisch messbare Komponenten (Hormone) beinhaltet. So ist Verliebtheit typischerweise mit hohen Werten von Dopamin und Norepinephrin und niedrigen Werten von Serotonin verbunden. Liebe – vielleicht im Gegensatz zur akuten Verliebtheit – erschöpft sich aber nicht im Biologischen. Darin liegt die Herausforderung bei der Beschreibung und der Kommunikation dieses Gefühls. Während sich die (neuro-)biologischen Auswirkungen der Verliebtheit in konkreten körperlichen Symptomen wie Schlaf- und Appetitlosigkeit, allgemeiner Unrast und gefühlsmäßiger Unausgeglichenheit niederschlagen, so präsentiert sich Liebe (hier als nicht-identisch mit Verliebtheit verwendet) als weniger leicht fassbar. Obwohl höchstwahrscheinlich ein menschliches Universal, fehlt dieser Emotion die Möglichkeit des unmittelbaren Ausdrucks.[2] Zwischengeschlechtliche Liebe, als multikomponentielles Gefühl, figuriert in keiner der mir bekannten Untersuchungen.[3] Positiver Affekt (Freude) steht der Liebe vielleicht am nächsten, ist jedoch nicht identisch mit ihr. Es ist deshalb nicht weiter verwunderlich, dass die Darstellung von Liebe durch direkt Betroffene wie auch durch Dichter und Poeten auf sprachliche und symbolische Ausdrucksmittel zurückgreift und dabei auch die ursprünglich physiologischen Symptome in diesen Prozess mit einbezieht.

Die tragende Rolle der nonverbalen Elemente war bereits den Autoren der ovidianischen Tradition wohl bekannt[4] und Ovid selbst schreibt, dass ein wirklich Liebender bleich und von den schlaflosen Nächten gezeichnet sein müsse, so dass diejenigen, die ihn sehen, sofort erkennen können, dass er unter Liebeskummer leidet.[5]

Der Einbezug der physiologischen Komponente ist von einiger Bedeutung, denn die objektiv feststellbaren körperlichen Symptome werden nun einerseits in den 'symbolischen Diskurs' der Liebesdarstellung und -beteuerung eingebettet. Andererseits kommt seit dem 12. Jahrhundert neu hinzu, dass die Liebeskrankheit (*amor hereos*) mit ihren typischen Symptomen durch die Rezeption von Constantinus Africanus' *Viaticum* als real existierende Krankheit anerkannt und therapiert wurde.[6]

---

[2] Siehe Russel (1991), Plutchik (1991) und Turner (2000).

[3] Plutchik (1991, zitiert in Turner 2000: 76) listet zwar eine Kategorie 'love, friendliness', die aus den Primäremotionen 'joy + acceptance' entsteht, doch scheint mir sein Liebesbegriff zu allgemein gefasst.

[4] Zur Bedeutung von Ovid für die höfische Literatur des Mittelalters, siehe Kolb (1958) und Scheludko (1934).

[5] *Ars amatoria* I, Vers 723-739 (Kenney 1994: 151).

[6] Siehe Wack (1990).

Der 'liebende' Protagonist literarischer Werke unterscheidet sich jedoch in einem feinen aber für uns wichtigen Punkt vom 'medizinischen Patienten', der sich der Liebeskrankheit vollständig ausgeliefert sieht. Obwohl auch der Protagonist an der *amor hereos* leidet und in der Gegenwart seiner angebeteten Dame abwechslungsweise errötet und erbleicht oder sogar sein Bewusstsein verliert,[7] so ist er dennoch in der Lage, mit der Dame zu kommunizieren und die Symptome seiner Krankheit als Zeichen seiner Liebe zu ihr zu präsentieren.[8] Das Krankheitsbild bildet somit das emotionale Fundament, auf dem die weitergehende Kommunikation aufgebaut wird und auf das immer wieder zurückgegriffen werden kann. Stärker als alle Worte verweisen die körperlichen Symptome auf die faktisch-biologische Grundlage der Liebe, sind aber gleichzeitig auf die 'interpretatorische Leistung' der Sprache angewiesen, um aus ihrer Mehrdeutigkeit herausgelöst zu werden und für den Liebesdiskurs Relevanz zu gewinnen.[9] Damit partizipieren die nonverbalen Elemente an zwei Diskursebenen gleichzeitig. Einerseits sind sie Bestandteil des medico-physikalischen Diskurses und als solche 'Hinweise' auf eine real existierende und zu therapierende Krankheit. Andererseits werden sie zu Bestandteilen eines sprachlichen Diskurses, der den Verweischarakter der Symptome auf die weniger klar fassbare 'Liebe' erweitert. Das Gefühl der Liebe als solches entzieht sich jedoch einer eindeutigen Darstellung.

Liebe und Liebeswerbung im *Lai de l'ombre*

Vor diesem kurz skizzierten Hintergrund muss der *Lai de l'ombre*[10] gesehen werden. Das Gedicht wurde 1221 oder 1222 von JEAN RENART verfasst und ist in seiner Art und Weise wie auch in seiner Qualität einzigartig. Es kann nicht nur als eine Illustration der mittelalterlichen *artes amandi* gesehen wer-

---

7   Siehe zum Beispiel Troilus in Geoffrey Chaucers *Troilus and Criseyde* (Buch III, Zeile 1092; Benson 1987: 528) oder Guy in *Guy of Warwick* (V. 597-98 [Auchinleck MS]; Zupitza 1966: 34).

8   Siehe William, der zwar zuerst durch die Anrede als *Mi loveli swete lemman* (Zeile 876, Bunt 1985: 150) durch seine geliebte Dame die Sprache verliert, aber dann die Symptome seiner 'Krankheit' schildert (V. 906-912, Bunt 1985: 151). Siehe Honegger (2000) für eine detaillierte Diskussion dieser Problematik.

9   Siehe den berühmten Dialog zwischen Tristan und Isolde in Thomas' *Tristan*, in dem mit der (zumindest partiellen) Homophonie der altfranzösischen Worte für 'das Meer' (*la mer*), 'das Bittere' (*l'amer*) und 'die Liebe' (*l'amor*) gespielt wird (Benskin, Hunt und Short 1992-1995). Chrétien de Troyes, in seinem *Cligès*, parodiert dies leichtfüßig (V. 533-555, Micha 1982: 17-18).

10 Alle Angaben sind zur Edition von Lecoy (1983).

den,[11] sondern es zeigt auch auf, inwiefern Sprache, Gesten und Symbole im weitesten Sinn des Wortes zur Darstellung und auch Erweckung (amouröser) Gefühle verwendet werden. Von den 962 Zeilen des Lai gehören 509 Zeilen zu den Dialogen zwischen Ritter und Dame. Literaturwissenschaftler haben zu Recht von einem 'dramatischen Realismus' der Dialoge gesprochen.[12]

Die Handlung an und für sich ist sehr einfach und geradlinig: Ein Edelmann, der sich durch eine Vielzahl gesellschaftlicher Qualitäten auszeichnet, hört vom Liebreiz und der Schönheit einer benachbarten Dame. Er beschließt, ihr seine Aufwartung zu machen, tarnt dieses Vorhaben jedoch als Vergnügungsritt. Als er und seine beiden Begleiter in Sichtweite der Burg der Dame kommen, bringt er wie zufällig das Gespräch auf die Vorzüge der edlen Frau, und man beschließt spontan, der Burgherrin einen Besuch abzustatten. Die Dame empfängt die drei Ritter auch gemäß der höfischen Etikette, und jeder der Edelmänner unterhält sich mit einer Edeldame. Der Erzähler legt das Augenmerk nun vollständig auf den Dialog zwischen dem Edelmann und der Herrin des Hauses – alles andere tritt in den Hintergrund.

Das erste und schwerwiegendste Problem, dem sich der namenlose Ritter gegenüber sieht, ist die Unterschiedlichkeit der Referenzrahmen.[13] Er hat allen Beteiligten gegenüber vorgegeben, dass es sich hier nur um einen Höflichkeitsbesuch handle – und auch die Dame hat keinen Grund, irgendetwas anderes zu vermuten und benimmt sich dementsprechend ungezwungen. Sie kommt den Besuchern entgegen, lächelt den Edelmann an, nimmt ihn bei der Hand und führt ihn zu seinem Platz. Der Ritter jedoch sucht in ihren Handlungen und Worten nach Hinweisen, dass er für sie mehr ist als ein zufälliger Gast. Des Weiteren würden einer aufmerksameren bzw. in diese Richtung eher sensibilisierten Dame seine bewundernd-verliebten Blicke aufgefallen sein (V. 342f.). Der Erzähler gibt leider keine Auskunft darüber, was in den Köpfen und Herzen der beiden Protagonisten vorgeht. Auf jeden Fall scheint der Edelmann den Zeitpunkt für günstig zu halten, um seine Gefühle mit einer expliziten verbalen Liebeserklärung zum Ausdruck zu bringen.

Bele tres douce dame chiere,
fet il, por qui force de cuer
me fet guerpir et geter puer
de toutes autres mon pensser,
je vous sui venuz presenter

---

[11] So Sargent (1965).

[12] Siehe Lejeune-Dehousse (1935: 348-349).

[13] Siehe Clark (1996) zur Interaktion als eine von Sprecher und Hörer gemeinsam gestaltete 'joint action' mit gemeinsamem Referenzrahmen / 'frame(s) of reference'.

quanques je ai, force et pooir,
si en puisse je joie avoir,
qu'il n'est riens nule que j'aim tant
conme vous, se Diex repentant
me lest venir a sa merci;
et por ce sui je venuz ci
que je vueil que vous le sachiez
et que gentelise et pitiez
vous en praigne, qu'il est mestiers.
Quar qui en feroit aus moustiers
oroison, si feroit il bien,
por ceus qui n'entendent a rien
s'a estre non leal ami. (Lecoy 1983: 11-12, Vers 350-367)

[Meine] schöne, süßeste, teure Dame, | sagt er, für die die Herzensmacht mich ver-
lassen und verbannen macht | alle anderen aus meinen Gedanken, | ich bin gekom-
men, um [Ihnen] anzubieten | was immer ich habe, Kraft und Macht, | wenn ich
davon Freude haben kann, | denn es gibt nichts das ich mehr liebe | als Sie, so wahr
Gott mich Bereuenden | zu seiner Gnade kommen lässt; | und deshalb bin ich hierher
gekommen | weil ich möchte, dass Ihr es wisst | und dass Edelmut und Mitleid | Euch
beherrschen, wie es notwendig ist. | denn wer in Kirchen betet, | handelt gut | für
diejenigen, die nichts anderes wollen, | als treue Liebende zu sein.

Ich möchte hier keine detaillierte Analyse dieser Liebeserklärung vornehmen[14] – nur so viel: der Edelmann erweist sich als redegewandter und in der
'ars amatoria' bewanderter Werber. Er redet über die Liebe, als ob sie (und
sehr oft ist sie es ja) eine aussenstehende oder zumindest nicht von ihm kon-
trollierbare Kraft sei, die ihn überwältigt und ohne sein Zutun beherrscht.
Konkret charakterisiert sie der Edelmann als *force de cuer* (V. 351), die sein
pensser (V. 353) beherrscht. Die eigentliche Liebeserklärung kommt erst in
Vers 357 in einem erklärenden Nebensatz. Man kann also nicht behaupten,
dass sich die erstmalige explizite Darstellung der Liebe syntaktisch wie auch
thematisch an einem prominenten Ort befinde. Der Edelmann stellt den
Aspekt des 'Dienstes' in den Vordergrund und nimmt die amourösen Elemente zurück. Er versucht nun, die Gedanken der Dame in die gewünschte
Richtung zu lenken, indem er auf *gentelise et pitiez* (V. 362) hinweist und
impliziert, dass die Reaktion der Dame von diesen beiden höfischen Tugenden inspiriert sein sollte. Die letzten drei Zeilen sind problematisch, und dies
nicht nur hinsichtlich der Übersetzung.[15] Ich sehe sie als einen frühen Ver-

---

14 Siehe Honegger (2000) und Honegger (2002).

15 Marie-Françoise Notz-Grob (in Méjean-Thiolier und Notz-Grob 1997: 599) gibt die
    folgende Übersetzung: "Car ce serait une bonne action si l'on priait à l'église pour ceux
    qui n'ont d'autre intention que d'aimer loyalement." Goodrich (1965: 204) übersetzt

such des Ritters, moralische Einwände gegen die von ihm vorgeschlagene Liaison von vornherein zu entkräften.

Nun müssen wir nachfragen und klären, wieso die sprachlich explizite Darstellung der Gefühle – die Liebeserklärung im eigentlichen Sinne – sozusagen nur via die Hintertüre zugelassen wird. Die Antwort ist wohl in der mehr als heiklen Natur der Liebeserklärung zu suchen. Die offene sprachliche Darstellung der amourösen Gefühle eines Menschen für einen anderen ist ein 'face threatening act' erster Güte.[16] Eine explizite sprachliche Liebeserklärung setzt den Adressaten unter Zugzwang. Die Dame[17] sieht sich gezwungen, auf irgendeine Weise zu reagieren – sei es mit einer wie auch immer gearteten Zusage oder einer Zurückweisung. Innerhalb des vom Sprecher vorgegebenen Interaktionsrahmens ist es für sie nicht möglich, nicht zu reagieren – jede Reaktion oder Nicht-Reaktion wird vom Mann als 'Antwort' interpretiert werden. Damit ist die Dame empfindlich in ihrer Handlungsfreiheit eingeschränkt, d. h. ihr 'negative face' ist bedroht. Dies ist jedoch noch nicht alles. Eine eventuelle Zurückweisung des Bewerbers stellt eine zusätzliche Bedrohung des 'positive face' dar, da die Frau den Mann durch ihre Ablehnung verletzen und seine Gefühle ihr gegenüber möglicherweise ins Negative verändern wird. Die hier skizzierten Risiken werden nun minimiert, indem der Edelmann nicht seine Liebe zur Dame zum Thema macht, sondern seinen Dienst. Die Annahme bzw. Zurückweisung des Dienstangebotes wiegt weniger schwer als diejenige der Liebe selbst.

Das Dienstangebot wird somit zum gesellschaftlich anerkannten und konventionellen Ersatz für das Liebesangebot, das Dienstverhältnis zum Modell für das Liebesverhältnis[18] – denn sowohl Edelmann wie Dame wissen, dass das Eingehen eines Dienstverhältnisses zwar nicht mit der Annahme oder gar der Erwiderung der Liebe gleichzusetzen ist; aber sie sind sich bewusst, dass im

---

die Zeile wie folgt: "For a man who would say prayers in a minster would do well to pray for those who understand nothing of love or who know not how to be a loyal love."

[16] Zum Begriff des 'face', siehe Brown und Levinson (1987: 13-15). 'Negative Face' ist der Wunsch, dass die eigene Handlungsfreiheit nicht eingeschränkt wird. 'Positive Face' ist der Wunsch, von seinen Interaktionspartnern anerkannt zu werden. Ein 'face threatening act' verstösst (in unterschiedlichem Maß) gegen diese Wünsche.

[17] Ich gehe hier von der in der mittelalterlichen Literatur üblichen Rollenverteilung in 'aktiven' Mann und 'passive' Frau aus.

[18] Kasten (1995: 162) charakterisiert das 'höfische Modell' wie folgt: "Nach dem Modell der Vasallität wird die Frau in den Rang einer 'Lehensherrin' erhoben, während der Mann die Rolle eines ihr untergeordneten und um ihre Gunst werbenden 'Vasallen' innehat."

Rahmen der Feudalbeziehung der Dienst durch den Vasallen nicht unentlöhnt bleiben darf.[19] Und was die erhoffte Belohnung für den 'Minnedienst' sein wird, muss auch nicht explizit genannt werden.[20] Der Umstand, dass der Edelmann die konventionelle Form des 'Minnedienstangebots' verwendet, um seinen Gefühlen Ausdruck zu verleihen, stellt sowohl für die Dame wie auch für die Leser bzw. Zuhörer ein Problem dar. Wie wir gesehen haben, bietet diese Art der Werbung für beide Interaktanten zwar ein gewisses Maß, 'das Gesicht zu wahren'. Was aber bis zu einem gewissen Grad auf der Strecke bleibt, ist die Glaubwürdigkeit. Die Dichter der höfischen Liebe – und in ihrem Gefolge all die Paare, die sich an den literarischen Vorbildern orientieren – sehen sich mit dem Problem konfrontiert, dass Worte eben willig und billig sind und nicht notwendigerweise die wahren Gefühle des Sprechers ausdrücken. Anweisungen, dass und wie man (vor allem 'Mann') die umworbene Dame mit Hilfe der Rhetorik umgarnen soll, lassen sich mindestens bis Ovid zurückverfolgen.[21] Mit der 'Entdeckung der Liebe'[22] im 12. Jahrhundert erwachte auch das Interesse an der ovidischen *Ars amatoria* wieder, was in einer Reihe von volkssprachlichen Werken, die den abstrakten ovidischen Handlungsanweisungen konkrete Musterbeispiele beifügten, Ausdruck fand.[23] Somit war die 'Liebeserklärung' zu einem rhetorischen Lehrstück verkommen.

Nun gibt es natürlich noch andere Möglichkeiten, seine Gefühle zum Ausdruck zu bringen bzw. die Echtheit der verbalen Beteuerungen zu beweisen. In der Literatur ist die Art und Weise, wie die verbalen Beteuerungen 'verifiziert' werden, von Gattung zu Gattung verschieden. Während in den höfischen Romanen der Liebende oftmals über Tausende von Zeilen die Gelegenheit hat, seine Worte durch Taten zu beweisen,[24] sieht sich der Protagonist der lyrischen Kleinformen genötigt, seine Gefühle mit weniger aufwendigen Mitteln zu legitimieren. Tränen, Seufzen und Ohnmachtsanfälle erfreuen sich großer Beliebtheit. Der Lai ist nun eher den narrativen Erzählformen zuzurechnen. In seiner Kürze fehlen ihm jedoch die Möglichkeiten des höfischen Romans, so dass er auf den 'epischen Tatbeweis' verzichten

---

[19] Siehe Haferland (1988: 179-191), Kasten (1986: 70-71) und Schnell (1985: 119) zur Reziprozität innerhalb des höfischen Dienst- und Minneverhältnisses.

[20] *retenez moi a chevalier | et, quant vous plera, a ami* (V. 414-415).

[21] Siehe Honegger (2000) für eine ausführliche Diskussion dieser Tradition.

[22] Dinzelbacher (1981).

[23] Siehe Honegger (2000).

[24] Siehe Guy of Warwick in der gleichnamigen Romanze (Zupitza 1966). Um sich seiner Fenice würdig zeigen, muss Guy unzählige Abenteuer erfolgreich bestehen – was den Leser über einige tausend Verse hin in Atem hält.

muss. Dies trifft auch auf den *Lai de l'ombre* zu: die Handlung ist auf wenige Stunden beschränkt und lässt keinen Spielraum für langwierige Abenteuer und Prüfungen. Des Weiteren strukturiert der Dichter die Abfolge der Ereignisse so gedrängt, dass selbst Symptome des *amor hereos* sich gar nicht erst entwickeln können. Von einer (teilweise) schlaflosen Nacht ist man noch nicht besonders gezeichnet, und auch der Appetit des Edelmannes scheint noch nicht so beeinträchtigt zu sein, dass er unter rapidem Gewichtsverlust leidet. Man sieht dem Edelmann seinen 'Liebeskummer', der ja genau genommen noch gar kein richtiger 'Kummer' ist, nicht an. Damit jedoch geht er einer der wichtigsten Argumente verlustig, die er zum Beweis seiner Wahrhaftigkeit einsetzen könnte. Als Folge findet er sich völlig auf seine unmittelbaren interaktionellen Fähigkeiten zurückgeworfen und sieht sich mit dem Problem konfrontiert, wie er seine Gefühle glaubhaft und in überzeugender Weise im Hier und Jetzt ausdrücken soll. Einen ersten Versuch auf der sprachlichen Ebene haben wir im oben angeführten Zitat miterlebt.

Die Reaktion der Dame nun ist interessant. Sie weist den Edelmann nicht einfach zurück, aber ebenso wenig erwidert sie seine Gefühle. Ihr *Ha! sire, por l'ame de mi,* [...] *qu'avez vous or dit?* (Ha, mein Herr, bei meiner Seele, [...] was habt Ihr da gesagt? Vers 68f.) verschafft ihr erst einmal Zeit. Es ist ein neutraler 'Füller', der nichts weiter aussagt, als dass die Botschaft des Sprechers angekommen ist. Damit hat sie das Problem des 'nicht Nicht-kommunizieren-Könnens' vorerst einmal entschärft. Der Ritter interpretiert ihre Reaktion als Skepsis gegenüber seinen Absichten und wiederholt sein Dienstangebot (V. 370-73). Wiederum geht die Dame nicht direkt darauf ein, sondern äussert zuerst Verwunderung, dass ein so stattlicher und tapferer Ritter nicht bereits eine Minnedame habe, und fügt hinzu:

Vous me savriiez ja mout bien
par parole et par l'ueil a trere
la pene, et ce que ne vueil fere
a entendre, par verité! (Vers 384-387)

Ihr wisst ganz genau | durch Worte und Blicke zu täuschen, | und das, was ich nicht machen möchte, | dennoch zu begehren, wahrhaftig!

Dies entzieht nun dem Edelmann den 'interaktionellen' Boden. Die Dame greift nicht einfach die Wahrhaftigkeit seiner Liebesbeteuerungen an, sondern viel gravierender, sie zieht seine allgemeine Glaubwürdigkeit als Interakteur in Zweifel. Damit hat sie ihm seine wichtigste Waffe genommen und zukünftige verbale Liebesbeteuerungen von vornherein diskreditiert. Der Edelmann muss also zuerst versuchen, seine Glaubwürdigkeit als Gesprächspartner zurückzugewinnen, bevor er mit der Darstellung seiner Gefühle auf der verbalen Ebene fortfahren kann. Er lässt sich jedoch nicht darauf ein und weicht auf ein anderes, für ihn unverfänglicheres Thema aus: das nonverbale Verhalten der Dame bei ihrer Ankunft. Der herzliche Empfang, ihr ausgesucht höflich-höfisches Benehmen und das Gespräch mit ihr werden nun alle als Zeichen für ihre Zuneigung zum Edelmann ausgelegt. Damit geht er nicht nur wieder in die Offensive, sondern er legitimiert auch seine Avancen gegenüber der Dame und macht das nonverbale Element zum Gegenstand der Diskussion. Die Dame erteilt ihm jedoch zuerst einmal eine Lektion in Sachen 'Interpretation von nonverbalem Verhalten':

> *Je n'entendoie au regart rien*
> *se cortoisie non et sens.*
> *Mes vous l'avez en autre assens*
> *noté conme fols, si m'en poise.*
> *Se je ne fusse si cortoise,*
> *il m'en pesast ja mout vers vous.*
> *Por c'est fole chose de nous,*
> *dames, qui sons mal parcevanz:*
> *quant cortosie et biaus sanblanz*
> *nous maine a cortoisie fere,*
> *lors cuident tout lor autre afere*
> *cil souspirant avoir trouvé!* (Vers 424-435)

Mit meinem Blick intendierte ich nichts | als Höfischkeit und Anstand. | Ihr aber habt darin einen anderen Sinn | wahrgenommen, wie ein Narr, leider. | Wäre ich nicht so höflich gewesen, | ich hätte mich gegenüber Euch versündigt. | Denn dies ist das Problem mit uns | Damen, die wir ohne guten Rat sind: | wenn Höfischkeit und gutes Benehmen | uns dazu bringen, höflich zu sein, | dann glauben die Bittsteller, dass ihre | ganz anders gearteten Wünsche erhört würden.

Dieses Problem, dass die Damen ihr höfisches Handeln missverstanden finden, scheint weit verbreitet genug gewesen zu sein, um Robert de Blois (aktiv 1233-1266) in seinem *Le chastoiement des dames* (Fox 1950: 133-155) zu folgendem Kommentar zu bewegen:

> *Por ce ne set dame que faire,*
> *Quant aucune est si debonaire,*
> *Qu'ale fait par sa cortoisie*
> *Solaz et bele compaignie*
> *Et les alanz et es venanz,*
> *Soit chevalier ou franc serjanz,*
> *Et sert chascun selon son pris,*
> *Et cil resont si mal apris,*
> *Que lues s'an vantent li plusor,*
> *Si dïent que c'est par amor,*
> *Et ele nes prise un bouton*

Se par sa cortoisie non,
N'en cent anz ce ne panseroit. (Vers 27-39)

Deshalb weiss keine Dame, was sie tun soll. | Wenn sie so höfisch ist, | dass sie aus Höfischkeit | Trost und Unterhaltung | den Kommenden wie den Gehenden, | sei es Ritter oder Knappe, | und jedem das Seine gibt, | und wenn diese dies so missverstehen, | dass einige sofort damit angeben, | und behaupten, dies geschehe aus Liebe, | obwohl sie [die Dame] diese überhaupt nicht schätzt, | ausser aus Höfischkeit, | nicht in hundert Jahren würde sie daran denken [d.h. diese zu lieben].

Normalerweise haben die Teilnehmer bei der Interaktion die Möglichkeit, sich über die Bedeutung der nonverbalen (wie auch der verbalen) Elemente rückzuversichern. Dies setzt jedoch voraus, dass die Interaktionsteilnehmer einen gemeinsamen (implizit akzeptierten) Referenzrahmen teilen.[25] Wenn nun beide glauben, ihr jeweiliger Referenzrahmen sei der von beiden verwendete, so werden die Aktionen des Gegenübers so lange innerhalb des eignen Rahmens interpretiert, bis dies entweder nicht mehr möglich ist oder bis es zu einem metakommunikativen Austausch über die verwendeten Referenzrahmen kommt. Die Begegnung zwischen Dame und Edelmann illustriert dies auf das Deutlichste. Während der Edelmann das Verhalten der Dame (ungerechtfertigterweise zwar) innerhalb des Referenzrahmens 'flirten' bzw. 'nonverbale Liebessignale aussenden' interpretiert, so hält sich die Dame an das Skript 'höflicher Empfang eines edlen Gastes durch die Herrin des Hauses'. Da die nonverbalen Handlungen der Dame für beide Skripts passen, wird das 'Missverständnis' erst durch die später erfolgte Metakommunikation aufgedeckt.

Der Ritter hat somit auch mit seinem zweiten Versuch, das Herz der Dame zu gewinnen, keinen Erfolg, obwohl er sich mit den nonverbalen Elementen auf dem richtigen Weg befindet. Er hat allerdings bisher nur die Klasse der willentlich beeinflussbaren nonverbalen Elemente berücksichtigt, denn Lächeln und Blicke-Zuwerfen sind leicht steuerbare Handlungen, die auch zur Täuschung eingesetzt werden können.[26] Die Enttäuschung und Frustration über seinen bisherigen Misserfolg bringen den Edelmann zum Weinen. Er errötet und die Tränen beginnen zu fliessen: *Li vermaus li monte en la face | et les lermes du cuer aus iex* (Die Röte steigt ihm ins Gesicht | und die Tränen aus dem Herzen in die Augen. V. 480-83). Tränen jedoch 'kommen von Herzen', d. h. sie unterliegen nicht dem Täuschungsverdacht, sondern werden allgemein als 'authentische Symptome' echten Liebeskummers angesehen. Der Umstand, dass Tränen nicht auf Befehl fließen, macht sie nicht nur für den

---

25 Siehe Clark (1996).

26 Zur Kategorisierung 'willentlich beeinflussbar vs. willentlich nicht beeinflussbar' und der sich daraus ergebenden Bewertung, siehe Goffman (1959/1990: 18).

aufrichtig Liebenden wertvoll. Schon Ovid hat erkannt, dass Tränen zu einer erfolgreichen Werbung gehören, und empfiehlt deshalb, bei Ausbleiben des Tränenflusses (aus welchen Gründen auch immer) zumindest mit einer nassen Hand über das Gesicht zu fahren (*Ars amatoria* I, 659-662). Einer seiner mittelalterlichen Adaptoren gibt den (wohl nicht ganz ernst gemeinten?) Ratschlag, dass der werbende Mann notfalls mit einer Zwiebel dem Fluss des Augennasses nachhelfen müsse: *Et se tu ne pués avoir lermes, | en poinz devisez et en termes, tu porras un oignon tenir | qui tantost les fera venir.* (Und wenn du keine Tränen produzieren kannst, dann verstecke eine Zwiebel in der geschlossenen Hand und zur rechten Zeit werden sie [die Tränen] sofort kommen. Doutrepont 1890: 43, V. 1097-1099).

Die Tränen unseres Edelmanns jedoch sind echt und kommen 'von Herzen'. Dies erkennt auch die Dame, und sie nimmt seine Liebesbeteuerungen deshalb ernst, und ihre Argumente gegen die Aufnahme einer Liebesbeziehung bewegen sich nun auf einer sachlichen Ebene ('Ich bin schon verheiratet und kann meinem Gatten nicht untreu werden.').[27] Dies gibt dem Ritter neue Hoffnung, denn für einen höfisch Liebenden war der Ehestand der angebeteten Dame noch nie von Bedeutung.[28] Er erneuert sein 'Dienstangebot' und drängt die Dame, die Unterredung mit einem Austausch von Liebespfändern (*joiel* – Juwel, *çainture* – Gürtel, oder *anel* – Ring) zu einem würdigen 'höfischen' Abschluss zu bringen.[29] Diesem Ansinnen jedoch widersetzt sich die Dame zu Recht und mit Entschlossenheit. Der Austausch von Liebespfändern würde auf einer symbolischen Ebene vollziehen, was sie bisher auf der sprachlichen (die Liebeserklärung selbst) wie auch auf der interaktionellen Ebene (Dienstangebot) erfolgreich vermieden hat: das Anerkennen einer über die normale zwischenmenschliche Beziehung hinausgehende Bindung. Gerade ein Ring, auf dessen symbolisches Potential beim Austausch der Eheringe zurückgegriffen wird, gehört in eine Kategorie von Gegenständen, die entweder als Besiegelung 'post factum' ausgetauscht werden, oder aber als Zeichen zukünftiger Intimität und Zusammengehörigkeit.[30] Auch in diesem, seinem 'symbolischsten' Ansinnen erfolglos, fällt der Edelmann noch einmal in die traditionelle Rolle des abgewiesenen höfischen Liebenden, stellt sich und seinen ganzen Besitz der Dame zur Verfügung und überträgt ihr gleichzeitig

---

[27] Siehe V. 492-495 (Lecoy 1983: 16).

[28] Dies ist nicht zu verwechseln mit der unlängst widerlegten, vor allem durch Lewis (1936) vertretenen Meinung, dass 'höfische Liebe' per definitionem ehebrecherisch sein müsse. Eine umfassende Richtigstellung erfolgte durch Press (1970) und Paden (1975).

[29] Siehe V. 515-516 (Lecoy 1983: 16).

[30] Siehe z.B. die Bedeutung der 'Eheringe' in *The Merchant of Venice*.

die Verantwortung für sein zukünftiges Schicksal, das ein liebeskummer-bedingtes Ableben nicht ausschließt.

Auf den ersten Blick scheint er nicht viel weiter zu sein als zu Beginn der Unterhaltung. Sein bisheriger Misserfolg in der Erlangung der Liebe der Dame sollte jedoch nicht darüber hinwegtäuschen, dass er auf anderen Gebie-ten wertvollen Boden gewonnen hat. So stellt die Dame seine allgemeine Glaubwürdigkeit sowie die Echtheit seiner Gefühle nicht mehr in Frage – und dies hauptsächlich dank dem Auftreten 'unwillkürlicher' interaktionaler Elemente (Tränen, Erröten). Die Dame fällt nun in einen Zustand der *rêverie* und lässt nochmals die Taten und Worte des Ritters vor ihrem inneren Auge Revue passieren. Der Edelmann nutzt diese Geistesabwesenheit, um ihr 'unbemerkt' einen Ring an den Finger zu stecken,[31] verabschiedet sich eilig und reitet mit seinen Begleitern davon. Somit hat er insofern einen Teilerfolg erzielt, als dass er die Interaktion offen gelassen hat. Da die Dame das Anstecken des Ringes nicht bemerkt hat, ist dieser Akt (noch) nicht 'on record' / ratifiziert und das Geschenk – mit allem, was es impliziert – nicht offiziell 'akzeptiert' worden. Die Dame nimmt den Ring an ihrem Finger erst nach dem Abschied des Edelmannes bewusst wahr. Anders als seine Worte und Gesten ist der Ring jedoch eine bleibende 'Erinnerung' und beinhaltet das Versprechen auf eine Fortsetzung der Beziehung. Verständlicherweise ist die Dame über die Vorwegnahme ihrer Zustimmung zu einer solchen Beziehung nicht sehr erfreut und lässt den Ritter zurückrufen.

Die zweite Begegnung (Vers 674ff.) zwischen den beiden spielt sich im Burghof ab. Sie setzen sich auf den Rand eines Brunnens, und das Gespräch dreht sich beinahe ausschließlich um den Ring: die Dame will ihn dem Ritter zurückgeben, dieser jedoch weigert sich standhaft, den Ring, der für ihn zum Symbol seiner Liebe und Treue geworden ist, zurückzunehmen. Erst als die Dame ihn mittels eines Tricks zur Rücknahme zwingt – sie erklärt seinen Gehorsam in dieser Sache zum Beweis für seine Liebe – gibt er nach. Die Dame hat somit ihre interaktionelle Freiheit wieder zurückgewonnen.

Was nun folgt, kann zu Recht als Höhepunkt der Handlung angesehen wer-den. Der Ritter nimmt den Ring von der Dame und erklärt, dass er ihn nun gleich einer Frau schenken werde, die er über alle Maßen liebt. Die Dame äussert ihr Erstaunen darüber, dass er so schnell eine Nachfolgerin gefunden hat und wundert sich, wer dies sein könnte, da ausser ihnen niemand anwe-send ist. Der Ritter jedoch beugt sich über den Rand des Brunnens, lässt den

---

31 Jean-Paul Sartre, in *L'être et le néant. Essai d'ontologie phénoménologique*, beschreibt eine vergleichbare Situation. Eine Frau, die sich mit einem Mann zu einem ersten

Ring ins Wasser fallen und erklärt, dass er, da sie selbst den Ring nicht annehmen wollte, ihn ihrem Spiegelbild geschenkt habe.[32] Mit der spontanen Geste des 'Ringgeschenks an ihr Spiegelbild' gewinnt der Edelmann das Herz der Dame, die nun in eine Liebesbeziehung mit ihm einwilligt und so der Geschichte zu einem Happy-End verhilft.

Worte, Gefühle und Symbole

Nicht ganz unerwartet hat diese finale und entscheidende Geste des Ritters die Aufmerksamkeit der Literaturwissenschaft auf sich gezogen. So wird sie als ein Beispiel von höfischer *sprezzatura* 'avant la lettre' interpretiert.[33] Mit dieser 'Lösung' positioniert sich der Dichter des *Lai de l'ombre* in Opposition zu den Artes amatoria, die von der Grundannahme ausgehen, dass man die Eroberung einer Frau planen kann – des Andreas Capellanus (ironische?) *De arte amandi honeste* geht sogar soweit, dass seine Verehrer die angebeteten Damen nach allen Regeln der scholastischen Argumentationskunst ins Bett 'argumentieren'. Dem Edelmann im *Lai de l'ombre* hingegen nützten weder seine rhetorischen Talente noch seine bewusst erworbene interaktionelle Kompetenz – den Ausschlag gibt ein 'inspirierter' Akt. Fragt man nach der Korrelation zwischen den verschiedenen Phasen der Werbung, ihres Erfolges und den eingesetzten Mitteln, so lässt sich folgendes feststellen: die Darstellung der Gefühle mittels Sprache unterliegt dem Verdacht der Täuschung und der Manipulation. Nonverbale Elemente – insbesondere körperliche Reaktionen, die nicht oder in nur sehr geringem Maße willentlich beeinflusst werden können, geniessen größeres Vertrauen. Als Steigerung dieses Prinzips gilt die inspirierte, spontane Geste, die, da weder geplant noch reflektiert, als unverfälschter, authentischer Ausdruck der Gefühle gelten kann.

Beim Versuch, die sich (gegen ihre eigenen Gefühle?) widersetzende Dame zu überzeugen, spielen Modelle und Symbole eine wichtige Rolle. So kleidet der Edelmann den Ausdruck seiner Liebe zuerst in die Form des höfischen Dienstangebots und bietet somit ein Beziehungsmodell an. Die Dame weigert sich jedoch, das Angebot anzunehmen und zweifelt an der Glaubwürdigkeit des Ritters. Hier sind es nun nonverbale (nicht willentlich steuerbare) Sym-

---

Rendez-vous trifft, ist sich unschlüssig, wie sie auf seine Annäherungsversuche reagieren soll (er hält ihre Hand) und 'ignoriert' den Körperkontakt (Sartre 1948: 94-95).

[32] Zur Symbolik des Spiegels siehe Band 14 der Schriften zur Symbolforschung (Michel 2003).

[33] Zum Konzept der *sprezzatura* siehe Castigliones *Il cortegiano* (Cox 1994). Man könnte *sprezzatura* in etwa als den spontanen Ausdruck eines höfischen Geistes / einer höfischen Seele in einer nicht planbaren Handlung oder Geste definieren.

ptome / Indizien / Anzeichen (Tränen, Erröten), die die Dame von der Echtheit der Gefühle überzeugen. Mit dem Ring wird eine (zweite) 'symbolische' Ebene betreten.[34] Die Funktion des Symbols besteht ja oft darin, dass es 'Unaussprechliches' zum Ausdruck bringt. Die Verwendung des Ringes im *Lai de l'ombre* nutzt gerade diese Eigenschaft – die Bedeutung der Aussage ist zwar klar, aber sie wird nicht auf eine explizite oder aufdringliche Art vermittelt. Die Dame ist aber auch nicht bereit, sich auf dieser 'symbolischen' Ebene zu binden – das Ringgeschenk stellt zwar gegenüber dem 'Dienstangebot' eine höhere Abstraktionsstufe dar, aber die Implikationen scheinen der Dame immer noch allzu offensichtlich. Erst auf der 'dritten Ebene' gelingt es dem Ritter, die Dame zur Annahme seiner Liebe zu bewegen. Auf dieser Ebene finden nicht nur die Gefühle des Ritters symbolischen Ausdruck (Ring, Schenkung des Rings), sondern auch die Dame selbst ist nunmehr nur auf 'symbolische' Art präsent (Spiegelbild im Wasser des Brunnens). Dieses ihr Alter ego handelt an ihrer statt und nimmt den Ring (d.h. die Liebe) des Ritters an. Die Dame ist somit aus der Verantwortung entlassen, und der einzige Schritt, den sie nun machen muss – und der ihr aufgrund der durch die Symbole geschaffenen 'interaktionellen' Distanz leicht fallen dürfte – ist die Identifikation mit ihrem Spiegelbild.

Bibliographie

Benskin, Michael, Tony Hunt und Ian Short. 1992-1995. "Un nouveau fragment du *Tristan* de Thomas". *Romania* 113: 289-319.

Benson, Larry D. (Hg.). 1987. *The Riverside Chaucer*. (Dritte Auflage.) London, New York und Toronto: Oxford University Press.

Brown, Penelope und Stephen C. Levinson. 1987. *Politeness: Some Universals in Language Use*. (Studies in Interactional Sociolinguistics 4. Zweite Auflage. Erste Auflage 1978.) Cambridge: Cambridge University Press.

Bunt, G.H.V. (Hg.). 1985. *William of Palerne. An Alliterative Romance*. Groningen: Boumas Boekhuis.

Clark, Herbert H. 1996. *Using Language*. Cambridge: Cambridge University Press.

Cox, Virginia (Hg.). 1994. *Count Baldassare Castiglione: The Book of the Courtier*. (Erstveröffentlichung 1528. Übersetzt durch Sir Thomas Hoby 1552-1555, publiziert 1561.) London: Dent.

Dinzelbacher, Peter. 1981. "Über die Entdeckung der Liebe im Hochmittelalter". *Saeculum* 32: 185-208.

---

[34] Als erste 'symbolische' Ebene betrachte ich das Modell des Dienstangebots.

Doutrepont, Auguste (Hg.). 1890. *La clef d'amors*. (Bibliotheca Normannica 5.) Halle: Niemeyer.

Fisher, Helen. 2001. "Lust, Anziehung und Verbundenheit: Biologie und Evolution der menschlichen Liebe". In: Meier, Heinrich und Gerhard Neumann (Hg.). 2001. *Über die Liebe. Ein Symposion*. München und Zürich: Piper, 81-112.

Fox, John Howard (Hg.). 1950. *Robert de Blois: Son œuvre didactique et narrative*. Paris: Nizet.

Goffman, Erving. 1959/1990. *The Presentation of Self in Everyday Life*. (Erste Auflage 1959. Pelican Books Ausgabe 1971. Reprint 1990.) London: Penguin Books.

Goodrich, Norma Lorre (Übersetzerin). 1965. *The Ways of Love: Eleven Romances of Medieval France*. London: Allen & Unwin.

Haferland, Harald. 1988. *Höfische Interaktion. Interpretationen zur höfischen Epik und Didaktik um 1200*. München: Fink.

Honegger, Thomas. 2000. "'De arte (dis-)honeste amandi' – Amatory Theory vs Literary Reality". In: Honegger, Thomas (Hg.). 2000. *Authors, Heroes and Lovers: Essays on Medieval English Literature and Language / Liebhaber, Helden und Autoren: Studien zur alt- und mittelenglischen Sprache*. Bern, Berlin, Frankfurt am Main, etc.: Lang, 73-106.

Honegger, Thomas. 2002. "Authors and Lovers: Presenting Amorous Interaction in Middle English Romance." In: Lucas, Peter J. und Angela Lucas (Hg.). 2002. *Middle English from Tongue to Text. Selected Papers from the Third International Conference on Middle English: Language and Text (Dublin, Ireland, 1-4 July 1999)*. Frankfurt am Main: Peter Lang, 137-152.

Jacquart, Danielle. 1984. "La maladie et le remède d'amour dans quelques écrits médicaux du moyen âge". In: Buschinger, Danielle und André Crépin (Hg.). 1984. *Amour, mariage, et transgressions au moyen âge*. Göppingen: Kümmerle, 93-101.

Kasten, Ingrid. 1986. *Frauendienst bei Trobadors und Minnesängern im 12. Jahrhundert*. Heidelberg: Winter.

Kasten, Ingrid. 1995. "Der *amour courtois* als 'überregionales' Kulturmuster. Skizze zum Problem einer Begriffsbildung". In: Kugler, Hartmut (Hg.). 1995. *Interregionalität der deutschen Literatur im europäischen Mittelalter*. Berlin und New York: de Gruyter, 161-174

Kenney, E.J. (Hg.). 1994. *Ovid: Amores, medicamina faciei femineae, ars amatoria, remedia amoris*. Oxford: Clarendon Press.

Kolb, Herbert. 1958. *Der Begriff der Minne und das Entstehen der höfischen Lyrik*. (Hermea 4.) Tübingen: Niemeyer.

Lecoy, Félix (Hg.). 1983. *Jean Renart: Le lai de l'ombre*. Paris: Champion.

Lejeune-Dehousse, Rita (Hg.). 1935. *L'œuvre de Jean Renart*. Paris: Droz.

Lewis, Clive Staples. 1936. *The Allegory of Love. A Study in Medieval Tradition*. (Reprint 1958.) Oxford und New York: Oxford University Press.

Lowes, John Livingston. 1914. "The Loveres Maladye of Hereos". *Modern Philology* 11: 491-546.

Méjean-Thiolier, Suzanne und Marie-Françoise Notz-Grob (Hg. und Übersetzer). 1997. *Nouvelles courtoises occitanes et françaises*. (Lettres Gothiques.) Paris: Livre de Poche.

Micha, Alexandre (Hg.). 1982. *Cligés*. (Les romans de Chrétien de Troyes 2.) Paris: Champion.

Michel, Paul (Hg.). 2003. *Präsenz ohne Substanz. Beiträge zur Symbolik des Spiegels*. (Schriften zur Symbolforschung 14.) Zürich: Pano Verlag.

Paden, William D. 1975. "The Troubadour's Lady: Her Marital Status and Social Rank". *Studies in Philology* 72: 28-50.

Plutchik, Robert "Emotions and Evolution". In: Strongman, K.T. (Hg.). *International Review of Studies on Emotion*. Volume 1. Chichester: John Wiley & Sons, 37-58.

Pollmann, Leo. 1966. *Die Liebe in der hochmittelalterlichen Literatur Frankreichs*. (Analecta Romanica 18.) Frankfurt am Main: Klostermann.

Press, Alan R. 1970. "The Adulterous Nature of *fin'amors*: a Re-examination of the Theory". *Forum for Modern Language Studies* 6: 327-341.

Russel, James A. 1991. "Culture and the Categorization of Emotions". *Psychological Bulletin* 110: 426-450

Sargent, Barbara Nelson. 1965. "The *Lai de l'ombre* and the *De amore*". *Romance Notes* 7: 73-79.

Sartre, Jean-Paul. 1948. *L'être et le néant. Essai d'ontologie phénoménologique*. (13. Auflage. Erste Auflage 1943.) Paris: Gallimard.

Scheludko, Dimitri. 1934. "Ovid und die Trobadors". *Zeitschrift für Romanische Philologie* 54: 129-174.

Schnell, Rüdiger. 1985. *Causa Amoris: Liebeskonzeption und Liebesdarstellung in der mittelalterlichen Literatur*. Bern und München: Francke.

Turner, Jonathan H. 2000. *On the Origin of Human Emotion. A Sociological Inquiry into the Evolution of Human Affect*. Stanford: Stanford UP.

Wack, Mary Frances. 1990. *Lovesickness in the Middle Ages: The Viaticum and Its Commentaries*. Philadelphia: University of Philadelphia Press.

Zupitza, Julius (Hg.). 1966. *The Romance of Guy of Warwick*. (Ediert von Auchinleck MS. und MS. 107 Caius College, Cambridge. Early English Text Society Extra Series 42, 49 und 59. Nachdruck in einem Band 1966.) London: Oxford University Press.

240

GEORGES GÜNTERT

Die bildliche und rhythmische Gestaltung der Affekte in Ariosts *Orlando Furioso* und in Tassos *Gerusalemme Liberata*

1.

Es gab einmal eine Zeit, da die großen Renaissance-Epen Italiens, die "romanzi"[1], auch den deutschsprachigen Literaten vertraut waren. Warum die Beliebtheit dieser Klassiker im letzten Jahrhundert nachgelassen hat, mag verschiedene Gründe haben. Eines ist sicher: Wer heute in der Öffentlichkeit über Boiardo, Ariost oder Tasso referiert, wird die Bekanntheit der Materie nicht unbedingt voraussetzen dürfen.

Auch wenn man vor zweihundert Jahren diese Dichter in Deutschland nur ausnahmsweise im Original las, war die kulturelle Perspektive doch eine andere. Das Bewusstsein, die Literatur der Gegenwart sei im Schrifttum der Antike und der neueren Klassik verwurzelt, war wesentlich stärker entwickelt als heute. Für die Literaturkritiker des 18. Jahrhunderts und insbesondere der Romantik verband sich daher die Kenntnis der wichtigsten Renaissance-Epen mit dem Bedürfnis nach Vertiefung der literaturhistorischen Zusammenhänge. Einerseits wurden immer neue Versuche zur Charakterisierung der einzelnen Werke unternommen (so sagt beispielsweise Friedrich Schlegel: "Tasso ist antiker, klassischer, schöner, Ariost moderner"; oder: "Ariost's Romanzo ist ein fantastischer, Tasso ist sentimental")[2], andererseits wollte man diese Dichtungen auch in einen stilgeschichtlichen Zusammenhang einordnen. Für Friedrich Schlegel standen "Dante, Petrarca, Pulci, Boiardo am Anfang des ersten poetischen Zyklus", während Ariost und Tasso "den Gipfel" dieser Entwicklung bildeten.[3]

Waren eingehende Untersuchungen einzelner Werke in der Romantik eher die Ausnahme, so erscheint uns August Wilhelm Schlegels Aufsatz über den

---

[1] So wurden im 16. Jahrhundert die modernen Versepen der Italiener genannt, beispielsweise bei Giraldi Ginzio und Pigna.

[2] Friedrich Schlegel, *Literarische Notizen 1797-1801*, hg. und eingeleitet von H. Eichner, Frankfurt-Berlin-Wien: Ullstein 1980, Nr. 49, S. 148 und Nr. 336, S. 53.

[3] A.a.O. Nr. 50, S. 101.

"Rasenden Roland" als eine auch heute noch gültige Annäherung an die Ariost'sche Poetik. In diesem Aufsatz ist zunächst von den Übersetzungsproblemen der Deutschen – im Hinblick auf die damals neu erschienene Ariost-Übertragung von Gries – die Rede; im zweiten Teil aber nimmt der Kritiker Bezug auf Goethes Drama *Torquato Tasso*, um der verbreiteten Auffassung, Ariost sei vor allem ein Dichter der Einbildungskraft, zu widersprechen. Goethes Antonio spricht jedoch nicht nur von der Fabulierkunst Ariosts, sondern auch von dessen hohem Kunstverstand, und er beendet seine Charakterisierung mit dem schönen Vers: "Der Wahnsinn hin und her zu wühlen scheint / und doch im schönsten Takt sich mäßig hält".[4] Was Ariost auszeichne, so argumentiert nun August Wilhelm Schlegel, sei weniger die überschäumende Phantasie, als vielmehr die "besonnene Klarheit seines Geistes"; er dürfe schlechthin als der "gescheite Mann unter den Dichtern" gelten, denn bei ihm sei immer "heller Mittag"; und was er auch darstelle, es habe "lebendige Gegenwart und große sinnliche Kraft".[5]

Für unser Thema von besonderem Interesse ist August Wilhelm Schlegels einschränkendes Urteil über Ariost als Dichter von Gefühlen: "Wo er pathetisch sein will und die Teilnahme des Gefühls in Anspruch nimmt, da fehlt es an Gemüt, an Innerlichkeit",[6] doch wirke sein Beispiel gegen "zwei unserer Poesie nicht fremde Übel, süßliche Empfindelei und träumerische Verschwommenheit".[7] Zusammenfassend dürfe man den Ariost mit einem "mehr gelehrten als gefühlvollen Virtuosen vergleichen", der in "glücklicher Eingebung auf seinem Lieblingsinstrument phantasiert".[8]

Selbst wenn wir uns auf Goethe und die Brüder Schlegel beschränken, ersteht für ARIOST doch eindeutig das Bild eines mehr reflexiven als pathetischen Dichters. Wie steht es aber mit seiner vielgepriesenen Fabulierkunst? Zwar findet sich ein Teil der Erfindungen und Erzählungen, mit denen er uns unterhält, schon bei seinen Vorgängern, vor allem bei Boiardo, und damit bekommen jene Recht, die den Dichter des *Orlando furioso* nicht so sehr als Erfinder von Geschichten, sondern vielmehr als spielerisch begabten Gestalter eines mannigfach variierten Erzählgewebes schätzen. Tatsächlich liegt die eigentliche Begabung Ariosts darin, dass er uns ein kunstvolles Geflecht

---

4   Johann Wolfgang Goethe, *Torquato Tasso*, I, 4, in *Goethe-Werke, Dramen und Novellen*, Bd. II, Zürich, Insel Verlag, 1965, S. 332.

5   August Wilhelm Schlegel, *Kritische Schriften*, ausgew. von E. Staiger, Zürich-Stuttgart, Artemis, 1962, S. 286.

6   A.a.O., S. 286.

7   A.a.O., S. 293.

8   A.a.O., S. 293.

interessanter Geschichten darbietet und uns emotional mitgehen lässt, diese Erzählungen jedoch – sei es am Anfang eines neuen Gesangs oder durch plötzlichen Themenwechsel innerhalb desselben Cantos – immer wieder unterbricht, um uns aus einer anderen Perspektive darüber nachsinnen zu lassen. Dadurch werden wir eingeladen, das Gelesene aus der Distanz zu betrachten. Ariost versteht die Lektüre als emotionale Erfahrung, als ein vorübergehendes Sich-Identifizieren mit der erlebten Realität, und folglich auch als Illusion, der wir beim Lesen erliegen, die wir aber nach Belieben wieder verlassen können. Der Erzähler des *Orlando furioso* führt uns mit Leichtigkeit und Anmut durch eine Welt von Illusionen, zeigt uns aber gleichzeitig, wie wir mit diesen umgehen können. Ist auch die Welt, einem unwegsamen Wald vergleichbar, von Leidenschaft und Wahnsinn beherrscht, so bietet uns die Literatur doch die Möglichkeit zur reflektierenden Distanznahme. Ariost bezeichnet solche Momente des kritischen Abstandnehmens als *lucidi intervalli*. Dieser Ausdruck gefiel Cervantes dermaßen, dass er ihn gleich für den intermittierenden Wahnsinn Don Quixotes in Anspruch nahm.[9]

TASSO hat keinen *romanzo*, sondern ein modernes Epos geschrieben. Dass er dabei dem Verlangen des höfischen Publikums nach Unterhaltung mit allerlei romanhaften Einlagen entgegenkam, hat er selber nie bestritten. Sein Werk erscheint uns heute als künstlerisch gelungenes Oxymoron, als kühner Kompromiss zwischen Klassik und Moderne. Anders als der Romanautor stützt sich der Epiker auf die Wahrheit der Geschichte, die Tasso im *Befreiten Jerusalem* vor allem deshalb respektiert, weil sie seine Fiktion glaubwürdiger macht. Nicht die Wahrheit der Geschichte als solche, sondern deren persuasive Wirkung auf den Leser ist ihm wichtig. Mit der Religion verfährt er in ähnlicher Weise: Die Mythologie der Antike, davon ist er überzeugt, berührt seine Zeitgenossen nicht mehr; er zieht es deshalb vor, christliche Wunder als Elemente des 'merveilleux' in die Geschichte des ersten Kreuzzuges einzufügen.[10] Die wunderbaren Geschehnisse werden ambivalent dargestellt, so dass der Skeptiker eine realistische, der Gläubige eine pietätvolle Erklärung dazu findet. Dem Dichter selber bleibt die Genugtuung, eine im aristotelischen Sinn wahrscheinliche und zugleich wunderbare Episode geschaffen zu haben.[11]

---

[9] Der Ausdruck *lucidi intervalli* findet sich im *Orlando furioso*, Kap. XIV, 3 und in *Don Quixote*, Teil II, Kap. 18.

[10] Torquato Tasso, *Discorsi dell'arte poetica*, in *Scritti sull'arte poetica*, I, hg. von E. Mazzali, Torino: Einaudi 1977, S. 9.

[11] a.a.O., S. 9. Als Beispiel möge die Entführung des Marienbildes aus einer christlichen Kirche in die Moschee und seine wundersame Überführung an den ursprünglichen Ort (*Gerusalemme Liberata*, Canto II, 1-9) dienen.

Ariosts "malerische" Darstellungsweise – davon spricht als erster Friedrich Schlegel –, bevorzugt klare Konturen.[12] Tassos Sprach- und Erzählkunst hingegen sei eher "musikalisch" und neige zur pathetischen Orchestrierung. Wie wir sehen werden, ist auch in rhythmischer Hinsicht Tassos Dichtung die emotional bewegtere, unruhigere, gequältere, während der *Rasende Roland* bei aller Variation der Themen das harmonisierende Gleichmaß sucht. Wenn Ariost vor allem den Gesichtssinn anspricht (darin liegt ja eine Besonderheit des Malerischen), dann nicht nur, weil er dem Leser eine klare Wahrnehmung der dargestellten Welt vermitteln will; er tut dies auch aus der Erkenntnis heraus, dass sich sowohl das Dargestellte als auch die Darstellungsweise selbst vorab dem Auge mitteilen. Anhand von zwei Beispielen aus dem *Orlando furioso* sollen zunächst diese Technik und die damit verbundene Tendenz zur Selbstreflexion untersucht werden.

2. Formbewusstsein bei Ariost

In den Ritterromanen sind Darstellungen des Wettkampfes – und insbesondere des Duells – an der Tagesordnung. Es gibt kaum einen Gesang ohne einen solchen agonistischen Höhepunkt. In BOIARDOs *Orlando innamorato* (begonnen 1472) dienen die Duell-Szenen zum Hervorheben ritterlicher Tatkraft und bieten sich dem Leser als ebenso spannungsreiche wie lustvolle Unterhaltung dar. Boiardo ist ein großartiger Erzähler, der dreissig Jahre vor Ariost den Beweis erbringt, dass er die Technik der "abspringenden Erzählweise" (so A. W. Schlegel) – d. h. das Prozedere 'à entrelacement' – meisterhaft beherrscht. Die Thematisierung der eigenen Erzählkunst findet sich indessen bei diesem Autor nur in Ansätzen. Ariost ist zweifellos der formbewusstere Dichter.

Im zweiten Gesang des *Orlando furioso* kommt es zu einem heftigen Zweikampf zwischen Rinaldo, der Angelika gefolgt ist und auch nach seinem Pferd Baiardo sucht, und dem Tscherkessen Sacripante, der die schöne Orientalin gerade umschwärmt hat und ausserdem im Besitz des wertvollen Streitrosses ist. Rinaldo schreit ihn an: *Scendi, ladron, dal mio cavallo!* | *Che mi sia tolto il mio, patir non soglio,* | *ma ben fo, a chi lo vuol, caro costallo:* | *e levar questa donna anco ti voglio;* | *che sarebbe a lasciartela gran fallo.* (OF, II, iii). Und schon springen die beiden Rivalen wutentbrannt aufeinander los, Rinaldo zu Fuß, der Sarazene zu Pferd. Baiardo zeigt sich jedoch derart störrisch, dass auch Sacripante es vorzieht, vom Pferd zu steigen. Nun kann

---

12 Friedrich Schlegel, *Brief über den Roman*, in *Schriften zur Literatur*, München 1972 S. 316.

das Duell beginnen. Nach einem kurzen Schlagabtausch, bei dem das dröh-
nende Aufeinanderprallen der Schwerter an die Schmiede Vulkans erinnere,
nimmt der Zweikampf seinen regulären Verlauf, der sich nun vor allem dem
Auge mitteilt:

> *Fanno or con lunghi, ora con finti e scarsi*
> *colpi veder che mastri son del giuoco:*
> *or li vedi ire altieri, or rannicchiarsi,*
> *ora coprirsi, ora mostrarsi un poco,*
> *ora crescere innanzi, ora ritrarsi,*
> *ribatter colpi e spesso lor dar loco,*
> *girarsi intorno; e donde l'uno cede,*
> *l'altro aver posto immantinente il piede* (II, 9).

> *Mit langen, kurzen und verstellten Streichen | Zeigt jeder sich im Spiel als Meister*
> *groß. | Bald sieht man hoch sie stehn, bald duckend schleichen | Bald wohl gedeckt*
> *und bald ein wenig bloß; | Bald mutig vorwärtsgehn, bald wieder weichen, |*
> *Abschlagen bald und meiden bald den Stoß | Und rasch sich drehn; und, wo den Ort*
> *verlassen | Des einen Fuß, des andern Fuß ihn fassen.*[13]

In dieser 'ottava' – es handelt sich um eine Strophenform, die auf Zweiglied-
rigkeit und Symmetrie beruht – beschränkt sich der Dichter nicht auf das
Registrieren der Bewegungen, sondern reflektiert auch über die eigene Dar-
stellungskunst. Dies zeigt sich darin, dass das Vor- und Zurücktreten der
Duellanten ikonisch mit dem Vorrücken oder dem Zurückweichen der Hemi-
stichien oder Halbverse ausgedrückt wird. Durch die unterschiedlichen
Längen der Versglieder und die daraus resultierende Verschiebung der Zäsur
entsteht ein bewegter Wechsel von zwei Typen des Elfsilblers, dem
'endecasillabo a maggiore' und dem 'a minore'. Die Grundmetapher, auf die
diese Konstruktion aufbaut, steckt im Doppelsinn des Wortes *piede*, das (wie
schon bei Petrarca) sowohl den Fuß des Kämpfenden als auch den Versfuß
bezeichnet. Zudem ist das Fechten eine Kunst, 'l'arte della scherma', und die
beiden Duellanten werden als *mastri* [= maestri] *del gioco*, als Meister dieser
Technik, bezeichnet. Die dargestellte Fechtkunst verweist auf die darstellende
Verskunst, womit Aussage und Äusserungsprozess in eine Analogiebezie-
hung treten. Dem Leser wird eine doppelte Sichtweise ermöglicht: einerseits
wohnt er einer stürmisch bewegten Kampfesszene bei, andererseits wird ihm
bedeutet, ausser der inhaltlichen auch die formale Ebene zu beachten. Denn
was er hier vor sich habe, sei nicht bloße Darstellung von Ereignissen, sondern erzählende und beschreibende Verskunst.

---

[13] Wir zitieren nach der Gries'schen Übersetzung: Ariost, *Der Rasende Roland*, I – II, in
der Übertragung von J. D. Gries, München,:Winkler 1980, II, 9, S.29.

Noch besser kann man die Ariost'sche Poetik am Beispiel der dreiunddreissigsten Strophe des ersten Gesangs aufzeigen. In dieser Stanze treten – gemäß den drei Werkausgaben von 1516, 1521 und 1532 – einige aufschlussreiche Varianten auf, deren Vergleich uns bei der Interpretation weiterhilft. Thema dieser Strophe ist die kopflose Flucht der schönen Angelika, die wie ein aufgescheuchtes Wild durch den Wald stürmt und dadurch die Aufmerksamkeit ihrer Verfolger auf sich zieht. In der ursprünglichen Fassung von 1516 (A) bestand nun der vierte Vers dieser Strophe aus nicht weniger als fünf Substantiven, was beim Lesen zu einer merklichen Beschleunigung des Tempos führen musste: *Di cerri, d'olmi, abeti, pini e faggi*, umso mehr als diese Fünferreihe durch zwei weitere Substantive des vorausgehenden Verses *delle fronde e di verzur*, bzw. *verdure*, angeführt wurde. Die als *velocissimo* konzipierte, hastige Fluchtbewegung wird somit – in der ersten Version – durch die vielgliedrigen, rasch zu lesenden Aufzählungen noch unterstrichen. Die Ausdrucksebene verstärkt das Pathos der inhaltlichen Aussage, und der einfühlsame Leser, der die Ängste der Gejagten mitempfindet, übernimmt die Rolle eines emotional beteiligten 'sujet pathémique'.

In der Ausgabe von 1532 entscheidet sich Ariost für ein ästhetisch raffinierteres Vorgehen. Die eilige Fünferreihe verschwindet und wird durch zwei- und dreigliedrige Wortgruppen ersetzt, wobei die Symmetrie der Zweiergruppen balancierend und verlangsamend, die Dynamik der Dreiergruppen leicht beschleunigend wirkt. Da die Zweier- und Dreiergruppen alternieren, entsteht ein gleichmäßiger Rhythmus. In thematischer Hinsicht hat sich kaum etwas verändert: Angelika ist weiterhin die Gehetzte, die bald durch das Nahen ihrer Verfolger, bald durch das Rascheln des Laubes aufgeschreckt wird. Die Technik der Darstellung jedoch wirkt jetzt – bezüglich der dargestellten Flucht – nicht mehr intensivierend, sondern Kontrast erzeugend. Auf der Textebene wird die rasche Bewegung der Flucht durch das ausgleichende Formprinzip kompensiert. Semiotisch gesprochen wird nebst dem 'sujet pathémique' ein kontemplatives Subjekt, ein 'sujet esthétique', eingeführt. Dadurch eröffnet sich dem Leser eine doppelte Perspektive. Er registriert zwar die heftige Bewegung und die starken Emotionen Angelikas noch immer; da aber sein Auge nicht nur das Fliehen der jungen Frau, sondern auch die formale Gestaltung der Szene betrachtet, erhält seine Lektüre einen sowohl partizipierenden als auch kontemplativ-ästhetischen Charakter. Das Erzählgeschehen wird als Bild und auch als sprachliche Komposition lesbar. Bei genauem Hinsehen erweist sich die Verwandlung der Strophe als tiefgreifend: Sowohl die syntaktisch-metrische Gliederung als auch der wechselnde Vokalismus gehorchen dem alternierenden Formprinzip. Dunkle Laute wie -u- und -o- treten vor allem in den ungeraden Versen 1 3 5 auf, während die hellen Vokale a, e, i in den geraden Versen 2 4 6 überwiegen. Selbst der

Versrhythmus wechselt nach diesem Muster: Die ungeraden Verse weisen eine starke Anfangsbetonung auf, die geraden tragen den Hauptakzent statt auf der sechsten auf der siebenten Silbe, was in der italienischen Metrik eher ungewöhnlich ist. Ich zitiere nun die Strophe I, 33 zunächst in ihrer ursprünglichen Fassung von 1516 (A), dann in ihrer endgültigen Form von 1532 (C), zu der ich auch die Gries'sche Übersetzung liefere:

Fassung A (1516)	Fassung C (1532)
Fugge tra selve spaventose e scure,	*Fugge tra selve spaventose e scure,*
per luochi inabitati, ermi e silvaggi.	*per lochi inabitati, ermi e selvaggi.*
El muover de le frondi e di verdure,	*Il mover de le frondi e di verzure,*
di cerri, d'olmi, abeti, pini e faggi,	*che di cerri sentia, d'olmi e di faggi,*
fatto le avea con subite paure	*fatto le avea con subite paure*
trovar di qua e di là strani viaggi;	*trovar di qua di là strani vïaggi;*
che d'ogni ombra veduta o in monte	*ch'ad ogni ombra veduta o in monte*
o in valle,	*o in valle,*
temea Rinaldo aver sempre alle	*temea Rinaldo aver sempre alle*
spalle.	*spalle.*

Sie flieht auf wilden, menschenleeren Wegen, | Durch finstrer Wälder grauenvolle Nacht. | Wenn nur die Zweige, wenn des Laubs Bewegen | Die Eichen, Ulmen, Buchen rascheln macht, | Wird sie durch schnelle Furcht aus ihren Stegen, | Bald hier, bald dort, auf fremde Bahn gebracht; | Denn jeder Schattenstreif auf Höhn, in Gründen, | Scheint hinter ihr Rinaldo zu verkünden. [14]

Es zeigt sich hier in aller Deutlichkeit, dass literarische Texte nicht auf ihre inhaltliche Dimension reduziert werden dürfen. Auch der Signifikant – d. h. die Gestaltung der syntaktisch-metrischen sowie die der lautlichen Ebene – trägt wesentlich zur Textbedeutung bei. Zwar liefert er keine konzeptuellen Bedeutungen, er beinflusst die Sinngebung jedoch im emotionalen Bereich.

Doch verlassen wir nun die Welt des Ariost, um uns mit derjenigen Torquato Tassos auseinanderzusetzen.

3. 1. Tassos *Befreites Jerusalem*

Bei der Komposition seines zwanzig Gesänge umfassenden Roman-Epos (erste Ausgabe 1581) hatte Tasso sowohl die *Aeneis* als auch den *Orlando furioso* vor Augen. Der Flucht Angelikas stellt er beispielsweise die nächtliche Flucht Erminias, den vielen flinken Duellen neuartige, eindrucksvolle

---

[14] Ariost, *Der Rasende Roland* zit., I, 33, S. 14.

Zweikämpfe gegenüber, deren berühmtester, das *Combattimento di Tancredi e Clorinda* (um es mit Monteverdi zu sagen) sich ebenfalls zu nächtlicher Stunde ereignet. Zweikämpfe sind im Epos seltener als im Ritterroman und erhalten daher einen besonders hohen Stellenwert. Abgesehen von den vielen Einzelgefechten, die sich in der Schlacht um Jerusalem ereignen, beschreibt Tasso lediglich zwei große Duelle, die beide den edlen Ritter Tankred betreffen. Das hat insofern eine Bedeutung, als Tankred im Unterschied zum bekehrten Rinaldo nicht zu epischer Größe aufsteigt. Seine Wertvorstellungen bleiben der Ideologie des Ritterromans verpflichtet, und seine Liebe zu der auf der Gegenseite kämpfenden Clorinda ist stärker als die Bereitschaft, sich dem Willen des Heerführers unterzuordnen. Einzelgänger wie Tankred und Clorinda werden jedoch in Tassos Epos vernichtet: Sie erglühen allzu schnell in Leidenschaft, gehen – ich benutze hier Tassos Metaphorik – wie die stolzen Belagerungstürme in Flammen auf und stürzen dann, gleich lodernden Fackeln, in sich zusammen. Clorinda verliert ihr Leben im nächtlichen Zweikampf mit ihrem Geliebten, der, blind vor Wut, sie in der Dunkelheit nicht wiedererkennt und tödlich verwundet. Nach dem tragischen Irrtum verfällt Tankred vorübergehend in Wahnsinn und scheitert als Ritter im verzauberten Wald. Er erreicht die heilige Stadt nur als reuiger Pilger, dem das irdische Jammertal nichts mehr bedeutet.

Es scheint, als wolle die bedeutendste Dichtung der Gegenreformation, Tassos *Befreites Jerusalem*, die Stärkung des Kollektivs auf Kosten der großen Individuen, durch deren Eliminierung, erreichen. Sie tut dies in auffallend selbstzerstörerischer Weise, zählen doch gerade diese Individuen – der melancholische Tankred, die mutige Clorinda, die scheue Herminia – zu den beliebtesten Figuren des Gedichts. Mit dem Ausscheiden der Individuen wird – im zweiten Teil – das romanhafte Element in den Hintergrund gedrängt, so dass dem epischen Ausgang nichts mehr im Wege steht. Die Magierin Armida wird entmachtet, der Wald durch Rinaldo entzaubert. Rinaldo tritt nun an die Stelle Tankreds und ordnet sich im Unterschied zu diesem dem Heerführer unter. Schilderten die Ritterromane die unvergleichlichen Heldentaten Einzelner, so fordert Tassos Epos der um Jerusalem ringenden Christenheit vom Einzelnen Disziplin und Geschlossenheit, d. h. Tugenden, wie sie im Heer Gottfried von Bouillons unentbehrlich sind. Der hierarchische Aufbau des Christenheeres wird jedoch auch zum Modell für die neue Gesellschaft, die auf Autorität und Unterwerfung unter die eine Lehre beruht.

3. 2. Ars versus furor

Betrachten wir nun Tassos Sprachkunst aus der Nähe, zunächst bei der Darstellung eines Duells, dann bei der Schilderung einiger Liebesszenen. Im sechsten Gesang des *Gerusalemme* fordert der ungestüme Sarazene Argante Gottfrieds tapfersten Kämpen zum Zweikampf heraus, und da Rinaldo das christliche Lager bereits verlassen hat, fällt die Wahl auf Tankred. Das sich über Stunden erstreckende Duell endet bei Einbruch der Nacht unentschieden. Es wird erst im neunzehnten Gesang wieder aufgenommen, nun aber nicht mehr als öffentliches Schauspiel vor beidseits versammelten Heeren, sondern als ein in völliger Abgeschiedenheit ausgestandenes, verbissenes Ringen mit dem Tod. Im Gegensatz zu Ariost streicht Tasso bei seinen Rittern nie nur die Gewandtheit heraus. Seine Krieger brauchen ihr Können, um jenes des Gegners zu überlisten (*e tentar di schernir l'arte con l'arte* VI, 42). Nicht um Symmetrie und um sportliche Ertüchtigung zweier mehr oder weniger gleich starker Opponenten geht es beim ritterlichen Streit, sondern um 'aemulatio', womit auch der poetische Wettkampf gemeint sein kann. Tatsächlich wetteifert Tasso, während seine Helden sich duellieren, mit seinen literarischen Vorbildern. Für seine Duellanten ist die Kenntnis der Fechtkunst Voraussetzung; was jedoch zählt ist 'furor', der blinde Kampfeseifer, bei dem der Kämpfende – wie der inspirierte Dichter – seinem Instinkt folgt. Die damit verbundene Steigerung der Kräfte bewirkt auf der inhaltlichen Ebene ein Crescendo von immer kühneren Schlägen, derweil die Darstellung selbst erfinderischer wird. Bilder leuchten auf, wechseln in rascher Folge; gleichzeitig löst sich die Syntax aus ihren starren Mustern, erzeugt die Sprache magische Klangwirkungen, biegt der Vers sich unter dem häufigen Betonungswechsel. Hören wir nun die letzte Strophe aus der Duellszene zwischen Tankred und Argante:

Vinta da l'ira è la ragione e l'arte,
e le forze il furor ministra e cresce.
Sempre che scende, il ferro o fora o parte
O piastra o maglia, e colpo in van non esce.
Sparsa è d'arme la terra, e l'arme sparte
Di sangue, e 'l sangue co 'l sudor si mesce.
Lampo nel fiammeggiar, nel romor tuono,
fulmini nel ferir le spade sono (VI, 48).

Vernunft und Kunst sind übermannt vom Zorn. | Das Wüten nährt und steigert ihre Kräfte. | So oft sie fällt, durchbohrt, zerreißt die Klinge – | Und niemals fehlt sie – Panzerstahl und Maschen. | Von Eisen ist das Feld besprengt, das Eisen | Von Blut, das Blut mit Schweiß vermischt. Wie Strahlen, | So flammen auf, wie Donner dröhnen, Blitzen | Sind ihre Schwerter gleich im Niederfahren. [15]

---

[15] Die deutsche Übersetzung dieses und der folgenden Tasso-Zitate ist die von Emil Staiger: *Die Befreiung Jerusalems*, in Torquato Tasso: *Werke und Briefe*, übersetzt. und eingeleitet von E. Staiger, München: Winkler 1978, S. 312.

Lässt sich eine solche Beschreibung noch steigern? Bei Tasso ja, wird er doch nach dem Zweikampf von Tankred und Argante, der am hellichten Tage stattfindet, auch noch das nächtliche Duell von Tankred und Clorinda schildern. Wie der Dichter uns in den *Lettere poetiche* mitteilt, hat er von Vergil die Technik der durch Steigerung und Verdeutlichung gekennzeichneten Wiederaufnahme des gleichen Motivs übernommen. Er nennt diese Prozedere ein Vorrücken *dal confuso al distinto*, eine stufenweise Verdeutlichung.[16] Es handelt sich um eine musikalische Technik, die auf der mehrmaligen Wiederaufnahme und Entfaltung ein und desselben Motivs beruht.

Als Beispiel bietet sich uns die Geschichte von Tankreds Liebe zu Clorinda an. Schon zu Beginn des *Gerusalemme*, wo Gottvater auf die Welt herniederschaut und seinen Willen bekundet, Gottfried von Bouillon möge zum Heerführer ernannt werden, wird uns signalisiert, dass der Melancholiker Tankred, der an einer unglücklichen Liebe leidet, diese leitende Funktion nicht übernehmen kann (*tanto un suo vano amor l'ange e martira* I, 9).[17] Während der Heerschau, die noch im selben Gesang stattfindet, werden die wichtigsten Helden wiederum kurz charakterisiert. In nur fünf Strophen wird uns an dieser Stelle die Vorgeschichte von Tankreds unerwiderter Liebe berichtet. Der aus Süditalien stammende Normanne, an sich der edelste und kühnste aller Ritter, hat einen Makel: Eine *follia d'amore* verdunkelt seine Seele und seinen Ruhm. Diese heftige Liebe, *amor di breve vista*, ist inmitten des Kampfes entstanden. Von Durst geplagt, hatte sich Tankred einem Brunnen genähert, an dem eine bewaffnete Kriegerin der Gegenseite rastete. Ihren Helm hatte sie auf den Brunnenrand gelegt, so dass ihre Weiblichkeit – ihr üppiges Haar – voll in Erscheinung trat. Beim Herannahen des Ritters setzte Clorinda ihren Helm wieder auf und verschwand im Kampfgewühl. Tankred vergisst dieses Bild der Begegnung am Brunnen nicht mehr: *E sempre ha nel pensiero e l'atto e 'l loco | in che la vide, esca continua al foco* (I, 48).

Die Vision am Brunnen versetzt Tankred zunächst in ein lähmendes Staunen, das jedoch sogleich in Bewunderung und heftiges Liebesverlangen umschlägt. Obschon die Begegnung nur Augenblicke dauert, ist ihre Wirkung nachhaltig: *Egli mirolla, ed ammirò la bella | sembianza, e d'essa si compiacque, e n'arse* (I, 47). Tassos Helden brauchen diese Art seelischer Erschütterung, um zu ihrem Eigensten zu kommen. Auch religiöse Erlebnisse

---

[16] Torquato Tasso, *Lettere poetiche*, hg. von C. Molinari, Parma: Fondazione Bembo 1995, Brief an Scipione Gonzaga vom 21. Mai 1575, S. 80.

[17] Mehr darüber in meinem Buch: Georges Güntert, *L'epos dell'ideologia regnante e il romanzo delle passioni. Saggio sulla «Gerusalemme Liberata»*, Pisa: Pacini 1988, S. 109-112.

können schockartige Reaktionen auslösen: Ich denke etwa an die Erscheinung des Engels, der sich zu Beginn der Handlung Gottfried von Bouillon offenbart. *Resta Goffredo a i detti, a lo splendore,* | *d'occhi abbagliato, attonito di core* (I, 17). Man wird an solchen Stellen an die Kunst der Gegenreformation erinnert, in der sich die Darstellung überirdischer Erscheinungen und ekstatischer Verzückungen wachsender Beliebtheit erfreute.

Was nun diese wichtigste Liebesgeschichte in Tassos *Gerusalemme* so einmalig und unvergesslich macht, ist ihre Symbolik. Diese umfasst nicht nur das Bild des Brunnens im ausgetrockneten Wüstengelände, sondern auch dasjenige des Helmes, der das Emblem der Weiblichkeit, Clorindas Haar, bald verdeckt, bald plötzlich wieder hervorquellen lässt. Die in eine gepanzerte Rüstung gekleidete Amazone verbirgt ihre weiblichen Attribute. Ursprünglich äthiopische Christin, ist sie, wie das in manchen Heldensagen und insbesondere in Heliodors *Historia aethiopica* vorkommt, nach ihrer Flucht aus dem Turm der Frauen in der Wildnis von einer Tigerin gestillt worden. Auch haben die Wellen eines Flusses sie fortgetragen und trotz der starken Strömung wundersam gerettet. Die unversöhnlichen Elemente Feuer und Wasser prägen Clorindas Existenz. Ihre Mutter hatte sie, schon vor der Geburt, dem heiligen Ritter Georg geweiht: Da sie als Kind einer schwarzen Mutter mit weisser Hautfarbe geboren wurde (als sei Georg ihr Erzeuger), musste sie vor dem leiblichen Vater versteckt werden. Ein Diener brachte sie nach Aegypten, wo sie sich zum Ritter ausbilden ließ. Diese Lebensgeschichte wird Clorinda erst am Vorabend ihres Todes erfahren. Sie verzichtet dennoch nicht auf den geplanten Angriff gegen das christliche Lager, denn ein innerer Drang heisst sie, aus der belagerten Stadt auszubrechen. Von dem nächtlichen Ritt kehrt sie nicht mehr zurück. Im Tod erst erfährt sie ihre Verletzlichkeit, kommt zu sich, verlangt nach der Taufe. Tasso ist vermutlich der erste europäische Dichter, der Personen erfindet, welche ein Leben lang nicht zu sich selber kommen, weil sie sich hinter einer erworbenen Persönlichkeit verbergen, die ihrem eigentlichen Wesen nicht entspricht.

Im dritten Gesang war es, vor den Mauern Jerusalems, zu einem erneuten Zusammentreffen zwischen Tankred und Clorinda gekommen. Diesmal hätte die Begegnung tödlich enden können, doch Tankred starrt wie versteinert auf die schöne Erscheinung, lässt seine Arme sinken und liefert sich seiner Herrin aus. Sein Liebeswerben wird von einer Schar heranstürmender Krieger unterbrochen. Schon beim ersten Zusammenprall hat sich Clorindas Helm gelöst, so dass ihr goldenes Haar ungehemmt im Winde flattert. Dies sind lyrisch-dramatische Höhepunkte, die eine auffallende Veränderung des Erzählstils bewirken. Es spricht hier nicht mehr der epische Erzähler, der aus historischer Distanz das Geschehen ruhig und gleichmäßig vorstellt. Hier tritt vielmehr ein dramatisch agierender Ich-Erzähler auf, der sich – in der Metalepse –

direkt an die Person Tankreds wendet. Durch sein eindringliches Fragen *Tancredi, a che pur pensi? a che pur guardi?* gewährt er uns Einblick in die Psyche des Helden. Auch der Leser wird ins dramatische Geschehen einbezogen, denn die Frage bezüglich der wuterfüllten und doch liebevollen Blicke *or che sarian nel riso?* richtet sich sowohl an Tankred als auch an ihn. Was die Syntax betrifft, verändert sie sich in diesen Strophen merklich: In Strophe 21, wo der Zusammenprall der Krieger geschildert wird, zersplittert sie förmlich; dann, beim Gespräch des Erzählers mit Tankred, wird sie anaphorisch, repetitiv, emphatisch. Zur Morphologie schließlich ist zu bemerken, dass der Dichter hier die Kurzformen der dritten Person Plural des Präteritums, die wie Infinitive aussehen (*ferirsi* statt *si ferirono*, *lampeggiar* statt *lampeggiarono*, *folgorar* statt *folgorarono*) bevorzugt. Dadurch wird die Bedeutung dieser Verse schwebender, virtueller, das Ganze semantisch komplexer. Hören wir nun zwei Stanzen aus dieser dramatischen Episode:

> *Clorinda intanto ad incontrar l'assalto*
> *va di Tancredi, e pon la lancia in resta.*
> *Ferirsi a le visiere, e i tronchi in alto*
> *volaro e parte nuda ella resta;*
> *ché, rotti i lacci a l'elmo suo, d'un salto*
> *(mirabil colpo!) ei le balzò di testa;*
> *e le chiome dorate al vento sparse,*
> *giovane donna in mezzo 'l campo apparse.*

> *Lampeggiar gli occhi, e folgorar gli sguardi,*
> *dolci ne 'l ira; or che sarian nel riso?*
> *Tancredi, a che pur pensi? a che pur guardi*
> *Non riconosci tu l'altero viso?*
> *Quest'è pur quel bel volto onde tutt'ardi;*
> *Tuo cuore il dica, ov'è il suo esempio inciso.*
> *Questa è colei che rinfrescar la fronte*
> *vedesti già nel solitario fonte* (III, 21-22).

Clorinda eilt indes, dem Ansturm Tankreds | Zu widerstehn und legt die Lanze ein. | Sie treffen die Visiere, hochauf fliegen | Die Splitter, und ihr Antlitz wird entblößt. | Die Bänder ihres Helmes sind zerrissen. | Er fällt – o wunderbarer Schlag! – vom Haupt. | Die goldnen Haare breiten sich dem Winde, | Und mitten auf dem Feld erscheint die Jungfrau. | Die Blicke flammen und die Augen blitzen | Im Zorn noch süß – wie wären sie im Lächeln | Wo schaust du hin? Worüber sinnst du, Tankred? | Erkennst du das erhabne Antlitz nicht? | Die schönen Züge sind's, die dich entzündet. | Dir sagt's das Herz, darein ihr Bild geprägt ist: | Sie selber ist es, die du einst gesehen, | Die Stirn erfrischend an entlegner Quelle.

Tancredi tauft die von ihm tödlich verwundete Clorinda

Stich von Bernardo CASTELLO (1557-1629) aus der Ausgabe Genova:
Girolamo Bartoli 1590

3.3. Die Einordnung der Furor-Poetik in den künstlerischen Gesamtplan des Werks

Zum Schluss wollen wir uns noch dem berühmten, von Monteverdi vertonten *Combattimento* zuwenden. In der sechzehn Stanzen umfassenden Schilderung des nächtlichen Duells von Tankred und Clorinda (XII, 54-69) nimmt der Dichter sämtliche Symbole dieser Lebens- und Liebesgeschichte wieder auf. Abgesehen von der Einleitungsstrophe XII, 54, die ganz dem Erzähler gehört, kann die Episode in drei Segmente unterteilt werden, wobei die ersten beiden (A1 und A2) parallel verlaufen, das dritte und letzte (B) die entscheidende Wende bringt. Betrachten wir nun zunächst die Rolle Clorindas: Dank ihrem Kampfeseifer ist es ihr gelungen, den großen Sturmbock der Christen in Flammen zu setzen. Dieser mächtige 'Turm', ein Symbol hinfälliger Größe, ist kurz darauf in sich zusammengestürzt: *La mole immensa, e sì temuta in guerra,* | *cade, e breve opra opre si lunghe atterra* (XII, 46). *Ardente e incrudelita* weist Clorinda ihre Angreifer mutig zurück, gelangt aber zu spät zum Stadttor, um sich in Sicherheit zu bringen. So wird sie aus der Stadt ausgeschlossen. In ihrer dunklen Kleidung bleibt sie zunächst unerkannt; es gelingt ihr, in einer größer werdenden Schar fränkischer Krieger unterzutauchen, welche mit einem 'wachsenden Wildbach' verglichen wird und sie mitreisst. Nur einer hat den Feind bemerkt und folgt seiner Spur: Tankred.

Feuer und Wasser bestimmen Clorindas Verhalten während des nächtlichen Ausritts. Vermengen sich diese unversöhnlichen Elemente, so entsteht Blut. Ein anderes rekurrentes Motiv, das nicht nur diesen Gesang bestimmt, ist Clorindas Alleingang: *e chiusa è poi la porta, e sol Clorinda esclusa* (XII, 48). Dieses Ausgeschlossensein aus der Gemeinschaft hat die tapfere Kriegerin seit ihrer Kindheit, als sie aus dem Turm der Frauen und schließlich aus ihrem Land vertrieben wurde, geprägt. Noch ist aber der andere Mangel, das Ausgeschlossensein von sich selbst, zu beheben, denn Clorinda unterdrückt ihre weiblichen Regungen. Tankred wird ihren Brustpanzer durchbohren und so – paradoxerweise – ihre schöne frauliche Form enthüllen. *In questa forma* | *passa la bella donna e par che dorma* (XII, 69), so heisst es zuletzt von der Sterbenden. Das die Enthüllung bringende Duell hat folglich sowohl eine erotische als auch eine poetologische Bedeutungskomponente, da der ergrimmt kämpfende Tankred Tassos Furor-Poetik symbolisiert.

Vor dem Beginn des Duells unterbricht der Erzähler seine Rede, um das Ereignis gebührend zu würdigen. Damit die Nachwelt Kunde vom ruhmvollen Zweikampf erhalte, muss das nächtliche Geschehen 'dem dunklen Busen der Nacht entrissen werden'. Durch diese wiederum erotische Ausdrucksweise entsteht eine unwiderlegbare Parallele zwischen dem kämpferischen Bemühen Tankreds, der mit seinem Schwert den Brustpanzer Clorindas aufreisst und die Sanftheit der Frau zum Vorschein bringt, und jenem des Erzählers, der die tragische Geschichte aus dem Dunkel des Vergessens ans Licht holt. Wichtig ist nun dies: Sowohl Tankred als auch der Erzähler vollbringen ihre Tat im Auftrag einer höheren poetischen Instanz. Was den Personen als tragische Schicksalsfügung erscheint, entspricht dem Willen der dem Werk eingeschriebenen 'poetischen Vorsehung'. Jenseits der Furor-Poetik, auf einer hierarchisch übergeordneten Ebene, finden wir bei Tasso die allwissende poetische Instanz, 'Ars'. Für Tankred hat das Verhängnis unabsehbare Folgen: Er geht seelisch zu Grunde. Aus dichterischer Sicht aber bedeutet es die Überwindung eines zwar inspirierten, aber nur dem Subjektivismus verpflichteten Dichtens. Gewiss ist Tasso, wie die Romantiker glaubten, ein pathetischer Dichter, aber er ist es nicht in letzter Hinsicht. Zu oberst steht bei ihm das Wissen des Künstlers, der in seiner von ihm selbst geschaffenen Welt wie ein Gott regiert.[18] Doch lauschen wir nun der Stimme des Erzählers, der uns das tragische Ereignis verkündet:

> *Degne d'un chiaro sol, degne d'un pieno*
> *teatro, opre sarian sì memorande,*
> *Notte, che nel profondo oscuro seno*
> *chiudesti e ne l'oblio fatto sì grande,*
> *piacciati ch'io ne 'l tragga e 'n bel sereno*
> *a le future età lo spieghi e mande.*
> *Viva la fama loro; e tra lor gloria*
> *Splenda del fosco tuo l'alta memoria* (XII, 54).

> *Wert klaren Sonnenlichts, wert eines vollen | Theaters wären so denkwürdige Taten. |*
> *Nacht, die du bargst in finstern Busens Tiefe | Und in Vergessen des Geschehens*
> *Größe | O laß es, schön erhellt, mich dir entreißen | Und künftigen Geschlechtern*
> *deutend künden. | Ihr Ruhm erstehe und durch ihn erstrahle | Auch deines Dunkels*
> *hehres Angedenken.*

Schon die erste Strophe der Beschreibung zeigt, dass hier der 'furor' der Kämpfer – und damit auch der 'furor poeticus' – vorherrschen. Dies bedingt eine Potenzierung der akustischen Effekte, zumal es sich bei der ganzen Episode um ein Notturno handelt. Zu der üblichen Schilderung eines Zweikampfes gesellen sich nun aber auch Begriffe wie *orribile* und *orrore*, die aus dem gehobenen tragischen Stilregister stammen. *Odi le spade orribilmente urtarsi | a mezzo il ferro, il piè d'orma non parte* (XII, 55). Solche Ausdrücke finden sich seit der 55. Strophe, mit der die Beschreibung anhebt:

> *Non schivar, non parar, non ritirarsi*

---

[18] *Discorsi dell'arte poetica* cit., II, S. 41.

voglion costor, né qui destrezza ha parte.
Non danno i colpi or finti, or pieni, or scarsi
toglie l'ombra e 'l furor l'uso de l'arte.
Odi le spade orribilmente urtarsi
A mezzo il ferro, il piè d'orma non parte;
Sempre è il piè fermo e la man sempre in moto,
né scende taglio in van, né punta a vòto (XII, 55).

Ausweichen nicht und nicht parieren gilt, | Sich ducken nicht, Gewandtheit ist kein Helfer. | Sie schlagen nicht bald stark, bald schwach, bald scheinbar, | Die Fechterkunst verbieten Wut und Dunkel. | Du hörst, wie schrecklich sich die Schwerter kreuzen, | Mit voller Wucht. Der Fuß verläßt den Stand nicht. | Der Fuß steht fest, die Hand bewegt sich rastlos, | Kein Hieb vergeblich und kein Stich ins Leere.

Nach stundenlangem Ringen, das keine Entscheidung gebracht hat, halten die Streiter erschöpft inne. Inzwischen ist der Morgenstern am Firmament erschienen, aber sein spärliches Licht erlaubt noch keine Erkenntnis. Tankred sieht lediglich, dass das Blut des Gegners stärker als das seine fließt, und dies macht ihn überheblich. Die Unterbrechung bringt einen ersten Sequenzenwechsel, der auch durch die veränderte Funktion des Erzählers angezeigt wird. Dieser interveniert nochmals persönlich, als wolle er den ergrimmten Tankred vor allzu großer Überheblichkeit warnen. Die Exklamationen sowie die emphatische Frage *Misero, di che godi?* (*Elender, was freust du dich?*) gelten jedoch weniger dem verblendeten Helden als dem Leser, der sich dem tragischen Ausgang nahe wähnt. Schließlich fragt Tankred den Gegner nach seinem Namen, ohne Erfolg. Clorinda gibt ihm provokativ zu verstehen, dass sie selbst an der Zerstörung des Belagerungsturmes beteiligt gewesen sei, worauf der blutige Kampf von neuem beginnt. Die zweite Sequenz (A2) bringt somit eine Fortsetzung des Duells in neuer Situation, da nun beide Kämpfer verwundet und äusserst geschwächt sind.

Die Reime *morta – porta*, die uns von der 62. Strophe an wieder begegnen, werden im XII. Gesang leitmotivisch verwendet: Clorinda ist es nicht gelungen, die *porta* der Stadt zu erreichen, ihr Schicksal, *sorte*, ließ dies nicht zu; was sie erwartet, ist nurmehr *morte*. Gleichzeitig schlägt Tankreds Schwert in ihre Rüstung jene *sanguigna e spaziosa porta*, die zum Tod führt. Im Endkampf erinnert der durchdringende Todesstoß an den (nicht vollzogenen) Liebesakt, und Clorinda wird zur *trafitta vergine*. Die auch vorher schon verwendete Metaphorik der Liebe als Krieg wird in dem Sinne umgestaltet, als nun der tödliche Zweikampf den Liebesakt mimt:

Torna l'ira ne' cori, e li trasporta,
benché debili in guerra. Oh fèra pugna,
u l'arte in bando, u' già la forza è morta,

ove, in vece, d'entrambi il furor pugna!
Oh che sanguigna e spaziosa porta
fa l'una e l'altra spada, ovunque giugna,
ne l'armi e ne le carni! E se la vita
non esce, sdegno tiènla al petto unita. (XII, 62)

Zorn kehrt ins Herz, der schon Geschwächten wieder | Und drängt sie zum Gefecht.
O grauser Kampf, | Wo Kunst verbannt ist und die Kraft erloschen, | Allein die Wut
auf beiden Seiten streitet! | O welche weite, blutige Pforten öffnen | Die Schwerter
hier und dort, wo sie den Leib, | Die Rüstung treffen. Weicht das Leben nicht, | So
nur, weil Groll es in der Brust zurückhält.

Und zwei Strophen weiter lesen wir:

Ma ecco omai l'ora fatale è giunta
che 'l viver di Clorinda al suo fin deve.
Spinge egli il ferro nel bel sen di punta
che vi s'immerge e'l sangue avido beve;
e la veste, che d' òr vago trapunta
le mammelle stringea tenera e leve,
l'empie d'un caldo fiume. Ella già sente
morirsi, e 'l piè le manca egro e languente.

Nun aber ist die Schicksalsstunde da | In der Clorindas Leben enden soll. | Er stößt
das Schwert in ihren schönen Busen. | Es taucht hinein, es trinkt das Blut begierig. |
Und das Gewand, von schönem Gold durchwirkt, | Das ihre Brüste leicht und zart
umschnürte, | Begießt ein heißer Strom. Sie fühlt sich schon | Dem Tode nah; die
Füße, matt, versagen.

Segue egli la vittoria, e la trafitta
vergine minacciando incalza e preme.
Ella, mentre cadea, la voce afflitta
movendo, disse le parole estreme;
parole ch'a lei novo un spirto ditta,
spirto di fé, di carità, di speme;
virtù ch'or Dio le infonde, e se rubella
in vita fu, la vuole in morte ancella (XII, 64-65).

Er kostet seinen Sieg und rückt der tödlich | Verletzten Jungfrau näher und bedrängt
sie. | Sie stürzt zu Boden, und die letzten Worte, | Mit schon gebrochner Stimme,
spricht sie, Worte, | Wie sie ein neuer Geist ihr eingibt, Geist | Des Glaubens und der
Liebe und der Hoffnung, | Von Gott ihr eingeflößte Lauterkeit: | Die lebend trotzte,
soll im Tod ihm dienen.

Nicht der Tod Clorindas bringt die entscheidende Wende, sondern ihre innere
Verwandlung: Die Sterbende verlangt – und damit setzt die Schlusssequenz
ein – nach dem Taufwasser, das Tankred ihr in seinem Helm reicht. Erst bei

dieser Geste, die ein letztes Mal an die Begegnung am Brunnen erinnert, erkennt der Sieger seine tödlich verletzte Geliebte, und die schreckliche Erkenntnis raubt ihm die Sinne: *La vide, la conobbe, e restò senza | e voce e moto. Ahi vista! Ahi conoscenza!* (XII, 67). Tankred wird sich von dieser Erfahrung nicht mehr erholen. Mit Clorindas Tod beginnt auch in Tassos *Gerusalemme* jene Wende, durch die großen Individuen eliminiert werden und das bisher überwiegend romanhafte Geschehen definitiv zum Epos avanciert.

CHRISTINA VOGEL

Emotionen im Dienst der universalen Symbolik bei Simone Weil

Widersprüchlich, oft auch parteiisch und unausgewogen sind die Meinungen über Simone Weil (1909–1943). Sechzig Jahre nach ihrem frühen Tod sollten wir jedoch in der Lage sein, ihr Leben und Werk umfassend und frei von Vorurteilen zu betrachten. So verlockend es auch sein mag, wir werden Simone Weil solange nicht gerecht, wie wir sie auf eine bestimmte Rolle festzulegen suchen: die streitbare Kämpferin, die intelligente Philosophin, die Mystikerin oder die ausserhalb des kirchlichen Apparates stehende Heilige. Niemand wird in Abrede stellen, dass sich Simone Weil zu Beginn der dreissiger Jahre zusammen mit ihren sozialistischen Freunden am revolutionären Gewerkschaftskampf beteiligte, dass sie am eigenen Leib die Arbeitsbedingungen der Arbeiterinnen erfahren wollte[1], sich im spanischen Bürgerkrieg auf Seiten der Republikaner engagierte, luzide Abhandlungen schrieb, meditierte und sich durch mystische Erlebnisse dem christlichen Glauben näherte. Doch obschon ihre Erfahrungen vielfältiger Natur waren und ihre Überlegungen zu unterschiedlichsten Themen irreduzibel scheinen, sind sie, meines Erachtens, kohärenter als noch immer behauptet wird. Ziel dieses Aufsatzes ist es deshalb, die Zusammenhänge von Denken und Handeln, Leben und Werk Simone Weils jenseits sich ausschliessender Etikettierungen aufzuzeigen.

Frage und Methode

Es stellt sich die Frage nach dem Standpunkt, von dem aus es uns gelingen kann, Simone Weils spezifische, Kohärenz stiftende 'Logik' zu verstehen, die ihren Handlungsweisen, Denk- und Lebensformen zugrunde liegt. Unter welchem Blickwinkel begreifen wir die Einheit in der komplexen Vielfalt ihrer Überzeugungen und Einstellungen, ohne deren Besonderheit zu verken-

---

Die französische Version des Texts erschien im März 2004 unter dem Titel "Le rôle des émotions dans la symbolique universelle de Simone Weil" in den *Cahiers Simone Weil*, "L'Enracinement" III, tome XXVII, N° 1, S. 33-46.

[1] Im Dezember 1934 arbeitet sie bis zur physischen und psychischen Erschöpfung als Hilfskraft in einer Fabrik von Alsthom bei Paris.

nen? Da sie sich immer wieder gegen sinnwidrige Vereinfachungen und voreilige Synthesen gewehrt hat, müssen wir die Spannung aushalten, dass in ihrer Weltsicht politische, philosophische und religiöse Betrachtungen sich nicht ausschließen, sozialer Arbeitskampf und unermüdliches Streben nach Erkenntnis, politisches Engagement und Meditation, aktives Handeln und passives Erdulden miteinander solidarisch sind und sich gegenseitig bedingen.

Der Zusammenhang von Simone Weils Handeln, Denken und Fühlen entzieht sich all jenen Versuchen, welche die Aufmerksamkeit auf die Gegenstände, Themen und Problemkreise lenken, mit denen sich Weil gleichzeitig oder in verschiedenen Lebensphasen beschäftigt hat. Erfolgversprechender ist eine Annäherung, welche ihren Lebens- und Erkenntnisstil, ihre Geisteshaltung und Denkfiguren zu beschreiben und interpretieren sucht. Ihre Handlungs- und Sichtweise ist einheitlicher als die zahlreichen Bereiche und Objekte, wo jene zur Anwendung gelangen. Selbst die für uns unvereinbar wirkenden Formen von wissenschaftlicher und religiöser Rationalität, die sie sich zu eigen macht, lassen sich, auch wenn sie verschieden bleiben, miteinander artikulieren. Vielversprechender als jene Unterfangen, welche die 'wahre Bedeutung' von Weils Texten entziffern wollen, ist daher eine Methode, die diese unter dem Gesichtspunkt der Ermöglichungsbedingungen von Sinn untersucht. Unser Interesse soll der Frage gelten, auf welche Art und Weise Simone Weil den widersprüchlichsten Erfahrungen, die sie machen will, ja machen muss, Sinn zu geben vermag. Denn es ist nicht zu übersehen, dass sie im doppelten Sinn des französischen Wortes 'sens' ihren Tätigkeiten und Überzeugungen eine Richtung, einen Sinn zu geben sucht, an dem sie sich immer neu orientieren kann. Die Voraussetzungen dieses 'sens' gilt es zu verstehen, wenn wir ergründen wollen, was die Einheit des aussergewöhnlichen Werks einer Frau ausmacht, die schon zu Lebzeiten "dérange, irrite, scandalise"[2].

Sinnbildliches versus begriffliches Denken

Ich möchte im Folgenden zeigen, dass eine allgemeine Zeichenlogik oder, genauer gesagt, eine universale Semiotik Simone Weils verschiedenen Betrachtungsformen von Welt zugrunde liegt. In der Tat handelt es sich bei ihr um eine die entferntesten Wirklichkeitsbereiche umfassende Symbolik,

---

2 Zitat aus Florence de Lussys Einführung in Simone Weil, *Œuvres*, Paris, Gallimard, "Quarto", 1999, S. 11. Der größte Teil des Schrifttums Simone Weils wurde postum bei Gallimard in der Reihe "Espoir" publiziert. Seit den achtziger Jahren erscheint

weshalb ich Rolf Kühns Beurteilung teile, derzufolge es sich bei ihr um eine "appréhension symbolique de la réalité"[3] handelt. Ungeachtet der Pluralität der Wahrnehmungsweisen und Deutungsmuster von Welt ist das Weilsche Denken letztendlich einer symbolischen Ordnung verpflichtet.

Obschon Simone Weil in einer der großen Eliteschulen von Paris eine sehr profunde philosophische Ausbildung erhielt und zeitlebens eine Bewunderin von Platon, Descartes und Kant blieb, verspürt sie früh das Bedürfnis, den cartesianischen Rationalismus und dessen Weltbild zu überwinden, ohne deshalb dieses geistige Erbe verleugnen zu wollen. Nicht Ablehnung, vielmehr Überschreiten der als zu eng empfundenen Grenzen einer rationalen Denkweise ist ihr Weg. Eine Geisteshaltung, die ausschliesslich auf Vernunft und logischen Schlussfolgerungen beruht, scheint ihr nicht in der Lage, die Realität der Welt in ihrer komplexen Vielfalt zu begreifen. Wo die begriffliche Rede an ihre Grenzen stößt, soll ein sinnbildliches Sprechen die weit voneinander entfernten Bereiche unserer Wirklichkeit miteinander wahrnehmen und in einer umfassenden Ordnung aufheben. Simone Weil sucht den Gegensatz von unterschiedlichen, auf Glauben beziehungsweise Vernunft gründenden Erkenntnisformen zu überwinden, um das Verhältnis des Menschen zu sich, zu seinen Mitmenschen, zu seiner Umwelt und zu Gott in einer sinnvollen Art zum Ausdruck zu bringen. Sie ist überzeugt, dieser Versuch führe zum Erfolg, sofern es gelingt, die Sprache der Symbole zu beherrschen.

Deshalb macht sie sich zur Aufgabe zu lernen, in allen gelebten Erfahrungen einen verborgenen symbolischen Gehalt zu entdecken. Hinter den körperlichen Empfindungen und sinnlichen Erfahrungen ahnt sie einen spirituellen Sinn. Und so überträgt sie die direkte Wahrnehmung und die wörtliche Bedeutung auf eine andere Ebene, um sie symbolisch deuten zu können. Was eindeutig schien, wird doppel- und mehrdeutig. Simone Weils Denken überwindet traditionelle Konzepte und nimmt die Form einer sinnbildlichen Erkenntnis an, deren Ergebnis eine ganz unkonventionelle Bedeutungserweiterung ist. Indem sie ihr Verhältnis zur Welt einem umfassenden Symbolisationsprozess unterwirft, wird alles – ob Regung, Gefühl, Wahrnehmung oder Gedanke – ein Zeichen in einer die subjektive und objektive Wirklichkeit einschliessenden Symbolik.

Grundlage dieses Deutungskonzepts ist die feste Überzeugung von der Lesbarkeit der Welt. Folgt man Simone Weil, so ist unser Weltbezug wie ein

---

unter der Leitung von Florence de Lussy eine kritisch edierte und kommentierte Gesamtausgabe ihrer Werke ebenfalls bei Gallimard.

[3] Vgl. hierzu: Rolf Kühn, "Imaginaire et symbolisme", in: *Question de*, no. 97 (1994) "Simone Weil, Le grand passage", S. 47-62.

Text strukturiert und verlangt nach einer Interpretation, die fähig ist, dessen Mehrdeutigkeit Rechnung zu tragen. Wer postuliert, die gesamte Welt sei ein sinnbildlich zu verstehender Text, der muss dem Vorgang des Lesens eine Hauptrolle einräumen. Es erstaunt also nicht, dass der Begriff der 'lecture' einen wichtigen Platz in Simone Weils Werk einnimmt. Die Zeichen der Welt nicht allein in ihrer wörtlichen, sondern auch in ihrer übertragenen Bedeutung lesen und verstehen, ist ihr Hauptanliegen. Betrachtet man die Voraussetzungen dieser Methode, muss präzisiert werden, dass die Welt bloss ihrer Möglichkeit nach Sinn macht, es demnach unsere Aufgabe ist, die verschiedenen Bedeutungen Realität werden zu lassen. Die Welt ist uns nicht als sinnvoller Text gegeben, sie muss als solcher im Vorgang des Lesens erst konstituiert werden.

Natürliche versus übernatürliche Erkenntnis

Das Bemerkenswerte ist, dass nicht jedes Lesen die Zeichen der Welt sowohl wortwörtlich wie auch im übertragenen Sinn zu deuten vermag. Simone Weil unterscheidet sehr klar zwischen wahrem und falschem Lesen[4]. Bevor wir der Frage nachgehen, wie diese Begriffe zu verstehen sind und auf welchen Vorstellungen sie beruhen, muss betont werden, dass Simone Weil unermüdlich auf der Suche nach der *lecture vraie* war, diese aber nie endgültig zu beherrschen glaubte – trotz der oft apodiktischen Art, in der sie ihre Gedanken vortrug. Die Gabe, im Akt des Lesens die Welt in ihrer vollen Wirklichkeit zu begreifen, beanspruchte sie nicht zu besitzen. Und so ist die Ahnung einer *lecture vraie* in ihrem Denken und Glauben gleichzeitig Orientierungshilfe und Ziel, das sich, obschon ersehnt, immer von neuem entzieht.

Der Begriff des *wahren Lesens* ist im Zusammenhang mit der für Simone Weil wesentlichen Erkenntnisproblematik zu sehen, insbesondere mit der Vorstellung einer übernatürlichen Erkenntnis[5]. Wir müssen der Tatsache Rechnung tragen, dass Simone Weils Weltbild geprägt ist von der rigorosen Unterscheidung zweier Dimensionen: einer natürlichen und einer übernatürlichen. Die Begriffe, welche diese Bereiche bezeichnen, sind nicht immer konsequent dieselben – häufig begegnet man der Kategorie *menschlich* gegen

---

[4]   Besonders interessante Betrachtungen zu diesem Begriff finden sich in Simone Weils *Cahiers*; siehe u. a. die Aufzeichnungen des im Winter 1941-1942 in Marseille niedergeschriebenen Cahier VI, in: Simone Weil, *Œuvres*, Paris, Gallimard, "Quarto", 1999, S. 813 u. ff.

[5]   Unter dem Titel *La Connaissance surnaturelle* erschien 1950, nach dem Tod Simone Weils, eine Auswahl ihrer während dem Zweiten Weltkrieg aufgezeichneten Notizen bei Gallimard in der von Albert Camus betreuten Reihe "Espoir".

göttlich – doch ungeachtet der verschiedenen Ausdrücke, deren sie sich bedient, bleibt die Einsicht in diesen Gegensatz grundlegend. Simone Weil ist viel daran gelegen, den Bereich des Menschen von jenem der göttlichen Dinge zu trennen. Sie sieht die beiden Sphären in Opposition zueinander, und dieser Dualismus ist entscheidend für die Art und Weise, wie sie die Welt wahrnimmt. Sowohl der Prozess des Lesens wie auch jener des Erkennens gehen aus der Gegenüberstellung von menschlicher und göttlicher Dimension hervor. Deshalb stellt Simone Weil zwei Erkenntnisvermögen einander gegenüber: *natürliches* versus *übernatürliches*.

Diese dualistische Sichtweise, die Simone Weil von ihren philosophischen Lehrmeistern übernommen hat, insbesondere von Descartes, den sie schon früh unter dem Einfluss Alains (Émile Chartier) studierte und dem sie in den Jahren 1929 bis 1930 ihre Diplomarbeit *Science et perception dans Descartes* widmete, führt sie dazu, das Verhältnis der beiden Bereiche als Zäsur zu denken. Doch in einer für uns paradox wirkenden, kontradiktorischen Denkbewegung, zeigt sich Simone Weil überzeugt, die göttliche und menschliche Sphäre könnten trotzdem in Verbindung zueinander treten. Ganz bewusst die Grenzen der logischen Gesetze überschreitend, bejaht sie den Widerspruch, der diesem Weltbild innewohnt. Unterbrechung und Kontinuität bestimmen gleichzeitig die Beziehung zwischen der göttlichen Ordnung und jener der Welt. Was sich folgerichtig ausschliesst, wird von ihr zusammengedacht. Glaube und Vernunft sind unterschiedliche Geisteshaltungen, die sich sowohl aus- wie auch einschliessen. Simone Weil überwindet die philosophische Tradition, in der sie steht, indem sie dem philosophischen Dualismus einen Denkstil gegenüberstellt, dessen Methode Vermittlung – *médiation* – ist.

Vermittlung als Prozess

Die Vorstellung der Vermittlung – Simone Weil bezeichnet sie gerne mit dem griechischen Wort μεταξύ – spielt eine ganz wichtige Rolle in ihrem Denken. Bestimmt durch das spannungsvolle, aber konstitutive Verhältnis zum Gegenbegriff der Trennung, steht das Konzept der *médiation* für alle möglichen Formen von Vermittlung, wobei diese, als Übergang zugleich gedacht und gelebt, auf ganz verschiedenen Ebenen situiert sein kann. Die wichtigste Passage ist jene, welche die Distanz zwischen Mensch und Gott überwindet. Zwischen der göttlichen Ordnung und derjenigen der Welt vermitteln, ist die fundamentale Aufgabe, die uns zufällt. Interessanterweise ist gerade die Unterbrechung der Verbindung dieser beiden Bereiche Ermöglichungsbedingung des Vermittlungsprozesses. Vermittlung bedeutet für Weil einen Sinnzusammenhang der geschiedenen Dimensionen schaffen, ohne dass dabei die Trennung aufhörte, Trennung zu sein. Will man verstehen, wer oder was diese widersprüchlich scheinende Aufgabe erfüllen kann, bemerkt man, dass im Prinzip die unterschiedlichsten Akteure und Instanzen dazu befähigt sind. Nicht zuletzt der Mensch selbst kann die Vermittlerrolle spielen, kann den Bezug zur religiösen Wahrnehmung der Welt herstellen. Privilegiert ist dabei der menschliche Körper, der in Simone Weils Denken und Leben die Kraft hat, das Gegensätzlichste zusammenzuführen. Ganz besonders aber ist es der fühlende und leidende Körper, der Körper als Ort des Ausdrucks von Leidenschaften und Emotionen, der verbindend wirkt.

Deshalb kann nicht verwundern, dass Christus die Vermittlerfigur schlechthin ist, ja in letzter Konsequenz der *unique Médiateur*[6]. Christi Leidensgeschichte ist die im Mittelpunkt stehende Verbindung zwischen natürlicher und übernatürlicher Erkenntnis, an ihr orientieren sich alle großen und kleinen Vorgänge, die vermittelnd wirken. Bei der Lektüre von Simone Weils Texten fällt auf, dass sie alle praktischen und theoretischen Wirklichkeitsbereiche in der christologischen Perspektive der Passion liest und ihnen dadurch einen neuen Sinn zu verleihen im Stand ist. Simone Weil unternimmt es, nicht nur die gelebte Erfahrungswelt, sondern auch alle philosophischen Abhandlungen und literarischen Werke zum Gegenstand einer neuen Lesart zu machen. Platon, Descartes, Homer und andere Denker oder Schriftsteller werden neu interpretiert im Hinblick auf Erlebnisse und Erkenntnisse, deren wesentliche Funktion die Verbindung der getrennten Sphären ist[7].

Also lässt sich konsequent sagen, das richtige oder wahre Lesen sei dasjenige, dem es gelingt, die Zeichen und Symbole der Welt – worunter physische und psychische Phänomene fallen, aber auch alle möglichen Tätigkeiten und Werke – so zu deuten, dass sie Sinn machen, was für Simone Weil gleichbedeutend ist mit der Fähigkeit, religiöse und weltliche Dimensionen über das sie Trennende hinweg aufeinander zu beziehen. Die *lecture vraie* ist

---

[6] Da sie mir sehr treffend zu sein scheint, entlehne ich diese Bezeichnung dem Beitrag von Michel Sourisse "De la méditation comme 'metaxu' et passage", in: *Question de*, no. 97 (1994), S. 104.

[7] Siehe in diesem Zusammenhang den Essay *L 'Iliade' ou le poème de la force* (1940-1941), in dem Simone Weil ihre Gedanken zur Frage der Gewalt entwickelt, welche, ihrer Meinung nach, den Menschen zum Ding macht, ganz gleich ob er diese nun ausübt oder erleidet. Zum Schluss ihrer Überlegungen zu den Auswirkungen der Gewalt versucht sie, Homers Epos und die Heilsbotschaft Christi in einen ideengeschichtlichen Zusammenhang zu stellen. Man kann einen solchen Versuch belächeln oder kritisieren; wichtig für uns ist allein die Tatsache, dass Simone Weil immer wieder bestrebt war, Übereinstimmungen und Verbindungen zwischen weit entfernten Kulturen, unterschiedlichen Weltanschauungen und anscheinend unvereinbaren Wahrnehmungsweisen zu finden. Der Text ist publiziert in den *Œuvres*, Paris, Gallimard, "Quarto", 1999, S. 529-552.

fähig, ungeachtet des radikalen Bruchs, der sie trennt, zwischen menschlichen und göttlichen Dingen zu vermitteln. Sie überschreitet den Gegensatz unvereinbarer Normen- und Glaubenssysteme und schafft die Kopräsenz von Ungleichzeitigem. Die *wahre Lesart* versteht sich als Übertretung, sie setzt die Regeln des cartesianischen Erkenntnisvermögens ausser Kraft und folgt einer provokanten Logik[8].

Symbol und Symbolisierung

Nachdem wir gesehen haben, dass für Simone Weil die Welt als Ganzes ein zumindest virtuell sinnvolles Ordnungsgefüge ist, soll der Vorgang der Symbolisierung im Rahmen einer allgemeinen Zeichenlehre genauer erfasst werden. Es stellt sich die Frage, welcher symbolischen Logik der Weilsche Diskurs gehorcht. Zunächst wollen wir beschreiben, welchen Symbolen die Aufgabe zufällt, die verschiedenen – philosophischen, wissenschaftlichen und religiösen – Wahrnehmungen der Welt in einen umfassenden Sinnzusammenhang zu stellen. Dabei unterscheiden wir zwischen den einzelnen Symbolen und dem Prozess der sinnbildlichen Darstellung. Unser Ziel ist es zu begreifen, wie und unter welchen Voraussetzungen die Begegnung von menschlicher und göttlicher Ordnung im Akt der Symbolisierung Ereignis wird.

Aufgrund des oben Ausgeführten kann die Beobachtung, dass das Kreuz im Mittelpunkt der Weilschen Symbolik steht, kaum überraschen. Doch Simone Weil versteht das Kreuz nicht allein in Hinsicht auf eine christologische Deutung der Welt. Zwar verkündet das Kreuz als Symbol von Christi Passion eine heilsgeschichtliche Botschaft, seine Bedeutung ist jedoch umfassender. In der für sie typischen, synkretistischen Sichtweise erfüllt das universal zu deutende Symbol des Kreuzes mehrere Funktionen: es vermittelt zwischen unterschiedlichen Lehren und Religionen, es vereint, ja verändert. Es ist Garant für die Passage, das heisst letztendlich für die Kommunikation zwischen Erde und Himmel. Das Kreuz ist Zugang zu einer Form spiritueller Erkenntnis, die jenseits der Unterscheidung von natürlicher und übernatürlicher Wahrnehmung begriffen werden muss. Als zentrales Symbol fällt ihm die Aufgabe zu, die Welt als Kosmos lesbar zu machen. Da die Weilsche Vorstellung des Kosmos eine dynamische ist, kann die Welt nur in einem unaufhörlichen Prozess der Einordnung begriffen werden. Diesen zeichen-

---

8   Dass für Weil diese Art des Lesens weniger ein kognitiver Vorgang denn eine Gabe ist, der sich das Glaubensbekenntnis verdankt, kann nicht erstaunen. Vgl. dazu Simone Weil, *Œuvres*, Paris, Gallimard, "Quarto", 1999, S. 840: *Foi, don de la lecture*.

haften Prozess zu verstehen, ist Aufgabe der *lecture vraie*. In ihr ereignet sich das jeden Dualismus und alle Wert- und Glaubenssysteme übersteigende Ereignis der Offenbarung.

Auch wenn das Kreuz das Symbol der Verbindung und Vereinigung schlechthin ist, so können doch auch andere Symbole eine Vermittlerrolle spielen. Obgleich diese die Weltordnung nicht in ihrer ganzen kosmischen Komplexität versinnbildlichen, symbolisieren sie Mikrokosmen, die dem Menschen ebenfalls die Eingliederung und Orientierung in der Welt erlauben. Sie helfen, diese lesbar und verständlich zu machen. Unter den Symbolen, die sich besonders häufig in Weils Texten finden, sind vor allem jene zu nennen, welche ganz konkret den Übergang zwischen verschiedenen Zuständen oder die Kontinuität von gegensätzlichen Wahrnehmungsweisen und Interpretationssystemen zu einem bildhaften Ausdruck bringen: Brücke, Schwelle, Tür[9]. Simone Weil bedient sich also einer universellen Symbolik. Weitere Symbole, wie zum Beispiel der Hebel oder die Waage, bestätigen den Eindruck, sie suche keineswegs eine originelle Sprache[10]. Das gilt auch, wenn man die abstrakteren Symbole untersucht, die sie bevorzugt: es sind die weit verbreiteten Begriffspaare Licht / Dunkel oder Licht / Schatten.

Während also die von Simone Weil benutzten Symbole einen konventionellen Charakter haben, solange man sie gesondert betrachtet und ihre Bedeutung unabhängig von einem größeren Kontext versteht, ist der Prozess der sinnbildlichen Darstellung, der ihrem Diskurs zugrunde liegt, Ausdruck eines Versuchs, Sinnzusammenhänge herzustellen, die im Gegensatz zu traditionellen Formen von Repräsentation stehen. Überraschend ist die Tatsache, dass in Weils Denken die symbolische Darstellung nicht in erster Linie ein intellektueller, sondern ein am Körper erlebter Vorgang ist. Sich der Sprache der Symbole bemächtigen, impliziert für Weil ein physisches Engagement des Lesers. Das Deuten der Symbole, welche die Welt in sinnvoller Weise strukturieren, gleicht einer Aktivität, die am eigenen Leib erfahren werden muss. Wir können die Zeichen der Welt nur unter der Bedingung entziffern, dass wir uns physisch und psychisch auf den Prozess der Interpretation einlassen. Und dieser Prozess ist gefährlich, da wir notwendigerweise Interpretationskonflikten begegnen.

---

9   Vgl. dazu den Beitrag von Patricia Little, "Le pont, le seuil et la porte. Trois images de la médiation chez Simone Weil", in: *Question de*, no. 97 (1994), S. 148-156.

10   Will man sich davon überzeugen, genügt es, irgendein Lexikon aufzuschlagen. Wir haben den *Dictionnaire des symboles* von Jean Chevalier und Alain Gheerbrant konsultiert, Paris, Robert Laffont, 1982.

Es ist nicht leicht zu verstehen, dass der Körper sowohl ein Symbol unter anderen ist – und oft im Zusammenhang mit der Heilsgeschichte gebraucht wird – als auch diejenige Instanz, welche maßgeblich beteiligt ist an der symbolischen Deutung der als Kosmos begriffenen Welt. Der Körper ist in einem Objekt und Subjekt der universalen Weilschen Symbolik. Die Wahrnehmung und Deutung der Zeichen der Wirklichkeit ist ein Prozess, der nur dann zum Erfolg führt, wenn wir uns mit Leib und Seele an ihm beteiligen. In einer ganz neuartigen Spiritualität heisst es, die unvereinbaren Konzepte und Denkfiguren zu verbinden und in eine nach Vermittlung strebenden Sichtweise einzuordnen. Diese hat letztendlich den Übergang von menschlicher zu göttlicher Ordnung zu vollziehen.

Der Vollzug des symbolischen Denkens ist Leiden, denn der Erwartung der Passage von einer zur anderen Ordnung wohnt ein Moment inne, während dem die schmerzliche Erfahrung einer totalen Verlassenheit und Nichtzugehörigkeit gemacht wird. Im trennenden Dazwischen erfährt der Mensch eine radikale Haltlosigkeit, da er keinem Wissens- oder Glaubenssystem mehr angehört. Es ist dies ein Einschnitt, wo keine Erkenntnisquelle mehr Orientierung bietet. Wir brechen ein an einem Ort, der keiner ist. Doch – und dies ist die entscheidende Wende in Simone Weils Anschauung und Lebenspraxis – das Leiden selbst wird als Symbol begriffen, und damit wird es in einen Sinnzusammenhang gestellt, der Vernunft und Glauben einschliesst. Der am Körper des Menschen erfahrene Schmerz weist über sich hinaus auf eine nur im übertragenen Sinn zu erfassende Wirklichkeit. Das unmittelbare Leiden vermittelt auf diese Weise zwischen den Realitätsebenen.

Im Prozess der Umwertung aber schlägt Leiden in Freude um. Und auch diese emotionale Bewegung kann als Sinnbild verstanden werden, als Symbol für die Verbindung von natürlicher und übernatürlicher Wirklichkeitsebene. Freud und Leid stellen sich in den Dienst einer universalen Symbolik, die göttliche und menschliche Ordnung trotz oder gerade dank der Trennung verbindet. Die Zustände seelischer Erregung sind Teil des Symbolisierungsprozesses und lassen sich schliesslich unmittelbar am eigenen Körper, aber gleichzeitig auch im übertragenen Sinn verstehen. Gerade komplexe Gefühle sind in Simone Weils Denken ein privilegierter Zugang zu einer Wahrnehmung, welche die Grenzen des cartesischen Weltbilds sprengt.

Die symbolische Funktion der Emotionen

Es ist also gerade nicht so, dass Simone Weil Symbole benutzte zum Ausdruck der Leidenschaften oder zur Darstellung von Gefühlsregungen. Bei ihr werden Symbole nicht in den Dienst der Darstellung von Emotionen gestellt. Gerade umgekehrt ist das Verhältnis, da es die Emotionen selbst sind, welche eine symbolische Aufgabe erfüllen. Besonders die starken Empfindungen versinnbildlichen unseren Bezug zur Welt, zu unseren Mitmenschen und zu Gott. Emotionen sind zwar Zeichen unserer körperlichen Befindlichkeit und lassen sich als Ausdruck unseres physischen und psychischen Zustands lesen. Doch darüber hinaus deuten sie auf einen spirituellen Bereich, der uns sowohl aus- wie auch einschliesst. Simone Weil betrachtet Gefühle wie Wahrzeichen, die von der *lecture vraie* gedeutet werden wollen. Ihr symbolisches Denken schöpft aus der Quelle der affektiven Erfahrungen. Diese sind ein wesentliches Element im Vorgang der allumfassenden Versinnbildlichung. Die Verbindung verschiedener Sinnebenen gründet in der unerschöpflichen Erfahrung von komplexen Gefühlen wie Liebe, Leid und Lust.

Man müsste meinen, innerhalb einer alle Wirklichkeitsebenen einschließenden Symbolik könne jedes physische oder psychische Phänomen die Vermittlerrolle eines Symbols spielen. Bei genauerem Hinsehen bemerkt man jedoch, dass die Gefühlsregungen und -bewegungen besonders geeignet sind, auf einen tieferen Sinn zu verweisen. Vor allem im Leiden treten wir in Beziehung zu einer Dimension, welche das Fassungsvermögen des menschlichen Geistes übersteigt. Wer am eigenen Körper leidet, tritt in Verbindung mit der Leidensgeschichte Christi und hat dadurch Teil an einer Ordnung, die unsere Vernunft nicht zu begreifen im Stand ist. Da die Passion des Gekreuzigten für Simone Weil das zentrale Symbol ist, und als Vermittler schlechthin wirkt, können wir nachvollziehen, dass die menschlichen Leidenschaften eine symbolische Bedeutung besitzen und im übertragenen Sinn gelesen, ja bewertet werden müssen. Im körperlichen Schmerz wird die Trennung nicht aufgehoben, aber überwunden.

* * *

Ich möchte nun anhand der Analyse eines der ganz seltenen Gedichte Simone Weils untersuchen, ob meine Überlegungen zur Rolle der Emotionen sich bestätigen lassen. Bewahrheitet sich die Annahme, dass Gemütsbewegungen als Vermittler dienen, indem sie den Übergang zwischen verschiedenen Realitäts- und Sinnebenen ermöglichen? Schon der Titel – *La Porte / Die Tür* – des im Oktober 1941 geschriebenen Gedichts hat Symbolcharakter. Durch die Evokation einer der besonders wichtigen Figuren kündigt er programmatisch an, dass dieser Text das Problem der Passage, welches Weils ganzes Leben und Werk bestimmt, zum Thema hat[11]:

---

[11] Simone Weil, *Œuvres*, Paris, Gallimard, "Quarto", 1999, S. 805.

268

La Porte

Ouvrez-nous donc la porte et nous verrons les vergers,
Nous boirons leur eau froide où la lune a mis sa trace.
La longue route brûle ennemie aux étrangers.
Nous errons sans savoir et ne trouvons nulle place.

Nous voulons voir des fleurs. Ici la soif est sur nous.
Attendant et souffrant, nous voici devant la porte.
S'il le faut nous romprons cette porte avec nos coups.
Nous pressons et poussons, mais la barrière est trop forte.

Il faut languir, attendre et regarder vainement.
Nous regardons la porte; elle est close, inébranlable.
Nous y fixons nos yeux; nous pleurons sous le tourment;
Nous la voyons toujours; le poids du temps nous accable.

La porte est devant nous; que nous sert-il de vouloir?
Il vaut mieux s'en aller abandonnant l'espérance.
Nous n'entrerons jamais. Nous sommes las de la voir...
La porte en s'ouvrant laissa passer tant de silence

Que ni les vergers ne sont parus ni nulle fleur;
Seul l'espace immense où sont le vide et la lumière
Fut soudain présent de part en part, combla le cœur,
Et lava les yeux presque aveugles sous la poussière.

Ich konzentriere mich im Folgenden auf jene Elemente, welchen eine bedeutende Rolle im Prozess der Symbolisierung zufällt.

Schon auf den ersten Blick fällt auf, dass der Text eine betont bipolare Struktur aufweist, wobei der Schlussvers der vierten Strophe den Angelpunkt bildet. Durch das markante Enjambement bricht dieser Vers einerseits mit der starren Gliederung, die ihm vorausgeht, andrerseits bildet er eine Art Brücke, welche die beiden klar geschiedenen Texteinheiten über den Bruch hinweg verbindet. Weitere Merkmale bestätigen die Vermutung, dieser Vers falle mit dem Wendepunkt des Gedichts zusammen und stelle eine Verbindung zur letzten Strophe her, obschon er von der typographischen Anordnung aus betrachtet zum vorhergehenden Vierzeiler gehört. Da sind einmal die auffallenden Auslassungspunkte am Ende des dritten Verses der vorletzten Strophe. Diese Satzzeichen signalisieren den Bruch mit einem ausschliesslich auf das *nous / wir* zentrierten Sprechen. Die Unterbrechung macht deutlich, dass die lyrische Rede an einen Ort gelangt ist, wo sie abbricht.

Bemerkenswert ist ausserdem, dass im Zentrum des Umschaltverses die erste im Passé simple konjugierte Verbform erscheint. Wohingegen die im ersten Teil des Gedichts verwendeten Tätigkeitswörter im Präsens oder Futur stehen (mit Ausnahme des Passé composé im Relativsatz der Anfangsstrophe), sind alle Verben, die in der Schlussstrophe die Haupthandlung zum Ausdruck bringen, im Passé simple verwendet. Konsequent im Zusammenhang mit dem Gebrauch dieser Zeitform, welche ein Geschehen evoziert, das sich unabhängig von einer subjektiven Instanz ereignet, stellt man das totale Fehlen sprachlicher Elemente fest, die auf den Akt der Aussage verweisen. Kein einziges Personalpronomen wie 'ich, du, wir, ihr' und auch kein Adverb wie 'hier' oder 'jetzt' lässt sich finden. Auf die sehr persönlichen Äusserungen des lyrischen Subjekts im ersten Teil folgt ein völlig entpersönlichtes Sprechen, das jeglichen 'autobiographischen' Hinweis eliminiert.

Die formale Zweiteilung des Gedichts lässt sich auch auf der inhaltlichen Ebene leicht beobachten, denn der Vers *La porte en s'ouvrant laissa passer tant de silence*, der die Zäsur bildet, ist der Übergang, von dem er spricht. Die Symbolfigur der Tür zeugt sinnbildlich von der Begegnung der getrennten Bereiche und der Kontinuität von menschlicher und göttlicher Ordnung. Simone Weil macht sich diese konkrete Figur immer dann zu eigen, wenn sie den Zusammenhang der unvereinbaren Weltordnungen zu fassen sucht. Noch in der leidvollen Prüfung der grössten Zerrissenheit symbolisiert die Tür das Versprechen einer sich plötzlich ereignenden religiösen Erfahrung, die das Trennende zu überwinden vermag. Doch einzig die *lecture vraie* erlaubt zu verstehen, dass diese Figur Öffnung und Offenbarung bedeuten kann, während es der 'lecture fausse' nicht gewährt ist, ihren symbolischen Sinngehalt zu entschlüsseln. Dass die Tür als Symbol verschlossen bleibt, solange falsche Deutungsmuster zur Anwendung kommen, suggeriert gerade der erste Teil des Gedichts.

Die ersten vier Strophen, die von einer inadäquaten Lesart zeugen, dominiert eine Sichtweise, die sich konventioneller Bilder bedient, um den Bereich des Übernatürlichen zu evozieren: Obstgärten, Wasser und Blumen sind einer traditionellen Bilderwelt entlehnt, in welcher der Bereich Gottes in striktem Gegensatz zum Bereich des Menschen gedacht wird. Das, woran es uns mangelt, das wird ins Jenseits projiziert. Die konkreten Vorstellungen sind das Resultat einer einfachen Umkehrung unserer unvollkommenen Welt. Doch es sind nicht allein die bekannten, in der biblischen Tradition stehenden Zeichen und Symbole, die uns daran hindern, den Sinn einer Werteordnung zu verstehen, die unsere zur Norm erstarrten Regeln übertritt. Es ist auch die

Geisteshaltung des sich zu Beginn in Szene setzenden Subjekts, welche die religiöse, das heisst verbindende Deutung der gelebten Erfahrung blockiert.

Es ist ein ungeduldiges Subjekt, dessen Willensäusserungen zeigen, dass es den Zugang zum Übernatürlichen nicht nur erwartet und begehrt, sondern zu erzwingen sucht. Doch ein solchermaßen gestimmtes Subjekt ist unfähig, die Tür in übertragener Bedeutung und, darüber hinaus, die Funktion der universalen Symbolik, welche für die Kontinuität zwischen den getrennten Sphären bürgt, zu begreifen. Dieses Subjekt – es fordert, mahnt und fragt – leidet körperlich und seelisch, ohne einsehen zu wollen, dass gerade im Leiden der begrenzte Erfahrungshorizont transzendiert werden kann. Um dies zu verstehen, müsste die Leiderfahrung mit Bezug auf den gekreuzigten Christus als Ausgang aus der Selbstbeschränkung des Menschen und Teilhabe an der göttlichen Ordnung erlebt werden. Erst in der Überwindung aller persönlichen Ansprüche und der Einwilligung in physisches und psychisches Leiden öffnet sich der Zugang zum Bereich des Unendlichen. Das Gedicht *La Porte* zeigt, dass die Tür sich erst in dem Augenblick öffnet, da das Subjekt auf seinen persönlichen Willen verzichtet und in einer die Dichotomie *aktiv / passiv* übersteigenden Erwartungshaltung alles Elend annimmt.

Parallel zur Selbstentsagung muss sich das Subjekt von überlieferten Vorstellungen lösen. In Umwertung der im ersten Teil des Gedichts bejahten Inhalte, aktualisiert der zweite Teil eine abstrakte Vision, die alle konkreten biblischen Figuren hinter sich lässt. Die letzte Strophe fällt zusammen mit einer Erfahrung, die zwar Sinnfülle ist, die Wahrnehmung bekannter, benennbarer Gegenstände jedoch verneint. Jenseits paradiesischer Utopien eröffnet sich ein unendlicher Raum, der wesentlich Nichts und Leere ist. In radikalem Gegensatz zu den Bildern, die das lyrische Subjekt am Anfang heraufbeschwört, um Zeugnis abzulegen von der Enttäuschung über seine Nichtteilhabe an der göttlichen Ordnung, berichten die Schlussverse von einem Geschehen, das nicht in herkömmliche sprachliche Kategorien gefasst werden kann. In einer Vision, welche die fundamentalen Unterscheidungen negiert, manifestiert sich am Ende von *La Porte* eine Instanz[12], deren emotionale Bewegung die Vereinzelung aufhebt und eine Art mystischer Vereinigung vollzieht, was sich sprachlich darin äussert, dass die Differenz von positiv und negativ konnotierten Begriffen (*la lumière, lava les yeux*, aber auch *le*

---

[12] Man könnte diese Instanz mit der Kategorie der "non-personne" von Émile Benveniste beschreiben ; siehe hierzu É. Benveniste, *Problèmes de linguistique générale I*, Paris, Gallimard, 1966, chap. V "L'Homme dans la langue".

vide und *l'espace immense*[13]) aufgehoben ist. Doch die geschiedenen Ordnungen verschmelzen nicht, da Simone Weil überzeugt bleibt, erst die grundsätzliche Trennung von immanenter und transzendenter Dimension ermögliche das Passagen-Erlebnis. In einer nicht auf bestimmte Objekte gerichteten Schau geht das Subjekt ein ins kosmische Geschehen einer erfüllten Existenz, die zugleich alles und nichts ist.

* * *

Emotionen und Empfindungen: sie spielen eine wichtige Rolle in Simone Weils universaler Symbolik, da sie sich sinnbildlich als Türöffner interpretieren lassen, die unseren endlichen Horizont mit einem unbegrenzten Raum verbinden und dadurch den Gegensatz zwischen dem Glauben ans Übernatürliche und dem Bedürfnis nach einer rationalen Erklärung der Welt – wenn auch nur vorübergehend – ausser Kraft setzen. In dem Augenblick, da wir einsehen, dass den Emotionen eine Vermittlerrolle zukommt, begreifen wir ihre *vertu transformatrice*[14].

---

[13] Die Begriffe, die Simone Weil braucht, um die komplexe Erfahrung des Transzendenten Gegenwart werden zu lassen, geben ein deutliches Echo auf Pascals berühmte Aussage: *Le silence éternel de ces espaces infinis m'effraie.*

[14] Dieser Ausdruck findet sich in einem Text Simone Weils, den sie 1942 kurz vor ihrer Abreise nach Amerika schrieb; vgl. "L'Amour de Dieu et le Malheur", in: *Œuvres* Paris, Gallimard, "Quarto", 1999, S. 702.

JÜRG HÄUSERMANN

Echte Gefühle

Ein Mensch zeigt Gefühle

Der Sänger am Keyboard heisst Herbert Grönemeyer. Sein Blick ist nicht ins Publikum gerichtet, nicht zu seinen Musikern, sondern irgendwohin, schräg nach oben, in die Ferne. Über längere Strecken schließt er die Augen und wiegt den Kopf hin und her. Er singt vom Verlust eines geliebten Menschen. Er spricht von der Schwere des Verlusts, von der Größe dieses Menschen, zugleich von der Gewissheit, dass er, der zurückgebliebene Partner, ihn bis zu seinem eigenen Tod nicht verlieren wird.

> [...] *Wir waren verschworen, wären füreinander gestorben, haben den Regen gebogen, uns Vertrauen geliehn. Wir haben versucht, auf der Schussfahrt zu wenden, nichts war zu spät, aber vieles zu früh. Wir haben uns geschoben durch alle Gezeiten, wir haben uns verzettelt, uns verzweifelt geliebt. Wir haben die Wahrheit, so gut es ging, verlogen. Es war ein Stück vom Himmel, dass es dich gibt. Du hast jeden Raum mit Sonne geflutet, hast jeden Verdruss ins Gegenteil verkehrt. Nordisch nobel deine sanftmütige Güte, dein unbändiger Stolz. Das Leben ist nicht fair. [...] Ich gehe nicht weg, hab meine Frist verlängert, neue Zeitreise, offene Welt. Habe dich sicher in meiner Seele. Ich trag dich bei mir, bis der Vorhang fällt.*

Bis zum Schluss des Liedes haben sich immer mehr Schweissperlen auf dem Gesicht gebildet. Der Gedanke liegt nahe, dass auch Tränen darunter sind.

Das Lied ist langsam, die Gesangsstimme steht im Vordergrund, die Harmonien werden vom Keyboard und von Streichern dezent betont. In der Popmusik nennt man diese gefühlsbetonten Lieder Balladen. Zur Inszenierung im Konzert gehört, dass die Zuhörerinnen und Zuhörer ihre Ergriffenheit demonstrieren, indem sie Feuerzeuge und Wunderkerzen in die Luft halten. Sie sind solidarisch mit dem Sänger und seinen Gefühlen der Liebe, des Schmerzes, der Trauer.

Grönemeyer gilt als echt

Dass ein Mensch auf der Bühne Gefühle lebensecht ausdrückt, ist hier nicht berichtenswert. Schauspieler, Sänger, Pantomimen tun das allezeit. Sie schlü-

273

pfen in die Rolle fremder Menschen und drücken glaubhaft deren Gefühle aus. Wenn sie ihre Aufgabe gut erfüllen, vergessen wir für Minuten den Unterschied zwischen dargestellter und darstellender Figur (von den wenigen Fällen einmal abgesehen, in denen uns ein 'Glotzt nicht so romantisch!' erfolgreich davon abhält). Aber spätestens wenn das Spektakel vorüber ist, sind wir wieder fähig, zu unterscheiden. Wir nehmen den Schauspieler wieder als Schauspieler und nicht als Hamlet, die Sängerin wieder als Sängerin und nicht als Katze wahr. Und was die Gefühle betrifft, sind wir in der Lage zu erkennen, dass es sich um (intentional gesteuerte) und nicht um (nicht will-kürlich beeinflussten) Gefühlsausdruck handelte (Laux / Weber 1993, 40-42). Für den Künstler auf der Bühne gehört es allenfalls zu seiner Kunst, Gefühlsdarstellung wie Gefühlsausdruck wirken zu lassen.

Bei Herbert Grönemeyer aber (und bei einigen anderen Popstars) scheint diese Trennung nicht zu funktionieren. Grönemeyer, so bescheinigen ihm Kritiker und Fans, ist "echt", ist "authentisch" – namentlich in seinen Gefüh-len: "[...] Und das sind echte Gefühle", schreibt der Verfasser eines "Testberichts" der CD *Mensch.* Seiner Meinung nach ist das Produkt "KEINE Konserve!!!!!!! Grönemeyer verstellt sich nicht".[1] Obwohl Grönemeyer uns als Künstler gegenüber tritt, nehmen wir – sein Publikum – ihn offenbar nicht als einen wahr, der Gefühle darstellt, sondern als einen, der sie hat. Und das ist ein Qualitätsmerkmal. Echt und Nichtecht sind zu wichtigen Kriterien bei der Beurteilung gesanglicher Leistungen geworden. Auf den Erfolg von Herbert Grönemeyer angesprochen, erklären zwei Musikerinnen (Judith Holofernes und Pola Roy von der Band *Wir Sind Helden*): "[...] Die Platten-industrie hat sich in den Neunzigerjahren selber ins Knie geschossen, weil sie zu sehr auf das produkthafte Musikverkaufen gesetzt hat. [...] Andererseits gibt es auch viele Leute, die handgemachte Musik und echte Gefühle wol-len."[2] In einem Kontext der Musik-"Produktion" wird also unterschieden zwischen "Produkthaftem" und "echten Gefühlen". Der Ausdruck "echte Gefühle" ist im Zusammenhang mit Popmusik, die sich nicht ins Knie schießt, ein Schlüsselbegriff. (Nur schon ein Versuch beim Suchprogramm Google mit der Kombination 'echte Gefühle' + 'Grönemeyer' ergibt über zwanzig Zitate (auch dann noch, wenn man diejenigen Treffer abzieht, die eine Schlager-CD erfassen, deren Titel *Echte Gefühle* lautet).

Das ist Grund genug, um uns zu wundern. Es geht um künstlerische Tätig-keiten, also um einen Bereich, in dem alles gemacht ist, und wir bitten den-noch nicht um gut dargestellte Gefühle, sondern um echte Gefühle. Was kennzeichnet diese echten Gefühle? Und warum ist es so? Würde es nicht reichen, gut und schlecht gemachte Musik zu unterscheiden, Stars, denen die Studiotechnik unter die Arme greifen muss, und Stars, die noch selbst Musik machen können (wie das Wort "handgemacht" ja andeutet)?

Ein Diskurs der Rhetorik

Hier wird auf einen Künstler ein Kriterium angewandt, das wir aus einem anderen Gebiet recht gut kennen: aus der Kritik an Rednern. Es geht zwar um einen Popsänger, aber wir sind in einem Diskurs der Rhetorik.

Die Echtheit der Gefühle, die ein Redner erregt, hat oder vorgibt zu haben, sind eines ihrer wichtigsten Themen. Dass der Redner nicht nur durch rationale Argumente, sondern auch durch affektische Mittel (Pathos) überzeugen kann, wird schon in frühen griechischen Schriften diskutiert.

"Da aber das Objekt der Rede das Urteil ist – denn Urteile bestimmen ebenso die Beratung, wie der Richterspruch ein Urteil ist –, muss man notwendigerweise nicht nur auf die Argumentation sein Augenmerk richten, auf dass sie Beweis- und Überzeugungskraft besitze, sondern auch sich selbst und den Urteilenden in eine bestimmte Verfassung versetzen," heisst es in der "Emotionspsychologie" (so Knape 2000, 35) des ARISTOTELES "Denn im Hinblick auf die Glaubwürdigkeit macht es viel aus – besonders bei den Beratungen und schließlich vor Gericht –, dass der Redner in einer bestimmten Verfassung erscheine und dass die Zuhörer annehmen, er selbst sei in einer bestimmten Weise gegen sie disponiert, und schließlich, ob auch diese sich in einer bestimmten Disposition befinden." (Aristoteles: Rhetorik, Buch II, 1. Kapitel, 2-3)

Die Affektenlehre, die Lehre von der Klassifikation und Erregung von Gemütsbewegungen, führt zwangsläufig zur Frage nach der Authentizität der Gefühle, nach der Berechtigung, Gefühle darzustellen, ohne sie auch selbst zu empfinden. Genauso wie beim Sänger, aber nicht erst seit gestern, interessiert man sich beim Anwalt vor Gericht oder beim politischen Redner für diese Zusammenhänge. Muss man zum Appell an die Affekte die eigenen Gefühle mobilisieren? Soll man die eigenen Gefühle vortäuschen? Darf man berechnend an die Affekte des Publikums appellieren?

"Es ist auch gar nicht möglich, dass der Zuhörer Schmerz oder Hass, Neid oder Furcht empfindet, dass er sich zu Tränen und Mitleid bewegen lässt, wenn alle die Gefühle, zu denen der Redner den Richter bringen will, dem Redner selbst nicht eingebrannt und eingeprägt erscheinen", lässt CICERO Marc Anton sagen. "Ja, wenn es darum ginge, einen erheuchelten Ausdruck des Schmerzes anzunehmen und wenn in einer solchen Rede alles falsch und durch Nachahmung vorgespiegelt wäre, dann müsste man vielleicht nach irgendeiner anspruchsvolleren Kunst Ausschau halten." (Cicero: Über den Redner. 2. Buch, 189)

Die Kritik an der Rhetorik, wie wir sie von Philosophen der Neuzeit kennen (z.B. Locke, Kant), konzentrierte sich nicht selten auf die Kritik an ihrem Umgang mit den Affekten:

> "But yet, if we would speak of Things as they are, we must allow that all the Art of Rhetorick, besides Order and Clearness, all the artificial and figurative application of Words Eloquence hath invented, are for nothing else but to insinuate wrong Ideas, move the Passions, and thereby mislead the Judgment; and so indeed are perfect cheat." (John LOCKE: Essay Concerning Human Understanding [1690] nach Vickers 1988, 199)

Im beginnenden 3. Jahrtausend scheint allerdings nicht mehr angezweifelt zu werden, dass der Redner die Gemüter erregen bzw. Gefühle zeigen soll. Zumindest in der alltäglichen Diskussion wird vielmehr wieder die Authentizität der Gefühle betont. Man ist skeptisch, aber nicht in Bezug auf den Einsatz von Gefühlen, sondern in Bezug auf deren Authentizität: "Selbst Gefühle können inszeniert sein, auch wenn sie als Garanten der Echtheit gelten." (Haupt 1998) Wenn ein Redner Wut, Trauer, Fröhlichkeit usw. demonstriert, muss er mit Zweifeln im Publikum rechnen, dass er wirklich auch Wut, Trauer, Fröhlichkeit usw. empfindet.

Günter Verheugen, der EU-Kommissar für Erweiterung, sagt am Beginn einer Rede über den EU-Beitritt Ungarns (Budapest, 31.3.2003): *Es ist kein Geheimnis, dass ich den Beitritt Ungarns nicht als einen technischen Vorgang betrachte, den ich so gut es geht zu organisieren habe, sondern dass für mich der Beitritt Ungarns eine Herzensangelegenheit ist. Politiker reden nicht oft über Gefühle, aber gerade für Politiker meiner Generation ruft die Heimkehr Ungarns nach Europa starke, fast überwältigende Gefühle wach.*

Verheugen hat natürlich nicht Recht: Politiker reden oft über Gefühle. Sie haben sie allenfalls lange nicht offen gezeigt. Aber Verheugen ist ein Politiker einer schon etwas älteren Spielart. Viele seiner Kolleginnen und Kollegen leben ihre Gefühle in der Öffentlichkeit längst geradezu hemmungslos aus. Beispiel: Weinen. Es mag in den frühen 1980er Jahren gewesen sein, dass die ersten Politikerinnen bei erschütternden Ereignissen in Tränen ausgebrochen sind. Zwanzig Jahre später weinen auch hartgesottene Politiker bei gegebenem Anlass vor den Augen aller. Detlev Lücke nennt eine ganze Reihe von Beispielen[3]: Der deutsche Finanzminister Hans Eichel weint vor dem Bundestag; der ehemalige Bundeskanzler Helmut Kohl weint bei einer Ordensverleihung; die stellvertretende PDS-Vorsitzende Sylvia-Yvonne Kaufmann weint am Parteitag. Hinzu kommen noch Sportler und andere Prominente, die "neuerdings die gesamte Gefühlsskala zeigen".

Nicht nur diesen Autor treibt die Frage nach der Echtheit dieser Demonstrationen um ("Echt oder Glyzerin?"). Das Weinen der Politiker wird allgemein mit gemischten Gefühlen gesehen. Die Kritik daran geht von einem süffisanten Lächerlichmachen bis zu einer ernsten Warnung, dass damit von den Kernfragen der Politik abgelenkt werde (Furedi 1999). Aber wie gesagt, es geht längst nicht mehr um Weinen oder Nichtweinen, sondern um Echtweinen oder Unechtweinen. Für uns, die wir dem mit dem Blick des Rhetorikers nachgehen, stellt sich als erstes die Frage nach der Grundlage für die Entscheidung, Gefühle als echt zu bezeichnen.

Die Bausteine der Echtheit

Wir erwarten von denen, die uns als Personen der Öffentlichkeit begegnen, offenbar eine größtmögliche Übereinstimmung zwischen ihrem privaten und ihrem öffentlichen Ich.

Wenn es um Politik geht, ist dies zumindest in einer Demokratie ganz gut nachvollziehbar. Denn der demokratische Prozess, in dem sie ihre Gefühle äussern, ist durch Austauschbarkeit der Rollen gekennzeichnet. Der Politiker, den ich heute wähle, könnte morgen mich wählen. Obwohl er heute Abend noch in den Fernsehnachrichten zu sehen ist, sitzt er morgen als Zuschauer selbst vor dem Bildschirm und könnte dort allenfalls mich sehen. (Die Wahrscheinlichkeiten sind etwas ungleich verteilt, aber um das Prinzip am Laufen zu halten, werden unermüdlich öffentliche Veranstaltungen und Wahlen, Bürgersendungen, Publikumsräte organisiert.) Weil Politiker uns vertreten, ist die Forderung, dass sie auch unsere Gefühle vertreten, nicht so abwegig. Zumindest scheint sich ein Konsens darüber gebildet zu haben, dass wer glaubhaft öffentlich fühlt, unsere Stimme verdient. Demokratie ist die Staatsform der Glaubwürdigkeit.

Als wichtiges Indiz dafür, dass uns jemand gut vertritt, nehmen wir seine Fähigkeit, öffentlich solche Gefühle zu zeigen, die normalerweise der Öffentlichkeit vorenthalten bleiben. Was das Weinen angeht, handelt es sich zudem um einen Vorgang, den viele Menschen nicht willentlich beeinflussen können. (Aber aufgepasst! Nicht allen Tränen ist zu trauen, zum Beispiel nicht dem ehemaligen Bundeskanzler Kohl. Sein Parteikollege Thomas Schäuble warnt: "Es ist inzwischen ja bekannt, dass der Altkanzler ja sowieso nahe am Wasser gebaut ist. Wir wissen, dass Kohl bei jeder Gelegenheit auf Abruf weinen kann."[4])

Der weinende Politiker scheint einen Moment lang erkennen zu lassen, wie er ist, wenn die Kontrolle fehlt. Bei den von Protokollen und Tagesordnungen bis ins Detail geplanten Veranstaltungen weicht er vom Erwarteten ab. In einem rhetorischen, also mit festen, traditionellen Formen erklärbaren Kontext, bietet er ein Verhalten an, das sich nicht in die herkömmlichen Strukturen einfügt. Als echt gilt er, überspitzt gesagt, wenn er vom Bild des professionellen Redners abweicht. Er ist 'echt', weil er sich nicht verstellt.

Hier kommt das geballte Misstrauen gegenüber der Rhetorik zum Ausdruck, das über Jahrhunderte genährt wurde und das jeden Rhetorikschüler früher oder später fürchten lässt, dass er sich selbst untreu werden muss, um ein guter Redner zu werden. Nein, wird ihm dann geantwortet: du musst nur deine dir ohnehin innewohnenden Qualitäten nutzen, deine Stärken stärken und deine Schwächen schwächen. Gute Rhetorik, so wird gelehrt und gelernt, ist die Kunst, sein öffentliches Ich mit dem privaten Ich in Übereinstimmung zu bringen: "Der ganze Komplex unserer Persönlichkeit ist für einen jeden von uns von höchster Bedeutung. Die Möglichkeiten, sie zu stärken und zu verbessern, sind, so beschränkt sie an sich sein mögen, immer noch groß genug, dass sich eine Untersuchung darüber lohnt." (Carnegie 1940, 141) Das ist auch ganz verständlich, weil die Rednerinnen und Redner ja primär in eigener Sache auftreten. Sie vertreten eine Sache, die sie sich aus Überzeugung zu eigen gemacht haben, eine Partei, der sie aus persönlichem Engagement beigetreten sind. Wenn John F. Kennedy (am 20. Januar 1961) bei seinem Amtsantritt ruft: *Fragt nicht, was euer Land für euch tun kann, – fragt, was ihr für euer Land tun könnt*, dann wollen wir sicher sein, dass er das auch auf sich selbst anwendet. Wenn Salman Rushdie (am 11. Dezember 1991) aus seinem Versteck tritt, um zu fragen, warum die westlichen Staaten sich nicht für ihn einsetzen, wollen wir seine Angst und seine Wut nachvollziehen können. Warum aber verlangen wir vom Popstar, dass er sich mit den Aussagen seiner Lyrik genauso identifiziert wie der politische Redner mit seinem Redetext? Warum interessiert uns seine persönliche Betroffenheit, während sie uns viel weniger tangiert, wenn z. B. José Carreras in einem Konzert *E lucevan le stelle* singt? Welches sind für ihn die Bausteine dieser Authentizität? Was macht den Auftritt so echt, dass wir z.B. sagen können: "Es ist selten, das ein Lied so viel echte Gefühle rüberbringt, die man auch tatsächlich dem Interpreten abkauft und zudem den kompletten Text versteht."[5]

Ich möchte im Folgenden zeigen, dass ihm auf drei Ebenen gelingt, überzeugend zu sein: auf der Ebene der Interpretation, der Biografie und der Autorschaft.

Übereinstimmung zwischen Ausdruck und Text

Grönemeyer ist vielleicht eher Schauspieler als Sänger. Mit seiner belegten Stimme ruft er mehr als dass er singt. Er kann seufzen, keuchen, raunen. Wenn es deutschen Soul gäbe, wäre er Soulsänger geworden. Aber er hat damit vielleicht eine größere Palette für den Gefühlsausdruck als andere, geschulte Sänger. Seine spröde Stimme, die spätestens seit seiner Ode auf die *Männer* (1984) zum Markenzeichen geworden ist, eignet sich gerade für die Wiedergabe klagender Texte. Streicher im Hintergrund untermalen die Harmonie der Pianoklänge. Die Sprachfetzen, die gebellten Worte treten damit gut in den Vordergrund, so dass man auf den Text achtet und auf die leidende Pose des Sängers. Seine Körpersprache wird geprägt durch eine in sich gekehrte Haltung. Er sitzt am Keyboard wie einst John Lennon bei *Imagine*. Ein Lächeln flackert kurz auf, bevor sich das Gesicht wieder in Schmerz verzerrt. Dazu der Schweiss, der sich ständig vermehrt. Die Darbietung hat ihn körperlich gefordert. Hier singt nicht einer vom Leiden. Hier leidet einer. Hier singt einer nicht die Arie eines tragischen Helden, sondern er ist mit der Rolle identisch. Die Interpretation entspricht nicht nur dem Werk, sondern sie hebt es in andere Sphären. Denn wenn man den Text allein betrachtet, enthält er noch relativ wenig Anzeichen der Trauer und des Schmerzes. Mimik, Gestik und Körperhaltung, zusammen mit der stimmlichen Leistung, machen das Lied erst zum tragischen Zeugnis eines großen Verlusts.

Beim Popsong bilden Komposition und Text viel enger als bei anderen musikalischen Kunstwerken eine Einheit mit der Interpretation. Der Song tritt ja immer in interpretierter Form ans Licht der Öffentlichkeit – nicht als Partitur oder als Notenblatt. Als Werk gilt für das Publikum nicht nur die Leistung von Komponist und Textdichter, sondern erst die Aufführung, wie sie auf dem Speichermedium (Schallplatte, CD, DVD) festgehalten ist. Dennoch: Dies gilt auch für viele andere Interpreten, die große Popsongs mit einer persönlichen Interpretation veröffentlichen und dennoch nicht in gleichem Maße als 'echt' gefeiert werden. Bei einem Popstar vom Typ Grönemeyers kommt eine zweite Qualität hinzu: die biographische Übereinstimmung.

Übereinstimmung zwischen Sänger und Biografie

Wenn Kiri Te Kanawa als Madama Butterfly die Arie *Un bel di vedremo* singt, dann mag der eine oder andere Zuhörer eine Zeit lang glauben, er sehe wirklich eine treu liebende junge Frau vor sich, die unerschütterlich an die Rückkehr ihres Geliebten glaubt. Dennoch ist die Unterscheidung zwischen dem Ich im Text und dem Darsteller dem erwachsenen Konsumenten einigermaßen geläufig. Auch wenn Horst Tappert als Inspektor Derrick durch die Fernsehkulisse tappt, dann ist vieles glaubhaft, weil er beim Spielen Züge, die zu seinem Wesen gehören, herausstreicht. Dennoch ist er so wenig Derrick wie Alfred Rasser HD Läppli ist und Sean Connery James Bond. Wir haben gelernt, bei Künstlern zwei Identitäten zu unterscheiden: diejenige ihrer Rolle und diejenige ihres privaten Alltags. Wir interessieren uns zwar für sie, wenn sie ein Interview geben. Wir freuen uns darüber, dass sie aus ihrer Privatheit heraus treten und viel Persönliches offenbaren. Sie reden aber über sich als Kiri Te Kanawa, Tappert, Rasser, Connery, ja, sie verwenden sogar einige Energie darauf, zu sagen: Ich bin nicht Butterfly, nicht Läppli, nicht Derrick, nicht Bond ...

Anders beim Popstar. Es war eine merkwürdige Diskussion in einer auch sonst merkwürdigen Zeit, als Udo Jürgens *Lieb Vaterland* sang, eine kritische Abrechnung mit dem sozial zurückgebliebenen kapitalistischen Staat: In Zeitungen und an Stammtischen wurde darüber debattiert, ob er das dürfe, der er ja selber reich sei. Ob John Lennon wirklich ein "Working Class Hero" war (war er nicht, sagt Riley 1989, 375), schien den Zeitgenossen eine ebenso relevante Frage. Zwar ist jedem der Unterschied klar zwischen dem agierenden Künstler und dem Künstler als Privatperson. Aber bei einigen prominenten Popstars wird die Grenze verwischt.

Deshalb gehört zur Authentizität Grönemeyers, dass die Botschaft mit der Biographie übereinstimmt. Und von Grönemeyer hat es sich weit herumgesprochen, dass er nicht nur von Verlust singt, sondern selbst einen großen Verlust erlitten hat: "Es waren Schicksalsschläge, an denen ein Mensch zerbrechen kann", urteilte die Zeitschrift *Der Stern* im Jahr 1999. "Vor vier Monaten verlor Herbert Grönemeyer innerhalb weniger Tage zwei geliebte Menschen. Erst starb sein Bruder Wilhelm, 44, an Leukämie. Selbst Herberts Knochenmarkspende konnte ihn nicht mehr retten. Dann erlag seine Frau Anna, 45, dem Brustkrebs. Acht Jahre lang hatte sie gegen die tückische Krankheit gekämpft. 'Dein Verlust sprengt alle Dimensionen, Werte, Phantasien. Der Schmerz ist Wüste voll brutalster Wucht', trauerte Grönemeyer in seiner Todesanzeige um Anna. Danach flüchtete er sich in Schweigen."[6] Es ist dieses Hintergrundwissen, das zusätzlich zur Interpretation den Text auflädt, das ihn auf das Thema Tod einengt: "Dieses geniale Album von Herbert Grönemeyer hat ihm geholfen den Tod seiner Frau und seines Bruders zu überwinden."[7]

Dass eine Krise in der Biografie die Wahrnehmung eines Menschen in der Öffentlichkeit als starke Persönlichkeit stärkt, zeigen viele Beispiele, wie Hartmut Gabler (2001) zeigt. Er betont, in Anlehnung an Max Weber, dass zur Inszenierung von Charisma oft soziale und gesellschaftliche, aber auch persönliche Krisen gehören. Grönemeyers Authentizität ist wahrscheinlich durch den schweren Schicksalsschlag im Herbst 1998 ausserordentlich gestärkt worden. Für die Rezeption des Liedes stärkt es den Eindruck der Echtheit. Der Sänger trägt nicht nur den Text vor, er ist auch Gegenstand des Textes. Das 'Ich' im Lied meint ohne Umschweife den Sänger, und zwar nicht verfremdend, nicht mit dem Augenzwinkern des Kabarettisten, der im Lauf eines Abends in mehrere Rollen schlüpft, sondern kohärent auch bei der nächsten und übernächsten Nummer. Grönemeyer ist während des ganzen Konzerts Grönemeyer und als Grönemeyer singt er über Grönemeyer.

Die Rolle des Cantautore

Gestärkt wird dieser Echtheitseffekt durch eine weitere Übereinstimmung, diejenige zwischen Interpret und Autor. Grönemeyer ist das, was in Italien "cantautore", in den USA "singer - songwriter" genannt wird: Sänger, Komponist und Texter zugleich. Er ist nicht nur das 'Ich' in seinen Liedern, er kann es auch selbst buchstabieren. Wenn jemand als "cantautore" Erfolg hat, erfährt er einen Mehrwert, den reine Interpreten nur schwer erreichten. Er schwingt sich über die Sphäre des Musikmachens hinaus und wird in der Öffentlichkeit ernster genommen – so ernst, dass er sich an weiteren Diskursen beteiligen kann: "Per lungo tempo si è detto che la differenza tra il cantante e il cantautore era solo una questione di testi [...] Oggi le parole non bastano più e da sola la canzone non è sufficiente: i cantautori scrivono libri, partecipano a dibattiti, lanciano iniziative, incrociano la loro musica con il cinema, il teatro, la poesia e la letteratura." (Monti / di Pietro 2003, 8)

Das also sind die Bausteine der Authentizität: die Übereinstimmung auf der Ebene der Interpretation, der Biographie und der Autorschaft. Zu beantworten bleibt aber noch die Frage, warum dieses Kriterium überhaupt so wichtig ist. Sie weist uns auf die Besonderheit der medialen Vermittlung. Denn beides, sowohl die authentische Botschaft als auch die authentisierenden Hintergrundinformationen, gelangt aus den gleichen Quellen zu uns.

Die vermittelte Kommunikation

Das Konzert, aus dem das Einstiegsbeispiel stammte, wurde im Fernsehen als Aufzeichnung gesendet. Die ARD ließ ihre Zuschauerinnen und Zuschauer am Karfreitag, den 18. April 2003, miterleben, wie der Star die Lieder von seiner Erfolgs-CD *Mensch* vortrug. Aber der Popstar ist nicht nur Gegenstand solcher Musik-Sendungen, sondern er ist im selben Medium auch Gegenstand liebevoller Berichterstattung. Auf dem einen Sendeplatz wird der Live-Mitschnitt seines Konzerts gesendet, auf dem anderen eine Nachrichtenmeldung über ihn. Er ist für beides interessant. Auch das Radio spielt nicht nur seine Songs, sondern berichtet auch über sein Schicksal, und die Zeitungen drucken nicht nur Kritiken ab, sondern bringen auch Nachrichten und Berichte über ihn. Die Realität des Popstars gehört in beide Welten, in die der Show und die der News. (Dies im Gegensatz zu all jenen Kunstfiguren, denen mit journalistischen Mitteln nicht beizukommen ist. Auch der Transvestit Mary singt und spielt einen Abend lang als Mary und meint Mary, wenn er "ich" sagt. Aber sein Privatleben, soweit wir darüber durch die Presse unterrichtet sind, ist damit nicht deckungsgleich.) Wir haben nicht nur Grönemeyers Songs gehört, sondern auch Nachrichten über Grönemeyer, Reportagen zu Grönemeyer, Interviews mit Grönemeyer gelesen, gehört, gesehen, und der Vergleich all dieser Texte erhärtet den Eindruck: Es gibt keinen Unterschied zwischen dem Grönemeyer am Mikrofon und dem Grönemeyer zu Hause im Badezimmer.

Die Identität von lyrischem Ich und biographischem Ich bekommt damit erst ihre Glaubwürdigkeit. Grönemeyer vermittelt sich nicht selbst, er ist Gegenstand einer Vermittlung. Dies hat er gemeinsam mit dem Politiker, dessen Weinen wir auf Echtheit abklopfen. Und dies unterscheidet beide deutlich vom Rhetor der klassischen Rhetorik.

Das traditionelle Rhetorik-Modell – ein Redner spricht zu seinem Publikum – hat damit eine drastische Verschiebung erfahren: Zwischen den Popstar bzw. den Politiker und sein Publikum ist eine weitere rhetorische Instanz geschaltet, der publizistische Kommunikator (in Form einer komplexen Kommunikator-Organisation, also einer Radio- oder Fernsehanstalt u. ä.). Dieser ist es, der direkt zum Publikum spricht, und eigenständig, nicht als ihr Vertreter. Damit sind wir als Zuhörer bei der Einschätzung von Echtheit oder Glaubwürdigkeit des Redners oder Sängers nicht nur auf diesen, sondern auch auf diese weitere Instanz, den dazwischen geschalteten Kommunikator, angewiesen.

Es ist diese Quelle, die uns erzählt, dass Grönemeyers Frau gestorben ist, und es ist diese Quelle, aus der wir zum ersten Mal die Klänge seiner neuen CD (samt wertender Kommentare) vernehmen. Ohne die Kommunikator-Organisation gäbe es keine Informationen vom singenden Grönemeyer und vom redenden Bundeskanzler (bzw. vom redenden Grönemeyer und vom singenden Bundeskanzler). Und sie hat bei dieser Vermittlungtätigkeit ihre eigene Position, die sich von der Position des Sängers oder des Politikers unterscheidet.

Gerhard Schröders Schuldbekenntnis in Warschau (bei der Gedenkfeier des Warschauer Aufstandes 2004) hat eine mehrheitlich positive Reaktion erfahren. Eine verschwindend kleine Zahl hat Schröders Rede wirklich gehört. Die Mehrheit hat von ihr in Form knapper Zusammenfassungen in den Radionachrichten, im Fernsehen und in der Zeitung erfahren. Diese Meldungen waren unmittelbar verknüpft mit Berichten über die Wertung, die die Rede durch die polnische Öffentlichkeit und die bundesdeutschen Parteien erfahren hat. Schröders Position ist einigermaßen aus den Zitaten ermittelbar, die uns so erreichen, die Position des journalistischen Kommunikators aus der Art, wie er diese und weitere Fakten und Meinungen auswählt und gewichtet.

In diesem Kontext, bei dem aus der Zweier-Kommunikation Rhetor – Publikum eine Dreierkommunikation Akteur – Kommunikator – Publikum geworden ist, werden Sänger und Politiker gleich behandelt, obwohl das, was sie tun, uns ganz unterschiedlich berührt. Politikerinnen und Politiker gehören als Akteure der nichtfiktionalen Texte der Medien zur gleichen Welt wie wir. Was sie in ihrem beruflichen Alltag tun, beeinflusst unser Leben. Und weil dies so ist, sind die publizistischen Medien so wichtig: Sie erlauben uns, unsere Meinung über sie zu bilden, und allenfalls entsprechend zu reagieren (sie nicht wieder zu wählen oder ihnen bei einem Parteitag einen roten Farbbeutel an den Kopf zu werfen). Weil die Politiker ein Stück weit für unsere Lebenswelt verantwortlich sind, wollen wir sie auch auf Glaubwürdigkeit überprüfen. Dass sie angefangen haben, in der Öffentlichkeit zu weinen, ist deshalb auch kein Wunder, eher dass sie es so lange nicht getan haben.

Darstellende Künstlerinnen und Künstler dagegen nehmen zunächst, wenn sie in die Medien kommen, eine fiktionale Rolle an. Den Cavaradossi aus *Tosca*, dessen Arie José Carreras gibt, können wir nicht abwählen oder für sein Verhalten zur Rechenschaft ziehen. Wir wissen, dass wir höchstens José Carreras schreiben und ihm für seine Interpretation danken können. Mehr geht nicht. Popstars aber, die in eigener Sache singen, haben diese fiktionale Welt verlassen. Sie singen als sie selbst. Herbert Grönemeyer ist sowohl der Akteur, über den wir in den Medien lesen, als auch die Figur, in deren Rolle er beim Singen schlüpft. Wenn er "ich" singt, meint er "ich". Wenn er "du" singt, meint er "Anna". Wenn er auf der Bühne leidet, wissen wir, warum er leidet und dass er in der Garderobe weiter leiden wird. Grönemeyer als Sänger und Gegenstand der Informationsmedien wird von uns mit seiner Sache genauso identifiziert wie der Politiker. Und leider ist die Zeit schon angebrochen, in der wir den Popstar, ähnlich wie den Politiker, wählen und abwählen können. Grönemeyer hat dieses Schicksal noch nicht ereilt, aber die Unterhaltungsindustrie beschert uns eine ganze Anzahl von 'Künstlern', die aus unseren Reihen stammen und die mit unseren Stimmen zu Popstars gemacht werden. Die Veranstaltung heisst dann zum Beispiel *Deutschland sucht den Superstar*, und ihr wichtigster Held macht als Gegenstand der Nachrichten mindestens so sehr von sich reden wie als Sänger. Der Popsänger ist das Symbol der Medienkommunikation. Auch wenn er auf der Bühne steht und singt, steht er nicht für etwas anderes, sondern dafür, dass wir alle es schaffen können, in der Öffentlichkeit zu stehen.

"Genau aber genommen, so ist nichts theatralisch, als was für die Augen zugleich symbolisch ist: eine wichtige Handlung, die auf eine noch wichtigere deutet", sagt Goethe in *Shakespeare und kein Ende*. Ein Auftritt Grönemeyers oder eines seiner Kollegen ist nicht "theatralisch", weil er nicht auf eine noch wichtigere Handlung deutet. Er deutet auf sich selbst und auf uns. Er sagt: Das Wichtige ist, so wie du bist, in die Medien zu kommen.

Literatur

Aristoteles: Rhetorik, übersetzt, mit einer Bibliographie, Erläuterungen und einem Nachwort von Franz G. Sieveke. UTB 159. München: Fink, 1980

Bernays, Ueli (2002): Die verspielte Authentizität. Gedankengänge durch den Mainstream des Pop. *Neue Zürcher Zeitung*, 19.12.2002.

Brunst, Klaudia (2003): Leben und leben lassen. Die Realität im Unterhaltungsfernsehen. kommunikation audiovisuell 31. Konstanz: UVK.

Carnegie, Dale (1931; 1940): Die Macht der Rede. Zürich: Scientia.

Cicero, Marcus Tullius: De oratore. Über den Redner. Übersetzt und hg. von Harald Merklin. Stuttgart: Reclam, 1976.

Damasio, Antonio R. (1999: 2002): Ich fühle, also bin ich. Die Entschlüsselung des Bewusstseins. List Taschenbuch 60764. München: List.

Detering, Heinrich (Hg.) (2002): Autorschaft. Positionen und Revisionen. Stuttgart, Weimar: Metzler.

Flam, Helena (2002): Soziologie der Emotionen. UTB 2359. Konstanz: UVK.

Furedi, Frank (1999): [Emotionen regieren das Land und die Politik geht in Frührente] LM No 122, July / August 1999 [www.informinc.co.uk]

Gabler, Hartmut (2001): Charismatische Persönlichkeiten im Sport – inszeniert oder authentisch?. In: Häusermann 2001, 13-30.

Gay, Peter (1995; 1997): Die Macht des Herzens. Das 19. Jahrhundert und die Erforschung des Ich. München: Beck.

Goethe, Johann Wolfgang von: Shakespeare und kein Ende. Hamburger Ausgabe Band 12. München: Beck, 1981, S. 287-298.

Haupt, Karola (1998): "'n bisschen lächeln, bisschen Stahl in die Augen und ab..." Psychologische Forschungsergebnisse zur Selbstdarstellung von Politikern. idw Informationsdienst Wissenschaft

Häusermann, Jürg (Hg.) (2001): Inszeniertes Charisma. Medien und Persönlichkeit. Tübingen: Niemeyer.

Herrmann, Friederike (2002): Privatheit, Medien und Geschlecht. Bisexualität in Daily Talks. Opladen: Leske + Budrich.

Herrmann, Friederike/Lünenborg, Margarete (Hg.) (2003): Tabubruch als Programm. Oldenburg: Leske + Budrich.

Kant, Immanuel (1781; 1963): Kritik der Urteilskraft. Stuttgart: Reclam.

Kelly, Kitty (1986): His Way. The Unauthorized Biography of Frank Sinatra. Toronto etc.: Bantam.

Knape, Joachim (2000): Allgemeine Rhetorik. RUB 18045. Stuttgart: Reclam.

Laux, Lothar / Weber, Hannelore (1993): Emotionsbewältigung und Selbstdarstellung. Stuttgart, Berlin, Köln: Kohlhammer.

Linke, Angelika (1996): Sprachkultur und Bürgertum. Zur Mentalitätsgeschichte des 19. Jahrhunderts. Stuttgart; Weimar: Metzler.

Lücke, Detlev (2000): Deutschland (Weinstraße). Echt oder Glyzerin. Prominente entdecken den Tränenstrom. *Freitag,* 22.9.2000.

Monti, Giangilberto / di Pietro, Veronica (2003): Dizionario dei cantautori. Milano: Garzanti.

Moritz, Rainer (2004): Und das Meer singt sein Lied. Hamburg: marebuchverlag Ochmann, Frank (2003): Die Macht der Gefühle. *Stern* 35 / 2003, 96-107.

Reboul, Olivier (1991): Introduction à la rhétorique. Paris: puf.

Riley, Tim (1988:1989): Tell me why. A Beatles Commentary. New York: Vintage Books.

Verheugen, Günter (2003): Vor der Entscheidung: Ungarn und die Europäische Union. Rede von Kommissar Günter Verheugen an der Technischen Universität Budapest, Ungarn, 31. März 2003.

Vickers, Brian (1988): In Defence of Rhetoric. Oxford: Clarendon Press.

Nachweisungen

1 http://www.dooyoo.de/musik/musik_album/mensch_2002_herbert_groenemeyer/_review/795831/ (Zugriff am 20.7.2003).

2 *Die Tageszeitung* vom 4. 7. 2003.

3 *Wochenzeitung* Freitag, 22.9.2000.

4 *Neue Osnabrücker Zeitung*, 18.2.2000.

5 http://hof.bayern-online.de/01_Magazin/Musik/Groenemeyer-Mensch/index.shtml (Zugriff am 1. 8. 2003).

6 *Der Stern* 12, 18.3.1999, Vorspann zum Interview mit Herbert Grönemeyer.

7 http://www.dooyoo.de/musik-alben/mensch-herbert-groenemeyer/1002711/ (Zugriff am 20. Juli 2004).

SASCHA DEMARMELS

Emotionalisierungsstrategien auf Schweizer Abstimmungsplakaten im 20. Jahrhundert

Mit den Abstimmungsplakaten ist es wie mit den Werbebotschaften: Sie kämpfen im hektischen Alltag um die Aufmerksamkeit der Passanten. Wie gelingt es ihnen, auf sich aufmerksam zu machen? Da sie kein Produkt verkaufen, sondern um die Gunst des Betrachters in einer abstrakten Sache werben, müssen sie Emotionen wecken. Ist der Stimmbürger erst einmal wütend, verängstigt oder mitleidig, wird er sich auch zu Hause noch an die Botschaft des Plakates erinnern.

Die folgenden Ausführungen fassen die Ergebnisse meiner bisherigen Untersuchungen zusammen, welche mir für die folgende Arbeit als Pilotstudien dienen. Ausgehend von der These, dass sich die Strategien zur Emotionalisierung kaum verändert haben, habe ich eidgenössische Abstimmungsplakate aus dem Zeitraum zwischen 1900 und heute analysiert. Dabei habe ich meine Auswahl ausschliesslich auf die Plakatsammlung des Museums für Gestaltung Zürich beschränkt. Diese Sammlung stellt keinen Anspruch auf Vollständigkeit; jeder Kurator hat zu seiner Zeit nach seinem eigenen Gutdünken gesammelt. Aus dieser Auswahl habe ich wiederum jene Plakate ausgewählt, die zu Abstimmungen gehören, an denen die Stimmbeteiligung jeweils besonders hoch ausgefallen ist. Mit der Katalogisierung der Plakate ist man erst ungefähr in den 1990er-Jahren angelangt, weshalb mir aktuellere Plakate leider nicht zugänglich waren.

Im Anschluss an den Text finden sich Abbildungen der Plakate. Sie sind in chronologischer Reihenfolge nach Abstimmungsdaten geordnet. In der Bildunterschrift wird ausserdem auf den Gestalter verwiesen. Die Bilder stammen alle aus der Sammlung der Schweizerischen Landesbibliothek.

Aus der Werbeforschung ist bekannt, dass Bild und Text voneinander abhängen, das Bild aber tendenziell besser dafür geeignet ist, Emotionen zu transportieren. Diese Emotionen nehmen Einfluss auf das menschliche Verhalten: Eine höhere Aufmerksamkeit und eine bessere Erinnerungsleistung sind mögliche und vor allem gewünschte Folgen. Die Reaktionen der einzelnen Menschen auf verschiedene Reize ist jedoch nicht genau vorherzusagen. Gerade im politischen Bereich kommt es daher oft zu Missverständnissen oder zu einer Interpretation durch den Betrachter, welche den Intentionen der Macher bewusst oder unbewusst nicht Folge leistet.

Ich habe auf meinen Plakaten ganz verschiedene Strategien zur Emotionalisierung gefunden, die auf verschiedenen Ebenen zu verorten sind. Zum einen gibt es Reize, die kulturübergreifend wirken, dass heisst, auf die Menschen unabhängig ihrer kulturellen Zugehörigkeit reagieren werden. Zum andern gibt es kulturspezifische Reize, auf die nur reagiert wird, wenn man die entsprechende Verbindung herstellen kann, oder auf die Menschen aus verschiedenen Kulturen vielleicht unterschiedlich reagieren. Ausserdem gibt es subkulturelle Reize, deren Untersuchung ich allerdings lieber einer Psychologin überlassen möchte, da sie auf der Ebene des Individuums und seiner persönlichen Vorgeschichte spielen.

Grundsätzlich habe ich festgestellt, dass die meisten Plakate durch Bilder und Worte mit aggressivem Inhalt Aufmerksamkeit zu wecken versuchen. Da sie keinen Anspruch auf Objektivität erheben, sind sie kaum erklärend und ihre Aussage auf einen einzigen Aspekt reduziert. Trotzdem ist ihre Botschaft meist unmissverständlich und wird ausserdem durch die 'Parole' (ob ein Ja oder ein Nein in die Urne gelegt werden soll) zweifelsfrei festgelegt. Wenn ein Bild vorhanden ist, ist dieses meist plakatfüllend und als Index zu verstehen, zum Teil in symbolischer Verwendung. Beliebte Strategien zur Emotionalisierung zielen immer wieder auf die Werte von 'Gemeinschaft' und 'Gemeinsamkeit' oder arbeiten mit einer unheimlichen Stimmung und einer Bedrohung, richten also Angstappelle an die Stimmbürger. Im Gegensatz zur Produktewerbung wecken Abstimmungplakate, um ihre Ziele zu erreichen, oft und gerne negative Gefühle im Betrachter. Vor allem Plakate mit einer Nein-Parole laden also nicht unbedingt dazu ein, die bestehende Situation zu verbessern, sondern warnen vor den katastrophalen Folgen, wenn der Empfehlung des Plakates nicht nachgegeben wird.

Die im folgenden versuchte Zuordnung zu kulturübergreifenden und kulturspezifischen Reizen ist schwierig und manchmal nicht eindeutig vorzunehmen. Was ich unter einem Stichwort nenne, kann auch Wirkungen auf andere Bereiche ausüben.

Kulturübergreifende Reize

Kulturübergreifende Reize sind biologisch vorprogrammiert und demnach unabhängig von den persönlichen Erfahrungen eines Individuums. Muster lassen sich mit der Verhaltensbiologie und mit der Tiefenpsychologie erklären. Daraus ergeben sich eine biologische und eine psychologische Kategorie: Schlüsselreize und Archetypen. Zu den biologisch bedingten Schlüsselreizen gehört das Kindchenschema (runde Formen, grosser Kopf, grosse Augen und ähnliches, was dem Menschen automatisch ein 'Wie herzig!' entlockt und sichert, dass man sich beispielsweise um ein Baby kümmert), Gesichter, Körperhaltung und Körpersprache, die wir sofort deuten können, weil wir in ihnen uns selber wiedererkennen. Weiter zähle ich dazu auch Elemente wie

'Geld', im Sinne eines wertvollen Schatzes, 'Freiheit und Gerechtigkeit' als grundlegende Bedürfnisse der Menschen und 'negative Schlüsselreize', also Bilder, welche abstossend wirken und Ekel erregen. Archetypen stehen dem als psychologische Kategorie gegenüber. Sie beinhalten abstrakte Figuren und Konstellationen, wie zum Beispiel 'den Helden', den Konflikt zwischen 'Gut und Böse' oder 'Arm und Reich' und weiteres mehr.

Kindchen-Schema

Der bekannteste Schlüsselreiz ist das Kindchen-Schema, für welches es auf den ausgewählten Abstimmungsplakaten einige wenige Beispiele gibt. Dazu gehören Abbildungen von Babys und kleinen Kindern bei Abstimmungen über das Abtreibungsgesetz, die Mutterschaftsversicherung und die Bekämpfung der Wirtschaftskrise, unter welcher auch die Kinder zu leiden haben. Weiter werden von Politikern gerne Kinder benutzt, um zu zeigen, dass es um die Zukunft geht: Kinder werden in der Zukunft leben, mit der Welt, die wir heute gestalten. Das soll uns der Verantwortung bewusst machen, die wir gegenüber unserer Nachwelt tragen. Wenn der Stimmbürger dann dieses niedliche Baby, den herzigen Buben oder das nette Mädchen auf dem Plakat sieht, dann möchte er für deren Zukunft doch nur das Beste. Ein Beispiel für ein Kind mit den typischen Kindchen-Formen findet sich auf *Plakat 5* zur Abstimmung vom 17. Dezember 1924 über die Abänderung des Fabrikgesetzes.

Neben Abbildungen von Kleinkindern kann sich der Kindchen-Effekt aber auch in anderen Darstellungen finden. Tiere, vor allem wenn sie mit grossen Augen und rundlichen Formen gezeichnet sind, wirken ähnlich. Es kann sogar vorkommen, dass andere Elemente, zum Beispiel ein Schriftzug, mit dem Kindchenmuster versehen werden.

Gesichter und Körpersprache

Besonders die Darstellung des Gesichts führt zu einer Personifizierung des Themas, indem es ein Einzelschicksal aufzeigt. Die Mimik fasziniert nicht nur auf Abstimmungsplakaten, kann hier aber zur Gewinnung von Gleichgesinnten durch die Erregung von Mitleid oder Verständnis sehr effektiv sein. Wichtig in diesem Zusammenhang ist auch die technische Entwicklung von Fotografie- und Drucktechniken, welche es ermöglichen, ein Foto auf ein Plakat zu bringen.

Plakat 6 aus dem Jahr 1925 (24. Mai) zeigt eine alte Frau, die dem Licht zugewandt dasitzt. Ihr Gesicht strahlt eine gewisse Müdigkeit aus, so dass man ihr die Ruhe gerne gönnt, die ihr durch eine geregelte AHV (Alters- und

Hinterbliebenen-Versicherung) versprochen wird. Es handelt sich hierbei um eine Lithographie, wie sie zu dieser Zeit für Plakate üblich war. Im Gegensatz dazu ist auf *Plakat 20* aus dem Jahr 1971 (7. Februar) die Fotografie einer motivierten Frau zu sehen. Produziert wurde dieses Plakat im Farboffset-Verfahren. Dieser Frau gibt man gerne das Stimm- und Wahlrecht, denn sie lächelt natürlich, wie eine junge Frau aus der Nachbarschaft. Mit diesem lieben und freundlichen Gesicht würde sie der Schweizerischen Eidgenossenschaft niemals schaden wollen.

Wichtig ist auch die Körpersprache. Diese kann aktiv sein, indem zum Beispiel ein Handzeichen dargestellt wird. So wird auf *Plakat 14* (13. März 1955, Volksinitiative zur Weiterführung der Preiskontrolle) mit der erhobenen Hand ein klares Stop-Zeichen gegeben.

Hände können aber auch Schutz und Geborgenheit vermitteln, zum Beispiel auf *Plakat 15* aus dem Jahr 1955 (13. März), in welchem nach der Redensart 'seine schützende Hand über jemanden halten' die Tischgemeinschaft beschützt wird. Im Bundesbeschluss über die Volksinitiative "zum Schutz der Mieter und Konsumenten" geht es um die Weiterführung der Preiskontrolle. Mieter und Konsumenten sollen vor der Härte der wirtschaftlichen Situation geschützt werden. Auf dem Plakat hingegen werden die Menschen, welche am Tisch sitzen und essen, vor einem roten Mann in Uniform beschützt, vor der sozialistischen Politik der Linken also. Der Zweck der Vorlage wird auf dem Plakat entstellt, durch den emotionalen Charakter des Bildes jedoch getarnt, indem die Gegner der Initiative dem Betrachter Schutz und Geborgenheit versprechen.

Ausgestreckte Hände zeigen an, dass sie etwas haben wollen. So strecken und recken sich Hände in einem Plakat zur Abstimmung vom 5. Dezember 1926 über den Bundesbeschluss zur Getreideversorgung nach einem hoch oben befestigten Brotkorb aus. Sogleich verbindet man als Betrachter damit den Hunger, der diese Hände dazu treibt, sich auszustrecken, obwohl die Situation doch ausweglos ist und sie das Brot niemals erreichen werden. Dies verweist auf die äusserste Verzweiflung und Machtlosigkeit der Hungrigen und warnt den Stimmbürger, es nicht zu dieser Situation kommen zu lassen.

Auf *Plakat 1* (16. Mai 1920) macht ein weissbärtiger Mann eine Geste mit dem Arm. Sie soll die Schweizer freundlich einladen, dem Völkerbund beizutreten. Die Hand ist ausgestreckt, als ob sie einem Zögernden die nötige Hilfestellung gibt, um ihn mit einem kräftigen Arm zu sich auf die richtige Seite zu ziehen. Dieser Arm vermittelt Sicherheit durch seine Kraft.

Auch Beziehungen werden durch Gesten ausgedrückt. So geht aus der Haltung des Vaters auf *Plakat 5* zur Abstimmung vom 17. Februar 1924 hervor, dass er viel mit seinen Händen arbeitet – sie hängen müde herunter. Gleichzeitig hat er sich seinem Kind zugewendet – er möchte offenbar Zeit mit ihm verbringen. Dieses schmiegt sich an ihn, weil es ihm vertraut und weil es ihn als Vater braucht; ein Bedürfnis, das vielleicht oftmals zu kurz kommt. Bei der Abstimmung geht um eine Vorlage für ein neues Fabrikgesetz. Die Annahme hätte eine Arbeitszeitverlängerung nach sich gezogen, und das Plakat versucht Verständnis zu wecken, dass Väter mehr Zeit für ihre Kinder brauchen. Durch den Slogan *Familienglück ist Volkesglück* wird ausserdem bekräftigt, dass das gesunde Familienleben für die ganze Gesellschaft wichtig ist.

Während Väter oft als 'Spielgefährten' ihrer Kinder dargestellt werden, sind Mütter häufig die verantwortungsvollen Beschützerinnen ihrer Kinder. So zum Beispiel auf einem Plakat aus dem Jahre 1935: Im Kriegsgetümmel hält die Mutter besorgt ihren Knaben an der Hand. Es geht um die Abstimmung vom 24. Februar 1935 über die Neuordnung der militärischen Ausbildung. 37 Jahre später hält die Mutter auf der Flucht aus einem Krieg ihr Kleines fest in den Armen (24. September 1972, Abstimmung über die vermehrte Rüstungskontrolle und ein Waffenausfuhrverbot), weitere fünf Jahre später ist sie mit ihm auf der Flucht vor lebensbedrohlicher atomarer Strahlung (18. Februar 1979, Abstimmung über die Volksrechte und die Sicherheit beim Bau und Betrieb von Atomanlagen). Die Mutter ist es auch, die dem Kind zu essen gibt, wie zum Beispiel auf einem Plakat zur Abstimmung über die Bekämpfung der Wirtschaftskrise vom 2. Juni 1935.

Die Körperhaltung verrät viel über den Zustand, in welchem sich ein Mensch befindet. So zeigt ein Plakat zur Abstimmung über die AHV vom 6. Dezember 1981 einen alten Mann, der den Kopf auf seine Hand stützt. Er wirkt müde und verzweifelt. Die Intention der Gestalter kann nicht sein, dass sich die Betrachter dieses Plakates von der Stimmung des Alten anstecken lassen und am Abstimmungssonntag vielleicht sogar deprimiert zu Hause bleiben. Vielmehr soll hier Mitleid geweckt werden. Ein bisschen Mitleid, und auch Furcht, dass man selber einmal so enden könnte: alt und arm. Damit ist es nur noch ein kleiner Schritt zur Urne, in welche man sein Ja einlegt, um die Welt und sich von einem Elend zu befreien.

Ebenso soll die geduckte Haltung der an den Händen gefesselten Frau auf *Plakat 2* nicht deprimieren, sondern aufrütteln, wütend machen über die Ungerechtigkeit und stark gegen den Feind. Man möchte frei sein, die Hände stehen metonymisch für die Person. Die Abstimmung vom 16. Mai 1920 behandelte den Beitritt der Schweiz zum Völkerbund. Die Gegner führten dem Volk im Abstimmungskampf vor Augen, wie machtlos und arbeitsunfähig die Schweizer bei der Annahme der Vorlage sein würden, und zwar jeder einzelne unter ihnen.

Geld

Zählt man Geld zu den überkulturellen Schlüsselreizen, muss man von seinem symbolischen Wert absehen. Ein Haufen von glänzenden Metallstücken beispielsweise wird auch Menschen aus Kulturen ansprechen, die in ihrem Gesellschaftssystem Geld als Zahlungsmittel nicht kennen. Ein solcher Haufen kommt auf *Plakat 12* (6. Juli 1952) zur Abstimmung über den Bundesbeschluss zur Deckung der Rüstungsausgaben vor, gesammelt in einer Schatzkiste. Diese stellt, mit dem Schweizerwappen geschmückt, die Schatzkammer des Bundes dar und quillt über von den Steuereinnahmen der fleissigen Bürger. Einen solchen Schatz hätte jeder selber gerne und ist darum nicht bereit, denjenigen mehr Geld zu geben, die schon einen besitzen.

Einzelne Geldstücke und Geldscheine dagegen haben symbolischen Charakter. Kennt der Betrachter ihren vereinbarten Wert nicht, haben sie keine Macht über ihn. Beispiele hierfür sind der rollende Fünfliber auf *Plakat 14* (13. März 1955, Weiterführung der Preiskontrolle) oder das Zehnrappenstück auf einem Plakat zur Abstimmung über eine zusätzliche Getränkesteuer zur Verminderung von Alkoholismus vom 16. Oktober 1966. Es ist über der plakatfüllenden Ja-Parole angebracht und dient dem 'j' als I-Punkt. Hier kommt ebenfalls zur Geltung, wie mit dem Wert von Geld der Betrachter beeinflusst werden kann: Der Fünfliber ist die Münze mit dem grössten Wert und wird darum automatisch als 'viel Geld' eingestuft. Der Zehnräppler hat alleine fast gar keinen Wert. Bei der Abstimmung über die Erhöhung der Getränkepreise haben darum die Befürworter mit dem Zehnräppler gezeigt, dass diese zusätzliche Besteuerung für den einzelnen kaum ins Gewicht fallen wird.

Freiheit und Gerechtigkeit

Wenn es um Freiheit und Gerechtigkeit geht, ist die kulturübergreifende Wirkung nicht unbedingt gewiss, weil die konkrete Gestalt von Freiheit und Gerechtigkeit unterschiedlich sein kann. Im abstrakten Sinn können die beiden Begriffe aber als Schlüsselreize verstanden werden. So wirkt beispielsweise die ungerechtfertigte Ausübung von Gewalt kulturübergreifend Mitleid und Wut erregend oder löst Angst aus. Auch die ungerechte Behandlung von lieben Menschen löst einerseits Wut und andererseits Sympathie für den armen Unterlegenen aus, wie wir das aus zahlreichen Märchen kennen.

Sehr effektiv ist die Abbildung von gefesselten Händen. Genutzt wird dieses Bild häufig im Bereich der Arbeitswelt: Mit gefesselten Händen kann man nicht mehr arbeiten. Bei Abstimmungen über das Arbeitsgesetz werden die Einschränkungen der Arbeitnehmer durch gefesselte Hände visualisiert. Auf einem Plakat zur Abstimmung über das neue Fabrikgesetz vom 17. Februar 1924 wird beispielsweise ein Arbeiter mit gebundenen Händen vor einem Amboss gezeigt, und auf *Plakat 17* zur Abstimmung vom 26. Oktober 1958 sind gekreuzt zusammengebundene Hände dargestellt. Interessant ist hierbei die Idee der Arbeitgeber-Vertreter, die Hände der Arbeitnehmer zu fesseln und diesen damit ein beklemmendes Gefühl zu vermitteln, obwohl die Annahme der Vorlage den Arbeitern bessere Konditionen bescheren würde.

Am 2. Juli 1967 (Volksbefragung zur Bodenspekulation) findet sich (*Plakat 19*) die Fotografie einer Hand, die sich aus dem Bild heraus zu strecken scheint. Solche Hände wollen etwas an sich reissen, das ihnen nicht zusteht. Damit verlässt das Bild die sichere Distanz und greift die Privatsphäre des Passanten an.

Auch in vielen Textplakaten wird Freiheit und Gerechtigkeit angesprochen. Diese soll sich der Schweizer nicht nehmen lassen, weil er sie sich ehrlich erkämpft und verdient hat. So wird die Freiheit als Schlagwort gegen die neue Transportordnung ins Feld geführt (10. Februar 1946). Auf einem Plakat vom 30. März 1952 wird gefordert: *FREIHEIT für den Familienmensch / FREIHEIT für den tüchtigen Bauernstand*. Weiter wird der Entzug verschiedener Freiheiten durch Verordnungen des neuen Landwirtschaftsgesetzes angedroht. Auf einem Plakat zur Abstimmung vom 24. Februar 1935 über die Neuordnung der militärischen Ausbildung heisst es schliesslich: *WEHRHAFT UND FREI !* Damit ist die Freiheit gegenüber dem Ausland gmeint, die man sich durch seine Wehrhaftigkeit bewahren soll. Wer wehrhaft ist, wird nicht angegriffen oder kann sich im Falle eines Übergriffs durch Fremde zur Wehr setzen und sich und seine Freiheit im Kampf verteidigen.

Negative Schlüsselreize

Ein extremes Beispiel hierfür ist das Skelett. Auf einem Plakat des Jahres 1922 (3. Dezember, *Plakat 3*) wirft ein Skelett Geld zum Fenster hinaus. Hinter ihm auf einer Fahne sind Sichel und Hammer zu sehen, von der Sichel tropft Blut. Die Sichel legt die Assoziation des todbringenden Sensenmanns nahe; gleichzeitig stellen diese Symbole die Verbindung zum Kommunismus her. So sind es nach der Meinung der Gegner der Vorlage die politischen Linksgruppierungen, welche mit der Volksinitiative für eine einmalige Vermögensabgabe zu töten bereit sind. In einem Plakat vom 4. Dezember 1960 (Abstimmung über zusätzliche finanzielle Massnahmen auf dem Gebiet der Milchwirtschaft) ist es nicht ein menschliches Skelett, das hier auf einer Wiese liegt, sondern ein Kuhschädel. Weniger erschreckend ist dieser keinesfalls. Die Augenhöhlen sind schwarz und dunkel, und die Hörner verleihen eine zusätzliche Portion Unheimlichkeit.

Ekelerregend sind auch die roten Ratten, die immer wieder auftauchen, auch in jüngster Zeit. Zur Abstimmung vom 30. Januar 1921 nisten sie sich zur Aufhebung der Militärjustiz in den Wurzeln eines Baumes ein. Im Jahre 2004 (16. Mai, Abstimmung zur Mehrwertsteuer-Erhöhung) nagen sie an einem Portemonnaie. In der Gegendarstellung der Linken treiben sie sogar ihre Liebesspiele zur Sicherung der Altersvorsorge in aller Öffentlichkeit. Hier kommt natürlich die Farbsymbolik zum Tragen, 'die Roten' sind auf den Plakaten politisch immer ganz genau bestimmt.

Ebenfalls zu den ekelerregenden Tieren gehört die Spinne, wie sie beispielsweise auf einem Plakat zur Abstimmung über die AHV vom 6. Juli 1947 vorkommt. Auf ihrem Rücken trägt sie statt eines Kreuzes zwei Paragraphenzeichen und die Wörter *Bürokratie*, *Paragraphendiktatur* und *Erschleichung der Wehrmannsgelder*. Die Spinne stellt also die AHV dar, wie sie in Form des Bundesgesetzes aussehen würde. Die verstörten Menschen in der rechten unteren Ecke geben das klare Signal, dass dies nicht die Lösung sein kann.

Im Weiteren möchte ich nun auf einige Archetypen eingehen. Hierzu ist anzumerken, dass auch sie sich zum Teil nur schwer von kulturspezifischen Erscheinungen abgrenzen lassen. Archetypen sind kollektiv-unbewusste Strukturen, wie sie in Mythen und Märchen, in der Religion, in Träumen, Phantasien und Wahnvorstellungen auftreten. Sie sind tief verankert und lassen sich nicht rational kontrollieren, was für eine Emotionalisierungsstrategie sehr effektvoll ist.

Arm und Reich, Gut und Böse

Die Armen und die Reichen, die Guten und die Bösen, diese beiden Gegensatzpaare treten auf Abstimmungsplakaten immer wieder in Erscheinung. Dabei fügen die Reichen den Armen Unrecht zu, nützen sie aus, und auferlegen ihnen Lasten, welche diese kaum tragen können. Beispiel hierfür ist ein Plakat aus dem Jahr 1958 (11. Mai, Verfassungsmässige Neuordnung des Finanzhaushaltes des Bundes). Es zeigt einen grossen Fisch mit einem grossen Maul, mit dem er sich gerade einen riesigen Sack mit der Aufschrift *Steuergeschenke für die Grossen: Millionen von Franken* einverleiben möchte. Es gibt auch einen kleineren Sack, neben dem steht: *Für die Kleinen einige Fränkli*. Dieser Sack ist nicht nur sehr viel kleiner, er ist auch noch – sozusagen als Köder – an einem Angelhaken aufgespiesst. Die Reichen möchten also die Armen mit dem Versprechen eines kleinen Geldbetrages ködern, damit sie selber viel Geld gewinnen können.

Auf einem Plakat zur Abstimmung vom 23. Oktober 1910 sitzt ein riesiger, fettleibiger Mann mit dunklem Anzug am Tisch und frisst, was das Zeug hält. Die armen, kleinen, einfachen Menschen stehen vor dem Tisch und gehen leer aus. Die Volksinitiative verlangte die Proporzwahl des Nationalrates, weil diese eine gerechtere Verteilung der politischen Macht gewährleistet. Auf der zweiten Bildhälfte wird gezeigt, was dies für die kleinen Menschen bedeuten würde: Alle sitzen zusammen an einem Tisch und teilen das Essen, das ihnen Helvetia froh serviert. Das selbe Plakat wurde für die Abstimmung vom 13. Oktober 1918 zum gleichen Anliegen noch einmal verwendet und am 4. Dezember 1977 in Schwarz-Weiss wieder aufgenommen, als über die Reichtumssteuer abgestimmt wurde. Der Text wurde jeweils entsprechend modifiziert.

Ähnlich ist es mit der Polarisierung von Gut und Böse. Als Beispiel dient hier ein Plakat, das zeigt, wie die guten Schweizer in geordneten Verhältnissen zu leben verstehen und den Eid der Eidgenossen schwören, während die Bösen sich der Strassengewalt hingeben und auf der Schweizerfahne herumtrampeln. Dieses Plakat gehört zur zweiten Lex-Häberlin-Abstimmung vom 11. März 1934, in der es um ein Gesetz "zum Schutz der öffentlichen Ordnung" ging.

Bösewichte

Das Bild vom typischen Bösewicht ist zum Teil von kulturell bestimmten Vorstellungen geprägt. Bei uns tritt er unauffällig, verhüllt und dunkel gekleidet auf, meist fettleibig und immer mit düsterer Miene. Beispiel dafür ist ein Plakat, auf dem zwei schwarz gekleidete Männer mit tief in die Stirn gezogener Mütze mit schweren Säcken umher rennen. In den Säcken ist das Geld, welches der Staat dem Volk bei der Annahme des Bundesgesetzes über die AHV entzieht, wenn dieses am 6. Juli 1947 Ja stimmt. Für die Abstimmung vom 20. Juni 1954 über eine ausserordentliche Hilfeleistung an kriegsgeschädigte Auslandschweizer tritt ein dunkel verhüllter Mann ins Bild des Schweizerkreuzes. Sein Schatten legt sich auf das klare weiss-rote Muster, doch er selber ist nicht zu erkennen. Am 24. September 1972 wurde über die Volksinitiative für vermehrte Rüstungskontrolle und ein Waffenausfuhrverbot abgestimmt. Während auf einem Plakat eine Mutter auf der Flucht dargestellt wird, wird auf einem anderen Plakat ein Verantwortlicher für dieses Leid gezeigt: ein Waffenschieber. Auch er weist die wichtigsten Merkmale eines Bösewichts auf: Er ist dick, dunkel gekleidet, trägt einen Hut und eine Sonnenbrille, die sein Gesicht unkenntlich machen und ist im Begriff, sich mit seiner dicken Hand einen fetten Geldbetrag einzustecken. Dieser Herr hat in der Bevölkerung keine Sympathien zu erwarten. Die rechtschaffenen Leute machen ihm mit der Annahme der Initiative gerne einen Strich durch die Rechnung.

Helden und Riesen

Auch bei Helden kann es sich um kulturspezifische Ausformungen handeln. Spricht man jedoch vom Helden an sich, kann man diesen durchaus zu den kulturübergreifenden Phänomenen zählen. Ein für unsere Verhältnisse klassischer Held ist wohl der Kämpfer auf *Plakat 11* (29. Oktober 1944, Bundesbeschluss über den unlauteren Wettbewerb), welcher sein Schwert gegen ein ebenso klassisches, vielköpfiges Monster erhebt. Diese 'Paragraphen-Hydra' stellt den zunehmenden Gesetzeswald dar, durch den sich die Schweizer Bürger mühselig schlagen müssen. Interessant an diesem Bild ist allerdings, dass in Märchen der Held das Monster immer besiegt. Das wird in diesem Plakat nicht unbedingt suggeriert, denn wichtig ist für seine Aussage vor allem die Aussichtslosigkeit des Kampfes – wenn ihm die Stimmbürger nicht zu Hilfe kommen.

Auch für Riesen lassen sich einige Beispiele finden: Beliebt ist vor allem in den 1920er-Jahren ein Riese, rot gekleidet, mit Narrenschuhen und Narrenmütze, der durch das Gelände geht, zu seinen Füssen winzige Häuser und Fabriken auf deren Kaminen er sich abstützt (*Plakat 4*, 3. Dezember 1922, Abstimmung über eine einmalige Vermögensabgabe). Ein anderer roter Riese hat sich auf eine Eisenbahn gesetzt (31. Oktober 1920, Abstimmung über die Arbeitszeit der Eisenbahnen). Riesen symbolisieren eine Übermacht über die normalen Bürger und stellen damit oft ein Unheil verbreitendes Ungetüm dar. Aber es gibt auch gute Riesen, wie ein Beispiel vom 2. Juni 1918 zur Abstimmung über die direkte Bundessteuer zeigt: Der Riese schneidet einem dicken Mann mit Zylinder die Kleidung auf und schüttelt ihn, damit die Geldstücke, die dieser darunter versteckt gehalten hat, in die Bundeskasse fallen.

Kulturspezifische Reize

Zum Teil lassen sich die folgenden kulturspezifischen Reize zwar fast nahtlos an die vorherigen Kategorien anschliessen, werden nun aber unter einem anderen Gesichtspunkt, nämlich ihrer kulturellen Verankerung analysiert. Deutlich wird dies, wenn nationale Mythen und Legenden ins Spiel kommen. Deshalb lassen sich diese Mythen nicht den kulturübergreifenden Reizen zuordnen.

Nationale Mythen

Häufig und fast zu allen Zeiten wird in der Schweizer Politik auf Mythen Bezug genommen.

Berühmtestes Beispiel ist die Figur Wilhelm Tell. Im kulturellen Kontext wird Freiheit vor allem durch Wilhelm Tell verkörpert, denn er soll es gewesen sein, der sich zum ersten Mal erfolgreich für eine freie 'Schweiz' erhoben hat. 1920 (16. Mai) tritt er gegen den Beitritt der Schweiz zum Völkerbund ein; im Wirbel um das Lex Häberlin 1922 (24. September) ist er als gottähnliche Figur mit einem Heiligenschein versehen; 1937 (28. November, *Plakat 10*) wird seine Statue von den Gegnern des Freimaurerverbots vom Sockel gestossen; 1961 (3. Dezember) gibt er seine Armbrust als Qualitätsbeweis für den Uhrenstatut her; 1979 (18. Februar) erscheint er auf zwei verschiedenen Plakaten für mehr Volksrechte und Sicherheit von Atomanlagen und führt auf einem davon Armbrust schwenkend den Demonstrationszug an; und schliesslich ist er 2004 auf einem Fünfliber zu sehen, wenn es gegen die Avanti-Initiative (für sichere und leistungsfähige Autobahnen) geht.

Weitere Figuren aus Schillers Drama *Wilhelm Tell* finden ihren Auftritt auf Plakaten, so zum Beispiel Arnold vom Melchthal (10. Februar 1946, Gütertransportordnung), Gessler (11. Dezember 1949, Beamtengesetz) und Winkelried (6. Dezember 19931, AHV). Daneben werden aber auch noch andere mythische Figuren genannt, zum Beispiel Helvetia. Meist tauchen diese Figuren als Chiffren auf und dienen als Argument für die Bewahrung alter Werte.

In selteneren Fällen aber dienen sie genau dem Gegenteil. *Helvetia lebendig und verjüngt* heisst es auf einem Plakat zum Frauenstimm- und -wahlrecht vom 1. Februar 1959. Hier soll die Revision eines alten Mythos eine Änderung ausdrücken: nicht die gestrigen Regelungen, sondern der Gedanke dahinter soll bewahrt werden; die alten Ideen sollen lebendig werden und sich den neuen Gegebenheiten anpassen. Ein etwas anderer Gedanke steht hinter dem Tell auf *Plakat 10*, der von seinem Sockel gestossen wird. In der Abstimmung vom 28. November 1937 geht es um das Verbot der Freimaurerei. Die Gegner argumentieren, dass die Initianten mit diesem Verbot die Werte Tells und der Eidgenossenschaft verraten.

'Heimat' wird gerne als Schlagwort verwendet. Beispiel dafür ist ein Plakat zur Abstimmung über die verfassungsmässige Neuordnung des Finanzhaushaltes am 6. Dezember 1953. Hier zeigt sich sehr schön, wie ein abstrakter Sachverhalt, nämlich die Finanzordnung, in einen symbolischen Wert – die strahlende Schweiz – übertragen wurde. Auf weissem Grund finden sich die Konturen der Schweiz, mit roter Farbe ausgefüllt. Mitten in dieser Fläche befindet sich ein weisses Kreuz, dass feine weisse Strahlen in alle Richtungen aussendet. Darüber prangt in grossen Lettern *Schützt die Heimat!*

Zum Heimatgefühl der Schweizer gehört auch die Zusammengehörigkeit: der Bund der verschworenen Eidgenossen. Auf einem Plakat zur Abstimmung vom 2. Juni 1935 über die Volksinitiative zur Bekämpfung der Wirtschaftskrise hat sich eine Gruppe von Männern zusammengefunden, die fast schon unheimlich wirkt. Alle blicken kampfentschlossen in eine Richtung, mit geschulterter Waffe und erhobener Armbrust sind sie bereit, gemeinsam in den Kampf zu ziehen. Welcher Betrachter möchte nicht gerne zu ihnen gehören, mit ihnen kämpfen und in ihrer Masse aufgehen? Einer für alle und alle für einen. Diese Gemeinschaft trifft man auch an vielen anderen Orten an, so zum Beispiel auf einem Plakat vom 8. Juli 1951, wo ein Zivilist mit Anzug und Krawatte und ein Soldat gemeinsam eine Fahne aufrichten. Hier wird nicht nur die Hoffnung ausgedrückt, dass sich die Solidarität zwischen Industrie und Militär entwickelt, es wird gezeigt, dass sie funktioniert. Darum ist es gar keine Frage, dass für die Heranziehung der öffentlichen Unternehmungen zu einem Beitrag an die Kosten der Landesverteidigung Ja gestimmt werden muss. Auch in der Abstimmung zur Einführung eines zivilen Ersatzdienstes vom 4. Dezember 1977 gilt *Alle für jeden! Aber auch jeder für alle!*

Konventionen

Die konventionalisierten Reize machen die grösste Gruppe der kulturspezifischen Reize aus. Hier wird auf die Lebenssituation der Rezipienten Bezug genommen. Es geht dabei um Verhaltensnormen, die kulturell geprägt sind: Worüber lacht man? Wovor hat man Angst? Was wird gesellschaftlich angestrebt?

In einem Plakat aus dem Jahr 1987 faltet sich das Schweizerkreuz zu einem Würfel zusammen: Auf rotem Grund, der gegen unten immer dunkler wird, liegt oben ein weisses Schweizerkreuz. Darunter sind die vier äusseren Enden etwas nach oben geknickt. Weiter unten haben sie sich schon fast ganz in die senkrechte Lage hochgefaltet. Zuunterst schliesslich findet sich ein weisser Würfel, die Vorderseite versehen mit hellem Muster aufeinandergebauter Ziegelsteine. Symbolisiert wird damit die Haltung der Schweiz gegenüber dem Ausland: Sie vermauert sich. Anlass für dieses Plakat war die Abstimmung vom 5. April 1987 über das neue Asyl- und Ausländergesetz. Mit diesem Bild wird angedeutet, dass die Schweiz bei Annahme der Vorlagen nicht mehr Schweiz sein und nicht mehr zurecht ihr Schweizerkreuz aushängen darf. Denn ohne das Interesse an und die Solidarität mit dem Ausland ist die Schweiz verschlossen.

In eine ähnliche Richtung geht auch ein Plakat zur EWR (Europäischer Wirtschaftsraum)-Abstimmung vom 6. Dezember 1992. Das weisse Kreuz auf rotem Grund stellt hier ein Plus dar: *Die Schweiz mit EWR / +*. Weiter geht es auf der zweiten Hälfte des Plakats: *Die Schweiz ohne EWR / –*. Was ist ein weisses Minus auf rotem Grund anderes als ein Schweizerkreuz, dem man unten und oben einen Teil abgeschnitten hat? Die Aussage ist auch hier, dass die Schweiz, wenn sie beim EWR nicht mitmacht, nicht mehr Schweiz ist.

Durch solch ironische Darstellungen wird das Symbol der Schweiz entweiht; es wird am Mythos gerüttelt. Gleichzeitig wird aber auch auf diesen verwiesen, denn man möchte Schweiz bleiben, man möchte das Kreuz behalten und den alten Werten entsprechen – allerdings erst, nachdem man diese an die heutige Situation angepasst hat.

In einem Plakat zur Abstimmung vom 2. Juni 1935 ist ein Bergdorf zu sehen. Von oben herab rollen kleine rote Männchen einen riesigen Schneeball den Hang hinunter, um dieses Dorf zu verschütten. Die Grössenverhältnisse sind lächerlich. Der Schneeball ist übertrieben gross, das Dorf übertrieben hoch und abseits gelegen, die Männchen übertrieben rot. Mit ihren Forderungen zur Bekämpfung der Wirtschaftskrise stürzen die Linken nach Meinung der Plakatgestalter die Schweiz ins Elend. Das Bild stellt keine realistische Abbildung dar. Der Zeichnungsstil mit den Bewegungslinien der Schneesplitter erinnert an einen Comic. Zeichentrickgeschichten. die mit komischen Übertreibungen arbeiten, werden von vielen Menschen als erheiternd aufgenommen, dieser Effekt wird hier rhetorisch eingesetzt.

Auf einem Plakat aus dem Jahr 1959, zur Abstimmung über das Frauenstimmrecht vom 1. Februar, heisst es: *Frauen ins Laufgitter?* Dies ist eine seltsame Vorstellung. Warum sollte man Frauen ins Laufgitter stecken? Sind sie nicht fähig, sich frei zu bewegen, ohne dass sie sich verletzten oder Dummheiten anstellen? Auf der zweiten Zeile ist zu lesen: *Frauen in die Politik?* Nachdem man den ersten Satz klar als übertrieben erkannt hat, fällt es nun auch nicht schwer, diesen zweiten Vorschlag als unsachgemäss abzuurteilen. Und so heisst es auf der dritten Zeile: *Beides schadet guter Frauenart!* Während man bei der ersten Übertreibung allenfalls schmunzeln kann, wird es bei der zweiten plötzlich ernst. Trotzdem werden viele Männer mit einem leisen Lächeln ihr Nein in die Urne gelegt haben.

Im Folgenden möchte ich einige Beispiele erläutern, in welchen der Betrachter durch die Visualisierung von Metaphern und Phraseologismen emotional beeinflusst werden soll. Auf *Plakat 18* geht es um eine Abstimmung vom 5. März 1961 über die Erhebung eines Zollzuschlages auf Treibstoffe zur Finanzierung der Nationalstrassen. Zu sehen ist eine Kuh in einem Auto. Dies allein ist schon Grund für ein Lächeln. Wie kommt es dazu, dass diese Kuh im Auto sitzt? Die Metapher, welche die Basis abgibt, ist die des Autofahrers als 'Milchkuh'. Der Staat 'melkt' die Fahrzeuglenker, das heisst, er nimmt ihnen durch Zuschläge auf Benzinpreise das nötige Geld weg für den Bau der Nationalstrassen. Sie werden bis zum letzten Tropfen gemolken. Woher kommt die Milch? Von der Kuh, deren Euter unter am Auto heraushängt, bereit zum Melken. Dass die Kuh dann auch noch ein relativ verdutzt-frustriertes Gesicht macht, fügt dem Witz einen zusätzlichen Lacher bei.

Kühe sind auf Abstimmungsplakaten allgemein beliebt. Auch sie gehören zum Mythos der Schweiz. Nicht nur deshalb hat es die Kuh auf ein Plakat der GSoA (Gruppe für eine Schweiz ohne Armee) vom 26. November 1989 geschafft. Auf dem Plakat heisst es: *Schlachten wir die Heilige Kuh!* Die 'Heilige Kuh' steht für etwas Unantastbares, ein Tabu also. Die Heilige Kuh der Schweizer ist natürlich nicht die auf Alpen weidende Kuh, sondern die Armee. Eine ihrer Insignien, der Helm, thront in Form eines Nachttopfes auf dem Kopf der Kuh, die sich hier auf den Umrissen der Schweiz niederge-lassen hat. Diese Kuh soll nun nicht etwa dem Metzger zum Opfer fallen, sondern das Initiativkomitee verlangt, dass endlich die Abschaffung der Armee beschlossen werden soll.

Auf *Plakat 13* (23. November, befristete Weiterführung einer beschränkten Preiskontrolle) aus dem Jahre 1952 wird 'jemand in die Zange genommen'. Auch hier sind die Grössenverhältnisse übertrieben, lösen jedoch nicht Ge-lächter aus, da sich der Mann in der Zange in einer höchst unangenehmen Situation befindet. Im Gegensatz zum oben beschriebenen Bergdorf ist hier der Mann relativ naturalistisch dargestellt und man kann die Situation, wenn auch als unmöglich eingestuft, besser nachvollziehen. Dies löst keine Angst aus, denn man weiss, dass es keine solche riesige Hand mit Zange gibt. Ein gewisses Unbehagen, ein Ohnmachtsgefühl bleibt. Das Gefühl eben, dass man durch eine politische Massnahme hart unter Druck gesetzt wird.

Wenn es ums pure Überleben geht, können Angstappelle überkulturelle Wir-kung haben. Stehen aber geschichtliche Situationen im Hintergrund und wird mit kulturellen Erfahrungen Angst ausgelöst, wird ein Mensch dieses Kultur-kreises besonders empfindlich auf solche Reize reagieren.

Ein Plakat zur Abstimmung vom 24. Februar 1935 entwirft das Bild des Krieges. Eine Mutter hält ihr Kind schützend an der Hand fest. Sie selbst hält sich den Kopf, macht sich Sorgen. Am Himmel fliegt ein Flugzeug durch die Dunkelheit, die unten durch eine einschlagende Bombe aufgerissen wird. Bei der Abstimmung ging es um die Neuordnung der militärischen Ausbildung: Die Rekruten sollten früher und länger in den Militärdienst einrücken, damit man im Falle eines Krieges besser gerüstet wäre. Mit dieser Argumentation setzten sich die Gegner der Vorlage aber nicht auseinander, sondern wählten den Weg der Emotionalisierung mit der Darstellung des Krieges als Gefahr für Mutter und Kind. Mit der Evokation des Schrecklichen wollen sie die Stimmbürger – an der rationalen Auseinandersetzung mit der Abstimmungsvorlage vorbei – zu einem Nein an der Urne bewegen. (Je länger man das Plakat betrachtet, desto mehr Widersprüche entfalten sich, und man merkt, dass ihm mit rationalen Überlegungen nicht beizukommen ist.)

Viele Ängste der Schweizer hängen mit der Armee zusammen. Die grösste Angst in jüngerer Zeit: Die Armee wird finanziell zu wenig unterstützt und kann deshalb das Land nicht verteidigen. Dazu finden sich viele Belege auf Abstimmungsplakaten, zum Teil auch zu Abstimmungen, in welchen es überhaupt nicht um eine Kürzung der Armeeausgaben oder deren Auflösung geht. Am 24. September 1972 heisst es auf einem Plakat gegen die vermehrte Rüstungskontrolle und ein Waffenausfuhrverbot: *Gegen die Schwächung unserer Landesverteidigung.* Am 5. April 1987 wird dieser Satz aufgenommen, als über das Rüstungsreferendum (das Mitspracherecht des Volkes bei Militärausgaben) abgestimmt wird. 1993 wird zur Abstimmung über die Volksinitiative *40 Waffenplätze sind genug* von den Gegnern der Vorlage vorgebracht: *Entweder man hat eine Armee oder man hat keine. Aber nicht eine, die nichts taugt,* was soviel heissen will, wie: Wenn der Armee nicht genügend Geld zur Verfügung steht, wird sie ihre Aufgabe der Landesverteidigung nicht pflichtgemäss und erfolgreich ausführen können. Darum dürfe man die Entscheidung über Militärausgaben nicht dem Volk überlassen, denn dieses kann nicht nach militärischen Gesichtspunkten entscheiden. In dieser Hinsicht ist natürlich die Initiative über die Abschaffung der Armee vom 26. November 1989 unhaltbar. Die Gegner der Vorlage präsentieren eine Schweizerfahne, die in der Mitte mit einem dicken Seil zusammengeschnürt ist; die Schweiz im Würgegriff, sozusagen.

Angst hat man auch vor einem direkten Angriff auf den eigenen Körper. *Plakat 8* (28. Mai 1933, Vorübergehende Herabsetzung der Besoldung, von Gehältern und Löhnen) zeigt eine Hand, die vom Strick des Lohnabbaus abgewürgt wird. Gemeint ist: durch die Annahme der Vorlage wird man weniger Geld zur Verfügung haben und vielleicht an den Rand des Existenzminimums getrieben.

Es gibt auch Plakate, die manifeste Gewalt zeigen. So ist auf einem Bild zur Abstimmung über die erste Lex Häberlin vom 24. September 1922 eine brennende Fackel zu sehen. Sie wird von einer erhobenen Hand gehalten und herumgewirbelt und zieht eine russige Wolke nach sich. Beruhigt wird das Bild durch die starke Hand, die eingreift, und den Fackelschwinger fest am Handgelenk gepackt hat. Ein Plakat zur Abstimmung vom 11. März 1934 über die zweite Lex Häberlin zeigt die offene Strassengewalt, der demokratischen

Bürger-Versammlung entgegengestellt als chaotischer Ausbruch von verräterischen Unruhen: es wird auf der Schweizerfahne herumgetrampelt. Die beiden Gesetze sollten die öffentliche Ordnung schützen, wobei auch das Recht zur politischen Propaganda hätte eingeschränkt werden sollen, da man vor sozialen Unruhen Angst hatte, die durch die anhaltende Wirtschaftskrise hervorgerufen wurden. Die argumentative Auseinandersetzung über eine Einschränkung der freien Meinungsäusserung durch ein Propagandaverbot hätte den Befürwortern zum Verhängnis werden können. Sie versprachen sich mehr durch die emotionale Darstellung des drohenden Chaos.

Manchmal dienen diese Reize allerdings nicht als Angstappelle, sondern zur Verunsicherung. So ist auf *Plakat 9* (28. November 1937, Volksinitiative über ein Verbot der Freimaurerei) von Geheimgesellschaften die Rede, die auf dem Bild mitsamt ihren magischen Symbolen vom Sockel gefegt werden. Und dies vom einfachen Schweizer in Sandalen, der ohne diesen Firlefanz ein besseres und ruhigeres Leben führt. Das Plakat der Gegenseite (*Plakat 10*) nimmt – mit einigen Veränderungen – das Bild auf: Die Sandale ist einem Stiefel gewichen, auf dessen Sohle die Bezeichnung *Front* eingeprägt ist. (Die "Nationale Front", eine faschistische Vereinigung, wurde 1933 gegründet und 1943 verboten.) Wie bereits weiter oben erwähnt, wird hier der Bezug zu den schweizerischen Mythen hergestellt, die Tellstatue wird von ihrem Sockel gestossen. Die Aussage ist unzweifelhaft, dass mit einem Ausschluss des Fremden die Ideen der Schweiz verraten werden.

Wichtig ist immer wieder die Solidarität mit den sozial Schwächeren, den Bauern und vor allem mit den ausländischen Bevölkerungsteilen: Durch die ganzen Jahre zieht sich der Kampf um die AHV. Hier geht es um die Solidarität zu den Alten, den Invaliden und auch zu den Frauen. Diese Personen tauchen daher auf den Bildern immer wieder auf. Seit den 1970er-Jahren kommen die Betroffenen zum Teil auch selber zu Wort: Alte Leute fordern ihr Recht auf einen schönen Lebensabend ein.

Ebenfalls beständig ist der Aufruf nach Solidarität mit den Ausländern. Es wird darauf hingewiesen, dass sich die Schweiz gegenüber dem Ausland nicht verschliessen darf, es wird aber auch gezeigt, dass die Schweizer selber von den in der Schweiz lebenden Ausländern abhängig sind. So heisst es auf einem Plakat zur Abstimmung vom 20. Oktober 1974 auf einem Karton an einer Ladentüre: *Aus Personalmangel geschlossen*. Dies besagt, dass bei Annahme der Initiative gegen die Überfremdung Menschen aus der Schweiz vertrieben werden, welche den Schweizern wichtige Dienste leisten. Zur selben Abstimmung benutzt ein anderes Plakat das Symbol einer Menschenpyramide. Auf drei Etagen türmen sich Männchen mit roten Pullovern und einem Schweizerkreuz. In der untersten Reihe findet sich aber ein Männchen mit gelber Bekleidung, auf welcher *Gastarbeiter* zu lesen ist. Wird der Gastarbeiter aus der Schweiz weggewiesen, so wird die ganze Pyramide zusammenfallen und die Schweizer aus den oberen Etagen werden durcheinander purzeln. Dass der Gastarbeiter seinen Platz in der untersten Reihe der Pyramide hat, zeigt – vielleicht auch ungewollt – die traurige Wahrheit seiner Randexistenz in der Schweiz: Obwohl er durch seinen Beruf eine grosse Last trägt, hat er kein grosses Ansehen und lebt in der unteren Gesellschaftsschicht.

Weitere konventionelle Symbole

Ein wichtiges Symbol auf Schweizer Abstimmungsplakaten ist natürlich das Schweizerkreuz. Es kann als Wappen, das heisst, in einer abgerundeten Schild-Form erscheinen (zum Beispiel auf *Plakat 12*), mit schlichtem viereckigem Umriss oder auch nur symbolisch, als weisses Kreuz auf rotem Grund. Bei Textplakaten wird es als Signet in den Textkopf oder -fuss gesetzt oder taucht irgendwo am Rand auf. Handelt es sich um ein Bildplakat, wird das Schweizerkreuz oft in den Bildinhalt hinein gewoben, zum Beispiel in Form einer Fahne oder als Verzierung auf dem Hosenbund des Sandalenträgers auf *Plakat 9*. Auch auf der Kappe der Milchkuh (*Plakat 18*) ist ein Schweizerkreuzchen zu sehen.

Bei der Abbildung der Schweizerfahne wird oft nicht das Symbol als ganzes gezeigt. Faltet sich ein roter Stoff mit einem weissen Muster an einer Stange, ist es klar, dass es sich dabei um eine Schweizerfahne handelt. Damit wird das Nationale etwas zurückgenommen, um auch anderem Platz zu machen. So hält auf *Plakat 1* (16. Mai 1920, Beitritt der Schweiz zum Völkerbund) der Mann die grosse Schweizerfahne etwas eingerollt im Arm, denn im Völkerbund ist auch Platz für andere Länder.

Das Schweizerkreuz wird auch gerne dort plaziert, wo es eigentlich gar nicht hin gehört. Gegenstände werden damit markiert, um ihnen einen Bezug zur Schweiz zu verleihen. So findet es sich auf einer Glühbirne für ein Abstimmungsplakat zur Volksinitiative "für eine Zukunft ohne weitere Atomkraftwerke" vom 23. September 1984. Hier wird mit dem Schweizerkreuz nicht nur der Bezug zur Schweiz geschaffen, sondern es wird auch die Zukunft der Schweiz gezeigt, die sich durch Annahme der Initiative von ihrer Nachbarwelt abschneidet, so wie die Birne an einem abgeschnittenen Kabel hängt.

In Verbindung mit dem Schweizer Wappen muss die Farbsymbolik genauer betrachtet werden. Das Schweizerkreuz wurde – besonders früher – vor allem von den politisch konservativen Kräften gezielt eingesetzt. Und dies, obwohl die Farbe rot von denselben Kreisen auch für das linke Lager verwendet wurde. So ist bei einem farbigen Plakat auf den ersten Blick manchmal nicht leicht zu erkennen, ob sich die rote Farbe auf die Schweiz oder auf die Sozialisten bezieht. Sind allerdings rote Bösewichte, die einen grossen Schneeball vom Berg rollen, rote Ratten oder rote Fäuste im Spiel, ist klar, welche Interpretation erwünscht wird.

Ähnlich ist es auch mit der symbolischen Bedeutung von Hell und Dunkel für Gut und Böse. So zeigt ein Plakat zur Abstimmung vom 24. September 1922 einen gottähnlichen Wilhelm Tell mit einem Heiligenschein, vor dem sich ein schwarzer Bösewicht duckt und zurückweicht. Auf *Plakat 6* (24. Mai 1925, Volksinitiative für die AHV) wird mit der Helligkeit links von der Frau die Hoffnung auf einen ruhigen Lebensabend ausgedrückt, ähnlich wie auch in einem Plakat zur Abstimmung vom 17. Februar 1924 (Abänderung des Fabrikgesetzes) sich die Hoffnung auf bessere Zeiten im goldenen Licht der Zukunft spiegelt.

Ebenfalls spielen Bewegungslinien im Bild eine Rolle. So zeigt eine abfallende Linie von links oben nach rechts unten einen Verfall an. Rollt darauf ein Fünfliber herunter, ist es klar, dass es sich um die wirtschaftliche Lage handelt, mit der es hier abwärts geht, denn das Geldstück steht hier pars pro toto für die gesamte Wirtschaft. *Plakat 14* bezieht sich auf die Bekämpfung der Wirtschaftskrise (13. März 1955, Bundesbeschluss über die Volksinitiative über die Weiterführung der Preiskontrolle), wobei zur Aufhaltung dieses Niedergangs ein weiteres Symbol, die Stop-Hand eingefügt wird. Sie hält den Fünfliber auf, so wie die Vorlage bei Annahme die Wirtschaft vor dem weiteren Niedergang bewahren wird.

Auch Grössenverhältnisse sind nicht perspektivisch sondern symbolisch aufzufassen. Grösse symbolisiert dabei Macht und vor allem auch Übermacht über den normalen Bürger. Beispiele hierzu finden sich auf *Plakat 4* (3. Dezember 1922, Volksinitiative für eine einmalige Vermögensabgabe), wo ein riesiger Narr sich auf den hohen Kamin einer kleinen Fabrik stützt, und auf *Plakat 7* (5. Dezember 1926, Bundesbeschluss über einen neuen Getreideartikel). Hier soll den kleinen Menschen im unteren seitlichen Bildbereich besondere Beachtung geschenkt werden. Sie tummeln sich um den beleibten Brotvogt, der das teure Brot in Händen hält. Nicht nur in der Grösse ihrer Darstellung, sondern auch in ihrer Plazierung auf dem Bild sind die Durchschnittsbürger hier schlecht gestellt. Auch auf *Plakat 13* (23. November 1952, Bundesbeschluss über die befristete Weiterführung einer beschränkten Preiskontrolle) wird die Macht durch das Grössenverhältnis dargestellt, wenn der Mensch in die riesenhafte Zange genommen wird.

Auf *Plakat 9* (28. November 1937, Volksinitiative zum Verbot der Freimaurerei) finden sich allerlei magische Symbole, welche dem vom Sockel stürzenden Beschwörer aus den Händen fallen. Ausserdem ist seine Tasche und sein Tresor mit dem Freimaurer-Symbol des Zirkels versehen. Dieses ist zusätzlich mit dem Auge der Illuminati kombiniert, womit die Befürworter der Vorlage die Freimaurer mit dem Geheimbund verknüpfen und die Abneigung der Stimmbürger gegen diesen für ihre Zwecke ausnützen können. Diese magischen Symbole kontrastieren besonders mit dem einfachen Schweizerkreuz auf dem Hosenumschlag des Sandalenträgers.

Friede wird durch weisse Tauben symbolisiert, zum Beispiel auf einem Plakat zur Initiative der Armeeabschaffung vom 26. November 1989 oder auf *Plakat 16* zur Abstimmung vom 26. Oktober 1958 über die Volksinitiative zur Einführung der 44-Stunden-Woche. Hier fliegt die Taube engelsgleich und mit den Konturen eines Menschen über die stille Fabrikanlage. Die Waage erscheint als Zeichen für Gerechtigkeit in Plakaten zu Finanz- und Steuervorlagen, und der Baum steht als Zeichen für ein naturverbundenes Leben, wie in einer Vorlage über die Zukunft der atomaren Stromversorgung (23. September 1984). Wer naturverbunden handelt und sich Gedanken über die Zukunft unserer Natur und unserer Bedürfnisse macht, wird demnach die Volksinitiativen annehmen, denn aus dem *Ja* auf dem Plakat wächst der Baum des Lebens und der Weisheit.

Symbolträchtige Blumen werden zur Gratulation oder zum Dank für gewöhnlich an Frauen vergeben. So zum Beispiel an den Abstimmungen über das eidgenössische Frauenstimm- und -wahlrecht vom 1. Februar 1959 und vom 7. Februar 1971. Vielleicht gehen hier die Blumen aber auch an die Männer, denen dafür gedankt wird, dass sie ihre Frauen mit der Annahme der Vorlage unterstützen.

Das Paragraphenzeichen gehört ebenfalls zu jenen Symbolen, welche auf den Abstimmungsplakaten immer wieder auftauchen. Es ist jenes Symbol, welches die Menschen physisch daran hindert, ihren Tätigkeiten nachzugehen und ihre Bedürfnisse zu stillen. Das Paragraphenzeichen verlässt dazu das Gesetzbuch und tritt in die reale Welt ein. Beispiel dafür ist ein Plakat zur Abstimmung vom 5 Dezember 1926 über den Bundesbeschluss zur Getreideordnung. Ich bin weiter oben schon darauf eingegangen, dass der Korb mit dem Brot so hoch hängt, dass die hungrigen Menschen zwar ihre Hände danach ausstrecken, das wertvolle Nahrungsmittel aber nicht erreichen können. Der neue Paragraph würde für viele Brot als Nahrungsmittel in unerreichbare Ferne rücken. So ist der Brotkorb auch an einem Paragraphenzeichen befestigt.

Auch auf das Beispiel mit der Paragraphen-Hydra wurde schon weiter oben eingegangen (*Plakat 11*, 29. Oktober 1944, Bundesgesetz über unlauteren Wettbewerb). Der Held kämpft gegen ein vielköpfiges Ungeheuer. Ungeheuerlich ist auch die Gestalt dieser Köpfe, denn jeder ist mit einem Paragraphen geschmückt. Der Kampf gegen das Monster wird bei Annahme der Gesetzesvorlage im Alltag zu einem endlosen Kampf gegen Verbote in Form von Gesetzesartikeln. Auf einem anderen Plakat aus dem Jahre 1944 wird der Paragraph von einer Hand gehalten, welche ihn am liebsten zerdrücken würde. Auf einem Plakat zur Abstimmung vom 30. März 1952 über das Bundesgesetz zur Förderung der Landwirtschaft haben sich kleine Paragraphen in den Körnern einer Ähre versteckt. Auch hier geht es wieder um das Grundnahrungsmittel Brot, das mit Artikeln und Paragraphen den Bürgern entfremdet wird. Was das Brot betrifft, möchte man keine einschränkenden Regeln haben. Aber auch die Ausübung der Arbeit kann durch Paragraphen verhindert werden. Auf *Plakat 17* (26. Oktober 1958) sind Hände durch eine Kette gefesselt. Das Schloss wird durch einen Paragraphen verziert. Die Gegnern der 44-Stunden-Woche bekunden auf diese Weise, dass das Gesetz das Arbeiten verhindern würde. Bei der Abstimmung über die Fristenlösung beim Schwangerschaftsabbruch (25 September 1977) schliesslich hat sich ein Paragraphenzeichen um den dicken Bauch einer schwangeren Frau gelegt. Es schränkt sie ein und gibt ihr keinen Bewegungsspielraum. Bei Ablehnung der Volksinitiative werden Frauen auch weiterhin nicht das Entscheidungsrecht haben, ihre Schwangerschaft anzunehmen oder abzubrechen. Paragraphen werden ihre Entscheidung lenken.

Abschliessende Bemerkungen

Zusammenfassend kann gesagt werden, dass sich verschiedene Aspekte von Emotionalisierungsstrategien auf schweizerischen Abstimmungsplakaten über Jahre hinweg verfolgen lassen. Bestimmte mythische Werte für die Schweiz halten sich hartnäckig, andere werden in angepasster Form weiterverwendet. Ausserdem sind es auch immer wieder kulturspezifische Reize, denen die Betrachter von Abstimmungsplakaten ausgesetzt werden: Humor, Wut, Angst und vor allem Unbehagen werden geweckt und zur Beeinflussung genutzt. Dabei ist jedes Bild in all seinen Aspekten immer auch symbolisch zu deuten. Die Farbgebung, die Grössenverhältnisse, die dargestellten Gegenstände und Zeichen selber: Alles hat immer symbolischen Gehalt, verweist auf etwas Bedeutungsvolleres als die Aussage selber. Durch die Emotionalisierung entgeht man dem Zwang, argumentieren zu müssen.

Literatur

Kamps, Johannes: Plakat. Tübingen 1999 (= Grundlagen der Medienkommunikation 5).

Kroeber-Riel, Werner: Bildkommunikation. Imagerystrategien für die Werbung. München 1993.

Margadant, Bruno: Das Schweizer Plakat. The Swiss Poster. L'affiche suisse. 1900-1983. Basel et al. 1983.

Meylan, Jean / Maillard, Philippe / Schenk, Michèle: Bürger zu den Urnen. 75 Jahre eidgenössische Abstimmungen im Spiegel des Plakats. Freiburg 1979.

Rotzler, Willy / Schärer, Fritz / Wobmann, Karl: Das Plakat in der Schweiz. Schaffhausen 1990.

Rotzler, Willy / Wobmann, Karl: Political and Social Posters of Switzerland. Politische und soziale Plakate der Schweiz. Affiches politiques et sociales de la Suisse. Zürich 1985.

Schierl, Thomas: Text und Bild in der Werbung. Bedingungen, Wirkungen und Anwendungen bei Anzeigen und Plakaten. Köln 2001.

Stirnimann, Charles / Thalmann, Rolf: Weltformat. Basler Zeitgeschichte im Plakat. Basel 2001.

Stöckl, Hartmut: (Un-)Chaining the floating image. Methodologische Überlegungen zu einem Beschreibungs- und Analysemodell für die Bild/Textverknüpfung aus linguistischer und semiotischer Perstpektive. In: Kodikas / Code. Ars Semiotica. 21/1998, 1–2, S. 75-98.

Plakat 2 — Hans Beat Wieland — 16.5.1920

Plakat 1 — Emil Cardinaux — 16.5.1920

308

Plakat 4 — Emil Cardinaux — 3.12.1922

Plakat 3 — Niklaus Stöcklin — 3.12.1922

Plakat 6 — Carl Scherrer — 24.5.1925

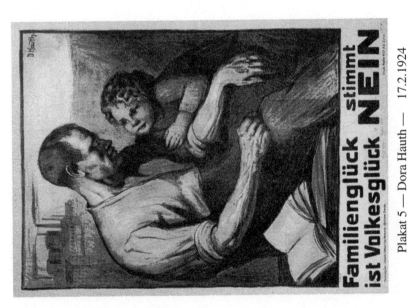

Plakat 5 — Dora Hauth — 17.2.1924

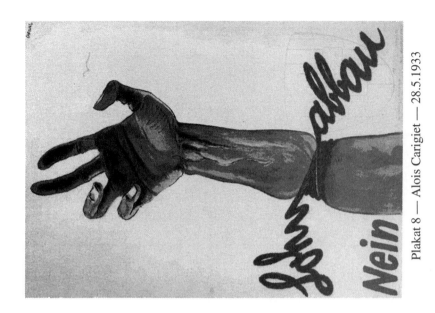

Plakat 8 — Alois Carigiet — 28.5.1933

Plakat 7 — Emil Cardinaux — 5.12.1926

311

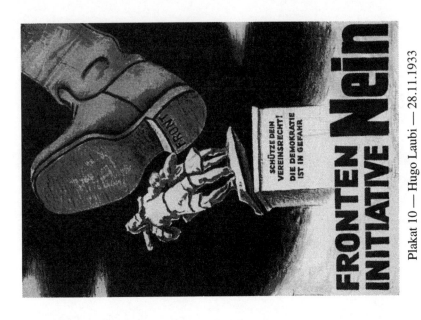

Plakat 10 — Hugo Laubi — 28.11.1933

Plakat 9 — Noël Fontanet — 28.11.1933

312

Plakat 12— Peter Birkhäuser — 6.7.1952

Plakat 11 — Gestaltung unbekannt — 29.10.1944

Plakat 14 — Gottfried Honegger-Lavater —
13.3.1955

Plakat 13 — Hans Portmann — 23.11.1952

Plakat 16 — René Gilsi — 26.10.1958

Plakat 15 — Gestaltung unbekannt — 13.3.1955

Plakat 18 — Fredy Sigg — 5.3.1961

Plakat 17 — Gestaltung unbekannt — 26.10.1958

316

Plakat 20 — Edgar Küng — 7.2.1971

Plakat 19 — Gestaltung unbekannt — 2.7.1967

URSULA KUNDERT

Ad evigilationem brutarum mentium

Emotionen als wirkungsmächtige erzählte Kategorien im *Renner* Hugos von Trimberg

Der Erforschung emotionaler Kategorien in einem mittelalterlichen Text stehen zwei Klischees über Gefühle entgegen: Das erste will, dass uns Gefühle unmittelbar betreffen, das heißt dass sie überhaupt nicht auf ein Medium angewiesen sind. Da Emotionen aus dem Mittelalter aber nur in Medien überliefert und wir selbst keine Zeitgenossen sind, bliebe uns damit der Zugang verschlossen. Das zweite Klischee besagt, dass – wenn Gefühl vielleicht doch kommunizierbar ist – immer etwas des Gefühls verloren gehe, wenn es mit Worten ausgedrückt werde. Die Bedeutungsarmut der Sprache stehe dem Gefühlsreichtum jedes Menschen entgegen. Die Gefühle mittelalterlicher Menschen wären uns dann nur noch in der verzerrten und verkürzten sprachlichen Form erhalten, eine kategorielle Analyse der sprachlichen Gefühlssystematik nur schon deshalb nicht sinnvoll, weil sie nicht die wirklich gefühlten Unterschiede zwischen den Emotionen aufdecken könnte.

Lernen von Emotionsbegriffen über Umstände

Beidem steht allerdings entgegen, dass Kinder erst lernen müssen, die Gefühle, für die ihre Sprache Begriffe kennt, auch zu erleben.[1] Das Medium Sprache und das Gefühl scheinen also doch enger verwoben und nicht nur Gefühle in Sprache wenigstens teilweise fassbar, sondern auch durch Sprache evozierbar zu sein. Lothar Schmidt-Atzert geht davon aus, dass Kinder Gefühlsbegriffe dadurch lernen, dass die Eltern bei Emotionsausdrücken und in für Emotionen typischen Situationen Gefühlsbegriffe verwenden, welche die Kinder gleichzeitig oder auch erst später mit einem inneren Zustand verknüpfen.[2] Er vergleicht diesen Vorgang mit dem Erwerb des Wortes 'Hunger'. Eltern würden aus äußeren Umständen, zum Beispiel aus der Tatsache, dass ein Kind schon lange nichts mehr gegessen habe, darauf schließen, dass es nun vermutlich Hunger habe und deshalb Sätze äußern wie: 'Du bist sicher

---

[1] Vgl. den Beitrag von Wolfgang Marx in diesem Band.

[2] Lothar Schmidt-Atzert, S. 239f.

hungrig.' Daraus lerne das Kind die Bedeutung des Wortes. Gefühlswörter und ihre Bedeutung lernten Kinder entsprechend, indem das Wort in wiederkehrenden ähnlichen Handlungszusammenhängen ausgesprochen werde. Das sprachliche Zeichen, der Handlungszusammenhang und die körperliche Emotion gingen dabei eine so enge Bindung ein, dass danach eines dieser drei oft genüge, um die anderen zu evozieren.

Diese Strategie, Wortbedeutungen zu lernen und zu definieren, lässt sich ganz in die Sprache verlagern, indem die aktuelle Situation durch eine Situations-beschreibung ersetzt wird. Aus dem Alltag kennen wir solche Definitionsversuche. Berühmt geworden sind etwa KIM GROVEs *Liebe ist ...* - Darstellungen, die jeweils sowohl im Bild, als auch im sprachlichen Zusatz eine Situation schildern, welche für die Liebe kennzeichnend ist.

Liebe ist ...

... sich im Gewitter zu küssen .

Die 'Liebe ist ...' - Sätze werden deshalb üblicherweise mit konditionalem Nebensatz weitergeführt, der mit 'wenn' eingeleitet wird. In verkürzter Form heißt die Formel dann beispielsweise: *Liebe ist ... sich im Gewitter zu küssen*.

Im spätmittelalterlichen scholastischen Lehrbetrieb ist eine andere Definitionsart äußerst beliebt: Die Ableitung von Begriffen aus ihren Oberbegriffen. Eine solche kategorielle Definition heißt in der *Summa* des THOMAS VON

AQUIN: *Charitas est quaedam singularis amicitia hominis cum Deo* (2a 2ae, 23, 1) – *Die* [christliche] *Liebe ist eine außerordentliche Freundschaft des Menschen mit Gott.* Gerade in Textsorten wie Enzyklopädien, die in einem umfassenden Wissensüberblick möglichst viele Begriffe in knapper Form darbieten, ist das heute die übliche Form der Definition.

Ich möchte im Folgenden zeigen, dass es im Gegensatz dazu mittelalterliche Wissensliteratur gibt, die durchaus einen umfassenden Anspruch erhebt und deshalb zur Enzyklopädik gezählt werden kann, sich aber der handlungs- und situationsorientierten Definitionsart für Gefühlsbegriffe bedient. Für das hier herausgegriffene Beispiel, das enzyklopädische Werk *Der Renner* HUGOS VON TRIMBERG, führt diese Analyse zu einer stärkeren Betonung der definitorischen Seite von Exempla, als das bisher in der einschlägigen Forschung geschehen ist.

Topik nicht nur Argumentations-, sondern auch Definitionshilfe

Hugos *Renner* war ein äußerst beliebtes Kompendium. Von dem um 1300 fertiggestellten und bis 1313 immer wieder ergänzten Werk sind 65 Handschriften bekannt,[3] davon 13 reich bebilderte.[4] Das Ordnungsgerüst für das 24'611 Verse lange Werk bilden die Todsünden und weitere Laster. Es liegen zwei Einteilungsvarianten vor: eine in Kapitel und eine andere in Distinktionen. Die Bezeichnung *Distinctio* verweist auf die scholastische Methode, Begriffe in Unterbegriffe aufzuteilen, zu unterscheiden.[5] Der Überbegriff 'Laster' wird demnach in den einzelnen Distinktionen in einzelne benannte Laster aufgespalten. Auf dieser Ebene wird also durchaus das kategorielle Definitionsverfahren verwendet. Als Beispiel greife ich die fünfte Distinktion *Von zorne und nîde* heraus (Verse 13965-15946).

Die Darlegung der Laster verfolgt einen deutlichen Zweck: In der Eingangsallegorie führt Hugo den Sündenfall vor, um dann in den einzelnen Kapiteln die einzelnen Laster in der Welt abzuhandeln, welche die Verderbtheit der

---

3 Rudolf Kilian Weigand, S. 143 und 149.

4 Inés de la Cuadra, S. 2.

5 Vgl. die Quaestio 72 in der *Summa* des Thomas von Aquin: *De distinctione peccatorum – Über die Unterscheidung der Laster.* Die Scholastik macht damit die rhetorische Figur der *distinctio*, die Auffächerung eines Wortes oder Lehrsatzes in verschiedene Bedeutungen, zum methodischen Prinzip zur Differenzierung einer These. Zum rhetorischen Distinctio-Begriff vgl. James P. Zappen / Lisa Gondos.

Welt belegen, um dann gegen Ende die Lesenden zur Umkehr und Erkenntnis Gottes auf dem Weg über die Buße anzuhalten.[6]

Wenn deshalb in der hier herausgegriffenen Distinktion Zitate von Autoritäten, Regeln, Allegorien, Gleichnisse und Beispiele über Zorn und Neid angehäuft werden, so hat dies durchaus argumentativen Charakter, soll doch einerseits belegt werden, dass die Welt ganz und gar verderbt ist, und andererseits der Leser zur Abkehr von diesen Lastern gebracht werden. Es ist aber auffällig, dass Aufforderungen äußerst selten sind (V. 14340, 14559, 15402, 15404). Wenn die Forschung oft die strenge argumentative Einbindung der Gleichnisse und Zitate bemängelt und dem *Renner* Unordnung vorgeworfen hat,[7] dann verkennt sie die Perspektive, unter der die Lasterkritik geschieht. Es geht nicht um die persönliche Bekehrung, sondern um eine kollektive Umkehr angesichts der verderbten Gegenwart, die auf einen Weltuntergang hindeutet.[8] Die Beschreibungsperspektive ist deshalb gleichsam eine statistische, und das Lob der guten alten Zeit beziehungsweise der Tadel der Gegenwart findet sich in diesem Kapitel außerordentlich häufig. Die Gegenüberstellung von *Wâ sint* [...] *hin?* und *hie vor* (V. 14978) einerseits und *niuwelich* (V. 14866), *hiute* (V. 15666) und vor allem *nu* (passim) andererseits markieren dies. Das vielförmige Material wird demnach durch die Topoi der 'guten alten Zeit' und der Zeitkritik verbunden.

Innerhalb der Distinktion *Von zorne und nîde* lässt sich eine weiter differenzierende inhaltliche Gliederung ausmachen: Den Zitaten und Beispielen zum Zorn folgen diejenigen zu falschem Rat, Neid, Kindertrotz und Lüge. Nur im letzten Fall wird das durch einen entsprechenden Untertitel verdeutlicht: *Von liegen.* Die anderen Untertitel dieser Distinktion heben längere narrative Passagen hervor.

Nachdem das Stichwort *nît* schon über ein Dutzend Mal gefallen ist, folgt zum Beispiel das *mêre von einem bachen*, die Geschichte vom Schinken (V. 14199-14240). Es handelt von einem guten Mann, dessen Vertrauter ihm rät, seinen Schinken nicht im Kamin zu lassen, weil der Landesherr ihn dort sehen und einziehen könnte, sondern ihn ins Fenster zu hängen. In der Nacht stiehlt der Vertraute den Schinken. Als der gute Mann ihm von seinem Verlust erzählt, rät ihm der Vertraute lachend, es auf keinen Fall herumzuerzählen, weil sie sonst beide bestraft würden dafür, dass der gute Mann den Schinken weggehängt habe, um ihn nicht dem Landesherrn abliefern zu müs-

---

6   De la Cuadra, S. 52.

7   Kritisch referiert von Schweikle, 1983, Sp. 275.

8   De la Cuadra, S. 233 und 256f.

sen, und dass er selbst ihm diesen Rat gegeben habe. Der gute Mann geht traurig von dannen.

Die kurze Erzählung verknüpft mehrere Themen, die kurz zuvor in Form von allgemeinen Regeln eingeführt worden sind:[9] Neid, unehrlicher Rat und die leicht für immer verlorene Gunst der Mächtigen. Um die Geschichte zu verstehen, müssen die Rezipierenden aus der Situationsbeschreibung die Beziehung zum Begriff *nît* herstellen können. Der Begriff selbst wird in der Erzählung selbst nicht genannt, auch nicht die Tatsache, dass der Verwandte den Schinken haben möchte. Aus dem listigen Rat müssen die Lesenden das Gefühl des Verwandten erraten, es ihm unterstellen.

Das *mêre* evoziert die Situation, die Neid verursachen kann. Es führt vor, wie die Absicht dazu führen kann, die eigenen Gefühle zu verstecken. Und es zeigt, dass Neid beziehungsweise Habgier antizipiert werden muss, um die Reaktion von Mächtigen zum eigenen Schutz klugerweise vorwegzunehmen. Es zeigt, dass sich Herren Neid leisten können, Untertanen nur zum riskanten Preis der List. Und es führt vor, dass Gefühlsausdrücke (wie das Lachen des Verwandten) versteckte Absichten verraten könnten. Damit zeigt es fünf verschiedene Aspekte der Gefühlsdefinition, die entscheidenden Einfluss haben in der sozialen Kommunikation: Die Umstände, die Gefühle auslösen; das absichtsvolle Verbergen von Gefühlen; die soziale Akzeptanz von Gefühlsäußerungen; die Antizipation von Gefühlen; und die Deutung von Gefühlsausdrücken anderer zur Handlungsplanung. Diese Aspekte werden vorher einzeln in Sentenzen[10] genannt und mit Verweisen auf Exempel illustriert, hier nun aber zusammengeführt und in einer situationsgebundenen sozialen Interaktion vorgeführt.

Dieses Beispiel liegt noch nahe an der alltäglichen, kindlichen Art, Gefühlsausdrücke zu lernen. Entsprechend dem Beispiel *Liebe ist ... sich im Gewitter zu küssen* könnte anhand dieser Geschichte formuliert werden: 'Neid ist ... wenn einer den Schinken des anderen will', 'Neid ist ... wenn einer den anderen belügt, um dessen Schinken zu bekommen' usw. Literatur und Leben kennen nun aber auch andere situationalen Definitionen von Gefühlen, deren Funktionieren eher mit dem pawlowschen Reflex verglichen werden kann, bei dem nicht das Futter, sondern die Glocke den Speichelfluss anregt.

---

[9] Obwohl Jutta Goheen, 1990, ein ganzes Kapitel dem "Gnomischen Stil" widmet, lässt sich ihrem Werk leider wenig Erhellendes zum *Renner* entnehmen.

[10] Vgl. zu den Sentenzen ausführlich Rosenplenter 1982, z. B. zum Seneca-Zitat an dieser Stelle S. 93.

In gleicher Weise erkennen wir die Kategorie der Liebe in dieser Darstellung nicht nur deshalb, weil die zwei Figuren sich küssen und umarmen, nicht nur deshalb, weil sie nicht das übliche Verhalten bei Gewittern zeigen, sondern auch deshalb, weil sich von VERGILs *Aeneis* (4, 160-168) bis zu heutigen Fernsehfilmen die Liebespaare regelmäßig im Gewitter finden. Auch solche vorgestellten Situationen gehören zum Alltagsinventar. Inwiefern solche Topoi auf eine ans Medium Erzählung gebundene Weise der Definition von Gefühlen dienen können, werde ich im Folgenden für die mittelalterliche Enzyklopädik eingehender zeigen.

Erzähltechniken zur Einführung von Gefühlsbegriffen

Exemplarische Figuren

Einen reichen Fundus an mittelalterlichen Kurzerzählungen bieten die Exempelsammlungen. Wenn Gefühlsbegriffe exemplifiziert werden, dann auch hier meist als Tugenden und Laster. Dabei gehen biblische Gestalten und Geschichten mit den einzelnen Tugenden und Lastern eine so enge Bindung ein, dass Geschichte und Laster – auch ohne Nennung des anderen – aufeinander verweisen. [11]

Obwohl der *Renner* keine reine Exempelsammlung ist, werden etwa Überheblichkeit, Habgier und sexuelle Ausschweifung in derselben Weise mit der Geschichte Absaloms definiert. Solche Gleichungen zwischen Tugenden oder Lastern und antiken und biblischen Figuren, bei denen gleichsam der Mittelteil, die erzählende Ausführung, weshalb Absalom ein Beispiel für diese Laster ist, ausgefallen ist, empfehlen die mittelalterlichen Predigtlehren als Merkhilfe für Prediger, welche sich die Tugenden anhand von Eigennamen merken sollten, damit sie auch gleich eine predigtgerechte Beispielsituation vor Augen haben. So steht etwa David für Demut, Hiob für Geduld.[12]

Eigennamen fungieren demnach als Topoi im rhetorischen Sinn, als Fundstellen für definierende Beispiele, die zwischen dem als Tugend gefassten Gefühlsbegriff und der Situation vermitteln, in der Verhalten interpretiert und als Gefühl beziehungsweise Tugend beschrieben werden soll. Erst diese Basis gibt eine Grundlage, das Verhalten allenfalls als moralisch erfreulich oder

---

[11] Ein Ausläufer dieser Tradition findet sich in der lutherischen katechetischen Tradition, in der Bibelerzählungen bald stellvertretend für je ein Gebot bzw. für seine Übertretung stehen. Es genügt, um das Gebot zu evozieren, schliesslich, das biblische Exempel zu nennen. (Burghart Wachinger, hier: 248f.)

[12] Peter von Moos, S. 344.

bedenklich zu beurteilen. Der moralische Erfolg der Predigt hängt nicht zuletzt davon ab, ob die Definition überhaupt intersubjektiv gelingt. Beurteilung und Appell sind, wenn dies erst einmal zustande kommt, vergleichsweise einfach und dann am effizientesten, wenn sie schon in die Situationsdefinition miteingefügt worden sind.

Genau diesem Ziel fühlen sich viele mittelalterliche Enzyklopädien verpflichtet, welche ein umfassendes Weltwissen ausbreiten, damit der Prediger seine Begrifflichkeit intersubjektiv verständlich machen und absichern kann. Im Vorwort seines äußerst beliebten Buches *Über das Wesen der Dinge,* das rund 70 Jahre vor Hugos *Renner* entstand, schreibt THOMAS VON CANTIMPRÉ, er habe das Wissen zusammengestellt, damit es in der Predigt *ad evigilationem brutarum mentium* verwendet werde, das heißt, um etwas grob geartete Geister aufzuwecken oder anzuregen.

Allegorese von biblischer Erzählung

Damit es den Predigern leichter fällt, beispielsweise die Beschreibung der Planeten für die Definition von motivational wichtigen Gefühlskategorien zu nutzen, fügt Thomas von Cantimpré oft gleich selbst eine Allegorese an. Vom Planeten Mars kommt er über das Vergleichsglied des Kriegsgottes zur Beurteilung der Reizbarkeit, die dann gut sei, wenn sie im Innern des Menschen den Krieg gegen die Laster eröffne (17, 8, 7-10).

Im Kapitel *Von zorne und nîde* des *Renner* wird hingegen nur einmal eine Allegorese angestrengt: Überheblichkeit, Geiz und sexuelle Ausschweifung werden nicht nur anhand der Handlungssituation der Absalom-Geschichte aus dem Alten Testament dargestellt, sondern am Schluss im sprachlichen Bild der Eiche, an der Absalom mit seinen schönen Haaren hängen blieb, zusammengefasst (V. 15799-15809): Die Rinde sei die Überheblichkeit, die sexuelle Ausschweifung das weiche Holz und der Geiz das harte Kernholz. Diese Allegorese scheint uns allenfalls als Merkbild für den Zusammenhang der drei Gefühlsbegriffe brauchbar. Das Objekt, das hier zur Ordnung der drei Laster oder Gefühle benutzt wird, gehört allerdings nicht zwingend zur Umgebung, in der solche Gefühle stattfinden: Eichen stehen nicht immer dort, wo sich konkrete Fälle von Überheblichkeit, Geiz und sexueller Ausschweifung ereignen. Aber auch nicht jeder Kuss ist von einem Gewitter begleitet, und doch assoziieren umgekehrt die geübten Lesenden und Kinogäste ein Gewitter mit einer erotischen Situation, wenn es in einer bestimmten erzählerischen Umgebung vorkommt. Obwohl die Assoziationsstimulation also nicht sehr treffsicher ist, gibt es doch im Alltag genug Eichen, die eine Erinnerung an diese Allegorie im *Renner* evozieren können. Die Allegorie verknüpft wie die Erzählung vom Schinken verschiedene Gefühlsbegriffe und fordert die Zuhörenden und Lesenden zum alltäglichen Assoziationstraining auf. Weil die Handlungssituation verschwindet, bleibt jedoch hier die Reihe der Gefühlsbegriffe besser im Gedächtnis.

Genealogische Erzählung

Die Vorteile beider Darstellungsarten – der allegorischen Verortung verschiedener Begriffe und der handlungsorientierten Einbettung eines einzigen – verbindet der *Renner,* wenn er den Begriffen selbst Handlungen zuschreibt. Das geschieht einerseits durch die rhetorische Figur der metonymisch hergestellten Personifikation, bei der der Gefühlsbegriff an Stelle der Figur gesetzt wird, die dieses Gefühl auslöst oder erlebt.

> *Nît gêt zuo dir in dîn hûs*
> *Und schadet dir mêre denne ie kein mûs*
> *An wîne, an brôte, an bachen.* (V. 14413ff.)

> *Wein geht zu dir in dein Haus und schadet dir mehr als irgendeine Maus an Wein, Brot und Schinken.*

Solche Darstellungen werden untereinander narrativ dadurch verkettet, dass eine Reihe von Ursachen und Wirkungen der Gefühle erzählt wird, indem die verschiedenen Gefühlsbegriffe in eine Ursache-Wirkungs-Beziehung eingebunden werden.

Gleich zu Anfang der Distinktion wird die Habgier als Ursprung allen Verbrechens genannt, als Brunnen aus dem Zorn, Neid und Hass rinnen:

> *Wizzet daz elliu missetât*
> *Pfliht mit der gîtikeit hât,*
> *Dâ von ist ûz irem brunnen*
> *Zorn, nît und haz gerunnen* (V. 13'979ff.)

> *Wisst, dass jedes Vergehen mit der Habgier in Verbindung steht, von daher sind aus ihrem Brunnen Zorn, Neid und Hass geronnen.*

Das Verhältnis von Ursache und Wirkung wird hier zusätzlich durch die Metapher des Brunnens verstärkt. Eine zweite Passage verkettet auch mehrere Handlungs- und Gefühlsbegriffe ursächlich:

> *Liegen, triegen gênt her vür:*
> *Diu hüetend gerne des nîdes tür,*
> *Bî dem zorne ich si ouch spür,*
> *Metten volget ir drîer kür.*
> *Verrâten ist irs bruoder kint,*
> *Der heizet valsch und ist gar blint*

Gein allen tugentlichen dingen,
Bôsheit kan er vil zuo bringen. (V. 15'067ff.)

Lügen, Trügen kommen hervor. Diese hüten gerne des Neides Tür. Auch in der Nähe
des Zornes bemerke ich sie. Mit diesen folgt eine Auswahl von dreien: Verrat ist das
Kind ihres Bruders. Dieser heißt Falschheit und ist stockblind für alle tugendhaften
Dinge. Bosheit vermag er viel hinzuzufügen.

Diese Darstellungsweise betont den motivationalen Aspekt von Gefühlen. Es
erstaunt deshalb nicht, dass sie sich in mittelalterlichen Enzyklopädien vor
allem im Kontext einer moraltheologischen Systematisierung von Gefühlen
nach Tugenden und Lastern findet.

Multiplikation dieser Umstände und
Assoziationsmöglichkeiten

Der *Renner* bevorzugt das allgemeine, sehr kurze Beispiel ohne Namensnen-
nung und vervielfacht durch dessen Häufung die Anschlussmöglichkeiten für
die Lesenden. Der *Renner* scheint es darauf angelegt zu haben, durch diese
verschiedenen Arten von narrativen Definitionen die automatischen Assoziationen bei den Lesenden zu steigern. Alle beschriebenen Varianten, so ab-
strakt sie auch sein mögen, binden den Gefühlsbegriff 'Neid' in ein Vorher-
Nachher-Gefüge, in einen Handlungszusammenhang ein. Es ist deshalb zu
einfach zu sagen, dass Hugo von Trimberg mit den verschiedenen Exempeln
und Maeren den Rezipierenden möglichst viele konkrete Situationen schildern
möchte, damit sie sie wiedererkennen und entsprechend tugendhaft handeln
können. Über weite Strecken ist der *Renner* kein Übungsfeld für die Identifikation von Alltags- und Figurensituationen, sondern ein Assoziations- und
Denktraining. Die *evigilatio* ist hier nicht nur als moralischer Aufruf, sondern
als geistige Beweglichkeitsübung umgesetzt.

Damit steht der *Renner* in bester kasuistischer Tradition. Besonders schwie-
rige Einzelfälle wurden im römischen Rechtsstudium zu dem Zweck
behandelt, dass die künftigen Anwälte lernen konnten, juristisch und logisch
zu denken. Die römische juristische Kasuistik wurde ins Kirchenrecht aufgenommen und weiterentwickelt. Sie fand vor allem in den hoch- und
spätmittelalterlichen Bußsummen Niederschlag, die zum Ziel haben, dem
Beichtvater anhand konkreter Beispiele Hinweise für die Beurteilung der
Sünden seiner Gemeindeglieder zu geben.[13] Auch hier begegnen narrative
Gefühlsdefinitionen.

---

[13] Robert Pichl, Sp. 905-911.

Die frühen Bußsummen übernehmen meist die inhaltliche Gliederung RAIMUNDs VON PEÑAFORTE, später wird die alphabetische Einteilung populär. Als jüngerer Zeitgenosse Hugos von Trimberg übersetzt BRUDER BERTHOLD die für den deutschsprachigen Raum maßgebende Bußsumme *Summa Confessorum* des JOHANNES VON FREIBURG (ca. 1250-1314) als *puoch der summ der peichtiger* ins Deutsche.[14] Unter den alphabetisch geordneten Stichwörtern finden sich mehrere Gefühlsbegriffe wie *ergerung, frewd, has, lieb, neyd* und *zoren*. Bei der narrativen Definition der Gefühlsbegriffe geht es hier noch viel stärker darum, die Motivationen von Gefühlsäußerungen freizulegen. Bezeichnend sind die Titel, die jeweils mit *wenn* ('wann') beginnen. Das heißt, es kommt hier auf die besonderen Umstände an, unter denen eine gewisse Gefühlsäußerung Sünde ist. Unter der Überschrift *wenn zorn ein tot suend sei oder niht* steht: *Zuernt der mensch dar vmb, daz etzwas vebels geschiht daz suend ist, oder schand, daz ist lobleich* (Handschrift A, Bd. 4, S. 2384).

An die genealogischen Erzählmuster knüpft auch diese Textsorte an, wenn sie die Folgen von Zorn bedenkt: *Auch chuemt von zorn schelten, fluechen vnd poez aid, vnd schreien, vnd slahen vnd chrieg vnd morden vnd auflaeff vnd versmahen vnd vnwirdikhait, daz allez grozz suend ist.* (Handschrift A, Bd. 4, S. 2388). Wie im *Renner* kommt es auch hier nicht nur auf die isolierte Definition einzelner Gefühlsbegriffe an, sondern auf die Abfolge, wie sie üblicherweise erlebt wird.[15]

Emotionserzeugende Wirkung der narrativen Emotionsdefinition

Das Wiedererzählen des Handlungszusammenhangs scheint eine bestimmte Emotion leichter erregen zu können als das sprachliche Zeichen, welches diese Emotion begrifflich bezeichnet. Diesen Umstand macht sich nicht erst das naturalistische Theater zunutze, sondern in der mittelalterlichen Enzyklopädik dienen, wie am Beispiel des *Renner* gezeigt, Figurenkonstellationen und Handlungsabläufe dazu, Emotionen zu charakterisieren und emotionale Kategorien zu entwerfen. Es scheint eine dem kindlichen Lernen von Gefühlsbegriffen entsprechende Technik zu sein, wenn mittelalterliche Enzyklopädien emotionale Kategorien nicht nur durch kategorielle Einteilung, sondern auch durch Erzählungen abhandeln. Diese Erzählungen können, wie die

---

14 Die Rechtssumme Bruder Bertholds, Bd. 1, S. 7*.

15 Ich sehe hier durchaus eine Parallele zum Beitrag von Klaus Rink in diesem Band, der feststellt, dass im Alltag Basisemotionen oft mit fliessenden Übergängen aufeinander folgen.

Eiche, die Verwandtschaften, der Brunnen gezeigt haben, durchaus abstrakten Charakter haben. Die der eigenen körperlichen Situation nahen Erzählungen sind notwendig, um Begriffe einzuführen. Sind sie aber auf dieser Ebene verstanden und mit den eigenen inneren Zuständen assoziiert, so bieten die allegorischen und metonymischen Erzählungen zusätzliche Möglichkeiten, diese Begriffe zu verknüpfen. Es ist davon auszugehen, dass dann selbst das Wiedererzählen von Allegorien ein Erinnern oder sogar Wiedererleben des inneren Zustandes provozieren kann.

Dies nützt die Rhetorik aus, indem sie solche performativen Effekte topischer Redeweise dazu verwendet, die Hörer zu überzeugen. Die rhetorischen Lehrbücher bieten dazu nicht nur Regeln an, sondern verwenden auch das erzählerisch dargebotene Beispiel, um die beabsichtigte Wirkung einer Formulierung darzulegen.[16]

Peter von Moos legt in seiner umfangreichen Studie über das mittelalterliche Exemplum großen Wert auf dessen illustrative und induktive Funktion im Rahmen einer Argumentationsrhetorik, bemerkt aber – gleichsam das Mittelalter verteidigend – auch, dass Erklärungen oft sich selber genügten und oft kein Ziel damit verfolgt werde, sondern im Gegenteil den Rezipierenden das Urteil und die Entscheidung nach der Darlegung verschiedener Aspekte und Streitfragen überlassen werde.[17]

Die erzählerischen Beispiele im *Renner* können durchaus als argumentativ funktionalisierte Fallbeispiele oder gar Beweise für die Behauptung, die Welt sei verderbt, angesehen werden. Wenn der bisherigen Forschung aufgefallen ist, dass sie aber trotzdem sehr schwach mit dieser Behauptung verbunden sind, so liegt das daran, dass ihre Funktion, wie ich gezeigt habe, in erster Linie eine definitorische ist und damit von Moos' nur nebenbei erwähnter und schamhaft verteidigter Fall hier die Oberhand zu gewinnen scheint. Dennoch sind die Beispiele nicht so kontrovers ausgewählt, als dass das reiche Assoziationsangebot den Rezipierenden nicht auch gewisse Leitplanken setzen würde. Wie Bertholds Bußsumme bietet der *Renner* jedoch lediglich eine umfassende Palette von Beispielsituationen sowie von allgemeinen Regeln an, welche die Lesenden selbst zu Urteilen kombinieren und allenfalls auf ihre Situation übertragen müssen.

---

16 Quintilian, inst. or. XII, 5, 11, hg. Rahn S. 596-617.

17 Peter von Moos, S. 350-361.

Zugang zu Gefühlskategorien der Vergangenheit

Solche erzählten Definitionen scheinen einen Zugang zu alten Texten zu ermöglichen, der trotz der historischen Distanz ein sicheres Verständnis verbürgt, sind uns viele der geschilderten Situationen doch sehr vertraut und heutige Gefühlskonzepte leicht zuzuordnen. Dass wir großes Vertrauen in die intersubjektive Verlässlichkeit von handlungsorientierten erzählten Definitionen haben, ist durchaus berechtigt, haben empirische Untersuchungen doch nachgewiesen, dass es neben der Mimik eines der zuverlässigsten Kommunikationsmittel für die Verständigung über emotionale Konzepte zwischen allen Altersstufen ist.[18]

Gerade die Geschichte vom Schinken hat jedoch gezeigt, wie stark zum Beispiel gesellschaftliche Konzepte wie die Feudalherrschaft in diese erzählten Definitionen eingewoben sind, deren emotionale Komponente wir heute wohl kaum nachvollziehen können. Welche empfundenen Gefühle mit diesen Mitteln beschrieben wurden, werden wir deshalb nie wissen, sehr wohl aber, wieviel Aufwand betrieben wurde, Gefühlskonzepte und -begriffe durch eine Vervielfältigung der Assoziationsmöglichkeiten so in Texte zu verflechten, dass sie den Rezipierenden unzählige Zugänge zu Gefühlsbegriffen eröffnen, die nicht nur für das Bußrecht, sondern – durch ihren Wiedererkennungs- und Wiedererlebens-Wert – auch für das literarische Lesevergnügen von zentraler Bedeutung sind.

Literatur

Quellen

Hugo von Trimberg: Der Renner. 4 Bde. Hg. von Gustav Ehrismann. Stuttgart 1908-1911.

Berthold: Die Rechtssumme Bruder Bertholds. Eine deutsche abecedarische Bearbeitung der Summa Confessorum des Johannes von Freiburg. Synoptische Edition der Fassungen B, A und C. Bd. 1 – 4. Hg. von Georg Steer u. a. Tübingen 1987.

Grove, Kim: Lauter Liebe Ist... Für alle, die ihre Liebe täglich aus vollem Herzen verschenken wollen. Dt. Übers. München / Bern 1977.

Quintilianus, Marcus Fabius: Institutionis Oratoriae Libri XII. Lat.-Dt., hg. und übers. von Helmut Rahn. Darmstadt 3. Aufl. 1995.

---

[18] Schmidt-Atzert, S. 238 f.

Thomas von Aquin: Secunda Secundae Summae Theologicae. In: Opera Omnia. Bde. 2 und 3. Hg. von Stanislas Édouard Fretté und Paul Maré. Paris 1895.

Thomas von Cantimpré: Liber de natura rerum. Hg. von Helmut Boese. Berlin / New York 1973.

Vergil, Aeneis, hg. von Marius Geymonat. Turin 1973.

Forschungen

de la Cuadra, Inés: Der Renner Hugos von Trimberg. Allegorische Denkformen und literarische Traditionen. Hildesheim u. a. 1999.

Goheen, Jutta: Mensch und Moral im Mittelalter. Geschichte und Fiktion in Hugo von Trimbergs "Der Renner". Darmstadt 1990.

Pichl, Robert: Kasuisitk. In: Historisches Wörterbuch der Rhetorik. Bd. 4. Tübingen 1998. Sp. 905-911.

Rosenplenter, Lutz: Zitat und Autoritätenberufung im Renner Hugos von Trimberg. Frankfurt am Main / Bern 1982. (Europäische Hochschulschriften 1, 457).

Schmidt-Atzert, Lothar: Lehrbuch der Emotionspsychologie. Stuttgart u. a. 1996.

Schweikle, Günther: Hugo von Trimberg. In: Verfasserlexikon. Bd. 4. Berlin / New York 2. Aufl. 1983. Sp. 268-282.

Von Moos, Peter: Geschichte als Topik. Das rhetorische Exemplum von der Antike zur Neuzeit und die historiae im "Policratius" Johanns von Salisbury. Hildesheim u.a. 1988.

Wachinger, Burghart, Der Dekalog als Ordnungsschema für Exempelsammlungen, in: Exempel und Exempelsammlungen, hg. von Walter Haug und Burghart Wachinger, Niemeyer, Tübingen 1991, S. 239-263,

Weigand, Rudolf Kilian: Der "Renner" des Hugo von Trimberg. Überlieferung, Quellenabhängigkeit und Struktur einer spätmittelalterlichen Lehrdichtung. Wiesbaden 2000. (Wissensliteratur im Mittelalter 35).

Weiske, Brigitte: Die "Gesta Romanorum" und das "Solsequium" Hugos von Trimberg. In: Haug, Walter / Wachinger, Burghart (Hg.): Exempel und Exempelsammlungen. Tübingen 1991, S. 173-207.

Zappen, James P./ Lisa Gondos: Distinctio. In: Historisches Wörterbuch der Rhetorik. Bd. 2. Tübingen 1994. Sp. 888-891.

Bildnachweis

Grove, Kim: Liebe ist … sich im Gewitter zu küssen.
http://www.rentsch-web.ch/postliebe.phtml (5. März 2005).

URSULA RENZ

Der *mos geometricus* als Antirhetorik

Spinozas Gefühlsdarstellung vor dem Hintergrund seiner Gefühlstheorie

Dass Spinoza in seiner *Ethica* auch die menschlichen Gefühle nach geometrischer Methode darstellt und – je nach Auslegung – gar beweist, gehört zu denjenigen Eigentümlichkeiten des Spinozismus, die bei einem breiteren Publikum häufig Befremden oder gar Ablehnung provozieren. Wie kann man 'geometrisch' über Gefühle reden – und mit welcher Absicht tut man dies?

Man kann es sich mit der Beantwortung dieser Frage leichter oder schwerer machen. Eine generelle Auskunft gibt bereits der schnelle Blick auf die Gepflogenheiten der philosophischen Methodendiskussion im 17. Jahrhundert. Der zu dieser Zeit verbreitete Anspruch, philosophische Erörterungen nach Art der Geometer zu präsentieren, hat seine Ursachen in der allgemeinen Methodenreflexion des 16. und 17. Jahrhunderts. Der Ausdruck 'mos geometricus' kennzeichnet ganz allgemein eine ganz bestimmte Beweisart und damit verbunden eine spezifische Anordnung von philosophischen Texten. Das Vorbild stellen Euklids *Elementa* dar; diese waren insbesondere durch Simon Grynaeus' Edition von Proklos' Kommentar zum ersten Buch der *Elementa* wieder ins Zentrum der Methodendiskussion gerückt.[1]

Innerhalb der Philosophie gilt Spinozas *Ethica de more geometrico demonstrata* als derjenige Text, der dieses Vorbild seinem Aufbau nach am striktesten umsetzt. Das hat mitunter dazu geführt, dass sich die Spinozaforschung mehrfach mit grossem Aufwand an den am Anfang des Textes aufgeführten Definitionen abgearbeitet hat. Im Gegensatz zum euklidschen Vorbild sind allerdings die keinem Beweis unterzogenen Ausgangspunkte, d. h. die Definitionen, Axiome und Postulate, auf die sich die *Ethica* abstützt, keineswegs so unstrittig und unmittelbar einleuchtend. Wichtiger als die Definitionen ist das synthetische Vorgehen im eigentlichen Beweisteil, das von einem analytischen Vorgehen unterschieden wird. Spinoza geht nicht zuerst analytisch auf elementare Grundeinsichten zurück, sondern bildet seine Behauptungen ausgehend von gesetzten, mehr oder weniger plausiblen Ausgangspunkten in einem konstruktiven Verfahren nach.

---

[1] Näheres dazu in Schulthess (1998), 84.

Wie weit dieses Verfahren als tauglich erachtet wird, die gewünschten Beweise zu erbringen, wird in der Methodendiskussion im 16. und 17. Jahrhundert einerseits vom jeweiligen Wissensideal, andererseits vom konkreten Gegenstandsbereich abhängig gemacht. Im 16. Jahrhundert waren insbesondere die vom rhetorischen Wissensideal der "prudentia" herkommenden Philosophen eher skeptisch gegenüber der geometrischen Vorgehensweise.[2] Im 17. Jahrhundert hat sich demgegenüber das Ideal "scientia" sehr viel weiter durchgesetzt. Auf der anderen Seite werden im 17. Jahrhundert die Geschichte und die Ethik eher aus dem Bereich der "scientia" herausgenommen.

Eine pauschale, auf den allgemeinen Methodenanspruch abstellende Erklärung macht also Spinozas Verwendung des mos geometricus nur bedingt nachvollziehbar. Erklärungsbedürftig ist insbesondere sein Einsatz im Rahmen einer *Ethica*. Weshalb glaubt Spinoza, auch Ethik *de more geometrico* betreiben zu können? Und worin besteht seiner Ansicht nach der ethische Gewinn dieser Methode? Diese Fragen sollen im Folgenden anhand einer genaueren Untersuchung von Spinozas Verhältnis zur Rhetorik geklärt werden. Dabei möchte ich als erstes auf die Verteidigung seines Ansatzes in der Praefatio der Affektenlehre eingehen. Der zweite Teil wird einer Rekonstruktion seiner Psychologie gewidmet sein. Dabei werde ich zeigen, dass es für Spinozas implizite Zurückweisung der Rhetorik nicht bloss – wie etwa bei Descartes – systematische und methodische Gründe gibt, sondern dass er dazu auch sachlichen Anlass hat. Die Verwendung des mos geometricus, so meine These, drängt sich Spinoza auch vor dem Hintergrund seiner ganz spezifischen Auffassung darüber auf, was menschliche Emotionen sind und wie sie durch imaginäre Effekte beeinflusst werden können. Im dritten Teil werde ich ausgehend von einer Analyse der Machart der *enumeratio* der Affekte im Anhang zum dritten Teil der *Ethica* den theoretischen Status der Einzelaffekte innerhalb von Spinozas Affektenlehre diskutieren. Anhand von Spinozas Nomenklatur der Affekte soll u. a. aufgezeigt werden, wo er sich an Vorbilder anlehnt, wo hingegen er Originalität beansprucht. Ferner sollen die naturphilosophischen Voraussetzungen seiner Auswahl der Primäraffekte freigelegt werden.

---

[2] Otto (1986), 201. Zur "neuen Rhetorik", die im späten 17. Jahrhundert von der Seite der französischen Moralistik propagiert wurde, siehe Lafond (1993),184.

1. Zur Verteidigung des geometrischen Ansatzes in der Praefatio von Buch III

Wie Spinoza im dritten Teil seiner *Ethica* dazu anhebt, Emotionen nach geometrischer Methode zu demonstrieren, ist er sich der Merkwürdigkeit dieses Zugriffs wohl bewusst. All jenen, so sagt er, für die sich in der menschlichen Affektivität die moralische Schwäche offenbart, *wird es zweifellos sonderbar vorkommen, dass ich mich anschicke, Fehler und Torheiten von Menschen auf geometrische Weise zu behandeln, und dass ich durch ein Verfahren der Vernunft (ratio) Dinge beweisen will, von denen sie lauthals bekunden, dass sie der Vernunft widerstreiten und eitel, ungereimt und schrecklich sind.*[3] Spinoza ist offensichtlich auf Einwände gegen sein Vorgehen gefasst. Er erwartet sie aber nicht von jener Seite, von der sie heute kämen, würde ein Geometer sich anheischig machen, über Gefühle zu reden. Es ist nicht etwa die Ansicht, es sei unmöglich, so individuelle, situationsspezifische oder atmosphärisch bedingte Erlebnisse auf abstrakte Nenner zu bringen, gegen welche Spinoza den geometrischen Ansatz verteidigt. Widerspruch erwartet er vielmehr von *jenen*, die, wie er sagt, *die menschlichen Affekte und Handlungen lieber verwünschen oder verlachen als verstehen wollen.*[4]

Wen hat Spinoza hier im Auge, und auf welche Gefühlskonzeption stellt er seine Affektenlehre im Gegensatz zu jenen ab? Der Text gibt nur auf die zweite dieser Fragen eine explizite Antwort. Ich zitiere dazu eine längere Passage aus der Praefatio:

Doch habe ich dafür folgenden Grund: Es geschieht nichts in der Natur, was ihr selbst als Fehler angerechnet werden könnte; denn die Natur ist immer dieselbe, und was sie auszeichnet, ihre Wirkungsmacht, ist überall ein und dasselbe; d.h. die Gesetze und Regeln der Natur, nach denen alles geschieht und aus einer Form in die andere sich verändert, sind überall und immer dieselben. Mithin muss auch die Weise (ratio) ein und dieselbe sein, in der die Natur eines jeden Dinges, von welcher Art es

---

[3] *His sine dubio mirum videbitur, quod hominum vitia et ineptioas more geometrico tractare aggrediar et certa ratione demonstrare velim ea, quae rationi repugnare quaeque vana, absurda et horrende esse clamitant.* (G II 138. Die im Text in Klammern beigefügten Ziffern beziehen sich auf die von Bennett standardisierte Numerierung der Lehrsätze, Anmerkungen etc. der *Ethica*. Die den lateinischen Zitaten beigefügten Seitenzahlen verweisen auf die lateinische Ausgabe von Gebhardt. Die zitierten deutschen Übersetzungen stammen, soweit nicht anders vermerkt, von Wolfgang Bartuschat.)

[4] Ebd.

*auch sein mag, zu begreifen ist, nämlich die allgemeinen Gesetze und
Regeln der Natur. Also folgen die Affekte des Hasses, des Zorns, des
Neides usw., in sich betrachtet, aus derselben Notwendigkeit und internen Beschaffenheit der Natur wie andere Einzeldinge auch. Somit unterliegen sie bestimmten Ursachen, durch die sie sich verstehen lassen, und
haben bestimmte Eigenschaften, die unserer Erkenntnis so würdig sind
wie die Eigenschaften jedes beliebigen anderen Dinges, an dessen
blosser Betrachtung wir uns erfreuen. Die Natur und Kräfte der Affekte
und die Macht des Geistes über sie werde ich deshalb nach derselben
Methode behandeln, nach der ich in den vorigen Teilen Gott und den
Geist behandelt habe, und ich werde menschliche Handlungen und
Triebe geradeso betrachten, als ginge es um Linien, Flächen oder
Körper.*[5]

Spinozas Punkt ist klar: Affekte sind *natürliche* Ereignisse. Die Natur aber ist
immer dieselbe, und sie ist, wie in den vorangegangenen beiden Büchern der
Ethica gezeigt wurde, in all ihren Erscheinungen ein und derselben Notwendigkeit unterworfen. Weshalb nun diese Notwendigkeit der homogenen Natur
de more geometrico verhandelt wird, hat Spinoza im Anhang zum ersten Teil
in seinem Hinweis auf die mathematische Auffassung von Wahrheit angedeutet. Die Mathematik ist für Spinoza deshalb normsetzend für eine wissenschaftliche Wahrheitskonzeption, weil sie ohne Zweckursache auskommt,
und sich in ihren Beweisführungen allein auf das *Wesen* und die *Eigenschaften* von Phänomenen stützt.[6] Im Hintergrund von Spinozas Wahl für den *mos
geometricus* steht also nicht einfach der naive Glaube an die Beweiskraft des
Verfahrens. Ins Gewicht fällt vielmehr das Programm seiner radikalen Imma-

---

5   *Sed mea haec est ratio. Nihil in natura fit, quod ipsius vitio possit tribui ; est namque
    natura semper eadem et ubique una eademque ejus virtus et agendi potentia, hoc est
    naturae leges et regulae, secundum quas omnia fiunt et ex unis formis in alias mutan-
    tur, sund ubique et simper eadem, atque adeo una eademque etiam debet esse ratio
    rerum qualiumcunque naturam intelligendi, nempe per leges et regulas naturae univer-
    sales. Affectus itaque odii, irae, invidiae etc. in se considerati ex eadem naturae
    necessitate et virtute consequuntur ac reliquia singularia; ac proinde certas causa
    agnoscunt, per quas intelligunteur, certasque proprietates habent, cognitione nostra
    aeque dignas ac proprietates cujuscunque alterius rei, cujus sola contemplatione
    delectamur. De affectum itaque natura et viribus ac mentis in eosdem potentia eadem
    methodo agam, qua in praecedentibus de Deo et mente egi, et humanas actiones atque
    appetitus considerabo perinde, ac si quaestio de lineis, planis aut de corporibus esset.*
    G II 138.

6   G II 79f. Wie Gilead 1985, 74f. deutlich gemacht hat, ist damit nicht die Auffassung
    verbunden, dass die Natur selbst mathematisch verfasst sei. Im Gegenteil, eine solche
    Auffassung würde, wie Gilead ferner deutlich macht, der Realitätsauffassung Spinozas
    sogar zuwider laufen.

nenzphilosophie selbst. Spinoza greift deshalb auf die Norm der Mathematik zurück, weil nur ein solches Denken den Aberglauben effektiv bekämpfen kann, das kraft seiner Methode vor der natürlichen Neigung, Zweckursachen anzunehmen, geschützt ist.

Die Anwendung der geometrischen Methode im Rahmen der Psychologie steht in engem Zusammenhang damit. Spinozas immanenzphilosophischem Programm zufolge darf es natürlich nicht nur keine transzendenten Ursachen geben, es dürfen zudem auch keine aussernatürlichen Exklaven innerhalb des menschlichen Seins geschaffen werden. So gesehen scheint der *mos geometricus* primär der Umsetzung von Spinozas metaphysischem[7] Naturalismus im Bereich der menschlichen Gefühle zu dienen. Die Affekte werden deshalb wie Linien, Flächen und Körper behandelt, weil sie wie alle Dinge natürliche Ursprünge haben und weil nur diese Methode auf das Wesen natürlicher Dinge abzielt.

Offen bleibt die Frage, weshalb Spinoza in der Praefatio zur Affektenlehre, nachdem er die Norm der Mathematik im Anhang zum ersten Teil mit sehr klaren Worten verteidigt hat, nochmals zu einer Verteidigung des *mos geometricus* ansetzt und gegen wen er diese Allianz von geometrischer Methode und naturalistischer Metaphysik glaubwürdig machen muss.

Vorweg ist festzuhalten, dass Spinozas Naturalismus, nicht mit heutigen naturalistischen oder gar physikalistischen Ansätzen zu verwechseln ist. Psychische Prozesse sind nach Spinoza nicht auf physikalisch bestimmbare Vorkommnisse zu reduzieren – seien es nun Körper und Bewegungen wie im 17. Jahrhundert oder neuronale Prozesse wie im späten 20. Jahrhundert. Körper und Bewegungen sind zwar bei Spinoza an der Affektbildung beteiligt, aber sie machen sie nicht allein aus. Das zeigt die Definition des Affekts sehr schön:

> *Unter Affekt verstehe ich die Affektionen des Körpers, von denen die Wirkungsmacht des Körpers vermehrt oder vermindert, gefördert oder gehemmt wird, und zugleich die Ideen dieser Affektionen.*[8]

---

[7] Ich verwende die Termini Metaphysik und metaphysisch zur allgemeinen Charakterisierung von Ontologien und nicht um physische von metaphysischen Entitäten abzusetzen. Physische Phänomene gehören ebenso wie psychische oder theologische Sachverhalte zu jenem Seinsbereich, dessen Erklärungsprinzipien in der Metaphysik beheimatet sind.

[8] *Per affectum intelligo corporis affectiones, quibus ipsius corporis agenda potentia augetur vel minuitur, juvatur vel coercetur, et simul harum affectionum ideas.* G II 139.

Spinoza hält hier durchaus an einem, wie ich es einmal tentativ formulieren möchte, konzeptuellen oder semantischen Dualismus fest.[9] Affekte sind Affektionen des Körpers *und zugleich* Ideen dieser Affektionen. Die Ideen der Affektionen des Körpers sind aber nicht auf Affektionen des Körpers reduzierbar.[10] Sein Naturalismus richtet sich daher auch nicht einfach – wie heutige Naturalismen – gegen einen ontologischen Körper-Geist-Dualismus.

Betrachtet man nun die verschiedenen Vorwürfe, mit denen Spinoza sich im Vorwort zu Buch drei von seinen diskursiven Gegnern abgrenzt, so sticht ins Auge, dass er nicht nur sachliche Gründe anführt, sondern sich überdies auch von einer Haltung den Affekten gegenüber distanziert, die selbst stark affektiv gefärbt ist und die sich in einer affektreichen Art und Weise über Affekte zu reden Ausdruck verschafft. Spinoza stellt seine trockene und abstrakte Denkweise jenen gegenüber, die die Affekte so *bejammern, verlachen, geringschätzen oder verdammen.* Er selbst will die Affekte nicht *eloquent oder geschickt durchhecheln,* sondern *verstehen, intelligere.* Diese Formulierungen[11] deuten darauf hin, dass die häufig behauptete Antirhetorik Spinozas nicht nur eine Frage der Methodik und der damit verbundenen Ontologie ist, sondern sich auch gegen einen rhetorischen Gestus der Thematisierung von Affekten richtet. Verstehen statt bereden, so könnte man Spinozas Devise auf den Punkt bringen.

Es stellt sich nun die Frage, weshalb für Spinoza der rhetorische Gestus im Zusammenhang mit der Thematisierung der Affekte problematisch ist. Meine Vermutung geht dahin, dass Spinozas Distanzierung sich nicht einfach gegen

---

9 Spinozas sogenannter Parallelismus wurde und wird sowohl als Monismus wie auch als Dualismus rezipiert. Das ist kein Zufall. Liest man die unüberspringbare Barriere zwischen seelisch-geistigen und physikalischen Vorgängen nämlich primär als eine logische, d.h. dahingehend dass Ausdehnungsprädikate auf der einen, mentale Prädikate auf der anderen Seite intensionale Kontext bilden, dann ist nicht ausgeschlossen, dass Spinoza gleichzeitig ontologischer Monist und radikaler semantischer Dualist ist. Diese zentrale Einsicht verdanke ich Michael Della Rocca (1996/2) sowie etlichen Diskussionen mit ihm.

10 Das zeigt sich übrigens auch darin, dass Spinoza in seiner Descartes-Kritik der Praefatio zu Buch III der Ethik nicht dessen Dualismus verwirft, sondern die Annahme eines freien Willens, wodurch dem Geist eine Macht über die Affekte zugesprochen wird.

11 Ein weiteres Indiz liegt in den genannten Beispielen. Hass, Zorn und Neid zählen zu den Lieblingen der Rhetoriker, gehören aber weder bei den Stoikern, noch in der Scholastik, noch bei Descartes, noch bei Spinoza selbst zu den Grundaffekten. Demgegenüber tauchen sie etwa in Ciceros *De oratore* sehr häufig auf. Vgl. dort S. 316 oder 324. Zur Klassifikation der Grundaffekte in der Stoa und bei Thomas von Aquin siehe Brungs (2002), 84-115.

die auf Aristoteles zurückgehende, systematische Verortung der Affekten-lehre in der Rhetorik und der Ethik richtet,[12] sondern dass sie einen tieferen, gleichsam in der Sache der Gefühle selbst beheimateten Grund hat. Diesen möchte ich im Folgenden auf dem Umweg einer kurzen Skizze von Spinozas Affektenlehre freilegen.

2. Die psychologischen Grundprinzipien

Spinozas Affektenlehre umfasst drei Text-Stücke, 1. eine Praefatio, auf die ich im vorangegangenen Kapitel bereits ziemlich ausführlich eingegangen bin, 2. den Hauptteil, in dem ausgehend von den in Form von Definitionen und Postulaten vorgegebenen Voraussetzungen die psychologischen Gesetz-mässigkeiten entwickelt werden und 3. eine Auflistung von Definitionen der einzelnen Affekte.

Die eigentliche Theorie der Affekte, wie sie im Hauptteil präsentiert wird, basiert auf vier aufeinander aufbauenden Grundprinzipien: Erstens dem Prin-zip der Selbsterhaltung, zweitens dem Assoziationsgesetz, drittens dem Prin-zip der Übertragung auf Ähnliches und viertens dem Affektimitation. Diese vier Prinzipien erklären die Entstehung von bestimmten Affektqualitäten, d.h. sie erklären, weshalb sich bestimmte Affektionen so anfühlen, wie sie es eben tun.

---

[12] Damit begründet Wiehl (1996), 287f. den von ihm so benannten "antirhetorischen Grundzug" von Spinoza. Mit dieser Begründung rückt er allerdings Spinozas systema-tisches Interesse sehr nahe an dasjenige Descartes' heran, vgl. auch Wiehl (2003), 52. Meines Erachtens ist das nicht zwingend. Natürlich bildet Descartes' antirhetorischer Traktat über die Leidenschaften (vgl. AT XI, 326) eine wichtige, wenn nicht die wichtigste Vorlage von Spinozas Affektenlehre. Auf der anderen Seite ist der systema-tische Ort von Spinozas Affektenlehre doch näher an der praktischen Philosophie als dies noch bei Descartes der Fall ist.

Das Verhältnis von Spinozas Ethik zur Tradition der Rhetorik erörtert auch Krämer (2002), allerdings nicht im Hinblick auf die Affektenlehre, sondern vielmehr im Hin-blick auf die Frage der Methode intuitiver Erkenntnis, wobei er sich auf die rhetorisch reformierte Dialektik von Petrus Ramus bezieht. Bezüglich des Verhältnisses der Ethica zur Rhetorik kommt er dementsprechend zu ganz anderen Resultaten. Anders als im Falle der klassischen Rhetorik, die an den neugegründeten Universitäten der Republik der Vereinigten Niederlande ein hohes Ansehen genoss (vgl. Dibon (1993), 45), dürfte die Chance, dass Spinoza sich eingehender mit der Dialektik von Ramus befasst hat, eher klein sein. Abgesehen davon, dass sich keinerlei Indizien für einen Einfluss finden lassen, muss man sich auch fragen, wie Spinoza mit Ramus' Texten in Berührung gekommen sein konnte. Wie Theo Verbeek (2001) gezeigt hat, war der Ramismus in den Niederlanden nie eine namhafte philosophische Bewegung.

(a) Das erste Prinzip ist das Prinzip der Selbsterhaltung. Es besagt, dass *jedes Ding ..., soviel an ihm liegt, in seinem Sein zu verharren* strebt. (3p6)[13]

Spinoza schreibt hier allen *res* und nicht nur den Menschen und Tieren einen *conatus*, d.h. einen Trieb zur Selbsterhaltung, zu. Damit werden indirekt auch die menschlichen Affekte auf eine ontologische Basis gestellt.[14] Der Begriff des *conatus* bildet den massgeblichen Hintergrund für die ganze Affekten-lehre der *Ethica*. Spinoza leitet nicht nur die Grundaffekte der Begierde direkt aus dem conatus ab, sondern bezieht auch die beiden anderen Grundaffekte, die *laetitia* und die *tristitia*, übersetzt mit Freude oder Lust resp. Traurigkeit oder Unlust, sowie die einfachsten der zusammengesetzten Affekte *amor* und *odium*, Liebe und Hass, unmittelbar auf den *conatus* zurück.

(b) Als zweites Prinzip kann das Assoziationsgesetz genannt werden, welches in Lehrsatz 14 verhandelt wird:

Wenn der Geist einmal von zwei Affekten zugleich affiziert worden ist, wird er später, wenn er von einem von ihnen affiziert wird, auch von dem anderen affiziert werden. (3p14)[15]

Dieses Gesetz macht die bereits in der Erkenntnistheorie diskutierte These, dass Erinnerung auf Assoziation beruht, für die Wiederholung von Affekten geltend. Spinoza gibt an dieser Stelle keinerlei Beispiel, der Mechanismus ist jedoch so einfach, dass auch ohne das klar ist, was für Phänomene er dabei im

---

13 *Unaquaeque res, quantum in se est, in suo esse perseverare conatur.* G II 145. Die Übersetzung des *quantum in se est* stellt vor dem Hintergrund von Spinozas Substanz-theorie vor grundsätzliche Schwierigkeiten. Da Bartuschats Übersetzung an dieser Stelle stärker interpretatorisch eingreift, gebe ich an dieser Stelle die Übersetzung von Jakob Stern wieder.

14 Dieser Sachverhalt führt die Interpreten eigentlich nicht in Verlegenheit, vgl. dazu etwa die Interpretationen Walther (1971), Bartuschat (1992), 133-142, Garber (1994), Della Rocca (1996/1) sowie Garrett (2002). Ob nach Spinoza allerdings wirklich alle Dinge einen conatus haben, darf allerdings trotzdem bezweifelt werden, vgl. etwa Walther (1971), Schrader (1977) oder Bartuschat (1992). Unklar ist ferner auch der genaue ontologische Status dieses Prinzips. Lautet Spinozas These, dass jedes Ding dahin ten-diert, dass es sich selber erhält, wenn es nicht von aussen daran gehindert wird, oder aber eher, dass jedes Ding dazu motiviert ist, sich selber erhalten zu wollen, wenn es in seiner Existenz nicht beeinträchtig ist? Der Begriff des *conatus* ist hier, wie Della Rocca richtig bemerkt, mehrdeutig. Allerdings scheint es mir problematisch, Spinoza auf die eine oder andere Lesart festlegen zu wollen. Der ganze Übergang von Ontolo-gie über die Psychologie bis dann zur Ethik ist nämlich viel plausibler, wenn man davon ausgeht, dass der Begriff beides umfasst.

15 *Si mens duobus affectibus simul affecta semel fuit, ubi postea eorum alterutro afficie-tur, afficietur etiam altero.* G II 151.

Blick hat, kennen wir doch solche zuhauf aus unserem Alltag: Die Lust beim Riechen eines bestimmten Parfüms etwa lässt einen gleichzeitig den Hass auf einen Menschen, der dasselbe Parfum benützt hat, empfinden und obwohl der Geruch als solcher eigentlich stimulierend wirken würde, mögen wir ihn nicht.

Sowohl widersprüchliche wie auch suggerierte Gefühle basieren auf dem Mechanismus der Affektassoziation. Spinoza erklärt unter anderem eine bestimmte Form der Liebe mit Hilfe des Assoziationsgesetzes. Grundsätzlich wird Liebe bei ihm bestimmt als Lust verbunden mit dem Gedanken an eine externe Ursache (3p13). Der Gedanke an eine externe Ursache meiner Lust kann sich nun aufgrund des Assoziationsgesetzes auch auf einen externen Gegenstand beziehen, der gar nicht Urheber meiner Lust ist. Das Gefühl der Liebe kann daher auch entstehen, ohne dass wir die genaue Ursache unserer Lust wirklich kennen. Von dieser potentiell fehlgeleiteten Liebe ist jedoch der *amor dei intellectualis*, der im fünften Buch der *Ethica* eine zentrale Rolle spielen wird, prinzipiell verschieden. Weil Gott die erste Ursache sowohl unserer Existenz als auch unserer Essenz ist, befinden wir uns bei der Liebe zu ihm als unserer ersten Ursache nie im Irrtum. Davon ist allerdings jene abergläubische Gottesliebe zu unterscheiden, die sich – wiederum nur per Assoziation – an unsere imaginativen Bilder von Gott als einem Schöpfer der Welt anhängt. Im Gegensatz zu diesem Aberglauben ist der *amor dei intellectualis* bei Spinoza der realistische Affekt schlechthin.

(c) Das Assoziationsgesetz ist nun vor allem im Zusammenspiel mit dem dritten und dem vierten Grundprinzip aufschlussreich. Das dritte Grundprinzip, das ich oben als Prinzip der Übertragung aufgrund von Ähnlichkeit bezeichnet habe, ist in seiner einfachsten Form im Lehrsatz 16 dargestellt:

> *Wir werden ein Ding allein aus dem Grund lieben oder hassen, dass wir es uns als etwas vorstellen, das mit einem Gegenstand, der den Geist gewöhnlich mit Freude oder Trauer affiziert, irgendeine Ähnlichkeit hat, selbst dann, wenn dasjenige, worin das Ding dem Gegenstand ähnlich ist, nicht die bewirkende Ursache dieser Affekte ist.* (3p16)[16]

Auf dem Hintergrund dieses Prinzips erklärt Spinoza Gefühle wie Missgunst, aber auch solche Phänomene wie Vorurteile gegenüber Angehörigen ganz bestimmter Gruppen.

---

[16] *Ex eo solo, quod rem aliquam aliquid habere imaginamur simile objecto, quod mentem laetitia vel tristitia afficere solet, quamvis id, in quo res objecto est similis, not sit horum affectuum efficiens causa, eam tamen amabimus vel odio habebimus.* G II 152f.

(d) Das vierte Prinzip schliesslich, das mit dem dritten sehr eng verwandt ist, nennt Spinoza selbst *imitatio affectus*. Es ist in Lehrsatz 27 erklärt:

> *Wenn wir uns ein uns ähnliches Ding, mit dem wir nicht affektiv verbunden gewesen sind, als mit irgendeinem Affekt affiziert vorstellen, werden wir allein dadurch mit einem ähnlichen Affekt affiziert werden.* (3p27)[17]

Mithilfe dieses Prinzips erklärt Spinoza unter anderem jene Form des Mitleids, die nicht auf eine emotionale Verbundenheit mit der leidenden Person abstellt, sondern durch die blosse Vorstellung einer Ähnlichkeit mit dem leidenden Subjekt veranlasst ist sowie die *aemulatio*, was je nachdem als Wetteifer oder ehrgeizige Eifersucht übersetzt wird.

Diese vier Prinzipien bringen in doppelter Hinsicht Licht in die menschlichen Gefühlsangelegenheiten. Der als ontologisches Grundprinzip ausgewiesene Selbsterhaltungstrieb führt einerseits die generelle Notwendigkeit von Gefühlen vor Augen. Ein Ding, das nicht schlechthin existiert, sondern danach strebt, weiterzuexistieren, ist sich dieses Strebens in Form von Affekten bewusst. Ein endliches existierendes Ding ohne Affekte wäre nach Spinoza ein hölzernes Eisen. Affektivität macht daher unser ontologisch verbürgtes Schicksal aus. Im Gegenzug zu diesem Aufweis der ontologischen Unabwendbarkeit von Affekten führen andererseits die drei anderen Prinzipien – Assoziationsgesetz, Übertragung aufgrund von Ähnlichkeit und Affekt-Imitation – die relative Beliebigkeit von Einzelaffekten vor Augen. Dass jemand von Antipathie statt von Sympathie, von Mitleid, Missgunst oder Neid ergriffen wird, kann zwar mit Rekurs auf diese drei Mechanismen vollständig erklärt werden. Gleichzeitig machen diese Erklärungen aber auch bewusst, wie grundlos viele unserer affektiven Impulse sind. Spinoza verklammert damit die Möglichkeit einer vollständigen Erklärung mit der Einsicht in die Grundlosigkeit von sehr vielen Affekten.

Dieser doppelte Umgang mit den Affekten ist nun von einer rhetorischen Perspektive auf die Affekte in der Tat sehr weit entfernt. Gleichzeitig weist die pointierte Analyse zufällig induzierter Affektionen auf die Sensibilität Spinozas für das Potential rhetorischer Affektübertragung hin. Spinoza hat im Grunde genommen genau durchschaut, auf welchen anthropologischen Grundlagen die Rhetorik eigentlich aufbaut. Man muss sich hier vor Augen führen, dass Spinoza mit den Bedingungen, unter welchen Affekt-Assoziationen, Übertragungen und Affekt-Imitationen vonstatten gehen, die Schwelle für künstlich erzeugte Emotionen sehr tief ansetzt. Für eine erfolgreiche

---

[17] *Ex eo, quod rem nobis similem et quam nullo affectu prosecuti sumus, aliquo affectu affici imaginamur, eo ipso simili affectu afficimur.* G II 160.

Affekt-Ansteckung müssen lediglich zwei Bedingungen erfüllt sein. Erstens müssen Ähnlichkeiten wahrgenommen werden und zweitens muss eine Affektion vorgestellt werden. Dabei genügt beispielsweise im Falle einer Hass-Übertragung eine ganz beliebige Ähnlichkeit zwischen einem früheren Übeltäter und einem mir jetzt begegnenden Menschen, damit ich gegenüber letzterem Hass empfinde. Die Ähnlichkeit muss in keinem Zusammenhang mit der Übeltat selbst stehen. Auch die zweite Bedingung bedeutet keine Restriktion der Affekt-Ansteckung, im Gegenteil. Die blosse Vorstellung, dass ein ähnlicher Körper von Lust oder Unlust affiziert wird, reicht völlig aus, damit man selbst von Lust oder Unlust besetzt wird. Die Einbildung, dass jemand, weil er ähnlich aussieht wie jemand, der meinen Bruder einmal verprügelt hat, nun mich schlagen könnte, ist Anlass genug, in meinem Geist die Affektion der Unlust hervorzurufen. Wenn ich diese nun noch qua Assoziationsgesetz dem vermeintlichen Angreifer zur Last lege, so habe ich in meinem Geist aus dem Nichts eines blossen Verdachts einen enormen Hass entfacht.

Weil aber Gefühle allein aufgrund von Einbildungen zustande kommen können, und weil es dazu ferner nichts weiter braucht als den Anstoss einer beliebigen Ähnlichkeit, ist nach Spinoza der Mensch durch bildhafte Darstellungen in einem extremen Ausmass manipulierbar. Die an die Imagination anschliessende Darstellung möglicher Affekte appelliert nicht einfach an bestehende Affekterfahrungen, sondern suggeriert sie vielmehr. Mit anderen Worten: Symbole drücken nach Spinoza Gefühle nicht einfach aus, sondern reproduzieren sie.

Genau darin liegt nun aber meiner Ansicht nach der sachhaltige Hintergrund von Spinozas Zurückweisung rhetorischer Gefühlsdarstellung. Explizit betrifft sie die Praxis rhetorischer oder literarisierender Darstellung von Gefühlen. Der klassischen Theorie der Rhetorik hätte Spinoza hingegen vor allem vorzuwerfen, dass sie keine theoretische Erklärung dafür abgeben kann, weshalb der Zuschauer durch blosse Worte in seinen Emotionen beeinflussbar ist. Spinoza liefert diese Erklärung nach. Im Grunde genommen kann man Spinoza daher eigentlich eine doppelte Haltung gegenüber der Tradition der rhetorischen Affektenlehren zuschreiben. Während er als Psychologe die pragmatischen Maximen eines Aristoteles oder Cicero theoretisch untermauert, muss ihm als einem auf Vorurteilsfreiheit bedachten Philosophen, die Gefahr von aus dem Nichts induzierten Gefühlen ein Greuel sein.

3. Zum Ort und Stellenwert der Einzelaffekte

Bis jetzt ist viel von den Affekten im Allgemeinen, sehr wenig aber von einzelnen Affekten die Rede gewesen. Anhand einer Untersuchung der Machart des Appendix, wo Spinoza alle von ihm definierten Affekte nochmals auflistet, möchte ich daher abschliessend noch kurz der Frage zuwenden, welche Bedeutung bestimmte Einzelaffekte für seine Theorie der menschlichen Affektivität haben. Vergegenwärtigt man sich seinen Gang durch das Feld der menschlichen Emotionalität, so hat man den Eindruck, dass ihm die spezifischen Unterscheidungen von Gefühlen relativ nebensächlich sind. Dieser Eindruck ist nicht falsch, aber aufs Ganze gesehen undifferenziert.

Spinozas Affektenlehre unterscheidet insgesamt über fünfzig gefühlsartige Zustände. Von diesen sind 48 am Schluss nochmals in einem Katalog aufgelistet. Darin eingeschlossen sind Charaktereigenschaften wie Grausamkeit, Kühnheit, Ehrgeiz sowie Laster wie Trunksucht, Habsucht oder Lüsternheit. In den Erläuterungen sind ferner Gefühle wie Milde, oder Tugenden wie Mässigkeit oder Keuschheit erwähnt. Diese werden aber nicht numeriert, unter die Aufzählung fallen also eigentlich nur jene Affekte, die auch Leidenschaften oder *passiones* sind, nicht aber, was Spinoza als Handlungen oder *actiones* des Geistes bezeichnet.

Welche Funktion haben diese aufgelisteten Bezeichnungen emotionaler Zustände? Offensichtlich haben sie nicht den Status von geometrischen Definitionen, denn sie sind meist bereits im vorangegangenen Hauptteil erläutert worden. Dort hatten sie jedoch einen etwas merkwürdigen Stellenwert. Eingeführt worden sind diese Bezeichnungen nämlich stets in den Anmerkungen, *scholia*, welche nicht bewiesen werden. Nachdem sie aber jeweils eingeführt worden sind, werden sie in den Lehrsätzen, also innerhalb des beweispflichtigen Gedankenganges, durchaus verwendet. Die terminologische Kennzeichnung einzelner Leidenschaften ist also selbst zwar vom eigentlichen Beweisgang ausgenommen, sie ist aber für denselben durchaus von Belang.

Diese doppelte Stellung der Einzelaffekte und ihrer Namen ist bemerkenswert. Vorausgesetzt ist erstens, dass die Nomenklatur als solche bekannt ist. Als konkrete Vorlage kann man mit ziemlicher Sicherheit die lateinischen Ausdrücke der aus dem Jahre 1650 stammenden, vermutlich nicht mehr autorisierten Übersetzung von Descartes *Passions de l'âme* vermuten.[18] Das ist ein klares Indiz dafür, dass Spinozas *Ethica* nicht einfach ein geschlossenes System darstellt, sondern sich trotz oder gerade mittels des Verfahrens des *mos geometricus* auf einen zeitgenössischen Diskussionskontext bezieht.[19] In der eigentümlichen Doppelstellung der Affekte zeigt sich zweitens deutlich, dass die Kennzeichnung und Unterscheidung einzelner Affekte gegenüber

---

[18] Voss (1981), 167.

[19] Robert Schnepf hat diese Eigenart des *mos geometricus* ziemlich treffend als implizites Dialogzitat bezeichnet. Vgl. dazu Schnepf (1996), 128ff. sowie Schnepf (2003), 32f.

ihrer wissenschaftlichen Erklärung als sekundär angesehen wird. Spinoza geht offenbar davon aus, dass sich die theoretische Unterscheidung und Verortung von einzelnen Affekten von selbst versteht, natürlich immer unter der Voraussetzung, dass man die sie erzeugenden Mechanismen kennt und versteht. In gewisser Weise hat ihre Zuordnung zu einem dieser Mechanismen nur noch exemplarischen Charakter, nach Veranschaulichungen in Form von Einzelbeispielen sucht man allerdings vergeblich.

Weshalb aber, so fragt man sich umso dringlicher, stellt Spinoza im Anschluss an die eigentliche Herleitung seiner Affektenlehre die Einzelaffekte nochmals in einer Liste von Definitionen der Affekte zusammen? Mir scheint, dass Spinoza hier seine Theorie nachträglich dadurch zu verifizieren versucht, dass er sie zu alternativen Affekt-Katalogen, insbesondere demjenigen von Descartes, in ein Verhältnis setzt. Spinoza reagiert in bestimmten Punkten zwar implizit, aber eindeutig auf die Descartes' Bestimmungen. So kommt es einem beispielsweise beim ersten Hinschauen seltsam vor, dass das Erstaunen, *admiratio*, an vierter Stelle aufgeführt wird. Im Hauptteil war dieser Affekt erst im Scholium zu Lehrsatz 52 eingeführt worden. Vor dem Hintergrund von Descartes' Affektenlehre ist das allerdings nicht weiter erstaunlich. Spinoza greift mit der *admiratio* denjenigen Affekt auf, der nach Descartes den philosophischen Grundaffekt schlechthin ausmacht.

Anders als Descartes schreibt aber Spinoza der *admiratio* keinerlei Sonderstatus zu. Zwar behauptet er, durchaus in gewissem Anschluss an Descartes, dass die *admiratio* kein Affekt im vollen Sinne ist. Descartes hatte die *admiration* dadurch ausgezeichnet, dass sie nur eine Bewegung der Lebensgeister zur physiologischen Grundlage hat, aber nicht auf das Herz oder den Blutkreislauf übergreift.[20] Die *admiration* ist daher bei Descartes, schon rein physiologisch gesehen, sehr viel näher an der rein geistigen Aktivität des Denkens. Bei Spinoza hingegen ist die *admiratio* nicht deshalb kein Affekt, weil sie eine stärker kognitive Tätigkeit bedeutete. Im Gegenteil, die *admiratio* kommt bei Spinoza als ein blosses Fixiertbleiben in einzelnen Vorstellungen daher.[21]

Dass die *admiratio* im Katalog des Schlussteils nach vorne rückt, gibt aber auch Aufschluss über Spinozas Vorgehen. Er geht offenbar direkt nach der

---

[20] AT XI, 381.

[21] In wissenschaftshistorischer Hinsicht entspricht diese Zurückstufung der admiratio der von Lorraine Daston beobachteten Umwertung der kognitiven Leidenschaften in der frühen Neuzeit, lief doch genau in dieser Zeit die Neugier dem Staunen den Rang der zentralen, die Wissenssuche motivierenden kognitiven Leidenschaften ab. Vgl. Daston (2001), 77f.

Definition der von ihm als Primäraffekte behaupteten Trias der *cupiditas*, der *laetitia* und der *tristitia* dazu über, die Nomenklatur von Descartes abzuarbeiten. Dabei gibt er zwar alternative kausale Erklärungen ab und setzt in der Einteilung andere Akzente, doch hat er nicht den Anspruch, irgendwelche neuen Phänomene beobachtet zu haben.

Stellt sich nun abschliessend noch die Frage nach den *affectus primarii*. Wie kommt Spinoza zu seiner Festlegung der Primäraffekte? Der Blick auf die Tradition scheint hier nur bedingt weiter zu helfen. Trotz des herausragenden Status des *conatus* und der diesen unmittelbar zum Ausdruck bringenden *cupiditas*, sind die Gefühle nach Spinoza nicht einfach Ausdruck einer seelischen Grundkraft, wie es in der Tradition Augustins bei der Liebe der Fall ist.[22] Der *conatus* ist selbst nicht Gefühl, sondern ein ontologisches Grundprinzip, das unabhängig vom Geist auch den Körper betrifft.[23] Die Trias von *cupiditas*, *laetitia* und *tristitia* nimmt aber auch in keiner Weise Anleihen bei Thomas, von Aquins Einteilung der Gefühle in die elf Grundleidenschaften *amor, odium, desiderium, fuga, gaudium, tristitia, spes, desperatio, timor, audacia* und *ira*.[24] Bezüglich der drei Grundaffekte kann auch Descartes kaum als Vorlage dienen. Zwar figurieren die von Spinoza genutzten Termini der *laetitia, cupiditas* und der *tristitia* durchaus unter den lateinischen Übersetzungen von Descartes' sechs *passions primitives*, zu welchen nebst der *admiration* noch *amour, haine, desir, joye* und *tristesse* gehören. Die Definitionen derselben stimmen aber erstens keineswegs mit Spinozas Definitionen überein. Spinoza macht sich hier die durch inkonsistente Descartes-Übersetzung entstandene Verdoppelung der *joie* in *laetitia* und *gaudium* sowie des *desir* in *cupiditas* und *desiderio* zu Nutzen, um nebst seiner eigenen Auffassung von Freude und Begierde auch noch die Descartes' abzuhandeln – letztere natürlich nicht unter den Primäraffekten.[25] Bei der *tristitia*, wo er keine Doppelübersetzung zur Verfügung hat, legt er kurzer Hand die cartesischen Begriffe Gewissensbisse und Trauer zusammen, mit dem etwas merkwürdigen Resultat, dass der Gewissensbiss bei Spinoza als *Trauer unter Begleitung*

---

[22] Schöpf (1970), 65. Unter den Zeitgenossen Spinozas wurde diese Auffassung etwa von Senault vertreten.

[23] Diese These vertritt Jean-Marie Beyssade (1999) in Absetzung gegen Robert Misrahis Übersetzung.

[24] Eine sehr klare Darstellung und – über weite Strecken – auch eine Plausibilisierung von Thomas' System bietet Brungs (2002).

[25] Zur lateinischen Übersetzung von Descartes' französischen Termini vgl. Voss, a.a.O.

der Idee einer vergangenen Sache, die schlechter als erhofft abgelaufen ist definiert wird.[26]

Am ehesten, so scheint es, kommt Spinozas Trias von *cupiditas*, *laetitia* und *tristitia* noch dem stoischen Quartett von *epithymia*, *hedone*, *lype* und *phobos* nahe. Der kleine Schönheitsfehler, dass Spinoza nicht von vier, sondern von drei Primäraffekten ausgeht, zerstört diesen Schein einer Verwandtschaft leider recht schnell. Dass für Spinoza die *Furcht* kein Grundaffekt ist, sondern zu den aus *laetitia* und *tristitia* abgeleiteten Affekten gehört, lässt sich zwar vor dem Hintergrund von Spinozas Religions- oder genauer Theologiekritik erklären. Diese stellt nämlich auf die Auffassung ab, dass die Furcht Ursache des Aberglaubens sei.[27] Wenn nun Spinoza in der Affektenlehre plausibel machen kann, dass die Furcht gar nicht zu den Grundaffekten des Menschen gehört, entzieht er einer auf die Furcht abstellenden Religionsbegründung von vorneherein jeglichen Boden.[28]

Trotzdem besteht Spinozas Trias der Grundaffekte nicht einfach aus dem reduzierten stoischen Quartett. Selbst wenn ursprünglich die Stoa hier Pate gestanden haben sollte, so hat sich doch durch die Elimination der Furcht aus der Reihe der Grundaffekte der Charakter der übriggebliebenen drei Basalemotionen – und damit verbunden: die grundlegende Auffassung menschlicher Affektivität – entscheidend verändert. Der *cupiditas* und ihrem körperlichen Äquivalent, dem *appetitus*, steht bei Spinoza keine Emotion mehr entgegen. Das ist durchaus konsequent. Die *cupiditas* ist nämlich bei Spinoza nur Ausdruck der an sich ziellosen Seinsbestimmung des *conatus*, wie er sich in unserem Bewusstsein unmittelbar ausdrückt. Jegliche hemmende Gegenstrebung ist bei Spinoza grundsätzlich von aussen verursacht. Ähnlich sind auch die *laetitia* und die *tristitia* lediglich Ausdruck der Übergänge der Zustandsveränderungen unserer körperlichen *potentia*.

Damit ist die fundamentalste Differenz von Spinozas Affektenlehre gegenüber der ganzen Tradition offenkundig geworden: Spinozas drei Grundaffekte der *cupiditas*, der *laetitia* und der *tristitia* sind Ausdruck erlebter Seinspotentiale. Als solche sind sie von Kognitionen begleitet, ohne von ihnen verursacht zu sein. Sie sind daher weder Quasi-Erkenntnisse von Sachverhalten, Dingen, Gütern oder Gefahren, noch haben sie sonst irgendeine zeichenhafte Funktion. Sie sind primär Ereignisse. Von solchen Ereignissen, so kann man

---

[26] *Conscientiae morsus est tristitia concomitante idea rei praeteritae, quae praeter spem evenit.* G II 195.

[27] Vgl. dazu vor allem die Vorrede zum *Tractatus theologico-politicus,* G I, If.

[28] Vgl. dazu auch 3p50schol, G II,

abschliessend sagen, ist es tatsächlich sekundär, wie wir sie im Einzelnen nennen. Wichtiger ist, dass wir sie als das begreifen, was sie sind: d.h. als von aussen verursachte Affektionen, die allerdings dadurch emotional bedeutsam werden, dass wir sie an Leib und Seele erleiden.

Literatur

Quellen

Descartes, René: *Passions de l'âme*. In: Charles Adam & Paul Tannery : Oeuvres de Descartes, Bd. XI. Reprint Paris (Vrin) 1996.

Euklid: *Elemente*. Hrsg. und ins Deutsche übersetzt von Clemens Thaer, Darmstadt 1962.

Spinoza: *Opera,* Bd. II. Im Auftrag der Heidelberger Akademie der Wissenschaften. Hrsg. von Carl Gebhardt. Heidelberg 1925.

Spinoza: *Ethik in geometrischer Ordnung dargestellt.* Neu übersetzt, herausgegeben, mit einer Einleitung versehen von Wolfgang Bartuschat. Hamburg 1999.

Sekundärliteratur

Bartuschat, Wolfgang (1992), *Spinozas Theorie des Menschen*. Hamburg.

Beyssade, Jean-Marie (1999), Nostri Corporis Affectus: Can an Affect in Spinoza be 'of the Body'? In: Yirmiyahu Yovel: *Desire and Affect. Spinoza as Psychologist.* New York, Little Room Press, 113-128.

Brungs, Alexander (2002), *Metaphysik der Sinnlichkeit. Das System der passiones animae bei Thomas von Aquin*. Halle.

Daston, Lorraine (2001), *Wunder, Beweise und Tatsachen. Zur Geschichte der Rationalität.* Frankfurt.

Della Rocca, Michael (1996/1), Spinoza's metaphysical psychology. In: Don Garrett: *The Cambridge Companion to Spinoza.* Cambridge Mass, Cambridge University Press, 192-267.

Della Rocca, Michael (1996/2), *Representation and the Mind-Body Problem in Spinoza*. Oxford, Oxford University Press.

Dibon, Paul (1993), Die Republik der Vereinigten Niederlande. In: Jean-Pierre Schobinger: *Grundriss der Geschichte der Philosophie begründet von Friedrich Ueberweg. Völlig neu bearbeitete Ausgabe. Die Philosophie des 17. Jahrhunderts 2/2.* Basel, 42-86.

Garber, Daniel (1994), Descartes and Spinoza: On Persistence and Conatus. In: *Studia Spinozana* 10, 43-67.

Garrett, Don (2002), Spinoza's Conatus Argument. In: Olli Koistinen and John Biro: *Spinoza: Metaphysical Themes.* Oxford University Press, 127-157.

Gilead, Amihud (1985), The Order and Connection of Things. Are they Constructed Mathematically-Deductively According to Spinoza? In: *Kant-Studien* 76, 72-78.

Krämer, Felix (2002), Spinozas Ethik und die Tradition rhetorischen Denkens. In: Robert Achim Engstler und Schnepf: *Affekte und Ethik. Spinozas Lehre im Kontext*. Hildesheim, 79-87.

Lafond, Jean (1993), Die Theorie der Leidenschaften und des Geschmacks. In: Jean-Pierre Schobinger: *Grundriss der Geschichte der Philosophie begründet von Friedrich Ueberweg. Völlig neu bearbeitete Ausgabe. Die Philosophie des 17. Jahrhunderts* 2/2. Basel, 167-198.

Otto, Stephan (1986), *Renaissance und frühe Neuzeit*. Stuttgart.

Schnepf, Robert (1996), *Metaphysik im ersten Teil der Ethik*. Würzburg.

Schnepf, Robert (2003), Der ordo geometricus und die Transformation der kausalen Ordnung in Spinozas Ethik. In: Michael Czelinski; Thomas Kisser; Robert Schnepf; Marcel Senn; Jürgen Stenzel: *Transformation der Metaphysik in die Moderne. Zur Gegenwärtigkeit der theoretischen und praktischen Philosophie Spinozas*. Würzburg, 32-51.

Schöpf, Alfred (1970), *Augustinus. Einführung in sein Philosophieren*. Freiburg.

Schrader, Wolfgang H. (1977), Naturrecht und Selbsterhaltung: Spinoza und Hobbes. In: *Zeitschrift für philosophische Forschung* 31, 574-583.

Schulthess, Peter (1998), Die philosophische Reflexion auf die Methode. In: Jean-Pierre Schobinger: *Grundriss der Geschichte der Philosophie begründet von Friedrich Ueberweg. Völlig neu bearbeitete Ausgabe. Die Philosophie des 17. Jahrhunderts* 1/1. Basel, 62-120.

Verbeek, Theo (2001), Notes on Ramism in the Netherlands. In: Joseph S. Freedman und Wolfgang Rother Mordechai Feingold: *The Influence of Petrus Ramus. Studies in Sixteenth and Seventeenth Century Philosophy and Sciences*. Basel, 38-53.

Voss, Stephen H. (1981), How Spinoza enumerated the Affects. In: *Archiv für Geschichte der Philosophie* 63, 167-179.

Walther, Manfred (1971), *Metaphysik als Anti-Theologie. Die Philosophie Spinozas im Zusammenhang der religionsphilosophischen Problematik*. Hamburg.

Wiehl, Reiner (1996), Die Vernunft in der menschlichen Unvernunft. Das Problem der Rationalität in Spinozas Affektenlehre. In: Ders.: *Metaphysik und Erfahrung. Philosophische Essays*. Frankfurt, 277-332.

Wiehl, Reiner (2003), Psychodynamik als Metaphysik und wissenschaftliche Psychologie. Überlegungen zum Verhältnis von Emotionalität und Subjektivität. In: Michael Czelinski; Thomas Kisser; Robert Schnepf; Marcel Senn; Jürgen Stenzel: *Transformationen der Metaphysik in die Moderne. Zur Gegenwärtigkeit der theoretischen und praktischen Philosophie Spinozas*. Würzburg, 52-63.

Alfonso Hophan

THOMAS KRUMM

Die emotionalen Grundlagen der Fremdheit

Am Beispiel des Alien-Motivs

An der Begegnung mit Fremden bzw. Fremdem, der Erfahrung und Zuschreibung von Fremdheit, so lautet unsere Ausgangsüberlegung, ist immer auch ein emotionales Moment beteiligt. In den modernen, westlichen Gesellschaften findet sich dieses Moment in besonderem Maße mit dem seit Beginn des 20. Jahrhunderts zunehmend präsenter werdenden Motiv des Aliens, des Außerirdischen, verknüpft. Das Motiv des Aliens ist in der Regel durch einen emotionalen 'thrill' gekennzeichnet, der zwischen den Polen Faszination und Furcht oszilliert. Zur Untersuchung dieses Momentes gehen wir im Folgenden davon aus, dass Emotion sich, analog zur Sprache, nach einem binären Code strukturiert, der eine für systemtheoretische Codes typische Präferenzstruktur aufweist, nämlich einen Positivwert auf der linken Seite der Unterscheidung und einen Negativ- bzw. Reflexionswert auf der rechten Seite. Emotionale Codierung, so die Ausgangsüberlegung, liegt vor, wenn ein Unterschied zwischen 'Annähern' und 'Vermeiden' gemacht wird (Kap. 1).

Durch den Negationswert des Codes, durch Vermeidung, ist Emotion wie kaum eine andere Einrichtung geeignet, soziale Exklusions- oder Fremdheitseffekte zu produzieren, die sich im Verlauf der Moderne zunehmend im Motiv des Aliens generalisiert bzw. symbolisiert finden (Kap. 2). Daran schließt die Überlegung an, dass das Motiv des Aliens in der modernen Gesellschaft eine Art Symbol generalisierter Fremdheit zu sein scheint, so dass zu fragen ist, mit welchen spezifisch neuen Formen von Fremdheit die moderne Gesellschaft konfrontiert ist, wenn sie das Vermiedene in Gestalt von mediengängigen Aliens symbolisiert (Kap. 3). Es geht in dieser Linie um die Frage, was es für die moderne Gesellschaft bedeutet, sich mit einem solchen neuen fremdartigen Gegenüber zu konfrontieren und ihm sogar 'außerirdische', nichtmenschliche Herkunft zuzuschreiben. Unsere Vermutung ist, dass damit eine Revision am Menschenbild der Moderne vorgenommen wird. Die Bezeichnung 'Mensch' fungiert nicht mehr als Abgrenzung zum Nichtmenschlichen in Form des Tiers, sondern in Form des Aliens. Mit dem Wandel der Zuschreibung von Fremdheit verändert sich auch das Selbstverständnis auf der Innenseite der Form, von der Fremdheit unterschieden wird. "Fremdheit ist", schreibt Alois Hahn (1997: 115) "die andere Seite des Selbst [...] In der Beschreibung von Personen oder Umständen als 'fremd' enthüllen (oder verbergen) sich Selbstbeschreibungen". Die Beschreibung einer Neuheit als fremd macht deutlich, dass das Selbst nicht identisch mit der Selbstbeschreibung des Eigenen ist, sondern dass es die Differenz von Selbstbeschreibung und Fremdbeschreibung des Eigenen ist. In der Beschreibung von etwas als 'fremd' kommt kaum etwas Fremdes zu Wort, aber dafür sehr viel Eigenes.

Wann immer man eine soziale Identität definiert, wird es unvermeidlich, sie von etwas anderem zu unterscheiden, mithin Fremdheit zu konstituieren. "Jede Selbstbeschreibung muss Alterität in Anspruch nehmen. Wenn man sagt, was man ist, muss man dies in Abgrenzung von dem tun, was man nicht ist. Die paradoxe Funktion von 'Fremden' besteht eben darin, dass sie Selbstidentifikationen gestattet" (ebd.:119). Darin unterscheidet sich auch der Fremde vom Anderen, der diese konstitutive Rolle für das Eigene nicht mitträgt. Wo immer Identität formiert wird, produziert sie Unterscheidungen, Ausgrenzungen, Fremdheit. Der Status als Anderer besteht quasi vor der Einführung einer emotionalen Bewertung hinsichtlich Annäherung oder Vermeidung. Die Emotion unterscheidet den/das Andere(n) in Fremde(s) und Eigene(s), Zugehörige(s) und Nichtzugehörige(s). Mit dieser Funktion der Polarisierung ist Emotion auch konstitutiv für Prozesse sozialer und politischer Vergemeinschaftung.

Wenn das Alien nun das 'generalisierte Fremde' symbolisiert (Kap. 5), heißt das dann für die Innenseite der Form, dass sich auch das Eigene, die eigene Identität zunehmend generalisiert? Und welche Form nimmt diese eigene Identität dann an, die sich jetzt noch ex negativo als Alien ausdrückt und in der paradoxen Form des 'eigenen Fremden' in den westlichen Kulturkreis wieder eintritt (Kap. 6)? Die Hinwendung zum Vermiedenen, die auf kollektiver Ebene im Symbol des Aliens sichtbar wird, scheint auf individueller Ebene der psychoanalytischen Integration des "Schattens"[1] zu gleichen. Dass die Außerirdischen letztlich nur Chiffre für einen Wandel auf der Innenseite der Form Irdische / Außerirdische sind, wird abschließend am Beispiel von Stanley Kubricks Film *2001 – Odyssee im Weltraum* (1968) erörtert (Kap. 7).

Zur Codierung von Emotion

Emotion ist wie Sprache ein universelles menschliches Phänomen.[2] Wie bei Sprache findet sich auch bei Emotion eine grundlegende, binäre Codierung der Anschlussmöglichkeiten. Während man bei Sprache von einer Ja / Nein-Codierung als grundlegendem Strukturierungsmechanismus ausgeht (Luhmann 1997: 221ff.), bietet sich bei Emotion die Unterscheidung Annäherung / Vermeidung (bzw. Hinwendung / Abwendung) an. Während der Ja / Nein-Code der Sprache "für alles, was gesagt wird, eine positive und eine negative Fassung zur Verfügung stellt" (ebd.) stellt der Emotionscode für alles, was wahrgenommen und erlebt wird, eine positive und eine negative Fassung bereit. Kennzeichnend für Emotion in der psychologischen Literatur ist eine Einteilung von positiven und negativen Emotionen, wobei positive Emotionen meist mit einer konstruktiven Haltung und einer interessierten, aufgeschlossenen, freudigen, oder neugierigen Hinwendung zu einer Sache verbunden werden, und negative Emotionen mit einer furchtsamen, schuldbewussten, schambehafteten oder schüchternen Abwendung. Exemplarisch hierzu Izard (1999: 68): "Phänomenologisch gesehen haben positive Emotionen inhärente Charakteristika, die dahin tendieren, das Gefühl des Wohlbefindens bei einem Menschen zu verbessern und Annäherung an und konstruktive Interaktionen oder Beziehungen mit den damit zusammenhängenden Personen, Situationen oder Objekten zu fördern und aufrechtzuerhalten.

---

[1] In der Jungschen 'Archetypologie' verweist der Archetyp des Schatten als der verdrängten (besser: vermiedenen) eigenen dunklen, negativen Seite immer auch auf das Selbst als den Archetypus der Ordnung des Ganzen.

[2] Sowohl die Enkodierung wie die Dekodierung bestimmter Emotionen "ist die gleiche für Menschen auf der ganzen Welt, ungeachtet der Kultur, Sprache oder Vorbildung" (Izard 1999: 127).

Negative Emotionen werden eher als abträglich und schwer zu ertragen empfunden und geben eher Anreiz zu Vermeidung von und/oder nicht konstruktiven Interaktionen oder Beziehungen". Für alles, was erlebt wird, stellen Emotionen eine positive und eine negative Fassung bereit und erfüllen damit eine Grundeigenschaft binärer Codierung: die Selektion von Anschlussoptionen im Verhalten. Positive Emotionen bewirken Annäherung und negative Emotionen Vermeidung: "Ein Individuum nähert sich einer Situation oder entfernt sich von ihr je nach ihrem Anreiz- oder Bedrohungswert." (Izard 1999: 45) So wird z. B. Interesse als eine positive Reaktion beschrieben, "die Annäherung, Erforschen und kreative Bemühung motiviert", wohingegen negative Emotionen zur Erklärung von Vermeidungsverhalten dienen (ebd.: 224). Eine Ausnahme stellen negative Emotionen wie Zorn und Wut dar. Sie können auch als Auslöser für Annäherung, etwa in der Absicht schädigenden Verhaltens, gesehen werden. Ärger und Wut können auch als zielführende Hinwendung einer Aggression verstanden werden.

Die hier skizzierte Verdopplung von Verhaltensmöglichkeiten durch Emotion erinnert in ihrer Grundstruktur an die Verdopplung von Aussagemöglichkeiten durch den binären Code der Sprache, der für alles, was gesagt werden kann, eine positive und eine negative Form zur Verfügung stellt (vgl. Luhmann 1997: 221). Anders formuliert ist der Sprachcode darin zu sehen, dass auf jede sprachlich fixierte Position eine sprachliche Negation folgen kann. Die Ja / Nein-Codierung der Sprache stellt eine Duplikation, eine Verdopplung von Aussagemöglichkeiten für kommunikative Zwecke zur Verfügung. Der evolutionäre Vorteil dieser Verdopplung ist dann darin zu sehen, dass sie es ermöglicht, "etwas Mitgeteiltes zu bezweifeln, es nicht anzunehmen, es explizit abzulehnen und diese Reaktion verständlich auszudrücken, sie also in den Kommunikationsprozess selbst wiedereinzubringen" (ebd.: 225). Während Sprache auf diese Weise zur Bedingung der Möglichkeit für komplexere Kommunikationsprozesse und Kommunikationsmedien wie Macht, Geld, Recht, aber auch Liebe[3] wird, werden Emotionen zur Bedingung der Möglichkeit von Bewusstsein und komplexeren Bewusstseinsvorgängen und begleitet diese permanent.[4] Durch die Beobachtung von Emotionen kann sich

---

3 Für die Codierung von Intimbeziehungen vgl. Luhmann (1982: 109), der für den Bereich "passionierter Liebe" die etwas holprige Unterscheidung von amour und plaisir vorschlägt. Dass auch die Liebe am allgemeinen Sprachcode der Ja / Nein-Unterscheidung partizipiert, hat Schellenbaum (1984) plastisch illustriert.

4 Damasio (2002: 51) hält es für wahrscheinlich, dass Emotion im Laufe der Evolution "vor der Morgendämmerung des Bewusstseins angelegt" worden ist. Zur permanenten Begleitung von Bewusstsein durch Emotion bemerkt er: "Wenn das Bewusstsein aufgehoben ist, vom Kernbewusstsein an aufwärts, ist gewöhnlich auch die Emotion aufgehoben, was den Schluss nahe legt, dass Emotion und Bewusstsein zwar unterschied-

das Bewusstsein Informationen über biologische Dispositionen seines Körpers verschaffen und so z B. beobachten, dass eine Emotion auf eine auslösende Situation eine spezifische Reaktion hervorruft (Damasio 2002: 71). Das kann (hier klingt noch die tierische Abstammung an) z. B. eine Angriffs- oder Fluchtreaktion sein und damit eine Operationalisierung des Codes Annäherung / Vermeidung bzw. Hinwendung / Abwendung.[5]

Emotion als eine Art Basisprozess von Bewusstsein stellt durch ihren Code für jede Wahrnehmung eine doppelte, positive und negative Bewertungsmöglichkeit bereit (vgl. Scheele 1990). Dadurch entsteht die Möglichkeit der Wahl zwischen Hinwendung und Abwendung, Annäherung und Vermeidung. Ähnlich wie bei Sprache gibt es zwischen den beiden Codewerten noch ein breites Spektrum an Möglichkeiten, die allerdings nur eingeschränkt der Informationsgewinnung für sprachliche bzw. emotionale Anschlussoptionen dienen.[6] Analog zur Verdopplung von kommunikativen Anschlüssen durch Sprache verdoppelt Emotion verhaltensförmige Anschlüsse an Wahrnehmungen bzw. Erlebnisse. Sie bekommen die Qualität von Anreizen, und "Anreize neigen nicht nur dazu, Annäherungs- oder Vermeidungsreaktionen auszulösen, sie rufen einen Erregungszustand hervor, der tatsächlich das Annäherungs- oder Vermeidungsverhalten motiviert" (Izard 1999: 189). Die emotionale Diskriminierung von Verhaltensmöglichkeiten im Sinne eines binären Codes, der Präferenzstrukturen reguliert, steht aus biologischer Perspektive primär im Dienst der Anpassung und des Überlebens des Organismus, aus Perspektive des Bewusstseins dient er der Regulation des 'inneren Milieus' des Organismus. Für das Bewusstsein entsteht zusätzlich die Möglichkeit, eine emotionale Anpassungsreaktion zu inhibieren, wenn die Folgen der Reaktion als unerwünscht angesehen werden.

---

liche Phänomene sein mögen, ihre Grundlagen aber wohl miteinander verknüpft sind." Emotion ist nach Damasio Teil biologisch-regulatorischer Anpassungsmechanismen, die dem Navigieren und letztlich dem Überleben des Organismus in einer Umwelt dienen. Als solche sind sie (ebd.: 55) "integraler Bestandteil von Denk- und Entscheidungsprozessen", also von höheren Bewusstseinsprozessen.

[5]   An dieser Stelle ist auch auf die kindliche Entwicklung der "Annäherungsmodi" bei Erik H. Erikson (1965: 63) hinzuweisen, der passiven Annäherung des Bekommens und Aufnehmens und der aktiven Annäherung des Gebens und Eindringens. "Bekommen (wenn es nicht bedeutet 'einzufangen') heißt: empfangen und nehmen, was gegeben wird. Das ist die erste soziale Modalität, die im Leben erlernt wird" (ebd.: 70). Analog ist hier auch an Ablehnungsmodi wie z. B. Ausspeien zu denken.

[6]   So ist etwa die Antwort 'höchstwahrscheinlich' oder 'aller Voraussicht nach' auf die Frage eines Standesbeamten nach der Bindungswilligkeit des Paares nicht ausreichend eindeutig, um die Handlung fortzusetzen.

Die Vorstellung einer binären Codierung von Wahrnehmungsmöglichkeiten durch Emotion klingt auch bei Damasio (ebd.: 72) an, wenn er schreibt: "Emotionen sind eng verknüpft mit der Idee von Belohnung oder Bestrafung, Lust oder Schmerz, Annäherung oder Vermeidung". Er schildert dort auch den für unsere These des Emotionscodes interessanten Fall einer Patientin, die nach Ausfall bestimmter Hirnareale keine Emotionen der Furcht oder Scheu mehr zeigte. "Ihre Haltung war übertrieben und unangemessen ent-gegenkommend [...] sie schien geradezu darauf zu brennen, mit jedem zu interagieren, der ein Gespräch mit ihr anfing. Viele Mitglieder der Klinik und des Forschungsteams hatten den Eindruck, es fehle ihr an einem normalen Maß an Zurückhaltung. Kurz nachdem sie mit jemandem bekannt gemacht worden war, duldete sie beispielsweise Umarmungen und Berührungen ohne jede Scheu". Das hinterließ bei den Ärzten den Eindruck, "als wären negative Emotionen wie Furcht und Ärger aus ihrem affektiven Vokabular gelöscht worden, so dass ihr Leben von positiven Emotionen beherrscht wurde" (ebd.:

84). Das Beispiel illustriert recht eindrücklich die Funktion des 'Reflexionswertes' des emotionalen Codes.

Ohne die Möglichkeit der Vermeidung bzw. der Abwendung von emotionalen Zuwendungen, ohne die Möglichkeit der Furcht ist das Individuum daran gehindert, 'die Bedeutung der unerfreulichen Situationen zu begreifen, die wir alle einmal durchlebt haben'. Ohne die Emotionen des (in unserer Sprache) 'Reflektionswertes' fehlen dem psychischen System die Möglichkeiten, "die aufschlussreichen Zeichen zu erkennen, die mögliche Gefahren und möglicherweise unerfreuliche Entwicklungen ankündigen, besonders, wenn sie sich im Gesicht eines anderen Menschen oder in einer Situation zeigen" (ebd.: 86). Ohne die Möglichkeit ausgestattet, unerfreuliche oder riskante Situationen oder Begegnungen zu vermeiden, ist für diese Menschen auch die Fähigkeit eingeschränkt, zwischen Vertrautheit und Unvertrautheit, Eigenem und Fremdem zu unterscheiden. Wird mit allem, was sich annähert, erfreut Interaktion aufgenommen, bleibt Fremdheit höchstens als Residualkategorie übrig. Die Möglichkeit, unterschiedliche Grade der Vertrautheit (bis hin zu Fremdheit) zu unterscheiden, bleibt ungenutzt. Das Beispiel des Fehlens bzw. des Defekts des emotionalen Reflektionswertes illustriert sehr anschaulich das Verhältnis von Emotionscode und Fremdheit. Dadurch kann die Idee binärer Codierung von Emotion grundlegende Einsichten eröffnen in die emotionalen Bedingungen psychischer und sozialer Ordnungsbildung. Wir werden uns im Folgenden den emotionalen Bedingungen von Fremdheit in modernen Gesellschaften zuwenden.

Dimensionen der Fremdheit in modernen Gesellschaften

Als zentrales Kennzeichen moderner Gesellschaften gilt in der systemtheoretischen Sozialwissenschaft das Prinzip funktionaler Differenzierung. Es geht davon aus, dass die Lösung spezifischer sozialer Probleme exklusiv auf spezifische Funktionssysteme konzentriert wird, dass also jede gesellschaftliche Funktion, die an der Differenzierung teilnimmt, in nur einem Funktionssystem der Gesellschaft bedient wird. Für die Politik heißt das beispielsweise, dass sich im Übergang zur Moderne politisch souveräne Territorialstaaten entwickelt haben, die sich zunehmend von anderen 'politischen' Einflussfaktoren wie Reich oder Kirchen emanzipiert haben und schließlich mit dem Anspruch aufgetreten sind, ausschließlich zuständig zu sein für alle Probleme in einem klar abgegrenzten Territorium, für deren Lösung politische Macht erforderlich war. Das heißt: die Entscheidung über Formen und Anwendungen politischer Macht wurde primär im politischen System institutionalisiert. Funktionale Differenzierung lässt sich also als Verteilung primärer Zuständigkeiten für gesellschaftliche Problemlösungen verstehen. Die Politik entwickelte eine primäre Zuständigkeit für den Einsatz von Macht zur Problem-lösung, die Wissenschaft für den Einsatz von Wahrheit, die Wirtschaft für die Allokation knapper Güter, die Religion für Offenbarung und die Vermittlung von Transzendenz usw. Dagegen sind vormoderne Gesellschaften in der Regel schichtungsmäßig oder segmentär differenziert. Segmentäre Differen-zierung nach Familien, Verwandtschaft oder Orten bzw. Regionen lässt sich auch in der modernen Gesellschaft noch beobachten, nur kann dieses Prinzip nicht mehr zur Dominanz gelangen. Für die Frage, was es für die moderne Gesellschaft heißt, etwas als 'fremd' zu beschreiben, sind diese Differenzie-rungsformen allerdings immer noch zu berücksichtigen (vgl. Geenen 2000).

Im Folgenden wird Fremdheit zunächst nach den drei in der Systemtheorie gebräuchlichen Sinndimensionen (sachlich, zeitlich, sozial) differenziert. Anschließend werden Implikationen der unterschiedlichen Differenzierungs-formen für die Herstellung von Fremdheit erörtert. In der raumzeitlichen Sinndimension wird alles, was außerhalb der Eigensphäre einer Gruppe liegt, bei Kontakt als fremd begriffen. "Justin Stagl führt in der Tradition der Ethnologie diesen räumlichen Aspekt der Fremdheit auf die Struktur archai-scher Gesellschaften zurück: Diese sind durch die unentwickelten Transport-und Kommunikationsbedingungen zu weitgehender Autonomie gezwungen, und die Interaktionen des täglichen Lebens finden innerhalb der vergleichs-weise kleinen Eigengruppe statt. Mit Fremden treten solche Gruppen nur in außeralltäglichen Situationen in Kontakt" (Münkler/Röcke 1997: 710). In raumzeitlicher Dimension ist Fremdheit mit Ferne identisch, wobei die Grenze zwischen Ferne und Nähe, zwischen Bekanntem und Unbekannten im Laufe der Evolution von archaischen zu modernen Gesellschaften immer weiter nach außen verschoben wird. Das lässt sich recht gut an mittelalterli-chen Vorstellungen von "monströsen Völkern des Erdrandes" (ebd.) illustrie-ren, die eine Form der Auseinandersetzung mit dem Fremden dargestellt haben und in deren Tradition das Alien-Motiv steht. Das Fremde als das Ferne, außerhalb Liegende zeichnet sich des Weiteren in der Sozialdimension durch Nichtzugehörigkeit und in der Sachdimension durch Unvertrautheit aus. Unvertrautheit kann als Problem der sachlichen "Bewältigung des Fremden" (Münkler/Röcke 1997: 712) verstanden werden. Vertrautheit stellt ein Set von Schemata und Routinen bereit, mit denen man seinen 'Wirkungskreis' in Zonen der Unvertrautheit hinaus ausdehnen kann. Die Sach- und Sozialdimension von Fremdheit, Unvertrautheit und Nichtzugehörigkeit, können dabei häufig schwer zu unterscheiden sein.

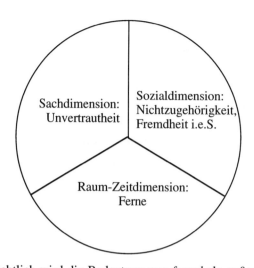

Sachdimension:
Unvertrautheit

Sozialdimension:
Nichtzugehörigkeit,
Fremdheit i.e.S.

Raum-Zeitdimension:
Ferne

"Wortgeschichtlich wird die Bedeutung von *fremd* als *außerhalb* mit ihrer spezifischen Mischung von Nichtzugehörigkeit und Unvertrautheit im lateinischen *extraneus* und seinen Ableitungen in den romanischen Sprachen besonders deutlich: *extraneus* bezeichnet im Gegensatz zu *domesticus* zunächst das, was außerhalb des eigenen Hauses, des eigenen Herrschaftsbereichs oder des eigenen Staates liegt und ihm daher nicht zugehörig ist" (ebd.: 711) Haus, Herrschaftsbereich und Staat bezeichnen dabei segmentäre Differenzierungsformen. Mit der Dominanz funktionaler Differenzierung in der Moderne hat sich auch die Bedeutung des fremden 'Außen' verändert. Außen ist jetzt außerhalb der Kommunikationszusammenhänge des eigenen Funktionssystems, oder noch weiter gesehen, außerhalb des Zusammenhangs jener Kommunikationen, die am Prinzip funktionaler Differenzierung teilnehmen. Das heißt: das Außen funktional differenzierter Gesellschaft ist damit auch alles, was nicht an dieser Differenzierungsform teilnimmt, damit auch alle Kommunikation, die sich am Prinzip segmentärer oder stratifikatorischer Differenzierung orientiert. Mit der 'Erfolgsgeschichte' funktionaler Differenzierung moderner Gesellschaften, so kann man jetzt folgern, hat sich die moderne Gesellschaft auch von diesen vorausgehenden Differenzierungsformen entfremdet, die gegenwärtig gleichwohl immer noch stattfinden. Insofern erscheint die Beobachtung von Münkler/Ladwig (1997: 14) problematisch, dass das Fremde als das von einem räumlichen Außen kommende und auf ein räumliches Jenseits der vertrauten Welt verweisende in modernen Gesellschaften nicht mehr vorgesehen sei. Münkler/Ladwig beobachten ein "Verschwinden der Fremdheit in der modernen Gesellschaft", für die es als "Weltgesellschaft" kein räumliches Außen mehr gebe. Das räumliche Außen sei an eine segmentäre gesellschaftliche Differenzierungsform gebunden, in der jedes Segment, jeder Stamm, jedes Dorf, jede Nation auf ein klar abgrenzbares Territorium bezogen ist. In dieser Argumentation wird übersehen, dass die moderne Gesellschaft nicht durchgängig modern ist, sondern dass prämoderne Formen nach wie vor fortbestehen und für die Bereiche, die an funktionaler Differenzierung teilnehmen, nicht unerhebliche Irritationen auslösen können. Als eine solche 'Irritation' moderner Gesellschaft (durch prämoderne Differenzierungsformen) kann das Alien-Motiv gesehen werden.

Das Konzept des Fremden als eines (auf segmentäre Differenzierung verweisenden) räumlichen Außen wird mit dem Symbol des Aliens in der funktional differenzierten Gesellschaft fortgeschrieben, besonders deutlich im Einleitungstext der alten *Star Trek*-Serien: "Space – the final frontier" (vgl. Suerbaum 1981). Das Alien ist in diesem Sinne ein Symbol der Weltgesellschaft, die keine irdischen 'Außengrenzen' mehr hat. Die Außengrenze wird in den Weltraum verschoben, der dadurch zu einem 'semantischen Raum' wird, falls er das nicht schon immer gewesen ist. Ebenso findet in der Sozialdimension, die in der Weltgesellschaft keine 'Außengrenzen' mehr hat, eine fiktive Verlagerung von Nichtzugehörigkeit auf einen symbolischen Fremden, einen fiktiven Nichtzugehörigen statt, der sowohl im fernen Weltraum wie auch Mitten unter uns sein könnte. In vielen neueren Fortschreibungen des Motivs sind die Aliens konsequenterweise auch nicht mehr an ihrer fremden Gestalt zu erkennen. Ihr Körper ist menschlich geworden, folglich muss das Kriterienproblem der Unterscheidung von Aliens anders gelöst werden. Das Kriterienproblem verlagert sich aus dem Bereich der Wahrnehmung in den Bereich der Kommunikation. Nichtzugehörige, Fremde, Aliens müssen kommunikativ ermittelt werden. Das geschieht in der Regel dadurch, dass bestimmte Wissensgrenzen gesucht werden. Die Nichtzugehörigkeit wird dadurch ermittelt, dass dem Fremden bestimmtes Insider-Wissen abverlangt wird, dass als konstitutiv für die Innenseite der Gemeinschaft gesehen wird. Fehlt dieses von der Gemeinschaft als Zugehörigkeitskriterium erwartete Wissen, kann Fremdheit attribuiert werden. Die Erkennungszeichen der Inklusion scheinen sich im Genre im Laufe der Zeit von einem visuell unmittelbar gegebenen in einem semantischen, kommunikativ zu ermittelnden Raum verlagert zu haben.

Die emotionale Erzeugung von Fremdheit und Gemeinschaft

Durch das Symbol des Aliens irritiert sich, so lässt sich interpretieren, die moderne Gesellschaft selbst. Durch das Symbol des Aliens entwickelt sie Irritabilität für neue Formen segmentärer Identität in der Umwelt funktional differenzierter Gesellschaft. Ein analoger Fall lässt sich in der Verknüpfung von Territorialität und politischer Organisation zur segmentären Identitäts-form der 'Nation' sehen (Hahn 1997: 132). Die Semantik der Nation und die Nationalisierung der Bevölkerung, der Sprache und Kultur usw. generiert eine Fiktion von Gemeinschaft, von Zusammengehörigkeit, die im je konkreten Fall durch die unterschiedlichsten Kriterien der Gemeinsamkeit begründet werden können: Kultur, Schicksal, Abstammung, Blut, Rasse, Wille, Mission, Aufgabe usw. Der Preis für diese neuen Formen segmentärer, z. B. nationaler Identität, ist aber hoch: "Nationale Identität lässt sich nicht herstellen ohne ihr korrespondierende Definitionen von Fremden" (ebd.: 133) beiseite zu stellen. Die Funktion dieser neuen segmentären Differenzierung ist die Überbrückung realer Divergenzen von Auffassungen, Interessen, Kompetenzen und Schichtung, die Erzeugung von Gemeinschaft trotz realer Unterschiede.

Noch eine andere Form segmentärer Differenzierung ist in der Moderne aufgewertet worden, die Form der Person, der personalen Identität. In vormodernen Gesellschaften ist die Identität einer Person weitgehend durch die soziale Schicht oder die Verwandtschaft, der sie angehörte, definiert worden. Die Person hat sich in die sozialen Zusammenhänge in der Regel als Ganzes eingebracht, hat ihre Identität primär aus der Familie oder Gruppe, dem Ort oder der sozialen Schicht ihrer Herkunft bezogen. Mit dem Übergang zur funktionalen Differenzierung geht diese Selbstverständlichkeit der Einheit der Person verloren. Die Einheit der Person wird zur Aufgabe, zum Artefakt, das aus den Teilinklusionen in die verschiedenen Funktionszusammenhänge (als Käufer, Wähler, Beter, Angeklagter, Zögling usw.) regelrecht gewonnen werden muss, in der Regel aber als Entfremdung erfahren wird. "Mit der Entstehung von persönlicher Identität im emphatischen Sinne als das, was nicht aufgeht in wirtschaftlichen, rechtlichen, politischen, beruflichen, religiösen, familiären usw. Funktionszusammenhängen, entstand zugleich die Erfahrung von Entfremdung. Personale Identität im modernen Sinne und subjektive Selbst-Entfremdung bedingen einander" (ebd.: 131).

Ähnlich wie nationale Identität wird personale Identität in der Moderne über Abgrenzung gewonnen. Die fiktive Einheit der Nation wird über die Stilisierung eines Wir / die Anderen-Gegensatzes gewonnen, während personale Identität, die Einheit der Person über die Abgrenzung Ich / Andere gewonnen zu werden scheint. An genau diesem Mechanismus einer segmentären Identitätsgenerierung scheint auch die Semantik des Aliens anzuknüpfen. Die segmentäre Identität, die mit dieser Semantik gewonnen wird, läuft über die fiktive Unterscheidung nicht von Personen oder Nationen, sondern von planetarischen Gemeinschaften. Während bei der Erzeugung personaler Identität durch Abgrenzung von Fremden die unterschiedlichen Rollen oder auch Nicht-Rollen zu einer fiktiven Einheit gebracht werden, sind es im Falle der Nation die unterschiedlichen sozialen Positionen und im Falle der planetaren Gemeinschaft schließlich kulturelle, ethnische und ähnliche Unterschiede. Der Mechanismus der Identitätsgenerierung ist immer der Gleiche, nur dass es im Fall der planetaren Gemeinschaft auf der Außenseite dieser Identitäts-form keine reale Entsprechung mehr gibt. Aber auch das ist wiederum bezeichnend für diese Form der Identitätsgenerierung: Wie bei der Form der Person und der Form der Nation gewinnt die Außenseite nur Bedeutung nach Maßgabe der Identitätsbedürfnisse der Innenseite.[7]

Quasi komplementär zur funktionalen Differenzierung der modernen Gesell-schaft finden sich also auch neue Formen segmentärer Differenzierung. Die Konstruktion von Gemeinschaft durch segmentäre Differenzierung reagiert quasi auf die zunehmende Generalisierung von Fremdheit in der funktional differenzierten Gesellschaft, "die erst einmal alle Menschen nicht als Perso-nen, sondern als Funktionsträger in die verschiedenen arbeitsteiligen Systeme integriert" (Hahn 1997: 154). Fremdheit ist in der modernen Gesellschaft kein besonderer Status mehr, sondern eine alltägliche Erfahrung. Der Sonderstatus der Fremdheit ist weitgehend aufgehoben, weil allgemein verbreitet. In der Selbstidentifikation mit segmentären, gemeinschaftsbildenden Identitäts-formen wird nun die wechselseitige Fremdheit quasi verdunkelt, invisibili-siert. "Einerseits ermöglicht die Moderne Personbildungsprozesse und Indivi-dualisierungen in einem vorher unmöglichen, ja unvorstellbaren Ausmaß. Der Preis dafür [...] ist aber die Unmöglichkeit, diese einzigartige Individualität als ganze zum Teil eines sozialen Systems zu machen" (ebd.: 155), wie dies in vormodernen Gesellschaften noch möglich war. Segmentäre Identitäts-generierungen wie Personalisierung und nationale Identifikation (bis zur 'planetarischen Gemeinschaft') haftet damit etwas Vormodernes an, mit dem moderne Fremdheitserfahrungen kompensiert werden sollen.

"Weil in funktional differenzierten Gesellschaften die Menschen verschiedene Rollen spielen, ohne in einer von ihnen als 'ganze Menschen' aufzugehen, sind in gewisser Weise alle in der Lage, in der sich zu früheren Zeiten nur Fremde befanden" (Münkler/Ladwig 1997: 15). Die Fremdheit wird 'ortlos' und wandert, durch den Verzicht auf Vollinklusion der Person in die einzel-nen Funktionssysteme der Gesellschaft, in die Gesellschaft hinein. Das Fremde wird gleichsam säkularisierter, integraler Teil unserer Erwartungen und unseres Wissens. Der Politiker wird dem Wissenschaftler fremd und der Wissenschaftler dem Juristen, der Jurist dem Pädagogen usw. Kulturelle und strukturelle Fremdheit sind in der modernen Gesellschaft alltägliche Erfah-rungen geworden. Oder anders formuliert: die moderne Gesellschaft kennt kaum noch "große Transzendenzen", statt dessen aber eine Vielzahl kleiner und mittlerer Transzendenzen (Münkler/Ladwig 1997: 16). Die Transzendenz wandert gleichsam aus dem theologischen 'Jenseits' in die Alltagskommuni-

---

7   Und letzte Gewissheit über die Unbewohntheit dieser Außenseite gibt es sowieso nicht.

kation der Gesellschaft hinein. Die Grenzen, die in der modernen Gesellschaft transzendiert werden, sind die Grenzen alltäglicher Erfahrung, die Grenzen zwischen eigensinnig ausdifferenzierten Funktionsbereichen der modernen Gesellschaft. Symbole des Fremden eignen sich von daher besonders gut zur Symbolisierung von Transzendenz in der modernen Gesellschaft.

Die Veralltäglichung von Fremdheit zeigt zum einen das Krisenhafte der modernen Gesellschaft, die gesteigerte Unvertrautheit, mit der Kommunikation auf Kommunikation reagiert. Die Kommunikation von Fremdheit hat zugleich aber auch den Sinn, die Kommunikation nicht abbrechen zu lassen, wenn man sich wegen zu großer Fremdheit nichts (mehr) zu sagen hat (z. B. in so mancher Beziehung, auch internationaler Art). "So mag Fremdheit als semantisches Konstrukt verbunden sein mit speziellen Erwartungen, die über derartige Problemsituationen hinweghelfen, auch wenn das Problem des strukturellen Nichtverstehens selbst damit keineswegs ausgeräumt wird [...] Indem eine Situation als fremd beschrieben wird, tritt eine eigentümliche Vertrautheit in Kraft. Man versteht zwar nicht, wovon die Rede ist, weiß aber, was es bedeutet, Fremdheit zuzuschreiben – die Kommunikation kann weiterlaufen, mit Fremdheit als Thema" (Hellmann 1998: 430f.). Fremdheit, ihre Kommunikation und Symbolisierung, fungiert vor diesem Hintergrund quasi als 'Krisenmanagement' moderner Identitätsbildung. Als Thema stellt sie kommunikative Anschlüsse her, wo ansonsten nur Abbrüche oder Leerstellen möglich wären. Die Kommunikation über die Fremdheit von Fremden, wie sie sich in der Kommunikation über Aliens andeutet, ist somit eigentlich Metakommunikation, die eine Annäherung an Themen leisten kann, von denen man sich zwar abgewendet hat bzw. die vermieden wurden, die nun aber, als Metakommunikation, zugänglich sind. Das heißt: wir finden eine eigentlich paradoxe Lage vor, in der Annäherung und Vermeidung zugleich betrieben werden. In der Symbolisierung wird diese paradoxe Lage sowohl okkultiert wie auch generalisiert.

Das generalisierte Fremde

Das Alien ist in Verbindung mit dem Ufo wie kein anderes Motiv geeignet, Fremdheit in der Moderne zu symbolisieren. Andere Motive, vom Chinesen über den Afrikaner bis zur Seeschlange[8] entwickelten keine vergleichbare

---

[8] "Im 19. Jahrhundert galt die Seeschlange als 'die große Unbekannte'. Sie lebte alleine im großen Ozean und verkörperte die Gefahren des Meeres. Im 20. Jahrhundert tauchte sie dann in dem Binnensee Loch Ness auf, war domestiziert worden, erhielt einen Spitznamen, eben Nessie. Ab etwas 1930 wurden weltweit verstärkt Seeungeheuer beobachtet, doch nicht mehr mitten im Meer wie zuvor, sondern in Buchten, Fjorden

Faszinationskraft. Je globaler die Kommunikations- und Beziehungsgeflechte in der Moderne geworden sind, desto weiter ist auch die Entfernung zum Aller-Fremdesten geworden. Die Entstehung des Alien-Motivs fällt zusammen mit der Entstehung einer säkularisierten Zukunftsliteratur um die Mitte des 19. Jahrhunderts, in der die Kategorien Evolution und Fortschritt zentrale Rollen übernommen haben. Das sich entwickelnde Genre ist genuin zukunftsorientiert (Suerbaum 1981: 43), auch wenn die Blickrichtung rückwärtsgewandt ist: Das Genre erzählt Zukunft als Vergangenheit, es imaginiert vergangene Zukunft. Als Vorläufer des Aliens ist hier z.B. Mary Shellys *Frankenstein* (1818) zu nennen, quasi als Übergang vom mittelalterlichen Monstrositätenkabinett zu den Monstren des Industriezeitalters. Das verwandte Ufo-Motiv hat dagegen seine Karriere erst nach Ende des zweiten Weltkrieges begonnen[9], gefördert durch Berichte über Ufo-Sichtungen, 'unheimliche Begegnungen' bis hin zu Entführungen durch Ufos. Das Alien wird dabei als steuerndes Zentrum kreis- oder linsenförmiger Ufos gedacht.

C. G. Jung (1995) hat das Ufo als Symbol des Übergangs zu einem neuen Zeitalter interpretiert. Als Kreissymbol drücke es eine Vereinigung von Gegensätzen aus und in Analogie zur Platonischen 'Weltseele', die als kugelförmig gedacht war, drücke seine Kreisförmigkeit etwas "Seelenförmiges" aus. "Der naiven Deutung des Ufos als 'Seelen' stünde daher nichts entgegen. Sie stellen natürlich nicht unseren modernen Begriff von Seele dar, sondern vielmehr eine unwillkürliche, archetypische, beziehungsweise mythologische Vorstellung von einem unbewussten Inhalt, einem *rotundum*, das die Ganzheit des Individuums ausdrückt" (ebd.: 354). Die Kreisförmigkeit des Motivs bringt etwas Hegendes, Begrenzendes, Apotropäisches zum Ausdruck, einen geschützten Raum, in dem sich Ordnung neu aufbauen kann. Das kreisförmige Ufo-Motiv ist demnach ein Ordnungssymbol, das sich quasi kompensatorisch zur Ungeordnetheit der Moderne, zum Auseinandertriften in Gegensätze und zur Verschärfung von kollektiven Ausgrenzungen und Fremdheiten verhält. Die Form des Ufos trifft eine Unterscheidung zwischen dem Alien als der Innenseite und der 'Welt' als der Außenseite. Das Alien wird durch diese Form zu einem geschützten, geborgenen, damit aber auch verletzbaren Wert. Salopp gesagt: das Ufo als 'temenos' (heiliger Bezirk), mit dem Alien im Zentrum als Symbol der "schwer erreichbaren Kostbarkeit" des Aufbaus unwahrscheinlicher Strukturen.

---

und Häfen. Auch diese Ungeheuer erhielten Spitznamen [...] Der Schrecken wird verniedlicht" (Magin 1991: 137).

9   Vgl. Magin (1991: 25): "1947 – Das Zeitalter der Ufos beginnt".

Das Ufo-Motiv (einschließlich des Alien-Motivs, wie man ergänzen müsste) steht für Jung in der Tradition der Gottesattribute der Allwissenheit, Allmächtigkeit und Allgegenwart. Im Gegensatz zu früheren mythologischen Gestaltungen liege hier nun eine spezifisch moderne, d. h. technische Form vor, "um die Anstößigkeit einer mythologischen Personifikation zu umgehen. Was technisch zu sein scheint, geht dem modernen Menschen ohne Schwierigkeiten ein" (ebd.: 357). Das Ufo-Motiv wird als Apperzeption des Mythos an die spezifischen Bedingungen der Moderne interpretiert. Aufklärung und Rationalismus haben den Mythos quasi in eine Form gezwungen, die ihn dem modernen Menschen akzeptabel erscheinen lässt, die keine Widersprüchlichkeit zum modernen, technischen Weltbild entstehen lässt. Die überlegenen Möglichkeiten des Ufos sind dann in konsentierten Vorstellungen technischer Machbarkeit, technischen Fortschritts gegründet, der immer wieder Dinge für möglich erscheinen lässt, die noch bis vor kurzen als unmöglich galten. Als modernes technisches Symbol ist das Ufo auch Ausdruck moderner Fortschrittsgläubigkeit. In einer säkularisierten, industrialisierten Gesellschaft müsse die mythologische Erfahrung im Gewand der technischen Sage auftreten, "so wie sie im Mittelalter im ländlichen Gewand der Koboldbegegnung erlebt wurde und der von Religionskriegen erschütterten frühen Neuzeit als teuflische Anfechtung von Hexen" (Magin 1991: 142). Symbole des Fremden hat es also im Übergang zur Moderne viele gegeben; keines hat eine derartige Popularität erlangt wie das des Aliens in der Moderne. Das mag nicht zuletzt auch an den technischen Verbreitungsmöglichkeiten in der Moderne liegen. Es sei hier nur kurz erinnert an die Symbolisierung des für den Europäer Fremden durch China, durch die Chinesen um 1900 (vgl. von Bredow/Noetzel 1996: 162 ff.). Aber auch der Chinese wie der Afrikaner hatten für die Symbolisierung von Fremdheit nur transitorischen Charakter. Sie ließen sich auch nicht ansatzweise vergleichbar generalisieren, wie das beim Alien der Fall ist.

Die Faszination des Fremden

Auch wenn der Topos der Faszination in der sozialwissenschaftlichen Literatur in jüngster Zeit an Interesse gewonnen hat, steht eine systematische Beschäftigung mit "Faszinationsanalyse" (Weingart 2002) noch aus. Schaut man sich die emotionalen Effekte an, die mit dem Motiv verbunden sind, dann fallen insbesondere die Emotionen Faszination und Angst auf.[10] Angst

---

[10] Vgl. hierzu die Untersuchung von Rohr (1993), "Faszination und Angst", zur gefühlshaften und affektiven Dimension in der Begegnung mit Fremden. Rohr stellt einen geschlechtsspezifischen Unterschied der Bewältigung von Fremdheitserfahrungen fest. Während männliche Strategien eher zu Entwertungs- und Vernichtungsphantasien

und Faszination sind irrational. Sie erinnern an das von Rudolf Otto beschriebene Erlebnis der Numinosität des Heiligen, des Mysterium Tremendum. "Es übt eine grausige Faszination aus" (Luhmann 2002: 11). Die Wirkung grausiger Faszination wird in Genre nicht so sehr den Absichten und Handlungen der Aliens zugeschrieben, sondern ihrem fremden Wesen. Das Tremendum des Heiligen ist nach Otto gekennzeichnet durch ein Moment des Schauervollen, des Gottes-Schreckens, der den Menschen lähmend in die Glieder fährt, oder auch dem panischen Schrecken der Griechen verwandt (Otto 1987: 15).[11] Es ist durch ein Moment der Scheu, der Unnahbarkeit, des Übermächtigen, gar der Übermächtigung, des Energischen, Kraftvollen, Bewegten und Voluntaristischen ausgezeichnet. Dagegen wird das Mysterium als "das ganz Andere", Fremdartige, Unverstandene, als unfassliches Geheimnis, das sich dem Begreifen entzieht, weil es unsere "Kategorien transzendiert" (ebd.: 36) beschrieben. Dem rationalen Verständnis erscheint das Moment des Mysteriums als "allerherbste Form des Irrationalen" (ebd.). Auch die weiteren, von Otto beschriebenen Momente des Numinosen, das Fascinans, das Schauervolle und Wundervolle, das Ungeheuerliche lassen sich als Attribute des Alien-Motivs in der Film- und Literaturgeschichte wiederfinden. Das Motiv des Aliens scheint damit auch eine sakrale Dimension zu haben. Es scheint recht gut zu illustrieren, was Luhmann (2002: 10) als "quasi religionsfreie Etablierung neuer Sakralformen" in modernen Gesellschaften beschrieben hat. Das Motiv bietet die Möglichkeit, sich relativ religionsfrei Momenten des Numinosen, des Mysterium Tremendums auszusetzen. Zugespitzt formuliert bietet das Motiv des Aliens in der modernen Gesellschaft die Möglichkeit, religionsfrei sakrale bzw. transzendente Erfahrungen zu machen.

Das Moment der Ambivalenz, das von Otto im Mysterium Tremendum angelegt ist, wird von Hahn (1997: 151) verallgemeinert als eine Ambivalenz im Umgang mit Fremdheit, die sich zwischen den Polen Fascinosum und Tremendum bewegt. "Einerseits ist beobachtbar, dass die Erfahrung von Fremdheit bedrohlich wirkt und Angst macht", andererseits ist auch unbestreitbar, dass Fremdheitserfahrungen auch faszinieren können und als positive Herausforderung verstanden werden können" (Hellmann 1998: 411). Eine solche Herausforderung kann z.B. sein, sich bestimmten Ängsten bis hin zu trauma-

---

neigen, tendiert weibliche Bewältigung zu (mütterlichen) Umarmungsversuchen, verbunden mit Infantilisierung und Entsexualisierung des Fremden.

11 Sucht man nach mittelalterlichen Vorläufern des modernen Aliens, so stößt man schnell auf Teufel und Hexen, auf Engel und Dämonen, auf Incubi und Succubi oder auf den Fall der Pygmäen. Während diese traditionellen nichtmenschlichen Akteure in der Moderne ihre Attraktivität weitestgehend verloren haben, erleben wir zugleich den Einzug doch irgendwie nicht völlig unbekannter Motive: Künstliche Intelligenzen, Cyborgs, Klone und Aliens.

tischen Erlebnissen erneut zu stellen und sie dadurch besser bewältigen zu lernen.[12] Das setzt aber in der Regel eine krisenhafte Infragestellung bestehender Lösungs- bzw. Bewältigungsroutinen voraus.

Fremdheitserfahrungen mit ihren ambivalenten emotionalen Effekten werden häufig auch als Krise wahrgenommen (Stichweh 1992: 297 f.). Die Thematisierung von Fremdheit manifestiert ein Verstehensproblem, das normalerweise latent bleibt. Das strukturelle Risiko des Nichtverstehens, das in alltäglicher Kommunikation meist latent enthalten ist, wird im Falle einer Fremdheitserfahrung manifest, "weil die normale, routinemäßige Behandlung des Nichtverstehens nicht mehr hinreicht, um das plötzliche Nichtverstehen auch in diesem Fall latent zu halten". Das Versagen von Routinen bedeutet aber immer auch Krise – des Verstehens und des Selbstverständnisses, auf die irgendwie reagiert werden muss. Für archaische Gesellschaften ist beobachtet worden, dass sie auf die 'Krise', die Situation der Ungewissheit in der Fremdheitserfahrung vornehmlich mit drei Reaktionsmustern reagieren: Vergötterung, Versklavung und Tötung. Die Erfahrung der Unvertrautheit "hält den Betrieb auf und zwingt kurzfristig zur Neuorientierung" (Hellmann 1998: 412). Das Umschlagen von Fremdheitserlebnissen vom Faszinierenden ins Bedrohliche ist von Hahn (1997) beschrieben worden. Schon der 'Gast' partizipiert am Krisenauslösenden von Fremdheitserlebnissen. Darauf reagieren Gastrechte, die ihn schützen und die über höchste Absicherung durch die Götter gedeckt waren. Das illustriert nicht nur den Stellenwert des Gastes, sondern auch das Krisenpotenzial seiner Fremdheit. "Der Gast, der bleibt, wird ungemütlich" (ebd.: 144). Auch etymologisch ist der Weg von Gast zum Feind, vom hospes zum hostis nicht weit. Das der oder das Fremde zum Tremendum wird, hängt nach Hahn (ebd.: 145) mit der von der Begegnung mit Fremden ausgehenden "symbolischen Gefährdung der eigenen Weltdeutung zusammen", mit der "schwer überwindbaren Angst vor der Alterität als

---

12 Nach Ende (1985) erklärt sich der Erfolg und die Faszination des Genres durch eine Symbolik, die den Leser bzw. Zuschauer emotional an sein längst vergessenes Geburtstrauma erinnere, das nun in einer abgemilderten, behaglicheren und folgenlosen Form wiedererlebt werden könne. Sexual- und Geburtssymbolik ist auch in Kubricks *2001* prägendes Formprinzip: "Die einzelnen Raumschiffe und -stationen erinnern stark an Vulven, Phalli oder Ovi, was verstärkt wird durch das gerade im zweiten Teil immer wieder zelebrierte Moment der Penetration, des Eindringens einer Raumfähre oder -gondel in den 'Bauch' der Raumstation oder des 'Mutter'-Schiffs." Die gewaltsame Rückkehr des Helden in das Raumschiff Discovery in der zweiten Hälfte des Films "entspricht einer in den mütterlichen Uterus, wofür auch die eindeutige Konnotierung der Luftschleuse als Geburtskanal Beleg ist." Diese symbolische 'Rückkehr' wird aber erst durch die Ermordung bzw. den "Abortus seines irdischen 'Zwillings' Poole ermöglicht" (Kirchmann 2001: 160 ff.)

solcher und der mit ihr grundsätzlich gegebenen Erschütterung der Selbstver-
ständlichkeiten unserer Annahmen über die Welt, das Normale und Richtige,
das Schöne, das Wohlschmeckende und -riechende usw.".

Auf die Krise der Fremdheitserfahrung kann nach Hellmann in modernen
Gesellschaften durch zwei kognitive Haltungen reagiert werden, die mit den
beiden Seiten der emotionalen Ambivalenz korrespondieren: nämlich Lernen
und Nicht-Lernen. "Die Ambivalenz von Angst und Neugier könnte auch
dahingehend interpretiert werden, dass Neugier sich der Erfahrung des Fremden öffnet, während Angst sich ihr verschließt" (Hellmann 1998: 432) Während erstere zur Einschließung des Fremden in den eigenen Erfahrungsraum
tendiert, neigt letztere zur Ausschließung des Fremden aus dem eigenen
Erfahrungsraum: "Während Neugier eher zur Inklusion des Fremden neigt,
tendiert Angst zur Exklusion des Fremden" (ebd.). Entscheidend für den Umgang mit Fremdheit ist demnach nicht die kognitive Kapazität, sondern die
emotionale Codierung von Erlebnissen als interessant bis faszinierend oder
als bedrohlich bis fürchterlich.

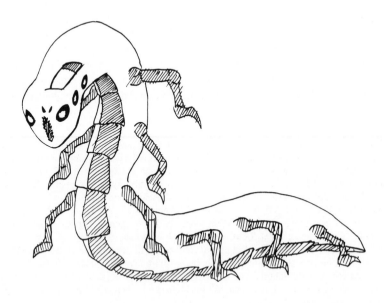

An dieser Stelle bietet sich eine kommunikationstheoretische Transposition des Materials an. Das Alien als Mysterium Tremendum symbolisiert dann eine Nebencodierung von Kommunikation durch den Emotionscode Annähern / Vermeiden, der hier als Faszination / Angst zu präzisieren ist. Diese Unterscheidung hat die klassische Struktur eines Präferenzcodes (vgl. Schneider 1992: 427). Die linke Seite des Codes beschreibt einen Positivwert, eine Präferenz, während die rechte Seite den Reflexionswert beschreibt, also das, was es nach dem Selbstverständnis der Akteure zu vermeiden gilt, was aber nicht vermieden werden kann. Solche Präferenzcodes sind für die Politik Regierung / Opposition, für die Ästhetik schön / hässlich, für das Recht recht / unrecht oder für die Religion transzendent / immanent. Solche Codes steuern Kommunikation, indem sie ihr quasi eine 'Linksdrehung' verpassen.[13]

Für die Nebencodierung von Kommunikation durch den Emotionscode Annähern / Vermeiden heißt dies, dass z. B. durch Angst identifiziert wird, was vermieden werden soll. Ausgerichtet wird die Kommunikation auf den Positivwert der Annäherung an eine Faszination, die aber quasi immer wieder auf die andere Seite zur Angst umkippen kann, wie auch umgekehrt etwas, das vorher noch geängstigt hat, nun primär faszinieren kann. Die Struktur eines solchen Codes hat die Eigenschaft, die linke Seite der Unterscheidung mit Komplexität anzureichern und die Ausbildung von Formen und Figuren zu ermöglichen. Der Positiv- oder "Designationswert" (Luhmann 2002: 66) des Codes hat den Sinn, Anschlussfähigkeit für weitere Operationen herzustellen. Das heißt: die Anschlussfähigkeit für weitere Kommunikationen wird ausschließlich über die linke Seite der Unterscheidung selegiert. Nur auf der linken Seite des Präferenzcodes können sich Identitäten kondensieren. Das Motiv kann nur auf dieser Seite operieren. Das aber macht den Kontroll- oder Reflexionswert frei, um den Sinn faszinierter Kommunikation als Information zu beobachten. Die Information, die durch den Reflexionswert gewonnen wird, gibt Aufschluss darüber, was geschieht, wenn man den schmalen Grad dessen, was sich mit dem Positivwert beschreiben lässt, verlässt: Faszination wird zu Angst, die Regierung zur Opposition, Schönes wird hässlich usw. Über die Beobachtung des unvermeidlichen Kontrollwertes können also Informationen darüber gewonnen werden, wie es möglich ist, kommunikative Anschlüsse so zu gestalten, dass sie zur Gestaltung von Identitäten, d. h. Formenbildung auf der Positivseite des Codes beitragen. Faszination ist nur möglich für Motive, die auch ängstigen können. Auf diese Weise ist es möglich, Motive in Film und Literatur in einem Spektrum gediegener Faszination anzusiedeln, deren Spannung von der Möglichkeit lebt, dass Faszination in

---

[13] Die asymmetrische Gestalt solcher Codes ist quasi als Analogie zu einem "Gefälle der Libido" in der Tiefenpsychologie zu sehen.

Angst umschlagen kann. Um sich diese Möglichkeit strukturell zu erhalten, muss sie zumindest gelegentlich auch genutzt werden.

Alienation in Kubricks *2001 – Odyssee im Weltraum*

Das zeigt sich auch und gerade in dem als 'kalt', 'inhuman', teilnahmslos und mechanisch beschriebenen Stil des Regisseurs Stanley Kubrik, dessen Film *2001 – Odyssee im Weltraum* zur Illustration herangezogen wird. Kubrick sei einer der großen Künstler der Angst in diesem Jahrhundert, schreiben Seesslen/Jung (1999: 33): Was einem bei dem Namen Kubrik sofort in den Sinn kommt, seien "Panoramen von überwältigender Schönheit, komisch-poetische, höchst unerwartete Verbindungen von Bild, Bewegung und Musik – und der Blick auf menschliche Gesichter, die vor Entsetzen, Grauen, Hass und Furcht entstellt sind." Angst und Begehren, Furcht und Faszination bilden in Kubriks Filmen eine "kreisförmige Bewegung: Wer dem Begehren folgt [...], erreicht automatisch irgendwann das Reich der Angst, und im Reich der Angst finden alle [...] Bilder ihres Begehrens." (ebd.: 34) 'Geheilt' von ihrem Begehren, ihrer Faszination, verlieren die Kubrickschen Helden am Ende auch ihre Angst – und müssen verschwinden bzw. werden transformiert und 'wiedergeboren' wie der Astronaut David Bowmann in *2001*. Der Mensch, das Subjekt nimmt in diesem Spiel der Emotionen nur eine Nebenrolle ein. Er erscheint gleichsam 'am Rande', erscheint "winzig, zum Verschwinden verurteilt gegenüber dem majestätischen Raumschiff in *2001*". Er übernimmt die Rolle des "umherirrenden Individuums, das so wenig Zentrum seines Bildes wie Zentrum seiner Geschichte werden kann" (ebd.: 36). Der Subjekt-Status geht quasi auf andere Instanzen, den verborgenen Beobachter bzw. Erzähler, über. In *2001* sind es die Außerirdischen, unsichtbar,[14] aber repräsentiert durch den schwarzen Monolithen, die jetzt die Handlung immer mehr bestimmen. In der Jungschen Terminologie kann man im Monolithen (Stein) und den Außerirdischen unschwer Symbole des Selbst erkennen, welches das Ich des Helden auf seine Umlaufbahn zwingt. Der Einzelne, dem dies widerfährt, wird dadurch von der Gruppe entfremdet. Voraussetzung (oder Folge) seiner Transformation ist die Isolation von der Gruppe durch die Tat, durch die der Einzelne zum 'Täter' wird. "Wenn am Anfang und am Ende nicht das Wort, sondern die Tat steht [...], so ist diese Tat freilich zugleich auch Verurteilung, weil der Mensch sich – ob er sich dabei im christlichen oder im melodramatischen Sinne schuldig machen muss oder nicht – durch sie isoliert" (ebd.: 164). Er wird zum Fremden in der

---

14 Indem Kubrick auf das unmittelbare Zeigen der Außerirdischen verzichtet, stellt er sich in die Tradition des alttestamentarischen Bilderverbots.

Gesellschaft. Seine Fremdheit ermöglicht es ihm zugleich, mit dem anderen Fremden, den Fremden, die von außen kommen, in Kontakt zu treten, sie zu verstehen. Die Entfremdung des Helden wird zur Bedingung der Möglichkeit seiner Mittlerfunktion zwischen Eigenem und Fremdem.

Die Frage ist nun, wie diese unerwünschte Isolation eingeleitet wird. Hier kommt wieder das Moment des Fascians des Fremden ins Spiel. Es ist zunächst die Faszination des fremden, schwarzen Monolithen, den die Affenhorde aufgeregt, zwischen Furcht und Neugierde schwankend, umspringt. Schließlich überwiegt die Neugierde und ein Erster wagt sich vor, das fremde Objekt zu berühren. Die Gefahr ist gebannt, der Weg ist sicher und die anderen tun es ihm nach. Genau das gleiche Schema dann nach der Entdeckung der Knochen als Werkzeug beim ersten Mord an einem Konkurrenten: Erst nachdem dieser angeschlagen auf den Boden liegt, wagen sich auch die anderen der Horde vor und schlagen mit ihren Knochenwerkzeugen auf ihn ein. Erst nachdem durch einen Einzelnen die Scheu, die Faszination gebannt ist, können die anderen folgen. Für den Einzelnen, der diesen Schritt in emotionales Neuland zuerst geht, heißt dies auch Entfremdung von der Gruppe. Auch der Monolith wird zum Symbol der Entfremdung einzelner von ihrer Gruppe. Sie beschreiten erstmalig neue Wege, auf denen andere dann folgen können. Es geht quasi darum, in den emotionalen Aufruhr Schneisen zu schlagen, auf denen man sich dann sicher, d. h. jenseits extremer Angst und Faszination, bewegen kann.

Während der erste Monolith den Vormenschen auf der Erde noch unmittelbar zugänglich war, ist der zweite auf dem Mond ihren Blicken und ihrer unmittelbaren Berührung entzogen. Und schließlich ist der dritte Monolith auf dem Jupiter "nur noch ein Zeichen, das man nicht einmal archäologisch wiedergewinnen könnte" (Seesslen/Jung 1999: 164). Der Monolith als das Fremde, das Mysterium Tremendum hat sich von der Offensichtlichkeit zur Beinahe-Unsichtbarkeit entwickelt. "Dennoch lässt die Wirkung des Zeichens nicht nach" (ebd.). Auf den Reflektionswert der Angst kann gegen Ende des Films zunehmend verzichtet werden. Der Designationswert dominiert, faszinierend dargestellt im Symbol des 'Sternenkindes' in der Schlussszene, zu dem der Held transformiert worden ist. Die Faszination des Geschehens wird konsequent auf die Transformation menschlicher Identität bezogen. Das Kind als Symbol der Zukunft deutet zukünftiges menschliches Geschehen an.

Schlussbetrachtung

Im vorliegenden Beitrag wurde vorgeschlagen, Emotion als binär codiert im Sinne der Systemtheorie zu betrachten und auf die soziale Konstitution von Fremdheit zu beziehen. Der Beitrag der Emotion zur Konstitution von

Fremdheit liegt demnach im Abwenden bzw. Vermeiden einer Hinwendung. In einem anderen Theoriekontext könnte man hier auch von einer 'unterbrochenen Hinbewegung' sprechen. Die Faszination des Alien-Motivs könnte dann auch als eine symbolische Wiederaufnahme einer unterbrochenen Hinbewegung gelesen werden.

Mit der Idee des Emotionscodes liegt ein ergänzendes Erklärungsschema zur gängigen systemtheoretischen Beschreibung von Fremdheit als Exklusion aus sozialen Funktionssystemen vor. Alte Formen von Fremdheit bleiben erhalten, werden aber durch die neuen, modernen 'Exklusionsfremdheiten' überlagert. Neu ist an der in der Moderne produzierten Fremdheit auch, dass sie durch einen artifiziellen Symbolkomplex wie das Alien bzw. Ufo-Motiv noch einmal einen starken Generalisierungsschub erhält. Durch die Ergänzung

eines binären Emotionscodes kann diese Sichtweise quasi emotionstheoretisch unterbaut werden. Der Emotionscode könnte eine nähere Aufschlüsselung von Themen und Inhalten erlauben, bei denen sich Hinwendung und Abwendung beobachten lassen. [15] Da im Emotionscode auch eine Bewertung von Personen als sozial kleinster segmentärer Einheiten von Gesellschaft möglich ist bzw. ständig geschieht, kann der Emotionscode auch einen Beitrag zum Wandel segmentärer, an Gemeinschaft orientierter Differenzierungen leisten. Als Indikator für segmentäre Differenzierung symbolisiert das Alien eine Art 'Weltgemeinschaft'. Als Gemeinschaftsfiktion hilft es, reale Unterschiede kultureller, ethnischer oder religiöser Art zu überbrücken und ein Gefühl für die "gemeinsame Lage" (Weber 1980) zum Ausdruck zu bringen. Über den Aspekt des Planetaren und 'Irdischen', d. h. Erdhaften, Erdverhafteten, wird paradoxerweise gerade im Motiv des Außerirdischen eine Chthonizitäts-Semantik bemüht, die sich quasi kompensierend zu den Höhenflügen des Bewusstseins in der Moderne verhält.

Literatur

Brasser, Martin (1999): Person. Philosophische Texte von der Antike bis zur Gegenwart. Stuttgart

Bredow, Wilfried von / Noetzel, Thomas (1996): Zombies. Münster

Damasio, Antonio R. (2002): Ich fühle, also bin ich. Die Entschlüsselung des Bewusstseins. München

Ende, Aurel (1985): Sandwürmer, Zottelheuler und andere Aliens. Tiefenpsychologische Überlegungen zur Faszination von Science Fiction. In: Jahrbuch der Kindheit 2/1985, S. 99-108

Erikson, Erik H. (1965): Kindheit und Gesellschaft. Stuttgart

Flam, Helena (2002): Soziologie der Emotionen. Eine Einführung. Konstanz

---

[15] Hier ist z. B. an das Motiv des Aliens als Endoparasit zu denken, das die Endfremdung vom und die Bedrohung durch den eigenen Körper symbolisiert. Moderne Person-Konzepte (vgl. Brasser 1999, Sturma 2001) gehen von einer Selbstverständlichkeit der willentlichen Kontrolle, der 'Verfügung' über bestimmte Körperfunktionen aus, insbesondere im Bereich der Eintritts- und Austrittsöffnungen. Gelingt diese Verfügung nicht, so hat das unmittelbar Auswirkungen auf den zugeschriebenen Status als erwachsene Person: sie hat sich ihrer Körperfunktionen entfremdet, sie kann Zugang und Abgang nicht kontrollieren. Das Motiv des Endoparasiten konfrontiert nun genau mit dieser fast noch kindlichen Fremdheit dem eigenen Körper gegenüber. Es symbolisiert Kontrollverlust, ein Aufweichen der Grenzen zwischen Innen und Außen des Körpers.

Geenen, Elke M. (2000): Die Soziologie des Fremden vor dem Hintergrund der Heraus-
bildung unterschiedlicher Gesellschaftsformationen.

Gerhards, Jürgen (1988): Soziologie der Emotionen. Fragestellungen, Systematik und Perspektiven. Weinheim

Hahn, Alois (1997): "Partizipative" Identitäten, in: Herfried Münkler / Bernd Ladwig
(Hrsg.): Furcht und Faszination. Facetten der Fremdheit, Berlin, S. 115-158

Hellmann, Kai-Uwe (1998): Fremdheit als soziale Konstruktion. Eine Studie zur System-
theorie des Fremden, in: Herfried Münkler (Hrsg): Die Herausforderung durch das
Fremde. Interdisziplinäre Arbeitsgruppe Die Herausforderung durch das Fremde,
Berlin, S. 401-460

Izard, Carrol E. (1999): Die Emotionen des Menschen. Weinheim.

Jaeger, Stephen C. (Hrsg.) (2003): Codierungen von Emotionen im Mittelalter. Berlin

Jung, Carl G. (1995): Ein moderner Mythus. Von Dingen, die am Himmel gesehen werden,
in: Gesammelte Werke 10, Düsseldorf, S. 337-474

Kirchmann, Kay (2001): Stanley Kubrick. Das Schweigen der Bilder. Bochum

Luhmann, Niklas (2002): Die Religion der Gesellschaft. Herausgegeben von André Kie-
serling. Frankfurt a.M.

Luhmann, Niklas (2000): Die Politik der Gesellschaft. Herausgegeben von André Kieser-
ling. Frankfurt a.M.

Luhmann, Niklas (1997): Die Gesellschaft der Gesellschaft. 2 Bde. Frankfurt a.M.

Luhmann, Niklas (1982): Liebe als Passion. Zur Codierung von Intimität. Frankfurt a.M.

Magin, Ulrich (1991): Von Ufos entführt, München

Mees, Ulrich (1991): Die Struktur der Emotionen. Göttingen

Münkler, Herfried / Ladwig, Bernd (1998): Einleitung: Das Verschwinden des Fremden
und die Pluralisierung der Fremdheit, in: Herfried Münkler (Hrsg): Die Herausforderung durch das Fremde. Interdisziplinäre Arbeitsgruppe Die Herausforderung durch
das Fremde, Berlin, S. 11-26

Münkler, Marina / Röcke, Werner (1998): Der Ordo-Gedanke und die Hermeneutik der
Fremde im Mittelalter. Die Auseinadersetzung mit den monströsen Völkern des
Erdrandes, in: Herfried Münkler (Hrsg): Die Herausforderung durch das Fremde.
Interdisziplinäre Arbeitsgruppe Die Herausforderung durch das Fremde, Berlin,
S. 701-766

Otto, Rudolf (1987): Das Heilige. Über das Irrationale in der Idee des Göttlichen und sein
Verhältnis zum Rationalen, München

Rohr, Elisabeth (1993): Faszination und Angst. In: M.J. Jansen, Ulrike Prokop (Hrsg.):
Fremdenangst und Fremdenfeindlichkeit. Basel, S. 133-162.

Scheele, Birgit (1990): Emotionen als bedürfnisrelevante Bewertungszustände: Grundriss
einer epistemologischen Emotionstheorie. Tübingen

Schellenbaum, Peter (1984): Das Nein in der Liebe. Abgrenzung und Hingabe in der erotischen Beziehung. Stuttgart

Schneider, Wolfgang L. (1992): Hermeneutik sozialer Systeme. In: Zeitschrift für Soziologie 21, H. 6, S. 420-439

Seesslen, Georg / Jung, Fernand (1999): Stanley Kubrick und seine Filme. Marburg

Stichweh, Rudolf (1992): Der Fremde. Zur Evolution der Weltgesellschaft. In: Rechtshistorisches Journal 11, S. 295-316

Sturma, Dieter (Hrsg.) (2001): Person. Philosophiegeschichte, theoretische Philosophie, praktische Philosophie. Paderborn

Suerbaum, Ulrich (1981): Science Fiction: Theorie und Geschichte, Themen und Typen, Form und Weltbild, Stuttgart

Schützwohl, Achim (1993): Schema und Überraschung. Untersuchungen zum Zusammenwirken von Kognition und Emotion

Weber, Max (1980): Wirtschaft und Gesellschaft. Grundriss der verstehenden Soziologie. Tübingen

Weingart, Brigitte (2002): Faszinationsanalyse. In: Gerald Echterhoff, Michael Eggers (Hrsg.): Der Stoff, an dem wir hängen. Faszination und Selektion von Material in den Kulturwissenschaften. Würzburg, S. 9-19

Die Zeichnungen wurden von Alfonso Hophan (Schwanden GL) eigens für dieses Buch angefertigt.

BEATRICE KROPF

Musik zur Darstellung von Emotionen im Tristan-Roman Gottfrieds von Straßburg

Îsôt ma drûe, Îsôt m'amie,
en vûs ma mort, en vûs ma vie! [1]

Die Musik spielt im höfischen Roman, den Gottfried von Straßburg um 1210 geschrieben hat [2], eine wichtige Rolle. Tristan und Isolde musizieren beide hervorragend und zeigen ihr Können in verschiedenen über den ganzen Roman verstreuten Situationen, die oft mit starken Gefühlsregungen einhergehen. Ich gehe im Folgenden der Frage nach, inwieweit Musik zur Darstellung von Emotionen eingesetzt wird und welche Funktion ihr im Zusammenhang mit Emotionen zukommt. Dazu müssen zentrale Konzepte im Umfeld musikalischer Aufführungen genauer in den Blick genommen werden, wie die *hövescheit*, die Innerlichkeit und die Täuschung. Es wird sich zeigen, dass die Zeichenhaftigkeit von Tristans und Isoldes *spil* eine sehr komplexe ist und sich der Einsatz von Musik nicht allein in der Darstellungsfunktion erschöpft.

Musik und *hövescheit* [3]

Eines Abends, *ein lützel nâch der ezzenzît* (V. 3507), spielt ein Harfner vor König Marke und dessen Gesellschaft auf. Tristan ist von der Musik so bewegt, dass er den Hofmusiker mitten in seinem *leich* [4] anspricht und ihm den Herkunftsort der Melodie nennt. Neugierig geworden, bittet ihn der Harfner um ein Ständchen, und obwohl Tristan beteuert, dass er nicht mehr so gut

---

[1]   *Isolde, meine Geliebte, meine Freundin, in Euch mein Tod, in Euch mein Leben!* (Refrain des Tristan-Leichs, V. 19213f) – Ich zitiere aus der zweisprachigen Tristan-Ausgabe von Krohn (1998), folge aber nicht immer genau seiner Übersetzung.

[2]   Huber 2000, S. 28

[3]   Zum Begriff *hövescheit*, welcher kurz mit 'höfischem Wesen', 'höfischer Sitte' oder einfach mit 'Höfischheit' übersetzt werden kann, siehe Weddige 1996, S. 109. Zur Höfischheit im Zusammenhang mit Tristans Rolle als höfischer Spielmann siehe Kästner 1981, S.18f und S. 30ff.

[4]   Ein *leich* kann sowohl ein vokales als auch ein rein instrumentales Stück bezeichnen (Schaik 1985, S. 177).

spiele, greift er bereitwillig zur Harfe. Er beginnt erst mit einem improvisier-
ten Vorspiel, stimmt danach seine Harfe um und lässt ein zweites Vorspiel
folgen. Bezeichnend ist, dass die Harfe wie für Tristans Hände geschaffen ist
(V. 3648) und doch noch verändert werden muss. Sie passt und passt nicht.
Tristan intoniert das erste Vorspiel in der Stimmung des walisischen Harfners
und das zweite in seiner eigenen, mit der er vertraut ist. Dass er auch in der
fremden Stimmung *seltsæne, süeze, guote* (V. 3555) zu spielen vermag und
seine Hände gut zur Harfe passen, widerspiegelt die ausserordentliche Gabe
Tristans, sich auf fremdem Terrain zurechtfinden und anpassen zu können.[5]
Tristan passt sich aber nicht nur seiner Umgebung an, sondern versucht
umgekehrt diese auch immer wieder seinen Bedürfnissen zu assimilieren, wie
das später die ehebrecherische Liebe zu Isolde exemplarisch zeigt. So spielt
Tristan das zweite Vorspiel in seiner eigenen Stimmung, in der er danach
sogleich den Gralant-Leich folgen lässt:

> *Nu Tristan der begunde*
> *einen leich dô lâzen clingen în*
> *von der vil stolzen vriundîn*
> *Grâlandes des schoenen.*
> *do begunde er suoze doenen*
> *und harpfen sô ze prîse*
> *in britûnischer wîse,*
> *daz maneger dâ stuont unde saz,*
> *der sîn selbes namen vergaz.*
> *dâ begunden herze und ôren*
> *tumben unde tôren*
> *und ûz ir rehte wanken.*
> *dâ wurden gedanken*
> *in maneger wîse vür brâht.*
> *dâ wart vil ofte gedâht:*
> *"â sælic sî der koufman,*
> *der ie sô höfschen sun gewan!"* (V. 3584ff.)

*Jetzt begann Tristan, | ihnen eine Melodie vorzuspielen | von der überaus stolzen
Liebsten | des schönen Gralant. | Er spielte so schön | und schlug die Harfe so
vortrefflich | in bretonischer Weise, | dass viele da standen und saßen, | die ihren
eigenen Namen vergaßen. | Herzen und Ohren begannen da, | taub und benommen zu
werden | und von der rechten Bahn zu geraten. | Da wurden Gedanken | auf*

---

5   Das erste Vorspiel kann als adaptive Handlung verstanden werden, welche für die
    Zuhörer eine Brücke schafft zwischen dem Vertrauten und dem Neuen bzw. zwischen
    dem Gewöhnlichen und jener Ausserordentlichkeit, welche Tristan so faszinierend
    macht.

*vielfältige Weise wach. | Immer wieder dachten sie: | "Begnadet ist der Kaufmann, |
der einen so höfischen Sohn hat!"*

In den Zuhörern werden starke Gefühle wach. So mindestens kann das
tumben unde toren von *herze* und *ôren* verstanden werden. Wie Speckenbach[6]
zeigt, erscheint das Wort *herze* immer wieder als "Ort der Empfindung und
des Gefühls". Mit dem Herzen wird innerlich wahrgenommen, was von
aussen ans Ohr dringt. Deshalb bittet Gottfried im Prolog den Rezipienten des
Romans auch, Herz und Ohren zu öffnen:

> *Und swer nu ger, daz man im sage*
> *ir leben, ir tôt, ir vröude, ir clage,*
> *der biete herze und ôren her:*
> *er vindet alle sîne ger.* (V. 241ff.)

> *Und wer nun will, dass man ihm erzähle | von ihrem Leben, ihrem Tod, ihrer Freude,*
> *ihrem Schmerz, | der öffne Herz und Ohren: | er findet alles, was er begehrt.*

Die Hofleute verhalten sich Tristan gegenüber so, wie es der ideale Leser
gegenüber der *senemære* von Tristan und Isolde auch tun sollte: Sie öffnen
Augen und Ohren und lassen sich von der Musik berühren. Dass einige dabei
gar ihre Namen vergessen, was immerhin einem Identitätsverlust gleich-
kommt, scheint sie nicht zu beunruhigen, denn in Gedanken loben sie den
Kaufmann, Tristans angeblichen Vater, für seinen *höfschen sun*. Sie erleben
die sinnenverwirrende[7] Kraft von Tristans Musik also positiv und identifizieren sie mit Höfischheit bzw. nehmen sie als Indiz dafür.

Isolde steht Tristan bezüglich ihrer musikalischen Fähigkeiten in nichts nach.
Bei festlichen Anlässen und wenn der König gut gestimmt ist, wird sie
jeweils gerufen, um die Gesellschaft am Hof von Dublin zu unterhalten. Mit
vielen fremdartigen Melodien weckt sie in den Zuhörern *maneger slahte
gedanke* (V. 8079). Die starke Anziehungskraft, welche von ihr ausgeht, fasst
Gottfried in den folgenden Vergleich:

> *Wem mag ich sî gelîchen*
> *die schoenen, sælderîchen*
> *wan den Syrênen eine,*
> *die mit dem agesteine*
> *die kiele ziehent ze sich?*
> *als zôch Îsôt, sô dunket mich,*

---

6   Speckenbach 1965, S. 18

7   Ich übernehme das Prädikat "sinnenverwirrend" von Stein (1980 S. 601), der von der
    "sinnenverwirrenden Macht" der Musik spricht.

vil herzen unde gedanken în,
die doch vil sicher wânden sîn
von senedem ungemache. (V. 8085ff.)

Mit wem kann ich vergleichen | das schöne, begnadete Mädchen | ausser mit den Sirenen allein, | die mit dem Magnetstein | die Schiffe zu sich ziehen? | Ebenso zog Isolde, meine ich, | viele Gedanken und Herzen an, | die sich ganz sicher fühlten | vor Liebeskummer.

Isolde wird mit einer Sirene verglichen, welche die Schiffe mit ihrem Magnetstein unweigerlich an sich zieht.[8] Dass die unabwendbare, sehnende Unruhe (*senede ungemach*), welche in den Zuhörern entsteht, im Wirkungs-feld der Liebe zu suchen ist, wird in den anschließenden Versen noch deutlicher:

ouch sint die zwô sache,
kiel âne anker unde muot,
ze ebenmâzene guot.
si sint sô selten beide
an stæter wegeweide,
sô dicke in ungewisser habe,
wankende beidiu an und abe,
ündende hin unde her.
sus swebet diu wîselôse ger,
der ungewisse minnen muot,
rehte als daz schif âne anker tuot
in ebengelîcher wîse. (V. 8094ff.)

Zudem sind die zwei Dinge, | ein Schiff ohne Anker und Verliebtsein | gut vergleich-bar. | Niemals bewegen sie sich | auf geradem Wege. | Häufig sind sie in einem unsicheren Hafen, | schwanken auf und ab, | wogen hin und her. | So treibt das unge-lenkte Verlangen | die ungewisse Liebessehnsucht sie umher, | wie es das Schiff ohne Anker auch tut, | ganz genau so.

---

8   Mit den Sirenen und dem Magnetstein verknüpft Gottfried zwei Motive unterschied-licher Herkunft. Laut Wessel (1984, S. 319) ging "das Motiv vom Magnetberg im 12. Jahrhundert aus Märchen des Orients in die deutsche Literatur ein und kann in der Dichtung des 13. Jahrhunderts mit dem Sirenenmotiv verknüpft werden." Der Magnet-berg befindet sich im Meer und hat eine starke Anziehungskraft auf alle Eisenteile. Den Schiffen, welche ihm zu nahe kommen, werden die Nägel ausgerissen, worauf sie aus-einander brechen. "Das Schlussverfahren des Tristan-Dichters ist gewiss nachvollzieh-bar: Sirenen sind raubvogelhafte Wesen auf einer Insel, sie ziehen Seeleute zu der Insel in den Tod; die Magnetberginsel zieht Seeleute in den Tod, und Raubvögel machen dort Beute; also sind die Sirenen identisch mit den Raubvögeln auf dem Magnetberg" (Okken 1984, S. 368).

Sowohl Tristans als auch Isoldes musikalische Auftritte haben also eine starke, sinnenverwirrende Wirkung auf das jeweilige Publikum. Diese Wirkung ist bei Isolde noch stärker als bei Tristan erotisch geprägt ist. Das Vergessen des eigenen Namens, das *tumben unde toren* von Herz und Ohren, das Wanken aus der rechten Bahn wie auch das Erwecken von *senelîcher trahte* sind eindrückliche Symptome dafür. Ersichtlich ist ausserdem, dass Musik und Höfischheit zusammengehören: Isolde wird dem Hof vorgeführt, um mit *höfschlîcher liste und schoener site* (V. 8043) zu unterhalten, sie spielt also explizit zu Zwecken höfischer Repräsentation, und Tristan wird aufgrund seines zauberhaften Spiels als höfischer Sohn bezeichnet. Weshalb aber kann die Musik überhaupt als Indiz für Höfischheit gewertet werden, wenn sie doch vor allem verwirrt? Stellt sie nicht gerade eine Bedrohung für die Höfischheit dar? Offensichtlich ist die sinnenverwirrende Kraft nicht einfach Wesensmerkmal jeglicher Musik, sondern vor allem von gut gespielter Musik. Die Musik entfaltet ihre verzaubernde Wirkung in Abhängigkeit von der Qualität ihrer Darbietung, was bedeutet, dass sich die Musikerin oder der Musiker erst durch den betörenden Reiz der Musik als besonders kunstfertig auszeichnet. Diese Kunstfertigkeit wiederum ist nur auf dem Hintergrund höfischer Bildung denkbar. Wie Salmen[9] ausführt, war die Musik "in der europäischen Aristokratie [...] ein konstitutiver Bestandteil der Erziehung", und *Musica educat iuventutem* ein "Kernsatz mittelalterlicher Musiktheorie". So lässt sich erklären, weshalb die sinnenverwirrende Kraft von Tristan und Isoldes Musik von den Hofleuten mit Höfischheit identifiziert wird. An der zauberhaften Wirkung erkennen sie die Qualität der Darbietung. Diese werten sie als Folge höfischer Erziehung.[10]

Die Musik und die Emotionen und Sensationen, welche die Musik in der erzählten Welt auslöst, haben im Tristan also zunächst die Funktion, *hövescheit* darzustellen. Während die Höfischheit von Isolde im ganzen Roman nie in Zweifel gezogen wird – sie ist ja eine Königstochter –, muss sich Tristan immer wieder höfisch zeigen, um sich überhaupt dem Hof nähern zu können. Dies tut er unter anderem mit seiner Musik. Es ist die Annäherung an den Hof von Irland, in der zwei weitere Funktionen der Musik zum Tragen kommen: der Verweis auf Innerlichkeit und die Täuschung.

---

[9] Salmen 1960, S. 128

[10] Zur Forschungs-Diskussion, ob Tristans und Isoldes Musik über diese höfische Komponente hinaus zusätzlich eine gegenhöfische Tendenz beinhalte, siehe Gnädinger 1967, S. 31, Anm. 63 und Bielitz, S. 380ff.

Musik, Innerlichkeit und Täuschung

Tristan fährt mit dem Schiff nach Irland, um sich von der Königin Isolde, der Mutter der blonden Isolde, mit der er später aus Versehen den Liebestrank trinken wird, heilen zu lassen. Er hat sich nämlich im Kampf gegen Morold eine Wunde zugezogen, welche allein von dessen Schwester, der Königin von Irland, geheilt werden kann. Allerdings muss er fürchten, von den Iren getötet zu werden, noch bevor er überhaupt zur einzig möglichen Retterin gelangen kann, denn jedem, der von Cornwall aus die Küste Irlands erreicht, droht unverzüglich der Tod. Er muss sich also geschickt verhalten: Er darf nicht als Bewohner von Cornwall erkannt werden und schon gar nicht als Mörder von Morold. Mit acht *mannen* begibt er sich auf die Reise und lässt sich kurz vor Irland in den schäbigsten Kleidern, die zu finden sind, mit ein wenig Proviant und einer Harfe in eine Barke setzen. Schon bald wird das *wîselôse schiffelîn* (V. 7508) entdeckt, und irische Boten nähern sich dem todkranken Tristan.

> *nu sî begunden nâhen*
> *und dannoch nieman sâhen,*
> *nu gehôrten s'al dort her*
> *suoze unde nâch ir herzen ger*
> *eine süeze harpfen clingen*
> *und mit der harpfen singen*
> *einen man sô rehte suoze,*
> *daz sîz in z'eime gruoze*
> *und ze âventiure nâmen*
> *und von der stat nie kâmen,*
> *die wîle er harpfete unde sanc.* (V. 7513ff.)

Als sie sich näherten | und trotzdem niemanden bemerkten, | hörten sie von dort | wunderbar und nach ihres Herzens Verlangen | eine liebliche Harfe ertönen | und zu der Harfe singen | einen Mann so schön, | dass sie es für eine Begrüßung | und ein Wunder hielten | und sich nicht von der Stelle rührten, | solange er Harfe spielte und sang.

Noch bevor die Boten Tristan sehen können, vernehmen sie bereits seine wunderbare Musik und halten unvermittelt ein. Ob sie sich nicht von der Stelle rühren, weil Tristans Spiel und Gesang eine derart verzaubernde Wirkung haben, dass kein Weiterkommen möglich ist, oder lediglich weil sie der Musik lauschen wollen, ist unklar. Auf jeden Fall wird ein gewisser Abstand eingehalten. Allerdings können sich die Zuhörer nicht lange an Tristans Musik erfreuen, denn, so argumentiert Gottfried, die Musik kommt nicht aus seinem Inneren:

diu vröude diu was aber unlanc,
die sî von im hæten an der stete,
wan swaz er in dâ spiles getete
mit handen oder mit munde,
daz engie niht von grunde:
daz herze dazn was niht dermite. (V. 7524ff.)

Die Freude dauerte aber nicht lange, I die sie an ihm dort hatten. I Denn was er ihnen dort vormusizierte I mit Händen und Mund, I das kam nicht aus seinem Inneren. I Sein Herz war nicht dabei.

Die Musik entbehrt der Innerlichkeit, sie kommt nicht *von grunde*, deshalb kann sie nicht lange fesseln. Heisst das nun, dass die Iren Tristan durchschauen? Spüren sie, dass er, um es mit psychologischen Begriffen zu fassen, nicht aus intrinsischer, sondern aus extrinsischer Motivation spielt, dass er nicht zu seinem eigenen Vergnügen musiziert, sondern nur, um die Boten zu seinem Vorteil zu stimmen? Der Text gibt vorerst keine Antwort. Vielmehr verzögert Gottfried die Erzählung, indem er eine kleine Theorie des Musizierens einfügt:

so enist ez ouch niht spiles site,
daz man'z dekeine wîle tuo,
daz herze daz enstê darzuo.
al eine gescheh es harte vil,
ez enheizet doch niht rehte spil,
daz man sus ûzen hin getuot
âne herze und âne muot. (V. 7530ff.)

Es gehört zum Wesen der Musik I dass man sie nicht lange betreiben kann, I wenn das Herz nicht dabei ist. I Wenn es auch oft geschieht, I so kann man es doch nicht wahres Spiel nennen, I das man nur oberflächlich betreibt I ohne Herz und Gemüt.

Ganz allgemein behauptet Gottfried, Musik könne ohne Beteiligung des Herzens nicht lange betrieben werden. Trotzdem geschehe es oft, dass Musik nur äusserlich und *âne muot* gemacht werde, dann könne man aber nicht von einem rechten Spiel sprechen. Er verurteilt also die nur oberflächlich interpretierte Musik, spricht ihr die Wahrhaftigkeit ab und disqualifiziert damit auch Tristans Tun, denn dieser ist ja zu schwach, um aus dem Herzen zu musizieren. Die Frage wird immer drängender: Bemerken die Zuhörer, dass es sich hier nicht um ein rechtes Spiel handelt? Und nähmen sie den Fremden auf, wenn sie seiner falschen Musik gewahr würden?

Nachdem Tristan seine Musik beendet hat, nähern sich die Boten, schauen im Wettstreit in die Barke hinein und – man atmet erleichtert auf – staunen darüber, dass ein so elender Mann derart wundervoll musizieren konnte:

Nu si sîn begunden nemen war
und in sô jæmerlîche var
und sô getânen sâhen,
nu begunde es in versmâhen,
daz er daz wunder kunde
mit handen und mit munde. (V. 7547ff.)

Als sie ihn da bemerkten | und in so ärmlichem Aufzug | und elend sahen, | da waren
sie betroffen, | dass er so wundervoll musizieren konnte | mit Hand und Mund.

Die Musik verfehlt ihre Wirkung nicht, sondern wird im Gegenteil als
Wunder empfunden. Der Widerspruch zwischen der akustischen und der
darauf folgenden visuellen Wahrnehmung löst Betroffenheit aus. Die Boten
können es kaum fassen, dass die jämmerliche Erscheinung so schön spielen
und singen konnte, und reagieren auf die divergierenden Sensationen mit
versmâhen. – Sie werden klein und gering angesichts des Elendes des wunderbaren Musikers. Trotz oder eben gerade wegen seines schäbigen Äusseren
– das mindestens zum Teil inszeniert ist – begrüßen sie ihn freundlich.[11] Die
Iren merken nicht, dass Tristan ohne Herz spielt, und loben später gegenüber
ihren Landsleuten gar seinen *muot* (V. 7653), obwohl der Erzähler deutlich
gemacht hat, dass Tristan gerade dieser fehlt (V. 7536). Weshalb also, so
muss man sich nun fragen, sollen sich die Boten nur kurze Zeit an seinem
Spiel freuen können, wenn es ihnen doch gefällt? Die Antwort ist einfach:
weil Tristan nur kurz spielt. Der Erzähler begründet sehr wohl in einem ersten
Schritt die kurze Freude der Zuhörer mit der fehlenden Innerlichkeit Tristans,
erst im Nachhinein wird aber klar, dass die Kausalkette, welche zur Abnahme
der Freude führt, komplexer ist: Weil Tristan todkrank ist, kann er nicht aus
dem Herzen spielen, und da nur derjenige lange spielen kann, dessen Musik
aus dem Herzen kommt, beendet Tristan schon bald seinen Vortrag. Entsprechend können die Zuhörer sein Spiel nur kurze Zeit genießen.

L. Gnädinger[12] kriecht dem Autor gewissermaßen auf den Leim, wenn sie
glaubt: "Der Bann ist […] bald machtlos, da Tristans Spiel aus Verstellung

---

[11] Tristan ist nicht nur ein brillanter Musiker, sondern auch ein gewiefter Inszenator Mitleid erregender Widersprüche. Seinem elenden Äusseren verschafft er mit den schäbigen Kleidern das entsprechende Kostüm und verstärkt so den Überraschungseffekt, der
sich bei den Boten einstellen muss, sobald sie ihn sehen können. Ganz allgemein kann
die Wirkung von Tristans und Isoldes Spiel nie alleine auf die Musik zurückgeführt
werden. Immer sind die Zuhörer mehreren, z. T. divergierenden Sensationen ausgesetzt, haben einen kranken oder einen besonders schönen Interpreten vor sich. Die
Musik ist an den Körper gebunden, der sie hervorbringt, und an eine Biographie des
Interpreten geknüpft, die musikalische Qualität mehr oder weniger erwarten lässt.

[12] Gnädinger 1967. S. 56

kommt, Trug und listige Mache ist. Die Unwahrheit des Spiels schwächt sogleich dessen Wirkung." Auch P. K. Stein[13] täuscht sich, wenn er behauptet: "Mit Intensität praktiziert, verleiht [die Musik] eine gewisse Macht über die Zuhörer, die steigt, wenn das *herze* (7533) hinzukommt." Auf den ersten Blick ist diese Sichtweise sicher naheliegend, und von Gottfried spannungslenkend vorgeprägt, sie muss aber spätestens dann relativiert werden, wenn die Reaktion der Boten auf Tristans Äusseres beschrieben wird (7550ff.).

Die "Unwahrheit" von Tristan Spiel schwächt dessen Wirkung eben gerade nicht. Um den Widerspruch zwischen der tatsächlichen und der von aussen attribuierten Innerlichkeit deutlich zu machen, bedient sich Gottfried einer repetitiven Erzählweise, welche das Geschehen aus unterschiedlichen Perspektiven beleuchtet. Zuerst wird die Boots-Episode aus der Sicht des auktorialen Erzählers geschildert, welcher ins Seelenleben Tristans hineinblicken kann, danach aus der Aussensicht der Figuren in der erzählten Welt. Dieses Verfahren hat nicht nur die Funktion, die Täuschung der Boten zu zeigen, sondern auch, Spannung zu erzeugen. Der Leser weiss ja um die Gefahr, in der sich Tristan befindet, und bangt mit ihm, ob die List gelingen wird. Wenn er zuerst erfährt, dass die Freude der Zuhörer nicht lange dauert, und danach, dass Tristan nicht mit dem Herzen musiziert, steigert sich seine negative Erwartungshaltung. Er befürchtet, Tristans Verstellung sei bereits bemerkt worden, was allerdings nicht zutrifft. Festgehalten werden kann folgendes:

1. Die Innerlichkeit des Interpreten spiegelt sich in der Dauer, mit der musiziert werden kann und nicht in der Wirkung der Musik auf die Zuhörer.

2. Die Figuren der Erzählten Welt wissen davon nichts. Sie schließen aufgrund der Musik auf die Innerlichket des Interpreten und täuschen sich dabei.

Was Gottfried hier etabliert, ist für den Roman von großer erzähltechnischer Leistungsfähigkeit. Musik hat etwas mit Innerlichkeit zu tun, gleichzeitig birgt sie im Hinblick auf diese Innerlichkeit ein großes Täuschungspotenzial. Ich wende mich nun einer Episode zu, in der mit großer Ausdauer und offensichtlich auch mit großer innerer Anteilnahme musiziert wird: der Minnegrotten-Episode. Hat sich das bisher Beschriebene alles ereignet, bevor Tristan und Isolde den schicksalhaften Minnetrank zu sich genommen haben, sind sie nun auf ewig in Liebe miteinander verbunden.

---

[13] Stein 1980, S. 623

Musik und Minne

König Marke hat Tristan und Isolde vom Hof verbannt, weil er ihre zärtlichen Blicke nicht mehr ertragen, ihnen ihr Verhältnis aber auch nicht nachweisen konnte. Abgeschieden von der höfischen Welt finden sie Zuflucht in einer versteckten Grotte im Wald, die einst von Riesen als Rückzugsraum ausgehoben worden ist, *so s'ir heinlîche wolten hân | und mit minnen umbe gân* (V. 16'695f). In dieser Minnegrotte wohnen Tristan und Isolde ohne Bedürfnis nach Gesellschaft; als Nahrung reichen ihnen allein *muot unde minne* (V. 16'820). Zuweilen erzählen sie sich vor der Grotte alte Geschichten von unglücklich Liebenden, und wenn sie diese wieder vergessen wollen, ziehen sie sich in die Grotte zurück, um zusammen zu musizieren:

Sô s'aber der mære denne
vergezzen wolten under in,
sô slichen s'in ir clûse hin
und nâmen aber ze handen,
dar an s'ir lust erkanden,
und liezen danne clingen
ir harphen unde ir singen
senelîchen unde suoze.
si wehselten unmuoze
mit handen und mit zungen.
si harpheten, si sungen
leiche unde noten der minne.
si wandelten dar inne
ir wunnenspil, swie sî gezam.
sweder ir die harphen genam,
sô was des anderen site,
daz ez diu notelîn dermite
suoze unde senelîche sanc.
ouch lûtete ietweder clanc
der harphen unde der zungen,
sô s'in ein ander clungen,
sô suoze dar inne,
als ez der süezen Minne
wol z'einer clûse wart benant:
la fossiure a la gent amant.
swaz aber von der fossiure
von alter âventiure
vor hin ie was bemæret,

daz wart an in bewæret.
diu wâre wirtinne
diu hæte sich dar inne
alrêrste an ir spil verlân.
swaz ê dar inne ie wart getân
von kurzewîle oder von spil,
dazn lief niht ze disem zil.
ezn was niht von meine
sô lûter noch sô reine,
als ir spil was under in.
si triben der minne ir stunde hin
sô wol sô nie gelieben baz.
sine tâten niht wan allez daz,
dâ sî daz herze zuo getruoc. (V. 17'200ff.)

Wenn sie aber diese Erzählungen | vergessen wollten, | dann gingen sie in ihre Höhle | und nahmen wieder auf, | woran sie, wie sie wussten, Vergnügen hatten. | Dann ließen sie erklingen ihr Harfenspiel und ihren Gesang | auf sehnsuchtsvolle und anmutige Weise. | Abwechselnd benutzten sie bei ihrer Beschäftigung | Hände und Zungen. | Sie harften und sangen | Lieder und Melodien der Liebe. | Sie tauschten dabei | ihr Vergnügen aus, wie es ihnen gefiel. | Wenn einer von ihnen die Harfe spielte, | war es des anderen Gewohnheit, | die Melodie dazu | zart und sehnsuchts- voll zu singen. | Auch erscholl der Klang | von Harfe und Gesang, | wenn sie zusam- menklangen, | dort so lieblich, | dass die Grotte der lieblichen Minne | mit Recht als Zufluchtsort geweiht war: | La fossiure a la gent amant. | Und was auch immer von dieser Grotte | von alten Begebenheiten | zuvor erzählt worden war, | das erwies sich jetzt an ihnen. | Eine wahre Herrin | hatte sich dort drin | erst jetzt ihrem Spiel hinge- geben. | Was ihr zuvor dort dargebracht wurde | an Zeitvertreib oder an Spiel, | war nicht dasselbe. | Es war in seiner Bedeutung | nicht so lauter und makellos | wie das Spiel zwischen ihnen. Sie verbrachten mit der Liebe ihre Zeit, | wie Liebende es nie- mals besser taten. Sie taten nur das, wozu ihr Herz sie trieb.

In der Abgeschiedenheit der Minnegrotte gestatten sich Tristan und Isolde *dar an s'ir lust erkanden*, das, was ihnen Vergnügen bereitet: Mit Hand und Mund machen sie gemeinsam Musik. Die relativ einfache Tatsache, dass sich die Liebenden abwechselnd auf der Harfe zum Gesang begleiten, beschreibt Gottfried mit auffällig vielen Wiederholungen. In den Versen 17'205 bis 17'221 verwendet er mehrfach die Wörter *harphe* bzw. *harphen* und *handen* auf der einen Seite, *sanc* bzw. *singen* und *zungen* auf der anderen Seite. Fällt Gottfried nichts mehr ein? Tut er so, als ob ihm die Worte fehlen würden, um zu verdeutlichen, wie schwer die Ausserordentlichkeit von Tristan und Isolde beschreibbar ist? Oder fängt er diese Ausserordentlichkeit etwa besonders treffend ein? Die Wiederholungen fokussieren nicht nur auf die Ausdauer, mit der Tristan und Isolde musizieren, sondern auch auf die besondere Art und Weise ihres gemeinsamen Tuns. Einerseits verlängern die Repetitionen die

Erzählzeit und machen so die Dauer des gemeinsamen Musizierens für den Leser konkret erfahrbar, andererseits betonen sie inhaltlich die Austauschbarkeit der Rollen, welche Tristan und Isolde mit Harfe oder Gesang übernehmen. Ersteres verweist auf ihre Innerlichkeit, Letzteres auf ihre Ebenbürtigkeit. Die Wiederholungen helfen also mit, das Spiel von Tristan und Isolde zu qualifizieren und zu charakterisieren.

Dieses *spil* kann nun auch allegorisch als Liebesspiel gelesen werden. Tristans und Isoldes "künstlerische Betätigung gilt", wie Todtenhaupt[14] betont, der "Wahrnehmung ihrer intimsten Interessen jenseits der höfischen Zivilisation, der Abrundung ihrer erotischen Freuden in der Minnegrotte". Ihr Musizieren ist einerseits Liebeshandlung, andererseits auch Allegorie der abstrakten Liebe, wie sie Gottfried in der Grottenallegorese aufdeckt. Im gemeinsamen *spil* in der *fossure al la gent amant* vereinen sich Musik und Minne in einer Harmonie, wie sie nur zwei ebenbürtige Partner erreichen können. Inwieweit das Musizieren ausschließlich allegorisch als ein Darstellungsmittel Gottfrieds, den Liebesakt zu beschreiben, gedeutet werden kann, ist umstritten. In der Sekundärliteratur findet sich auch der genau gegenteilige Vorschlag, das *spil* nur als musikalisches Spiel zu lesen.[15] Ich denke, dass beide Lesarten zu radikal sind und eine wesentliche Funktion der Musik in der Minnegrotte übersehen. Bezeichnend ist, dass der Text, liest man den musikalischen Akt als Liebesakt, die Höfischheit des unhöfischen Tuns hervorhebt, denn die Qualität von Tristans und Isoldes Spiel ist ja nur auf dem Hintergrund höfischer Bildung denkbar. Letztlich ist es also der Hof, welcher den Protagonisten mit der musikalischen Bildung ein Instrument in die Hand gibt, womit sie ihre Liebe zelebrieren können; eine Liebe, die am Hof keinen Platz hat und doch nur im höfischen Kontext denkbar ist. In der Allegorisierung durch die Musik wird die Tristanliebe zur hofgemachten Liebe, wenngleich sie den höfischen Tugendvorstellungen widerspricht. Letztlich ist es nicht so wichtig, entscheiden zu können, was Tristan und Isolde in der Minnegrotte 'wirklich' tun, vielmehr müssen die Akzentuierungen erkannt werden, die sich in der Zusammenschau von Liebe und Musik ergeben. Das Gebaren von Tristan und Isolde in der Minnegrotte ist ein genuin höfisches, denn es wird mit höfischen Mitteln vollzogen. Will die Allegorie also in ihrer Ganzheit verstanden werden, muss die heuristische Trennung von Handlung und Darstellung aufgegeben und die erzählte Welt als nur durch ihre Darstellung überhaupt zugängliche Welt erkannt werden.

---

14 Todtenhaupt 1992, S. 113

15 Zum Beispiel Bielitz 1998, Anmerkungsband, S. 412

Das Täuschungspotential der Musik, welches in der Boots-Episode in Irland so eng mit dem Innerlichkeitskonzept verbunden ist, spielt in der Minnegrotten-Episode keine Rolle. In ihrer Abgeschiedenheit haben Tristan und Isolde ja niemanden, der ihnen zuhören könnte, ausser ihnen selbst. Rezipienten- und Produzentenseite fallen zusammen, die Liebenden spielen gemeinsam und hören ihr gemeinsames Spiel. Die einzige Instanz, welche den Klang der Musik von aussen beurteilen kann, ist eine göttliche und als solche eine, die Täuschungen nicht unterliegt, nämlich die Minne. Indem sie sich erst jetzt ihrer Beschäftigung hingibt, qualifiziert sie Tristans und Isoldes *spil* als ein *rehte spil*.

Ich wende mich nun einer weiteren Episode zu, in der mit Ausdauer musiziert wird. Spielt in der Minnegrotte vor allem das Konzept der Innerlichkeit eine Rolle, rückt in der Isolde-Weisshand-Episode, welche den Schluss des unvollendeten Romans bildet, auch die Täuschung wieder ins Zentrum.

Die große Verwirrung

Tristan befindet sich in Arundel am Hof eines betagten Herzogs und dessen Sohn Kædin, nachdem er sich endgültig von Isolde trennen musste. Ein Liebes- und Treuegelübde verbindet ihn mit der fernen Geliebten. Er sehnt sich nach Isolde, kann aber nicht mehr zurückkehren. Marke, der die beiden aus ihrer Minnegrotte hatte an den Hof zurückholen lassen, weil er von ihrer Unschuld überzeugt worden war, entdeckte sie schließlich im Garten in flagranti, und Tristan musste vor seiner Rache fliehen. Er findet Ablenkung im Kriegsdienst für Arundel und wird schließlich am Hof aufgenommen. Isolde geht ihm allerdings nicht aus dem Kopf, und die Tatsache, dass die Schwester Kædins ebenfalls Isolde heisst, bringt Tristan vollends durcheinander:

mir lachet unde spilt Îsôt
in mînen ôren alle vrist
und enweiz iedoch, wâ Îsôt ist.
mîn ouge, das Îsôte siht,
daz selbe ensiht Îsôte niht.
mir ist Îsôt verre und ist mir bî.
ich vürhte, ich aber g'îsôtet sî
zem anderen mâle. (V. 19'000ff.)

Mir lacht und klingt Isolde | ständig in meinen Ohren, | und doch weiss ich nicht, wo Isolde ist. | Mein Auge, das Isolde sieht, | sieht Isolde nicht. | Isolde ist mir fern und doch nah. | Ich fürchte, ich bin durch Isolde verzaubert | zum zweiten Male.

Tristan ist zum zweiten Mal *g'îsôtet* und beginnt durch den Klang des Namens zu schwanken zwischen Isolde und Isolde. Er bemüht sich um die anwesende und kehrt trotzdem immer wieder zur fernen Isolde zurück. Als er bemerkt, dass sich Isolde Weisshand in ihn verliebt hat, versucht er sie in seiner Reue mit Geschichten und Musik zu trösten, verhält sich allerdings dabei sehr ungeschickt; er singt und spielt nämlich den *edelen leich Tristanden* (V. 19201), welchen er selbst erfunden hat und dem folgender Refrain eignet:

"*Îsôt ma drûe, Îsôt m'amie,*
en vûs ma mort, en vûs ma vie!" (V. 19'213f.)

"*Isolde, meine Geliebte, meine Freundin, | in Euch mein Tod, in Euch mein Leben.*"

Diesen Refrain singt er im Gedenken an seine ferne Isolde immer und immer wieder zu den verschiedensten Musikstücken und täuscht damit Isolde Weisshand wie den ganzen Hof über seine wahre Liebe. Damit nicht genug: In letzter Konsequenz täuscht er auch sich selbst, denn die Reaktion von Isolde Weisshand – sie verliebt sich nur noch mehr in ihn – wirkt auf ihn zurück. Mit Tristans Beschluss, sich auf Isolde Weisshand einzulassen, bricht Gottfrieds Roman aus unbekannten Gründen ab. Wie es weitergehen könnte, lässt sich aus der Stofftradition nur erahnen: Tristan heiratet Isolde Weisshand, ohne sich innerlich zu ihr bekennen zu können, und stirbt letztlich aus Liebe zu seiner fernen Isolde wie diese aus Liebe zu ihm. Damit erfüllt sich der Inhalt des Refrains in seiner ganzen Unerbittlichkeit.

Die Täuschung ist in der Isolde-Weisshand-Episode ein zentrales Motiv. Ist es aber wirklich die Musik, welche täuscht, oder nicht vielmehr der Text? Wenden wir uns zuerst dem Text zu. Der Eigenname Isolde ist nicht eindeutig, er verweist auf mindestens zwei Frauen, auf Isolde Weisshand und auf Isolde Blondhaar. Die korrekte Zuordnung eines Namens zu seinem Referenten bedarf eines Kontextes, der falsche Zuweisungen ausschließt. Und genau diese kontextuellen Einschränkungen fehlen hier, bzw. der Kontext, in dem der missverständliche Name erscheint, ist selbst mehrdeutig. Es wäre die Aufgabe von Tristan, mit eindeutigen Zeichen einen Rahmen zu schaffen, in dem sein Refrain adäquat gedeutet werden könnte, in seiner Verwirrung unterlässt er dies allerdings. Wie Ulrike Draesner[16] zeigt, verliert Tristan in Arundel seine "Zeichenkompetenz": "Jener Tristan, der seit der Begegnung mit den Pilgern nach seiner Aussetzung an der cornischen Küste die Kunst besitzt, den Verstehenshorizont des jeweiligen Kommunikationspartners vorausschauend und berechnend in die eigene Rede einzubeziehen, und der wesentlich durch diese Fähigkeit sein Verhältnis zu Isolde bewahren kann,

---

[16] Draesner 1996, S. 90

bedenkt nun allein die eigene Bedeutungsintention und beachtet nicht, dass der Hof und Isolde Weisshand den Refrain seiner Lieder anders auffassen müssen als er."

Tristan hat bis anhin gezeigt, dass er seine Feinde und Freunde sehr gut einschätzen kann, dass er erahnen kann, wie sie auf ihn reagieren werden. Die Boots-Episode in Irland ist ein gutes Beispiel dafür: Tristan spielt mit dem Täuschungspotential seiner Musik und gewinnt. In Arundel verliert er seine Zeichenkompetenz bzw. schafft nicht mehr den Kontext, in dem seine Zeichen adäquat gedeutet werden. Zum Kontext gezählt werden können seine Körpersprache – Tristan wirft Isolde in seiner Verwirrung z. B. *innechîche blicke* (V. 19'064) zu[17] –, sein Bemühen, die Liebeskranke zu trösten oder seine Seufzer (V. 19'319), deren Ursache ebenfalls nicht eindeutig ist. Zum Kontext gehört nun aber auch die Musik, und diese kompliziert den Vorgang der Bedeutungszuordnung. Tristan musiziert als adliger Sänger im Frauendienst für Isolde Weisshand. Nur diese Situation lässt überhaupt zu, dass er von der einen im Angesicht der anderen spricht und selbst nicht bedenkt, dass er damit täuschen könnte. Tritt er nämlich als Minnesänger auf, ist nicht klar definiert, ob er es ernst meint oder nur eine Rolle spielt, ob er von eigenen Gefühlen singt oder nur der Autor und Sänger eines Refrains ist, der von Gefühlen spricht.

Die neuere Minnesang-Forschung differenziert zwischen dem "Autor, dem Vortragenden und den in dem vorgetragenen Lied entworfenen Rollen"[18], diese müssen nicht zusammenfallen. Es wird angenommen, dass das Mittelalter ebenfalls von einer solchen Trennung ausgegangen ist. Im Tristan-Roman wird allerdings sichtbar, dass die Zuhörer in der erzählten Welt diese Unterscheidung nicht treffen.[19] Sie schreiben die Rolle des Liebenden dem Autor und Vortragenden Tristan zu, glauben also, dass er von eigenen Gefühlen singt. Nun könnte man annehmen, dass sie diese Zuordnung deshalb vornehmen, weil er so schön spielt, dass sie wie die Boten in Irland von der Wirkung der Musik auf seine innere Anteilnahme schließen, was eben täuschen kann. Allerdings täuschen sie sich ja gar nicht: Tristan spielt wirklich aus dem Herzen, nur singt er nicht von Isolde Weisshand. Ausserdem erfährt

---

[17] Vgl. in diesem Band: Thomas Honegger: Liebe. Die literarische Darstellung eines Gefühls in der höfischen Literatur des Mittelalters am Beispiel des *Lai de l'ombre*.

[18] Draesner 1996, S. 79

[19] Draesner (1996, S.79): "Autor und Sänger werden nicht unterschieden, von einer minnesängerischen Rollendistanz des Vortragenden oder auch seines Publikums zum Inhalt des *refloit* fehlt in der textinternen Vortragssituation jede Spur." Schilling (1996, S. 107f) fügt weitere Beispiele aus der höfischen Literatur an, in denen "Minnesang keineswegs als unverbindliches Rollenspiel" aufgefasst wird.

man in der Isolde-Weisshand-Episode nicht, ob der Hof und Isolde Tristans Musik besonders schön finden, ob sie von ihr berührt oder verwirrt werden. Gesagt wird nur, dass sich alle sehr freuen, weil sie denken, er singe von ihrer Isolde (V. 19'215-19'221).

In der Isolde-Weisshand-Episode kumuliert alles, was die Musik den ganzen Roman hindurch begleitet: die *hövescheit*, die Liebe und Innerlichkeit sowie die Täuschung. Der Text des Refrains spielt zwar eine große Rolle, wichtig ist überdies aber die Einsicht oder eben fehlende Einsicht in die Rollenhaftigkeit des Minnesangs sowie die Mimik und Gestik Tristans. Sein ganzes Verhalten ist mehrdeutig, was letztlich die eigene Verwirrung widerspiegelt. Die Frage, ob hier die Musik oder der Text täuscht, ist also eine sehr komplexe. Ausschlaggebend für die Täuschung ist der Text, welcher auf dem Hintergrund des Umfeldes gedeutet wird, in dem er präsentiert wird. Zu diesem Umfeld gehört auch die Musik. Beachtet man die Schuldzuweisung des Erzählers an Tristan (V. 19'397-19'412), so wird klar, dass er für sein Urteil den Rahmen, in dem Tristans Refrain erklingt, auch mit einbezieht: Tristan sei schuld an Isoldes Täuschung, weil er *ir vil gelogen* habe mit den Augen und der Zunge. Sicherlich stehen die *ougen* nicht nur für die Augen, sondern vielmehr für Tristans ganzes Gebaren, und die Zunge weist über den Text hinaus auf das Singen und also auch auf die Musik. Allerdings muss erwähnt werden, dass sich Tristan und Isolde Weisshand, noch bevor Tristan seinen Refrain singt, sprechend *liebe unde geselleschaft* (V. 19'121) geloben. In der Phase der ersten Versuchung Tristans wird also Verbindlichkeit mit Worten ohne Musik ausgedrückt. Trotzdem, am verheerendsten ist die Kombination von Text, Musik und Aufführung:

> *und al der trügeheite,*
> *die Tristan an si leite,*
> *sô was ie daz diu volleist,*
> *diu ir herze allermeist*
> *an Tristandes liebe twanc,*
> *daz er daz alsô gerne sanc:*
> *"Îsôt ma drûe, Îsôt m'amie,*
> *en vûs ma mort, en vûs ma vie!"*
> *daz lockete ir herze allez dar.*
> *daz was, daz ir die liebe bar.* (V. 19'403ff.)

Doch von all den Täuschungen, | denen Tristan sie aussetzte, | war stets die wichtigste, | die ihr Herz am stärksten | drängte, Tristan zu lieben, | dass er so gerne sang: | "Isolde, meine Geliebte, meine Freundin, | in Euch mein Tod, in Euch mein Leben!" | Das lockte ihr Herz ganz zu ihm; | das war es, was ihre Liebe entflammte.

Musik zur Darstellung von Emotionen?

Mein Interesse galt der Frage, ob Musik im Tristan-Roman zur Darstellung von Emotionen eingesetzt wird und welche Funktionen ihr im Zusammenhang mit Emotionen zukommen. Im Hinblick darauf wurde zunächst evident, dass Musik in den Zuhörern verwirrende Emotionen auslöst, und dass diese Emotionen mit der Qualität der Darbietung und letztlich mit der Höfischheit von Tristan und Isolde zusammenhängen. Musik dient hier also nicht zur Darstellung von Emotionen, sondern als deren Auslöser auf Seiten der Rezipienten in der erzählten Welt.

Des weiteren zeigte sich, dass Musik etwas mit der Innerlichkeit des Interpreten zu tun hat, damit, ob aus dem Herzen musiziert wird oder nicht. Es besteht eine Wechselwirkung zwischen den Emotionen des Künstlers und der Dauer, mit der musiziert werden kann, nicht aber zwischen den Emotionen des Künstlers und der Wirkung der Musik. Musik kann nur mit Ausdauer betrieben werden, sofern sie aus dem Herzen kommt, ihre verzaubernde Wirkung auf die Zuhörer hat sie aber auch dann, wenn sie nur oberflächlich betrieben wird. Wichtig zu sehen ist, dass die Figuren der erzählten Welt dies offenbar nicht wissen, denn sie schliessen aufgrund der Musik auf die Emotionen Tristans. Diese Tatsache ist die Grundvoraussetzung dafür, dass Tristan mit seiner Musik täuschen kann. Musik wird hier also nicht zur adäquaten Darstellung von Emotionen, sondern zu deren Vortäuschung eingesetzt.

Mit der Minnegrotten- und der Isolde-Weisshand-Episode habe ich zwei Episoden ausgewählt, in denen mit großer Ausdauer musiziert wird, in der Annahme, dass den Emotionen der Produzenten, ihrer Innerlichkeit, eine tragende Rolle zukommt. In der Minnegrotte können sich Tristan und Isolde ungestört ihrer Liebe hingeben. Das gemeinsame Musizieren liest sich in diesem Kontext nicht nur als Darstellung der einen großen Emotion, die den Roman bestimmt, nämlich der Liebe, sondern darüber hinaus als deren gemeinsamer, ebenbürtiger und harmonischer Vollzug. In der Isolde Weisshand-Episode schließlich gipfelt alles in einer großen Verwirrung: die Höfischheit, die Liebe und Innerlichkeit wie auch die Täuschung und – die Musik zur Darstellung einer Emotion, die nicht mehr eindeutig zugeordnet werden kann, auch nicht von Tristan selbst.

Die Musik-Episoden im Tristan-Roman reihen sich nicht beziehungslos aneinander, sondern bauen aufeinander auf. Die Konzepte, welche die zum Teil weit auseinander liegenden musikalischen Auftritte verbinden, sind einheitlich und haben meist gleichzeitig eine handlungsbestimmende und eine ästhetische Funktion. So ist das Täuschungspotential der Musik beispielsweise nicht nur handlungsrelevant, sondern wirkt sich auch auf die Erwartungshaltung des Lesers aus, und die Ausserordentlichkeit von Tristan und Isolde wird über die Musik sowohl dem Leser wie den Figuren in der erzählten Welt vorgeführt. Abschließend möchte ich betonen, dass die Musik in Gottfrieds Tristan-Roman ein Zeichen unter vielen ist, und dass ihr mehr Funktionen zukommen, als nur die eine, allerdings sehr wichtige, Emotionen darzustellen.

Bibliographie

Primärliteratur

Gottfried von Straßburg: *Tristan*. Nach dem Text von Friedrich Ranke neu herausgegeben und ins Neuhochdeutsche übersetzt von Rüdiger Krohn. Bd. 1 und 2. Stuttgart 8. Auflage 1998. (= Reclams Universal-Bibliothek 4471 und 4472).

Sekundärliteratur

Bielitz, Mathias: Musik als Unterhaltung. Beiträge zum Verständnis der wertungsgeschichtlichen Veränderungen in der Musik im 12. und 13. Jahrhundert, Bd. 3. Neckargemünd 1998.

Draesner, Ulrike: Zeichen, Körper, Gesang. Das Lied in der Isolde-Weisshand-Episode des *Tristan* Gotfrits von Straßburg. In: Schilling, Michael und Strohschneider, Peter (Hgg.): Wechselspiele. Kommunikationsformen und Gattungsinferenzen mittelhochdeutscher Lyrik. Heidelberg 1996, S. 77-101. (= Germanisch-romanische Monatsschrift, Beiheft 13).

Gnädinger, Louise: Musik und Minne im *Tristan* Gotfrids von Straßburg. Düsseldorf 1967. (= Beihefte zu Wirkendes Wort, 19).

Huber, Christoph: Gottfried von Straßburg: Tristan. Berlin 2000. (= Klassiker-Lektüren, Bd. 3)

Okken, Lambertus: Kommentar zum Tristan-Roman Gottfrieds von Straßburg, Bd. 1 und 2. Amsterdam 1984 und 1985. (= Amsterdamer Publikationen zur Sprache und Literatur, Bd. 57 und 58).

Salmen, Walter: Der fahrende Musiker im europäischen Mittelalter. Kassel 1960.

Schaik, Martin van: Musik, Aufführungspraxis und Instrumente im Tristan-Roman Gottfrieds von Straßburg. In: Okken, Lambertus: Kommentar zum Tristan-Roman Gottfrieds von Straßburg, Bd. 2. Amsterdam 1985, S. 163-224. (= Amsterdamer Publikationen zur Sprache und Literatur, Bd. 58).

Schilling, Michael: Minnesang als Gesellschaftskunst und Privatvergnügen. Gebrauchsformen und Funktionen der Lieder im *Frauendienst* Ulrichs von Liechtenstein. In: Schilling, Michael und Strohschneider, Peter (Hgg.): Wechselspiele. Kommunikationsformen und Gattungsinferenzen Mittelhochdeutscher Lyrik. Heidelberg 1996, S. 103-122. (= Germanisch-romanische Monatsschrift. Beiheft, Bd. 13).

Speckenbach, Klaus: Studien zum Begriff *edelez herze* im Tristan Gottfrieds von Straßburg. München 1965. (= Medium Aevum. Philologische Studien, Bd. 6).

Stein, Peter K.: Die Musik in Gotfrids von Straßburg *Tristan*. Ihre Bedeutung im epischen Gefüge. In: Stein, Peter K. (Hg): Sprache-Text-Geschichte. Göppingen 1980, S. 569-694. (= Göppinger Arbeiten zur Germanistik, Bd. 304).

Todtenhaupt, Martin: Veritas amoris. Die Tristan-Konzeption Gottfrieds von Straßburg. Frankfurt am Main etc. 1992. (= Bochumer Schriften zur deutschen Literatur, Bd. 30).

Weddige, Hilkert: Mittelhochdeutsch. Eine Einführung. München 1996.

Wessel, Franziska: Probleme der Metaphorik und die Minnemetaphorik in Gottfrieds von Straßburg *Tristan und Isolde*. München 1984. (= Münstersche Mittelalter-Schriften, Bd. 54).

HANS MEIERHOFER

Tonartensymbolik

Omnibus est PRIMUS
Sed ALTER tristibus aptus
TERTIUS iratus
QUARTUS dicitur fieri blandus
QUINTUM da laetis
SEXTUM pietate probatis
SEPTIMUS est juvenum
Sed POSTREMUS sapientium

(ADAM VON FULDA)

Haben die einzelnen Tonarten einen unterscheidbaren Charakter? Es gibt ebenso feurige Vertreter wie bissige Gegner einer solchen Theorie. Hier wird versucht, diese Frage unter einem differenzierten Gesichtswinkel zu beleuchten (der Autor – ursprünglich selbst ein Gegner – kam darauf, weil er als Musikerzieher immer ein schlechtes Gewissen hatte, als er den Quintenzirkel erklären musste; beim Betrachten eines tibetischen Lebensrades kam ihm aber plötzlich eine Idee zur Belebung dieser grauen Theorie …).

Sinn und Nutzen dieser Betrachtungen sei, Anregungen für die musikalische Interpretation zu geben; plastische, oft sofort wirkende Vergleichsbilder für Probe und Pädagogik wie zum Beispiel: Das Orchester spielt das G-Dur des 4. Brandenburgischen Konzertes 'müde', uninspiriert – der Dirigent ruft "Blumenwiese!" in die Runde, und der klangliche Eindruck ist sofort besser.

Es geht um geistige, nicht um physikalische Tatsachen (die Tonhöhe in Hertz spielt überhaupt keine Rolle). Akustische Überlegungen wie Resonanz und dergleichen haben höchstens eine 'stützende' Funktion; vgl. unten die Abschnitte über Transposition und das absolute Gehör. Im seelischen Bereich ist nichts eins zu eins (naturwissenschaftlich) 'beweisbar'; somit ist die Auswahl der hier gegebenen Beispiele zugegeben subjektiv, und scheinbar widersprüchliche Beobachtungen müssen sich nicht unbedingt aufheben (vielmehr wären sie ein Zeichen für den Reichtum tonartlicher Symbolik).

Tonartensymbolik ist eine Tradition – ein historisch gewordenes Beziehungsnetz. Das beste Argument für sie ist die große Anzahl von klanglichen Belegen. Es müssen aber sofort einleuchtende, sozusagen 'archetypische' Beispiele von hoher Qualität sein. Unbedeutende Allerweltsmusik, Gebrauchsmusik etc. hat keinen aufschließenden Wert. Gegenbeispiele zu suchen kann lehrreich sein – das Überdenken scheinbarer Widersprüche kann zu fruchtbaren neuen Aspekten führen.

Historisches

Ursprünglichen Naturvölkern ist es eine Selbstverständlichkeit, Musik in einem größeren Zusammenhang zu sehen: Die Rhythmen der Natur spiegeln sich in ihren Tänzen und Gesängen wieder; so ahmen zum Beispiel Labyrinthtänze den Gang von Planeten nach. Noch heute werden in der indischen Musik Jahres- und Tageszeiten unterschieden: Einen Morgen-Râga am Abend zu spielen, ist mehr als nur ein ästhetisches Sakrileg!

Im alten China ließ der Kaiser einer neuen Dynastie die Tonleitern abändern, weil die alten "nicht mehr im Einklang mit den kosmischen Gesetzen standen" (dies lässt sich anhand von Grifflöchern ausgegrabener Flöten nachweisen). – Chinesische Synästhesie-Systeme sind auf die Fünfzahl ausgerichtet (Pentatonik) und enthalten neben den Tonstufen auch Himmelsrichtungen (die Mitte ist mitgezählt), Elemente, Farben, Tiergattungen, Körperorgane usw.

Auch im griechischen Altertum erlebte man in der Musiké (Dichtung, Tanz und Musik) die Einheit von Musica mundana, humana und instrumentalis: die Harmonie der Sphären – die Ordnung im Menschen – die klingende Musik. Plato äusserte sich im *Staat* über den Charakter der Tonarten folgendermaßen (wobei er seine Vorliebe für das Dorische deutlich kundtut):

Dorisch	männlich, mutig, charakterfestigend
Phrygisch	wild, ekstatisch
Lydisch	zart, verweichlichend.

Obschon die altgriechischen siebenstufigen Tonleitern auf Grund von Verwechslungen nur noch in den Namen mit den mittelalterlichen Kirchentonarten übereinstimmen (die Verwirrung entstand, weil sie im Gegensatz zu den späteren Systemen abwärts gerichtet waren – warum auch immer), war es etwa für einen GUIDO VON AREZZO eine Selbstverständlichkeit, dass die einzelnen Modi verschiedene Temperamente symbolisieren:

Die einen finden mehr Gefallen an den weiten Schritten der 3. Tonart, andere an der milden Art der 6. Tonart. Wieder anderen sagt das geschwätzige Wesen der 7. Tonart zu, oder es gefällt ihnen das Wohltuende der 8. Tonart.

Können wir aus heutiger Sicht dem verschiedenen Charakter der Kirchentonarten zustimmen? Auf jeden Fall! Handelt es sich doch hierbei nicht um die Frage nach einer bestimmten Tonhöhe (sie war damals noch nicht genormt), sondern der Intervallstruktur. Zu bezweifeln, dass etwa Dorisch und Phrygisch einen anderen Charakter hätten, wäre töricht; ist doch der Ort der Halbtonschritte ein anderer – auch heute käme es ja niemandem in den Sinn, den unterschiedlichen Affektgehalt von Dur und Moll anzuzweifeln, der ja gerade durch solche Strukturunterschiede erst geschaffen wird:

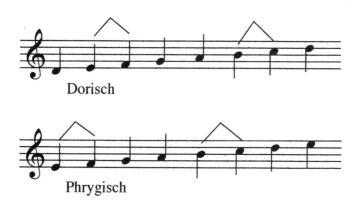

Dorisch

Phrygisch

Die Fragestellung verändert sich nun aber mit dem Aussterben der Kirchentöne seit der Renaissance. Von nun an lautet sie nicht mehr, ob *lydisch* und *mixolydisch* verschieden tönen, sondern *F-Dur* und *G-Dur*. Ausser der (immer noch nicht normierten) Tonhöhe ändert sich die Struktur der Tonleiter scheinbar nicht mehr – doch der Schein trügt! Noch lange hatten die Tonarten (wenn auch in feinerem Maße) eine unterschiedliche Intervallstruktur, weil in den vorbachschen Stimmungen (mitteltönig usw.) die Halbtonschritte ungleich waren.

Den Komponisten waren diese Unterschiede sehr wohl bewusst, und sie haben sie auch zu gestalterischen Zwecken eingesetzt, wie bispielsweise Johann KUHNAU in seinen biblischen Historiensonaten: In *Von David vermittelst der Musik curierten Saul* äussert sich die Krankheit im unangenehmen Intervall der wegen der Wolfquinte unrein klingenden verminderten Septime fis/es – *Davids erquickendes Harffen-Spiel* dagegen ist in wunderbar rein klingendem F-Dur gehalten (Mattheson nennt diese Tonart "sehr schön, wie ein junger Mensch").

Sauls Traurigkeit und Unsinnigkeit

Davids erquickendes Harffen-Spiel

Sogar die Werckmeistersche Temperierung der Bach-Zeit änderte daran noch wenig, handelte es sich doch hierbei um eine ungleichschwebende Temperatur, die immer noch feine Unterschiede in der Größe der Halbtonschritte enthielt. Mit dem *Wohltemperierten Klavier* wollte Bach also nur zeigen, dass nun alle Tonarten verwendbar wurden – und nicht, dass sie einander glichen wie ein Ei dem anderen! Die Beispiele werden darlegen, dass das *Wohltemperierte Klavier* sogar eine gute Beispielsammlung für Tonartensymbolik ist. – Ironie der Geschichte: Diejenige Maßnahme, die eine Verwendung aller Tonarten ermöglichte, führte letzten Endes zur Auflösung der Tonalität: Schönbergs Zwölftontechnik wäre ohne Temperierung nicht denkbar.

Die gleichschwebende Temperierung wurde erst im 19. Jahrhundert gebräuchlich; und damit hätte der Tonartencharakter eigentlich erlöschen sollen. Das poetische Wesen der Romantik reagierte jedoch gerade umgekehrt, wie

400

die Beispiele zeigen werden; was Mozart noch mit untrüglichem Instinkt richtig machte, erstarrte bei Wagner und Strauß sogar zum System. – Eine Frage ist allerdings, ob in der Praxis die 12 Töne wirklich äquidistant gestimmt werden konnten; sogar im Zeitalter der elektronischen Stimmgeräte gilt es zu bemerken, dass eine stubenreine Stimmung nur sehr kurze Zeit anhält.

Wie dem auch sei – unter heutigen Verhältnissen könnte man ein Tonarten-Unterscheidungsvermögen nur Menschen mit *absolutem Gehör* zumuten. (Der Eigenfrequenz des Ohres – nach Helmholtz ein g'''' – oder gar dem C als "atomare Grundschwingung" einen Einfluss zuzuschreiben, ist abwegig.) Aber auch da stellt sich die Frage: Wie war es früher, als es wegen der fehlenden Normierung zum Teil beträchtliche Abweichungen von der heutigen Normalstimmung gab? Verändert sich der Charakter, wenn eine Kirchenorgel wegen eisiger Kälte zu tief klingt – oder wenn von Solisten immer höhere Stimmungen verlangt werden, um die Brillanz zu steigern?

Überhaupt spielen äussere Bedingungen eine nicht zu unterschätzende Rolle: Alle grossen Violinkonzerte sind in G, D, A oder E, weil dies die Tonarten der resonierenden leeren Saiten sind. Bei Bläsern sind die b-Tonarten beliebt (B-Klarinette, F-Horn). Psychologisch ist es für einen Pianisten nicht dasselbe, ob er die einfach zu lesende Tonart C-Dur oder das für das Blattspiel kompliziertere Fis-Dur spielt. Dass Tonarten mit viel schwarzen Tasten jedoch schon wegen des Anschlags des Pianisten faszinierender sind, beweisen ja die Werke eines Liszt oder Chopin.

Auch kann nicht bestritten werden, dass ein Kreuz hell wirkt und ein b-Zeichen dunkel, obschon es sich hier eigentlich um einen Trugschluss handelt. Das fis als Grundton von Fis-Dur wirkt nur darum hell (?), weil man sich an C-Dur Stücke erinnert, wo das f im Laufe einer Modulation nach G-Dur zum leittönigen fis aufgehellt wurde.

Die Gewohnheit spielt jedenfalls eine große Rolle. So haben sich im Verlaufe der Generationen gewisse Traditionen herausgebildet: Obschon d-Moll eigentlich ein 'Aeolisch transponiert auf d' sein sollte, ist es der eigentliche 'Nachfahre' des Dorischen (viele barocke Moll-Stücke sind dorisch notiert, d.h. sie haben ein b zu wenig (das dann nachträglich hineingeschrieben wird). Noch das Bartoksche d-Moll hat einen 'dorischen Charakter.

In der Programmmusik, noch mehr in vokalen Textvertonungen (Lieder, Opern) haben sich die Komponisten sicher gegenseitig beeinflusst (Kultur entsteht ja nicht aus dem Nichts, sondern entwickelt sich immer weiter aus einem bestehenden Substrat). – Es gibt aber auch ernst zu nehmende Gegner der Tonartencharakteristik wie Ferruccio BUSONI, der u.a. auch die Frage der (verfälschenden Un?-)Sitte der Lieder-Transposition aufgreift. In seinem *Entwurf einer neuen Ästhetik der Tonkunst* schreibt er:

> *Wenn ein bekanntes Gesicht aus dem Fenster sieht, so gilt es gleich, ob es vom ersten oder vom dritten Stock herabschaut.*

Das System nach Hermann Beckh

Die hier entwickelten Gesichtspunkte stützen sich auf Hermann BECKH (Die Sprache der Tonart in der Musik von Bach bis Bruckner, Stuttgart: Urachhaus 1937; 4. Auflage 1999) sowie einige weitere Autoren wie Ernst BINDEL, Hermann PFROGNER, Friedrich OBERKOGLER; auch nicht-anthroposophische Musiker wie der Schreibende können aus deren Erfahrungsschatz reichen Nutzen ziehen.

Analog zum astrologischen Zodiak gehen sie von der Zwölfheit des Quinten-zirkels aus, wobei sie die Tonart C-Dur nicht wie meist üblich im Scheitel des Kreises, sondern links in der Mitte anordnen. Der Kreis der Molltonarten ist entsprechend integriert. (Diese bilden, wie nachher gezeigt, eine vertiefte Variante der Durparallele oder auch deren Gegensatz).

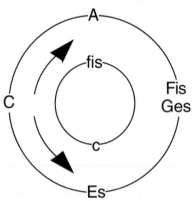

Der Tonartenkreis zerfällt in eine obere, helle (#) und eine untere, dunkle Hälfte (*b*):

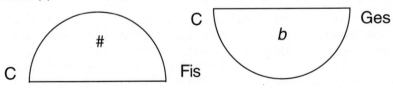

Neben dieser 'statischen' waagrechten Hell-Dunkel-Einteilung gibt es auch eine 'dynamische' in der Senkrechten: Die linke Hälfte enthält eine positive aufsteigende Kraft, während die rechte absteigt. Diese neigt eher zur Verinnerlichung und ist bei den 'dekadenten' Romantikern beliebt (viele Vorzeichen). Klassiker ziehen die rechte Seite vor (alte Musik hatte immer wenig Vorzeichen).

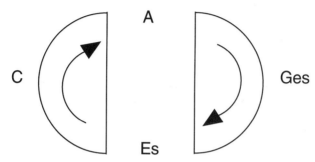

Der Quintenzirkel lässt sich mit zyklischen Phänomenen wie Tageslauf, Jahreskreis oder den Phasen des ganzen Lebens vergleichen (hier zeigt sich der anthroposophische Reinkarnationsgedanke: Das Jenseits ist mit einbezogen).

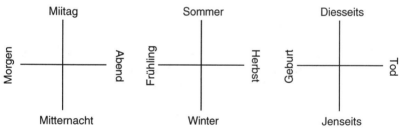

Analog zum astrologischen System formuliert H. Beckh auch drei Tonartenkreuze: Das physische C-Dur-Kreuz (auch Willenskreuz) – das seelische G-Dur-Kreuz (Gefühlskreuz) – das aetherische F-Dur-Kreuz (diese Zuordnung erscheint dem Schreibenden weniger überzeugend als die anderen beiden; in der Astrologie wäre es das 'veränderliche' Kreuz). Im Sinne einer Farb-Synästhesie würde rot – blau – gelb gut für diese drei Kreuze passen (über eine andere mögliche Farb-Zuordnung als Farbkreis siehe später):

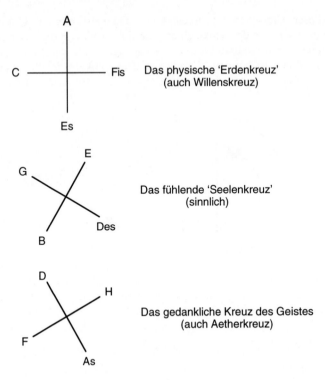

Das physische 'Erdenkreuz'
(auch Willenskreuz)

Das fühlende 'Seelenkreuz'
(sinnlich)

Das gedankliche Kreuz des Geistes
(auch Aetherkreuz)

Innerhalb dieser Kreuze sind nun die rechten Winkel von besonderem Interesse – diese Tonarten haben schon deshalb viel gemeinsam, weil sie die gleichnamigen Dur- und Mollvarianten enthalten:

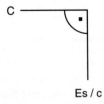

Interessant ist auch der Bezug zur direkt gegenüberliegenden Tonart, welche oft eine Art 'Gegenwelt' darstellt (Tritonus-Abstand! Entfernteste Tonart = maximaler Vorzeichenunterschied).

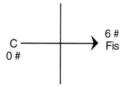

Selbstverständlich haben auch die (direkt nebeneinander liegenden) quint-verwandten Tonarten viel gemeinsam – schon nur darum, weil die meisten Stücke in die Dominante modulieren (vgl. den Seitensatz der Sonatenform).

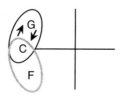

Auch sind gewisse Symmetrien nicht unbedeutend, zum Beispiel solche mit dem 'Nullpunkt' der C-Dur-Achse (z.B. D-Dur / B-Dur: Sogenannte erwei-terte Terzverwandtschaft; vgl. BEETHOVEN, *9. Sinfonie*):

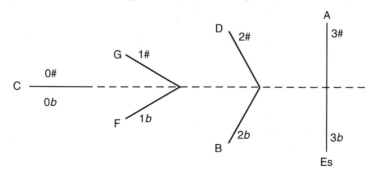

Ein Gang durch den Quintenzirkel

Im Folgenden sollen die verschiedenen Tonarten im Quintenzirkel aufwärts steigend mit konkreten Beispielen belegt werden. Die Musikbeispiele bezie-hen sich auf ganze Stücke – die zwar modulieren können (wobei es dabei auf-zumerken gilt auf das, was dann geschieht), Passagen oder Einzelakkorde (in diesem Falle meist die Tonika).

C-Dur

Dies ist die 'Ausgangstonart', welche die ausgewogene Mitte zwischen den Kreuz- und b-Tonarten hält (Rudolf Steiner: *C ist immer Prim*). Negativ ausgedrückt kann das Fehlen der Vorzeichen als Nüchternheit (die Eigenschaft des Morgens) angesehen werden, welche sich im Extremfall als 'Langeweile' äussert (Beispiel: eine CZERNY-Etude). In WAGNERs *Meistersingern* ist C-Dur Symbol 'gesunder' Diatonik – also handwerklicher Rechtschaffenheit – hat aber deshalb auch einen spießbürgerlichen Aspekt.

Positiv gesehen ist C-Dur die Tonart, welche 'noch alle Möglichkeiten in sich trägt'. Dies zeigt sich sehr schön im ersten Präludium von BACHs *Wohltemperiertem Klavier* (im folgenden immer als *WTP* bezeichnet). Im Zuge der Modulationen werden alle zwölf Töne gebracht, sozusagen als programmatische Ansage: 'In diesem Werk werde ich den Gebrauch aller zwölf Tonarten demonstrieren'.

In der darauf folgenden Fuge *WTP I* bemerken wir in den gesund dahin schreitenden Quartschritten einen frischen, ungebrochenen Willen; es ist, wie wenn wir am Morgen mit neuem Tatendrang die Aufgaben des Lebens anpacken.

In C-Dur stehen wir auf dem waagrechten Balken des Willenskreuzes wie auf sicheren Grund und Boden. Die Tonart bildet den Übergang von den dunklen zu den hellen Tonarten – insofern ist der Name von MOZARTs *Jupitersinfonie* gut gewählt, bei deren Anfang wir das triumphierende Strahlen des majestätischen Blitzgottes erleben.

a-Moll

Auch hier finden wir Morgenstimmung (Hugo WOLF: *Das verlassene Mägdlein*); a-Moll kann dieselben Willenskräfte zeigen, nur mit einem 'ernsteren' Ausdruck: Man zieht sozusagen 'die Augenbrauen zusammen' (BACH, *Violinkonzert in a-Moll*).

Die Kraft dieser 'ursprünglichen' Tonart erklärt sich wohl auch dadurch, dass sie in den Kirchentonarten wurzelt (aeolisch). Sie ist daher bei den osteuropäischen Komponisten sehr beliebt (BARTOK: *Rumänische Volkstänze*), wie auch bei allen Sätzen mit dem Titel "al ongarese", "alla zingarese" oder gar "alla Turca" (HAYDN, MOZART u. a.).

Oft zeigt sich hier aber eine Neigung zur Chromatik, wie im Finale von MOZARTs *Violinkonzert KV 219*. Die Reihe chromatischer a-Moll Stücke, in welchen sich alle zwölf Töne wie in einem Brennspiegel treffen, lässt sich beliebig fortsetzen – beginnend mit BACHs Präludium in *WTP II* über CHOPINs *Etüde* bis zu WAGNERs *Tristan*-Vorspiel. Hier wird die Sehnsucht dem Inhalt der Oper entsprechend durch 'Mangel' (an Vorzeichen!) erzeugt; die Tonika kommt nicht vor, weshalb einige das Stück schon als 'atonal' bezeichneten; auch WAGNERs *Meistersinger* drückt den "Hunger!" so aus, und im *Rosenkavalier* von STRAUSS singen die drei Waisen in a-Moll.

G-Dur

Während man in C-Dur 'mit beiden Beinen auf der Erde steht', hat G-Dur etwas Leichtes, Schwebendes. Es ist wie der Unterschied zwischen einer symmetrisch in sich ruhenden archaischen Statue und der eleganten Entspanntheit einer klassischen Statue mit Standbein und Spielbein. Dabei hat G-Dur mit C-Dur, dessen Dominante es ist, doch Vieles gemeinsam. Aber die schlichte Nüchternheit ist hier in eine anmutige Naivität verwandelt, wie etwa im ersten Stück von SCHUMANNs *Kinderszenen* und in vielen Sonatinen (z. B. BEETHOVEN, Op. 49, Nr. 2).

Das Kindliche transformiert sich oft ins Engelshafte. BACH: *Weihnachtsoratorium*, einleitende Sinfonia des zweiten Teils (ein Siciliano im 12/8 Takt: Neigt G-Dur eher zu ternären Metren als das 'quadratische' C-Dur? Die Flöten passen gut zum 'luftigen' Charakter dieser Tonart). Engelsmusik = Hirtenmusik: Das 'pastorale' Element findet sich (in anderer Grundfärbung) in der symmetrischen Tonart F-Dur wieder (beide mit einem einzigen 'harmlosen' Vorzeichen); der dortige Humor findet sich auch im etwas feineren G-Dur wieder (MOZART: Papageno).

Hier haben sich die Engelsflügel in die schillernden Schwingen der Vögel verwandelt. Auch die Assoziation mit Schmetterlingen liegt nahe, die auf einer grünen Maiwiese voller Blumen tanzen (BACHs Präludium *WTP I* in G sollte mit dieser Leichtigkeit gespielt werden, und nicht als rasendes Virtuosenstück). Schmetterlingsflügel – Blütenblätter: Natürlich stehen MOZARTs *Veilchen* und SCHUBERTs *Heidenröslein* in G-Dur; und H. WOLFs *Frühling lässt sein blaues Band wieder flattern durch die Lüfte* passt genau so ins Konzept wie SCHUMANNs *Wenn ich früh in den Garten geh' in meinem grünen* (vgl. den unter Fis / Ges-Dur besprochenen Farbkreis) *Hut*. In wie vielen Opern (MOZART) und Oratorien (HAYDN: *Jahreszeiten*) singen die Mädchen vom Land ihr Ständchen in G-Dur!

Merkwürdigerweise findet sich oft G-Dur, wenn von Hüten, Bändern, Textilien die Rede ist (vgl. die Schneider in WAGNERs *Meistersinger*). Im Figaro erweist sich MOZART als Meister dieser grazilen Tonart: Dort, wo Cherubino von zwei Damen eingekleidet wird (eine Stelle voll knisternder, androgyner

Erotik: Hosenrolle!) – und gleich am Anfang in der ersten Szene, wo Figaro das Zimmer ausmisst, während seine Verlobte ihren mit Bändern und Blumen verzierten Hut anprobiert . (Über die Affinität der quintbetonten Tonart G-Dur zum Räumlichen vgl. meinen Artikel "Raumvorstellungen in der Musik", in: *Symbolik von Ort und Raum*, Schriften zur Symbolforschung, Band 11, Bern 1997, S. 433-450)

e-Moll

War G-Dur die Tonart des Lachens, so ist e-Moll die Tonart des Weinens. Die Tränen haben beide gemeinsam (wir sind im seelischen Kreuz der Gefühle): CHOPIN, *Prélude*. Die Tonart e-Moll (wie auch das gleichweit von der Zentralachse entfernte d-Moll) neigt wie a-Moll immer noch oft zu Chromatik (*WTP I*). Die Schlusskadenz mit dem archaischen Quartvorhalt zeigt es: Auch es (als Nachfahre des Phrygischen) ist eine Tonart 'osteuropäischer' Prägung. Vgl. TSCHAIKOWSKI, *5. Sinfonie* (mit einer Neigung zum Manisch-Depressiven, zu Griesgram und Krankheit). Auch andere Randgebiete Europas fühlen sich in e-Moll wohl – im Norden GRIEG (*Lyrische Stücke*) und in Spanien die von der Gitarre bestimmte Flamenco-Musik (*Carmen*: "Chanson bohème").

D-Dur

Mit D-Dur kommen wir zur strahlendsten Tonart (warum die folgenden Tonarten diese Kraft allmählich verlieren, davon später – im Farbkreis als Gelb die hellste Stelle). Hatten wir es bei G-Dur erst mit einem Schweben über der Erde zu tun, so steigert sich hier das Ganze zu einer himmelstürmenden Dynamik. In *WTP I* zeigt schon das Präludium, dass D-Dur eine 'schnelle' Tonart ist. (Entsprechend der Tatsache, dass D-Dur die Eigenschaft des Sekundintervalls teilt: Schrittmotive; eine Bewegungstonart). Perlendes Cembalo-Spiel ist hier gefragt; und auch auf der Violine läuft diese Tonart wie von selbst (BEETHOVEN, *Violinkonzert*) – man sollte die vorzüglichen Resonanzverhältnisse dieser Tonart nicht durch ein verquältes Vibrato abtöten (im Gegensatz etwa zum stumpfen f-Moll, welches einer emotionalen Nachbesserung durch ein Vibrato dringend bedarf). Die auf das oben genannte Praeludium folgende Fuge mit der aufquellenden Anfangsfigur, aber auch BACHs berühmtes "et resurrexit" aus der *h-Moll-Messe* zeigt, dass wir uns hier am schnellsten Punkt der 'ballistischen Bahn' befinden – "Freude, schöner Götterfunken!"

h-Moll

Drückte D-Dur die Dynamik der Erhöhung aus, so symbolisiert diese Tonart den (Sünden-)Fall, wie etwa im "Kyrie" von BACHs *h-Moll-Messe*, wo sich die Menschheit vor Gott niederwirft, oder im "et incarnatus" desselben Werkes, wo vom Geheimnis der Menschwerdung, der Selbsterniedrigung Gottes die Rede ist. Die hier zu beobachtende Abwärts-Brechung des h-Moll-Dreiklangs findet sich auch in der Fuge von *WTP I*, ebenso wie das dauernde Herumirren der Vorhalte (ein 'zwölftöniges' Thema), welche der Tonart etwas Suchendes, Irrendes geben (MATTHESON nennt die Dur-Variante H-Dur eigensinnig). Das h ist ein Symbol für den 'Leitton' an sich – und so verführt (verleitet) Carmen in der "Seguidilla" ihre Verehrer.

Ein beeindruckendes Beispiel von Tonartensymbolik findet sich – trotz des modernen Stils – in Alban BERGs *Wozzek*: Die Ermordung Maries findet über einer 'Invention über den Einzelton h' statt, der sich als 'Todeston' zu ohrenbetäubender Lautstärke ausweitet. – Auch sollte in diesem Zusammenhang SCHUBERTs *Unvollendete* nicht vergessen werden.

A-Dur

Hier haben wir den Scheitel der 'ballistischen Bahn' erreicht: Nicht mehr Energie der Bewegung, sondern Energie der Lage! Die Sonne steht nun stolz im Zenit (während sie in D-Dur diesem zueilte): In MENDELSSOHNs *Italienischer Sinfonie* fühlt man dieses mediterrane Strahlen; hier (und auch in BEETHOVENs *Siebter Sinfonie*) würde es einen falschen Effekt machen, wenn die schnellen (Begleit-)Noten mit nervösem Grundgefühl interpretiert würden; vielmehr überstrahlt eine souveräne Ruhe das Ganze (sichtbar etwa an den hoffentlich beherrschten Bewegungen des Dirigenten) – wir sind ja wieder im physischen 'Willenskreuz'.

Und doch: Eine leise Wehmut legt sich darüber (nämlich die Ahnung dass es – wenn man zuoberst ist – nur noch abwärts gehen kann). Deshalb ist A-Dur die erste romantische Tonart, wie CHOPINs *Prélude* es nicht schöner zeigen könnte – ein Aufbäumen von der auftaktigen Quinte in die obere Gefühls-Terz, also ein exaltierter Sextsprung: Man könnte A-Dur als 'Sext-Tonart' bezeichnen.

fis-Moll

"Der Mensch ist ein Abgrund" ruft Alban BERGs Wozzek (wieder zeigt sich die tonartliche Sensibilität dieses nur vordergründig atonalen Komponisten):

Gegenüber A-Dur, der Tonart der höchsten Höhe, ist nun fis-Moll die Tonart der tiefsten Tiefe (das ist der Endpunkt des h-Moll Falls). Deutlicher könnte das nicht zum Ausdruck kommen als in der tritonus-betonten Wolfsschlucht in C. M. VON WEBERs *Freischütz* (über den "Diabolus in musica" siehe später im rechtwinklig dazu stehenden Fis-Dur). Weitere Beispiele sind der langsame Satz aus BEETHOVENs *Hammerklaviersonate*, sowie Ortrud in WAGNERs *Lohengrin* (Anfang des 2. Akts).

E-Dur

Es wurde schon angedeutet, dass die Tonarten von nun an nicht noch heller werden, obschon die Zahl der Kreuze zunimmt. Es ist so, wie wenn sie – zu häufig vorkommend – sich gegenseitig neutralisieren und ihre Kraft verlieren (deshalb ist D-Dur die hellste Tonart, und nicht A-Dur, dessen Gelb schon etwas rötlich eingedunkelt ist). Die äussere Kraft verstrahlt im Geistigen: Wir kommen nun endgültig in den sensiblen Bereich der romantischen Tonarten. Schöner könnte das nicht erfasst haben als der junge MENDELSSOHN in seinem *Sommernachtstraum* (bei ihm gibt es kaum einen Unterschied zur rechtwinkligen Moll-Variante e-Moll, auch im Violinkonzert). Das Staunen über dieses aetherische Strahlen kommt auch deutlich zum Ausdruck, als C. M. VON WEBERs Agate im *Freischütz* unter den schönen Nachthimmel tritt (hier mit einer religiösen Komponente wie in Hugo WOLFs *Gebet*; man beachte die direkt gegenüberliegende Glaubenstonart B-Dur!). SCHUMANNs *Mondnacht* ist wohl das vollendetste Beispiel für diese Qualitäten mit mit seiner feinen Natur-Vibration, die sich in BRUCKNERs *Siebter Sinfonie* zum 'Urnebel' wandelt. Ein profanes Gegenstück zum 'E-Dur-Dunst' findet sich in BIZETs *Carmen*, wo die rauchenden Arbeiterinnen ihre Zigarettenpause machen. – Im *Rosenkavalier* von Richard STRAUSS ist E-Dur bei Oktavian Ausdruck jugendlicher Liebesinbrunst: E-Dur nimmt als 'Terz-Tonart' an den Qualitäten dieses 'Gefühlsintervalls' Teil.

cis-Moll

Der Ton cis kam schon in SCHUMANNs *Mondnacht* bevorzugt vor, und der Name von BEETHOVENs *Mondscheinsonate* ist zumindest nicht schlecht gewählt (wenn auch nicht von ihm). – Die Tonart hat auch eine mystische Komponente, wie die (auch in Schumanns Mondnacht vorkommende) verminderte Quarte his – e in BACHs Fuge in *WTP I* zeigt (mit Kreuzsymbolik des Fugenthemas). Erdas geheimnisvolle Prophezeiung in WAGNERs *Rheingold* steht in cis-Moll ("Weiche, Wotan, weiche!").

H-Dur

Es gibt nicht viele H-Dur Stücke. Die komplizierte Notation mit 5 Kreuzen mag da prohibitiv gewirkt haben. Am ehesten findet sich die Tonart bei LISZT und WAGNER, wo sich in Isoldes "Liebestod" (*Tristan*) das mystische Sehnen zur Verklärung steigert (das Stück verglüht sozusagen wie die Sonne im Abendrot). Wagner streift H-Dur auch im berühmten "Wahnmonolog" in den *Meistersingern*. Analog zu den bereits besprochenen Tonarten kann man den leittönigen Septimen-Charakter vom Intervall auf die Tonart übertragen.

gis-Moll

Ein weisser Fleck auf der tonartlichen Landkarte. Ein Mangel an genügenden Beispielen mahnt zur Vorsicht in den Aussagen über diese Tonart. Drückt sie etwa Blindheit aus? Die diffus dahingleitenden Synkopen in SCHUMANNs "Fast zu ernst" (*Kinderszenen*) drücken eine solche Unsicherheit aus. – Vielleicht passen die fünf Kreuze auch nicht zum tiefen Ernst der Tonart, und man sollte es eher enharmonisch als as-Moll notieren wie in BEETHOVENs *Sonate Op.110* ("Klagender Gesang: Arioso dolente").

Fis-Dur / Ges-Dur

Die Tonart des Übergangs von den Kreuz- zu den b-Tonarten, eine 'Schwellentonart': Im astrologischen System entspricht sie der ausgleichenden Waage – im Farbkreis ist es das von Goethe beschriebene Purpur, wo sich die Regenbogenfarben geheimnisvoll zum Kreis schliessen: Eigentlich sollte man weder von 'Farbkreis' noch von 'Quintenzirkel' sprechen, denn es handelt sich eigentlich um eine Spirale. Es ist nicht einzusehen, warum die längste Wellenlänge plötzlich in die kürzeste übergehen soll (Infrarot – Ultraviolett; die Erklärung liegt in der Physiologie des Auges). Ebenso wenig entbehrt das gewaltsame Schließen des Tonartenkreises der Logik (mehr als nur eine schreibtechnische enharmonische Umdeutung!).

Erstaunlich, dass schon HAYDN den Schluss seiner *Abschiedssinfonie* in Fis-Dur schreibt. WAGNER lässt in den *Meistersingern* den Nachtwächter sein Horn in Ges blasen (auch Alphörner sind traditionell in Fis gestimmt). In BIZETs *Carmen* kommt die Tonart vor, wenn es um Zöllner und Schmuggler geht (also Grenzgänger). – Als direktes Gegenüber des diesseitigen C-Dur steht Fis-Dur für eine geistige Gegenwelt – sei es nun das Paradies (LISZT: *Kennst du das Land*; auch Teile im langsamen Satz von BRUCKNERs *Siebter*) oder die Hölle (BACH, *Matthäuspassion*: "Eröffne den feurigen Abgrund"). Man vergleiche auch die bereits besprochene Moll-Variante dieser teuflischen

Tritonus-Tonart (Wolfsschlucht; auch Carmen endet im Fis-Dur-Verderben). – Eine berückendes Beispiel ist in STRAUSS' *Rosenkavalier* die Überreichung der silbernen Rose ("... in aller Ewigkeit verbunden ...").

dis-Moll / es-Moll

BACH war sich des Übergangscharakters dieser Tonarten bewusst, als er in *WTP I* das Präludium in es notierte, die folgende Fuge aber in dis; Herausgeber, welche diese nach es-Moll verschlimmbessern, erkennen nicht, dass er damit sagen wollte, dass die temperierte Stimmung den Unterschied nun ausgeglichen hat... In diesen Stücken hören wir das Schwellenerlebnis von Christus, wie er es im Garten Gethsemane durchgemacht hat: "Nicht wie ich will, sondern wie DU es willst" – das Ja zum Tode.

Des-Dur

War Fis der Augenblick, wo die Sonne aus der Tagessphäre unter den Horizont sank, befinden wir uns nun mit Des-Dur in der Dunkelheit der wirklichen Nacht. Das Mondlicht von cis-Moll hat sich in eine Wärmestrahlung verwandelt (ein Erlebnis, das man beim Übernachten in der Wüste haben kann: Die Steine geben noch lange die Wärme der Sonneneinstrahlung ab). Man vergleiche die warme Ausstrahlung von DEBUSSYs *Clair de lune* mit dem kühlen Mondlicht der *Mondscheinsonate* (cis und Des stehen ebenfalls im rechten Winkel). – CHOPINs *Nocturnes* sind vollendeter Ausdruck der sinnlichen Wärme dieser Nacht (die vielen schwarzen Tasten erhöhen die virtuose Brillanz); auch der Schluss des ersten Akts von VERDIs *Otello* verstrahlt in dieser Nocturne-Stimmung... – Ein scheinbarer Widerspruch scheint das Präludium *WTP I* in Cis-Dur zu sein: BACH hat aber dieses Stück zuerst in C-Dur geschrieben und nachträglich erst durch Zufügung von 6 Kreuzen nach Cis-Dur erhoben.

b-Moll

War die Dunkelheit von Des-Dur eine durchaus angenehme, mischt sich nun mit der Paralleltonart der Schmerz des Todes mit hinein: Nicht Gethsemane, sondern Golgatha, der Akt des Sterbens. Sowohl Präludium als auch Fuge in *WTP I* geben beredtes Zeugnis davon (beachte den Rhythmus: "Kreu-zi-ge": Ein Achtel und zwei Sechzehntel). *Matthäuspassion*: "Eli lama asabthani" (beachte den rechten Winkel zur Religionstonart B-Dur: Das Kreuz ist das zentrale Symbol christlicher Theologie). – Später stehen berühmte Trauermärsche in b-Moll (CHOPINs *Trauermarsch*).

As-Dur

Überblicken wir den Stimmungsgehalt des absteigenden Bogens des Ton-
artenkreise: Schon bei H hat sich der Tod als Sehnsucht angekündigt. Bei As-
Dur – in anthroposophischer Farb-Synästhesie mit Schwarz-Violett beim
dunkelsten Gegenpol zum lichten Gelb der Gegenseite – taucht nun die
Ahnung auf, dass es bei B-Dur dann wieder aufwärts gehen wird; deshalb
haben viele As-Dur Stücke etwas Tröstliches (SCHUBERT, *Moment musical*).
Es ist wie das Kerzenlicht im Dezember: BEETHOVEN konzipierte *Op. 110*,
dessen Anfang eine ähnlich tröstliche Stimmung aufweist, im Advent (wie
der Eintrag "am 25. Dezember 1821" zeigt). – Als 'Isolde-Tonart' ist As-Dur
auch der weibliche Gegenpol zum männlich vorwärts drängenden Gegenpol
D-Dur.

f-Moll

In erwähntem *Moment musical* von SCHUBERT bricht das As-Dur kurz überraschend in die Paralleltonart f-Moll aus (eine alterierte Zwischendominante
in plötzlichem Forte): f-Moll Stücke haben oft etwas Unbeherrschtes
(BEETHOVEN: *Appassionata*). In VERDIs "Credo scellerato" (*Otello*) drückt
sich solche Auflehnung aus. Das Fegefeuer muss in f-Moll sein, wie viele
Stellen zeigen, die Verkrampfung ausdrücken (z. B. Carmen: "la mort ...")
oder Neid und Gram (*Meistersinger*, Probelied: "Dornenhecke"); dazu passt
VIVALDIs Winter in den *Jahreszeiten* und BEETHOVENs Gewitter in der
Pastorale. Etwas ruhiger geht es zu, als MOZARTs Barberina (*Figaro*) im
Dunkel nach der verlorenen Nadel sucht. – Aber BACHs *Dreistimmige Invention*? Ich vermute, dass das Stück ursprünglich in der Lamento-Tonart g-Moll
konzipiert war.

Es-Dur

Wir gelangen zum wichtigsten Wendepunkt des Tonartenkreises, zur unter-
sten Tiefe, die aber (im Gegensatz zum direkt gegenüberliegenden fis-Moll,
welche nur das Endprodukt eines Falls ist) als 'Urgrund' die Basis für jeden
Aufstieg abgibt (wir sind wieder im irdischen Kreuz, das dem ganzen Gebäu-
de Halt gibt; sozusagen als 'Welten-Baum'). Zu Recht stellt HAYDN in seiner
Schöpfung die Wasser der Urflut in Es-Dur dar. Dasselbe schöpferische
Chaos ist in WAGNERs *Rheingold*-Vorspiel gemeint: drei Minuten lang ein
Es-Dur-Dreiklang! Eine geradezu archetypische Symbolik, denn Wagner
empfing die Inspiration im Traum. Noch STRAUSS stellt im *Rosenkavalier* ein
Bett – allerdings nicht das symbolbefrachtete des Rheines, sondern ein ganz

normales – in den Klängen von Es-Dur dar. Dass Wagner diese Symbolik bewusst einsetzte, beweist die Umkehrung des 'Werde-Motivs' als 'Götter-dämmerungsmotiv', welches statt beim Es im gegenüberliegenden A beginnt. Wie Haydn war auch MOZART Freimaurer: Und so beginnt die *Zauberflöte* mit würdigen Es-Dur-Akkorden (die Freimaurer nennen Gott den "Welt-baumeister" – die schöpferische Kraft ist das eigentliche Geheimnis der Tonart Es-Dur). – Viele weitere pathetische Werke stehen in dieser im Gegensatz zu f-Moll positiv ausstrahlenden Tonart, etwa BEETHOVENs *Eroica* oder *Ein Heldenleben* von STRAUSS.

c-Moll

MOZART verwendet die Paralleltonart auch in der Ehrfurcht gebietenden *Mauerischen Trauermusik*. Auch das würdevolle (von Friedrich dem Großen stammende) "Thema regium" in BACHs *Musikalischem Opfer* ist in c-Moll gehalten. – Das unverwechselbare, temperamentvolle BEETHOVEN-Pathos finden wir jedoch in der *Fünften*, in der *Pathétique* sowie in seiner *Sonate Op. 111*.

B-Dur

In B-Dur vertieft sich die weihevolle Stimmung (sie konnte in Es-Dur noch 'freidenkerisch' sein) ins kirchlich Religiöse. BACH-Choräle (z. B. *Nun ruhen alle Wälder*) stehen in dieser Tonart, und BEETHOVEN braucht sie in der *Neunten* als Symbol des Glaubens: "Über Sternen muss ein lieber Vater wohnen". Auch im langsamen Satz, wo man sozusagen im Gebet auf die Knie geht, verbreitet B-Dur eine fromme Stimmung – im Gegensatz zur kontrastie-renden (erweitert terz-verwandten) Freudentonart D-Dur. Die Gnade kommt sozusagen vom tiefblauen, sternenübersäten Himmel, von Gott. – Der 'Glau-be' kann jedoch auch im Sinne von rein säkularem, menschlichem Vertrauen verstanden sein; dies sehr oft bei MOZART, wie etwa an vielen Stellen im *Figaro* (hier wird das Vertrauen auf die Probe gestellt) , in *Così fan tutte* oder im *Don Giovanni*. Merkwürdig, dass hier die Champagner-Arie in B-Dur steht und nicht in sprudelndem D-Dur wie andere Trinklieder: Aber Don Giovannis erotische Ausstrahlung missbraucht das Vertrauen aller Frauen. (In der Musik gibt es keine Moral; ihr ist es gleich, ob Treue bewahrt oder gebrochen wird.)

g-Moll

War B-Dur die Tonart der Glaubenszuversicht, der Hoffnung (auch der beherzten Liebe), ist nun g-Moll die Tonart der Hoffnungslosigkeit, der tragischen Resignation. In dieser Eigenschaft lernen wir g-Moll als eigentliche 'MOZART-Tonart' kennen – allerdings kannte er den Trost der B-Dur Tonart durchaus auch, wie der herrliche langsame Satz des d-Moll-Klavierkonzertes zeigt. Geradezu archetypisches g-Moll zeigt sich im seufzenden Wellenmotiv der *Sinfonie Nr. 40* (K.V. 550), und fast noch beeindruckender ist das von Chromatik und Nonakkord-Aufschreien durchsetzte *g-Moll-Quintett* (K.V. 516) mit der erschütternden Einleitung zum Finale, das sich allerdings versöhnlich in das früher schon besprochene engelshafte G-Dur aufhellt. Hier zeigt sich der Klassiker (ein Romantiker würde sich in der Tragik verbohren). – Die Tonart g-Moll kann recht eigentlich als 'Moll an sich' bezeichnet werden und war schon im Barock gerade auf Streichinstrumenten äusserst beliebt.

F-Dur

BEETHOVENs *Frühlingssonate* und vor allem seine *Pastorale* zeigen es: In F-Dur wandelt sich die Gottesverehrung in Naturverehrung (lange Orgelpunkte lassen den Blick über die Landschaft gleiten). Heimatgefühle kommen hoch (WAGNER, *Meistersinger*: Nürnberg-Motiv), Grund und Boden also. Die Tonart hat etwas 'Gesetztes', auch im übertragenen Sinn (*Johannespassion*: "Wir haben ein Gesetz"), sie hat etwas Breitbeiniges (der Torero in BIZETs *Carmen*), oft Bäurisch-Tolpatschiges ("Lustiges Zusammensein der Landleute"), das des (eher groben) Humors nicht entbehrt: STRAUSS, *Till Eulenspiegel*; die ledernen Schuhe (Hans Sachs in WAGNERs *Meistersingern*) stampfen auf den Boden. "Ta, ta, ta, ta" singt Leporello, als der steinerne Gast an die Türe poltert (das Pochen kündigte sich schon früher in feinerer Form an: "Batti, batti, o bel Masetto …"). – Eine spezielle Variante findet sich im "Heiligen Dankgesang eines Genesenen an die Gottheit" in BEETHOVENs spätem *Streichquartett Op. 132* in der archaischen lydischen Tonart (die Genesung findet sinngemäß durch das erweitert terzverwandte D-Dur statt).

d-Moll

War F-Dur die Tonart 'über der Erde', so sind wir mit d-Moll nun 'unter der Erde'. Das macht sie zur Grabestonart (VERDI: *Aida*). Steinerne Gewölbe, Mumien, Knochen sind hier die Assoziationen – kurz, die letzte Station des Ersterbens, die Totenstarre ist erreicht: Die Kristallisation. Der bereits erwähnte steinerne Gast in MOZARTs *Don Giovanni* ist wohl das bedeutendste Zeugnis (SCHUBERTs *Der Tod und das Mädchen* ist wohl von diesem Stück beeinflusst mit seinen langen Orgelpunkten; nachher erfolgt die Erlösung in D-Dur – wie übrigens auch in der Scena ultima von Mozarts Oper). BACH notiert d-Moll oft dorisch ("Toccata"); eine Tonart, die im osteuropäischen Kolorit bis BARTOK führt. Bei WAGNER drückt d-Moll die Verknöcherung der stur der alten Tabulatur verpflichteten Meistersinger aus, und in STRAUSS' *Rosenkavalier* bleibt die Uhr in d-Moll stehen. – Großartig ist das symphonische Fragment am Ende von Alban BERGs *Wozzek*, eine weit ausladende Trauermusik, die das d-Moll bis zu einem Zwölf-Ton-Akkord ausweitet.

C-Dur = His-Dur?

Die erwähnten Labyrinthtänze waren vielleicht Initiationsriten, bei welchen man den Gang der Sonne symbolisch nachvollzog. Ähnliches vollzieht sich im Kreis der Tonarten, dessen zyklische Struktur mit anderen Phänomenen wie dem Tageslauf, dem Zodiak (Jahreskreis), ja dem ganzen Leben (mitsamt dem Jenseits) verglichen wurde. – Eine andere Synästhesie bildet der Farbkreis, vor allem aus der Sicht von GOETHE (es gab viele unterschiedliche Versuche, Klänge mit Farben zu assoziieren, bis hinauf zu SRKJABINs "Farbenklavier"). – In den oben gezeigten Beispielen zeigte sich auch ein Bezug zur Symbolik der Intervalle; diese werden immer von C aus gerechnet.

Nachdem wir den ganzen Quintenzirkel durchwandert haben, haben wir ein Sensorium (WAGNERs "Morgentraumdeutweise" in den *Meistersingern*) entwickelt für die tieferen Qualitäten dieser anscheinend nüchternen Tonart (diese scheinbare Nüchternheit hat sich schon bei F-Dur angebahnt). Aber vielleicht gibt es zwei Arten von C-Dur? Ein 'C 1' als Ausgangspunkt und ein 'C 2' als Ziel (dieses müsste dann eigentlich als His-Dur geschrieben sein). Diesen Durchbruch zum Licht hören wir in HAYDNs *Schöpfung* ("Es werde Licht!"), und später auch beim berühmten Beckenschlag von Nickisch im langsamen Satz von BRUCKNERs *7. Sinfonie*. Symbolisch umgedeutet findet er sich im Aufleuchten des Rheingoldes bei WAGNER (das Gold degeneriert zum Geld in A. BERGs *Wozzek*: "Da ist Geld, Marie"). Das nach einem zwölf-teiligen 'Mysterienweg' transformierte C-Dur-Licht wird in MOZARTs *Zauberflöte* zum Symbol der Wahrheit: "Die Wahrheit, die Wahrheit, wär' sie auch Verbrechen!"

NICOLE SCHWYZER

Der gezügelte Mann – Symbol für Weibermacht oder Inszenierung von Affektkontrolle?

Zwei Beispiele für das Zusammenwirken von Bildmotiv und Schrifttext bei der Vermittlung von Ehenormen in Einblattdruck und Tugendlehre des 16. Jahrhunderts

Der gerittene Aristoteles

Ein bärtiger alter Mann kriecht auf allen Vieren. Auf seinem Rücken trägt er eine junge, erotisch gekleidete Frau. Sie hält den Mann am Zügel und schwingt eine Peitsche. (Abb. 1) – In der bildenden Kunst erfreute sich dieses Motiv vom 14. bis ins 16. Jahrhundert grosser Beliebtheit. In Deutschland tauchte es erstmals im 14. Jahrhundert auf, zunächst in Kirchen, zur Illustration von damals kursierenden Predigtexempeln, bald aber auch an bürgerlichen Bauwerken und Gebrauchsgegenständen und schließlich ebenfalls in einer Fülle von Zeichnungen, Holzstichen und Kupferstichen.[1]

Der Stoff dazu stammt aus dem Orient. Dort tauchte zuerst die moralische Erzählung auf "vom Minister, der seinen König vor der zu großen Liebe zur Gemahlin warnte, dann selbst, ihren Lockungen willfahrend, sich von ihr als Reittier gebrauchen liess und dem Gespött preisgegeben wurde"[2]. In Westeuropa fand diese Erzählung im 13. Jahrhundert Eingang, wobei die Rolle des Ministers auf Aristoteles und diejenige des Königs auf dessen Zögling König Alexander übertragen wurde.[3] Zunächst wurde sie als wirkungsvolles Exem-

---

[1] Eine knappe Übersicht gibt Stammler 1937, S. 1030ff.

[2] Stammler 1937, S. 1028.

[3] Über die Gründe dafür siehe Stammler 1937, S. 1028ff. und Ragotzky 1996, S. 281. In verschiedenen Handbüchern wird das Motiv unter dem Titel 'Aristoteles und Phyllis' aufgeführt. Da der Name Phyllis jedoch lediglich in zwei Mären auftaucht, die Reiterin in den zahlreichen Überlieferungen aber unterschiedlichste Namen trägt oder namenlos bleibt (vgl. Smith 1995, S. 71), soll das Motiv hier mit 'der gerittene Aristoteles' bezeichnet werden.

plum in Predigten verwendet, griff aber schon bald auf die Dichtung über.[4] Wie Susan Smith ausführt, bieten die verschiedenen Versionen der Erzählung unterschiedliche Interpretationen des Stoffes und unterschiedliche Argumente zum Thema der Macht der Frauen und der Liebe. Diese will Smith nicht als Verfälschungen oder Missverständnisse in Bezug auf eine originale Quelle gesehen haben, sondern als "strategische Appropriationen" einer verbreiteten Erzählung, mit der Zielsetzung, sie als Exempel zu verwenden.[5]

Wie bei den verschiedenen Überlieferungen der Erzählung repräsentieren laut Smith auch die verschiedenen Bilder des 'gerittenen Aristoteles' keinen fixen Inhalt, vermitteln damit keine durchgehende feste Einstellung in Bezug auf die Macht der Frauen und der Liebe. Vielmehr werden sie jeweils rhetorisch verwendet, im Dienste wechselnder Argumente, um diese lebhaft, überzeugend und einprägsam zu vermitteln.[6]

Seine starke Wirkung bezieht das Bildmotiv denn auch nicht primär aus seinem Bezug zur Erzählung (bezeichnenderweise wird stets nur die Szene abgebildet, in der Aristoteles geritten wird), sondern aus einer Reihe visueller Topoi, die es in sich vereinigt.

Das Reiten auf einem Tier ist ein uraltes Symbol der Macht und der Herrschaft, das im Westen besonders auffällig im Reiterstandbild umgesetzt wurde. Indem die Frau im Aristoteles-Bild in der Herrschaftsposition dargestellt wird, wird auf skandalöse Weise gegen das Prinzip verstoßen, dass die Frau zum Beherrschtwerden, nicht zum Herrschen geschaffen sei.

Zugleich wird der Mann in die Rolle eines Tieres versetzt, er wird wie ein Tier unterworfen und muss auf allen Vieren kriechen. Dadurch wird eine gängige Metapher angewandt, um die moralische Verfassung eines Menschen anzuzeigen, denn die Dichotomie Mensch – Tier wurde in Entsprechung zu den Dualitäten von Geist und Körper, Vernunft und Leidenschaft betrachtet.[7] Dadurch, dass Aristoteles die Überwindung seiner Vernunft durch seine Leidenschaften zulässt, verliert er das Recht auf eine aufrechte Haltung, ein Zeichen seiner Menschlichkeit und seiner Orientierung zum Himmel, d. h. zu Gott hin, und wird auf den Rang eines Tieres herabgestuft.[8] Bezeichnender-

---

4   Eine kurze Übersicht über die literarische Verbreitung der Erzählung gibt Stammler 1937, S. 1029f. Ausführlicheres bei Smith 1995, Kapitel 3.

5   Vgl. Smith 1995, S. 73.

6   Vgl. Smith 1995, S. 103.

7   Vgl. Smith 1995, S. 113.

8   Smith 1995, S. 113ff. stellt eine Parallele her zur damaligen Deutung der Genesis. Im Paradies war Adam die Herrschaft über die Tiere anvertraut, damit könnten auch seine

weise ist es aber nicht bloß ein innerer Antrieb, der ihn in diese Position gebracht hat, vielmehr ist der äussere Motor dazu auf seinem Rücken zu finden.

Schließlich sind auch die sexuellen Implikationen zu erwähnen, die sich aus der Situation des Reitens ergeben. Wie Smith erwähnt und mit verschiedenen Beispielen belegt[9], bezog man die Verben 'reiten' und 'besteigen' schon im Mittelalter oft auf den Geschlechtsverkehr. Dabei fungierte jedoch praktisch immer der Mann als Subjekt, also als Reiter, und die Frau als Objekt, als Pferd. Insofern wurde der Frau die moralisch subordinierte Rolle des Tiers zugewiesen, während der Mann Mensch blieb und somit auch seine Machtposition in der sexuellen Beziehung behalten konnte. Diese wird ihm nun durch den Sieg der Leidenschaft über die Vernunft genommen. Der im Bild angedeutete Sexualakt musste damals als anstößig betrachtet werden, denn nicht nur übernahm die Frau darin den aktiven, kontrollierenden Part, der doch den Männern vorbehalten war, sondern es wurde auch auf eine Position angespielt, die, wie Smith aufzeigt,[10] nach damaligem kanonischen Recht als sündig und pervers beurteilt wurde.

Aufgrund der prinzipiellen Offenheit des Motivs des gerittenen Aristoteles und der Möglichkeit, damit Themen wie Sexualität, die moralische Verfassung des Mannes und das Machtverhältnis zwischen Mann und Frau zu visualisieren, ist es nicht erstaunlich, dass der gezügelte Mann im 16. Jahrhundert auch im damals rege geführten Ehediskurs als Motiv Verwendung fand.[11] Rüdiger Schnell zählt die damals kursierenden Holzschnitte vom

---

inneren 'Tiere', seine Instinkte gemeint sein. Nach dem Sündenfall verlor der Mann die absolute Kontrolle über seine 'Tiere' und wurde selbst zum Tier, was insbesondere in Bezug auf die Sünde der Wollust zum Ausdruck kam (auf S. 116ff. verweist sie auf mittelalterliche Illustrationen, auf denen Adam und Eva nach dem Sündenfall als Zentauren dargestellt werden). Die Notwendigkeit, seine inneren 'Tiere', also seinen Körper und dessen Gelüste zu bändigen, wurde im Mittelalter, wie Smith auf S. 118 anmerkt, häufig mit dem Motiv von Pferd und Reiter ausgedrückt. Auch Heckscher / Wirth 1967, S. 158 äussern: "Das Zähmen des Pferdes galt schon dem Mittelalter als Symbol für die ungezügelten Leidenschaften des Menschen". Dass diese Tradition auch noch im 16. Jahrhundert bestand, zeigt ein Emblem aus Achille Bocchis *Symbolicarum quaestionum*, Bologna 1555. (Abbildung in: Heckscher / Wirth 1967, S. 105). Auf der Icon sind scheuende Pferde dargestellt, wovon eins von einem nackten Mann mittels eines Zaums zu bändigen versucht wird. Bezeichnenderweise ist diese Szene mit dem Lemma überschrieben: *Semper libidini imperat prudentia*.

[9]   Vgl. Smith 1995, S. 119ff.

[10] Vgl. Smith 1995, S. 120.

[11] Laut Holenstein 1991, S. 259, wurde die Ehe im 16. Jahrhundert, insbesondere von den Reformatoren, extrem advoziert. Die Unmengen an Ehepropaganda, die in dieser Zeit

gerittenen Aristoteles zu den "zahllosen literarischen und bildlichen Darstellungen über den ehelichen Geschlechterkampf", von denen sich die Ehemänner in den Städten der Frühen Neuzeit "umstellt sahen".[12] Diese enthielten seiner Meinung nach die Forderung, "dass der Mann Herr im Hause sei". Wie er anmerkt, wurde die Ehe aus ordnungspolitischen Überlegungen heraus zum Gegenstand einer Hierarchie-Diskussion, denn "die staatliche Ordnung war gefährdet, wenn in der Keimzelle dieser Ordnung, in der Ehe, die Herrschaft des Mannes beeinträchtigt war"[13].

Es würde jedoch zu kurz greifen, wenn man alle Darstellungen von gezügelten Männern im Ehediskurs des 16. Jahrhunderts bloß als Aufforderung an die Männer lesen würde, ihrer Herrschaftspflicht nachzukommen.

Anhand zweier Beispiele soll hier aufgezeigt werden, dass das Motiv des gezügelten Mannes im 16. Jahrhundert unterschiedliche Normen und Handlungsanweisungen für Verheiratete und für Heiratskandidaten transportieren konnte, je nachdem in welchem Kontext es erschien. Insofern soll bei der Beschreibung der zwei vorliegenden Blätter besondere Aufmerksamkeit auf das Zusammenwirken von Bild und Text sowie auf die Verflechtung des Motivs mit anderen verwandten Motiven gelegt werden.

Die Frau nimmt den Mann 'an die Kandare'
(*Memorial der Tugend*)

Der erste Untersuchungsgegenstand ist eine Seite aus dem *Memorial der Tugend* (Abb. 2), eine von JOHANN VON SCHWARZENBERG in Auftrag gegebene, vor 1512 entstandene und 1534 gedruckte Sammlung von Holzschnitten, die Schwarzenberg mit kurzen gereimten Texten erläutert hat.[14]

---

publiziert wurden, setzt Holenstein in Zusammenhang damit, dass nun die "sozialen, religiösen Zustände als machbar" erfahren wurden, wobei die vielen neu gegründeten Druckereien das wirksamste Mittel dazu darstellten. Ein wichtiges Anliegen der Autoren war es, die Männer zum Heiraten zu bewegen. Davon versprachen sie sich die 'Vermeidung von Unzucht', also die Verbannung der Sexualität aus den übrigen Leben in den geregelten Rahmen der Ehe. Ausserdem glaubten sie, damit den Frieden im öffentlichen Leben zu fördern, insofern als gewisse Kriegstheorien den Streit um Frauen als den Ursprung aller Feindschaften betrachteten. Schließlich war auch die Erfahrungstatsache bekannt, dass Ehemänner disziplinierter und verantwortungsvoller seien als ledige.

[12] Schnell 1994, S. 99.

[13] Schnell 1994, S. 100.

[14] Vgl. Glier 1983, S. 739, und Schwarzenberg 1534, S. 97: *hab ich [...] auss dem guten / so ich etwo gehört unnd gelesen hab / diese nachvolgenden possen / gleychnuss unnd*

In einer Vorrede gibt Schwarzenberg den Zweck der Sammlung an.[15] Er vergleicht die Untugend mit einer Krankheit, der vorgebeugt oder die behandelt werden soll. Wie aber einzelne Kranke gewisse Arzneien nicht zu bezahlen oder einzunehmen vermögen, so können auch manche Leute *starcke und kostliche ärtzney der Tugennt* (kostbare, meisterliche und tugendreiche Bücher, womöglich in fremder Sprache) nicht einnehmen. Ihnen muss *mit geringer artzney / als mit leichter kurtzen leren und vermanungen / zu tugendlicher gesundhait geholffen werden.*

Solche *gedenckzetteln der Tugent* vermittelt das Buch. Schwarzenberg wollte damit also die Meinungen, Wertvorstellungen und das Verhalten der Rezipienten in einem vorgegebenen Sinne zu beeinflussen versuchen.

Das vorliegende Blatt propagiert tugendhaftes Verhalten in der Ehe und bedient sich hierfür des Motivs des gezügelten Mannes, wenn dies auch bei der Betrachtung des Holzschnittes nicht unmittelbar ersichtlich wird. Der Holzschnitt zeigt zwei Frauen inmitten einer hügeligen Landschaft. Die Frau links (vom Bildbetrachter aus gesehen) ist pausbäckig, vollbusig und trägt bürgerliche Kleidung, ihr Gesicht wird von einer Haube umrahmt. Sie ist deutlich jünger als die Frau rechts, eine eher hagere Erscheinung, die schlichte Kleidung und einen Schleier trägt. Ernst zur Alten hin blickend hat die junge Frau ihre Arme ausgebreitet und hält in jeder Hand einen (gleich zu erörternden) Gegenstand. Jene wiederum weist mit besorgtem Gesichtsausdruck und (zum Sprechen) geöffnetem Mund auf den Gegenstand in der linken Hand der Jüngeren.

Was die Frau in den Händen hält, kann bei näherem Hinsehen als Kandare identifiziert werden, eine bestimmte Art von Gebiss, die bei der Zäumung von Pferden verwendet wird. Die beiden Kandaren unterscheiden sich nur in Bezug auf das Mittelstück, der sogenannten Gebissstange, voneinander. Diejenige in der rechten Hand der Frau hat ein dickes gebrochenes Mittelstück, das durch ein Gelenk beweglich ist; es verspricht eine relativ weiche Wirkung auf Zunge und Laden des Pferdes. Eine weit schärfere Wirkung ist vom Mundstück der Kandare in der Linken der Frau zu erwarten; es ist eher

---

Historien / sampt etlichen kurtzen schlecht gereümpten sprüchen / auff Fränkisch Teutsch / als darbey funndenn wirdet / unnd mir einfällig gewesst / inn diess büchlen machen unnd malen lassenn. Die kommentierten Holzschnitte stehen in keiner direkt ersichtlichen logischen Reihenfolge und bilden geschlossene Einheiten, die je für sich verständlich sind. Insofern bleiben die restlichen Blätter hier unerwähnt.

[15] Vgl. Schwarzenberg 1534, S. 97-98.

dünn, starr und weist sogenannte "Zungenfreiheit"[16] auf, wobei auf die Wölbung in der Mitte noch zusätzlich ein spitziger, 'lilienförmiger' Sporn parallel zu den Unterbäumen der Kandare (im Bild nach oben zeigend) angebracht ist.[17] Zusammenfassend lässt sich die Szene als eine Gesprächssituation zwischen zwei Frauen interpretieren. Die jüngere zeigt der älteren zwei Kandaren (zur Auswahl?), worauf jene auf das schärfere Gebiss deutet und sich dazu äussert.

Der Inhalt des Gesprächs lässt sich aus dem über der Szene gedruckten Text erschließen, wobei die zwei vorliegenden Textblöcke den abgebildeten Frauen zugewiesen werden können. Auf der Textoberfläche geschieht dies aufgrund der Kontiguität von Text und Bild, d. h. den linken Textblock deutet man als Gesprächsbeitrag der Frau links im Bild, den rechten als Beitrag der Frau rechts. Die Anrede *o muter* im linken Textblock unterstützt diese Sprecherzuweisung zusätzlich auf der Bedeutungsebene; eine solche Anrede kann nur von der als jünger dargestellten Frau links an die ältere rechts gerichtet sein.

Die Szene kann also folgendermaßen beschrieben werden: Eine junge Frau fragt ihre Mutter um Rat: sie weiss noch nicht, wie sie am besten ihren Ehemann zäumen soll. In ihren Händen weist sie die beiden Alternativen vor, die ihr zum Zäumen zur Verfügung stehen. Dabei äussert sie die Befürchtung, dass ihr Mann mit Grimm und Trotz auf ein scharfes, schmerzhaftes Gebiss reagiert, dass aber ein zu weiches Gebiss ohne Wirkung bleiben könnte. Die Mutter hält ein sanftes Gebiss für die bestmögliche Zäumung und klärt ihre Tochter darüber auf, dass bei einem Mann, der nicht durch ein *süßes* Gebiss *bezwungen* wird, jedes andere auch nichts helfe. Sie schärft ihrer Tochter ein, ihrem Ratschlag zu folgen, und beruft sich dabei auf ihre persönliche Erfahrung.[18]

---

[16] D. h. sie wölbt sich in der Mitte und lässt somit mehr Raum frei für die unter ihr liegende Pferdezunge. Zugleich übt sie aber auch beim Anziehen der Zügel mehr Druck auf die Zunge aus.

[17] Kandaren (oder wenigstens heutige Kandaren) weisen keine solchen Sporne auf. Beim Anziehen der Zügel würde sich dieser höchst schmerzhaft in die Zunge des Pferdes bohren, eine wohl doch etwas übertrieben und unnütz scharfe Wirkung. Vermutlich wurde er für Pferdelaien hinzugefügt. Da er der rechten Kandare das bedrohliche Aussehen eines Folterinstrumentes gibt, ist diese deutlich als die schärfere zu erkennen.

[18] Befremdend ist aber, dass sie dabei auf das scharfe Gebiss in der linken Hand ihrer Tochter weist. Gäbe es in ihrer Rede eine Stelle, bei der sie explizit von der harten Kandare abrät, so könnte die Handgeste und das betrübte Gesicht der Mutter eventuell diese Sprechhandlung illustrieren, sie nimmt in ihrer Antwort jedoch überhaupt nicht darauf Bezug. Um eine Erklärung wagen zu können, müsste mehr über die Entstehung

Wir müssen die Aussage, den Ehemann mit einem Gebiss zu 'zäumen', als Metapher interpretieren, die im Bild als konkrete Realität erscheint. Dieses Wörtlichnehmen der metaphorischen Rede bewirkt eine starke Verknüpfung von Bild und Text. Es macht dabei die abstrakte Aussage des Textes leichter memorisierbar, indem diese im Bild konkretisiert wird. Schließlich verdeutlicht es auch die Implikationen, welche die Metapher mit sich führt. Die Metapher ist ungefähr so zu verstehen, dass die Frau ihren Mann in eine bestimmte Richtung lenken will. Doch da die Frauen in ihrem Gespräch auf der Ebene des Metaphorischen bleiben und auch das Bild bloß die Metapher konkretisiert, erfahren wir nichts Genaues darüber, was mit 'zäumen' gemeint ist, also z. B. weder die Richtung, die der Mann einschlagen will, noch die, die er einschlagen soll, und auch nicht die Art und Weise, wie die Frau ihren Mann zu lenken gedenkt oder lenken soll. Mehr Aufschluss darüber, wie das 'Zäumen' des Mannes genau gemeint sein könnte und wie die dargestellte Szene von Schwarzenberg und seinen zeitgenössischen Lesern bewertet wurde, kann uns möglicherweise ein Blick auf die Bildtradition der (den Mann) zäumenden Frau geben.

Das Motiv einer Frau, die in der Hand einen Pferdezaum hält, ist in vielen Bildquellen zu finden. Oft stellt sie dabei eine Personifikation der *Temperantia* dar, der Tugend der Mässigkeit (vgl. Abb. 3). Wie CESARE RIPA in seiner *Iconologia* ausführt, wurde damals die Temperantia oft mit einem Zaum in der einen und mit einer Uhr in der anderen Hand dargestellt. Der Zaum weise auf die Aufgabe der Temperantia hin, die Gelüste der Seele (*gl' appetiti dell' animo*) zu zügeln und zu mäßigen.[19]

Darüber, was genau mit den 'Gelüsten der Seele' gemeint ist, gibt ZEDLER in seinem *Universal-Lexikon* Aufschluss bei der Definition der Temperantia (was bei ihm dem Begriff Mäßigkeit entspricht).[20] Er bezeichnet die Mäßig-

---

des Blattes bekannt sein, insbesondere was die Zusammenarbeit von Schwarzenberg und dem oder den Künstlern betrifft, welche die Holzschnitte schufen. So ist z. B. nicht klar, ob die Holzschnitte oder der Schrifttext zuerst vorlagen, und es ist auch nicht in Erfahrung zu bringen, ob die oder der Künstler genaue Vorgaben von Schwarzenberg erhielten und wenn ja, wie präzise sie sich daran hielten. So kann man nicht wissen, ob z. B. der Künstler mit seinem Holzschnitt eine andere Bedeutung intendiert hatte, als die danach mit Hilfe von Schwarzenbergs Text erzielte, oder ob er sich etwa aus gestalterischen Gründen nicht präzise an den Text hielt und z. B. unbedingt die schärfere Kandare, die doch aufsehenerregender ist als die weichere, als Blickfang in der Mitte des Bildes plazieren wollte.

[19] Vgl. Ripa 1603, S. 618ff.

[20] Zedlers Lexikon wurde zwar über ein Jahrhundert nach Ripas *Iconologia* kompiliert. In Bezug auf die Definition einer Tugend werden innerhalb dieses Zeitraums jedoch wohl kaum große Veränderungen stattgefunden haben.

keit im engeren Sinne als *Bezähmung derjenigen Wollust, da man die äußerlichen Sinne zu kützeln und zu belustigen suchet, damit man sich derer desfalls eingepflantzten Begierden vernünfftiger Weise bedienen, und dadurch die Erhaltung sein selbst und die Fortpflanzung seines Geschlechts dem Göttlichen Absehen gemäss befördert werde.* Er zählt drei Arten solcher *Wollust*[21] auf: Erstens die *delicate*, die sich auf *dem natürlichen Abscheu für alle dem, so der menschlichen Natur zu wieder* gründet; zweitens die *bacchische*, die auf dem *natürlichen Appetit zu Essen und Trincken* beruht; und drittens die *venerische*, die *Lust zum Beyschlaff.* Alle drei Arten seien natürlich und von Gott geschaffen worden, um die Erhaltung und Fortpflanzung des Menschengeschlechts zu gewährleisten. Seit dem Sündenfall hätte der Mensch jedoch angefangen, sie *zu seiner eigenen Belustigung und Kützelung seiner Sinnen* zu gebrauchen. Nun sei es nötig, dass er Mäßigkeit walten lasse, das heisst, sich dieser natürlichen Begierden in vernünftiger Weise bediene und ihren Gebrauch auf die von Gott beabsichtigte Anwendung beschränke.[22]

In einigen Allegorien und Emblemen wird auch die Göttin *Nemesis*[23] mit einem Zaum in der Hand dargestellt, so etwa im *Emblematum Libellus* des ANDREAS ALCIATUS (Abb. 4). Die Icon hat Alciatus mit dem Lemma versehen: *Nec verbo noc facto quenquam laedendum.* Er fordert, niemanden weder mit Wort noch Tat zu verletzen. Das nachfolgende Epigramm beleuchtet dann den Zusammenhang des Lemmas mit der Icon. Übersetzt lautet es: Hier kommt Nemesis und beobachtet die Spuren der Menschen. Sie hält ihren Ellbogen und einen harten Zaum in der Hand. Sie fordert, dass du nichts

---

Interessant ist auch, dass Zedler 1739, S. 180, für die Definition der Mäßigkeit im engeren Sinne ebenfalls die Metapher des Zäumens verwendet. Er bezeichnet sie als die *Geschicklichkeit des menschlichen Gemüthes, da man die angebohrne verderbte Neigungen und die daher entstehende hefftige Bewegungen oder Affecten nach der Vorschrifft der gesunden Vernunfft im Zaum hält, damit man andere nicht beschweret, sich aber nicht beunruhiget.*

[21] Die wohl Ripas 'Gelüsten der Seele' entsprechen

[22] Vgl. Zedler 1739, S. 181.

[23] Im Dictionnaire des mythes feminins, Paris 2002. S. 1426, wird Nemesis als Personifikation der Göttlichen Rache bezeichnet, die dazu ausersehen ist, die verschiedensten Verbrechen der Sterblichen, insbesondere die 'Hybris' (der Übermut, die Vermessenheit) in allen ihren möglichen Formen zu bestrafen. Zedler 1995, S. 1690, bezeichnet sie als "eine Göttin, so insonderheit die Menschen ihres Hochmuths halber, und daher rührender Freveltaten und übermüthiger Bosheit halber straffete, hingegen aber auch das Gute belohnete, und mithin bald die Stolzen niederdruckte, die Frommen aber dagegen aus dem Staube erhube." Sie werde teilweise auch "zu einer doppelten Göttin gemacht, deren eine machen soll, dass ein Mensch nicht Böses begehe, die andere aber, wenn er solches gethan, dafür straffe."

Schlechtes machst und keine boshaften Worte sprichst und dass in allen Dingen Mass gehalten werde.“[24]

Laut Zedler wurde Nemesis mit einem Zaum in der Hand abgebildet, *um zu bemerken, dass man seine Zunge soll zäumen lernen*, und mit einer Elle, *weil man einem jeden das seinige geben soll*. Oder auch, *weil sie die Unbändigen zähmet und mit ihrem geziemenden Maße ausmisset*.[25]

Betrachtet man das Bild im *Memorial* für sich und konzentriert man sich auf die Darstellung der jungen Frau, so kann man sie mit ihren Kandaren in der Hand durchaus mit Abbildungen der Temperantia vergleichen. Lässt man also diesen Aspekt bei der Betrachtung der aus Holzschnitt und darüberliegendem Dialog bestehenden Szene einfließen, so kann man den Wunsch der Frau, ihren Mann zu zäumen, als Wunsch auffassen, ihn von Unmäßigkeit in punkto Verfeinerung, Essen und Trinken und Sexualität abzuhalten, ihm diese Begierden also nur so weit zuzulassen, als dass sie noch Gott gefällig sind.

Man kann dieselbe Frau aber auch mit der zaumtragenden Figur der Nemesis assoziieren. Somit könnte sie als Warnung an den Mann angesehen werden, niemandem Schaden mit schlechten Taten oder bösen Worten zuzufügen, ganz besonders nicht seiner Ehefrau.

Durch die Assoziation mit der Temperantia, der Personifikation einer Tugend, und mit der Nemesis, der Rächerin von Übeltaten und Schmähworten, kann die Ehefrau mit ihren Kandaren im Bild des *Memorial* eine positive Konnotation erhalten. Sie tritt sozusagen als Hüterin der Moral auf, die, dem Ratschlag ihrer Mutter folgend, ihren Mann mit sanften Mitteln auf den richtigen Weg bringen will.[26]

Zugleich kann sie (wenigstens für Ehemänner) aber auch in einem negativen Lichte erscheinen, wenn man die ganze Szene betrachtet. Ihre Rede führt sie den Betrachtern als reale Frau vor Augen, die ihren Mann im wahrsten Sinne des Wortes ‘an die Kandare nehmen’, also ihn unterwerfen und ‘reiten’ will. Dies ruft nun weitere Vorstellungen hervor, die sich durch die Betrachtung des Bildes allein nicht einstellen würden, man kann eine Verbindung mit dem Motiv des gerittenen Aristoteles herstellen. So gesehen könnte der Rat der Mutter so verstanden werden, dass ihre Tochter die Macht ihrer Sexualität

---

[24] Vgl. Alciatus 1542.

[25] Zedler 1739, S. 1692.

[26] Diese Art von Assoziationen konnte sich wohl hauptsächlich beim gebildeten Publikum einstellen. Interessant, aber wohl kaum zu beantworten ist die Frage, ob diese ikonographischen Bezüge von Schwarzenberg und/oder dem Hersteller des Holzschnittes wirklich intendiert waren.

einsetzen solle, um ihrem Mann die Herrschaft in der Ehe zu entreissen und ihn zum Pantoffelhelden zu stempeln. Damit würde sie nicht danach streben, ihren Mann moralisch zu stärken, sondern ihn im Gegenteil in die Rolle eines Tieres zu versetzen, dessen Triebe stärker sind als seine Vernunft.[27]

Da das Bild auf höchst unterschiedliche Bildtraditionen anspielen kann, sind auch verschiedene Interpretationen möglich. Das Hinzuziehen der Bildtradition hilft demnach auch nicht weiter beim Versuch, festzustellen, ob die Szene positiv oder negativ konnotiert ist. Aus der Szene allein lässt sich nicht mit Sicherheit eruieren, welche Normen mit Schwarzenbergs Blatt vermittelt werden sollen. Da das Blatt aber, wie von Schwarzenberg angekündigt, tugendhaftes Verhalten propagieren soll, muss sich innerhalb des Gesamttextes auch ein Textabschnitt befinden, der eine von einer bestimmten Norm ausgehende Moral überbringen soll. Einen solchen Abschnitt finden wir unterhalb des Holzschnittes durch einen mit Blumenornamenten verzierten Balken von der darüberliegenden Wort-Bild-Kombination abgetrennt (also gleichsam das Ergebnis unter dem Additionsstrich angebend):

Ain frummer weyser piderman /
Der helt ain erbars weib auch schon.
Dj doch jr thun und lassen stelt /
Nach dem es jrem man gefelt.
Vil sanfter wort sy im offt geyt /
Macht also frid on widerstreyt.

Es wird nicht klar, an wen sich diese Worte wenden; es wird sozusagen ein Idealzustand in der Ehe beschrieben. Ein frommer und weiser Biedermann hält eine ehrbare Frau auch anständig, welche doch ihr Tun und Lassen ganz nach dem Gefallen ihres Mannes ausrichtet. Sie gibt ihm oft sanfte Worte und stiftet so Frieden ohne Widerstreiten. Direkte imperativische Handlungsanleitungen kommen im Text nicht vor[28] und auch Kausal- und Instrumentalbeziehungen zwischen den einzelnen Sätzen fehlen fast vollständig. Möglicherweise hat Schwarzenberg solches bewusst weggelassen, damit sich die moralische Botschaft an Mann und Frau zugleich richten kann.

---

[27] Diese Interpretation ist im Bild weniger sichtbar angelegt, fehlen doch die eindeutigen sexuellen Anspielungen; weder wird der Ritt auf ihrem Mann gezeigt, noch ist an ihrer Kleidung oder Haltung etwas Erotisch-Provozierendes festzustellen.

[28] Es sei denn, dass das 'Macht' in *Macht also frid on widerstreyt* ein Imperativ wäre, der beide Eheleute dazu auffordert, Friede zu machen. In dem Fall würde aber ein Punkt vor dem letzten Satz fehlen. Deshalb vermute ich eher, dass das Subjekt zu *macht also frid on widerstreyt* die Frau im vorhergehenden Satz ist.

Aus der Beschreibung des Idealzustandes könnten Ehefrauen zum Beispiel schließen: Wenn dein Mann ein frommer weiser Biedermann ist, dann wird er dich auch anständig behandeln, sofern du ehrbar bist und so handelst, wie es ihm gefällt. Wenn du ihm mit sanften Worten, nicht mit Widerstreiten antwortest, wird Friede zwischen euch herrschen. Und ein Ehemann könnte daraus folgende Verhaltensanweisung ablesen: Bist du ein frommer und weiser Biedermann, dann sollst du deine Frau auch anständig behandeln, sofern sie ehrbar ist. Denn dann richtet sie doch ihr ganzes Tun und Lassen nach dem aus, was dir gefällt. Sie gibt dir sanfte Worte und antwortet nicht mit Widerstreit, dadurch schafft sie Frieden zwischen euch.

In welchem Zusammenhang steht die Moral mit der darüberliegenden Szene? In vielen anderen Blättern des *Memorial* stellt der Holzschnitt (oft in Zusammenhang mit dem darüberliegenden Text) ein Negativbeispiel dar, das im Epimythion evaluiert und getadelt wird, worauf oft auch eine Handlungsanweisung folgt. Im vorliegenden Fall beschreibt das Epimythion direkt eine Norm, ohne konkret auf die oben dargestellte Szene einzugehen, es wird deshalb nicht ganz klar, wie Schwarzenberg diese bewertet. Wenn Schwarzenberg davon spricht, dass eine ehrbare Ehefrau ihrem Manne viele *sanfte* Worte gibt, dann ist eine Übereinstimmung festzustellen mit dem Ratschlag der Mutter, ein *sanftes* Gebiss zu verwenden. Insofern scheint Schwarzenberg also dem Rat der Mutter zuzustimmen. Andererseits richtet laut der Moral eine ehrbare Frau ihr ganzes Tun und Lassen nach dem aus, was ihrem Mann gefällt. Dass sie ihn zu zäumen, nach ihrem Willen zu lenken versucht, käme demnach gar nicht erst in Frage, auch nicht mit einem sanften Gebiss. Insofern würde Schwarzenberg die Szene insgesamt für verwerflich halten.

Für die Szene im Holzschnitt sind zwei Situationen vorstellbar, die aber nirgends direkt thematisiert werden. Zum einen kann angenommen werden, dass die dargestellte Frau nicht *erbar*, sondern ein 'böses Weib' ist, welche ihren Mann mit allen Mitteln zu manipulieren und zu beherrschen versucht. Auf eine solche Situation spielt das Aristoteles-Motiv an. Zum andern wäre möglich, dass die Frau zwar *erbar*, ihr Mann aber kein *frummer weyser piderman* ist. Entweder kennt er keine Mäßigung und seine Frau muss ihn, wie eine Personifikation der Temperantia, mit Sanftheit in seiner Maßlosigkeit bremsen, oder er ist auffahrend und sie muss ihn als Personifikation der Nemesis mit süssen Worten besänftigen. Im Bild könnten demnach unterschiedliche Abweichungen von der Norm dargestellt sein, welche in der Moral propagiert wird.

Die Szene ist also prinzipiell offen für verschiedene Interpretationen, und es können auch ganz unterschiedliche Handlungsanleitungen daraus gezogen werden, je nachdem ob sie von einer ehrbaren Frau oder einer bösen, von einem frommen Mann, einem maßlosen oder einem auffahrenden rezipiert wird. Sie widerspiegelt in ihrer Mehrdeutigkeit die Offenheit der Moral.

Der *arm götze*, von seiner Frau an den Karren gespannt

Der Einblattdruck, der nun betrachtet werden soll (Abb. 5), wurde 1533 von Albrecht GLOCKENDON gedruckt. Dieser verfasste auch den gereimten Text, während der Holzschnitt von Erhard SCHOEN stammt.

Mit Einblattdrucken verfolgten Autoren vor allem die Absicht, "die Meinungen, Wertvorstellungen und das Verhalten der Rezipienten in ihrem Sinne zu beeinflussen".[29] Im vorliegenden Blatt führt der Autor ein Plädoyer für die Ehe und gibt klare Handlungsanweisungen für Eheleute (insbesondere für die Männer).[30] Sein Holzschnitt nimmt dabei weit deutlicher Bezug auf das Motiv des 'gerittenen Aristoteles' als beim zuvor behandelten Druck.

Der Blick des Betrachters fällt zuerst ein wenig links oberhalb des geometrischen Zentrums des Bildes auf einen gefüllten Waschzuber mit Waschbrett, der auf einem kleinen Karren steht. Wie ein Pferd ist vor diesen Karren ein Mann gespannt, im bloßen Hemd und in Kniehosen auf allen Vieren kriechend. Er blickt zum Karren zurück und hat den Mund zum Sprechen geöffnet. Hinter ihm schwingt eine Frau in einfacher, hochgeschlossener Kleidung und mit rundem breitkrempigem Hut mit der rechten Hand eine Peitsche. In ihrer Linken hält sie ein Schwert und über den Arm gehängt einen Beutel sowie eine sogenannte 'Bruch', die damals gebräuchliche Unterhose für Männer. Diese derbe, bäuerlich anmutende Szene füllt die gesamte linke Bildhälfte aus.

In der rechten Bildhälfte sind folgende Personen zu sehen: Ein junger, elegant gekleideter Mann, dessen Schwert unter seinem knielangen Mantel hervorblickt. Er scheint eine rechts vor ihm stehende junge Frau anzusprechen, die er vertraulich mit seinem linken Arm umfasst hält. Diese blickt, die Mund-

---

[29] Brednich 1984, S. 1340. Auf S. 1341 merkt Brednich denn auch an, dass diese "frühen Massenkommunikationsmittel mit propagandistisch-agitatorischer Zielsetzung" besonders in Phasen intensiver geistig-religiöser oder politisch-sozialer Auseinandersetzung, wie der Reformation und des Dreissigjährigen Krieges, im großen Umfang zur gezielten Meinungsbeeinflussung eingesetzt worden seien.

[30] Wie Brednich 1984, S. 1348, anmerkt, verfolgten Einblattdrucke des 16. und 17. Jahrhunderts in der Regel keine aufrührerischen Ziele, sondern sie standen vielmehr im Dienste der Vermittlung herrschender Normen und Wertvorstellungen. Insofern sind die vielen Einblattdrucke, die sich mit dem Thema Ehe und Brautwerbung auseinander-

winkel nach unten gezogen, in die Richtung des Paares am Karren. Wie der junge Mann ist sie vornehm gekleidet, sie trägt ein tief ausgeschnittenes, bodenlanges Kleid und geflochtenes Haar. Die Arme hält sie vor dem Körper verschränkt und hebt zugleich mit beiden Händen ihren Rock ein Stück weit hoch, so dass ihr Unterrock und einer ihrer Schuhe sichtbar werden. Hinter ihrem Rücken beugt sich eine weitere Frau mit offenem Mund zum jungen Mann hin. Ihr Kleid fällt in unordentlichen Falten, und sie trägt eine Narrenkappe mit Eselsohren. Ganz rechts im Bild blickt ein älterer Mann ebenfalls zum jungen Mann hin. Er macht einen ehrwürdigen Eindruck mit seinem Bart, dem fast bis zum Boden reichenden Mantel mit Stehkragen[31], dem grossen Hut auf dem Kopf und dem Gehstock in der linken Hand. Mit der rechten Hand macht er eine Geste des Argumentierens, als ob er sprechen wolle.

Über dem Holzschnitt steht in fetten Lettern gedruckt: *Kein edler schatz ist auff der ert, Dann ein frums weib die ehr begert.*

Betrachtet man nun das Bild in Zusammenhang mit diesem Titel und deutet man die peitschenschwingende Frau als ein *frums weib*, das Ehre begehrt, so ergibt sich eine gewisse Ironie; denn als einen *edlen Schatz* kann der so Drangsalierte sie wohl kaum bezeichnen. Die Bezeichnung *frums weib* scheint aber auch auf die junge, vornehme Dame nicht so ganz zu passen. Es bleibt demnach unklar, auf welche Figur sich *frums weib* bezieht, und es ist auch nicht klar, welche Art von *ehr* diese Frau anstreben soll. Ausserdem ist nicht zu eruieren, ob der Titel ironisch oder ernst gemeint ist. Um den Zusammenhang zwischen Titel und dargestellter Szene rekonstruieren zu können, sind die Betrachter also auf weitere Informationen angewiesen. Dafür bieten sich die ober- und unterhalb des Holzschnittes gesetzten Textblöcke an, welche die Redebeiträge der miteinander kommunizierenden Figuren darstellen.

Der arm götze. Als verbindendes Element zwischen Titel und Holzschnitt dient nur schon rein grafisch ein Textblock, der mit *Der arm götze*[32] über-

---

setzen, auch ergiebige Quellen, um die gängigen Auffassungen der Ehe im 16. Jahrhundert zu eruieren.

[31] Stellt man sich diesen Mantel schwarz vor (dass er nicht schwarz ist, hängt wohl mit den Erfordernissen der Holzschnitttechnik zusammen), so erinnert die Kleidung des Mannes durchaus an diejenige, die man auf Abbildungen an damaligen protestantischen Geistlichen sieht. Nur der Hut wirkt etwas aussergewöhnlich.

[32] Warum trägt er als einziger auf dem Blatt einen Namen (Götz ist Koseform für Gottfried)? War *armer götze* eine feste Redewendung für 'armer Kerl'? Soll unsere Empathie gesteigert werden, indem der Mann, dadurch dass er einen Namen erhält, realer erscheint?

schrieben ist. Er ist direkt unterhalb des Titels (also ohne trennende grafische Elemente dazwischen) plaziert. Zugleich greift er räumlich in den Holzschnitt hinein, scheint gleichsam eine Einbuchtung in dessen Rahmen zu machen. Im Text findet sich wie im Blatt von Schwarzenberg ein sprechendes 'Ich', welchem ein Sprecher zugewiesen werden muss. Auch hier ist der Sprecher im Bild zu finden, jedoch ergibt sich nun die Sprecherzuweisung nicht schon auf der Textoberfläche durch Kontiguität von Schriftblock und Sprecher. Zunächst scheint der Textblock zur Frau mit der Peitsche zu gehören, aus deren Mund er fast wie eine Sprechblase ragt. Vom Inhalt her muss indessen der Mann zu ihren Füßen der Sprecher sein. Das wird beim Satz *Wie hart zeuch ich an diesem Karren* deutlich, denn er beschreibt die Situation, welcher der kriechende Mann im Holzschnitt ausgesetzt ist.

Bevor nun auf den genauen Inhalt seiner Rede eingegangen wird, soll auf eine Besonderheit in seinem Sprechen eingegangen werden, die mit der Verwendung des Pronomens 'ich' zusammenhängt. Nach Robert S. Nelson ist dieses Pronomen ein sogenannter Shifter, ein Wort, dessen Referent wechselt, je nachdem wer spricht und in welcher Situation er spricht. So wird es nicht mit einem spezifischen Objekt oder Konzept verbunden, sondern unterhält ein existenzielles Verhältnis zur sprechenden Person. Es ist nur innerhalb eines Kontextes definiert.[33] Da der Text auch kein spezifisches 'Du' anführt, lässt er eine Leerstelle frei, in die sich der Betrachter selbst einbringen kann. Dadurch wird er auch direkt in die Situation einbezogen, in welcher das 'Ich' sich befindet.[34] Der *arm götze* wird für ihn, wie in einer realen Kommunikationssituation, audiovisuell[35] erfahrbar und appelliert somit direkt an sein Mitgefühl.

Die Rede im Textblock kann sich auch an weitere Adressaten richten, nämlich an die weiteren abgebildeten Personen. Der Mann richtet sich denn auch nicht mit einem frontalen Blick an die Betrachter ausserhalb des Bildes, sondern er dreht seinen Kopf der hinter seinem Wagen stehenden Personengruppe zu. Worauf sich sein Blick aber genau richtet, ist nicht festzustellen. Auch mit welcher kommunikativen Absicht er spricht, wird nicht ganz klar.

---

[33] Vgl. Nelson 1989, S. 147. Vgl. Linke / Nussbaumer / Portmann 1991, S. 217f.

[34] Wie es Nelson ausdrücken würde, sind die vorliegenden Aussagen also "gegenwartsorientiert, sowie räumlich und zeitlich koextensiv und zeitgleich mit dem Sprecher und Zuhörer". Vgl. Nelson 1989, S. 148.

[35] Laut Wenzel 1993, S. 47, war Lesen im Mittelalter ein lautes Lesen. Da gemäß Brednich 1984, S. 1343f., Flugblätter zuweilen in Versammlungen etc. vorgelesen oder vorgesungen wurden, wurden sie wohl zumindest in solchen Situationen audiovisuell wahrgenommen.

Dafür glaubt man jedoch die kommunikative Absicht des Textproduzenten zu erkennen, als dessen Sprachrohr der *arm götze* erscheint. In den ersten zehn Zeilen wird durch das Aufnehmen und Benennen von im Bild vorkommenden Elementen eine Verknüpfung von Text und Bild erzielt. In Kombination mit dem kläglichen Anblick des *armen götze* lässt sich nämlich besser an das Mitgefühl der Zuschauer appellieren als in Form eines bloßen Schrifttextes. So jammert er über das Karrenziehen, wozu er, der *arme Narr*, durch *weybnemen* gekommen sei. Er bereut es, überhaupt ans Heiraten gedacht zu haben, denn dadurch sei *Syman*[36] in sein Haus gekommen und habe ihm Schwert, Bruch und Tasche[37] entrissen (er bezieht sich damit auf seine Ehefrau, um die es sich offensichtlich bei der ihn peitschenden Frau hinter ihm handelt, trägt sie doch die erwähnten Objekte). Nun habe er Tag und Nacht keine Ruhe und erhalte dazu noch kein einziges gutes Wort. Auch seine Treue und seine Worte seien seiner Frau zuwider.

Auf diese Rede folgt ein Textabschnitt, der sich von den ersten zehn Zeilen nur schon dadurch abhebt, dass er aus einem dreifachen Reim besteht, während die vorherigen Zeilen lauter Paarreime bilden. Da er sich innerhalb des mit *Der arm götze* betitelten Textblocks befindet, muss er als Rede des 'Pantoffelhelden' aufgefasst werden, inhaltlich gesehen wirkt er aber eher wie eine Moral zur Geschichte, die dem unterworfenen Manne in den Mund gelegt wurde:

Also geschicht noch manchem man
Der nichts hatt / wayss oder kan[38]
Wil doch bey zeyt ein frawen han.

Es scheint also, dass ein ans Mitgefühl appellierendes abschreckendes Beispiel präsentiert wird und darauf eine Moral, welche folgende Handlungs-

---

[36] Dieses Wort wurde laut Moser-Rath 1981, S. 58f., häufig in Schwankbüchern, Flugblättern und auch in Predigten verwendet, zur Thematisierung der Umkehrung der gängigen Herrschaftsverhältnisse, namentlich des Missstandes, dass die Frau im Haus den Ton angab und den Mann zum Pantoffelhelden machte. Aus einer Predigt von Johann Capistran Brinzig von 1690 zitiert sie das dazugehörige Wortspiel: *sagt an, ihr Eheleuth, wer ist der Herr im Hauss? Haisst es: Si-mon? und er-Weib? Oder er Mann? und sie Weib?* (Der Begriff 'Sie-mann' scheint also auch noch bis ins Barockzeitalter hinein Bestand gehabt zu haben, vgl. Deutsches Wörterbuch von Jacob und Wilhelm Grimm, X/1, 1905, Artikel "Siemann", Sp. 958-961).

[37] Das sind die 'Insignien' der patriarchalischen Macht des Hausherren.

[38] So würde ein Mann ja wohl eher nicht von sich selber sprechen.

anweisung beinhaltet: 'Ein Mann, der nichts hat, weiss oder kann, soll nicht zu früh eine Frau nehmen.'[39]

Die Begründung dieser Moral findet jedoch noch nicht in der Rede des Mannes statt. Erst durch die Rede seiner Frau wird deutlich, was seine 'Unterjochung' damit zu tun hat, dass er nichts hat, weiss oder kann. Ihre Antwort ist links unterhalb des Holzschnittes zu lesen und ist mit *Die fraw spricht* überschrieben.[40]

Die fraw spricht. Zunächst demonstriert die Frau, in Entsprechung zu ihrem im Bild sichtbaren brutalen Auftreten, ihren rüden Umgangston mit ihrem Mann. Sie verhöhnt ihn erst mit der ironischen Frage *ey lieber gesell ists aber war?* und befiehlt ihm dann unter Androhung von Gewalt, seinen Mund zu halten. Anschließend folgt die Begründung für ihr Handeln: Wenn er ein schönes frommes Fräulein zur Frau wolle, die ihm untertänig folge, dann solle er zu Hause bleiben und nicht allen möglichen lockenden Vergnügungen nachgehen. Denn es sei schwer bei *weiblicher eer*[41] zu bleiben, wenn man sich nicht ordentlich kleiden könne (*nacket gan*) und betteln, hungern und Wasser trinken müsse. Sie schliesst mit der Moral:

Wiltu nit arbaiten und mich erneren /
So mustu waschen spülen und keeren /
Und must dir lassen dein balck erberen.

Will der Gatte nicht arbeiten und seine Frau ernähren, wie es sich für einen guten Ehemann gehört, so muss er eben die Erniedrigungen auf sich nehmen, Frauenarbeiten verrichten[42] und Schläge von seiner Frau einstecken.

---

[39] Diese Anweisung erinnert an bestimmte Normen und Erlasse, die in Nürnberg im 16. Jahrhundert für Handwerker in Bezug auf die Eheschliessung galten. Lehrlinge und Gesellen, die sich während ihrer auf zehn Jahre festgelegter Ausbildungszeit bereits 'verunkeuscht' oder vermählt hatten, erhielten, wenn überhaupt, erst nach langjähriger Wartezeit die Zulassung zum Meisterstück. Meist blieb ihnen nur übrig, um einen Hungerlohn als unselbständige Stückwerker im Verlag zu arbeiten. (vgl. Klein 1988, S. 195ff.).

[40] Unterhalb des Holzschnittes sind fünf Textblöcke in einer Reihe plaziert, die allesamt wie der Textblock des *armen götzen* die Bezeichnung ihres Sprechers als Titel tragen. Die Zuordnung der einzelnen Texte zu ihren abgebildeten Sprechern ist leicht zu vollziehen.

[41] Bezieht sich *weibliche eer* nur auf den Gehorsam, den eine Frau ihrem Manne entgegenbringen muss, oder wird auch auf eheliche Treue angespielt?

[42] Das meint der *arm götze* wohl mit *Nacht und tag hab ich kein rhu*. Im Bild ist diese Frauenarbeit mit dem gefüllten Waschzuber angedeutet, den der *arm götze* auf dem Karren ziehen muss.

Der geselle. Der junge Mann stellt das Verbindungsglied zwischen der Szene auf der linken Bildhälfte und der Personengruppe auf der rechten Seite dar. Zugleich bietet er sich auch als Identifikationsfigur für die unverheirateten männlichen Betrachter an. Angesichts dessen, was der *arme götz* erdulden muss, fragt sich der Betrachter wohl ebenso wie es der junge Mann im vorliegenden Holzschnitt tut, ob er überhaupt heiraten solle. Auf das Ehepaar zu seiner Rechten anspielend fragt der junge Mann seine Gefährtin, ob sie in der Ehe auch solcherart mit ihm verfahren möchte. Das könnte er nicht ertragen und würde dann lieber aufs Heiraten verzichten.

Die junckfraw. Die junge Frau versichert ihm bei ihrer Ehre, dass sie ihm in der Ehe durchaus die Herrschaft überlassen und seinen *willen than*[43] möchte. Sie möchte ihn auch *in stater freundschaft lieben* und ihn mit keinem Worte betrüben. Dazu stellt sie aber zwei Bedingungen: Er soll *nach ehren ringen*[44] und er soll ihr gewähren, *was einer frawen zugehert zu lieb und layd notdurfft und ehren.* Auch hier wird vom Mann verlangt, dass er sich wie ein richtiger Mann verhalten und seine Frau mit dem Notwendigen versorgen und ernähren solle.

Die Nerrin. Die Närrin jedoch warnt den jungen Mann vor der Ehe, in welcher er bis zum Tod viel Angst, Sorge, Kummer und Not erleiden müsse. Sie macht ihn darauf aufmerksam, dass er auch sonst *frewlein schan* finden könne, die sich mit eine Kanne Wein als Lohn dafür begnügen, dass sie *thun den willen deyn.* Danach könne er diese dann *faren lan* und sich einer anderen Frau zuwenden, während er doch eine Ehefrau ewig behalten müsse.

Der weiss man. Der weise Mann wiederum will den jungen Mann *bessers leren* und warnt ihn davor, auf solche Närrinnen zu hören. Er müsse sich vor der List der Huren hüten, denn von denen würde er stets betrogen. Hingegen rät er ihm dazu, ein Fräulein zur Frau zu nehmen. Wie auch immer Gott wolle, dass es ihm mit ihr ergehe, so solle er stets bei ihr bleiben in Liebe und Leid und allzeit geduldig sein. Und wenn ihm auch viel Kummer begegne, so solle er stets daran denken, dass es Gottes Wille sei. Ausserdem müsse er sie,

---

43 Könnte das wohl eine sexuelle Anspielung sein in Analogie zur Rede der Närrin, die thun den willen deyn eindeutig auf den Geschlechtsverkehr bezieht? Dafür würde auch die Körperhaltung der jungen Frau sprechen. Sie hebt erotisch-provozierend ihren Rock hoch und hält zugleich ihre arme züchtig vor dem Körper verschränkt. Dies könnte bedeuten, dass auch in der Ehe die Erotik nicht zu kurz kommt, dass dabei aber ein gewisser Anstand gewahrt bleibt.

44 Es fragt sich, ob sie damit verlangt, er solle nach Ruhm streben, oder ob sie von ihm lediglich ein ehrbares Benehmen fordert.

wie Gott in der Genesis spreche, *im schweyss deyns angesicht* ernähren.[45]
Seine Rede schliesst er mit den Worten:

> *Gedult un leyden ist ein port*
> *Durch die wir kumen an das ort*
> *Da die Engel wonung han*

Es scheint also, als ob der weise Mann die Ehe als einen Stand ansieht, in welchem man leiden und Geduld haben muss. Gerade dieses Leiden eröffnet einem aber, wie er meint, einen Weg zum Himmelreich.[46]

Bevor ermittelt wird, welche Moral der Einblattdruck insgesamt wohl vermitteln wolle, sollen noch die Bildtraditionen erläutert werden, auf welche sich die Darstellung des Paares in der linken Bildhälfte stützt.

Bereits Stammler hat in seinem Aufsatz über Aristoteles und Phyllis auf den hier behandelten Einblattdruck hingewiesen. Seiner Meinung nach wird darauf die Geschichte des gerittenen Aristoteles "travestiert".[47] Meines Erachtens handelt es sich beim Holzschnitt aber nicht bloss um eine Travestierung des Aristoteles-Motivs, sondern vielmehr um eine Verschmelzung zweier verschiedener Diskurse in Bezug auf das Thema der 'Weibermacht'.

Der auf allen Vieren kriechende, wie ein Pferd unter Peitschenschlägen einen Karren ziehende *arm götze* erinnert durchaus an den gerittenen Aristoteles, seine Frau aber trägt Attribute, die zu einer anderen Bildtradition gehören. Es handelt sich um das Motiv des 'Kampfes um die *bruch*', womit im ausgehen-

---

[45] Es sei hier erwähnt, dass Luther in seiner Predigt vom Ehestand (Luther 1525, S. 64ff.) als erste Pflicht des Mannes im Ehestand nennt, seine Frau durch Arbeiten *im Schweiß deines Angesichts* zu ernähren.

[46] Das erinnert an gewisse Äußerungen Luthers in seiner Predigt *Vom ehelichen Leben*, in denen er die Scheidung behandelt. Er erörtert zum Beispiel die Frage, ob ein Ehemann, dessen Frau *bitterer als der Tod* sei, oder eine Ehefrau, die einen wüsten, wilden, unerträglichen Mann habe, sich von ihrem Ehepartner scheiden lassen sollten. Dabei kommt er zu Schluss: *Nun, wenn hier eines von christlicher Stärke wäre und trüge des andern Bosheit, das wäre wohl ein fein seligs Kreuz und ein richtiger W e g z u m H i m m e l. Denn ein solch Gemahl erfüllet wohl eines Teufels Amt und feget den Menschen rein, der es erkennen und tragen kann.* Er räumt jedoch ein: *Kann er aber nicht, ehe denn er Ärgeres tu, so lass er sich lieber scheiden und bleibe ohn Ehe sein Leben lang.*

Hat ein Ehemann oder eine Ehefrau jedoch einen kranken Partner, der seine eheliche Pflicht nicht erfüllen kann, so sieht Luther darin keinen Grund zur Scheidung. Vielmehr solle der Kranke gepflegt, und dadurch Gott gedient werden, denn Gott habe mit dem Kranken *ein Heiltum in dein Haus geschickt, damit du d e n H i m m e l s o l l s t e r w e r b e n.* (vgl. Luther 1522, S. 30. Hervorhebungen der Verfasserin)

den 15. Jahrhundert und im beginnenden 16. Jahrhundert häufig der Kampf der Geschlechter um die Vorherrschaft in der Ehe dargestellt wurde.[48] In solchen Bildern versuchen rabiat dreinschlagende Frauen, die Symbole der häuslichen und patriarchalischen Macht, also die Bruch, die Tasche und das Messer (oder Schwert) des Mannes, an sich zu reissen. In gewissen Bildern hat die Frau die Macht bereits erfochten und zwingt den Mann nun zu weiblichen Hausarbeiten (vgl. Abb. 6)[49]. Diese Tradition ist im vorliegenden Holzschnitt von Erhard Schoen deutlich erkennbar. Die Frau trägt die Attribute der patriarchalischen Hausherrschaft und der Mann zieht einen Waschbottich hinter sich her, der darauf anspielt, dass er Hausfrauenarbeit verrichten muss.

Durch das Zusammenführen der beiden Bildtraditionen gelingt es nun, die im Aristoteles-Motiv angelegten Konnotationen in den Kontext der Ehe zu übertragen. Der 'Pantoffelheld' gerät in der Darstellung somit nicht bloß zur erbärmlichen Gestalt, er nimmt nicht bloß die Position in der Ehe ein, die gewöhnlich den Frauen zusteht, sondern es werden zugleich auch Zweifel an seiner moralischen Integrität angebracht. Durch seine Verführbarkeit, durch den Sieg der Triebe und Leidenschaften über seinen Verstand, verwirkt er sich, in Entsprechung zu Aristoteles, das Recht, aufrecht zu gehen, wie es sich für einen Mann gehört. Die Ehefrau ist in der vorliegenden Konstellation aber nicht die Verführerin[50], sondern die strafende Instanz. Da die Bestrafung im Hinblick auf die Aristoteles-Geschichte gerechtfertigt erscheint, ist die Frau nicht so negativ konnotiert wie die Frauen in den traditionellen Darstellungen des Kampfes um die Bruch. Die Zusammenführung der beiden bildlichen Diskurse ermöglicht, wie nun auch in Zusammenhang mit dem dazugehörigen Text aufgezeigt werden soll, ganz neue moralische Implikationen.

Anders als in Schwarzenbergs Blatt, gibt es hier keinen abgesonderten Textabschnitt, der direkt 'die Moral der Geschichte' vermittelt. Normen und

---

[47] Vgl. Stammler 1937, S. 1058.

[48] Dabei geht es darum, wer in der Ehe 'die Hosen anhat'. Vgl. Vavra 1986, S. 298f. und Ulbrich 1990, S. 16.

[49] In diesem Stich streift sich die Frau gerade die Bruch über und droht dem Mann mit einer Kunkel, während dieser für sie spinnen muss. Lässt man die Gewaltandrohung der Frau ausser Acht, so erinnert dieses Bild an eine weitere Bildtradition, nämlich an diejenige des Herkules, der von der Königin Omphale in Frauenkleider gesteckt und zum Spinnen bewogen wurde (siehe dazu Smith 1995, S. 197).

[50] Die sexuelle Anspielung, die das Reiten in Abbildungen des gerittenen Aristoteles darstellt, häufig noch verstärkt durch die erotische Aufmachung der Phyllis, kommt hier nicht ins Spiel. Die Ehefrau reitet ihren Mann nicht und ist auch wohlanständig gekleidet.

Handlungsanweisungen übermittelt dieser Einblattdruck auf indirektem Wege.

Meines Erachtens stellt der Druck eine Diskussion der Frage dar, ob ein Mann heiraten solle. In der linken Bildhälfte wird ein abschreckendes Beispiel präsentiert, das Ähnlichkeiten hat mit den damals kursierenden Schreckbildern der Ehe, d. h. den verschiedenen Abbildungen des Kampfes um die Bruch. In der rechten Bildhälfte findet, ausgelöst durch das negative Beispiel, ein Gespräch über die Ehe statt.

Insgesamt setzt sich der Einblattdruck für die Ehe ein. Dies geschieht dadurch, dass die abschreckende Wirkung des unterworfenen Mannes und seiner dominierenden Frau relativiert wird und dass in der Diskussion die Argumente für die Ehe überwiegen. Zugleich gemahnt das Blatt aber auch Ehemänner an ihre Pflichten im Ehestand. Die Szene links im Bild kann nicht als Warnung vor der Ehe aufgefasst werden. Der Text macht deutlich, dass sich der Mann durch sein Versagen als Ehemann selbst in diese missliche Lage manövriert hat. Würde er sich wie ein ehrbarer Mann benehmen und seine Frau anständig versorgen, so müsste er auch nicht Frauenarbeit verrichten und Peitschenhiebe einstecken. Diese Aussage findet sich wie oben beschrieben auch im Bild wiederholt. Dadurch, dass Konnotationen des Motivs des gerittenen Aristoteles einfliessen, werden Zweifel geweckt an der moralischen Integrität des Pantoffelhelden.

Mit ähnlichen Argumenten versucht das junge Fräulein rechts im Bild, die Bedenken ihres Begleiters in Bezug auf die Ehe zu zerstreuen, welche der Anblick des Paares zu seiner Rechten in ihm geweckt hat: Wenn er, wie es sich für einen guten Ehemann gehört, *nach Ehren ringt* und seiner Frau gewährt, *was einer frawen zugehert*, so muss er nicht befürchten, solchermaßen traktiert zu werden. Vielmehr würde sie in diesem Fall *allzeit seinen Willen tun*. Im Bild lässt sie dabei durchblicken, dass in der Ehe mit ihr, selbstverständlich in anständigem Rahmen, auch erotische Freuden nicht ausbleiben würden.

Die Einwände, welche sonst noch im Einblattdruck formuliert sind, werden schon dadurch für wertlos erklärt, dass sie aus dem Munde einer eindeutig als Närrin gekennzeichneten Person stammen. Sie dienen nur dazu, lächerlich gemacht und widerlegt zu werden.

Für die Ehe spricht sich ebenfalls der weise Mann aus und auch er ermahnt den Mann, seine Frau *im Schweisse seines Angesichts* zu ernähren. Er bringt in Ergänzung zu den bisher geäusserten pragmatischen Argumenten nun auch religiöse (protestantische) vor, um allfällige Zweifel darüber zu beseitigen, ob man heiraten solle. Seine Worte wirken nach heutigem Ermessen nicht sehr überzeugend, aber es spricht einiges dafür, dass Albrecht Glockendon sich

438

mit ihnen solidarisiert. Ganz abgesehen von der positiven Konnotation, welche die Bezeichnung der *weise* Mann enthält, ist auch festzustellen, dass er das letzte Wort hat. Ausserdem darf er sich länger äussern als die anderen. *Also spricht Albrecht Glockendan*: Dass die Angabe seiner Verfasserschaft mit dem letzten Wort des weisen Mannes einen Paarreim[51] bildet, ist wohl ebenfalls ein Anzeichen dafür, dass dessen Äusserungen mit Glockendons Gesinnung übereinstimmen.

Angesichts dieser im Blatt vermittelten Moral, scheint es nun, dass dessen Titel auf den versittlichenden Einfluss anspielt, den eine fromme Ehefrau auf ihren Mann ausüben kann. Denn sie verlangt von ihm, dass er arbeiten und nach Ehre streben solle, damit auch sie ihre weibliche Ehre erhalten kann.

Ein Bildmotiv – zwei Deutungen

Wie aufgezeigt wurde, wird in den zwei behandelten Blättern dadurch, dass die Frau ihren Mann zum Pferd degradiert, die Machtverteilung in der Ehe thematisiert. Es griffe aber zu kurz, wollte man die männerzügelnden Frauen und die Blätter insgesamt bloß als Ermahnungen an Ehemänner verstehen, ihre Herrschaftspflicht in der Ehe auszuüben.

Albrecht GLOCKENDONs Einblattdruck scheint sich zwar tatsächlich hauptsächlich an Männer zu richten und es wird ihnen dort durchaus die untertänige Frau als Ideal vor Augen gestellt, die eigentliche Botschaft besteht jedoch darin, dass eine solche Frau ihren Preis erfordert. Will ein Mann eine schöne, folgsame Frau, so muss er ehrbar handeln und sie mit seiner Arbeit ernähren. Es ist demnach nicht eigentlich der Machtverlust des Mannes, der angeprangert wird, sondern eben dieser Machtverlust wird als schmachvolle Strafe für nicht konformes Verhalten visualisiert. Der gezügelte Mann bildet also ein 'audiovisuelles' Exemplum, das den Männern vorführt, was sie erwartet, wenn sie sich in der Ehe nicht zu benehmen wissen. In dieser Konstellation erscheint die Bestrafung des unmoralischen Mannes gerechtfertigt. Deshalb wird die Frau am Zügel auch nicht als restlos böse und herrschsüchtig dargestellt, sondern es scheint sogar ein gewisses Verständnis aufgebracht zu werden für Frauen, die einen schlechten Ehemann haben und ihn deshalb 'zügeln' müssen. Sozusagen zur Absicherung, dass das Exemplum des unterjochten Mannes nicht als Argument gegen die Ehe im Allgemeinen aufgefasst wird, führt das Blatt dem Betrachter zusätzlich eine Diskussion über diese Szene und allgemein über die Ehe vor Augen, bei der die Befürworter der Ehe

---

[51] Der Reim *han* / *-don* ist im Sprachgebiet um Nürnberg wegen des verdumpften â nicht unrein.

dominieren. Insgesamt wird in diesem Blatt die positive Wirkung auf die (Arbeits)moral der Männer angesprochen, die man sich im 16. Jahrhundert allgemein von der Ehe versprach, und sie wird auf den Einfluss der Ehefrauen zurückgeführt.

In SCHWARZENBERGs Blatt hingegen gibt es keine eindeutige Botschaft. Weder aus der dargestellten Gesprächsszene aus Bild und Sprechertext, noch aus der Moral im unteren Teil des Blattes und auch nicht aus deren Zusammenwirken sind klare Handlungsanweisungen abzuleiten. Die Moral stellt lediglich eine Beschreibung des Idealzustandes dar. Der Mann ist brav, er behandelt seine Frau anständig. Die Frau ist ehrbar, sie tut was ihrem Mann gefällt und gibt ihm freundliche Worte. So herrscht Frieden zwischen ihnen. Dadurch kann die Moral sich an unterschiedliche Rezipienten wenden: an Frauen, Männer, an Ehrbare oder Verworfene. Ihnen allen kann der beschriebene Idealzustand als Messlatte dienen. Ebenso mehrdeutig erscheint die dargestellte Gesprächsszene. Es ist deutlich, dass sie eine Abweichung vom Idealzustand darstellt. Was diese Abweichung jedoch bedingt, also etwa ob sie von Ehemann oder Ehefrau verschuldet ist, wird weder aus ihr selbst noch aus der Gegenüberstellung mit der offenen Moral ersichtlich. Dadurch kann sie auch keine Normen oder Handlungsanleitungen vermitteln. Insofern wird das persuasive Potential des Bildmotivs in diesem Blatt nicht genutzt. Gerade dieses Beispiel macht nun deutlich, dass das Motiv des gezügelten Mannes prinzipiell für unterschiedliche Interpretationen offen ist, dass es unterschiedliche Normen und Handlungsanweisungen transportieren kann, je nachdem in welchem Kontext es erscheint. Es muss also (auch im 16. Jahrhundert) nicht immer eine Aufforderung an die Männer bedeuten, ihrer Herrschaftspflicht nachzukommen.

Bibliographie

Primärliteratur

Alciatus, Andreas: Emblematum Libellus. Reprografischer Nachdruck der Ausgabe Paris 1542. Darmstadt 1991.

Ripa, Cesare: Iconologia overo Descrittione die diverse Imagini cavate dall' antichità et di propria inventione. 1603.

Schwarzenberg, Johann von: Memorial der Tugend. In: Schwarzenberg, Johann von: Der Teütsch Cicero. Augsburg 1534.

Geisberg, Max: The German Single-Leaf Woodcut 1500-1550. 4 Bde. Revidiert und hrsg. von Walter L. Strauss. New York 1974.

Sekundärliteratur

Brednich, Rolf Wilhelm: Flugblatt, Flugschrift. In: Ranke, Kurt (Hg.): Enzyklopädie des Märchens. Handwörterbuch zur historischen und vergleichenden Erzählforschung. Bd. 4. Berlin / New York 1984. S. 1339-1358.

Glier, Ingeborg: Johann von Schwarzenberg. In: Ruh, Kurt u.a. (Hgg.): Die deutsche Literatur des Mittelalters. Verfasserlexikon Bd. 4. Berlin / New York 1983.

Heckscher, William S. / Wirth, Karl-August: Emblem, Emblembuch. In Reallexikon zur deutschen Kunstgeschichte. Bd. 5. Stuttgart 1967. S. 85-228.

Holenstein, Pia: Der Ehediskurs der Renaissance in Fischarts *Geschichtsklitterung*. Kritische Lektüre des fünften Kapitels. Bern 1991.

Marle, Raymond van: L'Iconographie de l'Art profane. Paris 1932.

Moser-Rath, Elfriede: Familienleben im Spiegel der Barockpredigt. In: Daphnis. Zeitschrift für Mittlere Deutsche Literatur. Bd. 10, Heft 1 (1981). S. 47-66.

Nelson, Robert S.: The Discourse of Icons, then and now. In: Art History, Vol. 12, Nr. 2. 1989. S. 144-157.

Ragotzky, Hedda: Der weise Aristoteles als Opfer weiblicher Verführungskunst. In: Bachorski, Hans-Jürgen / Sciurie, Helga (Hgg.): Eros – Macht – Askese. Geschlechterspannungen als Dialogstruktur. Trier 1996. S. 279-301.

Schnell, Rüdiger: Liebesdiskurs und Ehediskurs im 15. und 16. Jahrhundert. In: Tatlock, Lynne (Hg.): The Graph of Sex and ther German Text: gendered culture in early modern Germany, 1500-1700. Amsterdam 1994. (= Chloe 19). S. 77-120.

Smith, Susan L.: The Power of Women. A *Topos* in Medieval Art and Literature. Philadelphia 1995.

Stammler, Wolfgang: Aristoteles und Phyllis. In: Reallexikon zur deutschen Kunstgeschichte. Bd. 1. Stuttgart 1937. S. 1028-1040.

Ulbrich, Claudia: Unartige Weiber. Präsenz und Renitenz von Frauen im frühneuzeitlichen Deutschland. In: Dülmen, Richard van (Hg.): Arbeit, Frömmigkeit und Eigensinn. Studien zur historischen Kulturforschung. Frankfurt am Main 1990. S. 13-42.

Vavra, Elisabeth: Überlegungen zum 'Bild der Frau' in der mittelalterlichen Ikonographie. In: Frau und spätmittelalterlicher Alltag. Veröffentlichungen des Instituts für mittelalterliche Realienkunde Österreichs Nr. 9. Philosophisch-historische Klasse Sitzungsberichte, 437. Band. Wien 1986.

Wenzel, Horst: Schrift und Gemeld. Zur Bildhaftigkeit der Literatur und zur Narrativik der Bilder. In: Dirscherl, Klaus (Hg.): Bild und Text im Dialog. Passau 1993. S. 29-52.

Zedler, Johann Heinrich: Grosses vollständiges Universal-Lexikon. Bd.19 1739, Bd.23 1740 [2. vollständiger photomechanischer Nachdruck Graz 1995]

Abb. 1: Aristoteles und Phyllis. Zeichnung von Urs GRAF, 1521.

Vgl. Stammler 1937, S. 1034.

O müter rath wj ſöll ich thon   Kain päſſers zaimen ich befind/
Das ich möcht zaimen recht mein mã. Dann mit den biſen ſänfft vnd lind.
Ich fürcht wölch biß jn reiß vñ kratz/ Merck den nit zwingt ain ſüſſes biß/
Er dring darauff mit grym vñ diatz. Kain anders hilfft/das iſt gewiß.
Vnd helff nit zaym ich jn zů leis/   Da richt dich nach/das iſt mein rath/
Deß päſten bin ich noch nit weis.   Glayb mir dj ſölchs verſůchet hat.

Ain frumer weyſer piderman/
Der helt ain erbars weib auch ſchon.
Dj doch jr thun vnd laſſen ſtelt/
Nach dem es jrem man gefelt.
Vil ſänffter wort ſy jm offt geyt/
Macht alſo frid on widerſtreyt.

Abb. 2: Johann VON SCHWARZENBERG, *Memorial der Tugend* 1534,
Nr. CXXII.

Abb. 3: *La Tempérance*

Teil der durch Michel Colombe errichteten Grabstätte François II. in der
Kathedrale von Nantes. Aus: Marle 1932. S. 53, Fig. 57.

Abb. 4: A. ALCIATUS, *Emblematum Libellus* 1542 (Reprint), Nr. XIII.

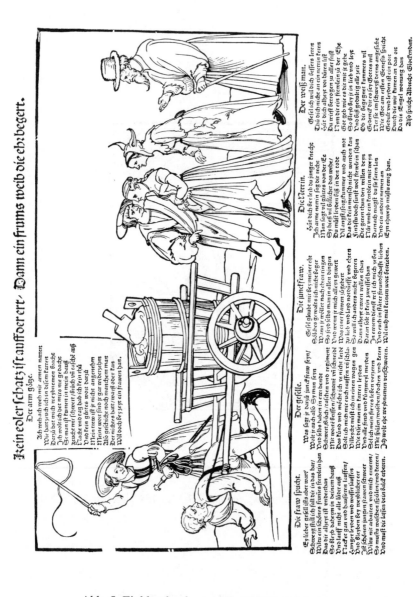

Abb. 5: Einblattdruck von Albrecht GLOCKENDON,
Holzschnitt von Erhard SCHOEN, Nürnberg 1533.

Aus: Geisberg Bd. 3. 1974, S. 1123, G.1176.

Abb. 6: Der unterjochte Ehemann, ISRAHEL VAN MECKENEM, um
1480/1490.

Aus: Max Lehrs, Geschichte und kritischer Katalog des deutschen,
niederländischen und französischen Kupferstichs im XV. Jh.,
9. Tafelband, Wien 1934., Nr. 649.

CHRISTINE GÖTTLER

Der Sacro Monte von Varallo als Laboratorium der Emotionen

Das irdische Paradies, Adams Sünde, die Hölle und der Beginn der Passion

"La mia Passione è il Sacro Monte di Varallo": Diese Worte erscheinen als Titel-Slogan auf einer von der Gemeinde von Varallo herausgegebenen Broschüre, die den von Bergen umgebenen Hauptort des Valsesia auch den "appassionati" verschiedener, in der Natur ausgeübter Sportarten empfiehlt. Niemand anders als Vittorio Sgarbi hat sie unterzeichnet – Berlusconis in der Zwischenzeit gefeuerter Staatssekretär für Kultur, Kunsthistoriker, Playboy, TV-Größe, der durch seine wahllos umhergeworfenen Beleidigungen in ständige Verleumdungsklagen verwickelt ist. Das Bild zeigt den Fünfzigjährigen mit Varallos Bürgermeister Gianluca Buonanno in einer der spektakulärsten Bauten des am Ende des 15. Jahrhunderts gegründeten Sacro Monte: der von Giovanni d'Enrico zu Beginn des 17. Jahrhunderts mit 37 lebensgroßen Figuren aus Terrakotta ausgestatteten Ecce Homo-Kapelle (Abb. 1, 2).[1] Der Fotograf spielt mit der Grenze zwischen Bild und Betrachter, indem er Buonanno durch Blick und Berührung auf die Statue eines heftig gestikulierenden bärtigen Mannes reagieren lässt. Als Hauptperson auch unter den hyperrealistisch gearbeiteten, auffälligen Bildwerken aus Terrakotta ragt jedoch der mit einem eleganten Schal bekleidete Sgarbi heraus, der durch eine Hornbrille auf den Betrachter blickt. Bezeichnenderweise ist für den Werbeprospekt der Gemeinde von Varallo ein fotografischer Ausschnitt verwendet worden, der den auf dem Balkon erscheinenden Christus mit Spottmantel und

---

[1] Teile dieses Beitrages wurden im Juli 2004 vor dem Graduiertenkolleg "Psychische Energien bildender Kunst" des Kunstgeschichtlichen Instituts der Universität Frankfurt vorgestellt. Für Anregungen danke ich den Teilnehmern und Teilnehmerinnen. Besonders danke ich Katja Burzer und Kaspar Zollikofer für zahlreiche Hinweise und eine kritische Lektüre des Aufsatzes. Katja Burzer bereitet eine Dissertation zum Thema "San Carlo Borromeo. Konstruktion und Inszenierung eines Heiligenbildes in der lombardischen Kunst des frühen Seicento" vor. Ebenso danke ich Piera Mazzone, Biblioteca Civica "Farinone-Centa", Varallo, und Elena de Filippis, Riserva del Sacro Monte, Varallo, für Hilfe bei der Beschaffung des Abbildungsmaterials. Zu der um 1616 beendeten Ecce Homo-Kapelle, vgl. Stefania Stefani Perrone, Guida al Sacro Monte di Varallo, Turin 1995, S. 67-69.

Dornenkrone nicht zeigt. Sgarbi, der im Torbogen darunter auftritt, stiehlt dem geschundenen, von Wunden bedeckten Gottessohn gewissermaßen die Schau. Interessierten Valsesia-Touristen wird anstelle von Christi Passion die Leidenschaft Sgarbis für Varallo vorgeführt. Sgarbis Worte verweisen auf die Mehrdeutigkeit des Wortes 'Passion', das sich sowohl auf die Leidensgeschichte Christi als auch auf intensive Affekte und leidenschaftliche Neigungen bezieht[2] – und das informierte Leser zweifellos auch mit den zahllosen Affären und Leidenschaften Sgarbis in Verbindung bringen.

Im Unterschied zu Buonanno und Sgarbi ist es gewöhnlichen Besuchern des Sacro Monte allerdings nicht erlaubt, die aufwändig dekorierten Innenräume zu betreten. Auch im frühen 17. Jahrhundert wäre es Varallos politischer Elite nur über eine Ausnahmeregelung möglich gewesen, die polychromierten Statuen zu berühren, die zum Teil echte Haare und Augen aus Glasfluss haben. Dass jedoch auch damals solche Ausnahmen bestanden, geht aus der vom 30. Mai 1587 datierten Konstitution von Papst Sixtus V. hervor. Das 1610 erneut gedruckte Schreiben ordnet unter anderem an, dass "die Innenräume der Oratorien, wo sich die Statuen befinden, nur selten geöffnet werden sollten"; für jede Kapelle seien zwei Schlüssel anzufertigen, wobei der eine von den Fabrikverwaltern, der andere vom Guardian beziehungsweise deren Stellvertretern verwahrt werden müsse.[3]

Wie die heutigen Besucher blickten folglich auch die ersten Betrachter der Ecce Homo-Kapelle von außen durch ein vergittertes Fenster auf das figurenreiche Tableau im Inneren. Nach den in den gleichzeitig gedruckten Pilgerführern beschriebenen Techniken der Imagination sollte allerdings das intensive Augenerlebnis den Betrachtern eine Form der körperlichen Präsenz auf dem dargestellten biblischen Schauplatz ermöglicht haben; authentische Körpererfahrung wurde durch meditative Übungen simuliert. Erst am Ende des 16. Jahrhunderts waren allerdings separate Betrachterräume eingeführt worden. Der Ausschluss des Betrachters beziehungsweise die Schaffung abgeschlossener, nur über den Augensinn erfahrbarer Bildräume stellt, so soll im

---

2 Vgl. Jacob und Wilhelm Grimm, Deutsches Wörterbuch, Bd. 7, Leipzig 1889, Sp. 1489-1490 ("Passion"); L. Hödl et al., "Passion", in Lexikon des Mittelalters (= LMA), Bd. 6, München, Zürich 1993, Sp. 1760-1771; M. Laarmann, "Passiones animae", LMA 7, 1993, Sp. 1769-1771.

3 *Constitutio Sixti V. Pon. Max. De administratione Sacri Montis Varalli* [Rom, 30. Mai 1587], Varalli: Petrus Revellus, 1610, Archivio del Sacro Monte di Varallo (Archivio di Stato, Sezione di Varallo), Amministrazione civile del Sacro Monte, busta 3: *Statuimus insuper, & ordinamus, ut interiora loca oratorium, in quibus Sacrae imagines sunt, raro aperiantur, & eorum singulorum claves duae sint, quarum unam Fabricerii, alteram Guardianus, sive eius substitutus penes se habeant.*

Folgenden gezeigt werden, eine Wende in der Geschichte des Sacro Monte dar, die weit über Varallo hinaus die Entwicklung religiöser Bildfunktionen beeinflusst hat.

In jüngster Zeit haben sich besonders an der Bildgeschichte interessierte Kunsthistoriker mit dem emotionalen Potential der multimedialen Dekorationen beschäftigt. David Freedberg spricht in seinem 1989 erschienenen Buch "The Power of Images" von einer Gattung populärer religiöser Kunst, welche in einer durch die Jahrhunderte gleich bleibenden Weise wirksam sei.[4] William Hood und Alessandro Nova haben den "Realitätseffekt" der frühen, unter Gaudenzio Ferrari entstandenen Dekorationen mit rhetorischen Strategien in Verbindung gebracht, wie sie auch in der populären franziskanischen Literatur verwendet wurden.[5] Oliver Grau sieht in den hyperrealistischen Ausstattungen eine "Bildstrategie der Immersion" verwirklicht, durch welche die Betrachter "distanzlos [...] physisch und psychisch ins Geschehen einbezogen" werden; Grau geht allerdings nicht darauf ein, ob und in welcher Weise die Interieurs den Pilgern zugänglich waren.[6] Santino Langé, Alberto Pensa und neuerdings auch Gabriele Landgraf haben sich hauptsächlich mit den nach 1600 unter Bischof Carlo Bascapè entstandenen Interieurs beschäftigt, deren perspektivische Konstruktionen Positionen und Blicke der Betrachter kontrollierten.

Mein Beitrag schließt an diese Untersuchungen an.[7] Dabei gehe ich jedoch nicht wie etwa Freedberg und Grau von durch die Jahrhunderte gleich blei-

---

4 David Freedberg, The Power of Images. Studies in the History and Theory of Response, Chicago und London 1989, S. 192-196.

5 William Hood, "The Sacro Monte of Varallo: Renaissance Art and Popular Religion", in: Monasticism and the Arts, hrsg. von Timothy Gregory Verdon, unter Mitarbeit von John Dally, Syracuse, N. Y. 1984, S. 291-311; Alessandro Nova, "'Popular' Art in Renaissance Italy: Early Response to the Holy Mountain at Varallo", in: Reframing the Renaissance. Visual Culture in Europe and Latin America 1450-1650, hrsg. von Claire Farago, New Haven und London 1995, S. 113-126.

6 Oliver Grau, Virtuelle Kunst in Geschichte und Gegenwart. Visuelle Strategien, 2. Aufl. Berlin 2002, S. 39-44. Es bleibt das Verdienst Graus, die Kapellenausstattungen Gaudenzio Ferraris unter medientheoretischen Aspekten diskutiert zu haben.

7 Die Literatur zum Sacro Monte in Varallo ist sehr umfangreich. Grundlegend bleibt: Pietro Galloni, Sacro Monte di Varallo, Varallo 1909. Wichtige neuere Beiträge sind: Stefania Stefani Perrone, "Il Sacro Monte di Varallo nelle sue differenti epoche costruttive e il suo ruolo di 'prototipo' nel sistema dei Sacri Monti prealpini", in: Gerusalemme nelle alpi. Per un atlante dei Sacri Monti prealpini, hrsg. von Luigi Zanzi und Paolo Zanzi, Mailand 2002, S. 72-75; Gabriele Landgraf, Die Sacri Monti im Piemont und in der Lombardei. Zwischen Wirklichkeitsillusion und Einbeziehung der Primärrealität (Europäische Hochschulschriften, Reihe XXVIII: Kunstgeschichte, Bd 362),

benden Bildwirkungen aus; ich bin vielmehr an konkurrierenden Modellen emotionaler Beeinflussung durch Bilder interessiert, wie sie besonders in der zweiten Hälfte des 16. Jahrhunderts nebeneinander bestanden. Die verschiedenen Phasen der Bau- und Ausstattungsgeschichte, die sich bei einzelnen Kapellen über dreihundert Jahre lang hinzogen, sind von der italienischen Forschung gut erarbeitet worden. [8] Longo und andere haben die anhaltenden Konflikte zwischen den von außerhalb nach Varallo gekommenen Franziskanern (*forenses*) und den lokalen Fabrikvorstehern (*vicini*) um die Schlüssel der Kapellen und den Erlös der bei den Sanktuarien aufgestellten Almosenkassen sorgfältig untersucht. In die zweite Hälfte des 16. Jahrhunderts fiel auch der allmähliche Übergang von einem lokalen, adligen zu einem von der kirchlichen Obrigkeit (dem Bischof von Novara) kontrollierten Patronat. Dieser Wechsel ging mit einer Veränderung der religiösen emotionalen Kultur einher und hat auch die Konzeption und Ausführung der einzelnen Kapellen in Varallo maßgeblich bestimmt.

Im Oktober 1584, drei Jahre bevor die oben erwähnte Konstitution Sixtus' V. die Oberherrschaft über die Oratorien, Bauten und Bilder dem Bischof von Novara überließ, hatte der schon damals im Ruf der Heiligkeit stehende Mailänder Erzbischof CARLO BORROMEO ein letztes Mal den Sacro Monte von Varallo besucht. Unter der Leitung seines Beichtvaters, des Jesuiten Francesco Adorno, führte Borromeo im Oktober 1584, wenige Tage vor seinem Tod, mit einer Gruppe enger Gefährten vor Ferraris alten Ausstattungen Ignatius' *Geistliche Übungen* durch. Ferraris Einrichtungen und die in der religiösen Imagination errichteten Schauplätze wurden dabei in wechselseitiger Entsprechung aufeinander bezogen. Borromeos Bild- und Körperexperimente wurden

---

Frankfurt am Main et al., 2000; Nevet Dolev, "The Observant Believer as Participant Observer: 'Ready-Mades' avant la lettre at the Sacro Monte, Varallo, Sesia", in: Assaph. Section B, Studies in Art History, Tel-Aviv 1996, Bd 2, S. 175-192; Timothy Verdon, "Sacromonte", in: The Dictionary of Art, ed. Jane Turner (=DA), Bd. 27, London 1996, S. 497-501; Jonathan Bober, "Varallo, Sacro Monte", DA 31, 1996, S. 897-901; Stefania Stefani Perrone, "La 'Gerusalemme' delle origini nella secolare vicenda edificatoria del sacro monte di Varallo", in: Sacri Monti. Devozione, Arte e Cultura della Controriforma, hrsg. von Luciano Vaccaro, Francesca Ricardi, Mailand 1992, S. 27-57; Santino Langé und Alberto Pensa, Il Sacro Monte: esperienza del reale e spazio virtuale nell'iconografia della passione a Varallo, Mailand 1991.

8   Wichtig sind vor allem Pier Giorgio Longos Arbeiten zur Geschichte des Sacro Monte in der zweiten Hälfte des 16. Jahrhunderts: "Il Sacro Monte di Varallo nella seconda metà del XVI secolo", in: Da Carlo Borromeo a Carlo Bascapè, Novara 1985, S. 83-182. Vgl. auch: Pier Giorgio Longo, "'Un luogo sacro ... quasi senz'anima'. Carlo Bascapè e il Sacro Monte di Varallo", in: Carlo Bascapè sulle orme del Borromeo. Coscienza e azione pastorale in un vescovo di fine cinquecento, Novara 1994, 369-426.

nun keineswegs isoliert, sondern in einem Kreis reformerisch gesinnter, an der Wirkung von Bildern interessierter Theologen durchgeführt. Am Ende des 16. Jahrhunderts diente der Sacro Monte, so möchte ich hier als These formulieren, als Laboratorium religiöser, auf die Passion Christi hin ausgerichteter Emotionen. Ich bin hier hauptsächlich an den in jenen Jahren entwickelten visuellen Strategien interessiert, die der Körperlichkeit der Wahrnehmung und damit auch dem Körper des Betrachters eine bis dahin unbekannte Bedeutung beimaßen. Dass die nachreformatorischen Kunstlehren den durch religiöse Bilder ausgelösten affektiven Wirkungen eine zentrale Rolle zuwiesen, ist in der Forschungsliteratur hinreichend bekannt. Es gibt jedoch kaum Studien, die sich mit den körperlichen Aspekten der Wahrnehmung beschäftigen, die mit der stärkeren Regulierung religiöser und visueller Praktiken in nachreformatorischer Zeit verstärkt in den Vordergrund traten.

Das neue Interesse an den durch architektonische, plastische und bildnerische Mittel erzeugten emotionalen Wirkungen soll hier am Beispiel des von GALEAZZO ALESSI (1512-1572) in den 1560er Jahren entworfenen *Tempels von Adam und Eva* vorgestellt werden (Abb. 3, 4). Die auch *Irdisches Paradies* genannte Kapelle wurde von Alessi dem ursprünglich auf die Passion Christi beschränkten Programm des Sacro Monte im Auftrag des mailändischen Adligen GIACOMO D'ADDA (gest. 1580) hinzugefügt und sollte die Erwartungen der Besucher in besonderer Weise wecken. Alessi wie später auch Giovanni Antonio d'Adda (1559-1603), der Sohn Giacomos, haben die vorbereitende Funktion der Kapelle betont, welche die Besucher auf die in den nachfolgenden Kapellen dargestellten Bilder des Lebens und Leidens Christi einstimmen sollte. Der Anblick des verlorenen irdischen Paradieses sollte die Pilger anleiten, die Adamssünde auf die eigenen Passionen und Sünden zu beziehen und in ihnen zudem den Wunsch nach dem besseren, himmlischen Paradies wachrufen, das ihnen durch den Opfertod Christi offen stand – falls sie sich zu einem christlichen Leben bekehrten. Nach den zeitgenössischen Quellen hatte dabei kein Geringerer als Carlo Borromeo selbst anlässlich seines letzten Besuches auf Varallo Anweisungen gegeben, in welcher Weise die Ausstattung dieser Kapelle zu verändern sei. Nach Giovanni Antonio d'Adda, der sich auf Borromeo beruft, habe diese nicht nur *den Augen Vergnügen zu bereiten*, sondern auch *die Seele zufrieden zu stellen*. Durch solche begrifflichen Oppositionen aber geriet der religiöse Blick in eine Spannung zur humanistischen Theorie des *stupore* und der *maraviglia*, die noch das von Alessi in den 1560er Jahren entwickelte Raumprogramm charakterisierte. Die Geschichte des Baus und Umbaus des irdischen Paradieses verweist folglich auf ambivalente Vorstellungen von der Wirkung der religiösen Tableaux, die hier näher untersucht werden sollen.

Carlo Borromeo auf dem Sacro Monte von Varallo

Vorerst sei die Geschichte des Sacro Monte in wenigen Sätzen skizziert. Die Anlage war am Ende des 15. Jahrhunderts vom Franziskaner-Observanten BERNARDINO CAIMI (gest. 1499) gegründet worden, damit *derjenige Jerusalem sehe, der nicht dorthin reisen kann*.[9] Es handelte sich dabei um den ersten Versuch, das ferne Jerusalem in die eigene Heimat zu bringen und dadurch breiteren Bevölkerungsteilen zugänglich zu machen. Erst für die nachreformatorische Zeit sind vor allem in Oberitalien vergleichbare Gründungen dokumentiert. Ein Großteil der Gebäude des Sacro Monte wurde im frühen 16. Jahrhundert errichtet und unter der Leitung des genuesischen Künstlers GAUDENZIO FERRARI mit Wandmalereien und ungewöhnlich lebensnahen Skulpturengruppen ausgestattet. 1530 kamen jedoch Ferraris Arbeiten zum Stillstand, und erst in den 1560er Jahren, in einem veränderten religiösen Klima nach dem Trienter Konzil, wurde an der nun *Nuova Gerusalemme* genannten Pilgerstätte bei Varallo weitergebaut. Um die Mitte des 17. Jahrhunderts bestand die Anlage aus ungefähr 45 Kapellen, die in Nachahmung der heiligen Orte in Nazaret, Bethlehem, Jerusalem, Gethsemane, auf dem Berg Sion, dem Kalvarienberg, Ölberg und im Tal Josaphat gebaut worden waren (Abb. 5). Die Kapellen sind dabei nicht eigentlich Repliken oder Kopien der Stätten des Heiligen Landes. Die Betrachter sollten vielmehr die mit den dargestellten biblischen Geschichten verknüpften Erinnerungen und Emotionen auf die eigenen Erfahrungsräume beziehen, wie es auch in den seit dem 17. Jahrhundert gedruckten Pilgerführern für Varallo nahegelegt wird.

Bemerkenswerterweise blieb Gaudenzio Ferraris stilistisches Idiom auch für die späteren Ausstattungen verbindlich; es änderten sich jedoch die Vorgaben der Präsentation der Ensembles, wie auch die Betrachter in jeweils anderer Weise zu den einzelnen Kapellen geführt wurden. Die vor 1530 von Gaudenzio Ferrari geschaffenen Kapellen waren ursprünglich als betretbare Räume geplant. In der Kreuzigungskapelle, Ferraris berühmtestem Werk, waren die Sacro Monte-Pilger am Anfang des 16. Jahrhunderts aufgefordert, sich unter die vielen unbeweglichen Statuen zu mischen und Christi Passion über das Körpererlebnis auch emotional zu erfahren (Abb. 6). Es war Galeazzo Alessi, der in seinem im Auftrag von Giacomo d'Adda entwickelten Projekt zur Neugestaltung des Sacro Monte am Ende der 1560er Jahre für sämtliche Kapellen vergitterte *vetriate* entwarf. Es handelte sich dabei um monumentale

---

[9] *Frater Bernardinus Caymus de Mediolano … Sacra huius Montis excogitavit loca ut hic Hierusalem videat qui peragrare nequit.* Zit. in: Alessandro Nova, "'Popular' Art" (wie Anm. 5), S. 319, Anm. 1.

Glaswände, die den Ort der Figuren (*sito delle figure*) vom Ort der Betrachter (*loco dei riguardanti*) trennen und dadurch den direkten Zugang zu den Interieurs verwehren. Die mit den *vetriate* verbundenen Betstühle sollten die Betrachter zudem anleiten, vor den dargestellten heiligen Geschichten kniend und in demütiger Haltung zu meditieren (Abb. 7).

Während die von Alessi gefertigten Skizzen der Kapellen noch zwei bis vier Fensterdurchblicke aufweisen, sind in den nach 1600 geschaffenen Kapellenausstattungen die multimedialen Bilder durch perspektivische Konstruktionen auf einen einzigen Blickpunkt bezogen. Unter der Aufsicht des 1593 zum Bischof von Novara gewählten CARLO BASCAPE (1550-1615) wurde die Sichtweise der individuellen Betrachter zunehmend reguliert.[10] Als Bischof von Novara übte der Barnabit und ehemalige Sekretär Carlo Borromeos einen entscheidenden Einfluss auf das Programm des Sacro Monte aus. Ohne Bascapès ausdrückliche Zustimmung durften keine Bilder und Skulpturen in Kapellen und Kirchen aufgestellt werden. Bascapè nahm mehrere Visitationen des Sacro Monte von Varallo vor, verlangte, dass ihm von den noch auszuführenden Arbeiten Entwürfe zugeschickt wurden, wie er auch die schon bestehenden Monumente durch mehrere, der Passion Christi gewidmete Kapellen ergänzte.[11] In der um 1605 geschaffenen Ecce Homo-Kapelle sind die Haltungen, Gebärden und Blicke der dargestellten Figuren auf Christus hin ausgerichtet, der auf der Loggia mit der Dornenkrone, dem roten Mantel und dem Spottzepter als ein wahrhaftiger Mensch erscheint.

Bischof Bascapè war auch Autor eines Berichts über Borromeos letzte Tage in Varallo, der schon wenige Tage nach Borromeos Tod Anfang November 1584 in einer lateinischen Fassung an LUIS DE GRANADA (1504-1588) ging; der von Borromeo bewunderte Dominikanermönch hat eines der einflussreichsten Traktate über die Meditation verfasst.[12] Bascapès Bericht wurde auch in einer italienischen Übersetzung gedruckt und Kardinal Filippo Sega,

---

[10] Vgl. Langé / Pensa, Il Sacro Monte (wie Anm. 7); Landgraf, Sacri Monti (wie Anm. 7), S. 107-110.

[11] Vgl. Guido Gentile, "Gli interventi di Carlo Bascapè nella regia del Sacro Monte di Varallo", in: Carlo Bascapè sulle orme (wie Anm. 8), S. 427-490.

[12] Carlo Bascapè, *De obitu Caroli Borrhomaei, card. S. Praxedis Archiepiscopi Mediolani ... ad P. F. Ludovicum Granatensem*, Paris 1584 (explicit: Mediolani VI Idus Novembris, MDLXXXIV). Mein Dank geht an Katja Burzer, die mich auf diesen Brief wie auch auf die an Filippo Sega adressierte italienische Übersetzung dieses Dokuments aufmerksam gemacht hat. Das bei weitem bekannteste Werk von Luís de Granada, das in mehrere Sprachen übersetzt wurde, ist der *Libro de la oración y meditación*, Salamanca 1554. Zu den Beziehungen zwischen Borromeo und Granada, vgl. Alvaro

dem Bischof von Piacenza, gewidmet.[13] In leicht veränderter Form fand Bascapès Text überdies Eingang in die von ihm 1592 veröffentlichte Borromeo-Biographie.[14]

Laut Bascapès Bericht wurden die zweiwöchigen Exerzitien von Borromeos Beichtvater, dem Jesuiten Francesco Adorno, geleitet.[15] Borromeo habe zuerst durch die Generalbeichte sein Gewissen gereinigt und die Übungen mit Meditationen über die Passion fortgesetzt, denen in Ignatius' Handbuch die dritte Woche gewidmet ist. Aus einem vom 20. Oktober 1584 datierten, in Varallo verfassten Brief Borromeos an Kardinal GABRIELE PALEOTTI, den Bischof von Bologna, geht hervor, dass Borromeo damals selbst ein Manuskript über geistliche Übungen in Arbeit hatte, welches Paleotti begierig zu sehen war. Bei diesen *ricordi e regole d'essercitii spirituali* (Anmerkungen und Vorschriften zu Geistlichen Übungen) handelte es sich nach Borromeo um einen Entwurf, den er schon dem Jesuitenpater ACHILLE GAGLIARDI (1537-1607) sowie AGOSTINO VALIER (1565-1606), dem Bischof von Verona, zur kritischen Durchsicht überlassen hatte; nun sei es notwendig, dass er, vielleicht mit der Hilfe von Pater Adorno, den Text erneut zur Hand nehme, falls sich eine günstige Gelegenheit biete.[16] Weiter hatte Bascapè Borromeo am 23. Oktober einen Text über die *punti della passione* zugesandt, wobei wir nicht wissen, ob es sich dabei um eine vom Bischof von Novara selbst

---

Huerga, "Fray Luis de Granada y san Carlos Borromeo. Una amistad al servicio de la restauración católica", in: Hispania sacra 11, 1958, S. 299-347.

[13] Im Folgenden orientiere ich mich an: *Copia d'una lettera del molto R. P. Don Carlo Bascapè, Provosto di S. Barnaba di Milano, a Mons. Vescovo di Piacenza, per relatione del felice passaggio dell'illustriss. Sig. Cardinale Borromeo di questa à miglior vita*, Piacenza, Bologna 1584, S. 5-6.

[14] Carolus a Basilicapetri, *De vita et rebus gestis Caroli*, Ingolstadt: David Sartorius, 1592.

[15] Longo, Il Sacro Monte (wie Anm. 8), vor allem S. 85-103. Vgl. weiter: Angelo L. Stoppa, "I quattro pellegrinaggi di San Carlo al Sacro Monte di Varallo", in: Da Carlo Borromeo a Carlo Bascapè (wie Anm. 8), S. 15-40; Stefania Stefani Perrone, "Sacro Monte di Varallo: il Calvario montano di San Carlo", in: San Carlo e la Valesesia. Iconografia del culto di San Carlo, mit einer Einleitung von Giovanni Testori, Borgosesia 1984, S. 29-46.

[16] Zitiert in: Longo, Il Sacro Monte (wie Anm. 8), S. 98: "*Quegli (ricordi et regole: autografo) d'essercitii spirituali che V.S. Ill.ma mi addimanda, sono ancora imperfetti et nella sua prima sbozzatura. Il padre A. Gagliardi gesuita gli ha avuti da rivedere et di ridurgli a perfettione ma li ha poi lasciati così per la sua partita […] Sono stati in mano di mons. Ill.mo di Verona, il quale gli ha fatto molte fatiche dentro perché infatti bisogneria hora che con l'aiuto forsi del p. Adorno io li ripigli con commodità alle mani con qualche buona occasione ch'io ne abbia.*"

verfasste Abhandlung handelte oder um eine Schrift Borromeos, die Basacapè durchsah.[17] Im Oktober 1584 waren folglich die Blicke mehrerer reformerisch gesinnter Theologen auf den Sacro Monte von Varallo gerichtet. Sowohl Achille Gagliardi als auch Agostino Valier waren bedeutende Autoren asketischer Schriften. Gagliardi hatte auf Borromeos Rat hin einen *Catechismo della fede cattolica* geschrieben, der ebenfalls 1584 in Mailand erschien; er gilt zudem als Verfasser von *Commentarii in Exercitia spiritualia S. P. Ignatii de Loyola*. 1574 war Valiers dreibändiges Werk *De rhetorica ecclesiastica* erschienen, in welchem der Autor auch die Möglichkeiten emotionaler Beeinflussung durch die Predigt diskutierte. 1582 hatte Gabriele Paleotti seinen einflussreichen *Discorso intorno alle imagini sacre e profane* publiziert.[18]

In welcher Weise aber haben Carlo Borromeo und seine Begleiter die Kapellen des Sacro Monte für die Ignatianischen Exerzitien benutzt? Laut Bascapè waren bestimmte Tages- und Nachtstunden festgelegt worden, während derer sich jeder in eine der *frommen Kapellen* zurückzog, um zu beten und zu meditieren. Danach habe man gemeinsam über die Meditationen beraten, und der Reihe nach habe jeder den anderen die Gedanken und Gefühle vorgestellt, die er betend empfangen habe. Bascapè berichtet in enthusiastischen Worten vom *wunderbaren Trost* und von der *Zerknirschung*, die er empfand, als er Borromeo nachts mit einer Laterne unter dem Mantel gehen sah, wohin ihn die Frömmigkeit am meisten hinzog;[19] diese nächtliche Szene inniger Devotion ist in der oberitalienischen Malerei gerade auch von den Künstlern des Sacro Monte vielfach dargestellt worden.[20]

---

[17] Longo, Il Sacro Monte (wie Anm. 8), S. 85 f.

[18] Zu Valier vgl. Marc Fumaroli, L'Âge de l'éloquence. Rhétorique et "res literaria" de la Renaissance au seuil de l'époque classique, 3. Aufl. Genf 2002, S. 142, 144. Zur Beziehung zwischen Paleotti und Borromeo vgl. Paolo Prodi, "San Carlo Borromeo e il Cardinale Gabriele Paleotti. Due vescovi della Riforma Cattolica", in: Critica storica 3, 1964, S. 135-151.

[19] *Copia d'un lettera del [...] Bascapè* (wie Anm. 13), S. 5-6: *Erano distribuite l'hore fra il giorno, e qualche parte de la notte ancora, nelle quali ciascuno si riduceva in alcune de le divote capelle a meditare, & orare [...] & era di maravigliosa consolatione, e compuntione, vederlo, la notte specialmente, andare tutto solo, con una sua lanternetta sotto il mantello, dove più l'invitava la devotione. Si conferivano poi insieme le cose meditate, e ciascuno secondo la volta sua metteva in comune i concetti, & sentimenti, che orando havuto haveva.*

[20] Stefania Stefani Perrone, "Sacro Monte di Varallo. Il Calvario montano di San Carlo", in: San Carlo e la Valesesia. Iconografia del culto di San Carlo, Borgosesia 1984, S. 29-46.

Borromeo, so weiter Bascapè, entrichtete dabei auf dem Sacro Monte strenge Buße. Er ernährte sich lediglich von Brot und Wasser und schlief für nur wenige Stunden auf hölzernen Brettern. Auch geißelte er sich und zwar so sehr, dass er, wenn er reichlich *Blut vergossen hatte, das Hemd versteckte, das davon durchtränkt war*; dieses sei danach gefunden worden und werde nun unter den kostbarsten Sachen Borromeos verwahrt.

In seiner asketischen Praxis folgte Borromeo, wenn auch in besonders radikaler Weise, dem von Ignatius gegebenen Rat, durch Züchtigung des Fleisches die Wirkungen der *Geistlichen Übungen* zu erhöhen, *indem man Bußhemden oder Stricke oder eiserne Gürtel am Leibe trägt, sich geißelt oder verwundet*; auch sehe man bei der Nahrung wie auch beim Schlaf nicht allein vom Überflüssigen, sondern auch *von dem uns Zustehenden* ab.[21] Durch die sich selbst zugefügten Geißelhiebe verwandelte Borromeo seinen Körper in das Bild des mit Wunden übersäten Erlösers, wie es ihm etwa in den Statuen des gegeißelten Christus in den Kapellen der Geißelung und des Aufstiegs zum Kalvarienberg entgegentrat (Abb.8).[22]

Es war weiter auch Carlo Borromeo, der den Besuch des Sacro Monte mit der Wallfahrt zur spektakulärsten Christus-Reliquie verknüpfte, nämlich zum Grabtuch, das Emanuele Filiberto, der Herzog von Savoyen, auf Borromeos Wunsch hin 1578 von Chambéry in die Kathedrale von Turin überführt hatte. Wie schon 1578 hatte Borromeo auch im Oktober 1584 zuerst das Turiner Grabtuch verehrt, um dann unter der starken Wirkung, die der Anblick der heiligsten Reliquie auf ihn ausübte, auf dem Sacro Monte von Varallo die *punti della passione* zu praktizieren. John Beldon Scott und Sheldon Grossman haben die physischen und psychischen Wirkungen beschrieben, die man im 16. und 17. Jahrhundert mit dem Sehen des Grabtuches verband, auf welchem sich das mit dem kostbarsten Blut gemalte Bild des misshandelten Christuskörpers abgedrückt hatte.[23]

---

[21] Ignatius von Loyola, Geistliche Übungen, übers. von Adolf Haas, Freiburg, Basel, Wien 1999, S. 42.

[22] Vgl. Stefani Perrone, Guida al Sacro Mone di Varallo (wie Anm. 1), S. 64-67.

[23] Vgl. Longo, Il Sacro Monte (wie Anm. 8), S. 82 f. Zur Bedeutung des Turiner Grabtuches für die frühneuzeitlichen Bilderlehren: Sheldon Grossman, "The Sovereignty of the Painted Image: Poetry and the Shroud of Turin", in: From Rome to Eternity: Catholicism and the Arts in Italy, ca. 1550-1650, hrsg. von Pamela Jones und Thomas Worcester, Leiden, Boston, Köln 2002, S. 179-222, 185-191 (zu Carlo Borromeo und Gabriele Paleotti). Zur Wahrnehmung der Reliquie nach der zeitgenössischen Sehtheorie: John Beldon Scott, "Seeing the Shroud: Guarini's Reliquary Chapel in Turin and the Ostension of a Dynastic Relic", in: The Art Bulletin 77, 1995, S. 609-637; ders.:

Bilder, welche die Sinne vergewaltigen

Worin lag nun für Borromeo die Attraktivität der Raumkunstwerke Gaudenzio Ferraris? Im selben Jahr 1584 hatte sich nun auch ein anderer mailändischer Autor und exakter Zeitgenosse Carlo Borromeos zu Ferraris Werken für den Sacro Monte von Varallo geäußert. Der damals schon erblindete Maler und Schriftsteller GIOVANNI PAOLO LOMAZZO (1538-1600) gedenkt in seinem *Trattato della Pittura* wiederholt seines alten Lehrers Gaudenzio Ferrari, der *nicht nur ein erfahrener Maler, sondern auch ein tiefgründiger Mathematiker und Philosoph* gewesen sein soll. Im zweiten Kapitel des zweiten Buches, das *Von der Notwendigkeit der Bewegung* (*Della necessità del moto*) handelt, hebt Lomazzo die Kreuzigungskapelle des 1546 verstorbenen Meisters als ein Werk hervor, das in ungewöhnlich wirkungsvoller Weise Malerei, Skulptur und Architektur verbinde: Ferraris Ausstattung zeichne sich vor allem durch die Darstellung der *moti*, der mit den Gemütserregungen verbundenen Körperbewegungen aus, denen Lomazzo bekanntlich eine große Bedeutung beimaß:

> *Neben unendlich vielen anderen Werken, die alle zusammen in Bezug auf die Bewegungen besonders lobenswert sind, machen dies auch die von ihm gemalten Mysterien der Passion Christi deutlich; am meisten jedoch jenes Mysterium, wo Christus ans Kreuz geheftet ist und welches 'Monte Calvario' am Sepolcro von Varallo genannt wird. Dort sieht man bewundernswerte Pferde und erstaunliche Engel; nicht nur gemalt, sondern auch aus Tonerde gebildet, von eigener Hand in vollem Relief auf vorzüglichste Weise gearbeitet, von Figur zu Figur.* [24]

Nach Lomazzo lösten Ferraris bewegte Figurendarstellungen bei den Besuchern jene von Schmerz begleiteten Regungen der Seele oder *passiones animae* aus, wie sie dem religiösen 'decorum' entsprachen; Lomazzo spricht dabei von der *forza* oder *efficacia* von Gaudenzios *moti*. Wie Borromeo hebt

---

Architecture for the Shroud. Relic and Ritual in Turin, Chicago and London 2003, besonders S. 115-117.

[24] Gian Paolo Lomazzo, *Trattato dell'arte della pittura, scoltura et architettura*, in Gian Paolo Lomazzo, Scritti sulle arti, hrsg. von Roberto Paolo Ciardi, Florenz 1974, Bd 2, S. 101: *Veggansi, oltre ad altre infinite opere sue, tutte degne di lode, particolarmente in questa parte de' moti, diversi misterij della Passione di Cristo da lui dipinti, e massime quello dove Cristo è posto in Croce et è detto il monte Calvario al Sepolcro di Varallo, dove si veggono cavalli mirabili et angeli stupendi; non solamente dipinti, ma anco di plastica, cioè di terra, fatti di sua mano di tutto rilievo eccellentemente, a figura per figura.*

folglich auch Lomazzo die affektiven Wirkungen von Ferraris lebensnah gestalteten Skulpturen hervor. Während Lomazzo jedoch die künstlerische Vortrefflichkeit von Gaudenzios *moti maravigliosi* pries, welche die Betrachter zu beleben und erfreuen scheinen (*che paiono ravvivare e rallegrare chiunque le vede*), hatten für Borromeo die dreidimensionalen Ensembles eine primär religiöse Funktion; sie boten ihm optische Anreize, um mittels geistlicher und körperlicher Übungen Körper und Seele dem leidenden Christus anzugleichen.

Außerordentliche, sich körperlich manifestierende Wirkungen schrieb nun auch Bischof GABRIELE PALEOTTI, der Freund und Vertraute Borromeos, lebensnah gearbeiteten Bildern zu, ohne allerdings Namen zeitgenössischer Künstler anzuführen. Paleotti handelt von den *imagini fatte al vivo* in seinem einflussreichen, 1582 in Bologna veröffentlichten Traktat *Discorso intorno alle imagini sacre e profane*, und zwar im Kapitel über *die mannigfachen bemerkenswerten Wirkungen, die durch fromme und heilige Bilder erzeugt werden*. Paleotti bezieht sich dabei auf eine Feststellung der *Philosophen und Mediziner*, wonach *die verschiedenen Vorstellungen, welche sich unsere Fantasie von den Formen der Dinge mache, in ihr so starke Eindrücke hinterließen, dass diese auch zu körperlichen Veränderungen und Zeichen führten*. Daraus folgert Paleotti für die *imagini fatte al vivo*:

> *Weil folglich unsere Einbildungskraft überaus geeignet ist, solche Eindrücke zu empfangen, gibt es zweifellos kein stärkeres und wirksameres Mittel als jenes der nach dem Leben geschaffenen Bilder, welche die unbedachten Sinne gleichsam vergewaltigen.*[25]

Nach der alten medizinischen und philosophischen Theorie ist das 'imaginativa' oder 'fantasia' genannte Seelenvermögen für visuelle Reize besonders empfänglich, da sich diese im weichen Material der Einbildungskraft ab-

---

[25] Gabriele Paleotti, *Discorso intorno alle imagini sacre e profane*, Bologna: Alessandro Benacci, 1582, in: Trattati d'arte del Cinquecento fra Manierismo e Controriforma, hrsg. von Paola Barocchi, Bari 1961, Bd 2, S. 230: (*Dei varii effetti notabili causati dalle imagini pie e divote*): *Per dimostrar questo, potressimo cominciare da quello che viene affirmato da' filosofi e medici, dicendo che, secondo i varii concetti che apprende la nostra fantasia dalle forme delle cose, si fanno in essa così salde impressioni, che da quelle ne derivano alterazioni e segni notabili nei corpi [...] Essendo donque la imaginativa nostra così atta a ricevere tali impressioni, non è dubbio non ci essere istrumento più forte o più efficace a ciò delle imagini fatte al vivo, che quasi violentano i sensi incauti.*

drückten.[26] Der Bologneser Bischof illustriert solche Bildwirkungen mit bekannten, der Bibel und antiken Literatur entnommenen Beispielen, etwa der unschuldig wegen Ehebruchs angeklagten Ehegattin, die ein *dem Vater ganz unähnliches Mohrenkind gebar*, weil es in ihrem Gemach *ein ähnliches Bild* gab; oder mit der alttestamentlichen Geschichte von der List Jakobs, der geschälte Ruten in eine Tröge legte und dadurch erreichte, dass die Tiere gestreifte, gesprenkelte und scheckige Jungen warfen (Genesis 30, 37-43).

Ungeachtet der Fülle antiker und biblischer Zitate enthält Paleottis *Discorso* keine Hinweise auf zeitgenössische Bilder oder den aktuellen Gebrauch religiöser Kunst. Eine gute Vorstellung, wie der Bologneser Bischof mit Hilfe 'moderner' raumbezogener Kunst christliche Affekte wie *pietà, penitenza, carità* und *sprezzo del mondo* zu erzeugen vermochte, vermittelt jedoch ein von Paleotti für die Krypta der Kathedrale San Pietro in Bologna entworfenes Ausstattungsprogramm. Der kreuzförmige unterirdische Raum wurde Mitte der 1570er Jahre errichtet; 1578 wurden die Reliquien der Bologneser Märtyrer Vitalis und Agricola in die in den Quellen *confessio* genannte Krypta überführt.[27] Die von Paleotti vorgeschlagenen multimedialen Dekorationen sollten den Besuchern des unterirdischen Ortes ein intensives emotionales Erlebnis religiöser Umkehr verschaffen. Paleotti ließ die Altäre der Stirnseiten des Querarms der Krypta mit einem wundertätigen Marienfresko und einer alten hölzernen Kreuzigungsgruppe schmücken; für die am Kreuzaltar gelesenen Messen hatte der Bischof von Papst Gregor XIII. zudem eine neue und bald weltweit gefragte Indulgenz zugunsten der büßenden Seelen im Fegefeuer erwirkt. Die Wände der drei Kapellen des unterirdischen Raumes waren mit Fresken weiblicher und männlicher Märtyrer und Büßer in bräunlichen Farbtonstufen zu dekorieren. Nach einer im Entwurf erhaltenen Widmungsinschrift sollte der Bologneser Bevölkerung durch die Bilder dieser Märtyrer und Bekenner vermittelt werden, dass man *Blut für den rechtmäßigen Glauben vergießen* [...], *die Sinne unterdrücken und maßlose Affekte der Vernunft unterwerfen soll.*[28] Gleich beim Eingang zur Krypta stellte Paleotti 1584 eine von ALFONSO LOMBARDI um 1516/17 geschaffene achtfigurige

---

[26] Katharine Park, "Impressed Images: Reproducing Wonders", in: Picturing Science, Producing Art, hrsg. von Caroline A. Jones und Peter Gallison, New York 1998, S. 254-271.

[27] 'Confessio' ist der frühchristliche Name für ein Märtyrergrab als dem Ort des Bekenntnisses. Cf. Theodor Klauser, "Confessio", in: Reallexikon für Antike und Christentum 1, 1950, Sp. 343-347. Für eine ausführlichere Diskussion von Paleottis Krypta in der Kathedrale von Bologna vgl. Christine Göttler, Die Kunst des Fegefeuers nach der Reformation. Kirchliche Schenkungen, Ablass und Almosen in Antwerpen und Bologna um 1600, Mainz 1996, S. 97-116.

[28] Vgl. Göttler, Kunst des Fegefeuers (wie Anm. 27), S. 108.

Gruppe der Beweinung Christi aus Terrakotta auf, die wohl genau jene die Sinne überwältigenden Wirkungen hatte, die der Bischof zwei Jahre davor im *Discorso* beschrieb. Nach einer Quelle aus der Mitte des 17. Jahrhunderts spürte *das Herz jedes Gläubigen*, der die *aus Liebe und Mitleid um das Grab des Erlösers versammelten Statuen der Marien [...] im dämmrigen Dunkel* erblickte, *die Affekte der Reue und Zerknirschung.*[29] In der Vorliebe für lebensgrosse polychromierte Tonfiguren, die Paleotti, Borromeo und Lomazzo teilten, zeigt sich ein neues Stilideal, das die 'lingua vernacula' der lokalen Meister des 16. Jahrhunderts zum angemessenen Ausdruck einer modernen, christlichen Kunst macht.[30]

Kuriose Welten: Das Irdische Paradies und der Vallone dell'Inferno

Von diesen Voraussetzungen her möchte ich mich nun der von Alessi um 1566 errichteten Paradieseskapelle zuwenden (Abb. 9, 10). Mit Ausnahme der am Ende des 19. Jahrhunderts erneuerten Wandmalereien ist die heutige Ausstattung der Kapelle zu einem Großteil im letzten Jahrzehnt des 16. Jahrhunderts entstanden (Abb. 4). Der aus Dinant gebürtige flämische Bildhauer JEAN DE WESPIN gen. TABACHETTI (ca. 1569-1615) führte die polychromierten Terrakottastatuen von Adam und Eva aus, die Fülle der exotischen und heimischen Tiere sind wohl von seinen Mitarbeitern MICHELE PRESTINARI DI LUGANO und GIOVANNI D'ENRICO DI ALAGNA verfertigt worden. Tabachettis um 1599 geschaffene Statuen von Adam und Eva ersetzten dabei ein erst vier Jahre davor von MICHELE PRESTINARI gemachtes Figurenpaar.[31] Es handelte sich dabei um die dritten, für diese Kapelle verfertigten Skulpturen der Ureltern; die vor 1573 gemachten Statuen eines mailändischen Bildhauers waren 1595 durch Prestinaris Skulpturen ausgewechselt worden. Die heute zerstörten Wandmalereien stammten von GIOVANNI BATTISTA DELLA ROVERE gen. IL FIAMMENGHINO.[32] Die Oberaufsichten über die Arbeiten hatte DOMENICO ALFANI, ein Maler aus Perugia, der auch

---

[29] Das Zitat findet sich in Celso Faleoni, *Memorie historiche della chiesa Bolognese e suoi pastori*, Bologna: Giacomo Monti, 1649, S. 617: [...] *hebbe alcune statue delle Marie, ch'intorno al Sepolcro del Salvatore condotte dall'amore, e compassione, manifestarono gli ossequij del comune dolore. Queste col sepolcro accomodò nel Confessio del Duomo, dove frà l'oscurità, il cuore d'ogni fedele prova gli affetti della compuntione.*

[30] Vgl. dazu auch: Hood, The Sacro Monte (wie Anm. 5), S. 291-311.

[31] Galloni, Sacro Monte (wie Anm. 7), S. 241 und 268.

[32] Vgl. Stefani Perrone, Guida al Sacro Monte di Varallo (wie Anm. 1), S. 34-36.

die schon 1583 von den Moietti-Brüdern begonnene Kuppeldekoration vollendet hat. In dem am 4. Januar 1594 zwischen den Fabrikmeistern und Alfani abgeschlossenen Vertrag verpflichtet sich Alfani, *zu malen, schmücken, verzieren, stuckieren, Terrakottastatuen zu machen sowohl von den Personen als auch von den Tieren sowie alles Notwendige für die Kapelle von Adam und Eva zu machen, gemäß der Anordnung des ehrwürdigen Monsignore von Novara.* Auf eigene Kosten hatte sich Alfani überdies der Mitarbeit eines *in einem solchen Unterfangen erfahrenen valentuomo* zu versichern.[33]. Bischof Carlo Bascapè hatte schon am 15. Dezember 1593 den Fabrikmeistern die Zeichnung geschickt, *die in der ersten Kapelle des Sacro Monte abgemalt werden muss, die 'Adam' genannt wird.*[34]

Die schlanken, feingliedrigen Figuren von Adam und Eva stehen zu beiden Seiten eines dünnen Baums, der hoch oben die verbotenen Früchte trägt. Beide Figuren haben die Scham durch verschiedenartiges Blattwerk kunstvoll bedeckt. Die Schlange, die sich um den Stamm des Baumes windet, scheint mit weit geöffnetem Rachen zu Eva zu sprechen, während Adam von Eva bereitwillig einen Apfel entgegennimmt. Den Reiz der Kapelle machen jedoch weniger Tabachettis stilisierte Figuren als vielmehr die lebensgroßen exotischen und einheimischen Tiere aus: Elefant, Löwe, Rhinozeros, Leopard, Kamel, Strauß, Wildschwein, Hirsch, Hase, Hahn und Eule gruppieren sich zusammen mit Schafen und Ziegen in friedlicher Übereinkunft um das erste Menschenpaar. Die polychromierten Tierskulpturen sind nach in gedruckter Form verbreiteten zoologischen Illustrationen gearbeitet und möglicherweise auch durch Paradiesesdarstellungen angeregt worden, die auf solchen tierkundlichen Blättern basieren.[35] Dreidimensionalität, Lebensgröße und Polychromie geben den Tieren allerdings eine ungewöhnliche physische Präsenz, als ob hier die Künstler einen zoologischen Garten darstellen wollten. Wie in der Paradieseskapelle einst Malerei und Skulptur ineinander vermittelt haben, kann etwa aus der Kapelle der *Versuchungen Jesu* erschlossen werden; hier sind die wohl ebenfalls von Tabachetti und Michele Prestinari gemachten

---

[33] *Libro et inventario del Sacro Monte di Varallo, cominciato d'ordine del molto illustre signor Hieronimo d'Adda*, 1614, c. 26 v, ASM, 107. Ich zitiere nach Gentile, "Gli interventi" (wie Anm. 7), S. 470, Anm. 57.

[34] Zit. in: Gentile, Gli interventi (wie Anm. 11), S. 470, Anm. 56.

[35] Das letzte Blatt einer von Johann Sadeler dem Jüngeren geschaffenen achtteiligen druckgraphischen Folge der Schöpfungsgeschichte zeigt Adam und Eva in einer vergleichbar reichen Tier- und Pflanzenwelt. Vgl. Isabelle de Ramaix, Johan Sadeler I (The Illustrated Bartsch, Bd 70/1), New York 1999, S. 18-35. Für eine frühere, in Stein gearbeitete Menagerie vgl. Claudia Lazzaro, "Animals as Cultural Signs. A Medici Menagerie in the Grotto at Castello", in: Reframing (wie Anm. 5), S. 197-228.

lebensgroße Tiere in die illusionistische Landschaftsmalerei Melchiorre D'Enricos eingebunden.

GIOVANNI BATTISTA FASSOLA (1648-1713) hat die Dekorationen der einzelnen Kapellen im 1671 gedruckten Führer *La Nuova Gierusalemme, o sia Il Santo Sepolcro di Varallo* ausführlich beschrieben.[36] Fassolas Bericht enthält weiter Angaben zur Auftraggeberschaft und Finanzierung, zu den Ablässen, die verschiedene Päpste den vor den Kapellen betenden Gläubigen gewährten sowie zu den Votivbildern, die jene aus Dank für erwiesene Gunsten schenkten. Aus Fassolas Pilgerführer geht weiter hervor, dass die heute noch sichtbaren, an die Außenseiten der Kapellenwände gemalten Zeigehände schon im 17. Jahrhundert angebracht waren, um die des Lesens unkundigen Pilger des Wegs zu bestimmen – die gebildeten Besucher mochten sich an Fassolas Schrift orientieren. Ebenso waren schon damals über den Kapellentüren Tafeln mit passenden Bibelzitaten zu sehen.

Nach Fassola hat Carlo Borromeo 1584 *zugunsten der Fabrik viele Entwürfe für die noch zu machenden Kapellen hinterlassen, vor allem aber für die Kapelle der 'Erschaffung der Welt'.*[37] Die Kosten der Kapelle haben sich laut Fassola auf 1000 Scudi belaufen. Fassola zollt den Statuen von Adam und Eva, aber auch den *Löwen, Elefanten und Tigern* besonderes Lob. Wie die anderen Kapellen besaß auch diese eine Almosenkasse, in welche die Pilger ihre Spenden legten. Nicht unweit des Tempels des Irdischen Paradieses waren nun weitere Bauten geplant, die sich auf außerhalb der bekannten Welt gelegene Orte bezogen. Von der Kapelle des *Irdischen Paradieses* gelangten die Pilger zu den schon unter Caimi errichteten *Nazareth* und *Bethlehem* genannten Gebäudekomplexen, die ursprünglich den Beginn der Wallfahrt markierten. Nach Fassola sollte in dem darunter liegenden Tal *die Hölle*

---

[36] Giovanni Battista Fassola, *La Nuova Gierusalemme, o sia Il Santo Sepolcro di Varallo*, Milano: Federico Agnelli, 1671. Fassola hat die 123 Seiten zählende Schrift im Alter von 23 Jahren verfasst und der Erzherzogin von Österreich Maria Anna (1635-1696), der Mutter des damals zehnjährigen spanischen Königs Karl II., gewidmet. Zu Fassolas Traktat vgl.: Franca Tonella Regis, "Sacro Monte di Varallo", in: I Sacri Monti Raccontati. Atti Convegno di Studio, Orta 1999, S. 141-171.

[37] Fassola, *Nuova Gierusalemme* (wie Anm. 36), S. 31: [...] *qui per profitto della Fabrica lasciati molti disegni per le Capelle da farsi, e particolarmente per la Creazione del Mondo* [...]; S. 81: [...] *il disegno fù dato da Carlo Borromeo hoggi Gloriosissimo Santo, mentre ivi si trovò con Monsig. Oldrado, ed altri Prelati, ed insigni Teologi l'anno 1584.*

gemacht werden, wie es durch eine Tafel angezeigt wird, die an einem Baum dort unten befestigt ist.[38]

Die von Fassola erwähnte Tafel verweist auf ein hundert Jahre zuvor von Galeazzo Alessi entwickeltes Projekt, in der Grottenlandschaft am Fuß des Sacro Monte Rundbauten des Limbus, des Fegefeuers und der Hölle zu errichten.[39] Diese nie gebaute Höllenlandschaft war Teil des größeren, von GIACOMO D'ADDA an Alessi vermittelten Auftrags, die Wallfahrtsstätte neu zu organisieren.[40] Der 1566 zum Fabrikverwalter des Sacro Monte gewählte Giacomo d'Adda hatte Alessi neben dem Projekt für die Weiterführung der gesamten Anlage auch mit dem Bau des Tempels von Adam und Eva betraut.[41] Alessis Vorschläge haben sich im sogenannten *Libro dei Misteri* erhalten. Das 318 Seiten zählende Werk enthält eine Liste mit den Namen aller Kapellen, ein neunseitiges Vorwort, eine Ansicht der Stadt, einen Gesamtplan des Sacro Monte (Abb. 11) sowie zahlreiche Skizzen zu den einzelnen Kapellen, denen zum Teil kurze erläuternde Texte beigefügt sind.

Bei dem sich zur Zeit der Niederschrift von Alessis *Libro* schon in Arbeit befindlichen Tempel von Adam und Eva handelt es sich um einen Zentralbau mit vorgelagertem Portikus.[42] Die dieser Kapelle gewidmeten Blätter enthalten einen Grundriss, eine Außenansicht und eine Schnittdarstellung des Gebäudes; drei Skizzen halten ferner die Konstruktion der Laterne fest. Der Schnitt des Gebäudes zeigt Adam und Eva zu Seiten des in die Mitte der Kapelle gesetzten Baumes, um den sich eine frauenköpfige Schlange windet

---

[38] Fassola, *Nuova Gierusalemme* (wie Anm. 36), S. 85: "Percontro nel Vallone si farà l'Inferno, come per cartello affisso ad un'arbore giù nel basso."

[39] Ausführlicher werde ich auf Alessis Höllenlandschaft in einem sich in Vorbereitung befindlichen Buch eingehen: *The Body of the Soul: Art and the Material Culture of Devotion in the Age of Reform.* Vgl. auch: Christine Göttler, "Limbus, Fegefeuer und Hölle in den Alpen. Galeazzo Alessis eschatologische Grotten für den *Sacro Monte* bei Varallo", in: "Unser Kopf ist rund, damit das Denken die Richtung wechseln kann." Festschrift für Franz Zelger, hrsg. von Matthias Wohlgemuth, unter Mitarbeit von Marc Fehlmann, Zürich 2001, S. 157-185.

[40] Die originale Handschrift befindet sich in der Biblioteca Civica in Varallo; ich benutzte folgende Faksimile-Ausgabe: Galeazzo Alessi, *Libro dei Misteri.* Progetto di pianificazione urbanistica, architettonica e figurativa del Sacro Monte di Varallo in Valsesia (1565-1569), hrsg. von Anna Maria Brizio und Stefania Stefani Perrone, 2 Bde., Bologna 1974.

[41] Vgl. La famiglia d'Adda Salvaterra e la Valsesia, Ausstellungskatalog, hrsg. von Maria Grazia Cagna Pagnone, Archivio di Stato, Varallo, Varallo 1986, S. 94-95 (zu Giacomo d'Adda).

[42] Alessi, *Libro dei Misteri* (wie Anm. 40), fol. 12 b: *La presente pianta segnata D. dimostra il disegno de la già posta in opera nel tempio dedicato à Adam et Eva.*

(Abb. 10).[43] Am Rand des kreisrunden Innenraumes sind weitere Bäume zu sehen, die offenbar in Halbrelief ausgeführt werden sollten, während an den Kapellenwänden Spuren einer paradiesischen Landschaft zu erkennen sind. Alessis Skizze sieht vier Fensterdurchblicke vor, durch welche die Betrachter mitverfolgen können, wie die Augen- und Fleischeslust Evas die Menschheit *ins universale Verderben stürzt*.[44] Die mit feinen Gittern versehenen Fensteröffnungen erlauben den frommen Pilgern, die Szene und damit auch die nackten Figuren von allen Seiten zu betrachten.

Auch im Vorwort hebt Alessi die Bedeutung des Tempels von Adam und Eva hervor; der Sündenfall bezeichne *den Anfang des Ganzen [...], den Grund und die Ursache all dessen, was danach gezeigt wird.* Alessi plante diese erste Kapelle in enger Verbindung mit einer weiteren, dem Programm ebenfalls neu hinzugefügten Kapelle, die allerdings nie gebaut wurde. In der Talsenke, *die man heute Tal Josaphat nennt*, sah Alessi die Kapelle des *Jüngsten Gerichts* vor: *Wie wir am Eingang des Berges den Tempel von Adam und Eva, des Anfangs der Welt, vorfinden, so treffen wir am Ausgang des Berges auf das Ende.* Im *Libro dei Misteri* bezeichnen die Kapellen des *Irdischen Paradieses* und des *Jüngsten Gerichts* die Anfangs- und Endpunkte des durch die *devoti*, die frommen Pilger genommenen Weges. Für diejenigen jedoch, die begierig sind, mehr zu sehen (*quelli i quali curiosi di veder più oltre*), hielt Alessi eine Überraschung bereit: den Besuch der Hölle in einer abseits gelegenen, heute noch *Vallone dell'Inferno* genannten Talsenke.[45] Indem Alessi zwischen zwei Gruppen von Besuchern, den *devoti* und den *curiosi*, unterscheidet, setzt er ästhetische und religiöse Erfahrung in eine gewisse Spannung; in vergleichbarer Weise unterschied Giovanni Antonio d'Adda im *Discorso* über die Paradieseskapelle zwischen Bildern, die den Augen Vergnügen bereiten (*di porger agl'occhi diletto*) und solchen, die die Seele zufrieden stellen (*d'appagar l'animo*).

In Alessis Skizzen werden Limbus, Fegefeuer und Hölle in halb unterirdischen Kellerräumen inszeniert (Abb. 12). Auf Alessis Zeichnungen betreten die Besucher die Rundbauten ebenerdig durch Türen, die sie direkt auf die Gewölbe der überkuppelten Räume führen. Von diesen Zuschauerräumen

---

43 Alessi, *Libro dei Misteri* (wie Anm. 40), fol. 4 a (*Proemio*): [...] *rende commodità grandissima all'ingresso di detto tempio, nel quale come principio del tutto, si dovrà fare la statua* [sic!] *di Adam et Eva, sotto l'Arboro dove il Demonio avviticchiato in forma di serpente ingannevolmente, li precipitò nell'universale perditione, inducendoli a mangiare del vietato pomo, e tanto più mi piace ch'ivi si facci questo misterio, quanto ch'egli e stato causa, è origine di tutto quello che si dimostrarà appresso* [...].

44 Alessi, *Libro dei Misteri* (wie Anm. 40), fol. 4 a (*Proemio*).

45 Alessi, *Libro dei Misteri* (wie Anm. 40), fol. 7 a (*Proemio*).

blicken sie mittels einer durchfensterten Laterne – der *vetriata* – durch das 'Auge' der Kuppel in das künstliche Jenseits hinab. Alessi zeigt die jungen Männer und Frauen dabei nicht in kniender Haltung, vielmehr in jener, durch den *stupore* ausgelösten Pose, die schon Leonardo da Vinci im *Fragment einer Höhlenforschung* beschrieb.[46] Während die *devoti* kniend und in stillem Gebet die Mysterien durch die in Augenhöhe angebrachten Fensterdurchblicke verehren, ohne mit anderen *devoti* Kontakt aufzunehmen, treten die *curiosi* in lockeren Gruppen auf. Zu einer Zeit, als Ignatius' *Meditation der Hölle* von einer stetig wachsenden Zahl von Klerikern und Laien praktiziert wurde, verlagerte Alessi – wenn auch lediglich auf dem Papier – die Imagination der Hölle von der religiösen Sphäre in diejenige des höfischen Vergnügens.

Das Verschwinden der Hölle
und der Umbau des Irdischen Paradieses

Ein vom 12. November 1572 datiertes zwischen den Fabrikmeistern und dem Vorsteher der Bauarbeiten Giovanni Clarino getauschtes *memoriale* erwähnt sowohl den *libro* des *aus Perugia gebürtigen Architekten Galeazzo* als auch ein von Giacomo d'Adda gemachtes Legat in der Höhe von 4000 Scudi. Unter den noch auszuführenden Arbeiten wird auch das Höllenprojekt genannt. Dabei ist die Rede von einer zweiten Straße, die vom *Haupteingang hinter der Mauer links [...] zum Tal weiter unten* führen soll, dem *Ort, wo man den Limbus, das Fegefeuer und die Hölle machen muss*; der Text spricht von einem mit einer Mauer umgebenen *serraglio*; in diesem abgegrenzten Bezirk soll ein Kunststück (*artificio*) entstehen, das *beim Gang zu den Mysterien Furcht und Schrecken einjagt.*[47]

Vier Jahre später datiert eine weitere Notiz: Am 19. Mai 1576 gibt der Guardian Frater Alessio seine Zustimmung, Bildtafeln an den Orten aufzustellen, wo Kapellen erst noch gebaut werden müssen. Auch eine Tafel des Jüngsten Gerichts wird angeführt, die *im Tal von Josaphat* errichtet werden soll.

---

[46] Hans Blumenberg, Der Prozess der theoretischen Neugierde.Erweiterte und überarbeitete Neuausgabe von "Die Legitimität der Neuzeit", dritter Teil, Frankfurt am Main 1973, S. 168-169.

[47] Galloni, Sacro Monte (wie Anm. 7), S. 194 f.: *Et poi si ha da fare una strada nell'intrata di detta porta principale di dietro la muraglia di esso S. Monte, a mano sinistra, che vadi, nella valle più a basso, nel qual luoco se gli ha da fare il Limbo, il Purgatorio et l'Inferno, et si aurà da fare un muro quale habbi principio dietro la Capella della Madonna di Loreto et venghi a finire al muro del serraglio di esso S.*

Außerdem soll *in Malerei ein Entwurf der Hölle* angefertigt werden und zwar *an dem dafür bestimmten Ort mit der dorthin führenden schwarzen, gekrümmten und dunklen Straße, was einen schönen Effekt erzielen wird.* Frater Alessio drängt darauf, die Bildtafeln anzubringen, damit keiner die Ausführung (der projektierten Bauten) verhindere.[48] Ebenso stellt die 1583 gedruckte Ausgabe von Francesco Sesallis Schrift *Breve descrittione del Sacro Monte di Varallo* dem in Versform verfassten Hauptteil einen mit *Ordine et sommario di tutte le chiese et misterii* überschriebenen Text voran, der zum Teil wörtlich aus einer um 1573 datierten, sich heute im Archiv von Varallo befindlichen Liste exzerpiert ist.[49] Auch Sesalli hält fest, dass *man noch den Limbus machen muss, aus welchem unser Herr die Seelen der Heiligen Väter herausgezogen hat,* ebenso *das Fegefeuer und die Hölle in dem sich links vom Eingang befindlichen Tal,* und zwar *unter der Erde.* Über diesen unterirdischen Anlagen sollen mit Gewölben versehene Aufbauten (*tiburii*) aus künstlich gefärbten Gläsern verfertigt werden; den Besuchern soll es vorkommen *als ob sie in diesen Orten Seelen und andere Dinge schmoren sehen,* wie es den Mysterien entspreche; die Straße, die dorthin führe, sei *schwarz, gekrümmt und dunkel, wodurch Schrecken verursacht werde.*[50] Zwar werden in der Pilger- und Meditationsliteratur bis weit ins 17. Jahrhundert hinein die noch zu errichtenden Gebäude des Limbus, des Fegefeuers und der Hölle erwähnt,

---

Monte nel quale se gli ha da fare un artificio tale che renda spavento et terrore nel andare a detti misterii.

[48] Galloni, Sacro Monte (wie Anm. 7), S. 211: *Et più un altro quadro dil Juditio Universale per mettere la dove si dice nella Valle di Josafat […] E poi se si potesse si vorria almeno fare in pittura il dissegno dell'Inferno nel luoco dissegnato con la strada da andarli negra, storta et tenebrosa che farà bel effetto. È tutte le sudette cose saria bene che si stabiliscano a ciò non vi fosse alcuno che impedisca la essecutione.* Vgl. auch Il Sacro Monte di Varallo, Ausstellungskatalog (wie Anm. 41), S. 18, Kat. 21, sowie den Aufsatz von Guido Gentile in dem eben genannten Ausstellungskatalog: "La storia del Sacro Monte nei documenti. Note per una lettura della mostra", in: Il Sacro Monte di Varallo, S. 86.

[49] Cf. Il Sacro Monte di Varallo, Ausstellungskatalog (wie Anm. 41), S. 19, Kat. 27; Galloni, Sacro Monte (wie Anm. 7), S. 199-206. Zur Datierung der "Ordine delli misterij, quali sono sopra il s.to Monte" vgl. Gentile, " Storia" (wie Anm. 48), S. 86.

[50] Cf. Galloni, Sacro Monte (wie Anm. 7), S. 206: *Si farà ancora il Limbo di dove il N. S. cavò le anime dei Santi Padri. Il purgatorio e l'inferno quali si faranno nella valle che resta a man stanca nell'entrare di esso monte, sotto terra, sopra quali saranno li tiburii a modo di volte fatti di vetri di colore artificiali, per li quali alle persone parerà di vedere in detti luoghi le anime et altre cose abbruggiar di fuoco, si come sarà conveniente a l'uno et l'altro misterio, la strada per andarvi sarà negra, storta et tenebrosa che renderà spavento.* Zur Verwendung des Wortes 'tiburio' vgl. Salvatore Battaglia, Grande dizionario della lingua italiana, Bd 20, Turin 2000, S. 1025.

doch blieb Alessis Höllenprojekt wie die Kapelle des Jüngsten Gerichts gezeichnete Architektur.

Umgekehrt wurde in denselben Jahren die Ausstattung des Tempels von Adam und Eva mehrfach verändert. Nach der oben erwähnten, um 1573 datierten Liste *Ordine delli misterij, quali sono sopra il s.to Monte* waren im Inneren *Adam und Eva, der Baum und die Schlange in Skulptur* zu sehen, *mit Gottvater, der 'Adam, wo bist du?' zu sprechen scheint*; die Statuen waren von einem mailändischen Bildhauer geschaffen worden, der auch im *memoriale* vom 12. November 1572 genannt wird. [51] Erst rund zehn Jahre später sind erneut Arbeiten für diese Kapelle dokumentiert, wobei zum ersten Mal der Name CARLO BORROMEOs auftaucht. In einem am 26. April 1583 zwischen den Fabrikmeistern und den Moietti-Brüdern VINCENZO und GEROLAMO MANGONE DA CARAVAGGIO abgeschlossenen Vertrag werden diese beauftragt, die ganze Kapelle auszumalen und mit Stuckfiguren zu schmücken, *in Voll- und Halbrelief und verfeinert mit Gold, entsprechend der Geschichte der Erschaffung der Welt und dem von [...] Kardinal Borromeo oder einem anderen, von ihm Abgeordneten Gesagten.* Im Gewölbe sollen die himmlischen Chöre, in der stuckfreien Zone an den Wänden *Bäume, menschliche Figuren und verschiedene unvernünftige Tiere (animali irrationali) gemalt werden.*[52]

Kurz danach verfasste GIOVANNI ANTONIO D'ADDA (1559-1603), der Sohn des Stifters der Kapelle, einen langen und detaillierten *Discorso*, um, ebenfalls mit Berufung auf Kardinal Borromeo, die wohl noch in Arbeit befindliche Dekoration der Moietti-Brüder und damit auch den Kunstgeschmack seines Vaters zu kritisieren.[53] Dieser wohl zwischen 1583 und 1587 geschriebene *Discorso* ist ein beredtes Beispiel nachreformatorischer Bildkritik, wie er auch auf den Wandel im Verständnis religiöser Kunst verweist, der hier zwei Generationen voneinander trennt.

Giovanni Antonio d'Adda beginnt mit einer längeren Rede über die *fehlende Übereinstimmung der Skulpturen und der Malerei mit der Geschichte (il*

---

[51] *Ordine delli misterij*, um 1573. Zit. nach Gentile, "Storia" (wie Anm. 48), S. 86: *Il detto tempio belissimamente di marmo, nel qual sono Adamo et Eva, l'arbore et il serpente di rilievo con il Dio Padre che par che dica: Adam ubi es?* Zum *memoriale* vom 12. November 1572, vgl. Galloni, Sacro Monte (wie Anm. 7), S. 190.

[52] Ich zitiere nach: Gentile, "Storia" (wie Anm. 48), S. 86; vgl. auch Longo, "Il Sacro Monte" (wie Anm. 8), S. 73.

[53] *Discorso di Giovanni Antonio D'Adda alli Signori Fabriceri del Sacro Monte di Varallo intorno al mistero che s'ha da far nella capella intitolata d'Adamo et Eva*, ASM, 115. Im Folgenden zitiere ich nach: Longo, "Il Sacro Monte" (wie Anm. 8), S. 137-140; vgl. auch Gentile, "Storia" (wie Anm. 48), S. 86-88.

mancamento della conformità dell'historia, rappresentata dalle figure di rilievo et di pittura), um dann zum zentralen Punkt seiner Kritik zu gelangen. D'Adda fordert, *dass wir uns befleißigen, für die frommen Besucher dieses Berges allein die Sünde Adams darzustellen (che attendessimo solo a rappresentare a devoti visitatori di questo monte il peccato d'Adamo)*, die ja auch den *Anlass zur Menschwerdung Christi* gab, *ein Mysterium, das in der folgenden Kapelle dargestellt* sei. Zwar sei es *sehenswert und schön [...] die Erschaffung der Welt als ein den Augen Vergnügen bereitendes und damit in der Seele Wunder und Erstaunen (maraviglia et stupore)* bewirkendes Werk zu zeigen; trotzdem *soll man jedoch nicht allein zum Ziel haben, den Augen Vergnügen zu bereiten als vielmehr, die Seele zu befriedigen*; diese aber zeige sich *oft mehr befriedigt durch Dinge, welche weniger geschmückt und schön* seien, jedoch *mehr miteinander übereinstimmen* und *mit größerer Vernunft* gemacht seien.[54]

In der Folge verpflichtet Giovanni Antonio D'Adda das ikonographische Programm der Kapelle auf den Wortlaut der Schöpfungsgeschichte im ersten Buch Mosis: Neben den Baum der Erkenntnis von Gut und Bös habe man den Baum des Lebens zu setzen; ein großer Brunnen, entweder gemalt oder plastisch, soll der Szene hinzugefügt werden, aus dem nach Genesis 2, 10 die Paradiesesflüsse entspringen; der Akt des Sündigens sei hervorzuheben, indem man den Händen von Adam und Eva weitere angegessene Äpfel ergänzend beifüge; die in menschlicher Gestalt geformte Schlange muss auf jeden Fall entfernt und durch eine natürliche und wahre ersetzt werden. An die Wände habe man diejenigen Szenen zu malen, *die sich kurz vor oder nach dem Sündenakt Adams ereignet haben und die Voraussetzungen beziehungsweise Folgen jenes Ereignisses* sind, nämlich: Gott, der Adam und Eva gebietet, nicht von den Früchten des Baumes zu essen (Genesis 2, 16-17); Adam und Eva, die vor ihrer eigenen Nacktheit Scham empfinden (Genesis 3, 7), *nachdem die Zügel der ursprünglichen Gerechtigkeit gerissen waren, die alle ihre Affekte und Leidenschaften gemäßigt zum Ausdruck gebracht hatten (che tutti e' affetti e passioni loro moderati rendeva)*; die Anrufung Adams durch Gott (Genesis 3, 9); die Ausstattung von Adam und Eva mit Fellkleidern (Genesis 3, 21); schließlich die Vertreibung aus dem Paradies (Genesis 3, 23).

---

54 *Discorso di Giovanni Antonio d'Adda*, in: Longo, "Il Sacro Monte" (wie Anm. 8), S. 138: [...] *seben riguardevole et vaga sarebbe per render questa capella la creatione del mondo, che di rappresentarvi dentro s'era concluso, com'opra altresì dilettevole a gl'occhi, quant'è il pensiero di quella all'animo di maraviglia et stupore; nondimeno non questa sola mira dovremo haver di porger agl'occhi diletto, ma molto più d'appagar l'animo, che più s'appaga soventi di cose men ornate et men belle, ma più concordanti tra loro et fatte con più raggionevole cagione.*

Außen beim Eingang zur Paradieseskapelle sollen der Cherub mit dem Flammenschwert und die fliehenden Stammeseltern gezeigt werden (Genesis 3, 24).

Aber auch der Goldstuck muss entfernt werden, *da in jenen frühen Zeiten Gold nicht in Gebrauch war, und da es Gott nicht gefiel, unsere Unterkünfte mit anderem als natürlichem Schmuck zu bereichern.* D'Adda hält es allerdings *nicht für ungebührlich*, dass man der Darstellung des Irdischen Paradieses *Tiere hinzufüge, auch wenn die Schrift nicht sagt, dass sich dort irgendwelche befanden*; man könne jedoch annehmen, *dass dieser sehr liebliche Ort nicht nur ein Heim der Schlangen gewesen sei, sondern auch eine Wohnstätte wunderschöner Vögel und Vierfüßler.*

Nach D'Adda sollen folglich Vergnügen, Bewunderung und Erstaunen (*diletto, maraviglia, stupore*) aus der ohnehin stark ins Auge fallenden Kapelle (*capella molto vistosa*) verbannt werden. Wurde der *diletto* in den religiösen Kunstlehren seit alters mit Vorsicht behandelt, konnten hingegen *maraviglia* und *stupore* gerade auch die mit dem religiösen Wunder verbundenen Gefühlsreaktionen bezeichnen. Bewunderung, Staunen, Fassungslosigkeit, Verblüffung löste etwa der Anblick der heiligen Eucharistie aus, des größten und täglich sich wiederholenden Wunders, bei welchem sich Augen- und Seelenerlebnis verbanden.

D'Addas Furcht, dass ein künstlerisch-ästhetisches Augenerlebnis das religiöse Seelenerlebnis korrumpiere, äußert sich in einer weiteren Schrift, den *Meditationi sopra i Misterii del Sacro Monte di Varallo.* Die zwei Jahre nach D'Addas Tod in Mailand gedruckte Schrift ist Bischof Carlo Bascapè gewidmet, in dessen Zuständigkeitsbereich die Sorge um die Kapellen und deren Ausstattung zum Zeitpunkt der Drucklegung des Traktats fiel. Nach der vom 23. September 1602 datierten Dedikation wollte D'Adda durch die Schrift *der Nachlässigkeit vieler zu Hilfe eilen, die (wie sie sagen) zur Verehrung des Sacro Monte gehen, diesen aber eher zum Zeitvertreib durchlaufen als ihn aus Frömmigkeit besuchen*; weiter wollte er *eben diesen mit der Empfehlung von Stoff Gelegenheit bieten, die Seele anderem als den Malereien, dem Grün der Bäume und ähnlichen Dingen zuzuwenden, mit einigen Punkten der Meditation.*[55]

---

[55] *Meditationi sopra i Misterii del Sacro Monte di Varallo di Valle di Sessia del signor Giovanni Antonio d'Adda, gentil'huomo milanese, nuovamente reviste et aggiuntevi alcune altre meditationi del signor Francesco suo fratello*, Milano 1605. Die Stelle im Vorwort ist wiedergegeben in: Gentile, Gli interventi (wie Anm 11), S. 69, Anm. 37: [...] *soccorrere alla trascuraggine di molti, i quali andando (come dicono) alla devotione del Santo Monte di Varallo, più tosto per trastullo lo trascorrono, che per devotione lo visitano; e di porger occasione a questi tali di non perdervi i passi, con*

Die Praxis der *punti di meditatione* sollte nach D'Adda verhindern, dass sich die Seele des Pilgers in der Betrachtung der Kunst und Natur verlor, die ihm als Augenreize gleichermaßen verdächtig waren. Ebenso banden auch die über den Portalen der Kapellen angebrachten Bibelzitate die Einbildungskraft der Pilger an die heilige Schrift zurück, während die Zeigehände und die nun in größerer Anzahl gedruckten Guiden garantierten, dass die Pilger die Kapellen in einer geordneten Reihenfolge besuchten. D'Addas *Meditationi* stehen am Anfang einer neuen Gattung von Sacro Monte-Guiden, welche den kognitiv-emotionalen Prozessen, die bei der Betrachtung der Ausstattungen ablaufen, besondere Aufmerksamkeit widmen.

Aus FRA THOMASO NANNIs *Dialogo Sopra i Misterij del Sacro Monte di Varallo* konnten die Pilger etwa *mit Leichtigkeit lernen, die wichtigsten Taten zu betrachten, die Christus im Leben und nach dem Tode wirkte*. Den Texten zu den einzelnen Kapellen sind dabei Kupferstiche vorangestellt, welche die dreidimensionalen, lebensgroßen, bunten Ausstattungen in den wichtigsten Zügen festhalten. Die kleinformatigen, schwarzweißen Erinnerungsbilder dienten folglich als 'Blueprints', um die Meditationsarbeit der Besucher in die richtigen Bahnen zu lenken. So gibt der Kupferstich zur Kapelle des *Irdischen Paradieses* Tabachettis Statuen inmitten der Vielzahl der Tiere wieder, wobei der Elefant, das zum Betrachter hin gewendete Rhinozeros, das Kamel, der Straußvogel, die Eule und die springende Ziege nach den dreidimensionalen Originalen gezeichnet sind (Abb. 13). Nanni, der den Leser und Betrachter als Sohn oder Kind (*figliuolo*) anspricht, leitet diesen dazu an, über den mit dem paradiesischen Zustand verbundenen Frieden zwischen den Sinnen und der Vernunft, zwischen dem Körper und der Seele zu meditieren sowie über den Verlust dieser ursprünglichen Gerechtigkeit (*iustitia originalis*) durch den Ungehorsam gegenüber Gott.[56] Mit appellativen Ausdrücken wie *medita, considera, contempla, pensa, impera* wendet sich der Text an die Leser und Betrachter, wobei ihnen Schritt für Schritt vorgegeben wird, wie sie sich das Bildmaterial anzueignen und zu verarbeiten haben.

---

soggerirci materia d'applicar l'animo ad altro che alle pitture, alla verdura de gl'arbori e simili cose, con alcuni punti di meditatione [...]

[56] *Dialogo Sopra i Misterij del Sacro Monte di Varallo. Ove con facilità imparerai a contemplare le attioni principali, che operò Christo in vita, & doppo morte; con l'ordine delle Cappelle.* Composto da Frà Thomaso Nanni da Sogliano Predicatore minore osservante. Varallo: Pietro Ravelli, 1626, fol. a 2 a-b. Varallo, Biblioteca Civica, Carta 43 ter 3.

Leidenschaften und Sehtheorie

Als Carlo Borromeo 1584 mit einem halbfertigen Manuskript über die *punti della passione* auf dem Sacro Monte von Varallo Ignatius' *Geistliche Übungen* abhielt, war von Galeazzo Alessis Projekt erst die Paradieseskapelle ausgeführt worden. Als Ort der Augenlust stimmte diese die frommen Pilger auf den durch die Curiositas des ersten Menschenpaares verursachten Sündenfall und die dadurch notwendig gewordene Menschwerdung und Passion Christi ein. Die Hölle hingegen, welche als abseits gelegener *serraglio* die *curiosi* in Bewunderung und Staunen versetzt hätte, war lediglich durch eine Bildtafel repräsentiert.

Bemerkenswerterweise führte Borromeo, wie Bascapè berichtet, nicht Ignatius' Meditation der Hölle durch, die nach den ignatianischen Regeln zur ersten Woche gehörte, und die auf die Erwägung und Betrachtung der Sünden aus war und mit der Generalbeichte endete. Vielmehr wendete er seine Aufmerksamkeit auf die Meditation der Passion, die er mit dem Blick auf die frühen Ausstattungen Ferraris praktizierte; dadurch aber wies er auch das von Alessi begonnene Bauprogramm in eine andere Richtung. Sowohl Giovanni Antonio D'Adda wie auch Bascapè haben sich bei ihrer Bildkritik ausdrücklich auf Äußerungen Borromeos berufen. D'Addas Furcht vor der Verführbarkeit des Blicks, seine ängstliche Entschlossenheit, die Augen der Seele von den Farben der Natur und dem Schmuck der Kapellen weg zu den *punti di meditatione* zurückzuführen, verweist auf eine Theorie der visuellen Wahrnehmung, wie sie in ähnlicher Weise auch Carlo Borromeo vertreten hat. In der mittelalterlichen Wahrnehmungsheorie und Seelenlehre galten die fünf Sinne, besonders aber die Augen, als Tore oder Fenster, durch welche äußere Reize in die Seele eintraten.[57] Wietse de Boer hat überzeugend demonstriert, wie sehr Borromeo in seinen sozialdisziplinarischen Maßnahmen von der Vorstellung einer engen Verbindung zwischen Auge und Seele ausging, die mit einer moralischen Färbung auch in die nachtridentinischen Kunstlehren eingeflossen war.[58] In einer im Juli 1583 in Lecco gehaltenen Predigt hatte Carlo Borromeo die alttestamentliche Geschichte von der Vergewaltigung Dinas benutzt, um zu zeigen, *dass die Augen großes Unheil anrichten können und deswegen mit größtem Fleiß zu bewachen* seien. Nach der mittelalterli-

---

57 Vgl. etwa Bartolomeo Delbene, *Civitas veri, sive morum*, Paris: Ambroise und Jérôme Drouart, 1609. In: Writing on Hands. Memory and Knowledge in Early Modern Europe, Kat. Ausst., hrsg. von Claire Richter Sherman, The Trout Gallery, Dickinson College, Carlisle 2000, Kat. 31, S. 138-140.

chen Exegese von Genesis 34 hatte Dina durch ihre Neugierde, *die Töchter des Landes anzusehen*, nicht nur ihre eigene Vergewaltigung durch Sichem provoziert, sondern eine Kette weiterer katastrophaler Ereignisse verursacht. Dass wir folglich die Augen als Fenster zur Seele *geschlossen halten müssen*, begründet Borromeo auch mit dem bei Jeremias 9,20 überlieferten Satz vom Tod, der *durch unsre Fenster gestiegen ist*.[59]

Von diesen Voraussetzungen her erhält Borromeos Experiment auf Varallo eine besondere Bedeutung. Borromeo benutzte Ferraris realistische Ausstattungen und deren *überfallartige* Kraft, um die Seelen der Betrachter mit den Bildern von Christi Passion zu durchtränken. Die von Carlo Borromeo auf dem Sacro Monte vor den lebensgroßen, dreidimensionalen Szenen der Passion durchgeführten Buß- und Gebetsübungen entsprachen einem von einer elitären Gruppe reformerisch gesinnter Theologen unternommenen Versuch, das Spektrum physiologischer und psychologischer Wirkungen von Bildern auszuloten. Hierin zeigt sich ein neues Interesse an den körperlichen Veränderungen, welche realistische Bilder ja auch nach Paleotti über die in der Einbildungskraft hinterlassenen Formen ausübten.

Bischof Bascapè knüpfte an Borromeos Kunstgeschmack und Bildverständnis an, indem er die von Gaudenzio Ferrari geschaffenen Skulpturenensembles zum verpflichtenden Stilideal auch für die späteren Ausstattungen erhob. Gleichzeitig entschärfte er jedoch den politischen Gehalt dieser frühen Ensembles. Besonders Longo hat die kommunale Funktion von Ferraris Kreuzigungskapelle als ein sichtbares Zeichen der neu erwirkten Privilegien des Tales hervorgehoben; weiter hat er auf die Nähe dieser wichtigsten Kapelle zu reformatorischen Vorstellungen hingewiesen, in welchen dem Opfertod Christi eine zentrale Bedeutung zukommt.[60] Die unter Bascapè geschaffenen Kapellendekorationen zielen hingegen auf ein individuelles Betrachtererlebnis. Ein emotionales, auf die Konversion und Buße des Sünders gerichtetes Bilderlebnis wurde nicht zuletzt durch die von Alessi entworfenen trennenden Vorrichtungen zwischen Bild- und Zuschauerraum begünstigt, weil sie die Betrachtung der Kapelleninnenräume in kniender Gebetshaltung erfordern.

Man könnte sich abschließend fragen, wie weit auf Varallo das Experiment einer sozialen Disziplinierung durch Bilder gelang. Aus Bascapès ängstlichen Bemühungen, alles Anstößige, Aufreizende, nicht mit der Bibel oder den katholischen Dogmen Übereinstimmende aus den Kapellen zu entfernen,

---

58 Wietse de Boer, The Conquest of the Soul. Confession, Discipline, and Public Order in Counter-Reformation Milan, Leiden, Boston, Köln 2001, besonders S. 11-115.

59 De Boer, Conquest (wie Anm. 58), S. 114.

60 Longo, "Il Sacro Monte" (wie Anm. 8), S. 45.

ließe sich vielmehr auch schließen, dass neben *devoti* auch manche *curiosi* den Berg aufsuchten. Einer dieser Wissbegierigen war der Maler und Kunstschriftsteller FEDERICO ZUCCARO (1539/44-1609), der 1604 die Sacri Monti von Varallo und Crea besuchte. Auf dem Sacro Monte von Varallo hob Zuccaro die Täuschungskraft der in Relief gearbeiteten polychromierten Dinge (*cose di rilievo colorite*) in Ferraris Kreuzigungskapelle hervor, *die als wahr erscheinen, wie die Wirkungen selbst (che paiono vere, e veri gli effetti istessi)*.[61] Das der Madonna gewidmete Heiligtum in Crea sei nach Zuccaro *in Nachahmung und im Wettbewerb mit jenem von Varallo* errichtet worden; nach Zuccaro standen damals sechs oder acht der insgesamt auf vierzig oder mehr geplanten Kapellen. Zuccaro besichtigte die *von zwei flämischen Bildhauern* – Jean und Nicolas de Wespin gen. Tabachetti – dekorierte, auf dem höchsten Punkt des Berges gebaute Paradieseskapelle mit der Himmelfahrt Mariens; dort genoss er auch den prächtigen Ausblick, der sich ihm nach allen Seiten hin bot. Zuccaro erwähnt weiter eine *im untersten Teil schon dargestellte Hölle, die gewiss so furchterregend ist, das Frauen und Kinder sich ihr nicht zu nähern wagen.*[62] Die zuerst für Varallo geplante Hölle wurde in dem von Regularkanonikern verwalteten Heiligtum von Crea ausgeführt, deren einzelne Kapellen Zuccaro zufolge *aus Frömmigkeit von verschiedenen Fürsten und Herren* finanziert worden waren. Erst 1801 wurde Creas Hölle von den Jakobinern zerstört.

Als ein dunkler, Frauen und Kindern Angst einjagender *serraglio* wurde die Hölle in Crea schon im frühen 17. Jahrhundert mit Empfindungen assoziiert, wie sie bis heute die auf Jahrmärkten aufgestellten Geisterbahnen hervorrufen. Die katholische Bildreform hat intensive religiöse Emotion mit der Passionsmeditation verbunden, während sie die Meditation und Imagination der jenseitigen Orte mit zunehmendem Argwohn beobachtete. Als das Konzil von Trient in einer der letzten Sitzungen Anfang Dezember 1563 die Doktrin des Fegefeuers für gültig erklärte, bannte es gleichzeitig alle Elemente, *die zur Neugierde und zum Aberglauben verleiten (quae ad curiositatem quamdam superstitionem spectant)*.[63] Nur wenige Jahre nach Zuccaros Besuch auf

---

[61] Federico Zuccaro, *Il passaggio per Italia, con la dimora di Parma, del sig. cavaliere Federico Zuccaro [...] Aggiontovi una copiosa narratione di varie cose trascurse, vedute, e fatte nel suo diporto per Venetia, Mantoa, Milano, Pavia, Turino, & altre pari del Piemonte*, Bologna 1608. Zit. nach Grau, Virtuelle Kunst (wie Anm. 6), S. 42.

[62] *[…] nella parte di sopra sarà il paradiso con la Madonna, nella parte di sotto è già figurato l'inferno che certo è talmente spaventoso, che le donne e i fancuiulli non vi ardiscono approssimarseli.* Zit. nach Francesco Negri, Il Santuario di Crea in Monferrato, Alessandria 1902, S. 49.

[63] Enchiridon symbolorum, definitorum et declarationum, hrsg. von H. Denzinger und A. Schönmetzer, 34. verb. Auflage, Barcelona 1967, S. 418-421.

Varallo und Crea warnt der im Exil lebende Genfer Bischof FRANÇOIS DE SALES in seiner enorm populären, 1609 gedruckten Schrift *Introduction à la vie dévote* besonders die Frauen davor, den Geist bei der Meditation der Letzten Dinge durch subtile Inventionen und kuriose Phantasiegebilde zu ermüden.[64] Während die jesuitische Predigt die Höllenmeditation mit erneuertem Eifer aufgriff, wurden gebaute marginale Welten des Jenseits fortan im Kontext jener Kunst- und Wunderkammern betrachtet, die Exotica, Pretiosen und zahlreiche andre exklusive Dinge aus aller Welt enthielten. Als 'kuriose' Orte gaben sie aber auch Anlass zur Erfindung moderner visueller Technologien; für die Kunstgeschichte und Bildwissenschaft öffneten sich dadurch Bereiche, die es weiter zu erforschen gilt.

---

[64] François de Sales, *Introduction à la Vie dévote*. Texte intégral, publié d'après l'édition de 1619, Paris [o. J.], S. 79-80 (seconde partie, chapitre 4).

Abb. 1. Vittorio Sgarbi und der Bürgermeister von Varallo in der
Ecce Homo-Kapelle auf dem Sacro Monte von Varallo

Die Ausstattung der Kapelle mit den lebensgroßen Figuren aus
Terrakotta von Giovanni und Melchiorre d'Enrico und den Fresken von
Pier Francesco Mazzucchelli genannt Morazzone war um 1616 vollendet
(Sindaco di Varallo)

Abb. 2. Die Ecce Homo-Kapelle auf dem Sacro Monte von Varallo

(Archivio della Riserva Naturale Speciale del Sacro Monte di Varallo,
Fotografen: Ettore Giovetti und Gilberto Ariatta)

478

Abb. 3. Galeazzo Alessi, Tempel von Adam und Eva, vom Eingangsportal
(Archivio della Riserva Naturale Speciale del Sacro Monte di Varallo,
Fotograf: Marco Genova)

Abb. 4. Tempel von Adam und Eva mit den Statuen von Tabachetti, Michele
Prestinari di Lugano und Giovanni D'Enrico di Alagna

(Archivio della Riserva Naturale Speciale del Sacro Monte di Varallo,
Fotografen: Ettore Giovetti und Gilberto Ariatta)

Abb. 5. (S. 481) Das 'Neue Jerusalem' bei Varallo. Kupferstich,
in: Giovanni Battista Fassola, *La Nuova Gierusalemme, o sia Il Santo
Sepolcro di Varallo*, 1671.

Alessis Tempel von Adam und Eva mit dem vorgelagerten Porticus ist
gleich hinter dem Eingang zu sehen (Nr. 2); von diesem Gebäude führt
der Weg nach Nazareth mit den Kapellen der Verkündigung, der
Heimsuchung und des Traums von Josef (Nrn. 3, 4 und 5), dann nach
Bethlehem (Nr. 6). Limbus, Fegefeuer und Hölle waren für das unterhalb
von Bethlehem gelegene Tal geplant (Varallo, Biblioteca Civica)

Inside the cartouche (top right):
HÆC NOVA HIERVSALEM
QVAM CHRISTI GESTA
FIGVRANT,
HÆSPERIA IN MAGNA
EST, DENVO QVÆ
REDIMIT.

Segni delli luoghi, Capelle, ed altre cose notabili della Nuoua Gierusalemme.

Doue sono le Croci sono Capelle da farsi.

Capella di Cesare Maggio sopra la strada.
Strada, e Piazza auanti la Porta della Nuoua Gierusalemme.
Ostaria della Fabrica per commodità de Viandanti.
Botteghe della Fabrica, doue vendono Storie, &c.
La sontuosa Porta della Nuoua Gierusalemme.
La Capella della Creatione del Mondo.
La Vergine Annonciata.
La Visitatione della Beata Vergine à Santa Elisabet.
Il Sogno di Giuseppe.
Capella delli trè Rè Magi, e poi dentro
Della Natiuità di Christo, ed vn luogo simile al Betlemme.
La Circoncisione.
Il Sogno della fuga in Egitto.
La Fuga in Egitto.
Gl' Innocenti.
Il Battesimo di Christo.
La Tentatione del Demonio nel Deserto.
La Samaritana.
Il Paralitico.
Il Figlio della Vedoua.
Il Monte Tabor.

21 Lazaro resuscitato.
22 L' Entrata di Giesù in Gierusalemme.
23 La Cena degl' Apostoli.
24 L' Oratione all' Horto.
25 Li Dormienti.
26 Il Palazzo di Pilato, doue si veggono prima la Capella della presa, e poi
27 Al Palazzo di Caifas, doue si vede ancora la Capella di Pietro pentito; e poi si ritorna al Palazzo di Pilato num. 26. Christo à Pilato, e da qui si và al
28 Palazzo d'Erode, da doue si viene al num. 26. nel Palazzo di Pilato, e si veggono le seguenti Capelle.
La Flagellatione.
Giesù rimandato à Pilato.
L' Incoronatione di Spine.
Christo à Pilato condotto.
Mostrato al Popolo.
La lauazione delle Mani.
La Sentenza.
29 Seguita vn longo Portico del Palazzo di Pilato, e si và doue
30 Giesù porta la Croce.
31 La Crocifissione.
32 Monte Caluario, doue Christo è alzato in Croce.

33 Doue Christo vien leuato dalla Croce.
34 Christo riposto nella Sindone.
35 Il Portico antico percontro S. Francesco p
36 Il Santo Sepolcro.
37 La Maddalena a' piedi di Christo.
38 La Fontana, e la Resurrettione.
39 La Val Grana antico Ospizio.
40 La Chiesa Vecchia, doue si farà il Giudi Vniuersale.
41 Il Sudario.
42 La Chiesa Maggiore, ò sia il Paradiso.
43 Ospizio doue habitano i PP. Riformati.
44 Duoi Campanili della Fabrica.

A Oriente, e Montagne, che vanno sbassand verso quella parte.
B Mezzo giorno da doue si hà veduta bellissim
C Occidente, e Montagne altissime, che so l' Alpi Somme.
D Settentrine verso la Montagna delle trè Cro
E Parte delle Case del Borgo di Varallo.
F Sotto il num. 33. albergo dell' Assistente de Ven. Fabrica.
G Casa doue habitano li Serui della Fabrica doue sotto piccciolo Portico vi sono Pitt re di Gaudenzo.

481

Abb. 6. Gaudenzio Ferrari, Kreuzigungskapelle, Sacro Monte von Varallo,
um 1520-1528. Statuen aus polychromierter Terrakotta,
Holzskulptur, Stuck, Malerei und andere Medien

(Archivio della Riserva Naturale Speciale del Sacro Monte di Varallo,
Fotograf: Marco Genova)

Abb. 7. (S. 483) Galeazzo Alessi, *Libro dei Misteri*, Ende 1560er Jahre,
Federzeichnung

Die Skizze zeigt die *vetriata* für die Kapelle der Versuchungen Christi;
die kniende und betende Figur stellt den idealen Betrachter dar (Varallo,
Biblioteca Civica)

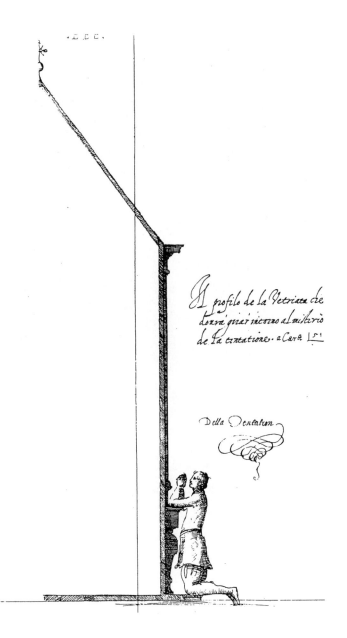

· E . E . ·

Il profilo de la Vetriata che
doura giuar in torno al misterio
de la tintatione. a Carte 1.ª

Della Tentation

Abb. 8. Gaudenzio Ferrari (zugeschrieben), Christus mit der Dornenkrone

Die Holzskulptur wurde nach 1628 von der ehemaligen Kapelle des Aufstiegs zum Kalvarienberg in eine unter Bascapè gebaute Kapelle
überführt, in der Christus von römischen Soldaten zum Prätorium
gebracht wird (Archivio della Riserva Naturale Speciale del Sacro Monte
di Varallo, Fotograf: Marco Genova)

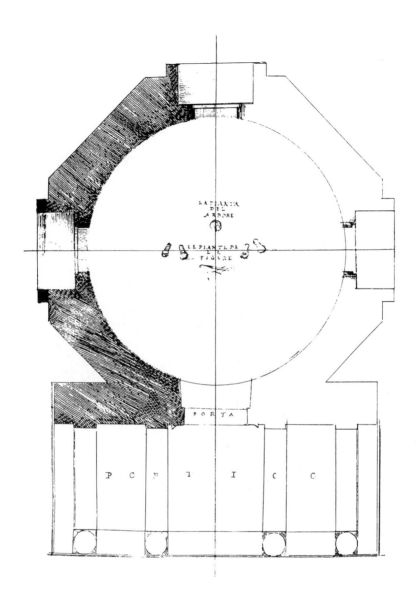

Abb. 9. Galeazzo Alessi, *Libro dei Misteri*, Ende 1560er Jahre,
Federzeichnung. Paradies, Grundriss

Alessi plante die Figuren von Adam und Eva in der Mitte des runden
Baus (Varallo, Biblioteca Civica)

IL DISEGNO DE LA PARTE DI DENTRO DEL
TINPIO DI ADAN ET EVA

Abb. 10. Galeazzo Alessi, *Libro dei Misteri*, Ende 1560er Jahre,
Federzeichnung. Paradies, Schnitt

(Varallo, Biblioteca Civica)

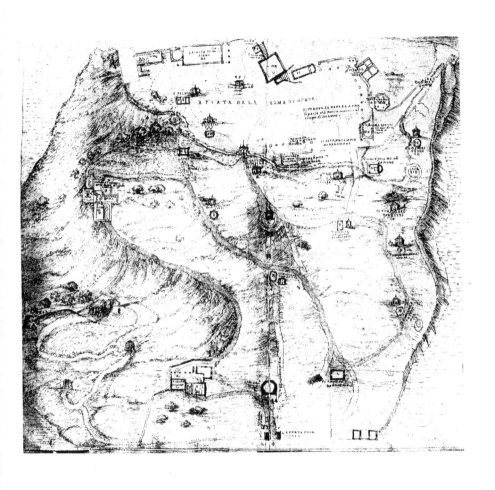

Abb. 11. Galeazzo Alessi, *Libro dei Misteri*, Ende 1560er Jahre,
Federzeichnung. Gesamtplan des Sacro Monte

Der Tempel von Adam und Eva findet sich gleich hinter der *porta
principale*. Links, unterhalb von Betlehem, ist der Weg zu den
Höllenbauten zu erkennen. (Varallo, Biblioteca Civica)

Abb. 12. Galeazzo Alessi, *Libro dei Misteri*, Ende 1560er Jahre,
Federzeichnung. Fegefeuer

(Varallo, Biblioteca Civica)

M. MEdita, ò figliolo le gratie, doni, che ti fece il grande Iddio, poiche nella tua creatione tutte tre le perſone diffeto, facciamo l'huomo ad imagine, e ſimilitudine noſtra; & creato, che gli t'hebbe, ti donò & veſti di quella giuſtitia originale, quale poneua pace fra il ſenſo e la raggione, fra il corpo, e l'anima; ma per che voleſti traſgredire il precetto Diuino, più preſto alla voce del ſerpe, che dal tuo fattore obedir voleſti, foſti priuo di quella giuſti-

a 2   tia

Abb. 13. Merkbild des Paradieses, in: Thomaso Nanni,
Dialogo Sopra i Misterij del Sacro Monte di Varallo,
Varallo: Pietro Ravelli, 1626, fol. a 2 a

(Varallo, Biblioteca Civica, Cart.a 43 ter 3)

489

MARTIN STÄDELI

Freispruch auf Bewährung

Der Fall der Emoticons

manche meinen
lechts und rinks
kann man nicht
velwechsern.
werch ein illtum!

Ernst Jandl

... ich lache, dass die Wände
sich drehen, doch dies eine
ist Lüge, denn ich weine.

Robert Walser

Am 8. Januar 2003 musste sich Holger Voss in seiner Eigenschaft als Teilnehmer an einem Online-Forum vor dem Amtsgericht Münster verantworten. [1] Die Anklage lautete: Billigung von Mord durch ein Posting im Telepolis-Forum in Verbindung mit einem Artikel, der sich mit dem ungeklärten Massaker in Masar-i-Scharif beschäftigte. Im Verlauf des Prozesses wies der Verteidiger von Holger Voss jedoch anhand der im fraglichen Text verwendeten Stilmittel schlüssig nach, dass der Angeklagte seinen Diskussionsbeitrag mit reichlich Sarkasmus versehen hatte. Der Staatsanwalt, dessen Handakten offenbar nicht vollständig waren, nahm noch einmal Akteneinsicht und schloss sich dann der Forderung des Verteidigers an, den Angeklagten freizusprechen. Aufgrund der Fakten befand denn auch die zuständige Richterin auf Freispruch.

Die Anklage

Vielen diente dieser denkwürdige Prozess als Warnung vor staatlicher Zensur im Internet. Meinungsfreiheit und ihre Gefährdung durch Staatsorgane fesseln an diesem Fall hauptsächlich juristisch Interessierte; wer hingegen den Umgang mit Sprache schätzt, freut sich über den gerichtlich bestätigten Umstand, dass Texte der Interpretation bedürfen. Atemberaubend neu ist diese Einsicht gewiss nicht. Und doch scheinen viele Leserinnen und Leser im Internet veröffentlichte Texte unbesehen wörtlich zu nehmen, ohne

---

[1] Zum Fall: http://www.telepolis.de/deutsch/inhalt/te/13919/1.html
    Hintergrund der Diskussion, an der auch der Angeklagte Holger Voss teilgenommen
    hatte, bildete der Einsatz amerikanischer Truppen in Afghanistan.

Gedanke an Hintersinn und Nebenbedeutung. Handfeste Formen nimmt diese leichtsinnige Auffassung von Geschriebenem in den meistens gegen Ende einer Woche aufflammenden, alles im Umkreis eines Internetforums erfassenden, erbitterten Schreibduelle an.[2] Mit Ingrimm lesen Forumsteilnehmer (die männliche Form ist für einmal nicht gedankenlos gewählt) über jeden Hinweis von Humor, Ironie oder Sarkasmus hinweg und nehmen für bare Münze, was ihnen ihre Widerschreiber auftischen. Worauf dieser Verlust von Einsicht und Deutungswillen zurückgeht, ist schwierig zu entscheiden. Möglicherweise hängt eine Ursache mit der Nähe zur gesprochenen Sprache zusammen[3], die in E-Mails, Chat- und Diskussionsbeiträgen oftmals aufscheint und die einen verführerischen Anschein von Direktheit oder Echtheit vermittelt. Vielleicht liegt ein Grund darin, dass elektronische Kommunikation als spontan gilt, und die Meinung vorherrscht, Spontanes könne keinen Hintersinn tragen. Am Ende schwingt gar ein Vorurteil mit, nur literarische Texte benötigten Interpretation, Alltagstexte dagegen verstünden alle Menschen stets auf übereinstimmende Weise. Ein derart vereinfachendes Textverständnis sollten jedoch gerade Menschen, die mit juristischen Erlassen arbeiten, überwunden haben. Sie müssten wissen, das jeder Text der Interpretation bedarf – sogar Rechtstexte. Dennoch scheint offenbar Geschriebenes, das im Internet erscheint, verstärkt Anlass für Missverständnisse zu geben. Bisweilen entsteht der Eindruck, gerade in Internet-Foren gestalte sich der Umgang mit Texten besonders schwierig. Dass in den Foren gelegentlich Trolle[4] ihr Unwesen treiben und mit großer Lust und nimmermüder Energie

---

2   Im Internet-Jargon heissen diese rechthaberischen Diskussionen "Flames". Flaming bezeichnet "das Reizen, Herausfordern, Zurechtweisen und/oder z. T. auch unflätige Beschimpfen von anderen Personen". – Voss, Andreas: Das grosse PC-Lexikon 2001/2002. Düsseldorf 2001. Stichwort "Emoticon". S. 413. – Für eine kurze Diskussion der Flames: Riva, Giuseppe: Communicating in CMC: Making Order Out of Miscommunication. In: Say not to Say: New perspectives on miscommunication. Hrsg. L. Anolli, R. Ciceri and G. Riva. Amsterdam und Burke, 2001. S. 205 ff

3   Buck, Harald: Kommunikation in elektronischen Diskussionsgruppen. Networx Nr. 11, 1999. http://www.mediensprache.net/networx/networx-11
Aschwanden, Brigitte: 'Wär wot chätä?' Zum Sprachverhalten deutschschweizer Chatter. Networx Nr. 24, 2001.
http://www.mediensprache.net/networx/networx-24.pdf (pdf-Dokument S. 10 ff.)

4   "Troll" ist der Übername für einen Provokateur. "Während die einfacheren Naturen unter den Trollen – und davon gibt es viele – nur plump provozieren, und sich dann damit zufrieden geben, beschimpft zu werden, ist es das Ziel eines gewiefteren Trolls, Streit und Uneinigkeit in einer Gruppe zu säen." Wie so manche Bezeichnung im Internet, stammt auch der Name des Trolls aus dem Englischen: "Ein Troll ist also jemand der trollt, und engl. *to troll* bedeutet 'mit der Schleppangel' fischen, im übertragenen Sinne 'jemanden ködern'. Ein Internet-Troll ködert mit Themen, die Zwietracht säen, und wie ein Angler wird er den Ort wechseln, wenn niemand

Missverständnisse anzustacheln versuchen, erleichtert den Umgang mit Texten auch nicht.

Bei all diesen Schwierigkeiten könnte der Menschheit ein Werkzeug, das die Bedeutung einer Aussage unmissverständlich aufdeckt, wertvolle Dienste leisten. Ein solches Werkzeug müsste einfach zu verwenden sein und die Interpretation von Texten, vor allem von elektronisch veröffentlichten Texten wesentlich erleichtern. Tatsächlich findet ein solches Werkzeug im Internet auch lebhafte Verwendung – das Emoticon. Ein Emoticon ist kurz gesagt folgendes:

:-)

Um 90° im Uhrzeigersinn gedreht, gibt diese Zeichenfolge ein abstrahiertes Gesicht mit Augen, Nase und breitem Lachen wieder. Wer einen Text verfasst und dabei dieses Gesichts-Zeichen verwendet, möchte die dem Emoticon vorangehende Aussage als humorvoll verstanden wissen. Diese Zeichenfolge schreibt somit die Interpretation eines Textes vor. Über die Aufgaben, die das Emoticon erfüllen soll, seine Eigenarten und die erstaunliche Formenvielfalt geben die Artikel in den Wörterbüchern Auskunft.[5] Zwei Besonderheiten dieser Gesichts-Zeichen möchte ich aber hervorheben, da sie die Aufgabe der Emoticons als Interpretationshilfe betreffen:

- Emoticons bestehen aus Satzzeichen, diakritischen Zeichen, ideographischen Zeichen und nur in seltenen Fällen enthalten sie Buchstaben.

- Emoticons treten in den meisten Fällen immer zusammen mit geschriebenen Aussagen auf. Nur in sehr seltenen Fällen gilt ein einzelnes Emoticon als Aussage selber.

Über die Entstehung der Emoticons gehen die Ansichten auseinander. Entsprechende Seiten im Internet weisen mindestens drei Ursprünge nach. Die Geschichtsschreibung, die am weitesten in die Vergangenheit reicht, sieht *Plato*, ein Mehrbenutzersystem aus dem Jahr 1972, als Ursprung der Emoticons.[6] Allerdings setzten die mit *Plato* geschriebenen Emoticons die Eigenart des Systems voraus, relativ einfach einander überlagernde Zeichen darstellen zu können (ähnlich wie bei der Schreibmaschine: Zeichen tippen, Rückschritt-Taste, weiteres Zeichen tippen). Mit den heute üblichen Syste-

---

anbeißt."
http://joerg.selbsthilfe-missbrauch.de/texte/trolls.html

[5] Irlbeck, Thomas: Computer-Lexikon. Das Nachschlagewerk zum Thema EDV. 3., neubearb. Aufl. München, 1998. Stichwort "Emoticon". – Voss, a.a.O.

[6] http://www.platopeople.com/emoticons.html

men lässt sich ein Zeichen nur noch mit einigem Aufwand von einem anderen überschreiben. Bei Emoticons aus neuerer Zeit stehen die Bestandteile denn auch hintereinander, der normalen Schreibrichtung folgend. Die Emoticons aus Plato haben die Entwicklung nicht überlebt und sind ausgestorben. Als weiterer Erfinder der Emoticons gilt Kevin MacKenzie.[7] Als Teilnehmer des Diskussionsforums *MsgGroup* schlug er am 12. April 1979 in einem Beitrag vor, nicht ernst gemeinte Mitteilungen mit ;-) zu kennzeichnen. Ganz ähnlich lautete der Vorschlag von Scott E. Fahlmann, Mitarbeiter der Carnegie-Mellon-Universität, der als dritter Erfinder der Emoticons gilt. Er regte am 19. September 1982 an, nicht ernst gemeinte Aussagen in elektronischen Mitteilungen mit der Zeichenfolge :-) zu versehen.[8] Mitteilungen dagegen ohne witzige oder ironische Absicht, sozusagen nüchterne Aussagen, könnten die Zeichenfolge :-(erhalten. Fahlmann brachte seine Anregung im entsprechenden Diskussionsforum an einem Punkt vor, an dem nicht mehr alle Teilnehmer des Forums zwischen witzig und ernst gemeinten Beiträgen unterscheiden konnten. Fahlmanns Vorschlag und der zugrunde liegende Diskussionsstrang sind gut dokumentiert.

Die Zeichenfolgen :-) oder ;-) für witzige und ironische Aussagen haben sich rasch durchgesetzt und bereits Allgemeingültigkeit erlangt. Für die Markierung von ernsten oder sachlichen Aussagen, wie Fahlmann vorschlug, bildete sich hingegen keine entsprechende Übereinkunft aus. Eine Erklärung für diesen Umstand wäre, dass witzige und ironische Aussagen die Ausnahmen darstellen, und gewöhnlich fällt die Kennzeichnung von Ausnahmen leichter als die Markierung der Regel. (Ironische Äusserungen als Ausnahme aufzufassen, erweist sich – zumindest für einzelne Diskussionsgruppen – als heikle Annahme.) Eine weitere Erklärung, weshalb Emoticons für sachliche Aussagen fehlen, könnte davon ausgehen, dass Emoticons ja auf abstrakte Weise ein Gesicht darstellen. In allen möglichen Gegenständen Gesichter zu erkennen, fällt den Menschen in der Regel leicht. Mit etwas Phantasie erhalten auch die Frontpartien von Autos Gesichter, die sogleich auch über den Charakter des Gefährts Auskunft geben: stolze, mürrische, schelmische oder heimtückische Karossen sind auf den Straßen unterwegs. Im Lauf unserer Entwicklung haben wir Menschen gelernt, die Gefühle des Gegenübers unter anderem aus dem Gesicht abzulesen. Die Mimik unserer Mitmenschen verrät uns viel über ihr Innenleben; sie erlaubt auf Fröhlichkeit, Traurigkeit oder Gleichgültigkeit zu schließen. Wo ein Gesicht auftaucht, ist die Zuschreibung von Gefühlen nicht mehr fern. Diese menschliche Eigenart führt beim Emoticon (daher auch der Name "Emotional Icon" mit der abgekürzten Schreib-

---

7   http://www.aurora-magazin.at/medien_kultur/wagner_arpanet.htm

8   http://www-2.cs.cmu.edu/~sef/sefSmiley.htm

weise "Emoticon"[9]) nun zur Vermischung zweier Ebenen. Einerseits soll das Emoticon anzeigen, welche Aussagen nicht ernst oder eben gerade ausgesprochen ernst gemeint sind, andererseits wirkt es aber auch als ein Hinweis auf Gefühle. Im Fall des Emoticons :-) kommen die beiden Ebenen recht genau zur Deckung: Eine witzige Aussage kennzeichnen und Fröhlichkeit anzeigen, liegen nicht weit auseinander. Im Fall von :-(jedoch soll die eine Ebene eine Aussage als sachlich kennzeichnen (nach dem Vorschlag von Fahlmann jedenfalls), die Ebene des abstrahierten Gesichts dagegen vermittelt aufgrund der nach unten weisenden Mundwinkel das Gefühl 'traurig'. Die beiden Ebenen stimmen nicht überein. Im Internet sind dutzende, wenn nicht hunderte (an einzelnen Orten liest man sogar tausende) verschiedener Emoticons im Umlauf.[10] Nicht alle bilden Gesichter ab und wirken damit als Gefühlsanzeiger. Aber die wichtigsten, jene Emoticons, die eine weite Verbreitung gefunden haben und darüber Auskunft geben sollen, wie ein Textteil gemeint sei, greifen auf Gesichter zurück. Somit besteht des Öfteren die Gefahr, dass Lesende aufgrund von Emoticons mit Gefühlen rechnen, die der dazugehörige Text dann gar nicht vermittelt.

Im Gegensatz zur Regieanweisung in dramatischen Texten, die üblicherweise am Anfang einer Äusserung steht, leistet das Emoticon seine Interpretationshilfe am Ende einer Aussage. Das hat seinen guten Grund: Bevor das Emoticon jemandem auf die Sprünge helfen kann, muss die Aussage bekannt sein. Emoticons nehmen den Platz ein, der eigentlich den Satzzeichen vorbehalten ist. (Eine interessante Frage wäre: ¿Gilt diese Regel aus unserem Sprachraum auch für das Spanische, wo Fragezeichen und Ausrufezeichen den entsprechenden Frage- oder Ausrufesatz umklammern?) Sie enthalten aber auch selber Satzzeichen als Bausteine. Dieses Zusammentreffen führt gelegentlich zu Unsicherheiten, wie nun etwa eine Klammer am Schluss eines Satzes zu bewerten ist: Gehört sie zu einem Emoticon oder gilt sie als Satzzeichen? Besonders vor dem Hintergrund des unbesorgten Umgangs mit Rechtschreibung und Grammatik bei der elektronischen Kommunikation erweisen sich die Unsicherheiten bisweilen als beträchtlich. Emoticons können tatsächlich auch die Stelle von Satzzeichen einnehmen und sozusagen stellvertretend den Schluss von Aussagen oder ganzen Aussagereihen markieren. Immer aber

---

[9] Im deutschen Sprachraum ist auch noch die Bezeichnung "Smiley" gebräuchlich. Mir scheint diese Bezeichnung jedoch leicht verwirrlich, da ja auch weinende Smileys existieren. Deshalb bleibe ich beim Begriff "Emoticon".

[10] Einen Überblick über den Formenreichtum der Emoticons bieten etwa
http://www.tages-anzeiger.ch/portal/computer/service/emoticon/emoticon.php
http://www.computeruser.com/resources/dictionary/emoticons.html

stellt sich die Frage: Wie viel des vorhergehenden Textes markiert das Emoticon? Ein Wort vielleicht, einen Satz oder gar einen ganzen Abschnitt?

Emoticons erweisen sich also mindestens in zweierlei Hinsicht als interpretationsbedürftig. Einerseits benötigt das Verhältnis zwischen der Aussage des markierten Textes und des durch die stilisierte Mimik vermittelten Gefühls eine genauere Bestimmung. (So können durchaus 'traurige' Emoticons ironisch gemeinte Aussagen markieren, denn trotz der angeblich betrübten Gefühlsaussage ist der Autor oder die Autorin durchaus fröhlich und zu Späßen aufgelegt.) Andererseits verlangen die Emoticons von den Leserinnen und Lesern, die Funktion dieser Zeichen im Gefüge der Aussagen näher zu bestimmen.

Da soll nun also ein Hilfsmittel die Interpretation von Äußerungen unterstützen, das selber auf Interpretation angewiesen ist. Zudem bestehen keine allgemein übereinstimmenden Bedeutungen der einzelnen Emoticons, es gibt dutzende davon mit Neben- und Unterbedeutungen. Der Schluss liegt nahe, dass Emoticons für den Zweck, dem sie eigentlich dienen sollten, gar nicht taugen. Am besten erscheint es, die Emoticons möglichst bald untergehen zu lassen, denn einen Beitrag zur besseren Verständigung scheinen sie tatsächlich nicht zu leisten. Immerhin wies auch der Verteidiger von Holger Voss den Sarkasmus in dem verhängnisvollen Textbeitrag anhand sprachlicher Stilmittel nach, nicht anhand von Emoticons.

Die Verteidigung

Die Anklage beschreibt den Mangel der Emoticons deutlich: Sie taugen kaum dazu, Eindeutigkeit herzustellen. Trotz dieser Schwäche erfreuen sich die Emoticons – zumindest in der elektronischen Kommunikation – einiger Beliebtheit. Eine Umfrage[11] bei 231 NutzerInnen des Internets zeigte, dass 72% der Befragten mehr als fünf verschiedene Emoticons kennt. Selber verwenden 68% vier Emoticons, wobei das häufigst verwendete Emoticon mit 98% das fröhliche ist. Die Beliebtheit der Emoticons macht stutzig. Wären die Emoticons tatsächlich so unnütz, wie die Anklage behauptet, fänden sie kaum diese Verbreitung. In erster Linie für den Gebrauch in elektronischer

---

[11] Hartig, Johannes; Jude, Nina; Moosbrugger, Helfried: Mitteilbarkeit von Emotionen in Computervermittelter Kommunikation. In: U.-D. Reips (Hrsg.): Current Internet science – trends, techniques, results. Aktuelle Online-Forschung – Trends, Techniken, Ergebnisse. Zürich: Online Press, 1999.
Im Internet unter: http://www.dgof.de/tband99/ pdf-Dokument, S. 2

Kommunikation gedacht, wandern sie sogar langsam in gedruckte Texte über.[12]

Sogar die Anklage anerkennt, dass wenigstens das fröhliche Emoticon eine präzise Funktion wahrnimmt, indem es Aussagen als hintergründig kennzeichnet. Wie schon festgehalten stimmen in diesem Fall mimischer Ausdruck und Anliegen des Emoticons überein – Grund genug für die große Beliebtheit und den hohen Bekanntheitsgrad dieses Emoticons.

Die bisherigen Ausführungen behandelten Emoticons einseitig: Sie fragten nur nach der sprachlichen Funktion der Emoticons. Bestimmt ein weiterer Grund für die Häufigkeit gerade der fröhlichen Emoticons dürfte ausserdem ihre soziale Funktion sein. Sie helfen gerade beim Chat – also dem mit Hilfe der Computer simulierten Gespräch – bei Begrüßung, Verabschiedung und bei Beschwichtigungsritualen.[13] Im direkten Gespräch versuchen die Menschen durch ein freundliches Gesicht (oder mindestens nicht durch die übliche saure Miene), ihre Bereitschaft zur Unterhaltung auszudrücken. Eine ähnliche Aufgabe nimmt das Emoticon beim Gespräch mittels elektronischer Hilfsmittel wahr. Dagegen erfüllt das Emoticon eine etwas andere Funktion, wenn die am Gespräch Beteiligten Meinungsverschiedenheiten zu beschwichtigen versuchen. Das lachende Gesicht zeigt dann, dass trotz des Streits grundsätzlich Wohlwollen vorhanden ist.

Selbst jene Emoticons, bei denen die mimische Darstellung nicht auf den Text zu passen scheint, den sie kommentieren sollen, können sich als hilfreich erweisen. Wer die Menschen beobachtet, stellt bald einmal fest, dass sie des Öfteren widersprüchliche Signale aussenden. Im täglichen Umgang haben wir die Erfahrungen gemacht, wie jemand behauptet "Es geht mir ausgezeichnet" und die Auskunft mit einem Gesichtsaudruck begleitet, der erhebliche Zweifel an der Glaubwürdigkeit des Geäusserten aufkommen lässt. Widerspruch in den Äusserungen auf verschiedenen Ebenen führt nicht zwangsläufig zu einem vollständigen Missverständnis. Vielmehr verhelfen widersprüchliche oder mehrdeutige Signale zu einer Erweiterung der Ausdrucksmöglichkeiten. Der amerikanische Cartoonist Will Eisner zeigt in knappen Zeichnungen, welche Ausdrucksvielfalt sich dadurch erzielen lässt. Die Beispiele sind im

---

[12] Als Beispiele lassen sich nennen:
Voss, a.a.O., S. 911. In der Bildlegende zum Stichwort "TFT-Displays". – Berner Oberländer vom 17. Mai 2003. S. 49. Anzeige des Museums für Kommunikation zur Eröffnung der Ausstellung "Abenteuer Kommunikation". – Frutiger Amtsanzeiger vom 4. September 2003, S. 9. Stellenanzeige der RUAG Aerospace.

[13] Gut, Ursina: Schriftliche Kompensationen nonverbaler Kommunikation und ihre Funktionen im Chatgespräch ;-)). Eine Untersuchung in Deutschschweizer Webchats. Zürich, 2003. S. 35ff. [Unveröffentlichte Lizentiatsarbeit].

Anhang abgedruckt.[14] Wie die Anklage schon ausgeführt hat, stehen Emoticons selten für sich allein; in der Regel treten sie mit zugehörigem Text auf. (Oder vielleicht eher umgekehrt: Den Text begleiten zugehörige Emoticons.) Emoticons und Text wirken wechselseitig aufeinander. Der Anspruch, Emoticons müssten helfen den Text zu interpretieren, lenkt das Augenmerk einseitig nur auf einen Teil der Möglichkeiten, die Emoticons bieten. Tatsächlich helfen Text und Emoticon einander gegenseitig bei der Interpretation. Allerdings muss dabei eine Voraussetzung erfüllt sein: Leserinnen und Leser dürfen sich nicht weigern, die Interpretation tatsächlich auch vorzunehmen. Emoticons enthalten nur in einem Fall eine klare Aussage, dann nämlich wenn sie von einem Textteil sagen: "Das ist ein Witz". Besteht aber nur der leiseste Zweifel an der Berechtigung dieser Aussage, müssen die vom Text oder vom Emoticon Angesprochenen selber den Sinn der vorliegenden Zeichen ergründen.[15]

Emoticons können nicht weniger als vier verschiedene Aufgaben wahrnehmen: Soziale Funktion, Emotionsausdruck, Kommentierung, Ausdruck von paraverbalem Lachen.[16] Entsprechend gestaltet sich auch die Wechselwirkung zwischen den Emoticons und dem Zusammenhang, in dem sie stehen. Natürlich sind diese Aufgabenbereiche nicht streng voneinander getrennt, sondern sie können sich überlagern. Welche Funktion oder Sammlung von Funktionen ein bestimmtes Emoticon im Umfeld des Textes nun wahrnimmt und welche die führende ist, können die Leserin und der Leser nur von Fall zu Fall bestimmen.

Bei der Verteidigung von Holger Voss wies der Anwalt anhand der vom Angeklagten eingesetzten Stilmittel nach, dass der Diskussionsbeitrag sarkastisch gemeint sei und deshalb keine strafbare Handlung vorliege. Stil indessen kennzeichnet einen Text; für bildhafte Zeichen stehen keine rhetorischen Hilfsmittel zur Verfügung. Auch wenn der Angeklagte in seinem Beitrag Emoticons verwendet hätte, müsste der Anwalt seinen Klienten mit einer Argumentation verteidigen, die sich auf Sprache abstützt, denn eine sprachliche Äusserung führte nun einmal zur Anklage. Ein Emoticon aber hätte auffällig signalisieren können, dass der Text einer Interpretation bedürfe.

---

[14] Auf diese Beispiele bin ich gestossen in *Le Temps* – daher auch die französischen Sprechblasen. Le Temps vom 14. Juni 2003. S. 43. Siehe dazu auch den Umschlag zu diesem Buch.

[15] Aschwanden, a.a.O.

[16] Gut, a.a.O., S. 35ff. Paraverbales Lachen kann Belustigung oder Schadenfreude zum Ausruck bringen oder es kann auch für Auslachen stehen. a.a.O. S. 42.

Womöglich wären die Ermittlungsbehörden dann selber auf die Sarkasmen gestoßen und die Richterin hätte ein Urteil weniger fällen müssen.

Darin liegt somit der große Nutzen der Emoticons: Sie halten die Lesenden an, verstärkt auf den Text zu achten. Sie geben den Anstoß, die Interpretation anzupacken. In den meisten Fällen übernehmen Emoticons eine ähnliche Funktion wie das Signal "Andere Gefahren" – das Ausrufezeichen im rotumrandeten Dreieck – im Straßenverkehr. Wer dem Signal begegnet, erhält keine weiteren Informationen zur Art der Gefahr, aber die VerkehrsteilnehmerInnen steigern vernünftigerweise ihre Aufmerksamkeit. Auch bei der Begegnung mit Emoticons sollte die Leserschaft aufmerken und sich auf Aussagen gefasst machen, die bewusst interpretiert sein wollen, vielleicht sogar unter Einbezug des warnenden Emoticons. Emoticons erweisen sich somit nicht als völlig unnütz, wie die Anklage darzustellen versuchte. Sie leisten einen hilfreichen Beitrag als Warnsignale. Die Interpretation der signalisierten Textstelle müssen allerdings Leserin und Leser selber übernehmen. Das Straßenschild kann schließlich auch nicht selbsttätig Autos abbremsen.

Eine weitere Funktion der Emoticons hängt nicht direkt mit der Sprache zusammen, für das Verständnis dieser Gesichtszeichen scheint sie mir aber bedeutsam zu sein: Emoticons erlauben die Inszenierung eines Ich.[17] Eine solche Selbstdarstellung erfolgt nicht in dem umfassenden Sinn, dass jemand eine gänzlich neue Identität überstreift. Sie erleichtert vielmehr, eine bestimmte gesellschaftlich erwünschte Stimmung auszudrücken. Damit ermöglichen Emoticons einer Person, sich in der elektronischen Umgebung so zu geben, wie sie von der Umwelt gerne gesehen würde. Das scheint eine reichlich oberflächliche Verhaltensweise, aber wer gibt sich bei einem Anlass, bei dem das Gesellschaftliche im Vordergrund steht, nicht liebenswürdig unverbindlich lächelnd.

Das Urteil

Emoticons wirken verführerisch. Ein Emoticon scheint mit einfachen Mitteln eine Aussage in ihrer Gefühlslage genau zu bestimmen. Erst bei genauerem Hinsehen zeigt sich, dass diese Erklärung zu kurz greift. Der Name der Emoticons täuscht vor, dass sie als Gefühls-Symbole Empfindungen vermitteln können. Sie besitzen zwar diese Eigenschaft, aber nur in beschränktem Maße. Zudem scheint die Gefühlsvermittlung nicht das Hauptanliegen beim Einsatz

---

[17] Ich danke Ursina Gut für diesen Hinweis.

von Emoticons zu sein. Nur 17% der verwendeten Emoticons[18] übernehmen tatsächlich die Darstellung von Gefühlen. Und auch wenn Emoticons Empfindungen vermitteln, fällt nicht leicht, diese Gefühle genau zu bestimmen. Selbst das 'weinende' Emoticon kann ironisch gemeint sein. Sollte ein Emoticon aber nicht in erster Linie Gefühle weitergeben, stellt sich die Frage, welche der vielfältigen Aufgaben es dann erfüllt.

Diese Mängel hängen wohl nicht mit der Idee, die hinter den Emoticons steht, zusammen, denn Emoticons müssten eigentlich für Klarheit sorgen. Ursprünglich sollten Emoticons eine klare Aufgabe erfüllen: witzige oder ironische Aussagen markieren. An ihrer Unschärfe trägt wohl mehr ihre schnelle Verbreitung im Internet und ihre vielleicht nachlässige Verwendung Schuld. Die Eigenart der Emoticons, die menschliche Mimik nachzuzeichnen, mag dazu beigetragen haben, dass man dem Emoticon mehr zutraute, als es eigentlich zu leisten vermochte. Aber genau dieses Missverständnis ermöglichte dem Emoticon auch, in eine Wechselwirkung mit dem Text, in dem es steht, zu treten. Die Emoticons haben zwar weitgehend – nicht vollständig – ihre präzise Aufgabe als Witzsignal verloren, gewannen dafür aber einen vergrößerten Wirkungskreis und die wichtige Funktion eines allgemeinen Interpretationssignals.

Emoticons erfüllen somit im elektronisch geführten Meinungsaustausch eine wichtige Funktion, die in dieser konzentrierten Form andere Mittel kaum übernehmen können.

Die Revision des Urteils

Die Beliebtheit der Emoticons und die mit ihnen verbundenen Vorstellungen von Internet und elektronischer Post – was ungefähr gleichbedeutend ist mit Jugendlichkeit und modernem Lebensgefühl – führen dazu, dass Emoticons aus ihrem angestammten Raum der elektronischen Schrift in das Gebiet der gedruckten Schrift wandern. Sie gewinnen damit eine neue Umgebung, ein erweitertes Publikum, verlieren aber auch jene Voraussetzungen, die ihr Entstehen erst ermöglichte. Bei der gedruckten Sprache spielen Gesprächssituation und damit Schnelligkeit der Antwort oder direkter Kontakt keine Rolle. Die in der elektronischen Kommunikation tolerierte Unschärfe der Emoticons, könnte am Verlangen nach Genauigkeit und Allgemeinverständlichkeit in der gedruckten Sprache scheitern. Im Medium des Drucks dienen die Emoticons in erster Linie als Blickfang. Sie werden sich in der neuen Umwelt erst bewähren müssen.

---

[18] Gut, a.a.O., S. 44.

Bibliographie

Aschwanden, Brigitte: 'Wär wot chätä?' Zum Sprachverhalten deutschschweizer Chatter. Networx Nr. 24, 2001. http://www.mediensprache.net/networx/networx-24.pdf

Buck, Harald: Kommunikation in elektronischen Diskussionsgruppen. Networx Nr. 11, 1999. http://www.mediensprache.net/networx/networx-11.pdf

Glazer, Courtney S.: Playing Nice with Others: The Communication of Emotion in an Online Classroom. http://www.cdlr.tamu.edu/dec_proceedings/dec_202002/Glazer.pdf

Gut, Ursina: Schriftliche Kompensationen nonverbaler Kommunikation und ihre Funktionen im Chatgespräch ;-)). Eine Untersuchung in Deutschschweizer Webchats. Zürich, 2003. [Unveröffentlichte Lizentiatsarbeit].

Hartig, Johannes; Jude, Nina; Moosbrugger, Helfried: Mitteilbarkeit von Emotionen in Computervermittelter Kommunikation. In: U.-D. Reips (Hrsg.): Current Internet science – trends, techniques, results. Aktuelle Online-Forschung - Trends, Techniken, Ergebnisse. Zürich: Online Press, 1999. http://www.dgof.de/tband99/pdfs/a_h/hartig.pdf

http://www-2.cs.cmu.edu/~sef/sefSmiley.htm

http://www.aurora-magazin.at/medien_kultur/wagner_arpanet.htm

http://www.computeruser.com/resources/dictionary/emoticons.html

http://www.platopeople.com/emoticons.html

http://www.tages-anzeiger.ch/portal/computer/service/emoticon/emoticon.php

Irlbeck, Thomas: Computer-Lexikon. Das Nachschlagewerk zum Thema EDV. 3. neubearb. Aufl. München, 1998.

Kalinowski, Uwe: Graphostilistische Realisationen von Emotionstransport in synchroner, interpersoneller und informeller, rein textueller CVK. 1999. http://www.mediensprache.net/networx/networx-12/emotionstransfer.html

Menges, Joyce: Feeling Between the Lines. CMC Magazine, 1996. http://www.december.com/cmc/mag/1996/oct/mengall.html

Müller Christoph: Soziologie interessiert sich für Internetbenutzer. Soziale Netzwerke im Internet. In: UNIPRESS Nr. 108. April 2001. S. 25 ff

Riva, Giuseppe: Communicating in CMC: Making Order Out of Miscommunication. In: Say not to Say: New perspectives on miscommunication. Hrsg. L. Anolli, R. Ciceri and G. Riva. Amsterdam und Burke, 2001. http://www.vepsy.com/communication/book3/3CHAPT_09.PDF

Voss, Andreas: Das grosse PC-Lexikon 2001/2002. Düsseldorf 2001.

Eine ausführliche Bibliographie bietet:
Bibliography on Chat Communication, Bibliographie:
http://www.chat-bibliography.de

Auszug aus: Eisner, Will: La bande dessinée, art séquentiel.
Editions Vertige Graphic, 1997.

Übersetzung des englischen Originals: Eisner, Will: Comics &
Sequential Art. Poorhouse Press, 1985. Zitiert in:
Le Temps vom 14. Juni 2003, S. 43.

Schriften zur Symbolforschung   Band 14
Präsenz ohne Substanz
Beiträge zur Symbolik des Spiegels
Herausgegeben von Paul Michel

Pano-Verlag Zürich 2003 • 300 Seiten • ISBN 3-907576-57-8

Über frühere Bände sowie über Ziel und Projekte der
Schweizerischen Gesellschaft für Symbolforschung orientiert
www.symbolforschung.ch